U0559037

谁掌握了思维的杠杆，谁就能改变世界

世界思维名题

翟文明　主编

北京联合出版公司

图书在版编目（CIP）数据

世界思维名题 / 翟文明主编 . —北京：北京联合出版公司，2013.5（2019.5 重印）

ISBN 978-7-5502-1486-6

Ⅰ.①世… Ⅱ.①翟… Ⅲ.①思维训练 Ⅳ.① B80

中国版本图书馆 CIP 数据核字（2013）第 079812 号

世界思维名题

主　　编：翟文明

责任编辑：崔保华　徐秀琴

封面设计：李艾红

责任校对：李　鹏

美术编辑：李丹丹

北京联合出版公司出版

（北京市西城区德外大街83号楼9层　100088）

北京鑫海达印刷有限公司印刷　新华书店经销

字数537千字　　700毫米×1000毫米　1/16　32印张

2019年5月第4版　2019年5月第4次印刷

ISBN 978-7-5502-1486-6

定价：48.00元

爱因斯坦说过："人们解决世界的问题，靠的是大脑的思维和智慧。"思维创造一切，思考是进步的灵魂。如果思维是石，那么它将敲出人生信心之火；如果思维是火，那么它将点燃人生熄灭的灯；如果思维是灯，那么它将照亮人生夜航的路；如果思维是路，那么它将引领人生走向黎明！思维控制了一个人的思想和行动，也决定了一个人的视野、事业和成就。不同的思维会产生不同的观念和态度，不同的观念和态度产生不同的行动，不同的行动产生不同的结果，而不同的结果则昭示着不同的人生。

只有具有良好的思维，才能升华生命的意义，收获理想的硕果。成功者无一不具有创造性思维，而失败者总是困于僵化的思维之中。人的命运常常为思维方式所左右，创造性思维就是打开命运之门的金钥匙。

当今世界的发展日新月异，我们面临着一次又一次的重要变革，挑战无处不在。越来越多的人意识到，思维训练不只是专家和高层管理人员的事情，它对于一个普通人的学习、生活和工作也起着至关重要的作用。一个人只有接受更多、更好的思维训练，才能有更高的思维效率和更强的思维能力，才能从现代社会中脱颖而出。

人的一生可以通过学习来获取知识，但思维训练从来都不是一件简单容易的事情，也不可能一蹴而就，许多心理学家和社会学家都认为思维命题训练是一种最好的方式。美国著名心理学家哈伊·奇克森特米哈伊把思维命题训练称为"使思维流动的活动"，它不但能够帮助发掘个人潜能，而且能使人感到愉快，是一种通过轻松有趣的游戏训练思维、提高智力的方式。

《世界思维名题》精选了近500多个最具挑战性、趣味性与科学性的思维名题，每一个类型都经过了精心的选择和设计，每个命题都极具代表性和独创性，荟萃了古今中外众多思维大师的思维方法，同时将许多思维名题融于名人的轶事趣闻中，让读者能够更深切地体会到这些人类思维长河中大浪淘沙后的智慧沉淀。书中列举了求异思维、急智思维、迂回思维、发散思维、经典逻辑、反向思维、图案推理等类型，阐释了 60 种突破常规的思维方法。

　　书中 500 多道思维名题难易有度，有看似复杂但却非常简单的推理问题，有运用算数技巧及常识解决的谜题，以及由词语、数字组成的字谜等。书中的思维名题丰富多彩，无论大人、孩子，或是学生、上班族、管理者，甚至高智商的天才们，都能在此找到适合自己的题目。在解决思维名题的过程中，你需要大胆地设想、判断与推测，需要尽量发挥想象力，突破固有的思维模式，充分运用创造性思维，多角度、多层次地审视问题，将所有线索纳入你的思考。你会发现，每一个命题都能让你的思维能力在潜移默化中改变，从而在轻松解答时体味到自信，在一筹莫展中体味到坚持，在曲折离奇中体味到惊奇……本书适合利用点滴时间进行阅读和练习，既可作为思维提升的训练教程，也可作为开发大脑潜能的工具。无论你是 9 岁，还是 99 岁，对于任何一个想变聪明的人来说，它都是不二的选择。阅读本书，能让你思维更缜密，观察更敏锐，想象更丰富，心思更细腻，做事更理性，心情更愉快。

第一章　思维命题与解题技法

第二章　发散思维名题

第三章　求异思维名题

第四章　转换思维名题

第五章　逆向思维名题

第六章　形象思维名题

第七章　迂回思维名题

第八章　急智思维名题

答 案

第一章

思维命题与解题技法

第一节
关于思维命题

1. 什么是思维命题

北京烤鸭之所以有名，一个重要原因是采用填肥的鸭子为原料。饲养鸭子的师傅硬生生地掰开鸭嘴，把圆条状的饲料填到鸭子的胃里，用这种方式把鸭子催肥。后来，苏联的一位教育家发明了填鸭式教育，即硬生生地把知识灌输给学生。

我们从小学到中学，再到大学，十几年的学习时间里，经历过成百上千次大大小小的考试，做过数不清的练习题。有些人一提到考试就害怕，担心自己不会做试卷中的题目。试卷发下来之后，面对一道道自己不会的题目确实是一件令人沮丧的事。很多人毕业之后都会欢呼："再也不用考试了！永远不做练习题了！"

填鸭式教育模式只告诉我们"是什么"，不告诉我们"为什么"，学生为了应付考试死记硬背，考试之后就忘光了。这正是大多数学生厌恶考试的原因。填鸭式教育模式把积累知识当做学习的主要任务，老师们最关心学生知识累积的速度。考试时大部分题目是知识命题，思维训练成了知识积累过程中的副产品。这必然会使学生的思维单向发展，并定型下来，进而扼杀了学生的创造力和想象力，把学生训练成了没有自己的思想，只会考试的机器。

"思维决定一切"，"有思路才能有出路"。我们常常会听到类似的话，并且知道在竞争日趋激烈的当今社会中，我们要想更好地生存与发展，就必须让自己的脑筋更为灵活。恩格斯把"思维着的精神"比喻成"地球上最美丽的花朵"。为了使思维之花开得更美丽，我们需要用不同的渠道和方法去培育它。思维命题就是思维学家通过语句设计来考察和训练人的思维能力的方法，包括分析、综合、比较、抽象、概括等操作手段。

"树上有三只鸟，猎人开枪打死了一只，请问还有几只？"

这是一道经典的"脑筋急转弯"题，受过填鸭式教育训练的人很快会算出结果：三只减去一只，还剩两只。但是，受过思维训练的人会告诉你，一只也没剩下，因为另外两只被吓得飞走了。其实，答案也可以是两只，因为猎人的枪装有消音器。

有人曾做过这样的试验：在黑板上画一个圆圈，问大学生画的是什么，大学生的回答很一致："这是一个圆。"同样的问题问幼儿园的小朋友，得到的答案却五花八门：有人说是"太阳"，有人说是"皮球"，有人说是"镜子"……大学生的答案当然很正确，从抽象的角度看确实只是一个圆。但是，比起幼儿园的孩子来，他们的答案是不是显得有些单调呆板呢？幼儿园的小朋友的那些丰富多彩的答案，是不是更值得我们喝彩呢？

心理学家认为人类在四岁之前的思维是最活跃的，也是最具有开发潜能的。随着年龄的增长，随着知识的增加，人的思维逐渐被知识束缚住了。人们思考问题的时候局限在常见的、已知的圈子里，不能想到更多的解决问题的方法。一旦现有的条件不能满足常规的解决问题的途径，人们就束手无策了。因此我们需要思维命题对思维能力进行训练。

思维命题的目的是进行思维训练，而知识命题的目的是检验对专业知识的掌握程度。二者的差别很明显，比如，"秦始皇在哪一年统一了中国？"这显然是纯知识性的命题。大部分人在学历史的时候都学过，都背过，但是考试之后都忘了。如果问题改为"秦始皇为什么能够统一中国"，这就是一道思维命题。还可以进一步启发思考："如果你是秦始皇，你会采取哪些措施来达到统一中国的目的？"

据说西方国家的考试相对于中国的考试来说很简单，中国成绩不好的学生到了西方国家可能是中等生。但是比较一下中国和西方国家的作文题目，你就会知道中国更侧重于知识命题，而西方国家更侧重于思维命题，中国学生应付知识性考试还行，但是在思维命题方面未必表现出色。

中国作文题目：

（1）诚实和善良

（2）品味时尚

（3）书

3

（4）我想握着你的手

（5）谈与"常识"有关的经历和看法

（6）站在……门口

美国作文题目：

（1）谁是你们这代的代言人？他或她传达了什么信息？你同意吗？为什么？

（2）罗马教皇八世 Boniface 要求艺术家 Giotto 放手去画一个完美的圆来证实自己的艺术技巧。哪一种看似简单的行为能表现你的才能和技巧？怎么去表现？

（3）想象你是某两个著名人物的后代，谁是你的父母？他们将什么样的素质传给了你？

（4）假如每天的时间增加了 4 小时 35 分钟，你将会做什么不同的事？

（5）开车进芝加哥市区，从肯尼迪高速公路上能看到一个表现芝加哥特征的著名的建筑壁饰。如果你可以在这座建筑物的墙上画任何东西，你将画什么，为什么？

（6）你曾经不得不做出的最困难的决定是什么？你是怎么做的？

法国作文题目：

（1）艺术品是否与其他物品一样属于现实？

（2）欲望是否可以在现实中得到满足？

（3）脑力劳动与体力劳动的比较有什么意义？

（4）就休谟在《道德原则研究》中有关"正义"的论述谈一谈你对"正义"的看法。

（5）"我是谁？"——这个问题能否以一个确切的答案来回答？

（6）能否说"所有的权力都伴随以暴力"？

当然了，我们强调思维命题的重要性，并不是说知识命题不重要。通过知识命题的训练，我们可以学到前人已经总结出的知识。但是知识命题只有唯一的答案，抑制了思维的创造性。在过去的教育中，我们过于重视知识命题，忽视了思维命题，导致很多人的思维能力有所欠缺。思维命题可以训练人思考问题和解决问题的能力，培养正确的思维方式，使思维活跃起来，超越固定的思维模式。

其实，知识和思维的关系并非界限分明、截然对立，而是相辅相成的。没有创造性的思维就不会产生知识，而人们的思维活动又是在过去积累的知识的层面上进行的。任何思维活动都不可能脱离知识，思维难度越高，对知识积累的要求越高。如果不重视知识，思维只能在较低层次上进行。如果你不懂系统论，就没有办法进行系统思维。如果不重视思维，那就永远不能超越已有的知识，无法开拓更广阔的空间。思维和知识就像性格不同的两个好朋友，它们互相依赖，谁也离不开谁，但是又各行其道。

思维命题的主要任务是训练大脑更好地获取知识、运用知识和创造知识，充分开发大脑的智能，提高思维的效率。如果把知识比作杠杆，那么思维则是使杠杆发挥作用的支点。学习知识的目的是延长杠杆的长度，思维训练的意义则在于更有效地发挥知识的作用。如果只有杠杆，而没有支点，那么不管杠杆有多长都起不到作用。古希腊著名数学家、物理学家阿基米得曾经说过："给我一个支点，我能撬起整个地球！"由此可见支点的重要性。相反，如果只有支点没有杠杆，我们同样没有办法撬起地球。

2. 传统游戏思维命题

在众多形式的思维命题中，传统游戏命题是离我们最近的，也是经常接触的。因为这类型的命题所涉及的都是我们在日常生活中所遇到、所思考和所要解决的问题，不仅有非常感性的生活常识性问题，也有关于人生存的价值、意义、情感、心理、信仰以及交往关系等一系列较为实际的问题。

传统游戏命题常常以谜语、谜宫、棋术、操术、算术等形式出现。其中最常见的是谜语，它由谜面和谜底构成。

麻屋子，红帐子，里面住着个白胖子。——打一食物

这是一个很简单的谜语，相信大部分人都知道，答案是花生。谜语是用一种隐晦的语言表达事物的形象、性质、功能等特征，供人们猜测。

《周易·归妹·上六》篇的商代歌谣《女承筐》，可算是我国谜语的最早记录之一："女承筐，无实，士刲羊，无血。"女人用筐接着，却没有装到果实，男人用刀割羊，却没有流血。这种矛盾的说法必然引起人们的思考：这是怎么回事儿呢？这个谜语巧妙地表现了牧场上一对青年牧羊夫妇剪羊毛的情景，使人不易猜着。人们知道答案后，又会恍然大悟。这是谜语的雏形，当时还没有类似的专门名称。

在西方社会，同样很早就出现了谜语。在古希腊神话中，有一个狮身人面兽，

叫斯芬克斯。它守在路口让过路人猜谜语，猜不中者就要被它吃掉。这个谜语是："什么动物早晨用四条腿走路，中午用两条腿走路，晚上用三条腿走路？"很多人都猜不出答案，大家只好绕道而行。后来俄狄浦斯猜到了答案，谜底是"人"。斯芬克斯羞愧万分，跳崖而死。斯芬克斯以命抵偿谜底被揭穿的事实，可见古人把思维能力看得比生命更重要。

与猜谜语相反，编谜语也是训练思维的一种较好的形式，但是这种训练方法难度要大一些。比如，你可以把日常用品、食物、植物、动物等用独特的方式形容出来，但是又不点透，这样就编成了一个谜语。请你把下列事物编成谜语：水杯、枕头、饺子、西瓜、含羞草、波斯猫。

除了谜语，我国的象棋、围棋等棋术也是很好的训练思维的游戏。那些能把象棋、围棋下得好的人都是擅长思维的聪明人。民间还有一些棋术与历史故事有关，比如"华容道"就是取材于曹操在赤壁打了败仗之后，从华容道上逃跑的故事。此外，"七巧板""九连环"等都是经典的益智游戏，已经有几百年的历史了。它们需要运用知觉组织能力和空间想象能力，通过图形的分解和组合，把握整体与部分的关系。

这类智力命题具有可操作性的特点，用现代心理测量学的术语，就叫做"操作性命题"。像这样的思维命题，它的外表或多或少沾染上了一些神秘色彩，其实却内含着一些哲理，促使人们去思考、咀嚼一些令人回味的道理。

3. 逻辑思维命题

随着人类社会的发展，人们在实践的基础上认识了客观事物发展过程中的逻辑规律，于是出现了很多逻辑思维命题。

在公元前五世纪的古希腊曾经出现过一个哲学流派叫智者派，他们靠教授别人辩论术吃饭。这是一个诡辩学派，以精彩巧妙和似是而非的辩论而闻名。他们对自然哲学持怀疑态度，认为世界上没有绝对不变的真理。其代表人物是高尔吉亚，他有三个著名的命题：

（1）无物存在；

（2）即使有物存在也不可知；

（3）即使可知也无法把它告诉别人。

这就是逻辑思维命题。

逻辑思维命题是逻辑学家通过对人类思维活动的大量研究而设计的。逻辑思维命题有两个较为显著的特征：第一个就是抽象概括性，就是抛开事物发展的自然线索和偶然事件，从事物的成熟的、典型的发展阶段上对事物进行命题；第二个就是典型性，具体来说就是离开事物发展的完整过程和无关细节，以抽象的、理论上前后一贯的形式对决定事物发展方向的主要矛盾进行概括命题。

形式逻辑是一门以思维形式及其规律为主要研究对象，同时也涉及一些简单的逻辑方法的科学。概念、判断、推理是形式逻辑的三大基本要素。概念的两个方面是外延和内涵，外延是指概念包含事物的范围大小，内涵是指概念的含义、性质；判断从质上分为肯定判断和否定判断，从量上分为全称判断、特称判断和单称判断；推理是思维的最高形式，概念构成判断，判断构成推理。由形式逻辑派生出的逻辑推理命题，是逻辑学家用思维学的理论对人类的思维活动过程进行大量的研究而设计的。这类命题主要有以下的特点：

（1）在具体命题研究展开之前对研究对象进行分析。分析事物中的哪些属性相对于研究目的来说是主要的和稳定的，这种分析是对经验材料的杂多和繁复进行分离。

（2）引入还原方法，把复杂的命题材料还原为简单的命题规律格式，通过能够清晰表述的命题规律格式再现思维结构。其目的是更好地解析思维的逻辑特点及其规律。

古希腊哲学家苏格拉底、柏拉图、亚里士多德等人就是这方面的代表，他们构建了至今已有两千多年历史的形式逻辑思维框架。

苏格拉底认为自己是没有智慧的，声称自己一无所知，然而德尔菲神庙的神谕却说苏格拉底是雅典最有智慧的人。

苏格拉底在雅典大街上向人们提出一些问题，例如，什么是虔诚？什么是民主？什么是美德？什么是勇气？什么是真理？等等。他称自己是精神上的助产士，问这些问题的目的就是帮助人们产生自己的思想。他在与学生进行交流时从来不给学生一个答案，他永远是一个发问者。后来，他这种提出问题，启发思考的方式被称为"助产术"。

苏格拉底问弟子："人人都说要做诚实的人，那么什么是诚实？"学生说："诚实就是不说假话，说一是一，说二是二。"苏格拉底继续问："雅典正在与其他城邦交仗，假如你被俘虏了，国王问：'雅典的城门是怎么防守的，哪个城门防守严密？哪个城门防守空虚，我们可从哪面打进去？'你说南面防守严密，北面防守疏松，可以从北面打进去。对你而言，你是诚实的，但你却成了一个叛徒。"学生说："那不行，诚实是有条件的，诚实不能对敌人，只能对朋友、对亲人，那才叫诚实。"苏格拉底又问："假如我们中有一个人的父亲已病入膏肓，我们去看他。这位父亲问我们：'这个病还好得了吗？'我们说：'你的脸色这么好，吃得好，睡得好，过两天就会好起来。'你这样说是在撒谎。如果你坦白地告诉他：'你这病活不了几天，我们今天就是来告别的。'你这是诚实吗？你这是残忍。"学生感叹道："我们对敌人不能诚实，对朋友也不能诚实。"接着，苏格拉底继续问下去，直到学生无法回答，于是就下课，让学生明天再问。

这种提问方式引发的思维方法可以帮助我们更清楚地认识事物的本质，对人类思维方式的训练具有重要意义。我们学习了很多知识，自以为知道很多，每个人说起自己的观点都侃侃而谈。实际上，深究起来，很多观点都经不起推敲，我们需要更深入地思考。

4. 科学思维命题

科学思维命题，就是把诸多我们所见的现象还原到一个固有的概念体系中，从而在理论中构思或重建命题系列。其目的在于，在解决问题的严格推理过程中，接受思维命题的受训者要分析情境，发现其中所包含的材料和关键因素，并对这些材料加以重新组织，从而得到清晰而有效的解决问题的方法。

最早的现代科学思维命题是由德国心理学家卡尔·邓克尔（Karl Danker）设计的。邓克尔是德国心理学家，格式塔心理学的创始人韦特海默的学生。他提出，创造性地解决问题的过程是由一系列相互联系的心理组织构成的，每一个心理过程总是把问题总结成更明朗、更精确的陈述。他设计的命题不是用于检验假设，而是通过推理过程解决实际问题。

1945 年，邓克尔作了关于解决问题的经典研究，通过很多实验，最后得出了有关寻找解决问题方法的过程的一般性结论。邓克尔的分析表明，解决问题的途径可归为三个主要的水平：一般解决、功能性解决和特殊性解决。在试图寻找解决问题的方法时，某些类型的总体性陈述就是邓克尔所说的"一般解法"，而在此总体性陈述的支配下重组知识，想出辅助陈述，使设想进一步完整具体化的过程中，就产生了"功能性解法"和"特殊性解法"。

一般解决——思维策略水平的解决：这是解决问题的第一步，是把原来的问题作非常一般的重述，目的是寻求解决问题的方向。

功能性解决——思维模式水平的解决：这是解决问题的第二步，它改造缩小一般性范围。其典型形式是：如果这样那样能够达到，问题就可以解决了。

特殊性解决——运算技能水平的解决三个层次：这是解决问题的最后一步，它可以描述为功能性解决的进一步特殊化；而且，如果成功了，它是最后正确的解决。

他用柏林大学的学生做被试者，在他的一个实验中，他给被试者提出下列的命题：

假定，一个人的胃里面长了一个不能实施外科手术的肿瘤。如果我们应用某种放射线，只要有足够的强度，肿瘤是可被破坏的。但是，问题在于：这样强烈的放射线同样会破坏健康的组织，而肿瘤周围都是健康组织。怎么能够把射线应用到肿瘤上，同时又不会破坏围绕在这个肿瘤四周的健康组织呢？

邓克尔让他们解决问题时边想边说出声。由下述可以看出，他解决问题的过程是由几个一般解法、功能性解法和特殊性解法所构成的。

这个学生采用的第一个一般解法是："我必须找出一种办法，使射线不与健康的组织接触。"这样的一般范围能够而且确实导致对这个问题的几种更为明朗、更为精确的陈述。由这条思路可以找到下面几种解决方法：

（1）找出一条达到胃部的通道，比如把射线通过食道送入胃部；

（2）把健康的组织移出射线的通道以外，比如服用化学药剂使健康组织免受破坏；

（3）在射线和健康的组织之间插进一道保护墙，用一种无机的，射线无法透过的东西保护健康的胃壁；

（4）把肿瘤移到表面上来，让射线直接照射肿瘤部位。

这些解决办法的每一种都会被暗示一种特殊的解决，然而这几种解决办法缺乏可行性和实际操作性，都被被试者认为不适当而放弃了。由于每一种特殊的解决办法都被放弃了，被试者只得扩展思维，另找其他的一般解法。最后，他想道："在通过健康组织时，把射线的强度降低。"射线的强度应该是可以控制的，但是怎样做呢？

最后，这条思路终于引导出可行的解决办法。当他达到最后一段行程，思考如何降低射线强度时，他想道："多多少少转一下方向，把射线扩散，然后通过透镜将微弱的射线聚集起来，使肿瘤恰好在焦点上，聚集起来的射线足以毁灭癌细胞，但是对周围其他健康组织没有伤害。"

邓克尔发现有时错误的解决问题的方法可以启发人们思考，找到正确的途径。在上一经典命题中，被试者提出了某些看似不合理的方法。比如，让射线从食道进入胃部是行不通的，但是让射线从组织空隙中通过却是可行的。

每一条解决路线都是对命题的重新解读，一条新的路线是在所有因素的灵活转变中建立的。对任何一条路线，我们都可以通过其功能特征来判断其是否可行。很多解决路线具有相同的功能特征，比如"把健康组织移出射线的通道以外"和"把肿瘤移到表面，让射线直接照射"具有相同的功能特征，即通过移动身体组织避免射线的照射。一旦提出完善的解决路线（功能性解法），就需要结合实际情况考虑切实可行的解决办法（特殊性解法）。在找到功能性解法的前提下，把解决问题的方法应用到不同情境中就可以得到特殊性解法。

科学思维命题可以把复杂的问题还原在一个概念体系中，以便在理论中构思、重建命题系列。我们在解决问题的过程中，通过分析情境发现其中所包含的关键因素，然后通过对这些因素重新组织，使解决问题的方法越来越清晰。

5. 现代创造性思维命题

一群小孩在院子里玩耍，突然一个孩子掉进了大水缸，其他的小孩吓得不知如何是好。这时，一个聪明的孩子从地上拾起一块石头砸向水缸，水缸被砸破，水流出来了，溺水的小孩得救了。

这个著名的"司马光砸缸"的故事所体现的就是创造性思维命题。简单来说，创造思维命题就是具有开发我们创造能力的思维命题。创造性思维命题来源于生活事件，生活中的具体问题为思维提供了特殊的情境，从而刺激创造性的思考。事件中的应激源能够最大限度地激发大脑的潜能，使之瞬间绽放美丽的思维花朵。虽然任何形式的思维过程都是在解决问题的过程中产生的，但是突发事件的应激源使思维更加活跃，冲击力更强。比如，曹植七步成诗的典故正反映了这一现象。

曹植从小就才华出众，很受曹操的疼爱。曹操死后，曹丕当上了魏国的皇帝。曹植并未犯下什么大罪，只是有人告发他经常喝酒骂人，他把曹丕派出的使者扣押起来，并没有招兵买马，阴谋反叛的迹象。这算不上犯罪，杀之怕不服众，曹丕便想出个"七步成诗"的办法，让曹植在七步之内完成一首诗，否则就定他的罪。所幸曹植能够出口成诗，在很短的时间内创作了著名的《七步诗》，原诗为六句："煮豆持作羹，漉菽以为汁。其在釜下燃，豆在釜中泣。本是同根生，相煎何太急？"曹丕明白了曹植这首诗的道理，如果自己杀了曹植便会被人民耻笑，于是放了曹植。

最早把思维命题和创造品质结合起来的是美国心理学家吉尔福特。现今被人们熟知的一些创造思维命题，就是他创造出来的。吉尔福特创造性思维的核心是发散搜索功能，后来被称为发散思维。他认为发散性思维品质具有四个主要特征：

流畅性：在短时间内能连续地表达出的观念和设想的数量，是发散思维的基础；

灵活性：能从不同角度、不同方向灵活地思考问题，是发散思维的关键；

独创性：具有与众不同的想法和独出心裁的解决问题的思路，是发散思维的目的；

精致性：能想象与描述事物或事件的具体细节。

按吉尔福特的理论，创造性思维就是发散思维。尽管把创造性思维等同于发散思维是一种简单化的理解，但是对于创造性思维的研究与应用来说，毕竟是起了不小的推动作用。吉尔福特研究出一整套测量这些特征的具体方法。然后，他们又把这种理论应用于教育实践，围绕上述指标来培养发散思维，使发散思维的培养变成了可操作的教学程序。

吉尔福特采用语言文字、数字计算、图像再造和识别、操作性作业等形式设计创造性思维命题。后来，他的学生托伦斯、吉特泽尔斯、杰克森进一步对创新命题进行研究和设计，赋予命题一些新的内容和形式。主要有下面几种：

词的联想：给出一些词，让被试者说出词的近义词和反义词。这种方法可以训练被试者的发散思维和联想思维。比如，请说出尽量多的"开心"一词的同义词和反义词。

物体用途：运用发散思维指出事物的多种用途，答案越多越好。比如，除了供人坐之外，凳子还有什么用途？除了供人喝水之外，水杯还有什么用途？

从隐蔽的图案中找出完整的东西：让被试者看一些图片，要求找出图片中隐蔽起来的图形。比如让被试者从一张图片中找出几个人的头像。

解释寓言：给出几个没有结尾的寓言故事，要求被试者对每一个寓言故事补充三种不同的结尾。比如，请给龟兔赛跑的故事重新设计结局。

自编问题：让被试者自己编几个问题，看谁编得更有创意。比如，设计一种在空中飞的机器代替汽车、自行车等日常代步工具。

创造性思维在解决实际问题的过程中具有非常重要的意义。吉尔福特认为，经由发散性思维表现于外的行为即代表个人的创造力。你的思维越灵活说明你的创造力越强。相反，一个思维惰性、刻板、僵化或者呆滞的人，不会有什么创造力。

经过创造性思维训练可以使我们的思维变得更灵活、更开阔，遇到问题时，不会束手无策，而是发挥创造力，找到有创意的、有趣的解决方法。

第二节
思维命题解题技法

1. 发散思维法

所谓发散思维，是指根据已有信息，从不同角度、不同方向进行思考，寻求多样性答案的一种思考方式。创新思维学者托尼·巴赞指出发散思维有两方面的含义，一方面是来自或连接到一个中心点的联想过程，另一方面是指思维的爆发。这种思维方法不受传统规则和方法限制，要求我们遇到问题的时候，尽可能地拓展思路。美国著名心理学家吉尔福特在研究创新思维的过程中，指出与创造力最相关的思维方法就是发散思维。吉尔福特认为，经由发散性思维表现于外的行为即代表个人的创造力，思维越灵活说明创造力越强。科学家的新发明、商人的新点子、艺术家的新创作大部分是通过发散思维取得的。

有人请教爱因斯坦："你和普通人的区别在哪里？"爱因斯坦把普通人的思考比作一只在篮球表面爬行的甲虫，他们看到的世界是扁平的，而他自己的思考则像一只飞在空中的蜜蜂，他看到的世界是全方位的、立体的。

相反，一个思维惰性、刻板、僵化或者呆滞的人，不会有什么创造力，也不可能在某个领域作出太大的成就，因为缺乏发散性思维的人总是想到一个思路之后就不再思考了，得到一个说得通的解释就不再去探索其他的解释了，这样就养成了懒惰的思维习惯。

要想养成发散思维的习惯，可以从发散思维的三个特性入手进行训练。

首先，发散思维具有流畅性，可以让我们在很短的时间内产生大量的思路。

如果一个人的思维的流畅性很好，他的思路就如行云流水，创意迭出。心理学家克劳福德建议用属性列举法来训练思维的流畅性。简单的训练方法如下：

（1）用你能想到的所有定语形容某一个名词；

（2）想出一个故事的多个结局；

（3）给一个故事拟定多个标题；

（4）用给定的字组成尽可能多的词或用给定的词语组成尽可能多的句子。

其次，发散思维具有变通性，非常灵活，可以让我们的思想自由驰骋。

变通性要求我们重新解释信息，强调跨域转化，用一种事物替换另一种事物，从一种类别跳转到另一种类别。转化的数目越多、速度越快，转化能力越强。比如，针对"砖头有什么用途？"，我们回答"可以盖房子、可以盖一堵墙"，其实是把砖头限制在建筑材料这一个门类里了。如果回答说砖头可以用来做磨刀石，这就跳转到别的类别里了。

训练变通性可以提高触类旁通的能力。简便的训练方法如下：

（1）说出给定定语能够描述的所有东西；

（2）对给出的系列单词按照一定的类别进行组合。比如蜜蜂、鹰、鱼、麻雀、船、飞机等单词，按照飞行的、游水的、凶猛的、活的等类别进行组合。

最后，发散思维具有独特性，可以让我们别出心裁地产生不同寻常的想法和见解。

独特性的意思是指这种思维方式是唯一的、非凡的，别人想不到的。独一无二的思维方式可以得到意想不到的结果。独特性建立在流畅性和变通性的基础之上，可以说流畅性和变通性是途径，独特性是结果。只有产生大量的、不同类别的思路，才能从中找到能够出奇制胜的创造性想法。

此外，发散思考还要求我们敢于提出新观点和新理论。现成的、固定的答案是发散思考的最大障碍，如果我们敢于对现有答案提出质疑，往往能够另辟蹊径找到更加便捷、更加有效的方法。数学家华罗庚上中学的时候就曾经大胆地对权威理论提出质疑，结果他证明了一位数学教授的公式推导有错误。

2. 水平思考法

甲从乙处借了一笔债，如果无法偿还，就得去坐牢。乙是放高利贷者，他想娶甲的女儿做老婆，姑娘至死不从。乙对姑娘说了一个解决的办法："现在我从地上拣起一块白石子，一块黑石子，然后装进袋子由你来摸。如果你摸出白石子，你父亲的那笔债就一笔勾销；如果你摸出的是黑石子，那你就得和我成亲。"说完，他从地上捡起两块黑石子放进了口袋。然而，这个动作被姑娘看到了。姑娘会怎么办呢？

水平思考法的创始人爱德华·德·波诺教授在用这个故事解释何谓水平思考时，也同样提出了这个问题，并且他得到了下面几种答案：

（1）姑娘拒绝摸石子；

（2）姑娘揭穿乙拣起两块黑石子的诡计；

（3）姑娘只好随便抓起一块黑石子，违心地同乙结婚。

很显然，上面的方法都不尽如人意。而如果运用水平思考法——将考虑的焦点移向水平方向：由口袋中的石子移到地上的石子，则能两全其美地解决问题。

姑娘的眼光从口袋移到地面上，想到乙的两块石子是从地上捡起来的，于是，她伸手到口袋里抓起一块石子，在她拿出口袋的一刹那，故意将其失落在地上。这时，她对乙说："呀！我真不小心，把石头掉在地上了。我抓出来的那一块是黑是白已经无法知道了。但这也无关紧要，看看你口袋里剩下的那一块吧，我抓的肯定和口袋里的那一块不一样……"

姑娘利用水平思考法，将束手无策的局面扭转过来，取得了令人满意的效果。

爱德华·德·波诺教授是这样解释"水平思考法"的："以非正统的方式或者显然的非逻辑的方式寻求解决问题的办法。"他还说："简单地说水平思考法其实就是你不能通过把同一个洞越挖越深，来实现在不同的地方挖出不同的洞。"很显然，水平思考法强调的是寻求看待事物的不同方法和路径。这种显然的非逻辑的思维方式，要求我们摆脱常规的思维路径。爱德华·德·波诺教授主张，当你为实现一个设想而进行考虑的时候，很有必要摆脱一直被认为是正确的固有的观念的束缚。因为当我们按照常规的固有的观念进行思考时，很多可能性就被忽略掉了。举例来说，按照人们的固有观念，水总是往低处流的，如果仅从这一观念出发，世界上就不会有能将水引向高处的吸虹管了。

水平思考法是针对垂直思考法而言的。在运用"垂直思考法"时，首先要选取一个位置，然后作为一次感知的基础；接着，就要看看自己此时此刻处于什么地方；再接着，就要从所在的位置和时刻进行逻辑分析。而运用"水平思维"时，我们移动到侧面路径上尝试不同的感知、不同的概念、不同的进入点。我们可以使用各种各样的方法，包括一系列激发技巧，来使我们摆脱常规的思维路径。比如，创造性停顿、简单的焦点、挑战、其他的选择、感念扇、激发与移动、随意输入、地层、细丝技巧等等。在以后的章节中，我们将一一介绍。

在水平思维中，我们致力于提出不同的看法。所有的看法都是正确的和相容的。每个不同的看法不是相互推导出来的，而是各自独立产生的。运用水平思考我们可以从不同角度，不同侧面来看待一个问题，从与思考对象相关的、可能相关的、甚至不相关的任何事物中寻找解决问题的方法。常规逻辑关注的是"真相"和"是什么"，而水平思考就像感知一样，关注的是"可能性"和"可能是什么"。

水平思考和发散思维一样，试图寻找多种可能性，但是水平思考具有逻辑性和收敛集中的一面，它的意义在于通过系统地运用具体的技巧和工具来改变概念和感知，从而提出新的创意和概念。

3. 头脑风暴法

头脑风暴的英文表述是"Brain storming"，原指精神病患者头脑中短时间出现的思维紊乱现象，病人会产生大量的胡思乱想。被誉为创造学之父的美国人亚历克·奥斯本借用这个概念来比喻思维高度活跃，打破常规的思维方式而产生大量创造性设想的状况。奥斯本提出的头脑风暴法是一种激发集体智慧，提出创新设想，为一个特定问题找到解决方法的会议技巧。

俗话说："三个臭皮匠，顶一个诸葛亮。"当我们面对复杂的问题时，靠一个人冥思苦想很难解决问题，在会议上大家提出的想法可以互相激励，互相补充，从而产生新创意和新方法，但是，并非所有会议模式都能让人们敞开思路、畅所欲言。奥斯本找到了一种能够实现信息刺激和信息增值的会议模式，在企业进行发明创造和合理化建议方面效果显著。他提出头脑风暴法之后，很快就在美国得到了推广，随后日本人也相继效仿。

美国北方常下暴雪，有一年雪下得格外大，冰雪积压在电线上导致很多电线被压断，严重影响了通讯。电讯公司想尽办法也没能解决这一问题。后来电讯公司经理召集不同专业的技术人员举行了一次头脑风暴座谈会。

在会议上大家提出了不少奇思妙想，有人提出设计一种电线清雪机；有人提出提高电线温度使冰雪融化；有人提出使电线保持震动把积雪抖落。这些想法虽然不错，但是研究周期长，不能马上解决问题。还有人提出乘坐直升飞机用扫帚扫雪，这个想法虽然滑稽可笑，但是有一个工程师沿着这个思路继续思考，想到用直升飞机的螺旋桨将积雪扇落，他马上把这个想法提出来。这个设想又引起其他与会者的联想，人们又想出七八条用飞机除雪的方案。

会后专家对各种设想进行分类论证，一致认为用直升飞机除雪既简单又有效。现场试验之后，发现用直升飞机除雪真能奏效。就这样，一个困扰电讯公司很久的难题在头脑风暴会议中得到了解决。

头脑风暴的意义在于集思广益。为了保证头脑风暴发挥作用，奥斯本要求与会人员务必严格遵守四个原则：

自由设想：与会者要解放思想，开拓思路，无拘无束地寻求解决问题的方案。鼓励与会者提出独特新颖的设想。因此与会者要畅所欲言，不要担心自己的想法是错误的、荒谬的、不可行的或者离经叛道的。

在平常的会议中，我们力求让自己提出的建议和想法符合逻辑，因为我们总希望自己的建议得到别人的认可，不会提出一个连自己都不能自圆其说的想法，这就放过了很多潜在的解决问题的方法。头脑风暴会议就是要求我们天马行空地思考，无所顾忌地表达，让那些潜藏的方案显露出来。

延迟评判：不许在会上对别人提出的设想进行评论，以免妨碍与会者畅所欲言。对设想的评判要在会后由专人负责考虑。

在平常的会议中，大家总喜欢用批判的态度对待别人提出的一些想法。挑毛病是很容易的事，然而这种批判的态度使很多优秀的设想被扼杀在萌芽之中。比如，在美国电讯公司的会议中，当有人提出"乘坐直升飞机用扫帚扫雪"之后，如果有人说"这个想法太离谱了"，那么就不会有后面的"用螺旋桨扇雪"的设想。

追求数量：与会者要运用发散思维尽可能多地提出设想，数量越多就越有可能产生高水平的设想。

有一家公司鼓励职工运用头脑风暴法提出改进技术、改进管理的新设想，1979 年一年内产生了十七万条新设想。公司从如此多的设想中选出优秀的、建设性的设想应用在设计和管理领域，使生产经营水平不断提高。

引申综合：在别人提出设想之后，受到启发产生新的设想，或者把已有的两个或多个设想综合起来产生一个更完善的设想。

头脑风暴是一种思维技能，也是一种艺术，头脑风暴的技能需要不断提高。人们常常把合作的好处比作 1+1 > 2，头脑风暴并不仅仅是把各自的想法罗列出来，还有一个激荡的过程，一个想法催生另一个想法从而得到更多更好的想法。

有交流、有发展才有创新。

头脑风暴的效果显而易见，因此在世界各国受到了普遍欢迎，各国在不断应用中对头脑风暴法进行了创新和发展，以适应不同团体的需要。我们这里介绍美国、德国和日本的三种典型的头脑风暴法。

美国逆向头脑风暴法：这是美国热点公司对头脑风暴法的发展，其特点是不但不禁止批判，反而重视批判，旨在通过批判使设想更完善。这种方法与美国人那种自由、开放的性格相适应。需要注意的是要防止因为批判而导致大家不愿意提出荒谬的设想。

德国默写式头脑风暴法：这是德国学者鲁尔巴赫根据德国人惯于沉思和书面表达的特点而创造的会议方法。其特点是每次会议由六个人参加，每个人在五分钟之内提出三个设想，所以这种方法又叫"六三五法"。主持人宣布议题之后，发给每个人一张卡片，卡片上有三个编码，两个编码之间有一定的空隙，为的是让别人填写新的设想。在第一个五分钟内每个人在卡片上填上三个设想，然后传给下一个人。在下一个五分钟内，大家从上一个人的设想中受到启发填上三个新的设想。这样传递半个小时之后，可以产生一百零八个设想。

日本NBS头脑风暴法：这是日本广播公司对头脑风暴法的发展，是一种事务性较强的方法。具体做法是主持人在会议召开之前公布议题，并发给与会人员一些卡片，要求每个人提出五条以上设想，每一条设想写在一张卡片上。会议开始后，与会人员逐一出示自己的卡片并发言。当别人发言的时候听众如果产生了新的设想，就把设想写在备用的卡片上。发言完毕之后，主持人收集卡片并按内容分类，然后在会议中讨论、评价，选出解决问题的方法。

头脑风暴作为一种激励集体进行创新思维的方法在企业和设计性团体中得到了广泛的应用，此外在日常生活中也很实用。比如在学校中老师可以组织头脑风暴会议，让学生们讨论如何提高学习成绩，如何丰富课外生活等问题。家庭也可以召开小型的头脑风暴会议讨论如何度过周末，如何使晚餐更丰盛等问题。在日常生活中的训练可以逐渐提高发散思考的能力。

4. 删繁就简法

面对困难找不到出路，很多时候是因为我们陷入了自己设置的圈套之中，把原本简单的问题弄复杂了，结果越来越乱，理不清头绪，本来几分钟就能搞定的问题要用一天的时间来解决，本来轻轻松松就能做完的工作，把自己弄得精疲力竭。这种情况下我们就需要用删繁就简法思考问题了。

删繁就简思考法就是让我们把繁杂的、与主题无关的或关系不大的内容删掉，减少不必要的环节，然后把握事物的重要方面和本质规律，使复杂的问题变得简单容易。

亚里士多德说："自然界选择最简单的道路。"你抛一块石头到空中，它一定是沿着最短的那条路径落下来。本来很简单的事情，我们何必把它弄复杂呢？那样既浪费时间，又浪费精力，还未必能解决问题。我们应该顺其自然，不要人为地把简单的事情复杂化。要知道，把简单的事情复杂化很简单，把复杂的事情简单化却很难。德国科学家克林凯就曾说过："最容易和最简单的东西往往是最难找到的。"

删繁就简的思维方法有三种具体的做法：剪枝去蔓、同类合并和寻觅捷径。

剪枝去蔓

剪枝去蔓就是我们排除问题的旁枝错节，去除掉可以不予考虑的次要因素，抓住问题的主干。

15世纪，罗马教皇把异端分子奥卡姆·威廉关进监狱，以禁止他传播异端思想。但是，没想到奥卡姆竟然逃跑了，并且投靠了教皇的对头罗马皇帝路易四世。他对路易四世说："你用剑保卫我，我用笔捍卫你。"

在皇权的保护之下，奥卡姆著书立说，他的一句格言对后世影响很大——"如无必要，勿增实体"。这就是著名的"奥卡姆剃刀"的中心意思，它的含义是一个具体存在的理论一经确定，其他干扰这一理论的普遍性感念都是无用的，应该像多余的毛发一样被剔除掉。它还告诉人们在处理问题的时候，要把握事情的实质和主流，解决最根本的问题。

人们本能地追求全面和安全，喜欢把事情弄复杂，事实上这样往往是画蛇添足、多此一举，事物的一些结构和功能变得不合时宜而成为累赘。用"奥卡姆剃刀"把多余的东西去掉，事情会变得更简单、更方便。

最初的火车车轮上装有齿圈，为的是与铁轨上的齿条相契合，以保证火车稳定前进。一些专家认为如果车轮没有齿圈，火车就会打滑，甚至脱轨。火车的司炉工人司蒂文森有一天看着车轨展开了想象，如果把齿圈和齿条去掉会怎么样呢？他进行了大胆的试验，结果发现火车不但没有脱轨，反而大大提高了行使速度。

即使是一件小物品也可以删繁就简，使制作工序和操作过程更简单。比如钢笔，最初的笔舌处有多道凹槽，为的是蓄积墨水，后来有人把凹槽去除掉之后，发现照样可以流畅地书写。以前的钢笔帽里面加工有螺纹，为的是能够固定在笔筒上，有人尝试着把螺纹去掉之后，发现没有螺纹也能很好地固定笔帽。

如果你现在正为一些复杂的问题感到烦恼，请试着拿起奥卡姆剃刀把那些复杂的想法剔除掉，露出事情的本来面目，也许你能立刻找到简单的解决问题的方法。

同类合并

同类合并是指把同类问题合并起来进行分析和处理，这样可以提高解决问题的效率。

伊莱·惠特曼被称为美国"标准化之父"，因为他首创了流水作业批量生产的工厂运作模式。

美国爆发南北战争的时候，伊莱·惠特曼与政府签订了两年内提供一万支来复枪的合同。那时的生产模式是由每个工匠负责制作一支枪的全部零件，然后再组装成枪，生产效率非常低，一年才生产了五百多支枪。这样下去，无论如何也完不成任务，惠特曼开始思考如何才能提高工作效率。他运用同类合并的思考法想到，如果让每个人负责制作一种零件，然后由专门的人负责把零件组装成一支枪，这样会不会快一些呢？

他把制枪的过程分为几道工序，每个员工只负责其中一道工序，他还对枪支零件的尺寸制定了一些标准，这样生产的每一个零件都一样，最后生产出来的都是标准化的枪。这样实行之后，工作效率和质量得到了大幅度提高，如期完成了任务。

把同一道工序合并在一起，就能使每个人的工作流程更加简单，每个人只负责生产一种零件，就可以大大提高熟练程度，从而提高生产效率。

寻觅捷径

寻觅捷径就是让我们的思维简洁化、理想化，单纯地反映事物的本质与规律，找到解决问题的最便捷的方法。

一位叫贝特格的保险推销员就是这样挽救自己事业的危机，并走向成功的。贝特格刚进入保险行业的时候踌躇满志，但是一年之后他就灰心丧气了，他不明白为什么自己那么努力地工作，业绩却一直不好。某个周末的早晨，他决定理出个头绪来。他问了自己下面这三个问题：

问题到底是什么？

问题的根源在哪里？

解决方案是什么？

最让他苦恼的问题是当他与客户洽谈业务的时候，有些客户突然打断他，说下次有时间再面谈，结果他把大量的时间和精力花在"下次"面谈上，不但收获甚微还给他带来强烈的挫折感。他把自己一年的工作记录作了一番统计，发现一次谈成功的客户占70%，两次谈成功的占23%，只有7%的生意需要三次以上的洽谈。他却被那7%的生意折磨得筋疲力尽。他决定不再为那些需要三次以上洽谈的生意奔波，把省下的时间用来开发新的客户。结果他的业绩在很短的时间内就翻了一倍。

洞悉问题的根本所在，简单地去想，简单地去做，问题就会迎刃而解。当我们在工作、学习和生活中遇到难于解决的问题时，不妨也用删繁就简的思维方法把看似复杂的问题简单化。抓住影响问题的关键点，找到导致问题的根本原因，然后用"釜底抽薪"的方法，就能把问题轻松化解。

5. 转换思维法

转换思维实际是一种多视角思维，从多个角度观察同一现象，用联系的发展的眼光看问题，会得到更加全面的认识，从多个层次、多个方面、多个角度思考同一问题，会得到更加完满的解决方案。

如果我们对某一问题的思考方式对自己不利，就应该转换一个思路，从另一个角度考虑问题，说不定可以让问题迎刃而解。

春秋战国时期，有一个鲁国人擅长编草鞋，他的老婆擅长做帽子。连年战乱使他们苦不堪言，这个鲁国人决定搬到越国去谋生。他的朋友听说赶忙劝阻他："你到越国去肯定会穷得没有饭吃。因为越国人喜欢光脚，不用穿鞋，而且他们披头散发不用戴帽子。你们的东西在那里一定卖不出去。"于是，这个鲁国人听从了朋友的劝告，没有搬到越国去。

越国人和鲁国人的生活习惯虽然有差别，但是作为人的基本需求是一致的。越国是正在发展中的蛮荒之地，穿鞋戴帽是必然趋势。这个鲁国人本来可以宣传穿鞋子的好处，说服那里的人们穿鞋子，那将是一个多么广阔的市场啊！可惜他没有这么做。

几千年之后，有两个商人一起去非洲卖鞋子。那时的非洲人刚刚改变以前穿兽皮、披树叶的习惯，穿上了衣服，但是他们还都是光着脚走路。一个商人看到这种情况之后认为这里的人都不穿鞋子，根本就没有市场，于是他去别的地方卖鞋子了。另一个商人却想：这里的人都没有鞋子穿，鞋子的需求量太大了，真是赚钱的好机会！于是他留下来，结果成功地把鞋子卖给所有光脚的人，成了富甲一方的大鞋商。

转换思维还要求我们从不同方面对同一对象进行考察，从而得出客观公正的评价。比如，法官判案时，原告和被告"公说公有理，婆说婆有理"，如果偏执一端，很可能会冤枉好人。只有转换思维，全面了解事情的原委，才能作出公正的裁决。

转换思维可以帮我们精确地理解某一事物的内涵和外延，并对事物的概念作出规定。语义学家格雷马斯说："我们必须对一些基本概念，不厌其烦地进行定义，尽量确保做到精确、严格，以确保新概念的单义性。"所谓"不厌其烦地进行定义"，就是不断转换思维，从不同层次进行分析和推敲。对事物外延的把握更需要从不同角度进行划分。比如对历史时期的划分，从生产关系的角度可以分为原始社会、奴隶社会、封建社会、资本主义社会和共产主义社会；从物质材料的角度可以分为旧石器时代、新石器时代、青铜时代、铁器时代和高分子时代；从能量的角度可以把近代史分为蒸汽时代、电子时代、原子能时代等等。

此外，转换思维可以避免思维定式，对于发明创造来说有重要意义，每转换一个新的视角都可能引发一个新发现或新发明。

美国玩具制造商斯帕克特发现那些玩具设计师设计的玩具单调、陈旧，没什么新鲜感，很难引起儿童的兴趣。因为那些设计师都是成年人，他们已经形成了思维定式，很难从孩子的角度来设计玩具。要想设计出受孩子们欢迎的玩具，必须知道孩子们的想法。于是，斯帕克特请来一位六岁的小女孩玛丽亚·罗塔斯作为玩具设计的顾问，让她指出各种玩具的缺点，以及她希望生产出什么样的玩具。在小女孩的点拨之下，斯帕克特的公司生产的玩具销路很好。

这个例子说的是成人与孩子之间的思维转换，此外，思维转换还有男人与女人之间的转换，历史、现实与未来的转换，整体与局部的转换，肯定与否定的转换，科学与艺术的转换等等。思维转换的方法不一而足，这里我们介绍几种简单易行的训练方法。

反向转换法

《道德经》里有这样一句话："有无相生，难易相成，长短相形，高下相盈，音声相和，前后相随，恒也。"这朴素的辩证法向我们讲述了深刻的道理。向反向去求索，站在事物的对立面来思考往往能够突破常规，出奇制胜。你可以向对立面转换事物的结构、功能、价值，以及对待事物的态度。对结构和功能的转换可以让你有发明创造，对价值的转换可以让你变废为宝，对态度的转换可以让你心胸开阔，荣辱不惊。

相似转换法

这种转换法有助于我们对同一对象、同一问题进行全面、整体、系统地把握。比如下面两组词语，每组词语之间都具有一定的相似性和关联性。

（1）生命、血肉、植物、爱情、真理、繁荣

（2）原始、开端、最初、胚胎、萌芽、发展

每一组中的一个或几个词都可以成为理解本组中某一个词的新视角。这种转换方法可以启发新的隐喻以及事物之间的联系，对于在科学研究中建立理论模型有重要意义。

重新定义法

如前面所说，转换思维可以使概念的定义更加精确，反过来，通过对某一概念重新定义可以训练我们转换思维的能力。对文字的翻译也可以达到这种效果，台湾诗人余光中说："翻译一篇作品等于进入另一个灵魂去经验另一个生命。"这种"经验"可以让你视野更加开阔。

征询意见法

一个人的思路毕竟有限，要想实现多视角思维，就应该借助集体的力量。征询别人的看法和意见可以让你对某一问题的认识更加完善。电视剧《三国演义》中曹操的扮演者鲍国安当年为了演好曹操这个角色，对不同年龄、不同学历、不同职业的几百个人进行调查，询问他们对曹操的看法。别人的意见让他对曹操的各个侧面都有所了解，他的演出自然赢得了大家的好评。

实践转换法

实践转换可以让你在对问题的实际操作中，获得对事物的新的理解和认识，发现某种新的意义。比如，大学生写论文，纯粹研究理论只能是闭门造车，如果

去参加相关的实习，就会对理论知识产生新的认识。此外，经历一下你没有体验过的生活可以让你改变对一些问题的看法。

6. 因果逆向法

所谓因果逆向法，即有意识地将事物之间的因果关系颠倒一下，看由结果能否导出原因。这种思维方法在科学领域有着广泛的应用，许多科学发明都是建立在这种思维方法的基础上的。

19 世纪初，意大利物理学家伏特发明了伏特电池，首次实现将化学能转换成电能。英国化学家戴维得知这个消息后，便想：既然化学能可以转换成电能，反过来电能是否也可以转化为化学能呢？于是戴维做了电解化学的试验，终于获得成功。

当年，爱迪生发明留声机也同样用的是这种思维。

1877 年，他在试验改进电话时，意外地发现传话器里的膜板随着说话声音会引起相应的震动，他就想：若反过来，这种震动能否使原先发出的说话声音不失真地重现呢？根据这一逆向的设想，爱迪生经多次试验终于发明并创造了世界上第一架会说话的机器——留声机。

除了上面故事中所体现出来的创造方法，因果逆向法还有另一种体现。我们知道，人们在发明一个东西的时候，往往是根据已有的条件进行创造。不过，运用因果逆向法，则可以反其道而行之，先提出发明的结果（发明物），然后分析这项发明有什么特点，再考虑如何去实现这些特点，最后再确定该发明的真正外观和结构。

有个善于动脑筋的中学生为了解决人们忘记关水龙头而浪费水的问题，想要发明一种新型水龙头。他从"当停水后，若忘记关闭水龙头，水再来时，能自动关闭，防止水浪费"这一结果出发进行思考，设计了一个当停水后水再来时能自动切断水流的装置。他运用内燃机气缸结构的活塞运动和气缸外冷却水套的工作原理，当停水后水再来时，水从阀体进入空心活塞内，利用水流动量变化产生冲力推动活塞，实现自动放水。当水槽注满水后，浮球上浮，通过杠杆将力传递到活塞，使它反向运动，堵住阀门口，切断水流。

可以看出，因果逆向法的关键便是要突破惯性思维，颠倒已有的因果逻辑，从而取得新的发现。当然，不是每一次都会有新的发现。

7. 观点逆向法

观点逆向法，即采用一种与常规、大众不同的思路来思考问题，以获得新颖的见解和结论。这种思维方法往往能够极大地使我们摆脱从众心理，增强我们思考的独立性和创造性。这种思路在文学和学术上经常用到。

牛郎、织女在每年七夕相会的故事，是历代中国人都耳熟能详的故事了，历代文人歌咏这个事件的文学作品数不胜数。比如大诗人李商隐、杜牧均曾有相关的诗词作品。不过，多数文人对此的态度都是为两人的长期"分居"而遗憾，但是，宋代词人秦观却一反这种态度，写下了一首《鹊桥仙·七夕》的词作。其除了在前面赞美牛郎织女的爱情外，在结尾处笔锋一转，提出了"两情若是久长时，又岂在朝朝暮暮"的新颖观点，顿时使得此首词作在众多同主题词作中脱颖而出。

再看有关长城的作品。历代文人对于这个雄伟壮丽的万里长城，一向视之为中原王朝防御草原民族南下的有力屏障，吟咏长城的作品也大多充满赞叹。但是，康熙年间的书生张廷玉却一反这种态度，留下了"万里长城万里空，百世英雄百世梦"的诗句，一下子显得与众不同，不落窠臼。相传张廷玉也正是因为这首诗而受到了康熙的器重。

还有，《史记》中的《孟尝君列传》中，说孟尝君借助于鸡鸣狗盗之徒得以从秦国逃脱，因此被历代视为善于纳士的典范。但是，到宋代时，王安石则在《读孟尝君传》一文中，一反众人观点，提出了"如果孟尝君真的善于纳士，则一个真正有才能的士便足以使得齐国雄霸天下了，哪还用得着这些鸡鸣狗盗之徒出力，因此孟尝君并不善于纳士"的观点，读来令人耳目一新。

类似的例子还有许多，总之，观点逆向法便是这样一种故意与众人"对着干"的思维方式，其总体上可算作一种求异思维。学会这种思维方式，能够使我们具有一种与众不同的思维与见解，说话或写文章时都能出语不凡，让人刮目相看。另外，不仅是人文学科，在自然科学领域，此思维方法有时也能够帮助人们摆脱惯性思维，获得新的发现。

需要指出的是，观点逆向思维并不是盲目地追求与众不同，提出的新观点要合乎逻辑，能自圆其说，让人信服。

其实，在现实中我们不妨经常有意识地进行一番练习，比如在《水浒传》中的潘金莲历来被人视作淫妇，但是如果站在她的角度来说，她本人不也是值得同情的吗？武松历来被视作英雄好汉，在《血溅鸳鸯楼》一章中，张都监和蒋门神被武松杀死是罪有应得，但是包括张都监夫人和府中丫环、仆人在内的几十口人，武松凭什么杀死他们呢？从这个角度来讲，武松可以说是个杀人魔鬼了。

再比如，有句话叫"开卷有益"，这话在古代书籍少的年代可能不错，但是在如今书籍泛滥、泥沙俱下的信息时代，这话难道不值得重新思考吗？

8. 倒转思维法

倒转思维法又叫逆向思维法，是指从思考对象的反面或侧面寻找解决问题的思考方法。

有四个相同的瓶子，怎样摆放才能使其中任意两个瓶口的距离都相等呢？

如果让四个瓶子全部正立着摆放，你将永远找不到方法。把一个瓶子倒过来试试。想到了吗？把三个瓶子放在正三角形的顶点，将倒过来的瓶子放在三角形的中心位置，这时你制造了很多个等边三角形，任意两个瓶口之间的距离都是正三角形的边长。

没有人规定一定要把瓶子正立摆放，但是很少有人想到把瓶子倒过来。因为人们习惯于沿着事物发展的正方向思考问题，并寻求解决问题的方法。但是，有时候按照传统观念和思维习惯思考问题你会找不到出路，百思不得其解。这时你可以试着突破惯性思维的条条框框，从相反的方向寻找解决问题的办法。

倒转思维法最初由哈佛大学教授艾伯特·罗森和美国佛蒙特州投资顾问汉弗莱·尼尔共同提出，他们把这种思维方法表述为："站在对立面进行思考。"倒转思维法就是让我们打破常规思维模式的束缚，表现为对传统观念的背叛。采用倒转思维法的前提是对思维对象进行全面分析，细致地了解思维对象的具体情况。此外，进行倒转思维的人还要有敢于冒险，勇于创新的精神。

运用倒转思维法，我们可以注意并思考问题的另一方面，从而深入挖掘事物的本质属性，有助于开拓新的解决问题的思路。日本丰田汽车公司的创始人丰田喜一郎曾经说："如果我取得一点成功的话，那是因为我对什么问题都倒过来思考。"倒转思维法的作用可见一斑。

宋灭南唐之前，南唐每年要向大宋进贡。有一年，南唐后主李煜派博学善辩的徐铉作为使者到大宋进贡。按照规定，大宋要派一名官员陪同徐铉入朝，但是朝中大臣都认为自己的学问和辞令比不上徐铉，大家都怕丢脸，没人敢应战。

宋太祖很生气，但是又无可奈何。他也不想随便派个人去给朝廷丢脸。后来，他想了这样一个办法：让人找到十个魁梧英俊，但又不识字的侍卫，把他们的名字呈交上来。然后，找到一个比较文雅的名字，说："此人堪当此重任。"大臣们很吃惊，但是没人敢提出异议，只好让大字不识的侍卫前去接待徐铉。

徐铉见了侍卫先寒暄了一阵，然后滔滔不绝地讲起来。但是不管他说什么，侍卫只是频频点头，并不说话。徐铉想"大国的官员果然深不可测"，只好硬着头皮讲。可是一连几天，侍卫还是不说话。等到宋太祖召见徐铉时，他已经无话可说了。

宋太祖就是利用逆向思维来应对南唐的进贡官员。按照正常的逻辑思维，对付能言善辩的人应该找一个更加善辩的人，但是宋太祖却找了一个不认识的字的人，效果居然不错。因为徐铉也是按照常规的思维方法来想问题的，他认为宋朝一定会派一个数一数二的学者来接待自己。面对不说话的侍卫，他猜不透，但又不敢放肆，结果变得很被动。

1935 年之前，英国出版商出版的书大部分是精装书。他们有充分的理由这样做：印在铜版纸上的字的确看起来比较舒服，大篇幅的图片也更加吸引人，大块的空白使读者省去了许多时间。更加重要的是，英国的读者都是贵族——他们有的是钱，而精装书更能够帮助他们展现自己的与众不同。出版商靠精装书赚到了不少钱，他们的思路是把书做得更加精美，从而把价钱定得更高。

1935 年艾伦·雷恩开创了企鹅出版社，他是一个喜欢特立独行的人，当别的出版商力求把书做得更加精美的时候，他准备出版以前从来没有出现过的平装书，每本只卖六便士——相当于一包香烟的钱。

书商觉得这太荒谬了，纷纷向他质疑："以前连定价七先令六便士都只能赚一点钱，六便士怎么能赚钱？"很多作者也担心自己赚不到版税。只有伍尔沃斯公司配合艾伦·雷恩，但这是因为他们店里只卖价格在六便士以下的商品。

出乎人们的意料，那套售价六便士的企鹅丛书一经出版后，立即受到了读者的一致好评，人们争相阅读。事实上，也正是出版平装书籍让企鹅公司在日后成为了一个大品牌，艾伦·雷恩成了英国出版史上的一位鼎鼎大名的人物。

传统观念认为图书装帧越精致越能卖高价，只有卖高价才会赚钱，艾伦·雷恩反其道而行之，出版朴素的平装书，把价格降到最低，这正是对倒转思维的运用。结果证明他的选择没有错。

这种思维方法应用在发明创造上很有效果。比如，有人觉得传统的绣花针拔出后需要掉头再穿回去，很费时间。于是发明了双向针尖的绣花针，把针鼻放在中间。没有人规定针鼻一定要在针的尾部啊！

逆向思维的应用在现实生活中具有重要的意义。运用逆向思维可以让你突破对事物的常规认识，创造出惊人的奇迹。当你向前走找不到出路的时候，当你需要寻找新颖独特的解决问题的方法的时候，当你不满于步别人的后尘，希望突破常规思路时候，就可以回过头来向相反的方向试试。

倒转思维法是一种科学的思维方法，我们可以把条件、作用、方式、过程、观点、属性和因果倒转过来思考，还可以把人物、情景、结果颠倒过来思考。在以后的章节，我们将具体地介绍这些倒转思维的方法。

9. 补白填充法

由于时间和空间条件的限制，人们只能认识客观事物的一部分，在对事物的运作过程进行全盘思考的时候，有些环节可能会出现缺失。所谓补白填充法就是运用想象对缺失的内容进行填补，以增强事物的完整性。这种思考方法在实际中非常实用，一方面可以帮助我们对未知领域作出预测，这在科学研究领域里有重大意义，另一方面还可以帮我们发现市场中的空白点，抓住商机。

19世纪的物理学家已经能够确定在原子中存在两种粒子，一种带正电，一种带负电，但是不能确定这两种粒子是以什么状态存在的。这既不能仅仅用逻辑思维来进行推论，也无法通过观测来证明。于是有些科学家对原子内部结构进行大胆想象，推测两种粒子保持着什么样的关系。

得到广泛支持和认可的设想有两种，一种是英国物理学家汤姆森提出的"葡萄干面包模型"，一种是英国物理学家卢瑟福提出的"太阳系模型"。葡萄干面包模型认为带负电的粒子镶嵌在由带正电的粒子构成的球状实体中，就像葡萄干镶嵌在面包里一样。太阳系模型认为带负电的粒子围绕占原子质量绝大部分的带正电的粒子的原子核旋转，就像行星围绕太阳旋转一样。这两种模型的区别在于是否认为正电粒子与负电粒子之间存在空隙。后来的试验证明卢瑟福的太阳系模型是正确的。

汤姆森和卢瑟福就是运用补白填充的思考方式另辟蹊径，通过想象来补充人们对原子内部结构认识的不足。当然，这种想象并不是胡思乱想，而是以现有的科学知识作为想象的基础，根据已知推测未知的过程。

与组合想象相比，补白填充更加需要思考者理智的逻辑思维，也就是说补白填充必须建立在已知信息的基础之上，通过对已知信息的充分分析之后找出其中的规律，然后发挥想象填补空白内容。如果不顾已有的信息，对问题进行随意的想象，最后得到的方案可能会与事物的运作过程不协调，因而不能解决问题。

由于时空限制，在现实中我们无法看到事物过去和未来的景象，这时就可以运用补白填充，发挥想象把事物过去和未来的景象构想出来，展现出来。比如，考古学家可以根据残缺不全的古生物化石，想象出古生物的原貌和它当初生存的状态。利用先进的电脑技术或各种模型材料还可以把想象中的图像和模型展现出来。比如，建筑工程师或城市规划师首先要在头脑中想象出设计方案，然后在图纸上绘制出设计蓝图，用3D技术做出效果图，或用各种模具做出模型。

补白填充的应用还体现在通过大胆想象寻找商机。在商界，抓住市场空白点是成功的重要策略，空白点没有竞争，因而很容易获利。寻找空白点的思路有两条，一条是找那些已经存在但是没有引起人们重视的市场，另一条是开发全新的产品，创造新的市场。显然，前一种方法要容易一些。

身价亿万的香港富豪霍英东当年就是靠补白填充思维发家致富的。香港作为世界上举足轻重的经济贸易港口和东南亚重要的交通枢纽，建筑行业发展很快。很多人看到搞建材有利可图，纷纷投身于建材市场。但是与建材市场紧密相关的河沙市场却无人问津，因为海底捞沙工作量大，而且利润有限，那些想赚大钱的人对此不屑一顾。这使建材市场留下了一个空白空间，霍英东看准了这个空白决定大干一番。

他分析了市场需求和发展前景之后，觉得应该能够赚钱。于是他从欧洲购进先进的淘沙机船，这种新型的挖沙船二十分钟就可以挖出两千吨沙子，大大提高了劳动生产率。先进机器的使用还降低了用工量，改进了工作方法。很快，被人们冷落的河沙市场给霍英东带来了滚滚财源，他成了香港最大的河沙商。当别人看到他的成功想效仿的时候，他已经取得了香港海沙供应的专利权了。

霍英东正是运用了补白填充的思考法，抢占商机，找到了一条成功之路。

如果想创造商机，就要关注人们的需要，解决尚未解决的问题，进行新的发明创造，推出前所未有的产品。比如某家蛋糕店推出了一种可以食用的照片，贴在生日蛋糕上，很受欢迎。北京某家具公司一改传统家具的死板风格，开发出一种可以拼装、变形的家具。用户可以根据需要改变家具的结构以适应居室的格局。某厂家推出了一款屏幕可以被扭曲拉伸的手机，机身由传导型织物做成，不但可以折叠，而且没有突起的键盘按键，因此占用空间非常小，方便携带。

可见，补白填充思考的意义还在于满足人们的需要，开发出能够解决某种问题的新产品。

最初的洗衣机没有过滤网，衣服洗完之后经常沾上一些小棉团之类的东西。这个问题让家庭主妇非常烦恼，她们建议厂家解决这个问题。技术人员经过研究之后，虽然提出了一些解决方案，但是都比较复杂，而且会大大增加洗衣机的体积和成本。厂家觉得没有必要为了这个小问题大费周折，于是不再试图改进。

一位叫笛绍喜美贺的日本的家庭妇女想自己解决这个问题，有一次她看到孩子们用网兜捕捉蜻蜓的情景，心想如果做一个小网兜是不是也可以把洗衣机中的杂物网住呢？她用了三年时间不断尝试、改进，终于发明了简单实用的过滤网。她把这项发明申请了专利，仅在日本她就获得 1.5 亿日元的专利费。

10. 类比思考法

类比思考法是指把两个或两类事物进行比较，并进行逻辑推理，找出两者之间的相似点和不同点，然后运用同中求异或异中求同的思维方法进行发明和创造。类比思考法可以分为直接类比、间接类比、幻想类比、因果类比、仿生类比和综摄类比。

类比思考法的意义就是在比较中进行创新，具体表现在两方面：

第一，发现未知属性，如果其中一个对象具有某种属性，那么就可以推测另外一个与之类似的对象也具有这种属性。比如，桔子和橙子在外观上很相似，已知桔子的味道是酸酸甜甜的，由此可以推断橙子的味道也是酸酸甜甜的。

第二，把一事物的某种属性应用在与之类似的另一事物上，带来新的功能。

如果其中一个对象的属性能带来某种功能，那么如果我们赋予另一个对象同样的属性就能得到类似的功能。比如，茅草的锯齿状叶片能够划破手指，那么如果把铁片做出锯齿状的边就可以锯断大树。

类比思考法是创造学领域里的一种重要的思考方法，在日常生活和科学研究中的应用都很广泛。可以说类比思考法把世间万物都囊括在了思考范围之内，因而能大大拓展我们的视野，有利于开拓新的思路。很多重大的发现和发明都是通过类比思考法得到的。

地质学家李四光经过长期考察，发现我国东北松辽平原的地质结构和中东的地质结构很相似。大家都知道中东地区盛产石油，那么松辽平原是不是也蕴藏着大量石油呢？李四光运用类比思考法推断这是很有可能的。经过一番勘探，果然发现了大庆油田。

类比思考法的思维模式如上图所示，已知思考对象 A 中具有属性 a、b、c、d，思考对象 B 中具有属性 a、b、c，那么我们可以推断 B 中也具有属性 d。当然，这个逻辑推理只是给我们拓展了一条思路，是不是真的这样，还需要检验。

需要注意的是，进行类比的两个事物之间应该具有较多的共同属性，已知的共同属性与我们推断的属性之间应该有密切的联系。这样才能保证推断的结论具有较高的可靠性。如果雷安军把残株栽植的原理应用在黄瓜上，可能就不会产生什么效果了。虽然都是蔬菜，但是黄瓜属于葫芦科，青椒属于茄科，不具备太多的可比性。

运用类比法进行思考要求我们从事物的对比中找到相似点和不同点，这就要掌握同中求异和异中求同的思维方法：

同中求异

同中求异简单地说是找到两个类似事物之间的区别，利用不同点进行发明创造。不同点可以给大脑带来新的思考角度，需要我们运用新的知识进行分析和观察，以摆脱传统思维模式的束缚，在思考对象中寻找新的属性和功能。

异中求同

异中求同简单说来是在不同的事物之间找到共同之处，利用相似点进行发明创造。我们把熟悉的某种事物的属性或功能应用在陌生的事物上，使陌生的问题变得更容易处理。

熟练掌握类比思考法之后，我们就能完善对事物的认识，从看似不相关的事物中找到各种隐蔽的关系，然后利用这些关系展开设想进行推理，从中找到解决问题的新方法。

11. 综摄类比法

1944 年，美国麻省理工大学的教授威廉·戈登提出了综摄类比思维方法。戈登发现很多创新发明不是来源于缜密的判断推理等逻辑思考，而是受到日常生活中各种外部事物的启发而产生的。综摄类比就是以这些外部事物或已有的成果为媒介，激发出来的灵感进行创造发明或解决问题的方法。

综摄类比包括两个思维阶段：了解问题阶段和解决问题阶段。在了解问题阶段主要用分析的方法，全面地认识问题，并把握问题的主要方面和各个细节。人们本能地排斥任何陌生的东西，只有把陌生的事物与熟悉的事物联系起来，加深对陌生事物的了解，才能把它纳入可以接受的思维模式中。需要注意的是，虽然尽可能多地掌握它的细节和信息是有益的，但是如果过分沉湎于问题细节的分析，就会舍本逐末，贻误发明创造。了解问题的目的只在于明确思考对象，确定发明课题。在解决问题阶段要求我们用全新的视角看待问题，跳出常规的思维模式。摆脱习惯的束缚，把习以为常的事物当作陌生的东西。把自己想象成一个刚刚来到地球的外星人，你看到的一切都是新鲜的、陌生的。在这个阶段，思考者可以选择世间万物作为解决问题的类比对象。威廉·戈登还给出了三种类比技巧：亲身类比、比喻类比和象征类比。亲身类比是让我们把自己想象成思考对象，简单的引导形式是"如果我是它，那么……"比喻类比的应用范围很广泛，可以把不同类的事物联系起来。例如我们说 A 像 B，那么不仅 A 获得了 B 的属性，而且 B 也获得了 A 的属性。运用象征类比我们可以在古代传说、小说、科幻作品、童话寓言中寻找与思考对象类似的事物。激发点体现在事物的内部逻辑关系方面，比如电脑是对人脑的模拟等。

综摄法作为一种思维工具，以讨论小组的形式来应用更有效果。各种不同知识背景的有创造潜力的人员组织在一起,通过互相启发、互相补充的讨论,能够激发出更多、更奇妙的创造性设想。要想发挥综摄类比思考法的长处,讨论小组的成员需要具备较强的创新思维能力和敢于冒险的精神,此外还要有强烈的好奇心,最好还要有擅长比喻的能力。讨论小组还需要一名具有组织能力的主持人,负责把握会议方向,引导成员得出解决问题的方法,总结会议成果。

综摄类比法的操作步骤如下:

(1)明确问题:对思考对象和思考目标进行陈述,问题可以由外部提供,也可以由思考者自己确定。

(2)分析问题:对给定的问题进行解释,使陌生问题变为熟悉。把握问题的主要方面和枝节问题,确定思考方向。从不同角度深入理解问题,摆脱已知定律和常规思维的束缚,找到影响问题的根本所在。

(3)引导问题:运用亲身类比、比喻类比、象征类比这三种类比技巧引出解决问题的新思路。

(4)解决问题:是指把通过亲身类比、比喻类比和象征类比所得到的想法与思考的目标结合起来,形成新颖的、有效的解决问题的方法。通过对类比事例的分析得出理论上的抽象结果,然后从这个抽象结果中得出解决问题的具体方案。

12. 简约思维法

所谓简约思维,顾名思义,即在思考的时候,尽量使用一种简洁化的思维,将复杂的问题简单化。

简约化思维之所以必要,是因为许多时候,人们会不由自主地将简单的问题复杂化。人们在思考一个问题时,因为找不到问题的关键所在,往往会漫无目的地围绕着这个问题提出越来越多的问题。如此一来,一个小问题变成了一个大问题,一个问题变成了多个问题,结果,这个问题变得越来越"肥胖",解决问题的思路也离问题的本身越来越远。举个例子:

有个人想在客厅墙上钉一幅画,他将画扶在墙上,正准备砸钉子,突然想道:"这样不好,最好钉两块木板,再把画挂上。"于是,他便找来锯子,开始锯木。但是,还没有锯两三下,他发现这锯子太钝了,最好先磨一磨。他又去找来了锉刀,不过,他又发现这个锉刀的把手不太好使,便决定给

33

锉刀换个把手。哪儿去找把手呢？他脑袋一转，想到可以到城外的小树林里去砍个把手。因为距离远，他便想去借邻居的摩托车来骑。但是，邻居告诉他自己的摩托车没有油了，需要他先去给摩托车买点油来用。这个人一听，二话没说，提上油壶便往附近的加油站走去……可以想见，这个人到底什么时候能将这幅画挂上，还真不好说了。因为天知道他在后面会遇到什么问题！

事实上，这个人便典型地将简单的问题给复杂化了。其实，既然木板不好弄来，他完全可以不要木板了呀，因为他本来就没有准备要钉木板的，而只是想把画挂到墙上而已。另外，即使他是个讲究的人，非要将画挂在木板上，那么他也完全可以去邻居家直接借个锯子来用，而不是去借摩托车。再换个角度说，即使借不来锯子，既然要使锯子变快这么麻烦，那么他完全可以凑合着用这把钝锯子来锯木头。总之，他完全不必将这个小问题搞成这么一个长长的"问题串"！当然，现实中，绝少有人真会做出这么笨的事情，不过，这种思维我们未必没有。在解决一个问题的时候，我们不知不觉间便偏离了原来的问题本身，走到一个与问题毫不相干的思路中去了。这个时候，我们需要的便是一种简约思维法，将我们的思路从不相干的地方拉回来。这种思维的关键便是要能够时刻在宏观上把握我们所要解决的问题，明白我们本来的目的是什么。

更进一步说，简约思维法的关键便在于能够准确把握问题的本质，而不为没有什么用处的枝蔓所困扰。这里，我们来举另一个例子：

曾经有一次，一家法国报纸举行了一个有奖竞猜活动，其中的一个题目说：如果法国最大的博物馆卢浮宫失火了，情况紧急，看样子你最多也只能抢救出一幅画，你会救哪一幅？成千上万的法国人参与了这个活动。其中，多数人都选择了达芬奇的传世之作——《蒙娜丽莎》，另外，也有人选择了法国画家德拉克罗瓦反映法国大革命的名画——《自由引导人民》、荷兰大画家大维米尔的《纺织女工》、法国画家安格尔的《土耳其浴室》等其他世界名画，许多读者还在自己的答案后面论述这些画的艺术价值，以证明自己答案的正确性。不过，最终获得这笔奖金的是法国著名作家贝尔纳，他的回答是："我救离出口最近的那幅画！"

显然，在众多参与者当中，只有贝尔纳才抓住了问题的关键。不用说，卢浮宫中的画作，随便哪一幅都是传世名作。而在失火这种危机的时刻，哪里还有时间去分析画作的艺术价值，最关键的便是救出一幅是一幅了。其实，如果读者具有足够的想象力，想象一下自己身处当时的危急情况中，便不难想象自己肯定会做出和贝尔纳的答案所说的那种选择。

这个故事提醒我们，简约思维的关键即是抓住问题的核心。体现在上面的故事中，便是要记住，事情的背景不是艺术鉴赏会，而是救火现场。同样地，在所有的事情当中，都会有一个核心或者叫关键之处的存在，只要抓住了这个核心之处，问题解决起来便可以事半功倍。因此，在生活中，我们要使自己逐渐养成这种思维习惯，即面对纷繁复杂的问题，学会删繁就简，忽略枝节。

另外，简约思维还有一个关键，便是要能够打破惯性思维的束缚。比如在上面的故事中，大部分的人之所以会纠结于卢浮宫中的画作的价值，而忽视了事情的关键——这是在救火，便是因为他们被画作的价值所吸引，这显然也是出题者故意利用了人们的惯性思维。而要想具有一种简约思维，便要学会打破思考的惯性。让我们再看下面这则故事：

20世纪中叶，美国太空总署遇到一个难题，即宇航员在太空中的飞行器中写字的时候，由于太空中没有重力，无论是圆珠笔还是钢笔中的墨水都无法下泄，所以宇航员无法在纸上写出字来。为了解决这个难题，太空总署用高额奖金向全球征集一种供太空中使用的高科技书写工具，其要求：这种笔必须能在真空中使用，必要时能让笔嘴向上书写，还要几乎永远不用补充墨水或油墨。消息传出，世界各地的研究人员想出的各种科技含量非常高的方案，纷纷从四面八方邮递来。其中的一个德国小男孩的方案令太空总署的官员看后十分汗颜，这个小男孩的方案是：试试铅笔。

在这个事件中，那个德国小男孩的知识肯定没有其他众多的参与者的多，他的智商也不一定就很高，而他的答案之所以能够傲视群雄，原因便在于其他人一看这是在太空中使用的笔，肯定得蕴含高级的科技才行，因此他们便钻进了一条曲折的胡同里。而这个小男孩则没有被这种惯性思维所束缚，便是直接面对问题本身，找出了简单的解决办法。

总之，大体说来，简约思维的关键便在于要时刻谨记你最初的目的，在宏观上能够把握事情的关键之处，并且要善于打破惯性思维。

需要提醒的是，简约思维不仅仅是一种思维习惯，更多时候还是一种能力。众所周知，牛顿、爱因斯坦等大科学家都是具有简约思维的人，他们能够将纷繁复杂的物理学现象总结成一条短短的公式。这一点也是透露出简约思维的"智慧性"的一面。因此，在遇到复杂问题的时候，多动动脑筋，看能不能将问题简单化，这不仅是种良好的思维习惯，也是智慧的体现。

13. 叠加思索法

叠加思索法是一种比较具体而有针对性的思维方法。为了形象地对其进行解释，我们来看一个智力题：假如让你将 10 只乒乓球放到三个同样大小的篮子里，并且要求每个篮子里的乒乓球都是单数。你能做到吗？

按照一般思路来想的话，你肯定会觉得这是不可能办到的事情。因为，三个篮子里放 10 个乒乓球，无论怎么放，似乎都不可能使得每个篮子里都是单数。而反过来，如果每个篮子里都是单数，那么其最终的和一定是个奇数，而不可能是"10"这个偶数。无论从反面还是从正面想，这件事似乎都是不可能做到的。真的这样吗？

实际上，这里你便是被一种惯性思维所束缚了——题中并没有规定三个篮子都必须平放在桌面上呀，如果我们将篮子叠起来会如何呢？那么，顺着这个思路，我们会发现三个叠起来不行，而将其中两个篮子叠起来，在里面放上 1、3、5、7 或者 9 个乒乓球，而在另一个单独放的篮子里放上与前面对应的 9、7、5、3 或者 1 个乒乓球，这下便满足了题中的条件了。

其实，类似的智力题在许多思维开发性的书中都可以看到，其关键就在于打破惯性思维。因此可以说，叠加思维可以算作是求异思维中的一个小类型。它提醒我们，在遇到难题的时候，也许难住我们的不是题目，而是我们头脑中固有的障碍。找出并剔除这个障碍，问题便迎刃而解。

14. 特异搜索法

所谓特异，即与一般情况或规律相区别，而一般情况或规律，反映在人们的主观意识里，便是经验。一般而言，凭借经验，人们往往能够更加方便地理解和把握世界，做事情时也往往会更有效率。但是，经验有时候也会给人们带来束缚，使得人们在匆忙之间下错误的结论。我们来看下面这个故事：

有一个将近三十岁的男子，在某宴会上遇到了一个漂亮的少女，他一下子喜欢上了她。但是，他担心自己的年龄比女孩子大得太多了，于是，他找了许多人打听女孩子的年龄，但是，他最终没有问出来。就在他感到有些失望时，那个女孩子知道了，主动对他说："你想知道我的年龄是吗？我可以告诉你：过两天就是我22周岁的生日，可是去年过元旦时我还不到20岁。"

年轻人听到女孩子这样的说法，觉得女孩子可能是嫌他年龄太大，在戏耍他，于是沮丧地离开了宴会。

而事实上，女孩子对于这个气质不俗并且对她痴情的男子感觉很不错，所以并没有戏耍这个男子，她说的是真实情况。乍一看，这个女孩子的说法令人难以置信，因为按照我们的经验来想，20岁过了应该是21岁啊！怎么可能会是22周岁呢？但是，不要忘了，这种理解只是一种通常的情况，如果在一个特殊的前提下，这种情况是可能发生的。而这里的特殊之处就在于女孩的生日和女孩当时说话的日期。事实是，那个女孩子的生日是1月2日，而她说出那番话的当天则是12月31日。这样一来，她去年元旦时是19岁，1月2日是20岁；而今年1月1日还是20岁，1月2日21岁。而两天后的1月2日正好是她22岁生日，到时她当然就是22岁了。显然，那个男子是太急躁了点，如果他能够在遇到问题时，不那么匆忙地按照自己的固有经验下判断，而是能够在经验之外寻找特殊化的情况，那么他可能便能抓住这段姻缘了。其实，这便是一种特异搜索法的思维习惯。

应该说，这种思维往往能够使得我们在常人长生惰性的地方，进一步思考，从而获得比别人更多的机会。关于此，下面这个故事便是明证。

2001年5月20日，美国推销员乔治·赫伯特成功地将一把斧子推销给了美国前总统布什。随即，布鲁金斯学会把刻有"最伟大的推销员"字迹的一只金靴子授予了他。这是自1975年以来，继该学会的一名学员成功地把一台微型录音机推销给当时在任的尼克松总统之后，又一名学员获此殊荣。

事情是这样的。美国布鲁金斯学会成立于1927年，以培养出了不少杰出的推销员而闻名于世。该学会有一个传统，在每期学员毕业时，学会都会设计一道最能体现推销员能力的实习题，让学员去完成。例如，在克林顿当政期间，他们就出了这样一道题目："请把一条三角内裤推销给克林顿总统。"在题目出来后的八年间，有无数学员试图去完成这个题目，最后都无功而返。当克林顿卸任后，布鲁金斯学会便把题目换成了："请将一把老斧头推销给小布什。"

鉴于前八年的失败和教训，许多学员都知难而退了。大家都这么想，布什总统整天大事缠身，要一把斧头干吗呢？况且，即使需要斧头，他也不需要自己亲自购买。退一万步，即使他亲自买斧头，也肯定看不上"我"手头的这把又笨重又钝的老斧头。但是，在记者采访乔治·赫伯特时，他告诉记者，其实他向布什总统推销斧头并没有花费太多的工夫，他说道："我觉得把一把斧子推销给布什总统是完全可能的，因为小布什总统在得克萨斯州有一个农场，农场里面长着许多树。于是，我给他写了一封信，说：'总统先生，我曾经有幸参观了您的农场，发现里面长着许多矢菊树。有些已经死掉，木质变得松软。我想，您一定需要一把斧头砍去这些枯树。但是以您的体质而言，现在市面上流行的斧头显然有些轻，所以我想您需要的是一把不甚锋利的老斧头。现在我这儿正好有一把这样的老斧头，很适合砍伐枯树。假若您有兴趣的话，请按这封信所留的信箱，给予回复……'不久，布什总统就给我汇来了十五美元。"

从故事中我们可以看到，这个推销员之所以能够成功，最重要的一点便是因为他具有了一种特异搜索法的思维——那么多人因为在向克林顿推销的过程中失败了，而如同前面所分析，布什总统需要一把老斧头的可能性几乎为零。因此笼统地看，这件事成功的几率几乎为零。也正是因为此，众多推销员知难而退了。但是，这个推销员却没有受这种笼统的判断所束缚，而是认真地调查了布什总统的有关情况，进而发现了他的农场，进而又找到了向他推销的合理理由。最终，他取得了成功。

从上面的两则故事可以看出，特异搜索法的关键便在于不要盲从于自己的经验或者是笼统的判断，而是要有一种"凡事都不可绝对"的意识；在遇到问题的时候，要养成排除固有的印象，冷静地从一般中寻找特殊的思维习惯。

15. 经验清除法

许多时候，人们的思维都有很大的惰性，习惯按照固有的经验看问题和做事，而不喜欢动脑筋思考。这当然是无可厚非的，因为按着原有的经验办事，许多时候都给我们带来方便和效率，并降低在做的过程中所遇到的风险。但是，经验也有一定的弊端，那便是它会限制我们的思维，让我们的思维进入死角，难以创造性地解决问题。经验清除法，就是帮助我们抛开固有的经验束缚，培养思维的灵活性，创造性地解决问题的思维方法。

我们来看下面这个题目：

现在你面前的桌子上放着一根蜡烛、几个图钉、一个空火柴盒子，现在要求你在尽短的时间内，把这根蜡烛安放在垂直的木板墙上。

对于这个要求，大家很容易便能想到办法：先把火柴盒用图钉钉在木板墙上，然后再把蜡烛插进火柴盒里。

那么，现在将这道题目稍作变换：几样东西不变，但是，火柴盒里却不再是空的，而是装满了火柴。这样一来，可能有些人就觉得不知道该怎么完成题目要求了。因为当火柴盒里面装满了火柴时，人们首先想到的是"火柴盒是用来装火柴的"，却难以想到火柴盒还可以用来作固定蜡烛之用。

那么，为什么火柴盒中装了火柴和没装火柴，会出现不同的结果呢？其原因就在于固有的经验束缚了我们的思维！

因此，我们在思考问题的时候，要学会对经验做辩证的意识，不要对其过分依赖，必要时就要对经验进行一番"清除"，以摆脱其束缚，以创造性地解决问题。

经验清除法在使用时应该注意：

对经验有辩证的认识，做到借鉴经验，但不过分依赖；

遇到难题时，要学会打开思路，换个角度去看原有的经验。

16. 定式突破法

定式突破法说的是一种打破我们思维过程中的定式的一种思维方法。我们知道，在路上行驶的汽车，在司机踩了刹车之后，也不会立刻停下，而是要沿着原来的路线滑行一段距离，这就是物理学上所说的惯性。实际上，在我们的思维过程中，也存在这样一种惯性，即在我们思考问题的时候，往往会习惯于沿着固有的思维思考，而不知道根据实际情况灵活地进行变通，这就叫做思维定式。为了进一步理解这个问题，现在举一个例子：

哥哥想要考一下弟弟，对弟弟说："有个哑巴到商店去买钉子，他也不识字，指着货架上的钉子'啊啊'着要买。但是，店主拿了几次都拿的是其他商品。聪明的哑巴于是把两根手指放在柜台上，另一只手做了个捶击动作。店主于是给他拿了把锤子，哑巴摇了摇头，并指了指柜台上的两根手指头。店主才恍然大悟，给他拿来了钉子，哑巴于是才买了钉子走了。

接下来，又进来了一个盲人要买剪刀，他同样不识字，你猜他应该怎样让店主知道他要买什么呢？"

弟弟琢磨了一下便说道："他可以这样比画，店主就知道了！"说着，他用两根手指头比画出了剪刀的形状。

哥哥一听，便哈哈大笑着说道："笨蛋，盲人可以直接告诉店主他要买剪刀啊！"

弟弟一听，恍然大悟，不好意思地摸了摸头。

在这个故事中，弟弟之所以会上当，是因为哥哥在前面绘声绘色地讲的哑巴买锤子的情景，已经悄悄地给弟弟设下了一个思维陷阱，使得弟弟潜意识里惯性地认为，只要是残疾人都会通过打手势来告诉店主自己所需。实际上，这便是一种典型的思维定式。其实，我们的现实生活中，思维定式是大量存在的。不信，试看下面的几道智力题。

（1）一天，一个盲人走在熙熙攘攘的大街上，不仅不借助任何东西健步如飞，而且没有撞到任何人，你猜这是怎么回事？

（2）某公安局长的儿子小明匆匆地跑进屋喊道："不好了，你快回家吧，你爸爸和我爸爸打起来了！"你猜公安局长和小明是什么关系？

（3）在一个屋子里，只有一个沙发和一张床，一个人坐在沙发上。后来，又从外面进来了一个人，他坐在了一个第一个人永远都坐不到的地方。你猜，第二个人坐在了哪里？

我们来看第一道题。人们在回答这个问题的时候，曾给出过各种各样的解释来解释这个令人不可思议的现象。比如这个盲人是武林高手，他的听力特别好，他在拍电影，等等。这些理由显然都太牵强附会，不能令人信服。而正确的答案是——他只失明了一只眼。许多人之所以想不到这个答案，便是因为他们一看到"盲人"两字，便会惯性地认为他肯定是双目失明，殊不知盲人其实也可以只失明了一只眼。

再看第二道题，很多人之所以猜不出公安局长和小明的关系，原因便在于他们惯性地认为公安局长肯定是男性，殊不知公安局长也可以是女性。因此，答案是——公安局长和小明是母子关系。

第三道题的答案是——第二个人坐在了第一个人的身上。

可以看出，在这三道题目中，许多人之所以回答不出正确答案，是因为他们受到了定式思维的干扰。

其实，许多时候，我们在想一个问题想不通时，并不是问题有多复杂，而是我们自己固有的东西束缚了我们。因此，在思考一个问题得不到答案时，不妨回过头来检验一下我们习以为常的概念是不是存在漏洞，或者一些前提条件已经悄悄发生了变化，因此前面所得出的结论在这里已经不再适用。

17. 细节思辨法

细节思辨法即是一种通过对细小之处的思考从而得出结论的思维方法。许多时候，我们在观察一个现象或者着手一件大事的时候，往往会产生一种"老虎吃天，无从下口"的感觉。其实，这个时候，如果我们能够静下心来观察细节，便往往能够从中找到突破口。细节思辨法最常使用的领域是在侦探领域和科学领域。我们先来看一个侦探故事：

一天凌晨四点，约瑟夫侦探被一阵电话铃声惊醒。接起电话后，里面传来一个女人的声音："您是约瑟夫侦探吗？"

在确认了约瑟夫的身份后，对方说道："约瑟夫侦探，我叫凯琳·史密斯，刚刚有人杀害了我丈夫，请您快来！"

约瑟夫于是记下了对方的地址，然后走出了家门。门外寒风呼啸，大雪纷飞。"真倒霉，碰上这样的鬼天气！"约瑟夫不由得骂了声，并裹了裹身上的大衣。大约五十分钟后，他来到了打电话的女子的家中。

一听到门铃响，对方立即前来打开了门，显然史密斯夫人一直在等侦探的到来。约瑟夫一进屋，顿时感到很暖和，便脱下了自己的大衣。约瑟夫一边作自我介绍，一边观察报案的女子，他发现史密斯夫人身上只穿着一件睡衣，脚上穿着一双拖鞋，头发蓬乱，脸色苍白。她告诉约瑟夫："尸体在书房里。"

"具体是怎么一回事？"约瑟夫问道。

"是这样，我丈夫因为迷上了一本刚买来的历史小说，告诉我他要熬夜看完，因此我昨晚十一点就独自上床睡觉了。我在今天凌晨两点十分时醒了过来，发现丈夫还没有上床睡觉，便到书房去催他睡觉，没想到却发现我丈夫趴在桌子上。我开始以为他是睡着了，走近一看，才发现他头上有血，已经死了。"史密斯夫人以一种痛苦的表情边回忆边说。

"然后呢?"

"然后我就赶紧下楼来给您打电话。就在那时我发现客厅的窗户是开着的,凶手显然是从那里进来的!"说着,史密斯夫人用手指了指客厅里开着的窗户。

约瑟夫走到窗户前,立即感到窗外猛烈的寒风"呼呼"地从窗外灌了进来。他立即缩了缩脖子,并关上窗户。他转过身来问道:"这窗户你一直没有关上吗?"

"是的,我为了保护现场,一直没动它。"史密斯夫人啜泣着回答道。

"哦,是这样,那么我们就一起等法医和警察的到来吧。"在顿了一下之后,约瑟夫看着史密斯夫人的眼睛说到,"不过,在这之前,也许您愿意给我讲讲真实的情况!"

史密斯夫人一听,顿时脸色苍白了起来,问道:"侦探先生,您这是什么意思?"

约瑟夫冷笑着说道:"我目前还不敢肯定是不是您杀死了史密斯先生,不过我可以肯定的是您刚才没有对我讲实话。"

"我不明白您到底在说什么!"史密斯夫人脸色煞白地说。

"好了,史密斯夫人,您不要再装了。您告诉我说您给我打电话时发现窗户是开着的,那么从那时到现在已经有将近一个小时了,况且,窗户打开的时间很可能还要更久一些。如果真是那样,这么大的风,屋里早就应该温度很低了。但是,这个屋子里却这样暖和,而您也只穿着睡衣和拖鞋。这说明窗子肯定是您在我到来之前刚刚打开的!您为何要撒谎呢?想必不会是无缘无故的吧?"约瑟夫对史密斯夫人说道。

史密斯夫人一听,顿时瘫软在地。原来,正是她杀害了丈夫。

在这个故事中,约瑟夫侦探正是通过对室内温暖的这个细节看出了问题所在,从而"轻易"地破获了一起杀人案。实际上,所有侦探故事无不是从细节找到突破口的。除了侦探故事,另一个对于细节思维法有着广泛应用的领域便是科学领域。许多科学家的巨大发现,也往往是来自于对别人所忽视的细节的注意,进而一步步研究所得出的。这方面的例子可谓不胜枚举,比如德国地球物理学家躺在医院的病床上时,在百无聊赖之际偶然注意到挂在墙上的世界地图有一个奇怪的现象——非洲的西海岸遥对南美洲的东海岸,轮廓非常相似,这边大陆的凸出部分正好能和另一边大陆的凹进部分凑合起来；如果从地图上把这两块大陆剪下来，再拼在一起，就能拼凑成一个大致上吻合的整体。把南美洲跟非洲的轮廓比较一下，更可以清楚地看出这一点：远远深入大西洋南部的巴西的凸出部分，正好可以嵌入非洲西海岸几内亚湾的凹进部分。正是对于这一细节的注意和进一步研究，他最终提出了影响巨大的"大陆漂移学说"；另外，众所周知，牛顿正是因为对于苹果落地现象的追问，最终发现了万有引力定律。总之，可以说，凡是科学上的巨大发现，都离不开这种对于细节追问的思维方法。

细节思辨法决不仅仅存在于侦探故事和科学研究领域，实际上，他有着很实际的用途。我们来看下面这个故事：

有个工厂经常出现工人致残事故，其原因便是工厂里有种机器，工人在开动这种机器时，只用一只手来搬动手柄，因为工人的注意力全在工作上，另一只无所事事的手便会无意识地乱动。结果，一不小心这只手便会被机器夹住，造成残疾。厂方为了解决这个问题，先是对工人不断强调严格按照工作流程操作，甚至派人专门监督操作机器的工人的工作流程是否标准，但都收效甚微——要知道，即使不强调，工人自己也绝对不想出现事故，使自己变成残疾人啊！厂方无奈之下，花费了不少钱，想利用高科技的手段来解决这个问题，但也只是降低了事故的数量，却不能从根本上杜绝这种事故。最后，一个新来的技术员提出了一个绝妙的办法——既然工人出现事故是因为另外一只手无所事事，那么，何不对机器的操作系统进行改造，使其手柄变成两个，工人不得不用两只手同时操纵两个手柄，机器才能运转？结果，这个问题就这么一下子解决掉了。

在这个故事中，我们可以看出，这个技术员的思维首先体现出的是一种创造性思维，也包含了转换思维。但是，这几种思维的基础，乃是一种细节思辨思维。试想，如果这个技术员不是首先将工人操作机器的整个过程进行了仔细的观察，然后留意到事故发生的关键就在于工人的一只手无所事事这个细节，是不可能想出这个创造性的办法的。

总之，细节思辨法可以说对于我们每个人都有着很现实的用途，它往往能够给我们带来"四两拨千斤"的效果。需要指出的是，这种方法的关键在于细心，抱有一种小事不小的心态，同时，还需要我们能够犀利一些。

18. 滚动思考法

对于滚动思考法，我们借助一个智力题目来理解。

约翰是个十足的瘾君子，这家伙每天都要抽两包烟。这天晚上，约翰失眠了，于是他便坐起来抽烟。但是，他的烟盒里只剩下了七支烟，不一会儿他便将七支烟给抽完了。接下来，他还是睡不着，他还想抽烟，但是深更半夜的，又不能到外面买烟。于是，约翰想到一个办法——将前面抽剩的烟头重新卷成烟来抽。下面问题来了：如果说每三个烟头能卷一支烟的话，你觉得约翰用这七个烟头还能卷几支烟来抽？

对于这个问题，可能许多人都会毫不犹豫地说出自己的答案：这很容易知道，他当然是能卷两支烟了！如果真这么简单，这个题目也算不上智力题了。实际上，约翰能够卷三支烟。因为他在卷了两支烟并抽完之后，又会得到两个烟头，再加上剩下的一个烟头，他还可以再卷一支烟。要得到这个正确的答案，便需要一种滚动思考法。由此我们也可以知道，滚动思考法便是这样一种动态而非静态地看问题，能够将不断出现的新条件不断地纳入自己的思考中的一种思维方式。

许多时候，面对一个问题时，我们会想当然地凭借大致印象给出结论，就像在前面的题目中得出两个烟头的结论那样，而这往往不符合实际。世间万物无不是处于一种动态变幻之中，静是相对的，动才是绝对的，因此，滚动思考法乃是一种很有必要掌握的思考方法。

总体而言，滚动思考法的关键在于两点：第一是要摆脱惰性思维，不想当然地根据静态条件得出结论，这属于意识的层面；第二点便是要具备相应的逻辑思维能力，这属于方法的层面。

19. 灵感思维法

灵感思维法，可能有人对于这种说法感到不理解。因为在人们的印象中，所谓灵感，似乎是一种不可捉摸乃至有些神秘的东西，人很难有意识地控制这种东西，使其成为一种行之有效的思维方法。实际上并非如此。首先，让我们来通过一些事例来感性地认识一下灵感。

笛卡尔是17世纪法国的大数学家，他很长时间都在思考这样一个问题：几何图形是形象的，代数方程是抽象的，能不能将这两门数学统一起来，用几何图形来表示代数方程，用代数方程来解决几何问题呢？为了找到办法，笛卡尔日思夜想，但一直都找不到好的方法。一天早上，笛卡尔在床上睁开眼后，看到一只苍蝇正在天花板上爬动，他饶有兴趣地看了起来。看着看着，他的头脑中忽然产生这样一个念头：这只不断移动的苍蝇不正是一个移动的"点"吗？而墙和天花板不就是"面"吗？墙和天花板相连的角不就是"线"吗？苍蝇这个"点"与"线"和"面"之间的距离显然是可以计算的。想到这里，笛卡尔一下子从床上跳了下来，他找来纸和笔，迅速划出三条相互垂直的线，用它表示两堵墙和天花板相连接的角，又画了一个点表示来回移动的苍蝇。然后，他用 X 和 Y 分别代表苍蝇到两堵墙的距离，用 Z 来代表苍蝇到天花板的距离。后来，笛卡尔对自己画出的这张图进行反复思考和研究后，得出结论：对于在图上的任何一个点，都可以用一组数据来表示它与另外那三条数轴的数量关系。同时，只要有了任何一组像以上这样的数据，也必然可以在空间上找到一个对应的点。如此一来，数和形之间便建立了稳定的联系。结果，数学领域中的一个重要分支——解析几何学，就此创立了。他的这套数学理论体系，引起了数学的一场深刻革命，有效地解决了生产和科学上的许多难题，并为微积分的创立奠定了坚实的基础。

笛卡尔受苍蝇启发而解决了重大的数学难题，这显然是一种数学上的灵感思维。再看下面的这个故事：

在一个小学课堂上，一个老师为了考一下学生们的应变能力，提出了这样一个问题："一群小鸟在天空中自由地飞着，用什么办法能一下子将这些鸟全部抓住呢？"

下面的小学生七嘴八舌地说开了：几个人同时用气枪打；用麻袋；用大网……一会儿便说出了十几个办法，但老师均摇了摇头。其实老师自己也没有答案。

"用照相机抓拍！"一个学生回答道。

"对呀，好主意！"老师一听，眼睛顿时一亮，这的确是个充满创意的好主意！

在这个故事中，这个想出用照相机抓拍的学生的主意显然是充满了灵感。这种灵感虽然不像科学家们的灵感那样产生了实用的价值，但是他同样是体现出了一种创造性的思维。

上面的两个故事便形象地向我们展示了什么是灵感。而除了上面的两则故事，关于灵感的故事，相信每个人都可以举出几个来。实际上，可以说，所有的具有创造性的活动，都离不了灵感的参与。无论是艺术家们进行艺术创作，还是科学家们进行科学研究，乃至现实生活中我们想到了一个好主意，其实都借助了灵感。因此，灵感有些难以把握，但是它却是人类进行创造性活动所不可或缺的，可以说，灵感思维乃是人们一种重要的思维方式。

目前来说，虽然历代的思想家都无法准确地给灵感下一个定义，不过人们已经普遍认识到，灵感并非是完全不可捉摸的，而同样是一种可以拿来为我所用的思维方法，人们将其称作灵感思维法。灵感思维法是一种比较特殊的思维方法，是指在思考或研究形物的过程中由于某种因素的触发，高度发挥创造力，使思路豁然开明，从而获得对该研究对象的一种突破性认识的思维方法。这种思维方法的特征是，不借助于人类的逻辑思维系统以及语言、文字、知识等，而是与人的先天直觉密切联系。我们知道，直觉是人的一种先天能力，它不经过渐进的、精细的逻辑推理，是一种思维的断层和跃进，人们习惯将其称为"第六感"。总体而言，直觉是人类在逻辑认知系统之外的另一个认知系统，而灵感，便是这个认知系统的产物。虽然直觉思维系统所产生的东西绝大多数都没有什么价值，但是其中对的那一小部分往往具有非凡的价值。

那么，我们究竟该如何有意识地去掌控灵感思维法呢？人们一般认为，灵感这种东西，乃是不可捉摸的，只能静静等待它的到来，而不可刻意追求。这种说法其实只说出了事情的一个方面，不错，灵感是不可刻意追求，但是，灵感也绝非是一个仅靠运气获得的东西。事实上，我们可以发现，那些刻苦钻研、勤于思考的人往往能够获得更多的灵感。关于这个现象，许多人其实早就作过总结，俄罗斯画家列宾曾说过："灵感是对艰苦劳动的奖赏。"德国哲学家黑格尔则说："即使是最聪明的天才，如果朝朝暮暮懒散地躺在草地上，眼望星空，让微风吹拂……灵感也不会拜访他。"由此也可见，灵感思维法的基础便是之前的艰辛探索，长期的思考酝酿，只有在对研究对象进行了一番深思熟虑的思考，有关研究对象的各种信息已经烂熟于心之后，这些信息才会在潜意识里暗暗地发酵，进而在某一瞬间令人突然顿悟，这就是灵感。

在有了长期的探索和思考的基础之后，灵感便随时可能会降临。具体情况又

46

可大致分为几类，一种是思考者在经历了艰辛的探索和思考之后，自己突然恍然大悟。数学家高斯便曾经说过，他曾经一连求证一个数学难题许多年，一直得不到答案。但是，有一天他突然一下子得到了答案，他自己也说不清这其中的原因。这就是顿悟型的灵感。另一种则是思考者受到了外界某种东西的启发，顿时想到了解决问题的办法。这种产生启发的东西，则不一而足，可以是别人的一句话、一个动作，或者是书中的一句话、一个图像，也可以是一只苍蝇。另外，还有一种则是，有的人干脆是在梦中得到问题的答案。历史上，有不少科学家都是在梦中解决了冥思苦想不得其解的难题，比如俄国化学家门捷列夫即是在梦中发现了化学元素周期表。也有不少艺术家在梦中产生创作灵感，有不少诗人干脆在梦中完整地写出了优秀的诗词作品。以上我们得知了灵感产生的基本过程大致可分为两个阶段，第一个阶段是对于疑难问题的长期艰辛探求阶段；第二个阶段，是信息发酵后，探索者方式不一的顿悟阶段。对于我们来说，第一个阶段显然毋庸多言，只能是老老实实去做。而对于第二个阶段，我们却是可以有所作为，以催生灵感的到来。经过大量的总结之后，人们发现，灵感产生的一个重要条件就是人要处于一种放松状态中，处于紧张状态中的人往往不能产生灵感。因此，在你对于一个问题苦苦思索不得其解的时候，不妨将问题暂时搁置起来，运动一下，或者干脆去旅行，过段时间再去考虑它。如此一来，自己的精神放松下来后，没准答案就突然在脑海中出现了。此外，我们也可以随意地翻看一些不相干的书籍，或者是找人聊天，也许从中能获得启发，产生灵感。总之，关键是使自己的精神处于放松状态。

　　另外需要特别注意的是，灵感思维的一个重要特征就是它是一瞬间在脑海中一闪而过的，如果你不能及时抓住，过后可能它再也不出现了。因此，掌控灵感思维的一个重要条件就是要相信自己的直觉，重视突然出现的念头，而不要将其当做无用之物。因此，最好养成随时记录自己突然出现的想法的好习惯。固然这里面有许多无价值的东西，但是其中也必然有一些充满了创造性乃至于你可能花几年时间都追求不到的新发现。事实上，几乎所有伟大的科学家和艺术家都有随时记录自己想法的习惯。所以说，还是那句话，机遇更青睐有准备的头脑。

20. 替代达标法

　　替代达标法总体上属于一种急智思维，其是在缺乏某种东西的情况下，临时借用另一种东西代替所缺乏的物体，从而暂时满足当时特殊的要求。为形象化地对其进行理解，让我们看下面这道思维名题：

有一只容器，上面只刻了两个刻度：5升和10升，其中装了8升的溶液。现在一个人想要从中倒出5升的溶液。他发现手头除了一些小石子外，没有别的东西可用。那么，你能帮他想一个办法准确地倒出5升溶液吗？

这个问题乍一看，似乎是没办法做到的。因为照现在的条件来看，能够从这个容器中准确地倒出的溶液体积只有两个：3升和8升，而所要倒出的5升这个数值则无法通过容器的刻度准确地体现，只能是大致估摸着倒了。其实，是有办法的——我们知道，根据这个容器的刻度，如果能够再找来2升溶液，使得溶液"体积"升至10升的刻度处，那么便可以根据刻度倒出5升溶液了。那么，现在，我们可以选择一些小石子填入容器中，使其中的溶液升高至10升的刻度处。这样一来，我们便可将容器中处于5升和10升的刻度之间的溶液倒出来，就正好是5升了。

在上面的名题中，我们利用石子临时替代溶液，使得溶液体积临时"达到"10升，从而最终达到了目的。这便是一种典型的替代达标法。并且，从中我们也可以看到替代达标法的关键有两点。其一，对于所缺乏的物品，我们对其的利用所要达到的功用，替代物正好也能达到。以上面的名题为例，即石子和2升溶液都正好能够使得溶液体积升高至10升的刻度处。所以说，这种替代仅仅是针对特定的目的的一种临时替代。也正因为此，要看到替代品和被替代品之间的这种联系是难得的；其二，替代品在代替被替代者满足要求的同时，不能产生负面的作用，比如说，在上面的名题中，如果用水来替代溶液便不行，因为它会改变溶液的性质。正是因为这两点要求，所以替代达标法可以说是一种很精致的思维方法，只有细心而聪明的人才会善于使用。

另外，替代达标法的一个关键便在于我们在遇到难题的时候，不能根据笼统的印象，轻易地得出"这个问题无法解决"的结论，而是要知难而进，积极地想办法。其实，我们在现实生活中常见的在急中生智的情况下想出来的临时替代方法都可算是替代达标法。

21. 角度变异法

角度变异法属于转换思维的一种，其内涵是在面对一个找不到解决办法的难题的时候，抛弃原先的思路，从另一个角度寻找新思路的思维方法。为形象化地理解这种思维方法，我们来看下面一个故事：

　　有个小男孩在一次生日时收到一个礼物——一面小鼓。这个小男孩对于这个礼物很是喜欢，每天不停地敲打着这个小鼓，吵得左邻右舍不得安宁。一段时间后，忍无可忍的大人们都非常气愤地对他说："不要再敲了，我们被吵得受不了了！"然而小男孩不仅不听，反而越来越有干劲儿，每天敲鼓的声音更大了。一天，邻居中的一个叔叔找到小男孩，轻声对他说："你这么喜欢这个鼓，难道不想看看鼓里面到底有什么吗？何不打开来看看？"从此，邻居们再也听不到吵闹的鼓声了。

　　在这个故事里，小孩对于周围的呵斥已经听不进去了，如果你还是一味地呵斥他，只能更激起他的逆反心理。而这个叔叔则换了一个角度，从小孩子的好奇心的角度"引诱"小孩，结果一下子便将问题解决了。这里，这个叔叔所使用的便是一种角度变异法。实际上，许多难题在看似已经走入死胡同，无法解决的时候，如果能够适时地转换一下角度，可能很轻松地便将问题解决了。这正是角度变异法的妙用。

　　另外，角度变异法不仅是一种很好的解决问题的方法，其对于我们的心态也能产生很重要的影响。我们来看下面的故事：

　　当年爱迪生发明电灯时，为了寻找能够长时间耐热的材料来作为灯丝，他花了两年的时间，试验了一千二百多种材料，最后都没有找到合适的材料。这时，有人前来讽刺他："爱迪生，你已经失败了一千二百次了，我要是你我才不做这种无用的傻事呢！"爱迪生笑了一下回答道："没关系，我至少已经知道有一千二百种材料不适合用来做灯丝了！"

　　当然，爱迪生试验到最后的结果我们都知道了。其实，爱迪生在故事中的回答也可以说是一种角度变异法。如果以通常的眼光来看，爱迪生失败了一千二百次，这的确是令人沮丧的事情，如果缺乏一种换一个角度看问题的思维方式，爱迪生也许就真的放弃了。通过这个故事，我们可以知道，一件事情，从不同的角度看过去，往往能够得出不同的结论。而这显然也是一种角度变异法。

　　总之，角度变异法可以分作两类，一类是帮助我们从不同的角度看待一件事情；另一类则是告诉我们，在遇到一个难题的时候，如果沿着一个思路苦苦追索得不到答案，那么不妨转换一下思路，从其他角度试探一下。而这其中的关键，便是要尽可能地拉开思维，将事物的种种可能性都考虑进去。

22. 换位思维法

有这样一个故事：

一位妻子正在厨房炒菜。这时，丈夫站在她旁边一直不停地唠叨："慢些，小心！火太大了。赶快把鱼翻过来，油放太多了！"妻子忍无可忍，脱口而出："我懂得怎样炒菜！"没想到丈夫这时平静地答道："我只是要让你知道，我在开车时，你在旁边喋喋不休，我的感觉如何……"

在这个笑话里，丈夫故意装作一副唠叨的样子，以让妻子切身体会到她唠叨时自己的感受。这个笑话没有说后面的事情，这个妻子会不会在以后丈夫开车时不再那么唠叨，不得而知。不过可以肯定的是，妻子已经真切地体会到了自己对开车的丈夫指手画脚时丈夫的不耐烦。之所以能达到这个效果，便在于这个聪明而幽默的丈夫采用了换位思维。换位思维是思考问题时站在别人的角度思考问题，进而更准确地预测出别人的感受以及反应的一种思维方式。相反，现实生活中之所以会产生许多误会和不理解，则正是因为人们缺乏一种换位思维。

换位思维在我们的生活中也是一个很重要的思维方式。如果能够很好地掌握并运用，那么我们便能够更好地与人相处，在与人打交道的时候，必定会更为顺利一些。比如说当我们与上司或下属发生观点上的冲突时，如果每个人都只站在自己的立场上说话，那么最终都会觉得对方不可理喻。而如果这时我们利用换位思维法，站在对方的角度考虑一下他为何要这么想，如此，彼此更容易达成共识。而在商品生产过程中，如果我们能够更多地站在消费者的立场去考虑，把握他们的心理，明白他们的需求，那么我们开发出的产品必定能够受到更多的欢迎，取得更大的成功。尤其是在双方博弈性质的事情中，换位思维则更显得重要了，比如在军事战争中，一个指挥者如果缺乏换位思维，那是不可想象的。

总之，换位思维法的道理一点也不深奥，任何人都可以轻松地掌握。不过，因为每个人在做事时都习惯性地从自己的立场出发，事到临头往往顾不得别人的感受了，因此换位思维法的关键便在于遇事时能够站在别人的角度想一想。

23. 形象换元法

形象换元法是一种借助于事物的形体、色彩等形象之间的逻辑关系，推导出未知形象相关结论的思维方式，按照大类来划分的话，此种思维方式属于迂回思维。我们通过下面这个故事来理解这种思维方法。

在古埃及，高高耸立的金字塔直入云端，蔚为壮观。但是它究竟有多高呢？人们都想知道，可是很长时间以来都没有人准确地测量出来。这天，古希腊的哲学家泰勒斯来到金字塔下，他深为金字塔的非凡气势所折服。当他听说自公元前 3000 年埃及人建造金字塔后竟无人能测量出金字塔的高度，大为惊讶，便答应用最简单的方法解决这个千古难题。

一天上午，阳光明媚，人们都纷纷聚集在金字塔下，他们是听说了泰勒斯要测量金字塔的高度而特地前来观看的。只见泰勒斯和他的助手没带别的东西，只是带了一把尺子来到金字塔下，人们都很想知道他究竟要如何测量金字塔的高度。只见泰勒斯只是站在金字塔的阴影附近，太阳斜照着他，将他的影子拉得老长。后来，随着太阳的升高，泰勒斯的影子越来越短，而助手则过一会儿测量一次泰勒斯影子的长度。等到泰勒斯的影子和身高等长时，泰勒斯立即在金字塔影子的顶端做了个记号，并用尺子量出了影长。然后，泰勒斯当众宣布，这个影长就是金字塔的高度。当即，人们都十分兴奋，并十分佩服这位哲学家的智慧。

其实，泰勒斯当时所运用的这种方法便是一种形象换元法。当泰勒斯的影子和他的身高相等时，大体上，泰勒斯周围的其他物体的影长也与物体的高度等长。因此可以通过测量金字塔此刻的影长来得到其高度。可以看出，泰勒斯测量的关键便是找到了他和金字塔之间共同的一个属性，即在某一刻他们的高度和自己的影长都会相等。由此也可以进一步知道，形象换元法的关键便在于找到未知对象与已知对象之间能够相互比照的属性。如果我们能灵活运用这种方法的话，就能借此解决许多犯难的问题。

24. 颠倒思维法

所谓颠倒思维法，即打破思考对象原本的上下、前后、内外等空间顺序，或者将思考对象的整体、部分或有关性能等颠倒过来，以寻求新的思路的思维方式。我们来看下面这个故事：

古时候，日本人为建造大阪城，需要许多巨石，当时他们主要是从濑户内海的岛上采集这些巨石。但在开始运输这些巨石时，他们遇到了一个难题——因为这些巨石太重，而当时的船只排水量有限，浮力不够，因此巨石一装上船，便会将船只压沉。人们试了许多次都无法成功。就在大家无计可施之际，一个聪明的工匠站出来说道："既然石头装在船上不行，那么何不试试将石头装在船下？"大家乍一听，觉得他只是在开玩笑，不过仔细一想，觉得这或许真是个办法。于是，大家真的将石头用绳子捆在船底。结果，因为石头在水里受到的浮力抵消了它的一部分重力，排水量很小的船只果然能够浮在水面上拖着石头走，就这样，人们果然顺利地将石头运到了目的地。

这可算作颠倒思维法中的上下颠倒。再看下面这则故事：

1820年，丹麦物理学家奥斯特先是无意识地在实验课上发现了"电生磁"现象，之后又经过研究证明了电流的磁效应现象。后来，人们称其为"电磁学第一定律"。这一发现在当年传到欧洲后，引起了极大反响，许多科学家纷纷投入到对这一现象的研究中，英国物理学家法拉第就是其中之一。不过，与其他人不同的是，法拉第在经过一番思索之后，提出了一个崭新的思路，他认为：既然电能生磁，那么磁能不能生电呢？正是在这一想法的推动下，法拉第花费了十年的时间进行研究，最终在1831年8月29日发现了"磁生电"，并进一步提出了对后世影响巨大的电磁感应原理。

这里，可算作是颠倒思维法中的因果颠倒。

通过上面的两则故事，我们也对颠倒思维法有了更形象的认识。可以看出，恰当地运用颠倒思维法，往往能够使我们在常规思路下无法解决的难题"柳暗花明又一村"，此外，它还可以激发我们的创新思维，从而产生新的点子和新的发明。

笼统地看，颠倒思维法和逆向思维有些相似，但颠倒思维法总体上要比逆向思维更宽泛一些，只要是涉及正反对立的范畴，颠倒思维都有发挥的空间。一般来说，常见的颠倒思维有：上下颠倒、左右颠倒、前后颠倒、大小颠倒、快慢颠倒、动静颠倒、有无颠倒、正负颠倒、因果颠倒、内外颠倒、长短颠倒、好坏颠倒、主次颠倒、顺逆颠倒等。

最后，对于颠倒思维法，我们要明白两点。其一，颠倒思维法的关键乃是能够打破惯性思维，因此要想具备这种思维，需要长期锻炼以养成习惯；其二，要明白，颠倒思维法不是每一次都会取得成功，这种思维法是一种试探性的思维，在通过常规思维无法解决问题的时候，不妨运用这种思维试一试。或者是面对惯常的事物，不妨偶尔运用颠倒思维考虑一下，以期有新的发现。

25. 逆反思维法

逆反思维法，和前面所说的颠倒思维法有些类似，不过其具有更强的针对性，强调在遇到难题的时候，如果从正面找不出解决问题的答案，则反其道而行之，看能不能使问题得到解决。许多时候，这种方法往往能够使陷入难题的人豁然开朗。我们来看下面这个故事：

有个建筑师负责一个小区的设计工作，在小区整体上完工后，建筑师需要完成最后的工作——在小区里的大道之外增设一些小径，以方便人们行走。建筑师对此很犯难，因为他拿捏不准小径究竟该如何设计才能最大可能地方便大家。最后，一个园丁给他提出了一个好建议，让他在小区里种植大片的草坪，任大家自由在上面行走，再按照人们踩出来的小径进行设计。建筑师接受了园丁的建议。结果，一个月后，人们在草坪上清晰地踩出了一些纵横交错的小径。建筑师就在这些小径上设计出了道路。

在这个故事里，这个园丁所使用的便是一种典型的逆反思维法——既然无法预测小径如何设计会令人们满意，那么何不干脆让人们先踩出小径来，然后按照人们踩出来的小径来设计道路。再看下面这个故事：

在英国伦敦的某街道上，有三个裁缝店。三家裁缝店因为要招揽的顾客对象相同，都是这条街附近的居民，所以三家裁缝店竞争十分激烈。为了压倒竞争对手，三家裁缝店的老板经常采用手段提醒顾客自己比另外的两个裁缝高明。这天，其中的一个裁缝为了吸引顾客，在店门口挂了一个招牌，上写：伦敦最好的裁缝。另一个裁缝一看不高兴了，在第二天也写了一个招牌挂在店门口，上写：全英国最好的裁缝。这下，第三个裁缝犯难了，照这个思路想下去，他似乎应该挂出一个写着"全欧洲最好的裁缝"的招牌。可是，如果说"伦敦最好的裁缝"和"全英国最好的裁缝"的说法有些吹牛的话，毕竟也说得过去，而"全欧洲最好的裁缝"的说法就未免显得轻佻了，根本就没有人会相信。况且，即便他真写一个这样的招牌，另两个裁缝可能会再挂出"全世界最好的裁缝"，乃至"全宇宙最好的裁缝"。这样一来，三个人最终都只会被沦为笑柄。思来想去，第三个裁缝灵机一动，想到了一个主意，在自己的店门口挂出了一个写着"本条街最好的裁缝"的招牌。结果，大家看到第三个裁缝的招牌后，不禁会心一笑，觉得这个裁缝聪明而又朴实，因此纷纷都愿意找他做活。结果，三个裁缝中，第三个裁缝的生意最好。

在这个故事中，前两个裁缝为了显示自己的手艺高超，纷纷尽量往"大"处想，殊不知这样反倒使人们觉得他们在吹牛皮，对他们产生不好的印象。而第三个裁缝则反其道而行之，从"小"处着眼，不仅轻巧地告诉了人们他的手艺在另外两个裁缝之上，而且还显出一份十分客观低调的样子，这样便更容易取得人们的好感和信任。这里，第三个裁缝所用的便是一种逆反思维法。

通过上面的两则故事，我们也形象地了解了逆反思维法便是这样一种在人们习以为常的惯性思路上，突然掉转思路，反过来想问题的思维方式。许多时候，我们利用这种思维法往往能够得到一种创造性的结果。例如在现代产品开发设计中，通常开发新产品都是先进行市场调查，研究人们的需要状况，然后攻关设计，再实物实验，然后批量生产，推向市场。但是，按照这种传统的生产方式生产出来的产品往往或多或少有些赌博性质，赌对了，产品大受欢迎，企业赚得盆满钵满；赌错了，则产品滞销，企业回报平平，甚至要赔本。鉴于此，意大利的某服装企业则反其道而行之，他们不是生产出产品后再接受人们的检验，而是先在市场上搜集各种受到人们欢迎的服装，择其优长设计后进行批量加工生产。这样一来，其产品在未上市前便已经受到了人们的欢迎，这家企业的每件产品也都肯定包赚不赔了。这便是逆反思维在商业方面的应用。

此外，不仅我们在解决问题时，可以试着反过来去寻找问题的答案，甚至有时候我们还可以将问题本身反过来看，以寻找解决之道。我们来看下面这个故事：

圆珠笔是我们常用的一种很方便的书写工具，而在发明之初，这种笔一直有一个难题困扰着人们。这个问题就是，每支笔管写到两万字左右时笔的圆珠就坏了，因此便会产生漏油问题，弄得到处都是油。制造商们为了解决这个问题，想了许多办法，想延长圆珠笔的使用寿命，但效果总是不理想。最后，一个日本人想到，既然一支笔写到两万字左右时圆珠会坏掉，那么，何不少装油，不等写到两万字油就用完了不就行了吗？结果，这个问题便被如此简单地解决掉了。直到今天，我们所使用的圆珠笔都在沿用这个办法。

在这个故事中，这个日本人便是使用逆反思维，使得如何解决漏油的问题变成了如何使得根本不出现漏油的问题。

总之，一般而言，人们在解决问题时首先是要从常规角度去思考。但是，如果苦苦思索而找不到解决问题的好办法，这时候便不要囿于常规思维，而要学会反过来思考一下，没准就会一下子创造性地解决了问题。一般而言，能够灵活运用逆反思维法的人都是创造能力比较强的人。

26. 模仿思维法

所罗门说："太阳底下没有一样东西是新的。"无论中外古今，无论科学艺术，模仿是创造发明的很重要的一个环节，因此，人们常常说"模仿生创造"，"模仿是创造的第一步"，"创造力强的人都精于模仿"。

模仿首先从自然中来，是一切动植物的本能。动植物都是通过复制 DNA、传递遗传基因等方法来实现传宗接代的，这些遗传因素发生作用，都是复制 DNA 的结果。生物学的这些发现或许可以从另外的角度说明模仿是我们一种与生俱来的本领。如果我们对小孩子进行观察的话，可以发现他们学习东西就是依靠模仿。他们看着别人的样子说话、吃饭、穿衣……模仿也是小孩子的天性。

如果说小孩的模仿是一种本能的、无意识的模仿的话，那么在创造的过程中，我们的模仿是积极的、有意识的。那些擅长模仿的人都懂得，模仿的意义在于，我们要继承和发展，就必须以模仿为坚实的基础。任何门类都是在模仿中求得发展的。而所谓的创新，就是在原来的基础上有所变化——大的或者小的变化。因此，创造学中的模仿思维主要包括两层意思：一是模仿；二是在模仿的基础上有所创新。

我们可以设想，如果发明创造撇开前人的智慧将会出现多么糟糕的局面。轮子是人类最早的聪明智慧之一，也是最重要的发明之一。如果一个从来不知道有轮子这个东西存在的人想要发明一个可以代替人力的交通工具，那该是多么困难的一件事情。无论如何，他必须首先发明一个轮子出来，然后才能发明马车——不过，在此之前他必须要把野马驯养成家马，需要找出钢铁的锻造方法。西方有一句谚语说："你不需要再发明轮子。"因为已经有人发明过了，我们只需要在这个基础上发挥我们的聪明才智，进行发明和创造。我们可以模仿——我们真是幸运。所以，歌德说："模仿是人的天性，虽然人们往往不承认自己是模仿的。"

日本是当今世界最擅长模仿的国家，这个传统可以追溯到日本建国伊始。在中国唐朝时期，日本"百事皆仿唐制"，仿照汉字创立了日文，承袭了许多优秀的汉文化，甚至模仿长安城建立了日本的奈良城。西方工业革命后，日本开始了全盘西化的"明治维新",全面模仿西方发达国家。二战后,日本模仿世界最强大的国家——美国,尽管它曾经是敌人。

日本的模仿能力给它带来了诸多好处。唐朝时期的学习使它加速了向文明社会的发展;"明治维新"使它从一个落后的封建国家一跃而成为世界资本主义发达国家;而二战后的模仿则使它在 20 世纪 80 年代成为世界经济大国。

在模仿的过程中,有以下三点需要注意:

一是去其糟粕,取其精华。鲁迅先生曾经有一篇文章《拿来主义》精辟地论述了如何学习和借鉴间接经验,他的一个重要的立论就是"取其精华,去其糟粕"。也就是说,我们在学习和模仿的时候需要分析这些经验哪些是需要借鉴的精华,哪些是不适合我们的糟粕,而不是胡子眉毛一把抓。

二是学神,而不是学形。"邯郸学步"的故事指出了机械性学习而不知变通的可笑。故事是这样的:一位少年听说邯郸城的人走路的姿势很美,于是他到邯郸城去学习。他到了邯郸城之后,看到小孩走路,他觉得活泼,学;看见老人走路,他觉得稳重,学;看到妇女走路,摇摆多姿,学。就这样,还不到半个月,他的盘缠也用完了,而新的走路姿势也没有学会,最后连自己原来走路的姿势都忘记了,于是只好爬着回家。这个故事意在讽刺那些生搬硬套,机械地模仿别人,最后不但学不到别人的长处,反而把自己的优点和本领也丢掉的人。我们在模仿别人的时候,要注意学习的东西为我所用。

三是要不断创新。我们在模仿的同时应该突破原有的经验和思想的限制,找到合适的创新点进行新的创造,因为这才是创新中的模仿思维的核心所在。那些圈囿于别人思想、经验的人,无法取得创新的成功。

27. 属性对立法

所谓属性对立法,是从事物的某种特定属性入手,进行反向思考,找到与其对应的属性,进而进行创造。

人们对事物的属性有常规的认识,比如,蚂蚁很小,大象很大,叶子通常是绿色的,花儿通常是姹紫嫣红的等等。进行属性对立思考就是要打破这些常规的认识,一个巨型的蚂蚁是不是可以给人一种震撼力?一个小巧的大象是不是更加可爱?叶子可不可以是五颜六色的?花儿可不可以是黑色的?我们都知道水和火是不相容的,但是在悉尼奥运会的开幕式上却出现了水火交融的景观,熊熊大火从碧绿的水中升起，令世人惊叹不已。

使用电脑的人都有体会，在删除软件时，有时不小心便会将有用的文件给删除掉了，这往往会造成很大的麻烦。尤其是工作上的商业策划案、书稿等重要资料，一旦不小心被删除了，对于电脑使用者来说，简直是一场噩梦。但是，从来没有人想过删除的文件还可以恢复。美国软件设计师德·诺顿却将自己的思维往前推进了一步，他想，既然有"删除"功能，那么，是不是可以设计一种"恢复删除"的软件呢？在这一想法的驱使下，他最终设计出了一种"恢复删除"软件。这种软件受到了广大电脑使用者的热烈欢迎。

在这个故事中，德·诺顿所采用的便是一种典型的属性对立法。其实这种方法在许多地方都有着体现，比如电脑中存在病毒，便存在众多的查杀病毒的软件；在刑侦学上存在追踪练习，便存在反追踪练习；在军事上存在雷达，便存在反雷达技术。总体而言，属性对立法仍旧属于一种逆向思维，只不过其更具有针对性，更具体化。

属性对立思考法在文学和艺术创作领域有广泛的应用。其实，我们的祖先就已经运用这种方法进行思考了。在一个史前时期的岩洞中有一个壁画，画面内容是很多人围坐在一起分吃一条鱼。按照正常的思维，鱼的体积应该很小，再大也不能超过人体。但是在那幅画中，人和鱼的比例严重失调，鱼被刻画得非常夸张，占据了画面的大部分空间，人则处于次要的地位。这种夸张的表现手法体现了古代人们对食物的渴望。在《爱丽丝梦境奇遇记》中属性对立的应用更是随处可见，会说话的兔子，能变大变小的扑克牌，穿过镜子可以进入另一个世界，皇后可以变成羊等等。在美丽的童话世界中，你可以无拘无束地自由畅想。

具体到我们身上，这种思维法的关键便是提醒我们在面对一些看似"不可逆"的事物时，不要被惯性思维所束缚，学会在众人思维停步的地方往前想一步，寻找相对应的相反属性，其往往能够带来新的创造。

28. 正面思考法

如果在你面前摆上半杯水，你认为这杯水是半空，还是半满？习惯负面思考的人会说："真糟糕，只有半杯水了。"习惯正面思考的人会说："太好了，还有半杯水呢。"

类似的事情我们经常会遇到：

上次考试成绩只是班上的中等水平，这使得那些对你寄予厚望的人们很失望。你决定努力学习，打算考个第一名给大家看看。在老师、家长的督促下，经过你的努力，你考试比以前提高了几十个名次。对你来说，这是以前从来没有过的好成绩。但是，你的目标是第一名。因此，你虽然有一点高兴，但是总的来说，你还是很失望。

下雨了。你讨厌下雨。虽然这场雨在这个季节十分平常，虽然从农村出来的你知道，那些庄稼等着雨水的浇灌，但是你仍然十分恼火——它把你的衣服打湿了，鞋子弄脏了，使路上积了一些水。

你创业失败了。你投入的几万块顷刻之间化为乌有，那可是你辛辛苦苦打工赚来的钱。你埋怨世道不好，上天不公。你灰心丧气，连自杀的心思都有了。

……

不错，这几个"你"正在用一种负面思考来看这个世界。

所谓的负面思考是这样一种思考方式，即总喜欢把事情朝坏的方面去想。在看待一件事情的时候，它使我们总是想到：问题多于机会，缺点多于优点，坏处多于好处……总之，它使我们产生消极的思考，从而使自己变得忧郁、沉闷、消极和暴躁。

而在我们解决问题的时候，偏重负面思考会带来比事情本身更多的麻烦，使我们被阴影遮蔽眼睛，看不到事情的多种可能，从而阻碍事情的解决。

本杰明·富兰克林曾经说："少一根铁钉，失掉一个马蹄；少一个马蹄，失掉一匹战马；少一匹战马，失掉一位骑士；少一个骑士，失掉一场战争。"虽然这句话的本意是要求严于律己，但这可能算是"负面思考"的极端的例子了。这种连贯性的负面思考能够使人想到最坏的一面，从而由一件小事产生彻底的消极。

不幸的是，心理学家证实了这样一个结论：负面思考是人类的本能反应。也就是说，人类总是喜欢设想最糟糕的一面。尤其在后"9·11"时代，恐怖主义的威胁和耸人听闻的新闻消息往往使我们陷入消极和焦虑之中。负面思考更加成为了家常便饭。人们慢慢地失去了对生活的坚定信念和热情。

不过，尽管负面思考是人的本能反应，这并不代表我们必须任由它来支配我们的信念、思想和状态。我们必须经过自己有意识的训练，把这种影响我们心情、精神和行为的思考方式改变。

我们必须学会正面思考。正面思考是这样一种思考方式：在看待一件事情的时候，它让我们能够考虑到这件事情的"好"的一面；它帮助我们阻挡住那些困扰我们的因素，发现给我们信心、激励和勇气的因素，从而使我们更加积极地去解决一个问题。

正面思考和负面思考是两种截然不同的方法，产生的效果也不同。不过，它们只是看问题的两种不同的角度而已，并没有改变事情的本身。同一件事情，用正面思考的方法能够使你自信、乐观和拥有解决问题的高效率，而负面思考则正好相反。

正面思考要求我们以独特的思维来看待这个世界，可以帮助我们把注意力从坏事转向好事，改变自己的心态和解决问题的各种方式。

20世纪末，伦敦入室抢劫案频频发生，但是警察的态度非常消极，他们认为无论如何也抓不到犯罪分子，因为劫匪一听到风声就会逃之夭夭。这时警察陷入了情绪化的状态，他们在抱怨而不是在寻找解决问题的方法。

后来，警察把消极的想法转变为积极的行动，把所有信息都看作有价值的信息。既然"劫匪一听到风声就逃之夭夭"，那么最好让他们自投罗网。于是，他们设立了一些"典当行"引诱犯罪分子把赃物卖到那里。很快，一些犯罪分子就送上门来了。

从这个案例中，我们能看出正面思考的好处，它可以把那些消极的、令人恐惧、令人厌恶的想法利用起来，帮助我们实现目标，而不是让那些不利因素阻碍我们成功。

29. 变害为利法

法国空想社会主义思想家傅立叶曾说："垃圾是摆错了位置的财富。"任何东西都有存在的价值。变害为利法就是让我们对事物的价值进行全方位的审定，积极地发现潜藏在事物内部的价值，或者开发出对我们有用的新价值。

变害为利法，顾名思义，即将缺点或者害处转变为对人们有益的一面的一种思维方法。

按照惯常的思维模式我们认为一件东西只能在某一领域有价值，在其他领域没有价值。比如椅子是用来坐的，笔是用来写字的，杯子是用来喝水的……如果我们被常规的、显而易见的价值束缚住，就很难发现潜藏在事物内部的其他的价值。椅子除了用来坐，是不是还可以用来玩抢板凳的游戏呢？或者登高的时候用来垫脚？笔除了用来写字之外是不是还可以用来当锥子或者当鼓槌？杯子除了用来喝水之外是不是还可以用来种花或者养鱼？变害为利法可以让我们尽可能在不同领域中发掘事物的潜在价值。当认为某件东西没用的时候，就更应该想想是不是在其他的领域还有用。一双不能再穿的废弃的鞋子也许是一件艺术品。

事实上，这种思维方法有着十分实用的用途。例如，金属锈蚀本来是件具有破坏性的坏事，有人却利用金属锈蚀原理发明了刻蚀和电化学加工工艺；钢材在低温时容易断裂，这经常给人们的生产生活带来损失，但有人却利用钢材低温断裂这个缺点，发明了低温粉粹法；现代工业垃圾是一大公害，但人们却充分利用垃圾垫基、筑路；苍蝇这种东西可谓是有百害而无一利了，但有人却根据其蛹含有丰富的蛋白质，且繁殖快的特点，促其繁殖，为饲养业提供了大量高质量的廉价饲料……

可以说，这样的化弊为利的例子不胜枚举。而由这些例子我们也可以看出，变害为利法的关键便是要首先具有一种辩证的思维。我们知道，世间万物都是具有两面性的，在这个地方没用的东西，到了另一个地方可能便是宝贝；在这种条件下对人们有害的东西，到了另一种条件下便可能对人们有益。因此，没有什么东西是绝对好的，也没有什么东西是绝对坏的，许多坏的东西一旦转换一下条件或者换一个场合便能变成对人们有益的东西。

此外，变害为利法的另一个关键便是要善于使用发散思维，将事物的害处与相关的事情联系起来，从而找到此害处能够发挥正面效应的地方。

变害为利法就是要求我们具备一双发现"灵魂"的慧眼，从司空见惯的事物中找到潜在的价值。

30. 博弈思维法

博弈思维法最早是从人们的赌博和下棋中总结出来的，所以被称作博弈思维法。以下棋为例，我们知道，在下棋的过程中，一个人绝不能仅仅考虑自己的棋路，而是时时都要考虑对手如何走，并在此基础上决定自己下一步的走法。而博弈思维法的实质就在这里，即在对手所采取的策略的基础上决定自己的策略的思维方式。中国古代的一个故事最典型地体现出了这种思维，即"田忌赛马"

的故事。

战国时期的孙膑在魏国遭受到其师兄庞涓的迫害，成了不能走路的残疾人。后来，孙膑被齐国人救到齐国，被齐国大将军田忌奉为上宾。在当时的齐国，十分流行赛马，上至国王，下到大臣，常常以赛马取乐，并以重金赌输赢。田忌多次与齐威王及其他大臣赌输赢，却屡赌屡输。一天他赛马又输了，回家后闷闷不乐。孙膑便说道："下次如果方便的话，请将军带我到马场看看，也许我能帮您。"

这天，又一次赛马要举行了，孙膑随田忌来到赛马场。这次赛马，田忌又输给了齐威王。通过这次亲临赛场，孙膑了解到，所有参赛人的马都按速度被分为上中下三等，等次不同装饰不同，各家的马依等次比赛，比赛为三赛二胜制。而孙膑通过仔细观察比赛的过程也发现，田忌的每个等次的马都和齐威王的马相差不远，都只输他一点。于是，孙膑告诉田忌一个赢得比赛的办法，他让田忌用上等马的马鞍将下等马装饰起来，然后让其与齐威王的上等马比赛。这次，齐威王的上等马将田忌的"上等"马远远地甩在了后面，齐威王很得意。但是，接下来，依照孙膑的主意，田忌又将自己的上等马打扮成中等马的样子和齐威王比赛，这次，田忌的马取得了胜利。而在最后一场，田忌则以中等马对齐威王的三等马，又取得了胜利。如此，三局中田忌胜了两局，赢得了最终的比赛。

在故事中，孙膑所用的思维便是一种典型的博弈思维。分析一下故事会发现，齐威王在比赛中本来是占有绝对的优势的——在三等马中，他的两种或三种马都比田忌的相应等级的马要跑得快。因此，如果田忌按照通常的思路进行比赛，他是不可能赢得比赛的。但是，正是因为孙膑对于博弈思维的利用，使得田忌在实力上处于劣势的情况下赢得了最后的胜利，这便是博弈思维的神奇作用。由此，我们便可以知道，在对抗中，本来强大的一方如果不善于利用这种博弈思维，便可能遭致失败；而本来弱小的一方如果善于使用博弈思维，便可能以弱胜强。所以可以说，在对抗的过程中，博弈思维是人人离不开的一种思维方式。

落实在具体的操作层面，进行博弈思维法的过程实际上就是一个分析、选择的过程。即分析对手可能采取的种种策略，然后根据这些策略制定自己的应对策略。其大致过程可分为三个步骤：

首先，便是要确定自己的行为目标，只有目标明确了，行为才有效。

其次，便是要分析实现目标的种种方式，在这个过程中，要尽可能多地提出方案，力求穷尽各种可能性。

最后，拟定出尽可能周全的方案，这不是问题的结束，而是为了从中选出最为合适的方案。因此，这时便要对自己所提出的种种方案进行对比、分析，找到其各自的优劣之处。至于具体的角度，则一般而言是从价值、效益、可行性、风险度、可靠性和可信度等几个角度进行。进行一番分析后，最终确定最佳方案。博弈思维的过程就算完成了。

总体而言，所谓博弈思维法，其实就是一种预测与选择相结合的智慧，它借助于我们的理性尽可能地让我们获得利益，避免损失，乃至击败对手。

需要强调的是，博弈思维的关键之处便是要尽可能地穷尽事物的种种可能性，不留漏洞，同时要保持清晰的思路。另外，需要提醒的是，所谓博弈思维中所说的"对手"不一定是具体的人或者实体，而可能仅仅是我们做事时所遇到的困难、所要承担的风险等抽象的东西。

31. 想象思维法

想象思维法，即通过直观的想象来把握未知事物的方法，其是对于形象思维的一种运用。形象思维又叫右脑思维，其不同于借助左脑的运用逻辑演绎来进行思考的抽象思维，而是赋予抽象的东西以直观形象，使其形象化、具体化，以便于我们更直观地把握。我们来看下面这个故事：

当年，爱因斯坦在发表相对论后，在学界引起了轩然大波，每一个见到他的人都询问他相对论到底是何物。一次，一个青年借助一个很仓促的机会询问爱因斯坦什么是相对论。爱因斯坦知道，要在几分钟的时间里对这个门外汉讲清楚既高深又抽象的物理学理论，是不可能的。于是，他想了一下后，说道："打个比方来说，如果在一个大热天，你一个人呆在火炉旁，那么五分钟的时间你会觉得过了一个小时；而如果你坐火车到一个地方去旅行，旅途中你和邻座的一个迷人的姑娘一直在聊天，那么一个小时的时间你却会觉得只有五分钟，这就是相对论。"青年听后，满意地点点头，表示理解了。

爱因斯坦之所以能够仅仅用几句话就能让一个门外汉明白了高深而抽象的物理学理论，便是因为他借助了形象思维。除了这种打比方的方法，形象思维还常常借用图像、模型、标本、实验等手段来使抽象的事物直观化。而想象，则是形象思维的一种高级状态，具有很强的创造性。其具有自由、开放、跳跃、形象、夸张等特征，往往能够摆脱现实条件的拘泥，给人以巨大的启发。大戏剧家萧伯纳认为，想象是一切创造的开始。爱因斯坦则声称，想象比知识更重要，因为知识是有限的，而想象则可以抵达无限。事实上，对于大部分具有创造性的活动来说，想象力都是不可或缺的，并且其往往起着至关重要的作用。

美国的莱特兄弟小时候，一次在大树下玩耍。兄弟俩看到一轮明月挂在树梢旁，便想要去触摸一下。于是，两个小家伙爬到树上，结果却发现无法够到月亮。于是，两个孩子想："如果能有一只大鸟，骑在它身上就能飞到月亮旁触摸月亮了！"

正是这个"不现实"的想法，在两兄弟心里种下了科学的种子，经过后来的一番潜心研究，两人根据风筝和飞鸟的飞行原理，发明了飞机。

想象，往往是不现实的，但正是因为如此，它才能够最大程度地使人摆脱惯性思维的束缚，突破思维的瓶颈。不仅如此，在人们的已知知识走到尽头，面对未知时，想象也往往能够成为人类进一步思维的凭借。

19世纪时，物理学家们通过实验证实，在一个原子里，既存在带正电的粒子，又存在带负电的粒子。但是，对于这两种粒子在原子内究竟以一种什么样的状态存在着，科学家们无从得知。这既不能依靠逻辑思维推理出来，在当时的条件下，也不能通过实验来证实。到了19世纪末20世纪初，许多物理学家开始借助想象来预测原子的结构模型。最终，大家公认英国物理学家汤姆生提出的"葡萄干面包模型"和英国物理学家卢瑟福提出的"太阳系模型"较为合理。汤姆生是这样想象的：带负电的粒子，像葡萄干一样，散乱地镶嵌在由带正电的粒子组成的像面包一样的球状实体里。而卢瑟福则是这样想象的：带负电的粒子像太阳系的行星那样，围绕着占原子质量绝大部分的带正电的原子核旋转。

后来证实，卢瑟福的想象是正确的，就是说，他准确地想象出了原子内部的结构状态。

由此我们也可以得知，想象力有一个神奇作用，即能够与逻辑思维互为补充，共同探索真理。类似的科学上的实例不胜枚举，如居里夫人发明放射性元素镭，沃森和克里克发现人类DNA的双螺旋结构等，无不借助了想象。此外，在文学艺术方面，想象力的作用就更自不待言了。

需要指出的是，想象思维法不仅仅是属于那些大文学家、科学家的专利。其实，在我们的日常生活中，想象思维法也有着广阔的应用空间，甚至于不知不觉间我们都在使用着想象思维。比如一个建筑师在设计图纸时，必然会在头脑中想象出一座大楼的模型；一个古生物学家看到一块动物化石，必然会在头脑中想象出古生物的形态；一个警探在进行案情推测时，必然会想象案子发生时的具体情景……不仅如此，心理学家们还证实，想象还有一个令人不可思议的功效。请看下面刊登在《美国研究季刊》上的一项实验：

心理学家为研究想象对于现实的影响，将参与实验的成员分成了三个小组。第一个小组的成员，让他们每天花半个小时的时间实际练习对着靶子投飞镖；第二个小组的成员不作任何练习；第三个小组的成员则每天花半个小时在想象中对着靶子投飞镖。

心理学家对比三个小组的成员在第一天和最后一天的成绩，发现第一个小组的成员的准确率增加了 24%；第二个小组的成员没有任何进步；第三个小组的成员的准确率则提高了 40%。

由此，心理学家得出结论，在心理上进行想象的练习与实际进行的练习一样，能够提高人们的成绩。

其实，类似的实验还有许多，这些实验均证明了一点，即想象对于现实有着实际的影响。实际上，这个道理也很容易明白。假如你今天要去一家公司面试，如果你能够在出发前想象一下你接下来将会遇到的情况，比如路上可能遇到的堵车以及你的解决办法，面试时的具体情景，那么，你今天的面试肯定会更加成功。因此，我们可以知道，善于运用想象思维法，对于我们的生活有着十分实用的价值。

应该说，我们每个人都会不同程度地运用想象思维法，只是程度有所差别罢了，而且，这种能力是可以通过练习来提高的。想象思维法的基础便是我们的形象思维能力，因此要培养并提高这种思维法，其关键便在于提高我们的形象思维能力。下面说一些提高我们形象思维能力的方法：

（1）画知识结构图。在学习的过程中，经常将我们学习到的知识按照一定的层次梳理总结一下，画出相互关联的图标，标清楚整体与部分的关系。

（2）培养自己的空间感。每到一个陌生的地方时，有意识地分清方向，明确自己的方位，观察当地街道和建筑的布局。

（3）经常接触一些绘画和音乐，因为这两项活动都是由右脑来控制的。注意进行这两项活动时要集中精力。

（4）经常进行一些冥想训练。如回忆美好的往事，或者畅想未来，或者设想自己到一个陌生的地方去旅行的情景。注意想得越详细越真切越好。

（5）有意识地多用身体的左半部，如在公车上用左手握把手，打电话时用左耳聆听，有意识地用左腿作为支撑腿，将钱包放在左边口袋里，等等。因为我们身体的左半部是由右脑控制的，这些都能很好地锻炼右脑，提高形象思维的能力。

32. 怪诞思维法

怪诞思维法，顾名思义，是一种常人难以想象得到的怪诞的思维方式。在一般情况下，这种思维方式可能用处不大，但是，在非常时刻，一旦常规的思路无法解决问题时，这种思维方式至少能够给人提供一种解决问题的可能性。我们来看下面这则故事：

20世纪80年代，美国与秘鲁在太平洋上举行了一次联合军事演习。不料，秘鲁的一艘鱼雷潜水艇正在演习的时候，一艘日本渔船突然闯了过来，双方躲避不及，撞在了一起。结果，鱼雷潜水艇上的舰长和六名士兵当场死亡，二十四人则从艇上逃了出来，另有二十二名士兵则来不及逃出，随着潜水艇沉入了三十三米深的海底。

被困在鱼雷潜水艇内的人根据部队的制度，选举老船员詹特斯为代理艇长。詹特斯则组织大家集思广益，设想逃生的办法。但是，尽管大家纷纷说出了自己的办法，但因为鱼雷潜水艇已经严重变形，这些办法都无法得到实施，看上去大家只有等死的份儿了。时间一分一秒地过去了，许多人开始感到绝望。这时，鱼雷发射手突然灵机一动，想到了一个主意，他试着向詹特斯建议道："何不使用鱼雷将人'发射'到海面上去！"经这么一提醒，詹特斯也顿时觉得是个办法，尽管有一定风险，但是他凭借丰富的海洋阅历知道，这样做至少能够有一部分人活下来，比大家一起等死强。于是，詹特斯果断决定采取此法，他嘱咐大家道："在出艇之前，尽量呼出肺里的空气，并憋气三十秒钟。我估计，这么长的时间从海底发射到海面应该是足够用的了。"

于是，这些士兵忍受着压力快速变化所带来的巨大痛苦，从海底被弹到了海面之上。最终，除了一人因脑出血而死亡外，其他二十一名船员都得以安然脱险了。后来，这种方法还被军方普遍采用，成为鱼雷潜水艇出事后船员逃生的常用手段之一。

显然，用鱼雷将人"发射"到海面上，这听起来完全是不可思议的事情！可是，在当时那种别无选择的特殊情况下，又何妨一试？在无路可走的情况下，人只有最大可能地打破自己的常规思路，利用一切可以利用的事物进行尝试，看似荒唐，实则是一种智慧。所谓非常时刻，行非常事。而这正是怪诞思维得以存在的逻辑所在。其实，总体而言，怪诞思维属于一种求异思维，只是看上去更加极端化罢了。

33. 打破背景法

如图，上面的每个黑圈代表一枚游戏币。现在，由你来移动其中的一枚游戏币，使得每行的游戏币都变成六个，你能做到吗？

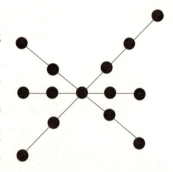

对于这个题目，可能许多人左思右想，都想不出办法。其实，答案很简单，那就是把具有六个游戏币的那行的除交叉点那枚以外的任何一枚放到交叉点上，与原有的游戏币摞起来即可满足题意。许多人之所以想不到这个办法，是因为他们在脑子里为这道题目设置了背景，即认为游戏币是不能摞起来放的。其实，这个背景并不存在，是他们受到表象的暗示而自我设定的。

其实许多时候，我们之所以找不到问题的解决之道，都是因为我们受到表象的迷惑，设想出了一些本来不存在的背景。因此，在遇到一些难题，百思不得其解的时候，不妨回头想一下我们认为理所当然地存在的背景是不是根本不存在，这便是打破背景法。

34. 不满图新法

所谓不满图新法，即对于已有的事物，有意识地找到它的不足之处，然后加以改进或完善。这种思维方法听起来似乎很简单，似乎没必要单独提出来作为一种思维方法，其实不然。因为人们对于自己所熟悉的事物，往往会有惯性心理，因为司空见惯而"顺眼""顺手"，以为这个东西本来就该是这个样子，永远都不必改动了。而不满图新法便正是专门针对这种惯性心理而提出的思维方法。

国际网联规定，网球球拍的面积必须在 710 平方厘米之下。因此，长期以来，所有的网拍生产厂家便都按照这个标准来生产球拍，而所有的网球爱好者也都习惯了这种球拍。但是，专门生产体育用品的日本美津浓有限公司经过调查后，发现初学网球者在打球时，不是打不到球，就是打一个"触框球"，把球碰偏了，十分头疼。很多人都想，要是球拍大一点，兴许不会出现上述毛病。于是，该公司便打破惯性思维，专门做了一些比标准大 30% 的初学者球拍。这种球拍一上市便受到初学者的热烈欢迎，十分畅销。于是，这家原本很小的公司一下子成了全国知名的企业。

在这个故事中，日本的这家企业便是利用了一种不满图新法。它没有受到国际网联所规定的标准和人们习以为常的心理的束缚，敏锐地捕捉到了人们的需求，对网球拍进行了改进，结果获得了成功。

其实，在现实中人们司空见惯的东西，往往都有一定的改进空间，只是许多人并不去多想罢了，而一旦你改进出来，只要满足了人们的某种需求，便会受到欢迎。这正如美国汽车大亨福特所说："对于没有见过汽车的人，你如果问他想要什么，他肯定会说他想要一辆跑得更快的马车。"

事物之所以有改进的空间，主要是基于两点：

其一便是事物本身的局限性。一般而言，一个事物在发明创造之初，人们总是只会考虑其主要的功能，而忽视其他的方面。比如，厨房里使用的锅，其主要功能便是烧煮食物。但是，当用它烧煮汤、羹类的东西时，就暴露了它的局限性，因为锅的上口太宽，不便倒入小碗。有人便针对这个缺点，设计了"茶壶锅"。这种锅的外形很别致，它是把上口宽的锅与倒水方便的茶壶巧妙地结合在一起而制成，似锅似壶，一物多用，尤其适合烧煮面食之用。

其二，则是因为时间的缘故。一个东西，即使本来既好用又好看，经过一段时间后，也可能因为人们需求的变化显得不好用了，或者因为人们看腻了而显得不好看。例如，日本商人酒井靠发明玩具小狗而发家。但是，过了一段时间后，人们便感觉没有新鲜味了。于是，有个人便想出一篮双狗的主意。他把两只这样的小狗并排放在塑料小篮中，小狗前肢搭出篮缘，姿态可爱，一下子后来居上，抢了酒井的生意。再比如，长期以来，人们总是习惯先用锅炉烧开了水，再将热水倒进热水瓶中去。后来随着科技的发展，有人研究设计了电热器直接对热水瓶里的水加热，烧开，更方便了。

一般而言，不满图新法大致可分作四个步骤：

（1）确定要研究的课题。

（2）确定与课题有关的信息科类。例如材料、功能、外观、大小等。

（3）根据已确定的信息，分析、研究，找出其缺点；或者反过来，对产品提出一些希望，希望它能达到什么样的效果。

（4）针对缺点或者希望提出改进实施的方案。

在这四个步骤中，第三步是最重要的一步，它决定了今后研究的方向与质量。

最后，不满图新法的关键还在于能够打破惯性思维，不要因为对事物习以为常而将自己的思维束缚住。其实，平常不妨做一些类似的训练，使得自己对于常见的事物有种"挑剔"的意识。比如，在夏天时，人们最讨厌的就是蚊子了，为此，点上蚊香固然不错，但烟气缭绕，很呛人。于是有人便发明了"电子蚊香"，在一块特殊材料制成的加热器上放置一片含有除虫菊脂的药片，受热时挥发出清香的气味，达到驱蚊的目的。但也有缺点，它增加了电能的消耗。你能否再改进一下？

再比如，筷子用起来很方便，但是筷子也有弊端，即难以夹住鱼丸、豆子等圆形食物，你能想办法改进一下吗？

35. 纵向思维法

不少人碰到思维命题后，首先关注的往往是怎样解决问题，采取什么样的方法能够解决问题，而不是考虑问题出现的根本原因到底是什么。他们的这种做法，看似是正确的，但实际上很多时候，却掩盖了问题，因为，不少人缺乏能够一眼看到本质的能力。

纵向思维就是看穿事物本质的思维方法。它的思维过程是这样的：从事物的表层现象着手，纵深发展，在经过理性的剖析之后，发现存在于现象之后的深一层的事物的本质。锻炼纵向思维，有助于养成"深入分析问题""透过现象看本质"的良好的思维习惯，对于提高创造力有重要的帮助。

　　柏拉图曾经创立了一种"理念"的学说。他认为世界上的一切事物，都是"理念世界"中这些"理念事物"的影子，而这种"理念"是存在于人的思维和意识中的。比如说，桌子的样式各不相同，但是说起"桌子"这个词，我们能想到的事物就是桌子，可能我们每个人所想到的桌子是千差万别的形状，但是这个事物绝对不会是椅子。这个我们头脑中的"桌子"，就是一个"理念的桌子"，说起它来，我们就清楚所指称的外延是什么。

　　柏拉图的学说很深奥，是一种主观唯心的认识。但是，这一说法对我们也有启发，实际上，柏拉图所说的"理念"，我们可以把它看成事物的"本质"。一个问题的表现形式可能是多样的，但是，其归根到底的本质，却只有一个。

　　纵向思维对于预见事物的发展也有重要帮助，可以说，人的预见力就是建立在通过纵向思维而得到的对于事物本质的把握上的。

　　早在 1894 年，俄国的科学家齐奥柯夫斯基就对未来航空事业和人类空间生存的发展作出了大胆的预测，其预测的发展轨迹是这样的：

　　制造带有翅膀和一般操纵机构的火箭式飞机；

　　逐步改进飞机，使其翅膀缩小，牵引力和速度增加；

　　可以驾驶新型飞机进入大气层；

　　飞至大气层以外及滑行降落；

　　建立大气层外的人类活动站；

　　宇宙飞行员用太阳能来解决日常生活问题，包括呼吸、饮食等；

　　登月；

　　制造太空衣，使人可以直接在太空中活动；

　　在地球周围建立居民点；

　　太阳能不仅用于饮食和使生活舒适，而且应用于使整个太阳系产生位移；

　　在小行星带上和太阳系里其他不大的天体上建立移民区；

　　在宇宙中发展工业；

　　达到个人和社会的理想；

　　太阳系居民比目前地球上的居民多一千万倍，已经达到饱和，开始向整个银河系移民；

　　太阳将"熄灭"，太阳系的残存居民转移至另外的"太阳"。

　　在齐奥柯夫斯基提出这些设想的时候，人类的航空事业还基本处于空白的阶段，连莱特兄弟的飞机都还没有问世，人类的外太空生存更似乎是天方夜谭。但是，今天我们再看，这十五个设想，有八个已经完全变为了现实，而且与齐奥柯夫斯基的设想竟是如此惊人地相似！

这并不是齐奥柯夫斯基具有什么未卜先知的特异功能，而恰恰是因为他优秀的纵向思维能力，帮助他作出了如此具有远见卓识的预见。

纵向思维的基本点，就是要求人们目光远大，不要鼠目寸光；要用发展的眼光，关注未来的前景；抓住未来的发展趋向，制定相应的决策，从而牢牢掌握住人生和事业发展的主动权。

运用纵向思维，我们可以从以下四个方面着手：敏锐的观察力，凡事问个"为什么"，透过现象看本质，看到价值之后的价值。

36. 立体思维法

看下面两道题目：

（1）现在要求你在一块山地上种四棵树，要求每棵树之间的距离均相等，你能做到吗？

（2）如果给你五根火柴，要你摆出两个等边三角形，你肯定马上就能摆出。那么，现在，再多给你一根火柴，要你用六根火柴摆出三个大小与前面的三角形同样大小的等边三角形，你能做到吗？

对于第一题，可能你会在图纸上画出许多种几何图形来做实验：正方形、菱形、平行四边形、梯形……但是，结果你会发现这些图形都不能符合要求。其实，如果你总想在一个平面上找到答案，则永远都找不到，事实上，这道题目的答案是：你可以在山顶上种一棵树，然后只要剩下的三棵树能够与其构成正四面体，便能符合题意。

对于第二题，与第一题类似，如果你总试图用6根火柴在一个平面上摆，无论怎么摆都无法完成要求。而如果你能打破平面思维，用立体思维思考，则很快就能找到答案。只要你用6根火柴摆出一个正三棱椎，上面便有3个等边三角形，事实上上面共有4个等边三角形。

上面两道题目，为我们展示的便是一种立体思维。许多时候，我们将一个问题抽象化在纸张上之后，因为纸张本身是二维的，我们的思维也往往会被束缚在二维的平面上。因此，在我们思考具体的问题的时候，要学会将这种二维的平面思维还原为三维的立体思维，问题往往迎刃而解。当然，必要时，我们也可以将三维思维转换为二维思维。

37. 移植思维法

移植思维法，是人们受到植物学上的启发而总结出的一种思维方法。在植物学上，人们经常出于一定的目的，将植物从一处移植到另一处。这种方法后来被人们应用到更广阔的领域。人们将已发明的某一事物、技术、原理等有意识地转用到新的领域，以解决新的问题或创造新的发明的方法，称作移植思维法。这种思维方法的基础来源于人们的联想思维，其对于人们具有很实用的价值。英国学者贝弗里奇对这种方法十分推崇，他言道："移植是科学发展的一种主要方法，许多重大的科学成果都来自于移植。"

盲文的发明便来自于一种移植思维。

19世纪初的一天，法国海军的一个舰长带着通讯兵来到一个盲童学校，给孩子们表演夜间通讯技术。因为在夜间，无法用眼睛读文字，所以军事命令被通讯兵译成电码。具体的做法便是由传令士兵在一张硬纸上"戳点子"，记录下电码内容。而接受电码的士兵则通过"摸点子"的办法再将电码译成军事命令。当时在场的盲童布莱叶受此启发，创造了供盲人阅读用的盲文。

压缩空气制动器的发明也属于一种移植思维。

19世纪，火车发明初期，人们一直未能找到一种好的制动器，因此经常因为在紧急状况下无法及时刹住车而造成惨剧。一天，一个名叫乔治的美国青年在看报纸时，偶然看到一则筑路工人用压缩空气的巨大压力开凿隧道的新闻报道。乔治灵机一动，心想：既然压缩空气有这么大的力气，能不能用它来对火车进行制动呢？于是，经过一番研究和反复实验后，乔治发明了压缩空气制动器。

移植思维不仅可以应用于自然科学领域，在社会科学领域其同样有着广泛的应用。

在日本的北海道附近，许多人都以打鱼为生。这些渔民世代打鱼，技术很高，尤其擅长打沙丁鱼。而沙丁鱼因味道鲜美，很受欢迎，市场价格很高。但是，渔民们长期以来一直被一个问题所困扰，那就是出海打回来的鱼总是容易死。我们知道，同样一条鱼，死鱼和活鱼的价格是截然不同的，死鱼因为不再新鲜，其价格要远低于活鱼。

后来，有个渔民终于想到了一个办法，每次出海回来总是带着新鲜的活沙丁鱼。在大家的一再询问之下，他终于说出了自己的绝招。原来，他因为一次偶然的机会，捕到了几条鲶鱼，并将这些鲶鱼和沙丁鱼混放在一起。他发现，这次出海回来后，大部分的沙丁鱼都没有死去，而是活蹦乱跳的。仔细琢磨之后，他终于知道了其中的缘故，因为鲶鱼是沙丁鱼的天敌，其和沙丁鱼放在一起后，总是不停地追逐沙丁鱼，沙丁鱼为了逃命，始终处于紧张状态，从而保持了活力。从此之后，每次出海前，他都要事先在船舱里放上几条鲶鱼，以后便总能带着活的沙丁鱼回来。从此，北海道的渔民便都能带回活的沙丁鱼了。

后来，有个日本的经济学家在听说了这个故事后，将其称之为"鲶鱼效应"。经济学家将这个效应应用于市场领域，认为一个企业也应该始终使自己处于一种不断地竞争之中，甚至必要时主动帮助一下自己的竞争对手，以使其能有效地同自己展开竞争，从而保持自己的活力。同样，这也可以用于企业内部，企业内部也应该保持一种竞争态势，以使得员工保持一种积极进取的活力。

通过以上几则故事，我们也就大致明白了移植思维法大致是怎么回事了。可以看出，移植思维并非是一种机械的搬用，它的前提是移植的"供体"和"受体"之间存在着一种共性，能够很好地解决问题，并给人们带来益处。许多时候，这都需要一种灵感的参与，因此可以说是一种颇具创造性的思维方法。

总体上，移植思维常见的有以下几种：

一种是直接移植。即两者的相似性非常大，直接搬用即可。如拉链最初发明时仅仅用于鞋子，后来人们直接将其应用到衣服、口袋、皮包等。

一种是间接移植。这种移植的基础是两者具有一定的相似性，但不完全一样，于是便将一个事物的原理、方法等，加以改造后，再应用到其他领域。如海绵橡胶的发明，便是有人将面包的发酵技术应用到橡胶工业中的结果。

一种是原理移植。即将一种宏观而基础性的原理应用到新的领域中。如二进制计数原理在电子学中获得广泛应用后，有人便试着将其应用到机械学中，创造二进制的机械产品。事实上，如今这方面已经取得了进展，二进制液压油缸、二进制工位识别器都属于这类产品。

此外，还有方法移植、结构移植等。总之，移植思维的关键有两点：一是在态度层面，要处处留心，善于观察，勤于琢磨；二是在操作层面，要对移植双方的相同和不同之处进行认真地分析。需要注意的是，移植是为了创造，毫无创造价值的机械移植是我们应该规避的。

38. 旋转思维法

有这样一个故事：

民国时期，北京城里一家有实力的剧院邀请三位著名的京剧演员同台演出。三位京剧演员一看是这家剧院的邀请，很乐意出演，都满口答应了。不过，后来三位演员才得知另外两位知名演员要和自己同台演出。这三位演员都是京剧界的大腕，名气不相上下。因此，他们都专门找到剧院经理，要求在发布海报时，将自己的名字放在最前面。剧院经理一听感到十分头疼，三位演员都是大腕，谁也得罪不起；而三人将要同台献艺的消息又早就传出去了，京城的戏迷都很期待，不可能临时更改。不过，头脑灵活的剧院经理随即想到了一个主意，对于三人的要求都满口答应了。

到了演出这天，三位名演员来到剧院，一看演出名牌，都感到十分满意，最后这场演出也十分成功。原来，剧院经理没有像往常那样使用纸面形式的名牌，而是使用了一个不断旋转的不大的灯笼，三位名演员的名字在灯笼上转圈出现，这样，三个人都可以说自己的名字排在前面。

在这个故事中，剧院经理之所以能够想出这个巧妙的办法，便是因为他采用了一种旋转思维法——既然三个人都想将名字排在最前面，而这个最前面的位置只有一个，那么何不让这个最前面的位置旋转起来，三个人轮流来享用！问题自然迎刃而解！

与上面的故事类似，19 世纪时的英国工人罢工时，为防止工厂主对带头签名的人打击报复，工人们在请愿书上签名时采用了圆形签名法，即大家围着一个圆圈签名，不分先后顺序。这其实也是一种旋转思维。另外，政治谈判中为了体现与会者地位的平等，围在一个圆形桌子旁开会，即所谓的圆桌会议，同样属于一种旋转思维。而除了上面所说的消解先后主次的问题，旋转思维还有一些其他的用途，例如，在早期，人们参加宴席时，因为桌子太大，就席的人往往只能夹到离自己比较近的菜，而够不着离得远的菜。后来，有一个餐厅经理便想到了一个主意，使得桌面能够转动，这样便解决了这个问题，这就是我们现在在餐厅里常见的旋转餐桌。

总体而言，旋转思维可算作一种求异思维，其对于一些特定的难题往往具有很好的效果。因此，在遇到一些相关问题的时候，如果用常规思路找不到解决问题的办法，则不妨"旋转"一下，也许问题便迎刃而解了。

39. 联想思维法

联想思维法是由于一定的诱因，人们在脑海中将一种事物与另一种事物联系起来，从而解决问题的一种思维方法。这种思维方法对于人们学习记忆、发明创造、进行艺术创作等都具有十分重要的意义。具体而言，联想思维法大致可分为接近联想、相似联想、对比联想、因果联想等。

接近联想

接近联想，是人们由于两个或几个事物在空间、时间或性质上具有一定的联系而产生的联想。这种联想往往遵循一定的逻辑，有时甚至一环扣一环，比较严谨。

曾经流传有这样一句谚语："如果大风吹起来，木桶店就会赚钱。"

怎么回事呢？原来其内在原理是这样的：大风吹起，沙石就会漫天飞舞，这便会导致盲人的数量增加，进而沿街弹琵琶的盲艺人就会增加，而制造琵琶弦的猫的皮的需求量便会增加，进而更多的猫被杀死，接下来老鼠猖獗，更多的木桶会被咬坏，木桶店就挣钱了！

显然，这个谚语所体现出来的便是一种典型的接近联想。当然，这个谚语只是一个形象的比方而已，具体分析的话，这里面的逻辑还是不严谨的。不过这种思维方法，在现实生活中的确具有很实用的价值。

曾经有个餐馆老板，其餐馆的经营十分惨淡，眼看就要倒闭了。一天，一个心理学家前来就餐，看到老板的生意如此清淡，便给老板出了个改善生意的简单方法。老板照办后，没想到生意果然好了许多，不再考虑关门的事情了。

原来，心理学家的办法就是让餐馆老板在夏天时将餐馆的墙壁都漆成绿色，冬天时则将墙壁都漆成暖黄色。这个办法之所以有如此效果，便是因为，一般而言，绿色、蓝色、青色等颜色属于冷色调，人们看到之后很容易联想到草地、蓝天、大海等，进而产生一种清凉的感觉；而黄色、橙色、红色等颜色则属于暖色调，人们看到之后，一般会联想到太阳或者火焰等，进而产生一种温暖的感觉。心理学家在这里正是利用了人们在心理上的联想效应，使得餐馆吸引了更多的顾客。

这个故事，便是一个运用接近联想思维法的典型实例。

相似联想

相似联想，是因为事物之间在外形、性质、意义上的相似而由此想到彼的思维方式。比如由这场足球比赛而联想到另一场足球比赛，便属于此。这种思维方法，在科学上有着很广泛的用途，如人们根据鸟的飞行原理发明了飞机，根据鱼的形状而创造了潜艇，均属于对于这种思维方法的运用。我们再来看下面两则故事：

故事一：有一个年轻人对于刀很感兴趣，但是他发现所有的刀都有一个共同的麻烦，便是用过一段时间之后，刀便会变钝，需要重新来磨，而这相当麻烦。这个年轻人于是一直想找到一个使刀永久保持锋利的办法。一天，这个年轻人路过一个建筑工地时，看到几个工人正在用玻璃刮木板上的油漆。他发现，工人在玻璃片变钝之后，便将玻璃片敲断一节，用新的玻璃片接着刮。这个年轻人由此联想到刀刃：能不能在刀刃变钝之后也将其这段扔掉，接着使用新刀片呢？于是，他设计了一种长长的刀片，上面有许多刻痕，刀刃用钝之后便可以沿刻痕将刀片这段扔掉，使用新的刀刃。这种刀片出现之后，受到了许多人的欢迎。最后，这个年轻人开办了专门的工厂，并藉此走向了成功。

故事二：肾结石是形成于人的肾里的一种异物，早期时，医生们对此并没有很好的治疗办法。后来，一个医生在回家的路上看到一些城建人员在对一栋楼进行定向爆破。他发现，爆破时的炸药设置得非常巧妙，正好将一栋坚固的建筑物炸得粉碎，而又不会伤害到周围的建筑物。这个医生由此联想到，能不能也用这种办法来治疗肾结石呢？由此，便产生了治疗肾结石的微爆破疗法，即正好将肾结石炸毁，而不会危及到肾脏本身。

在上面的两个故事中，均体现出了相似联想的思路。

反向联想

反向联想又叫对比联想，一般是由一个事物联想到与其有相反特点的事物。

19世纪，法国微生物学家巴斯德用实验证明了细菌可以在高温下被杀死,因此,可以将食物煮沸进行保存。物理学家开尔文得知这一消息后,便想:既然高温能够将细菌杀死,那么低温是不是也能将细菌杀死呢?沿着这一思路进行了进一步的研究后,开尔文发明了"冷藏工艺",掀开了人类保存食物方法的新篇章。

再看下面这则故事:

18世纪时,人们证实金刚石和石墨的成分一样,都是由碳元素组成。1799年,法国化学家摩尔沃成功地将金刚石转化为了石墨。因为金刚石的使用价值要大于石墨,因此,许多人在摩尔沃的基础上展开了反向联想:既然金刚石能够转化为石墨,那么石墨能不能转化为金刚石呢?后来,真的有人实现了这个想法,创造了很大的价值。

上面的两则故事便是反向联想给人们带来方便的典型例子。可以看出,善于运用这种思维方法,往往能够带给人们新的思路,最终有新的发现和创造。

灵感联想

灵感联想,也叫即时联想,是指在某一瞬间受到一种事物的启发,进而产生灵感的思维方法。这种思维常常见于科学、艺术等具有创造性的活动中。

爱因斯坦在读大学的时候,一次雨后,他突然看到天空中的一道彩虹。这时,联想到自己正在研究的物理学问题,他不禁想道:如果人能够乘坐光速飞行的宇宙飞船到太空中去旅行,会看到什么呢?就这样,爱因斯坦沿着这个思路想下去,走上了相对论的发现之旅。

以上的几种联想思维法乃是最常见的几种,其实还有一些其他的联想思维法。总之,联想思维是一种对人们十分有价值的思维方法,借助这种思维,人们往往能够打破束缚,使自己的思路更具创造性。另外,联想思维在人们的学习过程中也有着特殊的作用,将自己学习过的知识点进行总结归纳,找到相似或相反的特征,这样串起来记忆,由此能够想到彼,能够更好地记忆和把握知识点。

最后指出,联想思维是能够通过不断的练习逐步提高的。我们可以有针对性地围绕着一个事物展开联想,比如以一台电视机为例,我们可以从它的家用电器的属性的角度联想到其他的家用电器,也可以从它的传播信息的功能的角度联想到人们其他的获得信息的途径,还可以从它帮助人们打发时间的角度来联想一下人们还经常以一些什么其他的手段来打发时间,等等。如此,练习多了,我们的联想思维能力必然能够得到提高。

40. 迂回思维法

所谓迂回思维法，又叫变通思维法，即在遇到难题的时候，如果用直接的办法解决不了问题，便绕个弯子将问题解决。我们来看下面这个寓言故事：

一天，北风和南风碰在了一起，两"人"想比一比看谁的力量更强大一些。

北风指着路上的一个裹着大衣走路的行人说："我们看谁能把他的大衣吹掉，就算谁的力量大，怎么样？"

南风点头同意了。于是北风使尽全身力气盘旋着猛地吹向那个行人，没想到行人一看起风了，赶紧将大衣又使劲往身上拉了拉，裹得更紧了。无论北风怎么用力吹，行人的大衣都没有被吹掉，只好放弃。

然后南风上前去吹，并没有用力去吹，而是轻轻地用热气去吹拂这个人。这个人一下子感到气温升高了，热得难受，赶紧便将大衣给脱掉了。

在这个故事中，要想将行人的大衣吹掉，显然最直接的办法便是用力去吹。但是，北风采用这种直接的办法，却没能达到目的。而南风则采取了迂回的策略，通过气温的升高让这个人主动将大衣脱下来，这表面上是绕了弯子，结果却更有效。

两点之间直线不一定最短

我们知道，在数学上，在两点之间的所有线段中，直线是最短的。但是，放在具体做事的过程中，这就不一定了，许多时候最直接的办法往往不是最有效的办法。我们来看下面这则小故事：

有两只蚂蚁想要翻过一堵墙，到墙的另一面去找食物。

其中一只蚂蚁径直来到墙角，便开始往墙上爬去。但是，因为墙面很光滑，并且略微有些风，这只蚂蚁爬上一段后便会掉下来。但是，这只蚂蚁并不气馁，掉下来之后便又重新开始从墙角爬起。而另一只蚂蚁则观察了一下情况，发现这堵墙虽然高，但只是一小截断墙，于是，它顺着墙角往前爬了一段，便绕过了这堵墙。

这个故事便很形象地说明了迂回思维。上面所讲的故事只是寓言故事，下面让我们来看一则真实的故事：

有个作家到台北旅行。这天，他上了一辆出租车，告诉司机他要到城区某出版社去。没想到司机却转过头来问他："先生您是要走最近的路呢，还是要走最快的路？"作家一听感到很迷惑，问道："怎么，最近的路难道不是最快的路？"司机于是解释道："从这里到你所说的出版社，最近的路便是走中环，不过这条路因为是交通要道，每天的车都很多，所以经常会塞车，即使不塞车，车速也很难快起来，所以路虽然近，却不会最快到达。而我知道另一条道路，要绕一些，但是因为交通状况良好，却会更快到达您想去的地方。"这样一听，作家便选择了最快的路。

最近的路不一定是最快抵达目的地的路，这听起来也像是一句格言了。

别一条胡同走到黑

有时候，直接的办法不仅不是最近的，而且干脆是走不通的，是一条死胡同。这个时候，我们便更要懂得迂回思维的运用了。如果不知变通，非要一条胡同走到黑，到头来无论费多大劲儿都解决不了问题。我们来看下面这道思维名题：

一个老牧民临死前留下遗言，将自己的 17 只羊分给三个儿子，长子分 1/2，二儿子分 1/3，三儿子分 1/9。并且，老人规定，羊一只也不许宰杀。问该如何分，才能最大限度地遵从老人的遗愿？

这显然是个难题。因为老人的 17 只羊这个总数目，既不是 2 的整数倍，也不是 3 和 9 的整数倍，又不能宰杀羊，根本无法分配。因此，如果这道题目循着直线式的思路来思考，是没有答案的。但是，如果我们迂回一下，拐个弯，是可以找到办法的——我们可以从邻居那里借来一只羊，凑成 18 只羊，便可以分配了。这样，大儿子可以分 9 只羊，二儿子可以分 6 只羊，三儿子可以分 2 只羊，加起来正好是 17 只羊。这样分好后，再将剩下的那只羊还给邻居，这个难题便巧妙地解决了。当然，这种分法与老人的遗嘱略微有些出入，但是这已经是在遵从老人的遗愿（不许宰杀羊）的最佳分配方案了。

这个故事便启发我们，有时候，直接的思路不仅不是最快的解决问题的道路，而且可能还是走不通的，因此，在遇到难题的时候，千万不可直肠子。我们再来看下面这个故事：

1945 年，刚刚战败投降的德国一片废墟，人心惶惶。一个名叫马克斯·歌兰丁的德国青年发现，当时的德国人普遍处于一种"信息荒"中，大家对于外界消息十分饥渴。于是，他觉得卖收音机肯定大有市场。但是，当时占领德国的联军为了分散德国人，以防止他们联合起来武装反抗，不仅禁止德国人制造收音机，连售卖收音机都规定为违法。歌兰丁左思右想之下，想到了一个主意——他将组装收音机的所有零件、线路全部备好装在"玩具"

盒子里，并附上安装说明书，然后一盒一盒地以"玩具"卖出，再由顾客自己动手组装。如此一来，他很快便卖掉了数十万盒，最终歌兰丁的公司以此为基础，成为了最大的电子公司。

以退为进

在古代的一个来往行人密集的大道旁，并列开了两家酒馆。自然，两家酒馆是死对头，每天都在互相抢生意，拉顾客。其中一家酒馆的老板为了压倒对手，便在店门口贴出广告：本店以信誉担保，出售的散酒全是陈年佳酿，绝不掺一点水。这个酒馆老板贴出广告后，感到十分得意，心想自己这广告一打出去，对面的酒馆肯定竞争不过自己了。而对面酒馆的老板见对手贴出了这么个广告，想了一下后，也写了一则广告贴在店门口，上写：本酒馆按照惯例，出售散酒时会在陈年佳酿中掺水一成，如有不愿掺水者请买酒时说明，但一旦饮醉，本店概不负责。这下，对面酒馆的老板更得意了，心想对面这老板真傻，如此把实话都说了出来，谁还会去你那里饮酒。不料，过往的行人在两家酒馆前驻足对比一番后，都纷纷到"掺水一成"的酒馆里喝酒，很少有到"绝不掺水"的酒馆里喝酒。

之所以会如此，便是因为前者将话说得太满了，让人感觉言过其实，反而更不信任他。而后者虽然表面上退了一步，实际上则使得自己显得坦诚实在，取得了顾客的信赖。其实，这便是一种"以退为进"的策略。有时候，面对障碍，如果我们不顾一切地硬要前进，反而会被卡在那里；而如果我们能够后退一步，反而能够为前进更大一步打下基础。而"以退为进"的策略便是一种典型的迂回思维。这种迂回思维，在我们的现实生活中有着十分普遍的用处，尤其是在说服别人的过程中，经常用到。我们来看这样一则故事：

有一位新来的中学老师当了一个全校有名的调皮捣蛋班的班主任。她上班第一天，正好赶上学校安排各班级学生参加平整操场的劳动。这个班的学生便一个个躲在阴凉处，谁也不肯干活，老师怎么说都不起作用。后来这个老师换了一个思路，她温柔地对同学们说："我知道你们并不是怕干活，而是都很怕热吧？"学生们一听老师给他们找了理由，自然很乐意，都七嘴八舌地说，确实是因为天气太热了。老师于是便说："既然是这样，我们就等太阳下山再干活，现在我们可以痛痛快快地玩一玩。"学生一听都很高兴。老师为了使气氛更热烈一些，还买了几十个雪糕让大家解暑。结果，只玩了一会儿，学生们便不好意思再玩了，纷纷主动去干活了。

在这个故事里，这个老师刚开始用直接劝说的办法没能说服同学们，后来她正是采用了一种以退为进法，才说服了学生们。其实，在现实生活中，这种方法我们经常都会用到。许多时候，要想让对方接受你的观点，如果你一味咄咄逼人地想让对方就范，很可能适得其反，得到的是不服气的反驳。而如果你并不用强硬的语言，而是通过一种温和的方式，对方便往往会自己认识到你的观点的正确性，并主动接受。老子曾言"大辩若讷"，说的便是这个意思。因此，在生活中我们不要逞口舌之利，尽量少与人争论。其实许多时候，对方都并不是不承认你的观点，只是在面子上下不来，嘴上不认输罢了，因此你要懂得给别人以台阶，别人自己就下来了。

总之，迂回思维乃是一种在生活中经常会用到的思维，学会运用这种思维，对我们具有非常实用的意义。不过，需要提醒的是，迂回思维并不是漫无目的地绕弯子，而是在提前看清楚并计划明白了之后的有的放矢。

41. 避实击虚法

我们来看下面这个故事：

王少华是一个已经参加工作的人，但为了进一步提升自己，他决定报考北京某高校的研究生。因为他的英语水平一直不怎么好，于是，他每到周末便要带着录音机到某外语学院去学习英语。

这个周末，王少华将录音机、书本等一应学习用品放进背包里后，便搭乘公交车准备到外语学院去。但是，他上车之后一摸包，突然发现自己的录音机不见了。一定是刚才小偷趁上车时的拥挤状况，将自己的录音机摸走了。

怎么办？王少华感到很着急，虽然录音机不值多少钱，但那是自己的女朋友送给自己的，对自己意义非凡，一定要找回来呀！王少华本来想喊出来，但是那样一来，为了一个录音机而折腾全车的人，他觉得不好意思，自己一个大小伙子，似乎也显得太小题大做了。于是，他灵机一动，想到了一个办法。只见他故意大声对售票员说道："今天这趟车晚点了十分钟，可能会造成线路混乱了！"

因为王少华经常坐这趟车，因此售票员和他很熟，她皱着眉头说道："是呀，其实不止呢，都晚了二十分钟呢！说不定要被罚款呢！"王少华于是大声安慰她道："没有那么晚的，你表肯定快了，我背包里的录音机带有闹钟，我将它定了时的，一到九点它就会响的，现在还没有响呢！你听，一会儿它就会响了！"

就这样，过了一会儿，王少华便将那个贼给找了出来。原来，那贼听王少华这么说，心想待会闹钟一响，自己岂不是暴露了，赶紧低头偷偷地拨弄那个录音机。王少华要的就是这样的效果，他一下子便将贼给认了出来！

在这个故事中，王少华所用的办法便是一种"避实击虚法"。本来，他的录音机丢了，按一般的做法，他应该直接大声喊捉贼，捉到小偷才对。但是，他没有这样做，而是利用小偷做贼心虚的心理，给他设置了一个本来不存在的难题。最终，王少华达到了自己的实际目的。

避实击虚法一般常见于军事斗争中，指避开对方的主力，就其薄弱地方进行进攻，以达到事半功倍的效果。实际上，其还可以有更广阔的应用空间。因为直面实际的问题会造成一定的麻烦，进而绕开正面问题，从侧面进行解决的方法，都可算作避实击虚法。这种方法的关键便是要把握好对方或者问题的薄弱环节在什么地方。

42. 以退为进法

先看下面这则故事：

苏沃洛夫是 18 世纪俄国伟大的军事统帅和军事思想家。其少年时期便入伍，通过自己的英勇和智慧一步步地从一个普通士兵最终成为了元帅。但是，其当上元帅后，仍旧保持着自己艰苦朴素的作风，也看不惯俄国贵族铺张浪费的行为。

一次，苏沃洛夫应邀参加俄国女皇叶卡捷琳娜举行的宫廷宴会。在宴会上，俄国贵族们一个个浑身上下都是珠光宝气，宴会上的用度则奢华无度。面对这种场景，习惯了军旅生涯的苏沃洛夫十分反感，但因为有女皇在场，他也不好表示出什么。正在这时，恰巧女皇看到了苏沃洛夫，主动走过来慰问这位劳苦功高的统帅。女皇问道："我亲爱的英雄，你想要点什么呢？我会尽全力满足你！"苏沃洛夫于是灵机一动，便回答说："我想来点烧酒。"

烧酒是只有平民和士兵才去喝的廉价酒，女皇一听，便感到十分尴尬，她阴沉着脸对苏沃洛夫说："我没想到您会提出这样的要求，您知道宫廷里的侍女们知道您的要求后会把您当成什么样的人吗？"没想到苏沃洛夫却若无其事地回答道："抱歉，女皇陛下！我因为长时间都在军中担任下级职务，已经养成了清净无欲的心境和举止粗鲁的习惯，从来都不惯于过奢华的生活和虚套的应酬。让我现在重新开始学，恐怕已经来不及了！"女皇一听，哑然无声。

在这个故事中，苏沃洛夫所使用的便是一种以退为进的方法，对女皇提出了批评。他表面上将问题归结到自己身上，似乎是在说自己"出身低微""举止粗鲁"，与这样"高级"的宴会格格不入，实际上则是在指责女皇和贵族们生活过于靡费了。而正是因为他这样以退为进地指责，便不显得那么咄咄逼人，既给女皇留下了面子，又巧妙地表达了自己的真实想法。

以退为进法，便是这样一种既能巧妙地达到自己的目的，又能不显得那么咄咄逼人的手段。许多时候，其往往因为含蓄内敛而比直接的手段更有效果。

43. 将错就错法

我们来看下面一个故事：

20世纪30年代，上海烟草市场几乎完全被英美公司所占领。当时，国产香烟厂家中的佼佼者上海南洋兄弟烟草公司决定实施绝地反击。该公司为了打破外国香烟独霸市场的局面，专门精心设计了一种质量上乘、包装讲究的产品：美丽牌。公司为了一炮打响，不惜投入大量人力和资金，用霓虹灯管大做广告。一天晚上，在上海闹市的夜空，出现了一座巨型霓虹灯管招牌。上面打的便是美丽香烟的广告。但是，没想到广告却出了差错，广告上的"美丽香烟"变成了"美丽烟香"！

南洋烟草公司的老板得知这一情况后，大为光火，来不及训斥手下，便急匆匆地带着员工到现场，试作作出补救。在当时，用霓虹灯管招牌做广告是件新鲜事，因此，其广告招牌已经吸引了众多行人的驻足观望，人们聚集在一起对此议论纷纷。老板赶到现场后，听到人们对此正在争论：

有人说："这个广告字打反了！"

有人却不同意："这么大的公司怎么会做错，肯定是故意的！美丽烟香，说明了美丽牌香烟，烟香诱人！"

"对，美丽烟香，一点不错。中国烟味就是比外国的烟香！"有人跟着附和。

"对，中国人就爱吸中国烟！"

……

老板听了一会儿之后，突然转怒为喜，决定不再更换广告了。因为实际上，这个错误的广告更加吸引了人们的注意力，效果要更好。于是，这个错误的广告就这样"将错就错"地一直放在了那里。果然，美丽香烟后来十分畅销。

在这个故事中，上海南洋烟草公司的老板所体现出来的便是一种将错就错法。许多时候，当你犯了一个错误之后，其结果未必就如同你想象的那么严重，也许人们根本没看出来，你着急地纠正，反而提醒了人们。甚至就如同上面故事中的，错误所带来的结果未必就是坏的。因为许多表面上看似"错误"的道路，未必就是死路，既然回头已经来不及了，不如索性走下去，也许也能抵达目的地。

再看下面一则故事：

某时装店的经理不小心将一条高档呢裙烧了一个洞，其身价一落千丈。如果用织补法补救，也只是蒙混过关，欺骗顾客。这位经理突发奇想，干脆在小洞的周围又挖了许多小洞，并精于修饰，将其命名为"凤尾裙"。一下子，"凤尾裙"销路顿开，该时装商店也出了名。

这个故事同样是"将错就错"的典型例子。除了商业领域，这种将错就错法常见于科学研究中和艺术表演的过程中，许多科学家在进行研究的时候，都正是因为"错误"而获得了新的发现。而一些著名表演艺术家也都坦言，在舞台上表演时难免有时候会出现说错台词、穿帮等状况，这个时候如果停下来表示道歉，反而破坏了表演的整体流畅性，影响观众的兴致，因此不如索性假装这是提前设计好的情况，观众未必会发现，甚至有时候临场的发挥反而能够出彩。

总之，将错就错法的关键就在于在遇到错误时不要惊慌失措，而要沉着冷静，以错误为跳板，取得成功。

44. 排除干扰法

有这样一个题目：一个商人先是用 500 元钱的价格买了一匹马，然后以 600 元卖了；过了几天后，商人又花 700 元将这匹马买了回来，然后又以 800 元的价格卖掉了。请问，这个商人在这次买卖中总共赚了多少钱？

这个问题在一个课堂上提出后，下面的学生给出了多个答案，有的说赚了 100 元，有的说赚了 200 元，有的说赚了 300 元，有的则说没赚到钱。在说出这道题目的答案之前，我们再来看另一道题："一个商人先是用 500 元钱的价格买了一匹黑马，然后以 600 元卖掉了；过了几天后，商人又花 700 元的价格买了一匹白马，然后又以 800 元的价格卖掉了。请问，这个商人在这次买卖中总共赚了多少钱？"这个题目提出后，下面的学生立即异口同声地说出了答案：这个商人总共赚了 200 元钱。

这两道题目实质上是一样的，都可以看做是商人作了两笔买卖，每笔赚了 100 元，总共赚了 200 元。而第一道题目之所以会出现那么多种答案，便是因为商人第二次买马时是以比第一次卖出价高 100 元的价格买回了同一匹马这一情况，给大家造成了盈亏抵消的错觉。实际上，这一信息是一个多余的信息，根本不需要考虑，解题时只需要分别算出商人所作的两笔买卖各赚了多少钱即可。

其实，在我们做事的时候，这种"多余信息"进而造成干扰的情况十分常见，这往往会使得本来简单的问题在表面上看上去复杂起来。因此，在遇到这种问题时，我们便要善于将没有价值的信息撇开来，排除干扰，从而得到问题的答案，这就是标题所说的排除干扰法。

再看下面两道题：

（1）大刘总共兄弟 4 个，都还没有娶媳妇，他们每个人都有一个姐妹，那么，如果将大刘的妈妈算在内，你猜他们家总共有几个女人？

（2）某学校有 20% 的学生是不住校的走读生，现在从这批走读生中随机抽取 60 名学生，请问有多少人是不住校的走读生？

应该说，这两个问题的答案都很容易知道。但是，有些人却并不能很快地得出答案，而是要经过一番思虑后才能得知答案，其原因便在于受到了题目中的多余信息的干扰。在第一道题目中，大刘兄弟 4 个便是一个多余信息，尤其是这个信息和"他们每个人都有一个姐妹"这条信息结合起来后，很容易让人产生错觉，认为他们共有四个姐妹。其实，四个人虽然每人都有一个姐妹，却是共同的，因此总共只有一个姐妹。这样，他们家便总共有两个女人。而第二道题目中，"某学校有 20% 的学生是不住校的走读生"是一个多余信息，因为抽样所抽取的 60 名学本来就是在走读生中抽取的，自然是 60 人全是走读生，而用不上"某学校有 20% 的学生是不住校的走读生"这个条件。

在人们遇到事情或者是解题的时候，往往会有一种预设，总认为所有的信息在解决问题时都是有用的，并想办法将这些信息给用上。殊不知，这恰恰给自己造成了不必要的干扰。因此，排除干扰法便是提醒我们，在利用给出的信息之前，要先考虑清楚哪些信息是有用的，哪些信息是多余的，对于多余信息，要果断摒弃。

45. 心理造势法

一天，两个酒鬼得到了一瓶好酒，决定将酒平分了。但是，他们两个手头只有两个形状不同并且没有刻度的杯子，两人都不想自己吃亏，又无第三者帮两人分酒。问，采用什么办法分酒才能使两个酒鬼都觉得自己没有吃亏？

这个问题看起来似乎很难办，其实可以这样来解决：让其中的一人将酒分别倒在两个容器里，然后让另一个人选择属于自己的那份，分酒者则只能选剩下的那份。这样一来，率先挑选的人肯定会挑选自己认为多的那一份，而分酒者也明白这一点，因此会尽量将酒分得公平，以免剩下的那份少，自己吃亏。

对于这个问题，之所以很多人想不出办法，是因为他们惯性地认为要想使两人都觉得自己没有吃亏，必然得在客观上将酒分得公平。而实际上，且不说由于条件所限，无法在客观上做到公平，即使拿来两个有刻度的杯子，在客观上将酒平分，但是两个酒鬼在主观上还是觉得自己吃了点小亏的情况也是可能存在的。因为所谓的客观只能是相对的，而非绝对的。是否公平最终是两个人心理上的感觉。现在，用上面所说的办法，即使客观上不公平，但两个酒鬼在心理上也会觉得自己没有吃亏——因为分酒者为避免自己吃亏，必然会将酒分得觉得无论对方选哪份自己都不会吃亏的程度，而选酒者则必然会选择自己认为多的那一份。针对心理上的感觉，便采用针对心理的办法来解决，这便是一种心理造势法。我们再来看下面一则故事：

有个人有天在报纸上看到一则新闻，讲的是有个小男孩老无缘无故地喊自己肚子疼，其父亲便将他带到医院里就诊。医生查不出原因，便通过特殊的光学仪器对其身体内部进行了检查，结果大吃一惊，竟然发现在小男孩的肚子里盘着一条小蛇。在询问之下，医生了解到，小男孩在几个月前曾经在野外的一口山泉旁喝水。医生推测，很可能是小男孩在那次喝泉水时，泉水旁边有蛇穴，小男孩无意间将打破后的蛇蛋中的卵黄给喝进肚子里了。后来，蛇卵在小男孩肚子里遇到适宜的条件，竟然变成了小蛇。所幸小蛇现在体型还十分小，最后，医生给小男孩吃了能引起呕吐的药，最终小男孩将小蛇给呕吐出来了。

这个看报纸的人看了这则新闻后，便发起愁来。因为他记得自己一年前在一个山里玩耍时，也曾经喝过那里的泉水。这个人回想起他那天在山里是见过蛇的，这说明那座山里是真有蛇的。并且，他在不断回忆起自己趴下喝泉水时的情景后，越来越断定自己当时是真的将一个类似蛋黄的东西给喝进肚子里去了。就这样，这个人越想越担心，最终病倒了。他一连几个月躺在床上，越来越憔悴。家里人将他送到医院，医生用特殊的光学仪器对他的肚子进行了检查，并没有发现他的肚子里有异物。但是这个人就是不信，大夫也都没辙，家人只好又将他接回了家里。

这天，这家人又去请来了一个有名的大夫，大夫在询问了这个人得病的原因后，便捋着胡须告诉病人的家人此病可治，但是要依照他的吩咐，并附耳对病人家属交代了一番，病人家属答应了。于是，这个大夫故意装出认真的样子对病人进行了一番检查，然后他告诉病人说，据他观察，他的肚子里恐怕有个异物，需要服呕吐药将其吐出来。病人一听，眼睛里便顿时亮起了光芒，使劲点了点头。

于是，在病人服用了呕吐药之后，医生和家人都守在他身旁。过了一会儿，药性发作，这个人便呕吐起来，其家人遵照医生嘱咐，趁这个人不注意，突然向他吐在地上的呕吐物中扔了一条小蛇。医生则慌忙说道："这下好了，异物给吐出来了，原来是条蛇！"而这个人从此病也就好了。

在这个故事中，虽然在客观上这个病人的肚子里并没有一条蛇，但是他在主观上非这样认为，别人也没办法。因此，医生干脆采取了"欺骗"的方法，让他看到蛇被"吐"出来了，使他在心理上得到了解脱，病也就好了。这同样也是一种典型的心理造势法。

由上面两则故事我们可以看出，所谓的心理造势法，其实就是不再较真于客观事实，而是针对对方心理特征，采取具体措施，让其在心理上得到满足的一种解决问题的思路。人们在感知这个客观世界时，终究还是要依据一种主观上的感觉，许多时候，能够让人们感到满足的关键并不在于客观上，而在于主观上，因此这种思维方式其实是有着广泛的用途的。举个例子，我们逛街时，便会发现一个有趣的现象——许多商品，尤其是服装的价格往往标价 29、99、198 元等接近一个整数却又差一点的数目，这并非出于偶然，而是商家故意的行为。因为微妙的心理作用，虽然只差一点没有达到某个整数，我们也会觉得似乎比那个整数便宜了许多，关于此，想必我们自己都有切身体会。其实，这里便有一些心理造势法的思路在里面。

46. 求同变异法

20 世纪 60 年代，美国七喜公司所做的一场营销策划让业界津津乐道。

在当时，美国的饮料市场几乎被可口可乐和百事可乐两家所霸占，人们提到饮料，便会想到可乐，而不会想到其他的东西。1968 年，七喜作为一种新开发出来的饮料，想要隆重推向市场，在饮料市场中分一杯羹。但是，七喜公司的高层很担心，美国人当时已经形成了一种惯性思维，不承认可乐之外的饮料。

经过一番精心的研究和策划后，七喜公司想到了一个绝妙的主意，他们推出七喜的核心口号就是简单的一个概念——"非可乐饮料"。这个概念后来大获成功，七喜迅速打开了饮料市场，成为美国人广为接受的一种饮料。

在上面的故事中，七喜公司的营销策略里便包含了一种求同变异法。其因为担心美国人习惯了将可乐和饮料划等号的固有心理，于是使自己和可乐"拉上关系"，让人们一看便立刻明白：七喜和可乐一样，是一种饮料。这一步可算作"求同"。然后，通过一个"非"字，则又使得自己与可乐区分开来，使得人们明白，这是一种与可乐不同的饮料。实际上，这又正好可以迎合一些对可乐感到腻烦，渴望品尝新的饮料的消费者的心理。这一步则可算是"变异"。

求同变异法便是这样一种方法，它对于固有的有价值的东西，采取一种"靠拢"策略，但不是全盘接受，而是在此基础上寻求突破和创新。应该说，这种策略是一种省事而又稳妥的创新方法。许多时候，我们的创新并没有必要完全从头到尾都散发着创新的气息，对于有价值的东西，完全没必要作改变，而是应该借来为我所用，只是在必要创新的地方，做一番变动，所谓好钢用在刀刃上。总之，这种思维法在我们作创新时是很有实用价值的。

47. 信息输出法

一天晚上，王涛的父母都去朋友家参加舞会去了，读小学四年级的王涛一个人在家。

晚上九点时，正在做作业的王涛听到门铃响，以为是爸妈回来了，直接就开了门，没想到却从门外挤进来一个戴墨镜的歹徒。歹徒掏出一把匕首指着王涛，要他不许出声。就在这时，恰巧家里的电话响了，歹徒怕引起别人怀疑，便要王涛接电话，同时用匕首抵在他后背上。于是，王涛接起电话，原来是王涛的妈妈因为担心王涛一个人在家，问他在家怎么样。王涛一只手拿着电话另一只手扶着电话筒对妈妈说："妈妈，家里没有事，我没遇到危险，您不必马上回来！"歹徒满意地奸笑了。但是，电话另一端的妈妈听到的却是"妈妈，家里有事，我遇到危险，您马上回来！"王涛的妈妈立刻报了警，警察很快来到王涛家，将歹徒制服。这是怎么回事呢？

原来，王涛在打电话的时候，使用了小小的手段。"妈妈，家里**没**有事，我**没**遇到危险，您**不必**马上回来！"王涛在说到黑体的字词时，悄悄用手捂住了话筒，使得妈妈听到的话和歹徒听到的话正好相反。

在上面的故事中，王涛所采用的办法便可称作一种信息输出法。所谓信息输出法，即对所传递的信息作一番处理，使得其能够根据自己的需要达到特定的目的。故事中，王涛所使用的手段便是使得信息在不同的人那里有着不同的意思。与此类似的还有一个故事：

一个星期天的上午，护士李丽在家里，突然闯进来一个歹徒。歹徒不仅搜出了李丽屋内所有值钱的东西，而且见李丽长得漂亮，还想强奸李丽。正在这时，门铃响了，李丽如遇到救星，急忙先答应了一声，门外传来一个女孩子的声音，原来是李丽的一个女同事来向李丽借一点东西。歹徒看来人是个女孩，就稍微放心了，她威胁李丽，让她说自己是她的朋友，并尽快把对方打发走，否则就将两人都杀死。李丽于是便照歹徒的吩咐做了，但是就在李丽送同事出门时，她对着门外的同事做出了"他要杀我"的口形。这个女同事一路上琢磨李丽的口形，突然恍然大悟，立刻报了警，李丽得救了。

在这个故事中，李丽同样采用了信息输出法，她同样是对信息作出处理，使得自己说话的声音部分消失，以避免让歹徒知道，而通过口形来传递信息。

另外，我们都熟知的电影《唐伯虎点秋香》中唐伯虎写给华府的卖身契上，每行第一个字连起来念是"我为秋香"，这其实也是一种信息输出法。类似的，历史上常见的"藏头诗"也都利用了信息输出法。

总之，信息输出法便是在特殊的情况下，对信息作出一定的处理，使得信息按照自己的设想传递出去，避免其不好的后果。这在现代社会应该说是一种必要的能力。

48. 情境还原法

我们来做一道题目：

一艘轮船停泊在海面上，其右侧船舷上有一架绳梯，这架绳梯有 1 丈露在海面上，而潮水上涨的时速为 6 寸，问经过多长时间后绳梯只有 7 尺露在海面上。

可能许多人在经过一番计算后会得出结论：根据潮水上涨的速度，大约 5 小时后，绳梯便只有 7 尺露在海面上了。其实，正确的答案是：无论过多久，绳梯都一直是有 1 丈露在海面上。因为海水涨高之后，轮船也是会随之升高的呀！因此绳梯露在海面上的长度的变化，只取决于轮船本身的重量变化，而不取决于海水的涨落。许多人之所以会得出前面错误的结论，乃是在看到题目中的数字后，惯性地认为通过计算可以得出结论。其实，如果能够暂且搁置题目中的数据，想象一下题目中给出的情景，便能够得出正确的结论了。这种在脑海中将情景还原的思维方法就叫做情景还原法。

总体而言，情景还原法乃是一种感性思维。许多时候，理性思维因为信息量太多，往往会使我们陷入思维混乱中，而感性思维则往往能够帮助我们瞬间顿悟。我们再看下面一个题目：

一天，读小学三年级的姐姐给读一年级的弟弟出了个脑筋急转弯："我站在一个高五十米的楼上往下面扔鸡蛋，下面是水泥地，鸡蛋下落五十米后会不会被打破？"

弟弟很聪明，他想既然这是脑筋急转弯，那么肯定是鸡蛋打不破了，于是回答道："打不破！"

姐姐于是又问："那你说说为什么打不破？"

这下弟弟说不出来了，歪着脑袋想了一会儿，还是不知道。

你能在三秒钟内帮弟弟回答吗？

这道题目是相当简单的，许多人最终都会知道其答案是：因为姐姐本身有一定的身高，所以鸡蛋下落五十米后，还没有着地。不过，得出这个结论的具体途径却有两种：感性思维和理性思维。首先，我们如果用理性思维去思考的话，固然也能够得出结论，却会麻烦一些，许多人恐怕未必能在三秒钟之内得出结论。可是，如果我们采用感性思维，还原当时的情景，在头脑中想象出一个小女孩站在一栋高楼上往下扔鸡蛋的情景，那么便会立刻注意到"小女孩的身高"这个关键信息的存在，三秒钟得出结论一点不难。这就是情景还原法的另一个作用，能够使得信息形象生动，使我们更容易把握。

通过上面的两个题目，我们可以知道，形象还原法有两个作用一个便是可以使我们对于信息有更宏观的把握，避免疏漏；另一个便是使我们对信息把握得更为形象，以加快对信息的理解。这种思维法经常体现在侦探、警察们分析破案的过程中。

可以看出，情景还原法的一个关键便是要具有想象力，能够将信息在脑海中形成图像，当然，这是可以练习做到的。

49. 假言判断法

看下面这个题目：

3+4 在什么情况下不等于 7？

注意，这不是个脑筋急转弯题目，而是要求你按照严密的逻辑进行回答。

我们想必见过类似的题目，不过这类题目一般都是作为脑筋急转弯的题目出现的，比如最常见的答案便是在赵本山的《卖拐》小品里出现的"在错误的情况下，3+4 不等于 7"。但是在这里，如果让我们从严密的逻辑角度来回答这个问题的话，就完全是另一回事了。下面我们试着从逻辑角度来分析一下：我们知道，按照通常的理解，3+4 是等于 7 的。而之所以如此，乃是因为这个答案是按照数学规则算出来的。也即就说，"3+4 等于 7"这个结果乃是在数学规则下的逻辑推理的结果。那么，根据逻辑推理的原则，当前提不成立的时候，其结论必然也不能成立。现在要想使得"3+4 等于 7"这个结论不成立，只要将支撑其的数学规则破坏掉，便可以了，所以我们只要随便找一个能够破坏掉我们的数学规则的假设，便能够使得这个结论不成立了。比如假如"1+1 不等于2"，我们的数学法则便被破坏掉了，失去了这个数学规则的支撑，"3+4 不等于7"这个结论便可以成立了。类似的，假如"2+4 不等于6"，或"50-17 不等于33"，或"2×5 等于36"，等等，这些错误的算式只要有一个成立，便可以将我们公认的数学法则推翻了，因此都可以得出"3+4 不等于7"的结论。当然，我们也可以不用算式的形式来表示，而用语言的方式表示，如"在我们约定俗成的数学法则失去效力的情况下，3+4 不等于7"。

上面题目中的解题方法，便是一种假言判断法，即假设一个前提条件，来得出后面的结论。而对于上面的结论，许多人之所以回答不出来，是因为习以为常的缘故，在他们的脑海里，认为"3+4 等于7"是理所当然的事情。其实不然，殊不知，任何一个结论都必然是有一个前提支撑着的，没有不需要前提的绝对真理的存在。只要给出一个前提，任何看似荒谬的事情都可以在逻辑上说得通。因为既然是假设，也就不需要追究可不可能实现。按照这种思路来考虑问题，许多看似无法回答的问题都可以得到答案。比如有人问你："如果有人将月亮放入太平洋，你如何才能将月亮捞出来？"这个问题，看起来似乎根本无法回答，因为肯定没有人能将月亮从太平洋里捞出来。但是，从逻辑上来讲的话，是可以有答案的，事实上你可以这样回答："别人将月亮怎么放进太平洋的，我就怎么样把它捞出来！"虽然没有人能将月亮放进太平洋，但是我们却可以做这样的假设。

总之，无论什么结论，都是有前提支撑的，假言判断法便是一种巧设前提的思维方法。利用这种思维方法，我们往往能从司空见惯的现象中找到真理，并且这种思维方法对于我们打破惯性思维，提高自己的创新能力有很大的帮助。

50. 试探推论法

我们来看下面这个故事：

古时候，在一个小城镇上有两个好朋友，一个叫李三，一个叫张四。一天，李三想要到外面去经商，向张四借了一百两银子。因为两人关系好，张四连借据都没有写，便将钱借给了李三。不成想后来李三做生意赔了，回来后便想赖账，拒不承认向张四借过银子。张四无奈，只好将李三告到了县衙。

知县升堂后，两人在堂上各执一辞，知县也无法判断。最后，知县问张四道："你说被告借了你的银子，那么你是在什么地方将银子借给他的？"

"回老爷，我是在县城南郊的一棵树下将钱借给李三的，当天他要从那里出发，到外面去经商，我就将银子送给他，顺便为他送行。"张四回道。

知县将了将胡须，说道："这样看来，那棵树对本案至关重要了，张四，你现在就去那棵树那里，告诉它本官要它前来作证，要它跟你前来。"

张四一听，感到莫名其妙，但也不敢多问，便出衙门向南郊走去了。

而这个李三一听，也搞不清楚知县葫芦里卖的什么药，心想反正没有借据，又没有见证人，我死不承认，你奈我何？想到这里，便放下心来。

大概等了一个时辰后，知县和堂上的衙役都显出困倦和百无聊赖的神情来，堂下的李三也觉得十分无聊。这时，知县摆出一副烦躁的样子问李三："怎么去了这么久，现在他到了地方没有呢？"

李三便百无聊赖地回答道："应该还没到！"

知县于是点点头，又继续等下去。

又过了半个时辰，知县问道："现在张四该走在回来的路上了吧？"

李三点了点头，说道："嗯，差不多刚刚开始往回走。"

过了一会儿，张四果然回来了，他苦笑着对知县说："老爷，我照您的话对那棵树说了，但树并没有反应，我只好一个人回来了。"

没想到知县却说道："好了，树已经为你作了证了，你是诚实的。"说罢，他将惊堂木一拍，呵斥李三道："大胆刁徒，还不从实招来——既然你没有向张四借钱，怎么会知道那棵树在哪里？"

李三一听才转过弯来，只好认罪。

在这个故事中，知县先是假设李三根本不曾在张四所说的那棵树下向张四借钱，那么他肯定不知道张四所说的那棵树在什么地方。于是，他假装不经意地问李三，张四有没有到地方，而如果假设成立的话，即李三没有借钱，他肯定无法回答这个问题。而他竟然回答了这个问题，便说明假设是不成立的，所以李三在赖账。显然，知县是利用了充分条件假言推理的否定后件式来进行了推论。显然，知县的这个办法并非是万无一失的，如果对于知县的问题，李三回答自己并不清楚的话，那么知县便仍旧无法断定两人谁在撒谎了。想必他只能再想其他的办法。因此，知县在这里所用的办法便是进行一种试探性的推论，先假设一种情况，看能不能得到真相，不行的话再想其他办法。这便是一种试探推论法。许多时候，我们在进行推论时，不一定一下子便能推出结论，这时便不妨用这种试探推论法，先假设，再根据结果进行判断。

试探推论法的关键便是要找到突破口，并在逻辑上要保证严密。另外需要注意的是，试探推论法只是为我们提供一种推出结论的可能性，并不能保证能得到答案。

51. 具体分析法

看下面这道题目：

有个商人驾车到邻近某市去办事，他估计，如果回来时也开现在这样的速度，自己在办完事后能够在正午之前赶回来。但没想到，他在途中遇到了严重的交通堵塞，结果，他花费了比预计时间多一倍的时间才到达目的地。接下来，他按照原计划所花费的时间办完了事。最后的问题是：如果这个商人在返回时，以他去时速度的两倍的速度往回赶，能否在正午之前赶回来？

可能许多人会这样分析：商人去时多花费的时间，返回时正好补了回来，因此他正好能够在正午之前赶回来。其实这样的结论是错误的，之所以会如此，便是人们犯了想当然的错误。试想，按照商人原本的计划，他刚好够赶回来。而现在，商人去时所花费的时间是自己原计划的两倍，也正好相当于自己原计划来回一共花费的时间，那么再加上他办事所花费的时间，他办完事后便正好是正午了。即使他回来时开得再快，也难以在正午之前赶回来了。这就像是一个人昨天饿了肚子，今天吃得再饱也弥补不了昨天饥饿的感受。

许多时候，我们在看到一个问题的时候，往往都会想当然地给出答案，结果往往是错误的。甚至有时候，我们想当然得出的结论与实际情况之间的差距是令人难以想象的。我们来看下面这个故事：

在一个课堂上，一个心理学教授拿出一张纸，举在手里对大家说道："现在我们来作一个心理测试，你们看我手里的这张纸是一张普通的作业纸。我的问题是，如果将这张纸接连进行对折，一直折叠51次，你们猜一下会有多厚？"

结果，下面的学生纷纷发言，有的说大概一本词典那么厚吧，有人说会有一个冰箱那么厚，其中认为厚度最大的会有一座摩天大楼那么厚。最后，教授说道："你们的答案离真实答案太远了！我们假设这张纸的厚度是 0.07 毫米，那么折叠 51 次后其厚度为 2 的 51 次方，大约是 1.576 亿公里，超过了地球到太阳的 1.496 亿公里的距离！"

这个故事更是典型地说明了想当然想出来的答案和真实的差距会有多大。

上面的题目和故事提醒我们，在遇到问题的时候，不要想当然地考虑，而应该对问题进行具体地分析，必要时还要进行量化的计算，这样一来，我们才能避免出现想当然的错误。而这种思维方法，我们不妨称之为具体分析法。这种思维方法的关键便是在遇到问题的时候，摆脱浮躁的心态，不匆忙下结论。

52. 按序检验法

有这样一道思维名题：

在莎士比亚的名著《威尼斯商人》中有这样一个情节：富商的女儿鲍西娅，容貌美丽，且品德高尚，得到了许多富家子弟的追求。不过，其父亲却想将其嫁给一个聪明人，因此在临死前给鲍西娅留下了三个匣子：一个金匣子，一个银匣子，还有一个铅匣子。父亲在遗嘱中交代，三个匣子中的其中一个放着鲍西娅的画像，而在三个匣子上则各写有一句话，其中只有一个匣子上的话是真的。如果有谁能够根据这三句话推测出鲍西娅的画像在哪个匣子中，便可以娶鲍西娅为妻。

金匣子上刻的是："肖像不在此匣中"；银匣子上刻的是："肖像在金匣中"；铅匣子上刻的是："肖像不在此匣中"。

人们得知这个消息之后，纷纷前来猜匣子。镇上有一个年轻人名叫巴萨尼奥，他下定决心要赢得鲍西娅，于是也前来猜匣子。并且，最终，聪明的巴萨尼奥猜中了，并得到了鲍西娅。

你猜，鲍西娅的画像是在哪个匣子中？其推理的过程是怎样的？记住，匣子上的三句话中，只有一句是真话。

这个题目乍看起来，似乎是老虎吃天——无从下口。实际上，如果能够充分运用题目中给出的条件，是能够得出答案的。下面我们分析一下：我们先假设肖像在金匣子里。那么金匣子上所说的"肖像不在此匣中"便是错误的；而银匣子上所说的"肖像在金匣中"则是正确的；铅匣子上所说的"肖像不在此匣中"则是正确的。这样一来，三个匣子上的话有两句是正确的，不符合三句话只有一句是正确的前提条件，所以排除。

　　然后我们假设肖像在银匣子里。那么金匣子上的"肖像不在此匣中"是正确的；银匣子上的"肖像在金匣中"是错误的；而铅匣子上的"肖像不在此匣中"是正确的。这样一来，同样有两句话是正确的，不符合三句话只有一句是正确的前提条件，所以排除。

　　那么便可以直接推测，肖像肯定在铅匣子里。我们还可以验证一下，假设肖像在铅匣子里，那么金匣子上的"肖像不在此匣中"是正确的；银匣子上的"肖像在金匣中"是错误的；而铅匣子上的"肖像不在此匣中"也是错误的。正好满足了三句话只有一句是正确的前提条件，所以，肖像必定在铅匣子中。

　　显然，在上面的题目中，我们所采用的是一种一一分析，排除错误的答案，最后得出正确的结论的方法。这种方法虽然比较麻烦，却终究是能够得到答案的。其实，面对许多类似的看上去无法下手的问题，我们都可以采用这种方法，我们将这种方法称之为按序检验法。

　　按序检验法总体上属于一种迂回的思维方法，这种方法在警察面对多个嫌疑犯时经常会用到，排除不具备作案条件的嫌疑犯，剩下的便可能是罪犯了。这种方法一般都是用于面对多个结果，又不能直接找出答案的情况。其关键便是在遇到这种"无从下口"的问题时，不要慌，而是要冷静下来进行分析、排除。

53. 实际验证法

　　实际验证法，乃是对于人们的抽象思维的一种补充。我们知道，抽象思维是人们将世界抽象化、系统化的一种思维方法，它消除了问题的现实细节，有利于我们更加宏观地把握世界，更方便地解决问题。但是，有些问题，一旦抽象化之后，其得出的结论虽然在理论上是正确的，却与现实不符，因此，抽象化的结论往往需要拿到现实中检验一下。我们来看下面的两道题目：

　　（1）在某城市的中央广场上挂着一个大钟，每到整点时，大钟便会敲响，以告诉人们时间。大钟是到几点便响几下（最多敲响12次），每两下之间则间隔5秒钟。现在，假设你走到了这个城市中，自大钟敲响第一下开始，你多长时间后能断定是12点了？多长时间你能断定是8点了呢？

　　（2）一只羚羊和一只老虎在草原上举行往返赛跑，其单程距离是100米，往返距离是200米。羚羊跳一下是2米，老虎跳一下则是3米，不过在相同的时间内，羚羊可以跳 3 次，而老虎只能跳 2 次。现在由你来计算一下，按照这样的步幅和频率，最后谁能赢得比赛？

先来分析第一道题目：第一问比较容易解决，12 点大钟要响 12 次，因此，自大钟第一次响起后，再听大钟敲响 11 次便能断定是 12 点了。这中间要等 11 个 5 秒，所以可以知道自大钟第一次响起，再等 55 秒便能断定现在是 12 点了；而对于第二问，可能很多人都会惯性地依照第一问的思路来思考，认为在大钟第一次敲响后，再等 7 个 5 秒，即 35 秒便可断定现在是 8 点了。实际上这是错误的！从理论上说是如此，但放在实际中就需要多考虑一个因素了，因为大钟在敲响 8 次之后还可能继续响，即可能是 9 点、10 点、11 点或 12 点，所以要断定现在是 8 点，还要再多等 5 秒，确认大钟不再响起了，才能断定是 8 点了。所以正确的答案是 40 秒。

再来看第二道题目：对于这个问题，许多人可能会想当然地认为，在相同的时间内老虎跳 2 次，每次跳 3 米，而羚羊则跳 3 次，每次跳 2 米，这样看来，两者的速度是相同的。所以，最后的结果是两者同时抵达终点，不分胜负。这完全是从纯数学的角度去考虑了，实际上，最终的结果并非如此，而应该是羚羊取得了比赛的胜利。因为虽然老虎和羚羊的速度是一样的，但是在抵达 100 米的返回点时，老虎却吃了亏。因为羚羊跳 50 次正好是 100 米，而老虎由于必须跳 34 次而超出返回点 2 米。返回时同样是如此，老虎还要再吃亏 2 米。这样总共算下来，老虎总共吃亏了 4 米，所以最终是羚羊取得了胜利。

这两道题目便生动地让我们了解了实际验证法的作用。在我们对一个问题进行抽象化的理论思考的时候，往往会忽略了现实的细节，结果往往与实际情况不符，这个时候，我们便要以实际验证法作为补充，将抽象思考与现实情况结合起来，才能得到正确的答案。

54. 追根朔源法

追根溯源法，即在解决问题的时候，一步步地不断由结果追溯原因，直到找到最后的根源的思维方法。这种思维方法往往能够使我们直奔问题的实质，将问题更彻底地解决，许多时候，解决问题的办法也会变得简单起来。关于这种思维方式曾经有过一个很典型的故事：

在美国，华盛顿广场是一个非常热闹的地方，杰弗逊纪念馆大厦就在这里。随着时间的流逝，这座建筑物表面变得十分斑驳，后来其表面竟然出现了裂痕。对这个问题，大家都感到有些奇怪，因为虽然老旧，但这栋建筑物还不应该破损到出现裂痕的地步。于是，一向尊重历史和文化的美国政府对于这件事十分重视，派出了专员去调查这个问题，希望能尽快找到解决问题的办法。

大家开始都以为侵蚀建筑物表面的是酸雨，但是专员经过研究发现：冲刷墙壁所使用的清洁剂是属于酸性的，经常使用会对建筑物表面产生巨大的腐蚀作用。因为该建筑物每天被冲刷的次数远远高于其他的建筑物，所以受腐蚀最严重。

可是这个建筑物为什么每天需要冲刷呢？因为大厦每天都会被大量的鸟粪弄脏，这些鸟粪来自于燕子。

为什么每天会有这么多的燕子聚集在这里呢？因为这座建筑物上面有燕子最喜欢吃的蜘蛛。

为什么有这么多的蜘蛛呢？因为墙上有蜘蛛最爱吃的飞虫。

为什么飞虫比较多？因为在这里飞虫繁殖得比较快。

为什么这里的飞虫繁殖得快呢？因为这里有一种适合飞虫繁殖的尘埃。

为什么这里的尘埃适合飞虫繁殖？其实这里的尘埃并没有什么特殊，只是因为有充足的阳光的配合所以形成了刺激飞虫繁殖的温床。

因为有适合飞虫繁殖的温床，所以才有了那么多的飞虫，飞虫又吸引来了大批的蜘蛛，蜘蛛吸引来无数的燕子，燕子吃饱了以后就会产生大量的粪便，于是这些粪便不断弄脏着建筑物，于是每天需要冲刷，清洁剂不断侵蚀建筑物。

这样一来，问题的根源也就找到了，解决问题的办法有五种：

1. 禁止使用清洁剂

2. 驱赶走燕子

3. 将蜘蛛消灭

4. 消灭飞虫

5. 将窗帘拉上

很显然，最后一种办法是最简单也是最有效的办法，于是，这个一度困惑人们的问题仅仅由一个简单的动作——拉上窗帘便得到了根本的解决。

这个故事可以说是非常形象地向我们说明了追根溯源思维法的机制。因此，在生活或工作中遇到问题的时候，不要急着去见招拆招地解决问题，而应该先静下来思考一下问题的根源到底在哪里，这往往会起到事半功倍的效果。

55. 极限思维法

所谓极限思维法就是在想问题、考虑事情的时候，把所有的条件进行理想化的假设，当假设被一步步推向极限的时候，问题的本质往往便露了出来。

当年，爱因斯坦就是利用极限思维法，做出大胆预测，认为光的传播不是连续的，进而建立了光量子的概念，并且还根据量子论重新正确地解释了光电效应、辐射过程和固体的比热，因此，爱因斯坦获得了 1921 年的诺贝尔物理学奖。后来，有人说爱因斯坦的极限思维只能运用到量子学说理论研究上面，在现实生活中没有多大的实际意义。爱因斯坦面对这种怀疑，给出了这么一道题目：

两个人在圆桌上轮流平放一枚大小相同的硬币，有一个规则是后放的硬币不是压在先放的硬币之上。这样一直连续下去，谁最后放下一枚硬币而使对方没有位置再放的时候，谁就将获胜。假设两个人都是高手，请问是先放的那个赢还是后放的那个赢呢？

这是一个看似复杂的问题，但是假如运用极限思维的办法它将变得很简单。如果我们把想象推到极限，假设桌子上面小到只能放下一枚硬币，或者是硬币的大小与桌子的桌面一样大小，这个时候就能得出这么一个结论：第一个放硬币的人赢。

由这样的极端思维推断，我们可以得出不管桌子多大，硬币多大，先放的那个人一定会把硬币放在圆桌中心，然后总是将硬币放在对手所放硬币的对称点，这样，先放的那个人一定会获胜。

因此，可以看出，在现实生活中，极限思维法不仅适用于高深的知识领域，在日常生活中，同样是很有用的。关键是在遇到问题的时候，你能够学会将问题推向极端的情形。显然，这种思维方法的基础是人的想象力。

56. 审视前提法

我们来看下面一个故事：

卡车司机老王因为有急事要回老家，将自己新买的小型卡车以 12000 元的价格给卖了。过了几天，买卡车的人因为急用钱又要将卡车卖出，但苦于没人买，于是他又找到了老王，声称自己只要10000元。老王一听，觉得是个便宜，便又按这个价格将自己的卡车买了回来。过了段日子，老王又将自己的卡车以11000元的价格卖给了另一个人。

老王的几个朋友听说这件事后，都觉得老王这下捡了大便宜，不过，他们对于老王究竟赚了多少钱有些争论。

其中一个同样是卡车司机的朋友认为，老王将卡车以12000元的价格卖出，又以10000元的价格将卡车买回来，这就赚了2000元；接下来，他又以11000元的价格将卡车卖出，这便又赚了1000元。如此一来，老王整整赚了3000元。说完，这个朋友眼睛都红了，琢磨着什么时候自己也能遇到这样的好事儿！

但是，另一位开饭馆的朋友却不同意卡车司机的算法。他认为，这件事应该从老王拿到12000元后算起，老王在之后作了两次交易，最后到手的只有13000元，所以老王只是赚了1000元。说完，开饭馆的老板还卖弄了一下自己一知半解的经济学知识，指出老王第一次卖车得到12000元，这里面并没有损益，只是单纯的无物交换（用卡车换钱）。而将卡车以10000元买进又以11000元卖出，正是从这中间，老王赚了1000元。

最后，一个做会计的朋友总结道："你们都错了，我算了半辈子的账，让我来给你们算算这笔账！事实上老王真正赚钱正是在第一次卖出和买进这中间，你们想，老王的以12000元的价格卖掉卡车，然后又以10000元买回来。这样，老王卡车还是自己的卡车，却平白无故多了2000元钱，这不就是赚了2000元吗？而后来老王再次将卡车以11000元的价格卖出，则是单纯的物物交换，没有损益。因此，老王总共是赚了2000元钱。"

看起来，三个人的算法都有一定的道理，那么，究竟谁的算法是正确的？

实际上，三个人的算法都说不上正确，也无所谓错误。事实上，根据题目中所给出的条件，只能算出一笔糊涂账，因为题目中少了一个重要的前提条件，即老王究竟是以多少钱买进卡车的。少了这个前提条件，这个问题便根本没有结论。

上面的题目提醒我们，在解决问题的时候，我们一定要对前提条件有一个清晰的认识。许多时候，我们之所以苦苦得不出问题的结论，便是因为前提条件本身是不够的，根本就得不出答案，而我们却看不出这一点，只是惯性地认为必然有一个答案存在。因此，在寻找一个问题的答案而不得的时候，不妨仔细推敲一下前提条件，看是不是在前提这里出现了问题，我们不妨将这种思维称之为所谓的审视前提法。

57. 归纳思维法

归纳思维法，又叫归纳推理或归纳法，是一种由特例推测出一般性的公理的推理方法。其特点是从特殊到一般，目的在于揭示事物的共性规律。这种思维方法对人们十分重要，是人们获取经验、追求真理和知识的基本方法之一，也是和演绎思维并列的人们最为常用的两种思维方法之一。

事实上，在我们的日常生活中处处有归纳思维法的影子。比如，我们看到太阳似乎每天都从东边升起，于是我们得出结论："太阳每天都从东方升起。"我们看到周围的女孩子比男孩子要羞涩一些，于是我们便得出结论："女孩子比男孩子要羞涩一些。"有个朋友一连几次向我们借钱都没有按时还，需要我们催促，于是我们便会得出"这个人不守信用"这样的结论，进而不愿再借钱给他。我们在买葡萄时，我们会先尝一颗葡萄，发现这颗葡萄是甜的，于是我们便会得出"这个商贩所卖的葡萄是甜的"的结论，进而放心地买上一大串。可以看出，归纳推理是每个人都或多或少在运用的一种思维方法，许多时候，在我们无意识间，便运用了这种思维方法。

不仅在日常生活领域，在各个知识领域，归纳推理也是人们最常用的工具之一。比如在数学上，德国数学家哥德巴赫曾经写信给当时的著名数学家欧拉，提出了两个猜想。其一，任何一个大于 2 的偶数，必然是两个素数之和；其二，任何一个大于 5 的奇数，必然是三个素数之和。这就是著名的哥德巴赫的猜想。我们以第一个为例来看一下其推理过程：

4=1+3（两个素数之和）

6=3+3（两个素数之和）

8=3+5（两个素数之和）

10=5+5（两个素数之和）

12=5+7（两个素数之和）

14=7+7（两个素数之和）

正是在这些例子的基础上，哥德巴赫得出了"任何一个大于2的偶数，必然是两个素数之和"的结论，当然，他所举出的例子要多得多。

此外，我们在给一个事物下定义时，往往也运用了归纳法。比如"雕塑"这个东西，我们可以将之定义为：此为一种造型艺术，是通过塑造形象或者有立体感的空间形式来展现美的一种艺术形式。不仅是下定义，总结一类事物的特点，也要用到一种归纳法，同样以"雕塑"为例，这种物品的特点便是优美动人、轮廓清晰、紧凑有力、有立体感等。

总之，归纳推理法无论是在我们的日常生活中还是在严肃的知识领域，其都是一个基本的方法。古希腊哲学家亚里士多德曾经对归纳推理法定了一个三段论推理形式：

前提1：王五会变老；

前提2：马九会变老；

结论：所有人都要变老。

又如：

前提1：这个城市里的这个女人很漂亮；

前提2：这个城市里的另一个女人也很漂亮；

结论：这个城市里的所有女人都很漂亮。

亚里士多德所说的这种推理法乃是一种最典型的归纳法，对于我们非专业领域的人而言，掌握了这种方法便基本算是掌握了归纳思维法。

需要指出的是，归纳思维法所得出的结论乃是一种不确定的真理，即其前提只是推出结论，却并不确保结论的正确性。比如上面所举的第二个例子，由"这个城市里的这个女人很漂亮"和"这个城市里的另一个女人也很漂亮"而归纳出的"这个城市里的所有女人都很漂亮"的结论很明显便是不可靠的。一旦在这个城市里看到一个丑女人，这个结论便会宣告被推翻。而即使上面的第一个例子，也不能保证完全正确，因为也许有人真的会永葆青春，只是你没有看到罢了。而一旦有这样一个人，"所有人都要变老"的结论便要被推翻。再以我们前面所举的人们凭借经验得出的"太阳每天都会从东边升起"的结论为例，这看上去似乎是绝对的真理，其实也不一定，因为说不定哪天太阳系出现变数，太阳就不再每天从东边升起了。总之，要明白，归纳推理法所得出的结论都是一种要不断接受验证的"真理"。

不过，虽然并不确定，但是这种并不能确定的"真理"往往对我们的生活有着巨大的帮助，正是凭借这些不确定的真理，我们才能感觉周围的世界不是一团乱麻。比如我们正是通过一个人在几件事上的表现，才能对这个人的品质有个大致判断，以确定该如何和他相处。另外，不仅是这些常识性的应用，善于利用归纳思维，往往能够帮助我们有一些好的有用的发现，解决一些难题。比如牛顿发现万有引力定律，便是看到苹果要落在地上，又发现其他的东西也都有落在地上的趋势，所以他得出"地球上所有的物体都有靠向地面的趋势"的结论，并通过进一步研究，他最终发现了万有引力定律。下面我们再来看下面一个故事：

杰瑞出身于美国一个贫苦家庭，其姊妹好几个，而其父亲因病在杰瑞十三岁时便去世了。因此，杰瑞很小便做起了擦鞋匠，以挣钱养家。但是杰瑞很爱动脑筋，在擦鞋的过程中，他经常听到有前来擦鞋的黑人顾客抱怨自己的头发是卷曲的，并表达了想要有一头直发的愿望。杰瑞听到这样的抱怨多了，便想到了一个主意，他找到一个化工厂的老板，问他能不能试着生产出一种能让卷曲的头发变直的化工品。结果，这个老板最终生产出了这种商品。于是，杰瑞便将这种东西买下来，并注册了商标，然后拿到市场上去卖，结果这种东西果然大受欢迎。杰瑞凭此一下子成了百万富翁。

在这个故事中，可以看出，杰瑞之所以能够发财，很重要的原因便是因为他善于利用归纳思维法——他通过一些擦鞋顾客的抱怨，进而推断出许多头发卷曲的人都希望自己的头发能够变直，进而去寻找能满足这些人需求的产品，进而发了财。由此也可以看出，如果善于利用归纳思维法，我们往往能够找到别人所忽视了的机会。

可以看出，归纳思维法的关键便是要善于观察，并处处留心，勤于思考。另外需要说明的是，在运用归纳思维时，要时刻保持一种怀疑态度，知道这只是一种有待检验的规律，要具有一种随时验证以更加确保它的正确性的积极意识。

总之，思维都是训练出来的，要想熟练地掌握归纳思维法，我们可以通过训练来提高自己的这种思维能力。其实，我们可以试着给司空见惯的事物下定义，总结事物的特征等，以此来锻炼我们的这种思维。比如，我们便可以试着对"家用电器"这个词下定义：近代以来出现的，必须以电作为动力，放置在家中，能够给人们的生活带来某方面的方便或者供人们消遣娱乐的一种发明。

58. 系统思维法

创造，并不一定要完全通过自己的单打独斗，通过综合别人的经验成果，进行合理的整合，利用系统效应，形成具有新功能的事物，同样也是创造。这就要求我们要具有系统思维的能力。实际上，人的思维基本可以分为分析思维和系统思维两类。分析思维是指去粗取精、去伪存真，由整体到部分的思维方法；系统思维则是指由此及彼、由表及里，统观全局，由部分到整体的思维方法。进行分析固然重要，但系统思维同样是进行创新思维的必要能力。因此，提高创造力，就必须提高自己的系统思维能力。

材料综合

材料综合是一种最常见的综合方法，它把不同的、零散的材料作为要素汇集起来，形成一个系统，从而得到新的功用。

20世纪30年代，欧洲大陆正处于战争的阴云之下，纳粹德国正在加紧进行扩军备战，第二次世界大战一触即发。就在这时，英国一位作家出版了一本小册子，在册子中，他详尽地介绍了德军的战力情况，其中包括德军的各集团军情报、军区位置，甚至就连一些刚刚组建的新军情况和一些中层军官的简历，这本小册子都有涉及。这大大暴露了德军的实力，而且有的内容完全是属于高度机密的。

德国情报部门得到这个情况后，相当震惊，于是秘密将那位英国作家绑架到德国进行审讯。然而审讯的结果却让所有的人感到不可思议，那位作家竟然说他的写作材料全部来自于德国公开出版的报刊！原来，这位作家长期以来注意寻找有关德军的各种信息，并将它们分门别类地搜集并整理出来，甚至连报纸上的结婚启示和广告也不放过。这样，经过几年的材料综合，再加上自己的分析，于是形成了这本书。

一些看似无关紧要的内容和材料，经过有心人的分析综合，立刻变成了价值极高的情报。这无疑也是一种创造。

方法综合

同样的一个方法，放到不同的系统中，将会起到不同的作用。这种方法有助于取长补短，强强联合，从而形成更新更好的创造和设想。

说起拉链，一般人都会想到它是应用在衣服、皮包等物品上的。你能想象在人的腹部装上拉链吗？

美国的一名外科医生史栋就做到了这一点。他常年给人做外科手术，有的内脏手术需要进行多次的开腹，这不但给病人带来了巨大的痛苦，而且还十分容易导致病人的大出血，造成危险。史栋在一次很偶然的机会想到了拉链的原理：利用链牙的凹凸结构，在拉头的移动中，从而实现牢固的嵌合和脱离。于是萌生了将拉链安置在病人身上的想法，尽管当时受到了很多的质疑，但是史栋还是进行了一次尝试，他将一条七寸长的拉链移植到了一名病人的腹部，并获得了成功。这种拉链可以在病人身上使用一到两周，术后摘除，从而大大减少了病人的手术痛苦和危险性，也方便了手术操作，更换一次止血纱布，现在只需要五分钟的时间。

史栋将拉链的原理和方法综合到了手术操作上，从而创造了一种前所未有的医疗技术。

现代社会的发展，学科之间的联系越来越紧密，各学科之间的概念、理论、方法等越来越可以相互渗透和转移，从而为方法综合带来了广阔的前景。

分合综合

系统思维，并不是一味地要求人将事物都看做一个个的个体，然后试图将其整合为整体。其实任何一个事物本身，它在是一个个体的同时，又都自成一个系统，有时先将它分离，然后再进行合并，往往能够获得一种新的产物和发现。这即是"分合综合"的要求。

创立大陆漂移学说的德国气象学家魏格纳有一次卧病在床，百无聊赖之际，他盯着床头墙上的世界地图思考起来。突然，他发现南美洲和非洲的海岸线轮廓曲线相当相似，这两个大陆，似乎是被生生割裂开来的。这一发现使他惊奇不已，为什么会是这样呢？难道只是巧合吗？

魏格纳在进一步研究中更惊奇地发现，其实，把几大洲的轮廓从地图上剪下来，然后进行拼凑，差不多正好能拼成一个圆形！这就证明了南美洲和非洲的轮廓的相似并不是巧合，魏格纳大胆地猜测，莫非几个大陆过去是连成一体的？在他这个假想学说的指引下，很多生物学家、地质学家和考古学家进行了进一步的研究，终于以大量的事实，确立了大陆漂移学说的理论。

魏格纳成为了活动论地质学的先驱者。

如果把整个地图看成一个系统，那么上面的一块块大陆图案就可以看做是一个个要素。魏格纳正是能从整体中分离出这些要素，然后再进行合并思维，先分后合，从而得到了这一重大发现。

系统思维，不但需要我们有善于综合的头脑，也需要能够分离的眼睛。

59. 辩证思维法

辩证思维法，是指以变化、发展的观点看待事物的思维方法。一般人们认为，辩证思维是与逻辑思维相对立的一种思维方式。在逻辑思维中，事物一般是"非此即彼""非真即假"，而在辩证思维中，事物可以在同一时间里"亦此亦彼""亦真亦假"。我们来看下面这则故事：

古时候，有个老和尚在屋里打坐，身后站着一个小和尚。这时，从门外传来两个年轻和尚争论的声音，两人对于佛经中的一段话的理解有些出入，都认为自己的解释是正确的，并试图说服对方。过了一会儿，两人争论不下，其中一个和尚便走进老和尚屋里，请教老和尚道："师父，对于《金刚经》第二章，我的观点是这样的……您觉得我这样理解对吗？"老和尚听了，便点点头。这个年轻和尚一听，便高高兴兴地作了一个揖，转身出去了。过了一会儿，争论的另一方也进来了，他问老和尚道："师父，对于《金刚经》第二章，我是这样理解的……您觉得如何？"没想到老和尚这次又点了点头，年轻和尚一听，也满意地出去了。

这时，站在老和尚身后的小和尚感到迷惑了，明明刚刚两个师兄的观点完全不一样，甚至还有些相互冲突，为什么老和尚都说他们是正确的。于是，小和尚忍不住问道："师父，刚才两位师兄的观点，完全是不一样的，所以他们才会争论。我想，要么是大师兄对，要么是二师兄对，怎么会两个人都对呢？"老和尚于是睁开眼看了小和尚一眼，说道："你也对！"

故事中的老和尚的做法所体现出的便是一种典型的辩证思维。许多时候，事物的对与错都是相对的，而非绝对的。就故事中而言，两个年轻和尚对于一段佛经的理解的角度、方法，乃至个人的经历有所不同，其理解便难免有所出入，不一定有对错高下之分，正是基于此，老和尚才会有令小和尚感到疑惑的举动。

其实，不止是对错，高与低、左与右、好与坏、优势与劣势、谦虚与张狂、积极与消极等所有相矛盾的事物，用辩证的眼光来看，都只是相对的，而非绝对，并且在一定条件下，都可以相互转化。而具体到我们的现实之中，我们常常用到的辩证思维法便是对于"好事与坏事""优势与劣势"的辩证理解。

古时候，有个国王有七个女儿，个个都十分漂亮，她们都有一头乌黑亮丽的头发。国王很爱这七个公主，专门找工匠精心制作七十个发卡，给每个公主分了十个。

一天早上，大公主醒来后，发现自己的发卡少了一个，怎么也找不到。于是，她眼珠子一转，便悄悄去二公主的房间，拿走了一个发卡；而二公主发现自己的发卡少了一个后，便悄悄去偷了一个三公主的发卡；就这样，接下来的几个公主都采用了这个办法，最后，变成了七公主的发卡少了一个。

没想到过了几天，隔壁国家的年轻英俊的王子前来拜访这个国王。他对国王说："前几天，我的百灵鸟从贵国叼回去一个美丽的发卡，这么贵重的发卡一定是公主们的。我想，这是上天赐给我的缘分，因此我请求您把丢失发卡的公主嫁给我！"国王一听，十分高兴，将七个公主都叫了来，问她们谁丢了发卡。这七个公主一看到英俊的王子，都喜欢上了他，纷纷想说自己的发卡丢了一个，但是明明自己的头上的发卡一个也不少，都懊恼地沉默着。只有七公主站了出来，说自己的发卡少了一个。结果，王子便高兴地娶了七公主。

这个故事，便是一个坏事变好事的典型。再看下面这个故事：

一天，一个商人遇到了强盗，他拼命奔跑，最后跑到了一个山洞里。但是，最终，强盗循着商人火把的光芒，追上了商人。强盗不仅抢走了商人的钱财，而且还夺走了他的火把。强盗拿着火把离开后，商人才发现，自己因为慌不择路，已经跑到了迷宫似的山洞深处，现在没有火把，自己恐怕是要死在漆黑的山洞里面了。

但是，令人意外的是，最终因迷路而死在山洞里的是有火把的盗贼，而商人则最终走出了山洞。原来，盗贼的火把只是使他不被山洞的墙壁和乱石所碰到，但是他找来找去，也没有找到出口，最后疲惫地累死在了山洞里。而商人则因为没有火把，他的眼睛便对从外面透进山洞的微光很敏感，循着这缕微光，商人最终走出了山洞。

在这个故事里，强盗拥有火把，具有走出山洞的优势，最终却死去；商人没有火把，处于劣势，却死里逃生，这便典型地体现了一种优势与劣势都是相对，而非绝对的辩证法。

除了对于好坏、优劣的辩证眼光外，辩证思维在我们现实中的另一个常见表现便是提醒我们用发展的眼光看问题，而非一成不变地看问题。我们来看下面一个故事：

　　在靠近长城一带居住的人中，有位性格开朗并擅长推测吉凶的老头。一天，老头的马无缘无故地跟着胡人的马跑了，老人的家人都很愁苦，只有老头并没有因此事而不高兴，好像根本没有发生这件事一样。而附近的邻居听说这件事后，都纷纷前来老头的家里安慰这个倒霉的人家。但是，没想到老头却说道："说不定这件事是一件好事呢！"大家一听，都很不理解，只是觉得老人可能老糊涂了。没想到的是，过了几天，老头家的马又跑回来了，并且还带回来两匹胡人的品种更为优良的马。老头的家人因此感到很高兴，但老头却并没有因此事而流露出开心的表情，依旧像是什么事也没有发生似的。这次邻居们又听说了，于是前来祝贺老头一家。没想到老头又不阴不阳地说了句："这件事可能未必是件好事呢！"大家又同样把他当做了老糊涂。没想到过了一些天，老头的话又应验了，他儿子在骑着胡马去放牧时，因为胡马性子刚烈，将他从马上摔了下来，并摔断了大腿，成了一个瘸子。人们听说这件事后，又一起来到老头家里探视并安慰。没想到的是，事情已经坏到这种份上，老头竟然又说道："这件事可能是件好事呢！"这次老头的妻子看着自己的儿子成了残疾，实在忍不住骂了老头。不过，没想到的是，几年之后，胡人大举侵犯边塞，于是，朝廷便在边塞征兵，所有的青壮年都被抓去做了壮丁，并因战事不利，十有八九都战死在了沙场。但是，老头的儿子因为腿瘸的缘故，便没有被抓去，因此保住了一命。显然，老头的话又应验了。

　　这个故事是西汉时期的《淮南子·人间训》中的一个故事，其形象地告诉我们，任何事物都处在不停的变动之中，暂时看起来是好的事情，也许随着时间的推移变成了坏事，而坏事随着时间的推移则可能变成好事。

　　综合上面的几点，辩证思维法乃是一种十分实用的思维方法，它提醒我们，面对正面、积极的因素，要看到其负面、消极的一面；相反，面对负面、消极的因素，也要看到其正面、积极的一面。同时，要学会用发展的眼光看问题，不要囿于一时的现象。做到了这些，我们在做事时便能更加的沉稳、睿智。另外需要提醒的是，许多时候，事物从负面向正面的转化，是需要一定条件的，因此，我们还应该积极主动地创造这种转换条件。

60. 演绎思维法

演绎思维法，简而言之，就是一种由已知推断未知的思维方法。其是根据已知的命题，遵循严格的逻辑，推导出新的命题。与归纳思维往往得出有待检验的结论不同的是，演绎思维所推出的结论是一种确定的结论。只要其前提是正确的，其结论便是正确的。与归纳思维相对应，演绎思维是人们的另一种追求知识和真理的重要思维方式。我们来看下面这个故事：

在一次演讲中，美国著名物理学家费米问大家这样一个问题："诸位知道芝加哥需要多少钢琴调音师吗？"费米接下来却对大家说道：

"现在我试着来回答一下这个问题，假设芝加哥有300万人口，每个家庭有4口人，其中有1/3的家庭有钢琴。那么芝加哥总共便有25万架钢琴。一般而言，每年需要调一次音的钢琴只有1/5，这样的话，一年需要调音5万次。在一天里，每个调音师能调好4架钢琴，除去休息时间，按他一年工作250天算，其总共能够调好1000架钢琴，是所需要调音的1/50。如此算来，芝加哥大概共需要50位调音师。"

经费米这么一解释，下面的观众都恍然大悟，认为费米的方法是令人信服的。

上面的故事中所体现的是一种典型的由因到果的演绎思维法，下面我们再来看一个由结果推测原因的故事：

日本东京的大泽雄一警探接到了一个报警电话，对方声称自己的妻子在洗澡时虚脱而死。大泽雄一赶到报案人的家中时，发现一名叫做小田信子的女子裸体死在了浴缸之中，身上没有任何暴力袭击的痕迹。不过令人奇怪的是，死者瞳孔严重放大。据报案者也就是死者的丈夫说，妻子在洗澡时自己在卧室里睡觉，醒来后才发现妻子已经因为虚脱而死了。最后，警察还在卫生间的垃圾篓里找到了看上去是刚用过的两支注射器，丈夫对警察解释说是自己注射药物所用的。

大泽雄一警探凭借直觉感觉这件案子没那么简单，他开始对整个案子进行了思考，最终他将死者的瞳孔放大这一反常现象作为了切入点。一般而言，瞳孔放大往往是因为被注射了麻醉剂。考虑到死者是因为低血糖虚脱而死，死者很可能是被注射了过量的胰岛素。接着，从警方对死者丈夫调查的结果中发现，他并没有发生什么感染或病变，因此根本没有注射药物的必要，他显然撒了谎。如此一来，便环环相扣，可以推测出极有可能是死者丈夫对妻子注射了过量的胰岛素，结果导致了妻子的死亡。通过进一步地调查取证，死者丈夫最终不得不认罪。

在这个故事中，大泽雄一侦探破案的关键便是通过对于死者瞳孔放大这一奇怪现象进行了丝丝入扣地逆推，并结合其他疑点，最终找到了案件的真相。这里，其所运用到的便是一种演绎思维法。

其实，上面的两个故事便典型地代表了演绎思维法的两种基本模式，即"由因到果"和"由果到因"。具体到现实应用层面，"由因到果"推理法的作用往往能够增强我们的预见性，而"由果到因"推理法则能够帮助我们分析事物的原因和原理，增加我们的知识。应该说，这两种思维方法都是我们每个人常用的思维方法，比如我们听到打雷之后，知道马上要下雨了，这其实便是一种"由因到果"的演绎推理；而当你无法开机时，你马上想到可能是电源没有插好或者是电脑坏了，又或者是停电了，这便是一种"由果到因"的演绎推理。不过，这里所举的例子都只是对于演绎思维比较"小儿科"的应用，如果我们能够将演绎思维进行创造性应用的话，往往能够创造巨大的价值或者解决一些看似无从下手的难题。我们来看下面一则故事：

菲利普·亚默尔是美国一家肉类加工厂的老板，他习惯每天早上浏览一下当天的报纸。这天，亚默尔来到办公室以后，习惯性地坐下来翻看报纸，他漫不经心地看到这样一则消息：墨西哥疑似发生瘟疫。就在他要习惯性地将这一页翻过去的时候，他突然想到了什么，脑子飞速地旋转起来：如果墨西哥发生瘟疫，那么肯定很快就会传到与其接近的加利福尼亚州和德克萨斯州。而这两个州是美国肉类的主要提供地，一旦发生瘟疫，整个美国的肉类供应势必紧张，价格则会飞涨。

想到这里，亚默尔立即派人前往墨西哥打探虚实。当他得知这条新闻是真的之后，马上筹措了一大笔资金，前往加州和德州购买了许多生猪和肉牛，并将其运往远离加州和德州的美国东部。大约一个月之后，情况果然如亚默尔所预料，瘟疫从墨西哥传染到了加州和德州，两州的肉类被严禁外运。如此一来，美国市场上肉类奇缺，价格飞涨。此时，亚默尔则瞅准时机将自己购到的肉类出售。最后，仅仅两个多月的时间，亚默尔便赚了将近一千万美元！

再看别一则故事：

大侦探福尔摩斯第一次和华生医生见面时，开口便说："我敢肯定，你去过阿富汗！"

华生对此颇感惊讶，因为他的确去过阿富汗，于是他说道："你怎么知道，肯定有人告诉过你吧！"

福尔摩斯却笑着说："不不，这不需要别人告诉，我只需要看你一眼，便能推测出这个结论。"

"你说来听听！"华生好奇地问。

福尔摩斯轻松而不紧不慢地说道："你的风度看起来是个医生，却具有军人的气概。所以我推测，你是个军医。

"你脸色黝黑，但你的手腕却黑白分明，这么看来，你原本的肤色应该是白色，所以你肯定是去了热带地区，在那里晒黑了。

"你面容憔悴，这说明你刚刚生了场大病，并且还历尽艰辛。

"你的左臂看上去很僵硬，显然是受过伤。试问，一个英国的军医，曾历尽艰辛，手臂还受过伤，除了阿富汗，还能在什么地方？"

华生一听，十分钦佩。

上面的两则故事便是对于演绎思维法进行创造性应用的典型例子。由此我们也可看出创造性地利用演绎思维的巨大价值。总之，如果能善于运用演绎思维法，你便往往能够在看似混乱无序的现象后面看到别人看不到的东西，进而创造价值。需要指出的是，演绎思维法除了要保证在推理过程中逻辑的严谨性之外，还有一个关键——即其作为推理的前提一定要正确，否则无论其推理过程多严谨，其结果也是错误的。以前面的故事为例，如果亚默尔当初并没有对"墨西哥发生瘟疫"这件新闻进行核实，便匆忙做出了后来的举动，那么，万一新闻并不属实，即使亚默尔的推理多么具有创造性，多么丝丝入扣，恐怕最终他都是白忙活一场，乃至还要赔进去一大笔钱。因此，对前提条件进行验证，以确保其准确性，这是我们在运用演绎思维法时需要格外注意的。

第二章

发散思维名题

1. 铅笔的改进

现在市面上有各种各样的铅笔，使用起来非常方便。但是在最初的时候，人们使用光秃秃的石墨写字，石墨容易断，而且写字的人总是弄得满手黑。后来在德国纽伦堡的一位木匠把石墨和木条组合起来，发明了现代铅笔的雏形。1662 年，弗雷德里克·施泰德勒根据这个原理开办了第一家铅笔工厂，他将细石墨放入带槽的木条，然后用另一根上了胶的木条把石墨笔芯夹在中间，再将笔杆加工成圆形或者八角形。

1858 年，美国费城有一位名叫海曼·利普曼的穷画家对铅笔进行了又一次改进，他还申请了一项专利，后来以五十五万美元的价格卖给了一家铅笔公司。

你知道改进后的铅笔是什么样子的吗？

2. 福尔摩斯的推论

有一次，福尔摩斯和华生去野营，他们在星空下搭起了帐篷，然后很快就睡着了。半夜里，福尔摩斯把华生叫醒，对他说："抬头看看那些星星吧，然后把推论告诉我。"华生想了想说："宇宙中有千百万颗星星，即使只有少数恒星有星星环绕，也很可能有一些和地球相似的行星，在那些和地球相似的行星上很可能存在生命。"

这是福尔摩斯想要的答案吗？

3. 女孩的选择

一个南方女孩和一个北方男孩相爱了，有一天晚上男孩向女孩求婚。女孩有点不知所措，她说："让我想想。"她回家后拿出一张纸，左边写上"不嫁"，右边写上"嫁"。在不嫁的那一栏，她写下：

他工作不稳定，收入不高；

南、北方生活习惯不一样，将来会有麻烦；

他学历不高；

他家在农村；

他有体弱多病的母亲和上学的妹妹，家庭重担靠他一个人承担；

……

在右边那一栏，她写下了一个字——爱。

女孩会作怎样的选择呢？

4. 你说的对

有两个人为一件事发生争执，他们来到寺院让一个德高望重的老和尚评理。甲来到老和尚面前说了自己的一番道理，老和尚听后说："你说得对。"接着，乙来到老和尚面前说了和甲的意见相反的另一番道理，老和尚听后说："你说得对。"站在一旁的小和尚说："师父，怎么两个人说的都对呢？要么甲对乙错，要么乙对甲错。"

这回老和尚会怎样回答呢？

5. 5 = ？ + ？

在一节思维培训课上，一个小学一年级的数学教师向思维培训师请教如何教孩子们发散思维。思维培训师在黑板上写了一道算术题：

2+3= ？

然后，他说："这是小学一年级常见的计算题，只有唯一的答案，对就是对，错就是错。这会让孩子们养成寻找一个答案的思维习惯，导致思维的扁平化，遇到问题时缺乏寻找多种答案的意识和能力。虽然大部分数学题是一题一解的，但是我们可以运用关系发散来改变出题的方式。"接着，他在黑板上写下了这道题：

5= ？ + ？

你能说出这里面蕴含的思维道理吗？

6. 牛仔大王

当年，李维斯和很多年轻人一样投入到了西部淘金热潮之中。在前往西部的路途中，有一条大河挡住了去路，人们纷纷向上游或下游绕道而行，也有人遇到阻碍就打道回府了。李维斯对自己说："凡事的发生必有助于我。这是一次机会！"他想到了一个绝妙的创业主意——摆渡。很快他就积累了一笔财富。

后来摆渡的生意冷淡了，他决定继续前往西部淘金。到了西部，他发现那里气候干燥，水源奇缺，人们纷纷抱怨："谁给我一壶水喝，我情愿给他一块金币。"李维斯又告诉自己："凡事的发生必有助于我。这是一个机会！"他又看到了商机，做起了卖水的生意，渐渐地卖水的越来越多，没有利润可图了。

这时，他发现淘金者的衣服都是破破烂烂的，而西部到处都有废弃的帐篷。李维斯再次告诉自己："凡事的发生必有助于我。这是一次机会！"由此他又想到一个好主意。

他想到了什么好主意？

7. "慷慨"的洛克菲勒

第二次世界大战结束之后，战胜国决定成立一个处理世界事务的联合国。遇到的第一个问题就是购买可以建立联合国总部的土地，这需要很大一笔资金，而对刚成立的联合国来说很难筹集大笔资金。美国石油大王洛克菲勒听说了这件事情后，决定出资八百七十万美元买下纽约的一块地皮，并无偿地捐赠给联合国。有人赞叹洛克菲勒的义举，有人对此表示无法理解，事实上洛克菲勒另有打算。洛克菲勒有什么打算呢？

8. 洞中取球

北宋的宰相文彦博小时候是个聪明可爱的孩子，不仅书读得好，而且活泼好动，经常和小伙伴们一起踢球。

有一天，文彦博又和村里的小伙伴们在打谷场上踢球。大家你来我往，踢得兴高采烈，文彦博更是厉害，一个人就踢进了两个球。大家正玩得高兴，不知是谁一不小心把球踢出了场外。只见那球刚开始力道很大，后来没有劲了，滚着滚着，正好滚到一颗大白果树的树洞里去了。大家笑着说："这是谁啊，脚法这么好，一脚就把球踢到那么深的树洞里去了,太厉害了吧。"说着,大家纷纷跑过来捡球。

树洞里黑黢黢的,大家睁大了眼睛,也看不到球在哪里。有个胳膊长的小朋友自告奋勇来够球。只见他趴在地上,手臂使劲往树洞里伸,半个身子都快伸进去了。但是树洞太深了,他怎么也够不到底。看来用手是够不到了,只有想别的办法了。

又有一个小朋友说:"我有办法了,我去拿个竹竿来够。"于是他找来了一根长长的竹竿。可是树洞竟然是弯弯曲曲的,竹竿是直的,不会拐弯,所以也够不到底。

大家都着急起来,骂这讨厌的树洞:"破树洞,坏树洞,怎么偏偏长在这里,把我们好好的球给吃进去了。"如果树洞会说话的话,肯定会很委屈:"怎么怪倒我啦?是你们自己踢进来的呀,要怪也只能怪你们自己。"

想到以后没有球踢了,大家都很沮丧。忽然,文彦博一拍脑袋叫道:"有了,我有办法了。"

文彦博想出的是什么办法呢?

9. 于仲文断牛案

于仲文是隋朝的大将军,他足智多谋、英勇善战,曾经率领八千人打败了对方十万万人的大军,小时候他就是一个聪明伶俐的孩子。

于仲文九岁的时候曾经面见皇帝,皇帝见他聪明可爱,就有意考考他:"听说你爱读书,那么书里写的都是哪些内容呀?"

于仲文从容地回答:"奉养父母,服务君王,千言万语,只'忠孝'二字而已。"

皇帝听了连连称赞:"说得好,说得好!真是一个聪明的孩子!"

从此于仲文的名声就传扬开来了。

有一回,村里的任家和杜家都丢失了一头牛,两家都倾巢出动,分头寻找,但是后来只找到一头牛,两家都抢着说牛是自己家的,争执不下,就把官司打到了州里,州官接到这个案子也难以判断,愁眉不展。

这时候,下面的一个官员向州官出主意:"于仲文聪颖过人,连皇上都夸奖他,何不让他来试试断这个案子呢?"

州官摇摇头说:"嘴上无毛,办事不牢,于仲文只是一个乳臭未干的毛孩子,凭借一句巧话,赢得皇上开心,徒有虚名而已,未必有什么真才实学。"

官员说："大人这样说就不对了，自古英雄出少年，我觉得于仲文还是有过人之处的，反正有益无弊，就让他试试吧。"

州官觉得有理，就派人请来了于仲文。

于仲文来到州府，问明了情况，就笑着说："这个案子不难断。"说着，他就让任家和杜家都把自家的牛群赶到大操场上，分别圈在操场的两边，然后叫人牵来那头有争议的牛。州官和围观的群众都不知道他葫芦里卖的是什么药，你知道吗？

10. 山鸡舞镜

山鸡是南方珍贵的飞禽，它爱站在河边，看着河里自己的影子翩翩起舞。有一回，南方派人给曹操送来了一只山鸡。

曹操非常想看山鸡跳舞，但是宫殿里没有河流，山鸡不肯跳舞。曹操就让身边的大臣们，想个办法让山鸡跳舞。大臣们挖空了心思，也没有想到好办法。曹操见了，长叹一声说："我是没有缘分看到山鸡跳舞了。"

曹操六岁的小儿子曹冲看到父亲不高兴，他想了想，就跑到曹操面前说："父亲，你不要苦恼，孩儿有办法让山鸡起舞。"

曹操知道曹冲是个机灵鬼，但是满朝文武都没有什么好办法，他不太相信曹冲能想到好办法，就将信将疑地问："哦，你有什么办法？"

曹冲调皮地说："其实办法很简单，父亲只管观看山鸡起舞就是了。"

曹冲想出了什么办法？

11. 假狮斗真象

汉朝日南郡有一个林邑县。东汉末年，天下大乱，林邑县的功曹趁机杀了县令，自立为王，改林邑县为林邑国。魏晋时期，依然内战不断，朝廷就一直没有派兵去征讨。这样又过了二百年，林邑国已经发展起来，国力比较强盛了。

南北朝时期，宋文帝封宗悫为"振武将军"，命令他带领五千人马，去征讨林邑国。宗悫率领大军辞别了宋文帝，就浩浩荡荡地来到了林邑国。

宗悫刚指挥军队排成阵势，准备战斗。林邑国的国王就亲自擂鼓，他手下的将士们拼命地摇旗呐喊，气势非常惊人。宋军以为他们要冲过来了，都高度戒备。忽然，从林邑军后面的树林里跑出一千多头大象，发疯似的向宋军冲过来。大象的皮厚力大，宋军的刀枪根本伤不了它，它们在宋军阵营里左冲右突，如入无人之境。宋兵死伤无数，宗悫赶紧收拾残兵退回大营，一边挂出免战牌，拒不出战，一边召集谋士商量对策。

一个谋士说："一物降一物，只有狮子能对付得了大象，如果我们能弄到几百只狮子，就能破了对方的大象阵。"

另一个谋士说："这倒是，不过我们到哪里去找这么多狮子呀，就算找到了，还得花时间训练，否则它连自己人都吃了。"

宗悫听了谋士的议论，忽然眼睛一亮，大声说："我有办法了！"

宗悫的办法是什么？

12. 鲁班造锯

鲁班是春秋时期本领最高超的木匠，有一个成语"班门弄斧"，意思就是说，谁要敢在鲁班面前卖弄木工手艺，那就是自不量力！鲁班不仅是一个技艺高超的木匠，还是个发明家，相传锯子就是他发明的。

有一回，鲁国的国君命令鲁班建造一座宫殿，必须按时完成，否则就要严厉处罚鲁班。接到任务后，鲁班立即着手准备原材料，其中需要最多的，当然是木材了。鲁班就叫徒弟们上山砍树。

就好像和鲁班作对似的，山上的树特别难砍，徒弟们一天忙到晚，累得腰酸背痛，还是砍不了几棵树。鲁班见了非常着急，他想：照着这样的速度进行下去，肯定会延误工期的，不行，我得想个办法提高速度。

一天，鲁班又忧心忡忡地到山上去察看。为了节省时间，他抄近路从一个很陡的土坡上往山上爬。树木茂盛，杂草丛生，鲁班就抓着树根和杂草，一步一步奋力向山上爬去。忽然鲁班感到长满茧子的手上一阵轻微的疼痛，低头一看，原来手掌已经被草划伤了，冒出血来。"什么草这么厉害？"鲁班一面小声嘀咕着，一面好奇地拔起那棵划伤他的小草，他发现小草的叶子是锯齿状的，刚才划伤他厚厚的茧皮的就是这些锯齿。鲁班若有所悟，他又把草在手上拉了拉，手上就又添了几道细小的划痕。

"没想到这些细小的锯齿，竟然有这么大的力量，如果我照着草叶子的样子，做成一把铁的工具，那么伐树不就又快又省力了吗？"鲁班自言自语着，于是他决定立即回去试制一个。

鲁班发明了什么工具？

13. 小小智胜国王

一年夏天，热爱冒险的三兄弟，来到了 X 王国，看到城墙上贴着一张布告，上面写着：凡是能完成国王三道难题的，国王将奖赏他五百两黄金，但如果做不到，他将面临终身监禁的惩罚。

大哥大大看到奖赏五百两黄金，就美滋滋地跑进宫去了。结果，X 国王的三道难题，大大连一道也没做出来，被关进了监牢。

二哥中中决心救回大大，就坚定地走进皇宫，可是他也失败了，和大大关在了一起。

最小的弟弟小小，在家等了三天三夜，也没等到二哥回来，他知道二哥也被抓起来了，就怀着悲愤的心情，走进皇宫，对国王说："尊敬的陛下，如果我能做出您的三道难题，我不要您的五百两黄金赏赐，我只要求您能放了我的两个哥哥。"

国王听了，就说道："好，如果你能做出三个难题，我就放了你的两个哥哥，还会给你五百两黄金，但是做不出来，我就不客气了。"说完，就让小小开始做题。

只见侍卫拿过来一个装满水的玻璃杯、一个空盆子和一个铁丝编成的筛子。第一道题是用筛子盛水，只要把玻璃杯里的水倒进筛子，而不漏出来，就算完成了；第二道题目是把鸡蛋放在纸上煮熟；最后一道题目是从一个盛满水的大盘子里，取绿色的玉片，前提是不能沾湿了手。

……

测试结果是小小出色地完成了三道题目，连国王都暗暗佩服，他立即放了大大和中中，还送给他们五百两黄金。兄弟三人高兴地拿走黄金，又到别的地方冒险去了。

小小如何做对这三个题的你知道吗？

14. 忒修斯进迷宫

海神波塞冬为了惩罚雅典国王的不忠诚，就在雅典城降下了一个牛头人身的怪兽。怪兽名叫弥诺陶洛斯，它凶残成性，每顿都吃童男童女的肉。

国王不能奈何它，只好叫一个技艺高超的工匠建了一个迷宫，把怪兽关在迷宫里。据说迷宫造得非常精巧，当初那位工匠建好迷宫后，自己都找不到出来的路了，只好又做了一个翅膀才飞出来。但是，因为惧怕海神，国王还是命令雅典臣民每九年给怪兽弥诺陶洛斯进贡七对童男童女，一时间，人心惶惶，有儿女的人家纷纷背井离乡。

转眼又过了九年，又该给怪兽弥诺陶洛斯进贡了。这时候出现了一个英雄——忒修斯，他决心救雅典人民于水火。于是，他就装扮成一个童男，身上藏着锋利的宝剑，打算混进迷宫去，趁弥诺陶洛斯不备，一举杀了它。

美丽的公主阿里阿德涅看出了忒修斯的意图，非常欣赏忒修斯的勇气，她已经暗暗地喜欢上了眼前这个英俊的年轻人了，就关切地问："弥诺陶洛斯凶猛无比，一般人根本伤不了它，你打算怎么对付它？"

忒修斯胸有成竹地说："怪兽来吞吃童子的时候，是最没有防备的，我会趁机用锋利无比的宝剑，刺穿它的心脏，这对于我来说，不是什么难事，我所担心的是迷宫，只怕进去后就出不来了。"

聪明的阿里阿德涅低头想了想，就有了一个好主意……

15. 除雪

20 世纪 70 年代，加拿大北部地区因为地处高纬度，又是山地地形，气候寒冷多雪，电话线经常会被厚重的积雪压断，给人们的生活带来很大的不便，而电信公司不得不频繁地修复断掉的电话线。后来，为了防止这种情况，电信公司经常要在大雪过后乃至是下雪期间派人清扫电线上的积雪，而这样的事做起来烦琐而缓慢，需要投入巨大的人力，十分麻烦。一次，一场罕见的大雪过后，两个电信公司的员工又赶往现场清扫电话线上的积雪，当看到电话线上十分厚重的积雪后，其中一个人无奈地感慨道："哎，这么厚重的积雪，恐怕只有上帝才能尽快将其清扫完毕了！"说完便开始干自己的活了。

但是，说者无心，听者有意，另一个一向爱动脑筋的同事在听了同伴的这句话后开始动起了脑子：是啊，如果上帝肯帮忙清扫的话，那就快多了！如果上帝清扫的话，他会怎么清扫呢？对他来说，他肯定不用拿着扫把一点一点地清扫，而是在空中……顿时，他想到了一个主意，于是将这个主意上报给了其上司。最后，经过层层认真研究之后，电信公司果然采用了他的这个办法，使得清扫积雪的工作变得简单而高效。

你能猜出这个电信公司的员工想出的办法是什么吗？

16. 泰勒的特殊兴趣

马克斯韦尔·泰勒上尉是 1937 年底被美国派往中国的驻华武官。当时，由日本挑起的卢沟桥事变刚刚爆发，于是美国也加紧了对于日本的情报收集。因此就在泰勒上尉前往中国前夕，他受到了美国中央情报局的召见，并被赋予了一项特殊使命，就是秘密调查侵华日军的编制及其番号。

泰勒之所以被授予这项任务，是因为他其实是个日本通，早年他曾在日本留学多年，对日本的文化和各种习俗都十分熟悉。正因为此，他在读书期间以及之后都结识了许多日本朋友，但是由于中日战争爆发之后，美国一直是站在中国一方的，因此他和他的朋友不得不选择站在自己的阵营里。来到中国后，泰勒一边以驻华武官的身份作掩护，一边秘密搜集情报，很难有机会接触到日军的他经过一番苦思冥想也未能找到一个完成任务的锦囊妙计。

这天，泰勒又一个人在房间里苦苦思考该如何完成自己的任务，他一边想，一边开始回忆自己在日本的生涯，试图从中得到一些启发。在经过一番思索之后，他的目光被挂在墙上的一幅相片所吸引。照片上是全副戎装的三个青年，风华正茂，左右两个是日本人，中间的那个则是泰勒自己。泰勒回忆起，这是自己留学东京时与大学里最要好的两位朋友田木与竹浦利用休假日一起到名古屋游览时，在名古屋最大的一座寺庙里照的。

于是，泰勒不禁又回想起了当时的情景。泰勒记得，当时，两个朋友还带着自己到寺庙中签名留念，自己刚开始并没有当做一回事，只是草草签上了自己的名字。但是，竹浦和田木还专门提醒泰勒，不仅写名字，而且要注明自己的身份，并十分严肃地对他说："泰勒君，在我们日本，签名留念是一桩十分虔诚严肃的事。"而后来在世界各地的许多名胜古迹，泰勒都发现有日本人的签名留念，的确如两位朋友所说，日本人有这个癖好，并且他们也往往会注明自己的身份，以显示自己的诚意。

想到这里，一个奇妙的主意在泰勒头脑里产生了，他觉得自己找到了完成自己任务的一个绝佳的方法……

你能猜出他的方法是什么吗？

17."钓鱼"的启发

1943 年，在苏联的德温伯河畔，苏联最高统帅部发动了对德国的战略反攻性的德温伯河会战。本来，苏联方面寄希望于此次会战扭转大战形势，但是，没想到的是德军进行了疯狂地反扑，看上去是摆开了和苏军决一死战的架势。针对疯狂的德军，苏军统帅部下令避实就虚，实行战略转移。负责此次转移任务的是苏联红军沃罗温什方面军司令瓦杜丁大将。

这是一支庞大的机械化部队，要从敌人鼻子底下神不知鬼不觉地转移，这怎么才能办到呢？瓦杜丁大将一直在思考着这个问题，却始终找不到好的办法。这天，瓦杜丁大将在屋子里又琢磨了半天，还是不得其计，于是便带着警卫员到外面去透透风。"将军，有人在钓鱼！"警卫员突然对将军说道。瓦杜丁大将顺着警卫员的手指的方向看去，果然看到一个人正在钓鱼。是谁这么有闲情逸致，此时还在钓鱼，瓦杜丁大将走了上去。此人倒是会就地取材，只见他正在用被大炮炸死了的小鸟的脑袋做诱饵，那些大鱼则争相逐食着这奇怪的诱饵。

看到这里，瓦杜丁大将突然想到了一个主意，他立即命令警卫员去弄一具刚断气的无名尸体来。

你能猜出瓦杜丁的主意是什么吗？

18. 井中捞手表

有个名叫柯岩的七八岁的小孩，一天，他在课本上学了"司马光砸缸"的故事。之后,他便也决心做个像司马光那样的爱动脑筋的小孩,遇事积极去想办法。

一天，柯岩到乡下的姑妈家去玩耍。姑妈给他拿出了一些好吃的之后，便让他在屋里看电视,然后自己到井边洗衣服。柯岩正在看电视，突然听到姑妈"哎呀"一声，他于是赶忙出去问是怎么回事，原来姑妈因为洗衣服时不方便，要将自己的手表摘下来，没想到不小心失手就掉进了井里。柯岩一想，手表掉进水里，不就坏了吗？但是姑妈告诉他那是块防水表，捞上来还可以用的。因为井并不是很深，姑妈找了一根竹竿，并在竹竿上安了一个铁钩，想将手表勾上来。但是，虽然竹竿的长度够得着，但是因为井下面黑咕隆咚的，看不到手表的位置，因此姑妈勾了一通之后，并没能捞出手表。因为那是在外地读大学的儿子送给自己的表，姑妈十分珍惜。费了一番劲勾不出来后，姑妈因为担心防水表在水里久了也会损坏，开始有些着急了。

在一旁看着的柯岩一看姑妈急成这样，心想，这不正是需要自己发挥聪明才智的时机吗？于是脑袋便开始转动起来。他想，现在的问题是光的问题，该怎么解决呢？他一边想，一边抬头看到了天上光芒刺眼的太阳。于是，他眼睛一亮，便赶紧跑进屋里，从屋里拿出一面镜子。他一边走一边说："姑妈，您别着急了，我有办法了！"他于是拿着镜子试图将太阳光反射到井里去，但是，因为太阳在上面，不论他怎样调整角度，都无法将太阳光反射到井内。

最后，姑妈慈爱地抚摸着柯岩的头说："行了，太阳在上面，镜子怎么摆，光线也只会反射在上面啊，姑妈再捞捞看吧！"

柯岩于是挠挠头败下阵来，但是，突然，他眼睛又一亮，想到了进一步的办法。最后，果然，他成功地将光线反射到了井里，帮姑妈捞出了手表，并且手表还好好的。于是，姑妈十分高兴，直夸柯岩是个爱动脑筋的好孩子。

想一下，柯岩是如何使得光线成功地反射到井里的？

19. 绚丽的彩纸

1901 年，荷兰轮船"塔姆波拉"号因为雾大，在东印度群岛触礁沉没。附近小岛上的土著居民纷纷划船出海打捞东西，其中有一个人因为来得晚，看好东西都被别人捞完了，只好捞了别人不要的一大捆花花绿绿的纸。他觉得这些纸挺绚丽的，可以用来当壁纸装饰他的小屋子。

几个月后，有个外国商人带着许多商品来到岛上做生意。这个打捞了彩纸的人告诉外国商人，他想从他那里得到一些针线，但是他没有钱，想用一些鱼骨交换。商人于是跟着他来到了他的小屋里，一看到小屋墙上的彩纸，商人立刻表示自己不要他的鱼骨了，他只要墙上的这些彩纸就行了。

猜一下，商人为何对这些没用的彩纸感兴趣？

20. 甲乙堂

古时候，四川地区有个皮匠，通过自己的勤劳劳动，盖起了一座气派的新房子。新房将要落成之际，皮匠因为高兴，便想附庸风雅一下，请同村的一个读书人为自己的房子起个名字。读书人于是想了一下，提笔给他写了"甲乙堂"三个字。皮匠也不识字，并不知道这三个字的意思，只是高高兴兴地带着三个字去做了一块匾，将它高高地挂在厅堂的正中。

新屋落成后，亲戚朋友们都前来为皮匠暖房，大家济济一堂，好不热闹。其中也有些识字的，看了这个匾后，感到莫名其妙。一问之下，才知道是那个读书人题的，宾客中也有和读书人相熟的，前去请教他"甲乙堂"的含义。读书人于是解释了一番，宾客一听，恍然大悟，觉得这匾题得朴素而恰当。

你能猜出这"甲乙堂"三个字的意思吗？

21. 加一字

南宋末年，蒙古铁骑在扫除了南宋外围的一系列障碍之后，开始南下灭宋。公元1271年，蒙古族建国，国号为元。1276年，元朝军队攻占南宋都城临安（今杭州），俘虏五岁的宋恭宗，灭南宋。后来，南宋光复势力陆秀夫、文天祥、张世杰等人连续拥立了两个幼小的皇帝（宋端宗、幼主），在广东南崖山建立南宋流亡朝廷。元军对这个流亡朝廷穷追不舍。1279年，在崖山海战中，陆秀夫保护着九岁的小皇帝赵昺拼死与元朝军队战斗，终因寡不敌众而失败。陆秀夫宁死不屈，抱着小皇帝投入大海，在历史上留下了可歌可泣的一页。

可恨的是，当时追杀陆秀夫和小皇帝的正是南宋降将张弘范。这个投敌叛国的败类逼死小皇帝，不仅没有感到惭愧，反而恬不知耻地在当地树起了一块石碑，上刻"张弘范灭宋于此"，意思是以元朝开国功臣留名后世。

崖山的百姓看到这块碑后怒火中烧，要将石碑推倒。但是一位当地的书生却说，不用推倒石碑，只要加上一个字就可以了。

于是，乡民们便按照书生的意见加刻上了一个字，一下子，这个记功碑便成了张弘范的耻辱柱。

你能猜出这个字是如何加的吗？

22. 火灾的原因

美国墨西哥州首府图马尔市郊区的一套别墅突然起火，因为没人在家，周围也没有邻居，火势很快蔓延开，消防员将火灭掉时别墅已经烧毁了大半。消防员寻找了很久，最终才发现了起火的原因。原来，这套别墅的主人是一个大学的物理学教授。在他的一个房间外面的窗台上，这位教授不知什么时候随手放了一面特殊的镜子。这些天，教授带着家人到英国旅行去了。而这个特殊的镜子便导致了这场火灾。

猜想一下，镜子为何会引起火灾呢？

23. 儿说解死结

春秋时期，有个鲁国人前去拜见宋王。他献给宋王两个精致的木匣子，宋王打开后，发现里面只是两个结成死结的麻绳疙瘩。宋王于是很奇怪地问：“先生您这是什么意思呢？”

“回大王，这两个绳疙瘩是我做成的，只有天下最有智慧、最灵敏的人才能把它解开。”鲁国人回答道。

宋王于是将两个绳疙瘩端详了很久，然后又分别摆弄了一会儿，果然无法解开，又让身边的大臣试着去解，也不能解开。于是，宋王便发出告示，在全国寻找能够解开这两个死结的聪明人。最后，许多自以为聪明的人都来试过了，没能解开一个。宋王便觉得很没面子，自己一个国家，竟然找不到这种聪明人。正在一筹莫展之际，有人提醒宋王道：“或许儿说先生能够解开！”大家一听，都表示赞同，儿说是宋国著名学者，才智过人。他曾以“白马非马论”，把那些来自天下的学者辩士都驳得哑口无言，因而受到许多人的敬佩。

于是，宋王派人去请儿说，儿说了解情况后便说：“那好，我就试试吧！”

儿说来到王宫后，花了一会儿工夫便解开了一个死结。可是对于另一个，他左左右右地瞧了很久，最后把绳结交还给宋王的侍从，并说：“还给大王吧，这是一个根本解不开的死结。”

宋王一听感到不是十分明白，于是询问鲁国人是怎么回事。

鲁国人却说：“儿说先生果然聪明，已经将两个绳结都解开了！”

你能猜出鲁国人为何这么说吗？

24. 贾诩劝张绣

三国时期，曹操率军南征，讨伐宛城割据军阀张绣，张绣与刘表结盟抗击。曹操攻打张绣的过程中，因后方有事，突然主动撤兵。张绣一见，便要亲自带兵追击曹操。其谋士贾诩劝阻张绣道："不要去追，如果去追必定要吃败仗。"张绣却认为这是击败曹军的好机会，不肯听从贾诩的建议。结果果然吃了败仗回来了。

张绣吃了败仗回来后，十分懊恼当初没有听从贾诩的建议，当面向其赔礼。但没想到此时贾诩却说道："现在正是追击曹操的好时机！"张绣一听，以为贾诩是在讽刺自己，说道："先前没有采纳您的意见，以至于吃了败仗。如今已经失败了，先生您怎么又让我追击呢？"

贾诩说道："现在来不及细说，此一时彼一时，战斗形势已经发生变化，现在追击，定能取胜！"于是，张绣便听从了贾诩的意见，聚拢败兵再次前去追击。这次果然击败曹军，得胜而归。

张绣回来后，对于贾诩的建议很是迷惑，问道："我第一次用精兵追击曹军，您说肯定会失败；第二次我用败兵去追击刚打了胜仗的曹军，您却断言肯定会胜利。而两次都应验了您的话，这究竟是怎么回事呢？"

贾诩回道："这其实很容易理解。您虽然很善于用兵，但还不是曹操的对手。曹军刚撤退时，他肯定已预料到您会在后面追击，因此曹操必然会亲自在后面压阵，并作了充足的准备。因此我知道，我军虽然精锐，也必然失败。曹操先前进攻到了一半，没有任何缘由地突然撤军了，因此我料想必定是他的后方出了什么紧急的事情。曹操既然已经击退了你的追击，便必然会放下心来，自己轻装快速往回赶，只留下一些部将在后面断后。而这些部将必然不是您的对手，因此我断定您虽用败兵，也能取胜。"张绣听了，十分拜服。

后来，袁绍和曹操在官渡展开激战。袁绍为了孤立曹操，便派人去诱降张绣，希望他能归附自己，同时还给贾诩写信示好。

张绣看袁绍势力强大，便想归附他。但是贾诩却直接对袁绍的使者说："请您回去转告袁绍，不是我们不愿意归附。试想，他们兄弟之间都反目成仇，不能彼此容忍，还如何容纳得了天下豪杰？"张绣一听，也暗自点头，当即对袁绍的使者表示了不愿意归附的意思。使者只好怏怏地回去了。

袁绍的使者走后，张绣问贾诩："我到底应该归附谁呢？"贾诩说道："不如归顺曹操。"张绣于是充满顾虑地问："袁绍的势力比曹操要大得多，同时我又和曹操结了仇，为何要归顺他呢？"

假如你是贾诩，你会说出一些什么理由？

25. 纪晓岚戏改古诗

中国古代曾留下一首《四喜诗》，说的是人生四件特别令人高兴的喜事，这首诗本来是首五言诗，内容是：

久旱逢甘雨，

他乡遇故知。

洞房花烛夜，

金榜题名时。

关于该诗的作者，向来有多种说法，一说是见于南宋诗人洪迈《容斋四笔·得意失意诗》，一说出自《神童诗》，还有野史称是杜甫所做。而到了清朝时，怪才纪晓岚闲来无事，先是觉得该诗太"瘦"，在该诗每句的句首添加了两个字，在体裁上使之成为了一首七绝，在内容上则使这四件事的令人高兴的程度更为加深。而后来，他又在每句诗的结尾做一停顿，然后在后面添加两字作为注解使该诗顿时成了《四悲诗》。

你能否猜出纪晓岚的两种改法各是如何进行的？

26. 令人匪夷所思的广告点子

20世纪80年代，美国的一家黏液生产厂家想要将自己的一种叫做"超级3号胶"的强效黏液打入法国市场。但是，在当时的法国市场，几家本国的强效黏液生产厂家已经牢牢地占据了市场。如何才能打开局面呢？这家美国公司不惜重金请巴黎知名的奥布尔雅和马瑟广告公司为自己设计广告。而这两家广告公司的策划师们绞尽脑汁，最终想到了一个别出心裁的广告点子：在一个人的脚底上滴上了四滴超级3号胶，然后将这个人倒粘在天花板上，总共保持了十秒钟。为证明其真实性，广告公司还专门请来了公证部门进行现场监督，丝毫不假。这个广告在电视上一经播出，便立刻在法国引起了轰动，人们纷纷打来电报、电话求购这种神奇的胶水。仅半年时间，美国厂家就销出去五十万支这种胶水，并在法国市场拥有了一席之地。

而在美国厂家的广告大获成功后，其他的厂商也受到了启发，纷纷效法这种广告手段，并且，还大有"青出于蓝胜于蓝"的势头。其广告创意更吸引人，更令人感到匪夷所思。

你能否猜测一下其他厂商的广告创意?

27. 惊讶的飞行员

二战时期，一个英国飞行员身上曾发生过一次不可思议的事情：一次，他与伙伴一起在离地面很低的地方对德军阵地实施完空袭之后，开始回到高空中，准备撤离。在他的飞机回到两千米高空的时候，他看到窗外离自己右脸很近的地方有个小东西在蠕动，好像是一只小昆虫。于是，他伸手一抓，就将它抓在了手里。但是，当他伸开手仔细一看，吓了一大跳，你猜他抓到了什么?

28. 两个骗子

一天，在法国南部的一个小城里来了两个外乡人，两人投宿在一家旅店。旅馆老板在进行房客登记时询问他们的姓名、职业和居住时间。两个年轻人说："我们两个是来自巴黎的著名生物学家，要在这里住大约五个星期。不过，请你不要告诉任何人，因为我们要在这里做一个非常重要的实验，不想有人打扰。"

旅馆老板于是好奇地问："我能知道那是一项什么实验吗？"

两个外乡人说："不妨告诉你，我们要在你们这个小城市创造一个医学上的奇迹——我们要使死人复活。到时，你们这个小城将名闻天下。"他们一边说，一边拿出了他们之前获得的科学荣誉奖章给旅馆老板看。

很快,店主就将这个惊人的消息给传开了,整个小镇都知道了这件事情。不过，起初人们并不将其当做一回事，而只是当做一个笑话。但是，一个星期后，两个外乡人的古怪举动引起了人们的注意。原来，他们经常在墓地徘徊，尤其经常在一个富商刚刚死去的太太的墓前停留。并且，在墓地里，两个人还经常严肃地交流着什么。

于是，人们对于这两个人的实验开始有点相信了，而小城里也出现了一场前所未有的恐慌。一个月之后，两个外乡人收到了那位富商的一封信，接着，又收到了其他人的信，这其中还有一封来自市长的信。

显然，死人是不可能复活的，这两个外乡人是两个骗子。而在这两个骗子最后离开之际，已经骗到了许多钱，你能猜出这是怎么回事吗?

29. 客人的提醒

赵简子是春秋时期晋国六卿之一，颇有权势。因为他爱好生灵，经常放生，邯郸的百姓每到元旦都要将一些鸟、鱼之类的生灵送到赵简子府上。赵简子则付钱买下这些生灵，然后将其放生。

一年元旦，有个客人在赵简子府上拜访，看到赵简子的这种举动后感到很奇怪，就问："你为何要如此呢？"

赵简子回答说："天地间的万物都是很珍贵的呀，释放这些生灵你不觉得是很好的事情吗？"

客人一听大笑，说了段话，赵简子一听，恍然大悟，取消了元旦放生的事情。你猜这位客人是怎么说的？

30. 白色血液

1966 年的一天，美国科学家克拉克到实验室里准备做实验时，发现有一只老鼠被淹死在了装着含碳氟化合物液体的容器里。他于是将这只倒霉的老鼠给夹了出来，出于科学家的好奇心，他试着将老鼠呼吸道内的液体给排除掉。结果令他惊讶的是，这只老鼠竟然渐渐又苏醒了过来。于是，克拉克来了兴致，他又将一只老鼠放进了这种液体中，并淹死了它。几个小时后，他又将淹"死"的老鼠取出，他将老鼠呼吸道内的液体排除后，老鼠又奇迹般地复活了。于是，克拉克对于这种液体产生了兴趣，他经过研究发现，老鼠之所以能够复活，是因为这种液体内具有很强的溶解生命体呼吸所需要的氧气和呼吸代谢后排出二氧化碳的能力，其溶解氧气和二氧化碳的能力分别是水的二十倍和三倍。科学家的直觉告诉克拉克，这个发现应该具有一定的价值。那么这个价值究竟是什么呢？经过一番思索，他终于将这个发现应用在了医学上。

你能猜出这个发现是如何应用在医学上的吗？

31. 苏格拉底的追问

苏格拉底是古希腊著名的哲学家，这位哲学家不喜欢呆在书斋里研究问题，而是喜欢到热闹的雅典街头发表演说或与人辩论，在这个过程中使自己的思维得到发展，使自己的学问得到提高。而苏格拉底与人辩论的方式也很奇特，往往是他在不停地追问对方，直到对方和他达成一致。

有一天，苏格拉底像往常一样，来到雅典闹市的中心，伺机寻找人辩论。他看到一个过路的年轻人正要从自己身边经过时，他上前一把拉住这个年轻人说道："对不起，先生，我有一个问题搞不明白，想向您请教一下。大家都说我们应该做个有道德的人，可是道德究竟是什么呢？"

年轻人回答说："忠诚老实，不欺骗别人，就是有道德了。"

苏格拉底装作低头想了一会儿，然后又问道："那为什么在战斗中，我们雅典的将领设计欺骗敌人，我们非但不骂他没有道德，反而却称颂他呢？"

年轻人一听，便说："欺骗敌人是符合道德的，只有欺骗自己人才是不道德的。"

苏格拉底又继续问道："那么，当雅典的军队身陷重围之中，将领为了鼓舞士气，欺骗士兵说援军就要到了。于是，大家在这个好消息的鼓舞下，奋力突围了出去。这种欺骗也不道德吗？"

年轻人于是说道："那是在战争中，将领出于无奈才那样做，如果在日常生活中这样做就不符合道德了。"

苏格拉底于是又问道："如果一个老人患了不治之症，医生和家人为了不给其造成心理阴影，使其能够快乐地度过最后的一段日子，从而瞒着他这件事，难道这也是不道德的吗？"

年轻人只好承认："这种欺骗也是符合道德的。"

苏格拉底于是总结道："这么说来，不骗人是道德的，而骗人有时也是道德的。就是说，道德不能用骗不骗人来说明。那么，究竟用什么来说明它呢？您能告诉我吧！"

你能试着回答苏格拉底这个问题吗？

32. "看破红尘"的学生

有一个初中二年级的学生，自以为看破了红尘，认为人世间没有真实可言，人与人之间也只是一种相互利用的利益关系。因此，在他的日常生活中乃至作文中，他都经常流露出要离开学校这个虚伪的地方到社会上独自闯荡的思想。班主任对于这个学生的想法也有所注意，并找他谈过话，但似乎并没能打动他。于是，班主任没辙，干脆不管这件事了，心想他也只是出于一种青春期的叛逆心理，不会有什么过激的举动。

没想到的是，一天下午，这个学生真的出走了。临走前他给班主任留了一封信，在信上他再次阐述了一番自己之前的观点，并在最后祝班主任身体健康，并希望班主任能多送几个学生升学。班主任通过调查得知这个学生的去向后，立即骑上摩托车，追了一天，最终在省城找到了这个学生。但是，这个学生仍旧不愿回学校。鉴于这种情况，班主任一针见血地指出了他的观点的谬误。最终，这个学生承认自己的观点是错误的，乖乖地跟班主任回学校了。

如果你是班主任，你会如何说服这个学生呢？

33. 小孩与大山

有一个小孩子第一次到山里的外婆家去玩，吃过饭后一个人跑到外面去玩。当他看到对面的大山时瞪着很好奇的大眼睛，不知道这个奇怪而巨大的东西是什么，于是他试着和对方打招呼，轻轻地喊了一声："喂！"

结果小孩发现对方也回了一声："喂！"

小孩于是很高兴，便又喊道："你是谁呀？"

对方也同样问了一句："你是谁呀？"

小孩于是回答道："我叫小明，你呢？"没想到对方这次还是回应了同样的话。小孩于是便不高兴了："你怎么老是学我说话？"又是同样的回应。小明这下干脆恼火了："你真讨厌！"对方也同样不客气地回应了同样的话。接着小明便将对方使劲骂了一顿，自然，对方也一点不漏地奉还给了他。

小孩最后感到又气愤又难过，正在这时，一个山里的老人从旁边经过。他正好看到了小孩的举动，于是便对他说了一句话，要小明按照自己的做法去和对方沟通。结果，小明果然和对面大山成了很好的玩伴。想一下，假如你是那个老人，你该对小孩怎么说？这个故事反映了什么样的哲理？

34. 两个高明的画家

古时候，在苏州城里住着两位高明的画家，一个姓黄，一个姓李。两个人的画都十分高妙，受到人们的追捧。但总体来说，似乎人们对李画家的评价要略微高于黄画家。于是，黄画家便觉得很不舒服，终于有一天，他向李画家提出比试画作。李画家无奈，只好接受了比试。

这天，苏州城里的名流和李画家一起来到了黄画家的家中，欣赏他专为此次比试所作的画。黄画家早已等在家中，等所有人都到齐了，他便走到墙边，扯开画布。没想到画面刚一露出来，一条蹲在地上的猫便扑了上去。大家仔细一看，原来是因为黄画家所作的是一幅山水画，在水中有一条鱼正在游动，看上去栩栩如生，猫以为是真鱼，便扑了上去。名流们一看，纷纷对黄画家赞不绝口，对其精湛的技艺表示叹服。黄画家再一看李画家，只见他只是微笑而已。

第二天，又是这一干名流和黄画家一起来到了李画家家中。只见其画同样是挂在墙上，并被一块幕布所挡。李画家客气地请黄画家将幕布揭开，黄画家一听，便走上前去，伸手要揭开幕布。但是，就在那一瞬间，黄画家感到十分惊讶，并惭愧地对李画家说："先生画术高明，小弟甘拜下风！"名流们也一个个赞叹不已。

你猜这是怎么回事？

35. 吹喇叭

有这样一个笑话。

有个人在星期天到朋友家去玩耍，到了下午，他估摸着该回去了，于是问朋友道："现在几点啦？"朋友于是走到窗口，伸出头看了看外面的太阳，便说道："现在是三点十五分。"

这个人奇怪地问："怎么，你没有手表？"

朋友笑着说："太阳就是我的手表。"

这个人惊讶地问："这样判断时间能准确吗？"

"再没有比太阳更准的表了！"

这个人心想，可能看习惯了太阳，也的确没什么问题，但是他又一想，便继续问道："那要是你夜里醒来，想知道时间的话，该怎么办呢？"

没想到朋友回答说："没事的，晚上我有喇叭。"

"喇叭？喇叭如何告诉你时间？"这个人好奇地问。

朋友于是解释了一下，这个笑话便结束了。你能将这个笑话说完整吗？

36. 马克·吐温 "一见钟情"

一天，有个年轻人向美国著名幽默作家马克·吐温请教："您知道这世界上有什么能治疗一见钟情吗？"

"当然有了！"马克·吐温当即回答，"这很简单！"

"那是什么呢？"年轻人问道。

你猜马克·吐温如何回答？

37. 倒霉的乘客

在一辆公共汽车上，一个来自城里的乘客发现与自己邻座的农民的背篓里装着一只甲鱼。出于好奇，他凑到背篓上去观看。没想到该他倒霉，甲鱼突然跃起透过背篓的孔隙咬住了他的鼻子。甲鱼这种东西，一旦咬住了东西，往往是死不松口，并且，它边咬着这位乘客的鼻子，还边将脑袋往鳖壳里缩。这下，这个乘客疼得满头大汗，鼻子也流出了血。但是，车上的人，包括那个背甲鱼的农民，都没有办法使甲鱼松口。无奈之下，公共汽车便只好开进医院。但是医院的医生也没有遇到过这种情况，不知道该怎么办。外科医生提出，可以小心翼翼地将甲鱼弄死。但是，在这个过程中，甲鱼必定要挣扎，会越咬越紧，担心将乘客的鼻子给完全咬下来。

最后，还是一位住院的农民想出了一个办法，将这个问题给解决了。

你能猜出农民的办法是什么吗？

38. 老人与小孩

有这样一个故事。

有个老人在湖边钓鱼，老人的技术很高明，半天下来，他钓的鱼装满了他带来的背篓。而在老人钓鱼的时候，有个小孩一直站在旁边看他钓鱼，半天时间没有离开，也没有乱说话打扰老人。老人一看这小孩又有耐心又懂事，便很喜欢他，说要将自己钓的一篓鱼送给他。

但是，小孩却摇了摇头。

老人奇怪地问："你为什么不要呢？"

小孩回答："因为一篓鱼很快就会被吃完了，之后我就又没有鱼吃了！"

老人便问："那你想要什么呢？"

"我要你的鱼竿，那样等没有鱼了，我就能自己钓鱼了。"小孩答道。

老人一听，觉得小孩真是聪明，于是便高兴地将鱼竿送给了小孩。

这个故事就这么讲完了，其主题显然是夸赞这个小孩的聪明。同时，其隐含的结局便是这个小孩从此一直有鱼吃了。不过，如果仔细想一下的话，会发现这个故事是有漏洞的。可以想象，从此以后，这个小孩未必就真的一直有鱼吃了。

你能指出这个故事的漏洞吗？

39. 阿基米德退敌

阿基米德是古希腊伟大的数学家及科学家，他在物理学、数学、静力学和流体静力学等诸多科学领域都作出了突出贡献。阿基米德之所以受到异常的尊崇，是因为他不仅长于理论，而且还善于将科学理论应用于实践中，被科学界公认为是"理论天才与实验天才合于一人的理想化身"。公元前240年，阿基米德回到自己的出生地——位于地中海的西西里岛上的叙拉古，当了赫农王的顾问，利用自己的科学知识和智慧帮助赫农王解决难题，解决生产实践、军事技术和日常生活中的各种科学技术问题。

在阿基米德担任赫农王的顾问期间，他帮助赫农王解决了许多难题，其中最耳熟能详的便是阿基米德利用浮力原理帮助国王测试王冠是否是纯金的故事。除此之外，阿基米德还发明了许多非常实用的东西。例如，他利用杠杆定律设计制造了举重滑轮、灌地机、扬水机等，给人们的生产生活实践带来了方便和效率。公元前213年，古罗马帝国率军攻打叙拉古，已经七十四岁高龄的阿基米德为保卫祖国，设计出了投石机把敌人打得哭爹喊娘，他还制造了铁爪式起重机，能将敌船提起并倒转。此外，关于阿基米德在这场战争中的作用，还有一个有争议的传说——

据说，在古罗马前来侵略时，叙拉古王国先是派出了海军在海上阻截古罗马军队。但几次海战下来，叙拉古海军败下阵来，于是只好退回城中固守。不过，经过海战的失败后，城中的兵力已经不多了，很难长久固守。于是，赫农王便将希望寄托在阿基米德这位智者身上，询问道："听说您最近叫人做了许多奇怪的大镜子，这里面有什么名堂呢？"

阿基米德指着远处的敌舰说道："古罗马军队的后备物资全都在战船上，只要我们将他们的战船消灭，他们就彻底失败了！而今天中午，就是他们灭亡的时刻，因为有太阳神会帮助我们。"他指着头顶热辣辣的太阳兴奋地说，显然，现在是上午，到了中午，太阳肯定还会更耀眼。

"您不是从来不相信神灵的吗，怎么现在突然信奉起太阳神来了？"赫农王奇怪地问。于是，阿基米德便将自己的主意跟赫农王说了。赫农王一听，有些将信将疑，但是他亲眼目睹过阿基米德之前的发明的威力，便按照阿基米德的部署试一下。

果然，到了中午，太阳正毒辣的时候，阿基米德利用自己的新发明给古罗马军队的船队造成了巨大损失，使得他们以为是太阳神在帮助叙拉古，吓得慌忙撤退了。

你能猜出阿基米德是如何击退古罗马船队的吗？

40. 瓦里特少校计调德军

第二次世界大战期间，德军动用重兵对苏联发动了突然袭击，在很短的时间内占领了苏联大片领土。

1944 年中，随着英美盟军转入战略反攻阶段，苏联红军也开始部署战略反攻。其经过周密的部署，准备发动利沃夫—桑多梅日战役。苏联红军准备在利沃夫方向实施重兵突击，打开一个缺口。但是在当时，德军无论在人员还是装备上，都占有巨大的优势，如果硬打，苏联红军很难取得胜利。因此，苏联高级指挥部经过商讨，认为要想取得该场战役的胜利，便是在别处制造佯攻，将德军的兵力吸引一部分过去。但是，如何吸引德军离开呢？指挥官们想了许多方案，最终都被否决了，眼看进攻的日子马上就要到了，苏军高层很是焦急。

正在无计可施之际，一位名叫瓦里特的少校找到高级指挥官们，主动请缨："我只需要三十名士兵和三十辆汽车，就可以调动敌人的部队！"指挥官们一听，觉得他在吹牛，但是，当认真听了瓦里特的计划之后，便觉得这个办法可以试一下。

于是，在接下来的某天晚上，德军夜间侦察机在斯塔尼斯拉夫地区突然发现，似乎有一支苏联军队在夜间悄悄移动，并立即报告了德军指挥部。德军指挥部十分重视这个情报，要求侦察部门加强侦查，密切关注这支移动的苏联军队，并搞清楚他们的目的。于是，接下来的几天，德军侦察机每天晚上都密集出动，观察这支苏联军队的动向。德军侦察机连续在多处发现了苏军部队的踪迹，尽管这支苏联部队似乎行军很隐蔽，在巧妙地躲避着自己的侦查，但是德军还是找到了他们的蛛丝马迹。最终，德军侦查部门经过一段时间的侦查和分析一致认定：苏联红军正在悄悄地向斯塔尼斯拉夫地区大规模集结兵力，并将这个结论上报了德军高级指挥部。而德军高级指挥部则对该情报进行分析之后，得出结论：苏联红军将会以斯塔尼斯拉夫为进攻的突破口。于是，德军也立即采取应对措施，将德军的一个坦克师和一个步兵师火速调往斯塔尼斯拉夫地区。

而实际上，这一切不过是瓦里特少校利用他的三十个士兵和三十辆汽车布置出来的一个假象罢了。通过瓦里特的计策，苏军成功地将德军的许多兵力调离了利沃夫，为此后苏军打赢利沃夫—桑多梅日战役奠定了基础。

那么你猜，瓦里特少校是怎样利用区区三十个士兵和三十辆汽车制造出这一假象的？

41. 炼金术

从前，在南美洲地区有一个年轻人，一心想要发财。在他的脑海中，最快的发财手段莫过于学会炼金术了。于是他便投入了几年的时间和自己仅有的金钱到炼金实验中。这样折腾了几年，也没有什么成果，而他变得一贫如洗，连饭都吃不起了，靠邻居们的施舍度日。一次，他听一个过路的人说在某山的一个智者会炼金术，于是他又燃起了希望，生磨硬泡地跟人借了一些盘缠便出发了，去向那个智者学习炼金术。

几个月后，他来到了智者面前，诚恳地向其请教炼金术。智者听他讲述完自己的经历之后，便认真地说："的确如人们所传言的那样，我已经学会了炼金术，但是，我一直并未能炼出金子。"

年轻人迷惑地问道："那是为何？"

"因为炼金的材料还不齐。"智者答道。

"那么还差什么呢？"

"现在唯一缺的就是三公斤香蕉叶下的白色绒毛。而这些绒毛必须得是你自己种的香蕉叶上的。如果你能够收集到这个东西，到时我们便一块来炼金。"

其实,我们知道,世界上哪有什么炼金术!但是,在遵照智者的嘱托去做之后,这个年轻人真的得到了许多金子,并因此成了富翁。你猜这是怎么回事?

42. 富翁和乞丐

有个故事大家耳熟能详了:一个富翁在海边的沙滩上惬意地边散步边晒太阳,走着走着看见沙滩上躺着一个乞丐,穿得破破烂烂,也躺在那里在晒太阳。富人一看便来气,走上前去质问乞丐:"你为什么不去干活挣钱,而在这里懒懒地晒太阳?"乞丐懒洋洋地看了一眼富翁,然后问道:"你拼命地挣钱,成了富人是为了什么呢?"富人说:"废话,有了钱就可以自由自在地做许多事情了,比如就像我现在这样,到海边悠闲地度度假,晒晒太阳啊!"乞丐于是笑道:"那你看我现在在干什么呢?"富翁无言以对。

这个故事的立意显然说的是富翁虽然富有,却使得自己整天处于一种忙碌之中,失去了许多生活的悠闲和情趣。看到这个故事,人们也都是惯性地这么理解的。但是,如果进一步思考的话,事情显然没这么简单。不然,也不会人人都追求做富翁,而不愿做乞丐了。显然,富翁是有富翁的好处的。现在,你能从另一个角度来分析一下这个故事吗?

43. 大度的狄仁杰

唐代名臣狄仁杰,在武则天当政时期曾任宰相,长期受到武则天宠信,被其尊称为"国老"。之所以能够获得如此尊崇,正是因为其恪守为政的大道,廉洁奉公,以百姓之心为心;在做人上,则恪守豁达、无争的本性。有一个例子可以很好地说明他恪守大道的本性。

一次,狄仁杰离京到外面出差时,有官员便到武则天面前说狄仁杰的坏话。于是,狄仁杰回京后,一向宠信他的武则天便告诉狄仁杰有人说他坏话,问他想不想知道详细情况。没想到狄仁杰一听,哈哈一笑说了句话,武则天一听一连数天都非常高兴,十分欣赏这位大臣的开阔胸襟和不凡气度。而从这件事我们也可以看出狄仁杰之所以能够长期受到武则天的宠信,靠的并不是投机钻营、逢迎拍马的手段,而是靠的坦荡的为人为臣之道。

那么,你猜狄仁杰当时是如何说的?

44. 梦的两种解法

有一个穷秀才进京赶考，连续两次都没考中，他心有不甘，又第三次进京赶考。这次他住在京城的一家小旅店里。

第一天夜里，他做了个很奇怪的梦，梦见自己在墙上种白菜。第二天夜里他又做了个梦，梦见自己在下雨天戴着斗笠，还打着伞。秀才感到很奇怪，但是因为忙于复习功课就没有多想。谁知第三天晚上，秀才又做了个更离奇的梦，梦见他和自己心爱的表妹脱光了衣服躺在床上，但是却背靠着背。

秀才忧心忡忡，觉得这三个梦似乎预示着什么，于是找了一个算命先生给自己解梦。算命先生一听这三个梦，就摇头叹息说："你还是别考了，赶紧回家吧！你是不可能考中的！你想想，在墙上种菜不是白费力吗？下雨天你戴着斗笠还打伞，这不是多此一举吗？你和你表妹脱光了衣服却背靠着背，这不是没戏吗？你这次考试是不可能有什么结果的，我看你还是趁早回家吧！"

秀才一听，心灰意冷，想到自己前两次落榜的经历，越想越觉得算命先生说得有道理。于是，他沮丧地回到旅店，收拾包袱准备回家。店老板一看，感到非常奇怪，问道："你不是明天才考试吗？怎么今天就要回家了？"秀才便把自己的三个梦和算命先生的解析向店老板说了一遍，店老板听后大笑道："哦，我也会解梦呢，可我的解法和算命先生的解法可是完全不一样啊！"秀才连忙请教，于是店老板又给秀才作了一番完全不同的解释。

秀才听了店老板的话，觉得也很有道理，就决定留下来继续考试。等到揭榜那天一看，秀才竟然中了个探花。

你猜店老板是怎么给秀才解梦的？

45. "赔本" 经营

一条街上有两家电影院，由于市场不太景气，两家电影院的老板都使出浑身解数招揽顾客。路北的电影院刚推出门票八折优惠，路南的电影院就跟着来个五折大酬宾。对于顾客来说，同样情况下当然都愿意去价格便宜的影院，于是，路南的电影院生意兴隆，路北的电影院顾客逐渐减少。路北的电影院的老板当然也不甘心坐以待毙，于是一赌气，干脆将门票打两折。按照当地的消费水平和行业常规，影院门票五折以下其实已经没有利润了。路北的影院打两折的目的是为了把对手彻底挤垮，然后再进行价格垄断。谁知他们刚刚才把顾客拉过来，路南的影院接着就推出了门票一折的优惠活动，并且每人还另送一包瓜子。路北影院的老板经过一番考虑，觉得自己做不了这种赔本生意，便关门了。

自从推出送一包瓜子的活动后，路南的影院顾客纷至沓来，场场爆满，大家都以为路南的影院会恢复竞争之前的价格，没想到的是，这个送瓜子的"赔本生意"却一直坚持下来。并且，半年多的时间过去了，路南影院的老板不仅没有赔钱，反而赚了很多钱，不仅买了奥迪轿车，房子也换成了高档别墅。

猜想一下，这是为什么？

46. 知县的妙答

清朝末年，湖北督抚张之洞与巡抚谭继询两人关系不太好。

有一天，两人在黄鹤楼参加宴会。期间，客人中有个人谈到江面的宽窄问题。谭继询说是五里三分，而张之洞故意说是七里三分，两人各执一词，争论不休，几乎要大打出手。

当时知县陈树屏也在场，他早就听说两位大人不和，知道他们在故意怄气。但是，作为他来说，两边谁也得罪不起，于是他灵机一动，巧妙地说了几句话就解决了两人的纷争，而且谁也没有得罪。

猜猜看，陈树屏说了些什么？

47. 化解孔子的尴尬

有一次，一个年轻的书法家在公园里举行笔会。围观的人越来越多，求字的人也有很多。

突然，一位美国人请书法家给他写一幅字，内容为："孔子曰：'可口可乐好极了！'"书法家很为难，觉得借孔子为可口可乐做广告实在是对圣人的亵渎，可是不写吧，又会让这位美国朋友扫兴，于是犹豫不决。这时，站在旁边的老师鼓励他大胆地写。书法家就写了，写完后，老师又让他在旁边加了一行字，众人看后都不禁称妙。

你知道书法家的老师让他加了什么吗？

48. 变障碍物为宝

希尔顿买下阿斯托里大酒店后，就开始了酒店的装修工作。一天，他到酒店里视察工作，无意中用手指敲了一下放在走廊上的大圆柱。希尔顿发现这几根圆柱都是空心的，根本没有任何支撑作用，只是起到一个装饰作用而已。

看到这几根有点碍眼的圆柱，希尔顿寻思着怎样才能发挥它别的用途。后来，希尔顿果然利用这几根圆柱赚取了不少钱。你能想到希尔顿是怎么利用这些圆柱赚钱的吗？

49. 刘墉拍马屁

刘墉是乾隆皇帝的爱臣，他位居中堂，才思敏捷，能言善辩。乾隆总是不失时机地试探他的才华，并以此为乐。

一次，乾隆去承德避暑山庄，让刘墉陪驾。这天，办完公事，乾隆让刘墉陪同去大佛寺。到了大佛寺，乾隆看见大肚子弥勒佛冲他笑，便有意为难刘墉，说："刘爱卿，你说说弥勒佛为什么冲朕笑？"刘墉回答道："启禀皇上，圣上是文殊菩萨转世，当今的活佛，今天你来这里，所以弥勒佛就笑了。"乾隆听了十分高兴。当刘墉走到弥勒佛面前时，乾隆又转身问道："那佛为什么见了你也笑呢？"

猜猜刘墉是怎么回答的？

50. 神童钟会

三国时，魏国的太傅钟繇有两个儿子，大儿子叫钟毓，小儿子叫钟会，兄弟俩从小就聪明绝顶，闻名一时。但两人的性格却完全不同，钟毓比较憨厚，钟会则比较调皮。

魏文帝偶然听人说起两个小神童，就命钟繇带两个儿子来觐见。

钟毓和钟会都是第一次见皇帝，难免有些紧张。看到大殿上庄严肃穆的气势，钟毓紧张得满面流汗，而钟会则若无其事，一点也不紧张。

魏文帝问钟毓："你为什么出这么多汗呢？"

钟毓回答道："战战惶惶，汗出如浆。"这是实话，也是钟毓当时的感受。

魏文帝又问钟会："你为什么不出汗？"

猜猜钟会是怎么回答的？

51. 聪明的商人

从前有一个商人从外地采购了大量的面粉和蔗糖，由于货物较重，商人决定从水路回去。路上商人想，回去一定可以大赚一笔。可是天有不测风云，人有旦夕祸福，半路上忽然下起了暴雨，而且一连下了七天。当暴风雨过后，商人发现面粉和蔗糖都被淋湿了，蔗糖已经开始融化了，面粉也都成了糊状。看着一船的货物将成为废品，商人心里很难过，但他马上又振作起来，准备给这些"报废"的面粉和蔗糖找一个用途。

后来，商人不仅没有赔钱，还利用这些面粉和蔗糖大赚了一笔。你知道他是怎么做的吗？

52. 洒脱的爱因斯坦

爱因斯坦是 20 世纪最杰出的科学家，他曾被美国《时代周刊》评选为"世纪伟人"。

在爱因斯坦还未成名的时候，有一次，他在大街上碰到一位朋友。朋友看到爱因斯坦的衣服破旧不堪，就对他说："你需要买几件新衣服了，你看你身上的这件衣服实在太旧了。"爱因斯坦坦然一笑，说道："这有什么关系，反正这里也没有人认识我。"

几年后，爱因斯坦成了科学界的大人物，誉满天下。有一天，他又在街上碰到了那个朋友。朋友看见爱因斯坦还穿着那件破旧的大衣，惊讶地问道："你怎么还穿得那么寒酸啊？"

你知道爱因斯坦是怎样回答的吗？

53. 王僧虔妙答皇帝

南齐的王僧虔是晋代大书法家王羲之的四世孙，他的楷书继承祖法而又有所创新，造诣极深，备受时人推崇。

齐太祖萧道成也爱好书法，听到众人夸赞王僧虔，心里很不舒服，想要与他一决高下。这天，皇帝心血来潮，便传圣旨召王僧虔进宫。太祖对王僧虔说："朕听说你的书法是天下第一，特地约你来比试一下。你抬头看一下这个亭子上的匾额，上面有'梅亭'两字。想当年你的先祖王羲之在兰亭写下一序，闻名天下，希望你今天在梅亭能梅开二度！"

王僧虔知道皇帝是故意以梅对兰，侮辱先人，心里很愤怒，但又敢怒不敢言，只得强忍着写了一幅字，太祖也很快写完。写完后，太祖问王僧虔道："你说你我二人的字，谁第一，谁第二？"

王僧虔不愿意贬低自己，辱没先祖的美名，可也不愿意得罪皇帝，落下满门抄斩的结局。你知道他是怎么回答太祖的吗？

54. 聪明的田文

薛公田婴是齐威王的小儿子，曾在齐国为相。他有个儿子叫田文，生在五月五日，田婴认为这个日子不吉利，就要妻子丢掉田文。但田文的母亲不忍心，就偷偷地把田文养大。

一天，田婴看见了田文，就大声呵斥妻子："谁让你把他养大的？"

田文的母亲吓得一句话都不敢说。

田文却据理力争，向父亲叩头后问："父亲大人，您为什么不让养五月五日出生的孩子？"

田婴说："这天出生的孩子，会长到大门那么高，将来对父母不利。"

田文又问："人的命运是由天支配的呢，还是由大门支配的？"

"这……这……"田婴被问住了。

接着，田文又说了一句话，这句话让田婴心服口服。

你知道田文说了什么吗？

55. 剩余的杏子

一位数学老师正在给一年级的小朋友们讲减法。

为了吸引小朋友们的注意，让他们对问题更感兴趣，老师便以杏子为例子提问学生。老师看麦克斯这节课听得特别认真，就把他叫起来问道："麦克斯，你想一想，如果桌子上放着四个杏子，你的姐姐拿走了一个，这时桌子上还剩下几个杏子？"

"几个姐姐，老师？"麦克斯认真地问道。

"不是，你认真听！我把这道题再重复一遍，桌子上放着四个杏子……"老

141

师把题目又重新说了一遍。

"老师，这是不可能的，现在是冬天，没有杏子。"麦克斯依旧很认真地说道。

"麦克斯，我是假设桌子上放着四个杏子，你的姐姐来了拿走了一个………"

"哪个？"

"什么哪个？当然是你姐姐！"

"啊，可是我有两个姐姐，莫尼卡和英格。"麦克斯解释道。

"这是一样的！听好，是一个姐姐拿了一个杏子……"老师很无奈。

"莫尼卡和英格是不会只拿走一个杏子的，她俩总是什么东西都拿完。"

"但是，麦克斯，你爸爸只允许她拿走一个！"老师有点生气了。

"可这是不可能的，老师。"

"为什么？"

"我爸爸出差了，他一个星期后才回来。"

老师发火了："注意，麦克斯！我现在把这道题再重复一遍！如果你再打断，就在座位上站着。桌子上放着三个杏子，不，是四个杏子，你姐姐从中拿走了一个杏子，还剩下几个？"

"没有了！"麦克斯毫不犹豫地回答道。

老师大惑不解，不过，很快她又从麦克斯那里得到了"合理"的解释。

最后，老师无奈地笑了。

你猜这次麦克斯是怎么给老师解释的？

56. 聪明的算命先生

元朝有一名道士，以"神机妙算"著称。有三个书生准备进京赶考，听说了道士的大名，便想去占卜一下吉凶，看这次进京能否考中。他们向道士说明情况后，道士掐指一算，什么也没说，只伸出一根手指。书生们很好奇，问道："这是什么意思啊？"道士说："天机不可泄露，其中玄机日后自有分晓。"

三人不解，忧心忡忡地回去了。三人走后，站在道士旁边的小道童忍不住问师傅是什么意思。道士解释后，小道童豁然开朗，说道："师傅不愧是神机妙算，原来不管他们中还是不中，也不管他们中几个，这个手指都能解释得通。"

你知道这个手指有什么意思吗？

57. 鹦鹉的价格

有个年轻人很喜欢鹦鹉，他决定到市场上去买一只。

有一天，他路过一家奇特的鹦鹉店，就进去看了一下。他发现店里有两只非常漂亮的鹦鹉，一只鹦鹉前面的牌子上写着：此鹦鹉会两种语言，售价二百元。另一只鹦鹉前面的牌子上写着：此鹦鹉会四种语言，售价四百元。买哪只好呢？这两只鹦鹉的羽毛都很鲜亮，都非常可爱。年轻人犹豫起来，转了好几圈都拿不定主意。

这时他发现一只很老很丑的鹦鹉，这只鹦鹉的羽毛散乱而且颜色黯淡，再一看标价，竟然是八百元，比那两只漂亮的鹦鹉还贵。年轻人感到非常奇怪，就把店主叫来询问原因："难道这只鹦鹉会说八种语言？"店主摇了摇头。

为什么这只又老又丑的鹦鹉会那么贵呢？年轻人百思不得其解，直到听了店主的解释才恍然大悟。猜猜看，店主是如何解释的？

58. 靠废物发家

查尔斯·蒂梵尼出身于一个磨坊主家庭，经过多年艰苦的奋斗，他成了一家珠宝店的老板。一天他在报纸上看到一则消息，美国铺设在大西洋底的一根越洋电缆，因为年代久远而破损，需要更换。这本是一条很不引人注意的消息，但它却仿佛是一道亮光划过查尔斯的心。查尔斯立即与有关部门联系，买下这根报废的电缆。当时，大家都笑他傻，认为他简直是疯了，花那么多钱买一件废品。

但是后来出人意料的是，查尔斯因为这根电缆发迹了。你能想到这是怎么回事吗？

59. 李世民救父

唐太宗李世民是中国历史上一位杰出的君王，在他的统治之下，唐王朝达到了极盛。其实，李世民早年便显示出了很高的智慧，在十几岁的时候，他就曾用他的聪明才智把父亲从牢狱之中救了出来。

隋炀帝有一个宠爱的大臣与李渊有矛盾，这个人想方设法地要置李渊于死地。当时，隋炀帝正要兴建宫殿，于是他就顺水推船，提出让李渊在一百天内修建一

143

座规模浩大的宫殿。李渊费尽心机，终于不负圣命，在百日之内修好了宫殿。谁知，这个奸臣又说李渊不可能在这么短的时间内就建成一座宫殿，这个宫殿一定是早就建好的，李渊肯定有谋反之心。

隋炀帝听信了谗言，要将李渊斩首。李世民于是便前去救父亲，他用一个不可辩驳的事实证明了宫殿是新建的，隋炀帝便放了他的父亲。

你知道李世民是如何证明宫殿是新建的吗？

60. 聪明的盲人

在一个炎热的下午，一个盲人去街上买东西。正走着，盲人听到有人在前面叫喊着卖陶罐。盲人家里的陶罐刚好坏掉了，就决定买一个。卖陶罐的告诉盲人黑陶罐十五元一个，白陶罐质量更好，二十元一个。盲人想了想，决定买白陶罐，于是就掏出二十元钱给卖陶罐的。卖陶罐的想，反正他是个瞎子，也看不见颜色，就故意把一个价钱便宜的黑陶罐给了盲人。

盲人接过陶罐，正准备离开，又返身回来摸了摸其他几个陶罐，然后大声叫道："你这个骗子！竟然欺负我这个瞎子，我要的是白陶罐，你却给我黑色的。"卖陶罐的狡辩道："我给你的明明就是白陶罐啊，你怎么能说是黑陶罐呢？"盲人语气坚定地说："别以为我是瞎子看不到，我眼瞎心不瞎。大家都过来看看，评评理，看这到底是黑色的还是白色的？"

人们纷纷都来围观，七嘴八舌地指责卖陶罐的不该这么黑心，卖陶罐的赶紧给盲人换了个白色的。猜猜看，盲人是怎么知道卖陶罐的给他的是黑陶罐呢？

61. 不会说话的主人

有一个人在家设宴招待几个同窗好友，一共请了四位客人。快到中午了，还有一个人没有到，几个人等得都很着急。主人自言自语地说："该来的怎么还不来？"听到这话，有一位客人很不高兴，心想："该来的还不来，那么我是不该来的了？"越想越生气，于是便起身告辞。看到客人走了，主人心里很难过，说道："不该走的却走了。"另一位客人心想："不该走的走了，看来我才是该走的。"于是也起身离去。主人见因自己言语不慎，把客人都气走了，心里十分懊悔，就赶紧辩解。谁知，一解释更糟糕，最后一位客人也被气走了。

猜一下，这次主人说了一句什么话把最后一位客人气走了？

62. 吹牛和尚

从前，一个老和尚把当地寺庙里所有的高僧都请了过来，准备一起探讨佛法。其中，有一个相貌极其丑陋的胖和尚，说自己是"千里眼""顺风耳"，能看见天上的仙人，听到天上的声音。众人半信半疑，觉得这是神仙才能做到的事情。不过，虽然多数人都持怀疑的态度，但大家却没有办法证明胖和尚的话是假话。

后来，一个聪明的小和尚想了一个办法揭穿了胖和尚的谎言。你知道小和尚是怎么做的吗？

63. 毋择自救

魏文侯得到了一只天鹅，就派毋择送去给齐侯。一路上，毋择小心翼翼地照看着天鹅，谁知一不留神，天鹅飞走了。毋择非常害怕，不知怎么办才好。经过一番衡量，他毅然来到齐侯的宫殿，双膝跪地，恭恭敬敬地呈上一只空鸟笼。

"天鹅在哪里呢？"齐侯见是只空鸟笼，非常生气。大臣们都想着毋择一定难逃一劫，不过，出人意料的是毋择不但没有受到惩罚，反而得到了齐侯的赏赐。

毋择到底对齐侯说了些什么呢？

64. 聪明的富商

南宋绍兴十年，临安城发生了火灾，这次火灾蔓延到城中大部分地方，很多房屋店铺都被烧毁。

城中有位姓裴的员外，他苦心经营了大半生的几间当铺和珠宝店，也在瞬间化为乌有。眼看着当铺和珠宝店被烧掉，家里人都哭天抢地的，裴员外却镇定自若，他没有让伙计和奴仆去抢救财物，而是让他们迅速撤离。

大火过后，人们都以为裴员外家从此就落败了，谁也没有想到，裴员外却因为这场大火赚了很多钱，而且这些钱的数目远远大于他之前所有的家产之和。

你能想到裴员外是怎么做的吗？

65. 金丝雀和画眉

夏令营结束了,孩子们决定放飞夏令营期间捉到的 20 只鸟。老师建议说:"把所有的鸟笼摆成一排。从左向右数,每数到 5 的有鸟的笼子,把笼子打开。数到最后那只笼子再从头开始数,你们可以把最后剩下的两只鸟带回家。"

许多孩子并不关心哪两种鸟被带回家,只有尼亚和阿里特别留意一只金丝雀和一只画眉。于是,他们在帮着安排鸟笼子的时候做了些手脚。

那么,应该把装有金丝雀和画眉的笼子放到什么位置呢?

66. 争银子

明朝嘉靖年间,宋清在河北任知县时,曾断过很多案子,被当地的人称为"铁判官"。

有一次,宋清正在县衙办公,有个叫王讳的人跑过来告状,王讳说他是卖蜜饯的,刚才摆渡过河时,被艄公抢走了五十两银子。

宋清问道:"你的银子原来藏在哪里?"

王讳说就放在包袱里,他打开包袱,只见里面果然只有几盒蜜饯。

宋清当即命衙役去渡口捉拿艄公。

不一会儿,艄公带到。他一到堂上就大喊冤枉,说包里的五十两银子是自己多年的积蓄。

王讳和艄公各执一词,到底银子是谁的呢?宋清根据两人的职业,只用了一个简单的办法,便查明了真相,你能猜出他用了什么办法吗?

67. 猜谜

从前有一个姓李的秀才非常有才华,尤其擅于画画,但他屡试不第,五十多岁时,李秀才终于决定放弃科考。李秀才在街上租了一间店铺,每天以卖画卖文为生,街坊邻里经常向李秀才求字求画,店里的生意还不错。

这天,李秀才觉得很有雅兴,就画了一条黑狗,画完后让伙计把画挂在店门外,并在旁边贴了一张说明:"此画为谜语画,猜中此谜者,免费赠送此画。"

这幅画刚一贴出来,街上的人一传十,十传百,很快李秀才的店门口就挤满了人,有看热闹的,还有想猜谜的,大家七嘴八舌,但最终没有一个人猜对这个谜语。

当人群渐渐散去的时候，一个老农走过来认真地观察这幅画，老农沉思了一会儿，什么也没说，取下画就要走。

李秀才问："你是不是要买这幅画？"老农摇了摇头，仍然一语不发。李秀才又问："那你是不是要猜谜？"老农点点头，还是不说话。李秀才问了好几遍，老农还是一句话都不说。这时，李秀才忽然大笑起来，说道："终于有人猜中这个谜语了！"

可是围观的人更困惑了，你能告诉他们谜底是什么吗？

68. 聪明的小达尔文

达尔文是 19 世纪英国著名的生物学家。他小时候很调皮，对大自然有强烈的好奇心，凡事总喜欢问个为什么。

一年春天，小达尔文家的花园里，长满了报春花，它们有白色的和黄色的，在阳光下开放着，漂亮极了。小达尔文跟在爸爸身边，一边帮爸爸整理花草，一边不停地问这问那。

"爸爸，报春花只有白的和黄的吗？"

"是的。"

"要是红的、蓝的、黑的，什么颜色的都有，那该多好啊！"

"那是不可能的。花的颜色是大自然决定的，人是无法改变的。"

可是小达尔文并不放弃，他一心要弄出一束不同颜色的报春花来。

第二天，爸爸在河边钓鱼，小达尔文兴冲冲地跑过来，拿一束红色的报春花给爸爸看。爸爸非常惊奇地睁大眼睛看了又看，觉得这太神奇了，因为不光在自己的花园里，就是整个英国也找不到红色的报春花。

猜猜看，达尔文是怎么弄出红色的报春花的？

69. 三个面试者

某知名企业要招聘一名高级女秘书，因其待遇丰厚，一时应聘者如云。经过一番筛选之后，还剩下贞子、杨子、文子三人，但三人中只能留一个人。三个人都是名牌大学毕业的，不仅漂亮，而且气质优雅，她们的条件不相上下，不知道谁会成为最后的胜利者。

这天早上八点，公司给三个人每人发了一套白色制服和一个黑色公文包，要她们穿上公司的制服，带上公文包，到总经理室参加最后一轮面试。人事部李部长对她们说："总经理是个非常注重仪表的人，而刚才发给你的制服上都有一小块黑色的污点，但当你们出现在总经理面前时，必须是一个着装整洁的人，怎样对付那个小污点，就看你们的了。你们只有十分钟的时间，八点一刻的时候你们必须出现在总经理办公室。"

听完李部长的要求，三个人立即行动起来。

贞子用湿毛巾反复去擦那块污点，结果污点越弄越大。她请求李部长给她再换一套制服，但李部长对她说："这是不行的，我觉得你的考试已经结束了。"贞子伤心地离开了。

与此同时，杨子飞奔到洗手间，她拧开水笼头，用自来水清洗那块污点。很快，污点就没有了，可是制服湿了一大片。于是，杨子迅速打开烘干机。烤了一会儿，她一看表，约定的时间马上到了。于是，杨子赶紧往总经理办公室跑。

杨子赶到总经理办公室门口的时候刚好八点十五，这时，白色制服上的湿润处已经不再那么明显了。杨子推开门，文子已经到了，看到她白色制服上的污渍还是很明显，杨子心里自信了很多，心想，自己一定能比过文子。但出乎意料的是，最后总经理却宣布录用文子。杨子很不理解，听了总经理的解释后，才心悦诚服，你知道总经理是如何解释的吗？

70. 聪明的渔夫

一天，渔夫在海边捕鱼时捕到一条很奇怪的鱼，这条鱼很好看，渔夫从来没见过这种鱼。渔夫想，如果把这条鱼拿到市场上去卖，就算能卖个好价钱，恐怕也得不到多少钱，不如把它献给国王，如果国王喜欢的话，说不定会给我很多赏钱。

主意拿定后，渔夫就把鱼带进宫，献给了国王。国王看到这条既奇怪又美丽的鱼，很喜欢，便下令赏给渔夫两百枚金币。

有个大臣，看到渔夫拿了那么多钱，心里很不高兴，就对国王说："陛下，为这么一条鱼赏给渔夫两百枚金币，这太不值得了！"

"可是，君无戏言，我已经答应给了，就不能不给。你叫我怎么办呢？"国王对大臣说。

大臣想了想，说道："我有个主意，陛下可以问问这个渔夫，看这鱼是公的还是母的。如果他说鱼是母的，您就要说是公的；如果他说是公的，您就要说是母的。无论怎么说，您都可以把账赖掉。"

听完大臣的建议后，国王觉得是个好主意，便召渔夫过来，问他："这条鱼是公的还是母的？"

你知道渔夫是怎么回答的吗？

71. 美国之行

有个年轻人去美国投奔哥哥，可是他不会说英语，哥哥教了他很久，他也只能记住"Yes"和"No"。

这天，哥哥出去上班了，年轻人在家呆着无聊，就决定去街上溜达一圈。年轻人走进一家俱乐部看拳击，拳击运动员用英语问他："你想和我比试一下吗？"年轻人听不懂他说什么，随便回答了一句"Yes"。刚说完，年轻人就被打了几拳。

年轻人回家后把这件事告诉了哥哥，哥哥说他应该回答"No"。

年轻人记住了哥哥的话，当他再次来到那家俱乐部时，拳击运动员又问了个问题，他自信地回答"No"，结果又被打了几拳。

你知道那个拳击运动员问他什么吗？

72. 聪明的狐狸

从前，有一只狮子年纪大了，它的身体越来越虚弱，甚至无法独立捕食。狮子想，怎么说我也是百兽之王，不能把自己饿死吧？于是狮子就让全森林里的野兽都知道它生病的消息，百兽纷纷去探望它。

最先去探望狮子的是羚羊和梅花鹿，但是它们去了之后再也没有回来，接着斑马和野猪去了之后也没有回来。于是大家心里开始犯嘀咕了，但是它们都惧于狮子的权威，还是一个接一个地去探望它。

聪明的狐狸觉得其中大有蹊跷，一直没有去，但它又很想去看个究竟。

这天，天气晴朗，狐狸觉得是个好日子，就决定去探望一下狮子。狐狸站在狮子的洞门前，问道："大王，您的身体好了吧？"

狮子道："狐狸先生，快进来坐坐吧，好久没有看见你了！"

狐狸说："不用了，我还是赶紧走吧！实不相瞒，我是因为看了洞口的脚印而不敢进去看望您的。"

想象一下，狐狸从脚印里看出了什么？

73. 要不要赶走猫

从前，有个农家，家中老鼠泛滥成灾，墙壁上到处是老鼠洞，家具、衣服也都被老鼠咬破，更要命的是家中的粮食也被老鼠糟蹋了很多。

父亲想，猫是老鼠的天敌，如果有一只擅于捕老鼠的猫，鼠患或许可以消除。于是，父亲在外地买到了一只猫，据说，这只猫抓老鼠的本领很强，但它还有一个不好的习惯，就是喜欢吃鸡。

两个月后，家里的老鼠基本上被猫吃完了，可是，鸡也所剩不多了。

儿子对父亲说："猫把家里的鸡吃完了，我们把它赶走吧！"

父亲坚决不同意，并分析了一下其中利弊，儿子听后再也不提把猫赶走的话了。想象一下父亲是怎么分析其中利弊的？

74. 傻瓜的理论

一个四十多岁的中年人在商店里买东西，他看得很入迷，一不小心撞到陈列橱上，把上面的一块玻璃给打碎了。中年人觉得很不好意思，连忙向商店的老板道歉。

商店的老板看到没有伤到人，觉得已经很幸运了，对中年人说："没关系的，一块玻璃而已，没有伤到人就好，走吧，我请你喝一杯去！"于是两个人就像什么事都没发生过似的一块喝酒去了。

一个傻瓜刚好看到了这一切，他想："打碎一块玻璃，顾客就能有酒喝，如果我把商店门前的窗玻璃打碎会怎么样呢？老板会不会也请我喝一杯啊？"于是，傻瓜找了一块石头去砸窗玻璃，店里的员工看到了，赶快过来拉他，但是窗玻璃已经被打碎了。

"你们为什么要拉我，你们老板呢？他怎么还不请我喝酒？"傻瓜挣扎着叫嚷着。

老板听了又好气又好笑，只好忍着怒气给傻瓜解释了原因。如果你是老板，你会怎么跟这个可怜的傻瓜解释？

75. 小和尚的烦恼

在一座山上有一个破旧的寺庙，寺庙里有个小和尚叫慧明，他每天的工作就是打扫寺庙院子里的落叶。这个工作看似简单，但却需要花费很多时间，特别是在秋天，每天都有很多落叶，刚打扫干净又有树叶落下，这让慧明十分苦恼。

有一天，慧明正在打扫落叶时，他的师傅刚好路过，慧明就向师傅请教，怎样才能让自己轻松些。师傅说："明天你在打扫之前先用力摇树，把落叶全都摇下来，后天就可以不用扫落叶了。"慧明一听，觉得师傅的这个主意不错，怎么自己都没想出来呢？

第二天，慧明很早起床，连早饭都没吃就到后院去使劲摇树，直到院子里落了很厚的树叶，慧明觉得落叶差不多落完了，就开始打扫。打扫完后，慧明心里乐滋滋的，心想明天就不用打扫了。谁知到第二天早上，慧明来到院子里一看，不禁惊呆了，院子里像往常一样落满了树叶。

慧明不解，就去请教师傅。师傅对慧明说："我让你这样做是想让你明白一个道理。"你能说出这个道理吗？

76. 小和尚取水

一天，一对僧人师徒经过一片树林，那天烈日当空，特别热，老和尚觉得口渴，就告诉小和尚说："我们不久前曾经过一条小溪，你回去帮我取一些水来吧！"

小和尚回头去找那条小溪，但小溪实在太小了，再加上有一些车子经过，溪水被弄得很脏，水根本不能喝了。

于是小和尚返回来告诉师父："那条小溪里的水已经变得很脏了，我们还是继续往前走吧，我知道前面不远有一条河。"

老和尚说："不，你再回到刚才那条小溪去。"小和尚表面上遵从，但心里不服气，他认为水那么脏，只是浪费时间白跑一趟。

小和尚在去往小溪的路上，心想：为什么水那么脏，师父还要坚持要那里的水，明明我就没错嘛！不行，我要去找师父理论。走了一半路，他又跑回来对师父说："您为什么一定要那个小溪里的水呢？"

老和尚不加解释，语气坚决地说："你再去。"小和尚觉得师父太固执了，但只好遵照他的吩咐。

当他再来到那条小溪边时，却发现那溪水已经又像它原来那么清澈、纯净了。泥沙已经流走了，小和尚挠挠头，笑了。他提着水跑着回到师父身边，对师父说："师父，通过这件事情，我明白了一个道理。"

猜猜看，小和尚明白了一个什么道理。

77. 罗丹的惊骇之举

法国著名的大艺术家罗丹，一生为人们留下了很多珍贵的艺术品。

有一次，为了完成法国大作家巴尔扎克的雕塑，他走访了巴克扎克的家乡，搜集了巴尔扎克大量的照片，阅读了巴尔扎克全部的作品，甚至还亲自找到了一个曾经为巴尔扎克做过衣服的裁缝，了解了巴尔扎克衣服的具体尺寸。罗丹经过无数个日夜的辛勤劳动之后，终于完成了法国大作家巴尔扎克的雕塑。最后一项工作完成时，已经是凌晨四点了，但是他却没有丝毫的睡意。他高兴地欣赏着自己的大作。当自己终于完成了这么一项很庞大的任务之后，看着眼前的逼真的巴尔扎克的塑像的时候，心里是无尽的喜悦。

此时的他特别想和身边的人一起分享完工后的喜悦心情，于是迫不及待地叫醒了自己的一个学生。学生来到塑像面前之后，罗丹目不转睛地看着学生，等待着他对自己作品的评价。那个学生全神贯注地盯着雕塑，很快就被眼前那个粗犷、勇敢并且富有智慧的"巴尔扎克"吸引住了。看了一会儿，眼睛的目光不禁被那双手吸引去了，他情不自禁地赞叹道："多么富有生命力的一双手啊。"

听了这句话之后，罗丹的笑容忽然消失了。他什么都没说，再次叫醒了另一位学生起来，他想听其他人对雕塑的评价。只见这个学生凝视了雕塑片刻之后，目光竟然也落到了那双手上，只听见他赞叹道："只有上帝才能造出这么一双有灵性的手。"

这样的评价让罗丹的脸色忽然阴沉了下去。他急忙叫来第三个学生。谁知道这个学生一样把目光停留在了那双手上，他激动地对罗丹说："老师，那双手，只是那双手就足以让您不朽了。"

这样的夸奖没有让罗丹高兴。听完学生的这些夸奖后，罗丹像是一头被激怒的老虎，在房间里不停地走来走去。时间在那一刻突然变得特别凝重，他的学生不明白为什么老师会有这样的反应，更让他们感到意外的事情是：过了一会儿，罗丹从工作室出来，手里多了一把斧子，只见他对着刚才被夸数次的巴尔扎克的那双手砍去。只听一声"咔嚓"，那双精妙的手瞬间消失，巴克扎克的雕塑也就失去了一双巧夺天工的手。学生们都深深地为那双手感到惋惜，他们对罗丹的做法感到莫名其妙。

当你看到这里，也一定为巴克扎克这么一双精致的手的消失而惋惜，但是罗丹这么做自然也有自己的理由，那么他的理由又是什么呢？你能想出来吗？

78. 老虎和庄稼汉

从前，山上住着一只凶猛的老虎，所有的动物都很害怕它。

有一天，老虎准备下山溜达一圈，路上它看见有个农夫正挥着鞭子驱赶水牛耕田，老虎很纳闷，心想：水牛身高体壮，力气又大，怎么就那么心甘情愿地让那个又瘦又矮的老头儿鞭打呢？于是，老虎趁农夫休息时问水牛。

水牛说："人虽然个子小，但他们聪明、有智慧，我心甘情愿为他们劳动。"老虎不明白"智慧"到底是什么东西，便决定等农夫回来问个究竟。农夫回来之后看到老虎，非常害怕。老虎说："你不用害怕，我虽然有力气，但是却没你有智慧，你还害怕什么呀？不过，你得把你的'智慧'拿来给我看看，如果你拿不出来，我就把你们都吃掉。"

最后，农夫真的把"智慧"拿出来给老虎看了，猜猜农夫是怎么做的？

79. 找"妈妈"

有一个年轻人非常聪明，但是他家里很穷，读不起书，所以就到王爷府里当佣人。

有一年皇帝要为小公主选驸马，王爷府里的二公子也刚好赶上结婚的年龄，王爷很希望二公子能够娶到公主，所以一直忙着给儿子张罗，但是皇帝这次选驸马非常严格，出了各种各样的题目难为大家。

年轻人也听说了这个消息，他暗自嘀咕："机会来了，我这么聪明，那些题目一定难不倒我。"于是年轻人也去报了名，准备参加竞选。

经过两轮的比赛，最后还剩下五个人参加决赛。这次的题目是找出小马的"妈妈"。太监们牵出了一百匹母马和一百匹小马，让选手们找出每匹小马的妈妈。这可难倒了大家，他们都抓耳挠腮，想尽了各种办法。有的人把毛色相同的马凑在一起，有的人试图将栅栏打开放出小马，让小马去找自己的"妈妈"，但这些方法都以失败而告终。最后，只有年轻人成功地找出了小马的"妈妈"。

你知道年轻人是怎么找出小马的"妈妈"的吗？

80. 一个"错误"的故事

每晚临睡前，教授都要给孙子讲个故事，这已经成了一种习惯。但有一次，教授看到了一个名为《三个猎人》的故事，他百思不得其解，怎么也没法讲下去了。

这个故事讲的是：有三个猎人一起去打猎，他们中两个没带枪，一个不会打枪。他们碰到了三只兔子，两只兔子中弹逃走了，一只兔子没中弹，却倒下了。三人提起一只逃走的兔子往前走，来到一个没有门没有窗户，也没屋顶和墙壁的房子跟前，叫出房子的主人，说道："我们要煮一只逃走的兔子，能否借个锅？"

主人说："我有三个锅，两个打碎了，另一个掉了底。"

"太好了！我们正要借掉了底的。"三个猎人高兴地说道。

后来，他们用掉了底的锅，煮熟了逃走的兔子，美美地吃了一顿。

教授思考了很多天，也没有弄明白这个故事究竟说的是什么。他觉得这个故事有着明显的逻辑错误：其一，中了弹的兔子怎么能逃走，没中弹的兔子如何会倒下？其二，既然兔子逃走了，猎人如何能把它提起来煮着吃？其三，没有底的锅怎么能煮熟逃走的兔子呢？一年之后教授突然明白了其中的含义。大家猜一猜这个故事到底有什么寓意呢？

81. 季羡林看行李

又是一年秋天到，北京大学又一个新学期开始了。整个校园在这个秋天因为又多了那么多的新面孔而显得更热闹了。来自全国四面八方的学子都高高兴兴地来到这座全国知名的学府报道，每个人都是无比兴奋。

一个外地的学生急匆匆地背着好几个大包小包走进了校园，一路奔波之后的他实在是太累了，加上自己带了太多的包，于是他就把包放在路边，暂时歇息一会儿。就在这个时候，他看到对面走来了一位老人，老人看起来很慈祥。这个学生就走上前去很有礼貌地问老人："请问，您能不能帮我看一下我的包呢？我是新来的学生，现在要去办入学手续，但是带的包太多了，实在是太累了。"老人听后，笑了笑，他见这个学生确实是带了不少的包，二话没说就答应了学生的这个请求。

就这样，这位学生轻装去办理了所有的入学手续。各种手续办完以后已经是一个多小时以后了。他回到自己放包的地方，那个老人尽职尽责地完成了自己的任务，帮助这位学生看好了包。年轻学生非常高兴地向老人表达了自己的感谢，然后二人各自离开了。

几天以后，北大的开学典礼盛大举行了，新入学的所有学生还有学校的领导和各位老师都如约参加了这次典礼。典礼开始，主持人首先一一介绍在坐的各位领导。在这个时候，年轻学生惊奇地发现，主席台上那位北大副校长季羡林先生竟然就是那天帮助自己看了一个多小时行李的老人。

对于这样的一件事情，如果让你写篇自己的感想，可以有多个立意，你能写出几个呢？

82. 吉尔福特的大胆猜测

美国著名的心理学家吉尔福特教授的专业研究领域是人类心理领域，多年来，他在该领域颇有建树，研究出了很多很有成就的思想和理论，在心理学界有着很高的地位与成就。

有一次，他在英国一所著名的博物馆里面看到了一具四万年前的尼德人的颅骨。经过观察，他了解到这个颅骨是在非洲罗德西亚的布罗肯尼希尔铅矿附近发掘出来的。经过仔细观察，他发现颅骨的左颧骨上面有一个小圆洞，可是奇怪的是它与被长矛、弓箭或者动物的利爪等袭击而留下的裂洞不一样，它的形状更像是玻璃上的弹眼一样，边缘平滑。据此有人推测这个圆洞很有可能是因枪伤留下的。但是四万年前，处于旧石器时代的人类根本不会制造火器，也更不可能是现代人类用手枪朝埋在地下的颅骨射击的，所以那样的猜测是绝对不可能的。

碰巧，吉尔福特教授曾经在俄罗斯科学院的古生物博物馆里面，也看到过一具四万年前一种野牛的颅骨，其额头上也有一些类似枪伤的痕迹。后来经过研究发现，其实这些类似枪伤的圆洞是动物在生前被束状高压气体冲击而形成的，但是当时受到条件的限制，人类根本还没掌握这种技术。

这头野牛在遭"袭击"后未被杀死，因而在"枪伤"的周围还可以看到后来新长出来的颗粒状骨质结构物，形成这种骨质物大约需要一年多的时间。

依据以上的两个材料，吉尔福特教授就提出了一个大胆的猜测，这样的猜测让所有人听到后都非常吃惊，你能想出来教授的猜测是什么吗？

83. 以驴找鞍

唐朝时，在河南省河阳县有一个商人。有一次他去县城赶集，那天的生意非常好，一个上午他就把自己带的商品卖完了，商人在中午时高高兴兴地准备去附近一家小饭馆吃饭。

到了饭馆门口，商人把驮商品的毛驴拴在了外面的树桩上，进饭馆美美地吃了一顿，又喝了一杯茶，然后休息片刻之后，就准备回家了。

酒足饭饱之后的商人走出饭馆后却发现自己的毛驴不见了。自己拴毛驴的那个树桩上面只剩下了半截被割断的缰绳。看到这个场景，商人非常着急，赶紧四处奔走去寻找自己的毛驴。但是，整整找了一个下午，商人一无所获，于是不得不找个旅馆暂时住下，准备第二天继续去找自己的那头毛驴。

第二天，商人一大早就四处去寻找自己的那头毛驴，只可惜找了一天之后依旧一无所获。商人非常着急，却只能干着急。就这样，商人连续找了两天之后，依旧没有找到自己的毛驴。无奈之下，商人就跑到了县衙去报案了，他请求县官能够帮助自己找到毛驴。

河阳县当时的县令名叫张坚，他是一个非常聪明的县官。接到商人的报案之后，就立即命令自己手下的差役去寻找商人的小毛驴。差役接到命令之后四处张贴寻小毛驴的告示，大街小巷全部都是寻找商人小毛驴的告示。告示中严肃警示偷驴的人把小毛驴赶紧送回来，否则找到毛驴之后将对偷毛驴的人进行严惩。

告示贴出的第一天，没有什么动静。第二天，县官张坚命令自己手下的差役加紧张贴告示为商人寻找毛驴。并且，第二天的告示中加上了这么一条："假如再找不到商人的毛驴，就将对附近的人家进行挨户搜查，一定要找出小毛驴的下落。"看到寻找毛驴的风声越来越紧，偷驴的人害怕被抓，便趁晚上没有人的时候悄悄地将毛驴放了出来。

第二天早晨，天才刚刚放亮，商人惊喜地发现了自己的那头小毛驴。他高兴地跑过去牵住自己的小毛驴。但是他发现在好不容易找回来的小毛驴身上缺少了一件东西：毛驴身上的驴鞍竟然不见了。商人心想一定是偷驴的人给藏起来了。

商人把这个消息告诉了两个差役，一个差役听后不耐烦地说："驴都找回来，还在乎鞍干吗？一个驴鞍又不值几个钱！"

"那个鞍又不像驴一样会自己走回来，再说驴鞍那么小，一旦被藏起来之后就很难会被找到。"另一个人差役接着说。

商人看到差役这样满不在乎的样子，心里非常生气。于是，商人又到了县衙，找到了张坚，请求张坚能够帮他找到驴鞍。张坚听后，非常认真地回答商人说："既然找到了毛驴，我就一定会帮你找到驴鞍，放心吧！"这次，差役们都不知道要怎么办才好了。张坚却命令两位差役从现在开始就专心地看住商人的毛驴，并且命令差役一定不许给毛驴喂料。差役们听到吩咐之后虽然不明白张坚要做什么，但是依旧按照张坚的说法去做了。

到了第二天，张坚果然帮商人找到了鞍子，而帮其找到鞍子的正是这头毛驴，想象一下，县令是如何利用毛驴找到鞍子的？

84. 最后一幢房子

从前有个老木匠，忙碌了大半生之后，准备退休了。一天，老木匠去和老板说了自己的想法，说自己想离开建筑行业，回家和妻子儿女共享天伦之乐。

老木匠有着一手非常好的手艺，老板非常舍不得老木匠离开，他再三挽留老木匠，但是因为老木匠决心已定，所以老板只能遗憾地答应老木匠的退休请求。最后老板问老木匠可不可以再建最后一座房子，老木匠答应了。

在老木匠建造最后一座房子的过程中间，大家明显地感觉出来了老木匠的心思已经完全不在工作上了。从选料到用料，老木匠都没有了往日工作的热情，这样状态下做出的活自然也没有了以前的水准。老板把老木匠所有的一切都看在眼里，但是什么都没说。在老木匠把最后一座房子建好准备离开的时候，老板对木匠说了几句话。

老木匠一听，感到既羞愧又后悔，想象一下，老板对老木匠说了什么话？

85. 三个金人

从前，有一个小国为了处理好与邻国之间的关系，特意向邻近的一个大国进贡了三个一模一样的金人。三个小人金光闪闪地出现在大国国王的面前。国王看到后非常高兴。但是此时小国的使臣给国王出了一个难题：三个金人之中，哪个最有价值呢？

因为从表面看起来，三个小人都是一模一样的金光灿烂，很难分辨，国王冥思苦想了好久，依旧没有想到答案。国王于是请来了国内最有名的珠宝鉴定专家，专家们称重量，看做工，用了很多的办法，结果也没有找出问题的答案。国王有些着急了："自己这么大的一个国家，竟然找不到可以解答这个问题的人吗？小国的使臣还在等着我的答案，难道要就此丢脸吗？"

就在国王无计可施之际，有个退位的老臣前来对国王说他有办法解决这个问题。国王高兴地赶紧将这位老臣请到了大殿，让老臣用自己的办法找到最有价值的金人。

退位的老臣不紧不慢地拿着三根稻草来到三个小人面前，只见他不慌不忙地把三根稻草分别插入了三个金人。过了一会儿，只见插进第一个金人嘴里的稻草又从它的耳朵里面掉出来了，插进第二个金人耳朵里的稻草从它的嘴巴里掉了出来。而第三个金人，老臣把稻草插进去之后，稻草则直接掉进了金人的肚子里面，然后什么响动也没有。老人于是走到国王面前说："国王陛下，第三个金人最有价值！"小国的使臣听后也点点头，老臣的答案是正确的。

你能谈谈为何第三个金人最有价值吗？

86. 想不通的船长

从前，有一位驾驶技术非常高超的船长。他年轻时便具有一流的驾驶技术，曾经驾驶着一艘简陋的帆船在台风肆虐的大海中独自漂泊了半个月，最后死里逃生。后来，他有了自己的一艘大船，整天都率领几十名水手驾驶着那艘大船在浩瀚的海洋中航行，经常敢于去别人不敢去的地方探险。因此，渔民们都尊敬地称他为"船王"。

船王有一个儿子，在父亲的熏陶下，从小就学习驾船技术。他也是船王唯一的一个继承人，所以船王对儿子的期望很高，希望他能掌握好驾驶技术，然后继承自己的那条大船。船王的儿子是一个很听话的孩子，学习驾驶技术一直很用心，到了成年的时候，他驾驶帆船的技术在船王看来已经很好了，于是船王就很放心地让儿子一个人驾船出海了。

然而世事难测，船王的儿子在第一次出海的时候竟然出事了，死于路途中的一次台风。那次台风对于渔民来说实在是微不足道的一次，没想到偏偏船王的儿子就出事了。

船王得知这个消息之后，非常伤心，同时又感到很迷惑，他说："我真不明白，他怎么会出事呢？我的驾驶技术这么好，并且一直在悉心教导他，从他懂事开始，我就从最基本的开始教他，告诉他如何对付海中的暗流，如何识别台风前兆，如何采取应急措施。我把我这些年来积累的经验都毫不保留地教给他了，没想到，他却在一个很浅的海域中丧生了。"

大家都对于船王儿子的丧生感到很悲伤，听到船王的哭诉，渔民们纷纷安慰他。这时，有位老人问船王："你一直是手把手地教儿子驾船吗？"

船王回答说："是的，为了让他能得到我的真传，我一直手把手仔细地教他。"

"那么他一直跟着你吗？"老人又问。

"是的，他从来没有离开过我。"

老人说："这样看来，你也有过错啊！"

船王听后深感疑惑。

接下来老人说了一段话，船王听后恍然大悟，你能看出船长错在什么地方吗？

87. 妙计夺城

东汉末年，硝烟弥漫，战争不断。

有一次，曹操带领大军攻打袁谭驻守的南皮城。

袁谭粮草充足，城池坚固，故而选择了守而不战，他认为曹操在断粮之后一定会自动选择放弃的。

曹军所带的粮草不是很多，不能与袁军进行长时间地对峙，正巧袁谭看出了曹军的弱点，就是闭门不出，避免与曹军直接交锋。曹操眼看着自己的粮草就要用尽了，日夜担心，辗转反侧，难以入睡。但是一直也没想出比较好的办法去解决这个难题。

有一天，曹操带着几个将领去巡视各个营寨，顺便鼓舞一下士兵的士气。当他们走到一座高高的台子前的时候，一位将领感慨道："要是我们能有这么高的一座用粮草堆积起来的山，那该有多好啊！那样咱们就能和袁谭耗下去了。"说者无意，听者有心，一旁的曹操陷入了沉思。回去之后，曹操立即想到了一个计策，最后不战而胜。

你能猜出曹操的计策吗？

88. 商场怪招止偷窃

在国外一个大型商场，有一件非常头疼的事情一直困扰着商场经理，那就是——商场中经常会有商品或者顾客的财物被盗。

为此，商场的经理伤透了脑筋，他想出了好多的办法想去解决问题。比如，在商场安装摄像头，增设防盗设备，以便能及时发现小偷的行踪；增设警卫力量，组织一批保安人员每天在商场巡查；增加奖励机制，对于抓到小偷的保安或者是消费者都给予一定金额的现金奖励……但是可惜的是，效果不是那么的理想，商场中商品被盗事件依旧接连不断地发生。

商场经理无奈之下，选择亲自向顾客征询办法。多数顾客想到的办法和经理想到的差不多，但是其中有一个顾客对经理说的办法让经理有点吃惊，同时也很纳闷。他提出的办法是：让经理花钱雇两名小偷来商场偷东西，偷到的东西归小偷所有。经理听后大为惊讶地说："你不是开玩笑吧？"顾客却自信地对经理说："你就按照我说的办法办吧，我保证过不了多久，商场商品被盗的事件就不会再发生了。"

虽然经理有点怀疑，但是依旧按照这个顾客的办法花钱雇来了两位小偷，让他们去商场偷东西。没想到，没过多久，商场中真的就再也没有发生过失窃事件了。

聪明的你能想出来这是为什么吗？

89. 智慧的妻子

东汉时期，在一个叫做扶风的地方，有个叫袁慈阳的人，他的妻子是当地富裕人家马季长的女儿。因为马家在当地是大户，在袁慈阳和妻子结婚的时候，妻子娘家陪嫁的嫁妆特别丰厚，衣食住行各个方面都尽可能让女儿得到满足，当然嫁妆里面最多的就是父母精心为女儿选的衣服、配饰之类女孩子的东西，在父母眼里，女儿每天都应该打扮得漂漂亮亮的。

袁妻因此每天都喜欢精心地打扮自己，每天早晨起床后，她都花费很长的时间梳妆打扮。对于妻子这样的行为，袁慈阳感觉很不舒服，于是打算好好杀杀新婚妻子的威风。

一天，袁慈阳问新婚不久的妻子："你现在已经做了我的媳妇，已为人妇的媳妇每天只需要把家里打理干净整洁就好了，何必每天都这样精心打扮自己？"

妻子听出了这话里的火药味，便耐着性子回答道："父母精心为我选了这么多的嫁妆为我陪嫁，这是他们对我的慈爱，我如果将它们放起来不用，岂不辜负了父母的一番心意？假如夫君你想效仿汉朝的鲍宣、梁鸿那样的高尚情操，然后也想让为妻也像他们的妻子一样，每天只在家操持家务，每天都把做好的饭菜高高地举到眉间伺候你，我也可以那样做。"

袁慈阳一听，顿时语塞。但他不甘心，过了一会儿，他又说道："自古以来弟弟先于哥哥结婚会被世人耻笑，你的姐姐现在都还没出嫁，而你却先于姐姐出嫁了，这样好吗？"

这时候，袁慈阳的妻子回了他一句话，这句话让偷听他们讲话的人都为袁慈阳感到惭愧。你能想出他的妻子是如何回击袁慈阳的吗？

90. 陈细怪改诗

古时候有个人叫陈细怪，自幼喜欢读书，虽然家里贫苦，但是他性格很好。天生幽默的特点让他身边的人在心情不好的时候总喜欢找他聊天。

陈细怪自幼天不怕地不怕，不成想长大后却怕老婆。他的老婆是一个非常厉害的人，每次陈细怪不小心做错了一点小事，回家都要被老婆体罚。

有一天，陈细怪一个不小心又得罪了老婆大人，老婆这次罚他跪在床前，并且这次还附加了一个条件，非要陈细怪做出一首诗才肯让他起来。

陈细怪从小读过不少诗词，所以让他作诗不是一件很困难的事情，但是此时的他既害怕严厉的老婆，又想偷懒，于是他想起了这么一个点子，临时改诗。他想起的是《千家诗·春日偶成》，原诗是这么写的：

云淡风轻近午天，傍花随柳过前川。

时人不识余心乐，将谓偷闲学少年。

当陈细怪跪在地上把这首诗改完之后，他的老婆看完后感觉既好气又好笑，一下子气全消了，让他起来了。

你猜陈细怪是如何改诗的？

91. 小孩难住铁拐李

八仙过海的故事相信你肯定听说过，今天的这个小故事讲的就是八仙中的其中一仙被一个小孩子难倒的故事。

八仙中的铁拐李总喜欢背着他的那个宝葫芦云游四海。一次，他来到了峨眉山，峨眉山风景秀丽，铁拐李玩得不亦乐乎。他在山上逛的时候，遇到了一个小孩，小孩对铁拐李身上背的那个宝葫芦非常感兴趣，他好奇地问铁拐李："你的葫芦里面装的是什么东西呢？"

铁拐李非常自豪地对小孩说："小孩，我这宝葫芦里面全是好东西啊，灵丹妙药，包治百病，一般人我可不给的。"说完哈哈大笑。

谁知那小孩异常淘气，听后很不以为然地回了一句："既然这样，那你怎么不先把你自己的瘸腿治好呢？"

这样的一句话让铁拐李顿时憋得满脸通红，感觉很没面子，于是他非常生气地对那小孩子说："小小年纪，竟然如此无礼！快告诉我你姓什么，几岁了！"

哪里知道这个小孩子不是一般的淘气，他没有老实回答铁拐李的问题，而是给他出了一个谜题："我的姓刚好就是我的年纪，我的年纪加起来就是我的姓。"

铁拐李听后一下子被难住了，心想眼前的这个小孩子一定不是个简单的角色，于是赶紧腾云驾雾离开了。

铁拐李回去后就和吕洞宾说了这件事情，吕洞宾听完小孩的谜题后马上给出了答案。铁拐李顿时恍然大悟，更觉得不好意思。

你能猜出这个小孩的年纪和姓吗？

92. 带"女"旁的"好字"和"坏字"

相传在很早的时候，世界上每种东西都有一个人在掌管着。在那个时候，掌管造字的是一位男子。这个男子一生都不喜欢女子，他自己觉得天下许多事都坏在了女人身上，所以在他造字的时候，特别运用形声法则，将一些贬义词都与女人联系了起来。

比如"心胸狭隘，乃女人通病也！"想到此，他便信手将"女"字旁和"疾"合在了一起，于是就有了这个"嫉"字；"大凡私情越轨之事，十有八九为女人所为也！"这样，他又一次造出来一个以"女"字为偏旁的"奸"字。接着，他又接着造出了"婢""嬷"等一系列的带"女"字旁的"坏字"。

后来，这个男子由于种种原因，不再掌管造字这项工作了，接任他工作的是一位女才子，她不仅博学而且多才。当他看到男人所造的"嫉""奸"等字之后，非常生气，决心要为天下所有的女子正名，于是她就用"女"字作为偏旁造出了一系列褒义字："少女，妙也"，通过这句话，她造出了一个"妙"字；"姿美者，女人也"，于是她又造出"妩""媚"等歌颂女子的一系列字。

据说以"女"字为形声旁的字，不管是好还是坏，就这样地被造出来了。那么你能举出五个以"女"字为形旁，表示褒义和贬义的形声字吗？

93. "加法"创造法

在创造技法中，通过对事物的增添扩充，往往能使其性能更加完备，使其功用更具特色。

比如我们常见的铅笔、橡皮，这两件是我们生活中很普通的两件东西，它们原本是分开的两件东西，但是美国人威廉用自己的聪明才智将这两个东西圆满地加在了一起，发明了橡皮头铅笔。

在我国的某个小城市，有一家铝制品工厂。针对水壶倒开水的时候容易掉盖子烫伤人的这个缺点，他们在水壶盖子的后部增设了一个小挡片，这样一来，就解决了壶盖容易烫伤人的问题，人们以后再倒开水的时候就不用害怕翻盖烫人了。

类似的故事还有许多，总之，一个看似简单的举动，在现实生活中往往会给人们带来很大的方便，进而带动产品销售量的猛增。所以这种加法创造法不管是在工作中还是在生活中都是非常值得提倡的。

那么你是否也能在我们的日常生活中,用自己的智慧找到这样类似的"加法"创造出来的产品呢?你还能列出几种这样的日常用品吗?

94. 辨别灰姑娘

灰姑娘与王子的故事是个众所周知的美丽爱情故事。在这个故事中,只是讲到王子通过灰姑娘留下的一只水晶鞋找了灰姑娘,但是对于找的细节,并没有讲,下面我们来讲讲这个细节。

话说舞会的那天晚上,匆忙之中,灰姑娘留下了自己的一只水晶鞋就走了。王子很是想念,于是在舞会结束之后,他就赶紧带着灰姑娘留下的那只水晶鞋到处寻找。他很想早点见到自己心爱的那个美丽善良的灰姑娘。

经过一番寻找之后,王子最后找到了三个看起来很像灰姑娘的女孩子。王子对他们说:"请你们试穿一下这只水晶鞋,我要找到那个穿这只鞋子最合适的人做我的新娘。"

三个姑娘听后同时伸出了自己的一只脚准备试穿那只水晶鞋,但是王子还没有真正让她们试穿,就在她们同时伸脚的一瞬间就立刻判断出来了谁是真正的灰姑娘,你能猜出来这是为什么吗?

95. 穷人的笑话

从前,阿拉伯有一位国王,脾气十分暴躁。一天,国王处理完几件不顺心的事情之后,心情益发烦躁不安,于是他就下了一道命令:"寡人现在整天都不开心,因此现在全国征集讲笑话的高手。如果谁能讲一个笑话,逗得国王哈哈大笑,那么这个人就能获得一百两黄金;但是,假若笑话不能逗笑国王的话,就要'享受'一百大板的惩罚。"

听到这个命令,很多老百姓都经受不住这一百两黄金的诱惑,纷纷勇敢地到国王那里讲笑话。可令人遗憾的是,这些笑话中竟然没有一个能让国王发笑的,这些想得到金子的人不仅什么都没得到,反而每个人都挨了一百大板。

正当所有的大臣为这件事发愁的时候,有一个名叫伊美扎尔德的人主动要求进宫为国王讲笑话。伊美扎尔德十分聪明伶俐,却是个贫民,那时候普通老百姓是不能随便进宫的。不过伊美扎尔德运气很好，他碰到了一位朝廷大臣马吉德提克里特，这是一位喜欢贪小便宜的大臣。马吉德提克里特就跟伊美扎尔德商量："我把你领进宫很容易，但是你怎么样也得感谢我吧！作为报酬，你得把你得到的赏赐分一半给我。"

伊美扎尔德满口答应了马吉德提克里特。于是他就顺利地见到了国王。

但是令伊美扎尔德无奈的是，无论他讲的笑话有多好笑，配合他笑话的那些肢体动作与表情有多丰富，国王身边的人都忍不住笑了，但国王就是根本不为所动。不仅不笑，国王反而表现出一副不耐烦的表情。最后，就在伊美扎尔德准备讲下一个笑话的时候，国王再也忍受不了了，他拍案而起，大声命令侍从把伊美扎尔德抓起来，要重重地打他一百大板。

但是，当打到五十大板的时候，伊美扎尔德突然大喊一声："住手。别打了，我有重要的事情要跟国王您讲。"

国王很疑惑，命令侍从停了下来，让伊美扎尔德说出他的理由。伊美扎尔德于是讲了几句话，国王听后，突然哈哈大笑起来，还高兴地奖励了伊美扎尔德一百两金子。

你知道伊美扎尔德跟国王讲了什么吗？

96. 聪明的砖瓦工

1945 年 9 月，第二次世界大战终于结束了。在这次战争中，美国是最大的受益国，战后美国的经济超过了英法等欧洲国家，处于蓬勃发展的态势，特别是建筑业发展迅速。因为战争的原因，无数的房屋、楼宇被摧毁。而建筑业的发展急需砖瓦工，于是，大量的招聘职位都是提供给砖瓦工的，而且待遇与以前相比大幅提高。

急需砖瓦工的消息迅速传遍了美国各个城市的大街小巷，一夜之间，这个看似最不起眼的职业成了美国最吃香的职业。

由于乡下的消息没有城里那么灵通，过了一个月之后，这个消息才被一个乡下的小伙子知道。他以前曾经做过砖瓦工，有丰富的经验，如果他去城里找工作，应该能应聘到薪水不错的岗位。于是，他决定离开乡村去城里找工作。在简单地收拾了行李之后，他就乘着汽车去城里了。

经过了长途跋涉，他终于来到了城里。他发现到处张贴的都是招聘砖瓦工的广告，铺天盖地，这么多的需求超出了他的想象。他想：原来需要这么多的砖瓦工啊！但是，在美国会有这么多人会这个行业吗？肯定没有。既然需求这么多，供给这么少，那么那些公司很可能找不到合适的人选。而且，肯定有很多人想从事这个行业，只是没有技术。突然一个念头出现在他的脑海中，他马上决定不再找工作了，而是在城里租了一个门面，做起了另一种营生。结果，他很快发了大财，成为了一个大富翁。

想一下，他租的店面是用来干什么的？

97. 地质学家

美国有一个地质学家叫伍德沃德。1949 年，为了考察，他去了赞比亚。

在西部的一座高原上，他发现了一种很奇怪的小草。这种小草所开的花是紫色的，而且叶子比较茂盛。小草吸引了伍德沃德的注意，更让他觉得吃惊的是，周围的小草看起来好像没什么差别，都是这种颜色。经过仔细观察后，他又发现这些小草开的花的颜色不是紫色，而更像是红色。伍德沃德是一个好奇心很重的人，他把这两种小草和一些土壤都带回了实验室。

回来之后他把这些交给植物学家，想弄清楚到底是怎么回事。经过研究发现，这种小草名叫和氏罗勒，其之所以长出与众不同的花色，是因为它们体内含有丰富的铜元素。铜元素越多，草就越茂盛，花的颜色也更浓。所以，可以肯定的是，这种小草非常喜欢铜。

之后，伍德沃德再次来到了赞比亚的那个高原。你知道他为什么要回来吗？

98. 哥伦布巧借粮

1492 年，意大利航海家哥伦布在西班牙女王的支持下，率领一支西班牙船队开始探索通往东方的新航路。但是，在出海第二年，哥伦布一行的船队在大西洋上遭到了飓风的袭击，大部分船只损毁，只幸存了几只。哥伦布一行乘坐着幸存的几只小船漂泊到了牙买加岛一个偏僻的港口。因为大部分物资已经损失掉，船队没有了粮食，于是便向当地的印第安人求助。但是，这里的居民曾经遭到过西班牙海盗的洗劫，因此痛恨西班牙人，无论哥伦布如何解释，提出如何的交换条件，他们都拒绝为哥伦布一行提供粮食。

眼看着大家就要挨饿，哥伦布感到又焦急又无奈，他在船长室里随意地翻着一本天文历书。突然，他看到明天晚上将会有月食，他眼睛一亮，想到了一个主意。于是，凭借这个主意，他顺利地从印第安人那里得到了粮食。

你猜哥伦布的主意是什么？

99. 独到的商业眼光

20世纪70年代，有个名叫西格弗里德的奥地利青年，在女儿出生三个月后，深切地体会到了婴儿所带来的麻烦。同时，西格弗里德通过与朋友们的接触了解到，许多年轻的父母都有相同的苦恼。婴儿到来后，原本甜蜜的二人世界往往会被搅得一塌糊涂。经常发生这样的情况，在周末的晚上，夫妻两人本来做了一系列的准备，想要度过一个温馨浪漫的夜晚，可是婴儿的哭闹声使得浪漫的情调频频被打断。并且，许多年轻夫妇因为这个原因干脆不敢要孩子。了解到这些情况后，一向爱动脑筋的西格弗里德突然感到自己看到了一个绝妙的商机。于是，他便将自己的想法告诉了自己的朋友。但是，朋友们都觉得他的想法是异想天开，根本不会有盈利的。尽管如此，敢想敢做的西格弗里德还是勇敢地按照自己的想法去实现了自己的商业构想。结果，西格弗里德的想法大获成功，很快发了大财。

你猜西格弗里德的商业构想是什么？

100. 小旋转，大思维

在我们日常的生活中，假如你够细心，那么会发现很多事情值得我们认真仔细地去研究。对于旋转这样的现象就能启发我们的思维围绕着旋转展开。

美国麻省理工学院机械工程系主任谢皮罗就在一次洗澡中发现了一个很有意思的现象：每次洗完澡把水放掉的时候，水总是按着逆时针的方向旋转。这一个奇怪的现象引起了谢皮罗的极大兴趣，这里面到底隐藏着什么秘密呢？他决定要好好地研究一下。

为了弄清楚这个现象背后的原因，谢皮罗开始了自己特制的操作实验。他亲自设计了一个底部有孔的蝶形容器。实验开始，他先用塞子堵上了漏孔，然后把那个容器灌满了水，再把塞子拿出来，让容器中的水流出来。他一遍遍地重复演示着这个实验，他注意到，每当拔掉碟底的塞子的时候，容器中的水总是会自然地形成逆时针的漩涡。于是他得到一个结论：每次洗完澡之后放洗澡水的时候水自然向左旋转并非是一个偶然的现象，而是一个很有规律的现象。那么，这背后的原因是什么呢？

谢皮罗经过长期不懈地实验和研究，终于揭开了这个现象的秘密。针对这个现象，他写了一篇论文。在论文中指出：水流的漩涡方向是一种很自然的物理现象，它的旋转方向与地球的自转有关。假如地球停止自转的话，那么拔掉塞子的话，水流将不会有漩涡现象产生。众所周知，地球是自西向东自传，而美国处于北半球，地球自转产生的惯性促使洗澡水放掉的时候会逆时针旋转。

在谢皮罗的论文中他还由这个现象得出了另外一个结论：北半球的台风都是逆时针方向旋转的。台风旋转的方向一样是和地球自转有关。

论文发表之后，在科学界引起了很大的轰动。科学家们对此现象都产生了极大的兴趣，他们也纷纷进行研究，结果证明谢皮罗教授得出的这个结论是完全正确的。谢皮罗用自己的细心发现与勤奋钻研得出这样一个很有价值的结论。

生活中小小的旋转现象，最终却得出了一个大结论，并对以后的科学研究产生了很大的影响。这个故事提醒我们，面对司空见惯的事情，我们要善于打破惯性思维，没准便能有重大发现！

那么，现在来问你一下，假如你在中国重庆，水怎么旋转？在赤道呢？

101. 巧用狒狒找水

在非洲南部高原的得卡拉哈里盆地边缘的草原地带，因为当地气候的原因，降水量少，水源不是特别丰富。特别是每当到了干旱的季节，当地降水出奇地少，居民们的生活因为缺水而大受影响。没有充足的水，生活变得极为艰难。

如何才能找到水源呢？当地人发现了一个现象，许多动物在天气干旱时会因为缺水而搬家，但是狒狒却并不因为缺水而搬家。居民们于是作了这样一个推理：动物因为缺水而搬家——狒狒并不搬家——既然不搬家，说明狒狒不缺水——不缺水说明狒狒能找到水——说明有水源，那么水源在哪里呢？

居民们按照这个思路，琢磨着这个问题——能不能利用狒狒来找水呢？那么该如何利用呢？

最终，居民们还真想到了办法，你能想出来居民们是如何利用狒狒找到水源的吗？

102. 电熨斗的改进

日本松下电器公司是一家非常著名的生产电器类产品的公司。其中，他们的熨斗事业部在电熨斗生产领域极具权威性。

20 世纪 80 年代，电器市场开始高度饱和，电熨斗在这个时候也不可避免地面临着滞销的命运。熨斗事业部的科研人员急需研制一种功能更好的熨斗来打开市场。

熨斗事业部部长名字叫岩见宪，人称他为"熨斗博士"，他在熨斗的改革方面拥有非常出色的成就。一天，他把几十名不同年龄的家庭主妇请到公司，想让她们对"松下"所生产的电熨斗提出自己的意见和建议。他想通过这种方式改进现有的熨斗生产技术。

在会上，很多家庭主妇提出了自己的想法与意见，其中一个主妇的突发奇想引起了很多人的注意，她说："假如电熨斗能够无线使用那样就会方便多了。"

"这个想法太妙了！无线熨斗，这个主意好！"岩见宪听完这位主妇的提议，非常高兴。于是事业部马上成立了专门的攻关小组，专门研究这项技术。

一开始，他们采用的办法是用蓄电的办法取代电线。这样的办法实施以后，做出来的熨斗达到了五公斤重，使用起来非常笨重。为了克服这个难题，攻关组把家庭主妇熨烫衣服的画面特意拍成了录像片，科研人员通过看录像逐步分析她们动作上的规律。经过几天的研究，他们发现：主妇们并不是一直拿着熨斗在熨衣物，而是会经常把熨斗竖起来放在一边，等调整好衣物的位置之后再开始熨衣物。攻关小组受此启发，修改了蓄电的方法，不久之后，最新的无线熨斗便亮相了。这款产品也成为日本当年最畅销的电器产品之一。

你知道，攻关小组修改的蓄电方案是什么吗？

103. 偷懒偷出的创新

吉雅朗是美国一家公司的打字员，他每天的工作就是将收信人的姓名和地址分别打在信封和信纸上。这样的工作他已经干了十几年了，这样单调、乏味的重复劳动令他感到不胜其烦。每当他坐在办公桌前，看到眼前的一堆又一堆的小山似的信纸和信封，他就想，要是能够偷一些懒就好了，这样的话我就可以将节省下来的时间用于一些我感兴趣的事情或者干脆用来休息。于是，他总是试图想出各种办法来减轻自己的工作，但最终还是不能大量地减少自己的劳动量。终于有一天，他在给信纸上打姓名和地址之后，接下来又要往信封上重复打一遍的时候，他突然灵光一闪，想到了一个将工作量一举减半的"偷懒"办法。并且，他的这个"偷懒"办法得到了普遍的推广。

104. 燕子去了哪里

在 18 世纪的瑞士北部城市巴塞尔，有一个美丽的故事。

在这个城市中有一个年轻的补鞋匠，他在街角搭起了一个简易的棚子，以为来往的人们补鞋为生。这个年轻人因为穷困，也没有姑娘愿意和他交往，但是这个年轻人一直很乐观。在他的棚子下面不知什么时候搬来了一个燕巢，有一只燕子栖息其中，年轻人和这只燕子便成了很好的朋友。他每天自顾做自己的生意，而燕子则飞进飞出地忙活自己的事情。但是，一到秋天，这只燕子便要离开这个鞋匠的棚子，到暖和的地方去过冬。直到明年春天，它才会准时回来。

每到秋冬季节的几个月里，补鞋匠便没有了燕子的陪伴，觉得有些孤单，因此他很想知道燕子到底在这几个月里去了哪里。于是，有一天，他前去请教了住在附近经常来找他补鞋的一个知识渊博的老学者。

老学者听了他的问题后说道："关于这个问题，你其实不是第一个好奇者。早在两千一百年前，古希腊哲学家亚里士多德就思考过这个问题，他最后得出一个结论，认为家燕是在沼泽地带的冰下过冬的。因此许多年来人们都将他的这个结论当做真理。但是，就在前些年，有个名叫布丰的学者，他曾经专门捉了五只燕子放到冰窖里，结果它们全冻死了。因此现在人们对亚里士多德的结论又产生了怀疑。"

补鞋匠也根本不大知道亚里士多德是何许人也，更别提什么布丰了，他于是有些不耐烦地问道："老先生，您说的这些人我都不认识，我只想您告诉我，燕子到底在哪儿过冬？"

老学者一听只好耸耸肩，对鞋匠说道："关于这个问题，我只能回答你四个字——去向不明！"

补鞋匠只好离开学者的家。他回来后，还是不停地琢磨这个问题，越琢磨他就越想知道答案。最后，他忽然想道：燕子既然每年都会准时回来，那么它每年去的地方应该是固定的吧！ 会不会燕子在那边也同样有一个像我这样的朋友呢？ 于是，他灵机一动，想到了一个主意。通过这个主意，他果然得到了他问题的答案。

你能猜出补鞋匠是如何得到自己问题的答案的吗？

105. 美洲为何没有发明车轮

自从 15 世纪末哥伦布发现了美洲之后，欧洲人便展开了对于美洲的探索。一些欧洲专家经过研究总结之后，发现一个奇怪的现象，即在美洲大陆，玛雅人、阿兹台人和托尔克人等都有不少的发明，但他们最终却没有发明车轮。要知道，因为车轮这个东西，简单而对人们作用巨大，因此几乎世界各地都发明了车轮。对于这个奇怪的现象，专家们给出了多种解释：

第一种，在哥伦布发现新大陆之后，一些前去美洲探险的西班牙人才将马带到了美洲大陆，而在此之前因为没有拉车的牲畜，所以车对人们用处不大，所以才没有出现车轮；

第二种，因为美洲的地面崎岖不平，人们更喜欢借河流运输和人力搬运。

……

但是这些观点都显得有些勉强，缺乏充分的说服力。后来，英国剑桥大学的德·波诺教授从一个新颖的角度，提出了一个不寻常的见解，此见解也得到了不少人的认同。

你能否猜出德·波诺教授的见解是什么？

106. 巧运物资到前线

在二战时期，苏德之间展开了具有重要战略意义的斯大林格勒战役。在战争期间，德军为了这场战役的胜利，每天出动大量的轰炸机，在连接斯大林格勒和内地的铁路沿线上空，不间断地进行狂轰滥炸，妄图切断苏军的交通运输线。如此一来，斯大林格勒附近进出站的火车都被迫全部滞留在站内，而前线则因为接不到急需的物资而十分吃紧。

战争中，时间就是生命，苏军高级指挥部面对这种情况心急如焚，他们不断加强防空炮火的力量，但一直收效甚微。

后来，一名名叫拉宾的负责在车站调控军方车辆的苏联军官，对德军的轰炸规律进行了分析。他通过总结发现，德军每次轰炸的目标总是很明确，他们并不轰炸开往内地的列车，而只是轰炸开往前线的列车。而因为飞机的飞行速度比火车快得多，通过速度无法判断火车的前进方向。因此，德军判断列车是否开往前线的方法是根据列车机头的位置。

于是，这位苏联军官想到了一个简单而十分有效的办法，使得斯大林格勒的火车顺利地开往了前线。你猜，这位苏联军官的办法是什么？

107. 小孩难孔子

我们知道，孔夫子学问很高，很多有学问的人都拜在他的门下。尤其在他带领弟子周游列国期间，因为在各地讲学，宣扬儒家思想，其更是获得了很高的声誉。不过，一天，孔子周游到燕国时，却被一个小孩子难住了。

这天，孔子刚进燕国都城的城门不多远，就有一位看上去十分聪明伶俐的少年拦住马车说："我叫项橐，听说孔老先生很有学问，因此特来拦路求教。"

孔夫子一见是一位小孩拦住去路，心里松了口气，觉得小孩子的问题应该不是太难，于是就笑着对小孩说："小孩儿，你遇到什么难题啦？说来听听吧。"

项橐于是问道："敢问孔老先生：什么水里没有鱼？什么火里没有烟？什么树上没有叶？什么花儿没有枝？"

孔夫子听后沉吟片刻，然后随口说道："你提的问题太简单了，让我来告诉你吧。按照常理来说，江河湖海，什么水里都有鱼呀；不管柴草灯烛，什么火都是有烟的；至于植物，没有叶根本不能长成树，没有枝很难开花的。"

一听到孔子的这个回答，项橐就晃着脑袋直喊："你说得不对！"接着高声说出了四样东西。

孔夫子听到孩子说出的答案，仔细一品，确实都在理，于是就对项橐说道："后生可畏啊，老夫拜你为师！"

聪明的你知道项橐说的是哪四样东西吗？

108. 巧妙的字谜

北宋时，著名诗人、"唐宋八大家"之一的文学家苏东坡的一大家人都十分有才华，因此，其日常生活中也处处充满着诗情画意与智力比拼。

有一次，苏轼到妹婿秦观家里做客。苏小妹见哥哥来了，十分高兴，她和丈夫秦观大摆酒席，在席上频频举杯祝酒，热情招待苏轼。

诗人喝酒，自然少不了吟诗，这不，秦观在给大舅子苏轼祝酒时便来了兴致，顺口吟出一首绝句，同时，这首绝句也是一则字谜："我有一物生得巧，半边鳞甲半边毛，半边离水难活命，半边入水命难保。"

苏轼一听，觉得这首诗做得妙极了，他也想用一首诗来回敬自己的妹夫，可是想了半天却对不出工整的诗句。饭后，秦观陪苏轼准备到书房小憩片刻，苏轼一走到书房，忽然，灵感来了，于是他提起笔来，随手也写了一个隐藏字谜的诗句："我有一物分两旁，一旁好吃一旁香，一旁眉山去吃草，一旁岷江把身藏。"

写毕，秦观拍手道："妙！真是太妙了！"

苏小妹听到了两人的应和声，便好奇地跑进书房，说："你们说什么东西如此之妙？"俯身看罢，文思敏捷的苏小妹也不甘示弱，她也脱口而出："我有一物长得奇，半身生双翅，半身长四蹄，长蹄的跑不快，长翅的飞不好。"

一听苏小妹说完，苏轼、秦观异口同声地说："妙极了！妙极了！"

其实，他们三个人说的是同一个字谜，请大家猜猜，这字谜的谜底是什么呢？

109. 猜字谜

唐朝开元、天宝年间，有一位姓李的秀才十分爱喝酒，在喝酒的时候他也善于猜字谜。而李秀才喝酒猜谜的地点一般选在离他家不远、生意红火的太白楼酒楼上。

一日，李秀才照例来到太白楼喝酒，这次，依旧有一位老朋友在那儿候着他。这位老朋友就是酒店的王老板。王老板和李秀才一样，也十分喜欢猜谜，他一见是李秀才来了，便笑道："我想出了个好字谜，就等你来猜呢！"说罢便吟道："唐虞有，尧舜无；商周有，汤武无。"

李秀才一听便乐了，他沉吟片刻，便道："我将你的谜底也制成一谜，你看对不对：'跳者有，走者无；高者有，矮者无；智者有，愚者无。'"

李秀才说完这个还不过瘾，又接着说："这个谜也可以这样解：右边有，左边无；凉天有，热天无。"

王老板一听，就知道李秀才已经破解了自己的谜，又接着道："对呀，哭者有，笑者无；活者有，死者无。"

李秀才会心地笑着又道："哑巴有，麻子无；和尚有，道士无。"

王老板哈哈大笑，摆出丰盛的酒菜，请秀才开怀畅饮。

你知道这两人猜的这同一个字是什么吗？

110. 丈夫的信

魏、蜀、吴三国争雄时期，战争频繁，百姓们的生活艰苦极了。在徐州一带，有一对勤劳的夫妻，丈夫名叫李大宝，他身体健壮，吃苦耐劳；妻子叫赵阿秀，她心灵手巧，十分体贴丈夫。但是，尽管他们拼命劳动，由于当时兵荒马乱，战争不断，因此他们的生活过得仍然十分贫困。

为生活所迫，丈夫李大宝决定到外地去谋生。临别时，妻子阿秀叮咛他，一找到工作，就马上写信过来，免得自己挂念。丈夫连忙答应。

李大宝出去几天后，安顿好了，就立即给阿秀写信报平安。妻子阿秀收到了丈夫的来信后特别兴奋，连忙打开信，见大宝信中说他找到的工作是"日行千里，足不出户"。看到这里，阿秀的眼泪夺眶而出，因为聪明的她通过这几个字立刻猜出丈夫所干的是很苦的那种活。

过了几个月，眼看新年就要到了，阿秀特别盼望大宝能从外地赶回家团聚。这时候，正巧大宝又来了信，在信中他告诉阿秀："若有便船，步行回家。"

阿秀一见了信的内容，不禁又凄楚地哭了起来，因为她知道丈夫已经换了另一种更艰辛的工作。

聪明的读者，你知道她丈夫两次做的是什么工作吗？

111. 巧改对联勉浪子

明朝万历年间，有一个姓朱的大户人家，家境颇好，可是美中不足的是这对夫妇年过半百还没有孩子。于是他们求神拜佛，吃斋行善，也许是真的感动了神灵，最终求得一子，夫妻二人高兴极了。

孩子生下来之后，夫妻二人给孩子取名为朱天赐，意为上天给了他们这个儿子。由于老年得子，夫妻二人十分疼爱这个儿子，因此，天赐在父母的宠爱之下挥霍无度，并不知道节俭为何物。一开始父母并不以为意，等长大后想再管，就已经来不及了。

等父母死后，朱天赐变得更加放肆，原来很富裕的家境在他的挥霍无度下，很快就败落了。

眼看就要过年了，天赐心里十分难受，他现在没吃没喝，缺柴少米，而且没有朋友。贴春联时，为了自欺欺人，他堂而皇之地贴了这么一副对联：行节俭事；过淡泊年。接着，朱天赐便饥肠辘辘地睡下了。

大年初一，朱天赐的叔叔来了，他知道天赐这时已经穷困潦倒，就带了几斤肉，背了一袋米和一些熟食过来。他一见到天赐贴的对联，顿时感慨万千，便对自己的侄子说："你这对联写得好，但是如果加两个字会更好！"说完，天赐的叔叔就让天赐端来笔墨，在对联上添了两个字。

朱天赐一看，更加羞愧了，这时他下定决心改邪归正，并从此开始自力更生，艰苦创业，成了一个回头浪子。你知道那个好心的叔叔在对联上各加上了一个什么字才让天赐反思自己的行为的吗？

112. 不守清规的和尚

明朝末年，在金陵的清凉寺，有位做厨子工作的僧人十分聪明伶俐，清凉寺的住持给他赐名为法灯。法灯一点儿也不遵守清凉寺的寺规，经常违犯佛家戒规，喝酒吃肉，全寺和尚对他嗤之以鼻。

清凉寺的长老法眼喜欢以故事讲理。一日，他在讲完道之后，就出了一道题来考问众弟子："假如现在有一只老虎脖子上系了铜铃，大家想想，如何能把它解下来呢？"

清凉寺的众僧面面相觑，没一个人能回答上来。

恰巧，这时候法灯和尚又喝得醉醺醺地从外面走进来了，长老一见是他，就向他发问。

这酒肉和尚虽然常常置佛家戒律于不顾，脑袋却十分聪明，他脑袋一转，借着酒劲对长老说："长老，这有什么难的呢！"说完就当即答了出来。

法眼点头称是，而且由此也看出法灯是可造之才，经常对其进行点化。后来，法灯果然成为得道高僧。

你能猜出法灯是怎么回答长老的问题的吗？

113. 恶人的迷惑

两个臭名昭著的恶人死后都入了地狱，受尽折磨之后，他们终于大彻大悟了。于是他们开始忏悔，开始对自己以往的种种恶行表示痛悔，发誓说如有来世，一定会改过自新，做个好人。

他们的诚心诚意终于感动了上帝，上帝从天堂往地狱里垂了两根细细的蜘蛛丝。两个弃恶从善的人大喜过望，赶紧奔过去抓住蜘蛛丝往上爬。地狱里其他的恶鬼见状，也纷纷跑过来抢蜘蛛丝，一个接一个，恨不得马上离开这个地方。这样一来，本来不粗的蜘蛛丝就岌岌可危了。

左边的那个人想：我既然已经改过向善了，就应该善良地对待它们，让它们和我一起上去吧。所以他就小心翼翼地接着爬。

右边的那个人想：我现在是好鬼了，当然应该进天堂，如果这些恶鬼们也随我而去，天堂里一定会大乱。所以他果断地掐断了自己双手以下的蜘蛛丝，让那些恶鬼掉了下去。

最后的结果是，左边那个人的蜘蛛丝被坠断了，他又重新回到了地狱里，而右边这个人爬上了天堂。

"我这么善良，连恶鬼都不忍心伤害，你怎么能让我又重新回到地狱呢？"左边那个人委屈地问上帝。

如果你是上帝，你会如何回答恶人的问题？

114. 穷人最缺乏的东西

巴拉昂是法国排名前五十位的富翁之一，1998 年，他在法国的博比尼医院去世。临终之前，他做出两个惊人的决定：一、捐款 4.6 亿法郎给博比尼医院，以供其对前列腺癌进行科学研究；二、设立一项奖金为一百万法郎的竞猜活动，用于奖励一个揭开贫穷之谜的人，那个谜面为：穷人缺少的是什么？

巴拉昂死后，报纸刊登了他的遗嘱。遗嘱一经宣布，整个法国顿时轰动了，成千上万的答案纷纷飞向报纸编辑部。有的说，穷人最缺的是财富；有的说，穷人最缺的是机遇；有的说，穷人最缺的是技术；还有的说，穷人最缺的是信息。总而言之，答案五花八门，多古怪或荒唐的都有。

到巴拉昂去世一周年纪念日时，其遗嘱执行人宣布停止竞猜，然后让律师和代理人打那只保险箱，把收藏于其中的四万多封信全部拆开。但是数日的忙碌之后，他们发现只有一个名叫蒂勒的小姑娘猜对了，她的答案和巴拉昂留下的答案一模一样，于是，这个小姑娘赢得了奖金。

现在你来想一下，穷人最缺乏的东西是什么？

115. 野草与命运

南非少数民族布须曼，几十年前还过着原始的狩猎生活。他们的捕猎技术很高，能通过观察动物在地上留下的痕迹，判断出是什么动物以及动物的性别、年龄、是否受伤等等。可是，随着自然环境的退化，猎物越来越少，这使得布须曼全族陷入了一场空前的灾难中。他们不识字，除了打猎也没有什么其他技术，在愈来愈激烈的社会竞争里，他们要想寻找一个立足之地确实是难上加难。

哈里是南非某科研机构的研究员，一次偶然的机会他来到了布须曼族的领地，见识了穷苦的布须曼人的生活，深感震惊的他决心拯救这个即将没落的民族。

在当地生活了一段时间后，哈里发现了一个重大秘密：尽管布须曼已经到了穷途末路的危急时刻，可是族里却从未有过饥饿至死的人。这是怎么回事呢？原来，被逼无奈之下，族人们会去吃一种沙漠中生长的野草。那种草虽然难吃，可是经验告诉他们，它有很强的抗饥饿作用。

怀揣着这个重大发现，兴奋不已的哈里回到了研究所，他觉得这种草具有重大的商业价值，凭借此，自己完全能够拯救这个可怜的民族。

猜一下，这种草该如何用到商业上来赚大钱？

116. 必胜的丘吉尔

据说第二次世界大战之前，丘吉尔曾经和德国的大独裁者希特勒在一次政府要员会晤中见过面。在会晤中某个闲暇的下午，两人在花园中边走边谈。来到一个水池边时，为了缓和所谈话题的严肃气氛，也为了暗示一下自己的必胜心态，

177

丘吉尔忽然提议跟希特勒打个赌：看谁能不用钓具将水池中的鱼捉起来。

希特勒心想，这还不容易！谁不知道死鱼会漂到水面上来，我先把鱼打死，等它们漂上来我伸手一抓就是了！想到这里，他拔出手枪便朝池中射去，但由于一到水里子弹就会失去威力，所以接连七八枪之后，水面上还没有一丝死鱼的影子。希特勒尴尬无比，只好搓搓手说："我放弃了，看你的吧。"

只见丘吉尔不慌不忙地从衣服里掏出了一个东西，并作出了一个举动，希特勒看到后，忍不住便笑了出来，但笑完后，他又不得不承认，丘吉尔必将取得最后的胜利。你猜，丘吉尔是怎么做到的？

第三章

求异思维名题

1. 亚历山大解死结

传说，上帝在造就了世间万物之后，还在苍茫的大地上留下了一个巨大的绳结，并许诺谁能解开这个绳结，谁就会成为亚洲之王。这个绳结是由无数条绳子纠缠在一起形成的，人们称它为"高尔丁死结"。

无上权力的诱惑，像磁石一样把四面八方的英雄豪杰吸引到高尔丁死结前。他们围着死结左拆右解，个个都使出了全身解数，可是令人沮丧的是，这个死结就像一个活物一样，刚扯松一点，马上又抱成死死的一团。不要说解开死结了，人们甚至连它的一个小小的结头都没有找到。

转眼千万年过去了，无数英雄无功而返，死结依然如故！渐渐地所有人都认为高尔丁死结不过是上帝跟人类开的一个玩笑，仅凭人力是无法解开死结的。虽然去尝试解开死结的人仍然络绎不绝，但是没有人会天真地以为自己会解开它。

又过了无数年，一个名叫亚历山大的气宇轩昂的年轻人来到了高尔丁死结前，刚开始，他像前辈一样想尽了各种办法去解开它，结果还是意料之中的失望。屡次失败的这个年轻人忽然明白了什么，他拔出了自己无坚不摧的宝剑，大声说："我不能跟着别人亦步亦趋，就算错了也不知悔改，我要创立自己的解法！"

他是如何解开高尔丁死结的呢？

2. 核桃难题

核桃好吃而富于营养，又不容易坏，因此人们在喜欢吃的同时，也喜欢拿它作为拜访亲友的礼品。而我们知道，核桃虽然好吃，但吃起来有些麻烦，需要先将外壳砸烂，然后慢慢掏出里面的仁来吃。鉴于此，一个食品企业便想找到一种事先将外壳去掉，使人们直接得到核仁的办法。当然，如果是碎掉的核仁，估计人们不会欢迎，因此必须是完整的核仁。并且，这去掉外壳的方法还要方便高效。这显然是个难题！

但是，一旦这个难题解决，该企业必将能一举占领广阔的市场。为此，该企业专门召开了一次集思广益的员工大会。在会上，员工们听到这个奇妙的想法后，也都热情地各抒己见。例如，有个员工提议做一个夹子，比有壳核桃小一点，比核仁大一点，将核桃壳给夹碎；有个员工提议将核桃放在笼里蒸十分钟，再取出来放入凉水中冷却，然后再砸开，就能得到完整的核仁；甚至还有人提议用高声波密封的机器震碎外壳，等等。厂长听了这些办法后，都摇摇头，觉得要么可操作性太差，要么效率太低。

就在将要散会之际，一个新来的年轻的员工提出了一个想法，即培育出一种新品种的核桃，让其在成熟之后，外壳自动裂开。厂长一听，觉得这个主意比较有创意，一旦成功，将完全符合自己的要求。不过，这显然具有相当的难度，因为要做成这件事需要请来顶尖级的生物学家。最终这个主意因为太没有把握，还是被否决了。但是，这个主意虽然被否决，它却提出了一个崭新的思路，即打开核桃不一定要从核桃壳外面着手，也可以从内部着手。正是沿着这个思路，有人最终想到了一个核仁被完好无损地取出的简单有效的好方法。

你能猜出这个办法是什么吗？

3. 充满荒诞想法的爱迪生

我们知道，一旦说某人的想法比较荒诞，一般而言，便是说他的想法违背常理，乃至令人感到好笑，甚至会对持有这种想法的人进行嘲笑。但事实上，历史的进步很多时候都是由一些荒诞的想法推动的。比如牛顿刚提出"苹果为什么会落地"的问题时，在当时的人们看来，这便是一个傻问题；富尔顿在发明蒸汽机船的过程中，曾提出用钢材替换木材的想法，这也遭到了当时人们的嘲笑……但是，我们知道，最终事实证明，这些荒诞想法却是天才的想法。下面我们来讲一讲另一个著名的充满荒诞想法的人的故事，他便是爱迪生。

爱迪生从小脑袋里就充满各种奇怪的想法。五岁那年，他问大人小鸡是如何产生的，在得知是母鸡用鸡蛋孵出来的之后，他竟然拿了许多鸡蛋，放在干草上，然后自己一动不动地蜷伏在上面，试图也孵出小鸡。只是最终没能成功。

后来，爱迪生十岁时，因为看到小鸟在天空中自由地飞翔，他就想：人能不能也像小鸟那样飞起来呢？经过一番想象和"研究"，他用柠檬酸加苏打制成了"沸腾散"，认为人喝了这个之后，便能够像鸟那样飞起来了。于是，他找了个小伙伴做试验，这个小伙伴以"为科学献身"的精神喝了大量的"沸腾散"，看能不能飞起来。当然，这也没有成功。

而到了爱迪生十五岁那年，他则开始认真研究起"炼金术"来，他试图把一块铜熔化，然后再加点其他什么金属，使它变成金子。可惜又失败了。

但是，爱迪生的荒诞想法并非全都失败了，比如他试图把声音留下来的想法，把电码传到千里之外，把开水烧到120℃，等等，他都成功了，并由此为人类提供了许多伟大的发明。

事实上，直到老了以后，他还一直琢磨着许多稀奇古怪的荒诞想法。比如有一次，他拿出一张宽1英寸、长1英寸（1英寸=2.54厘米）的小纸，问他的小孙子："有什么巧妙的方法能够把这张纸剪出个洞，使你能够从中钻进钻出呢？"

这看上去似乎又是一个不合常理、不可实现的荒诞想法，但是，联想到爱迪生之前曾经使那么多的荒诞想法变成了现实，或许这也是可以实现的。现在你来想一下，爱迪生的想法有没有办法实现呢？

4. 毛毛虫过河

在小学课堂上，一个年轻的女老师为了开发同学们的思维，给大家出了一个智力题目。题目是这样的：在河边的草丛中，住着一条毛毛虫。一天，毛毛虫爬到一棵比较高大的草上后，发现河对岸的草十分丰茂，各种鲜花争相斗妍，并且还有一片漂亮的小树林，风景十分诱人。于是，毛毛虫便想要到河对岸去定居。可是，大河却挡住了它的去路。问题是，你能帮毛毛虫想一个过河的好办法吗？

下面的小学生们于是开始议论纷纷，给出了各种各样的答案，有的说可以乘船过去，有的说可以爬在过河的大动物身上过去，有的说可以将一片树叶当做船划过去，还有的说干脆等河干了再过去。老师对于同学们的回答不住地点头。最后，等没有人再提出新的办法时，女老师提醒同学们道，其实毛毛虫还有一个好办法，这个办法不仅又快又安全，而且还不必借助外物，你们能想出来这是什么办法吗？同学们想了很长时间，最后都摇摇头，但是，其中一个聪明的小朋友突然想到了，并说了出来。女老师高兴地点了点头，并趁机教育同学们不要被惯性思维所束缚，要学会一种求异思维。那么，现在你来想一下，女老师所提示的这种办法是什么呢？

5. 蛋卷冰激凌

哈姆威原本是西班牙的一个制作糕点的小商贩。在 20 世纪初，随着美国经济的繁荣，世界各国的人掀起了一股移民美国的高潮。哈姆威也怀着发财的心理移民到了美国，他原本的心理是，自己的这种手艺在西班牙并不稀罕，而在美国则可以凭借物以稀为贵而受到欢迎。但是，到美国之后，他才发现，美国也并非如他所想象的那样轻易便能发财，他的糕点在美国并不比在西班牙时多卖多少。

不过，哈姆威倒并没有因此而灰心，只是心态平和地依旧做着自己的糕点生意。1904 年的夏天，在得知美国即将举办世界博览会时，他认为这可能是个向大家推广他的糕点的机会。于是，他将他的所有家什都搬到了举办会展的圣路易斯。并且，经过一番努力后，他也被政府允许在会场外出售他的博蛋卷。

但是，他的博蛋卷生意又一次令他感到失望，并没有多少人对这种陌生的食品感兴趣。倒是和他相邻的一个卖冰激凌的商贩的生意非常好，甚至连他带来的用于装冰激凌的小碟子也都很快用完了。哈姆威在羡慕之余，灵机一动，突然想到另一个主意。正是凭借这个主意，他的博蛋卷也很快卖完，更重要的是，他的博蛋卷也从此找到了一个更好的销售途径。

猜想一下，哈姆威想到了什么主意呢？

6. 图案设计

英国伦敦的一家广告公司面向全国招聘一名美术设计师。该公司开出了丰厚的薪酬。当然，他们的要求也比较高。在对应聘者的要求中，该公司不仅要求应聘者具有扎实的美术功底，而且要求其具有开阔的思路和别出心裁的创意。为检验应聘者的这几点，公司要求应聘者先寄来三幅自己满意的近作：一幅素描、一幅写生和一幅图案设计。

公司招聘广告登出后，很快收到了来自全国各地的许多应聘邮件，但招聘主管最终没有发现令他满意的。一天，公司又收到了一封应聘邮件。来人在信封中放了一幅素描和一幅写生，从这两幅作品来看，这个人的美术功底是比较扎实的。但是，令招聘主管感到奇怪的是，信封里却没有寄来图案设计作品。

最后，招聘主管在信封里又找到了一张小纸条，看了那张纸条上写的一行字之后，招聘主管立刻决定录用这个人。

你猜纸条上写的是什么？

7. 百万年薪

两个年轻人一起开山，一个人把石头砸成石子运到路边，当做建筑材料卖给别人；另一个则直接把石块运到码头，卖给花鸟商人，因为他发现这里石头的形状比较奇怪，很适合卖造型。三年后，第二个青年成为村里第一个盖上瓦房的人。

后来，政策改变，政府严禁开山，鼓励种树，村子周围全都变成了果园。每年秋天，漫山遍野的各种水果吸引来了远近的客商，他们成筐成筐地将这些原生态的水果运往全国的各个大中城市，有的甚至直接运往了国外。村民们都为有了这么一个发财的机会欢呼雀跃，他们一个劲地栽种果树。但是此时那位第一个建瓦房的年轻人却卖掉了果树，在另外的荒地上栽柳树。因为他发现，村里不再缺少水果，而是缺少盛水果的筐子。六年以后，他成为村里第一个在城里买房子的人。

再后来，村里通了铁路，村民可以更加方便地往来于各大城市之间。由于对外开放政策的实施，乡镇企业开始流行，有了资金并长了见识的村民们纷纷积极准备建厂，发展水果加工产业。这个时候，那个做事与众不同的年轻人则在铁路旁建造了一面三米高，百米长的墙，这面墙面向铁路，背依翠柳，两边则是一望无际的万亩果园，来往的旅客在欣赏美景的同时，会看到忽然闪现的四个大字——"可口可乐"。据说这是铁路沿线百里之内唯一的广告，那个年轻人凭借这道墙每年可以获得四万元的收入。

20 世纪 90 年代末，日本丰田公司亚洲区的代表山田信一来华考察，无意中听到这个故事后，他立即决定要去找到这位罕见的商业奇才。

当山田信一找到这个人的时候，发现这个人正在自己的店门口与对面的店主争执，因为他的店里一件衣服标价六百元的时候，对面的店里就将同样的衣服标价为五百五十元，而等他标上五百五十元的时候，对面就标价为五百元，这样一个月下来，他仅仅卖出去五件服装，而对面的那家店却卖出了五百件。看到这个情况后，山田信一感到非常失望，他以为自己被那些故事骗了。但是很快他就了解到了事情的真相，之后当即决定以每年百万的年薪聘请那个人。

你能猜出日本商人弄清的真相到底是什么吗？

8. 聪明的小路易斯

父亲要带着小路易斯去郊外野餐。出发前，他们准备了各种要用的东西，父亲发现自家的油和醋都没了，就让小路易斯去打些油和醋来。

小路易斯一听说要出去野餐，非常高兴。他拎着两个瓶子就往商店的方向飞奔。脚下一个不留神，他摔了一跤，把用来装醋的瓶子打碎了。这可怎么办呢？回家去取吧，又太远了。聪明的小路易斯想了想就带着一个瓶子去了商店。

到了商店，他对店主说："给我打半斤油和半斤醋。"说着就把一个瓶子给了店主。店主很奇怪，问道："你到底是要油啊还是要醋啊？"小路易斯说："都要半斤，打到一个瓶子里就行。"店主倒也没多想，照着小路易斯的做法做了。

小路易斯高高兴兴地回家去了。他把瓶子悄悄地放在了自己的包里。

父亲带着小路易斯去了郊外。郊外的景色很迷人，小路易斯在郊外玩得很开心。

到吃中午饭的时间了，父亲问："小路易斯，你把油和醋放在哪里了？"小路易斯答道："在我的包里呢。"父亲拿到瓶子时，说："这是怎么回事，怎么都放在一个瓶子里了？"小路易斯说："您要什么，我给您倒出来就是了。"父亲心想肯定是小路易斯将钱打游戏玩掉了一半，并且将一个瓶子也忘在了游戏机房，所以才想出这个鬼主意来，心里有些生气，并想趁机教训一下他。于是，父亲不动声色地说道："好吧，我现在要油！"

小路易斯于是拿出瓶子来，因为油浮在上面，所以小路易斯很容易便将油倒了出来。

父亲于是又不动声色地接着说道："好吧，现在我要用醋，你也给倒出来吧！"父亲心想，看你这下怎么做！

没想到，小路易斯只是做了一个简单的举动，便将醋倒了出来。父亲一看，也觉得自己的儿子真是聪明，不仅不再生气，而且感到很高兴。

你猜小路易斯是如何倒出醋的？

9. 聪明的马丁

美国科普作家马丁·加德纳在少年的时候就很聪明。一次，在数学课上，为了活跃气氛，老师带领同学们做起了游戏。游戏内容是这样的：桌子上摆好十只塑料杯，左边五只盛的是红色的水，右边五只是空的。要求只允许动四只杯子，形成十只杯子中盛红色水的杯子和空着的杯子交错排列的局面。

聪明好学的同学们在底下一边想，一边用文具摆来摆去。不一会儿，就有很多同学举手了。正确的答案就是：将第二只杯子和第七只杯子，第四只杯子和第九只杯子换个位置，就能得到不同的杯子交错排列的局面。

老师还想考考同学们，于是，又出了第二个题目。老师先把杯子放回最初的位置。然后问同学们："如果我只允许你们动两只杯子，那么你们该怎么动呢？"

这个题目比上个难点，过了很久，教室里一直都是静悄悄的。大家都在冥思苦想。这个时候，马丁·加德纳站了起来，向大家演示了一遍他的做法。果然，只动两只杯子就达到了要求的局面。

你猜他是如何做到的？

10. 银行的规定

在某个城市的一家银行，有着这样一个规定：如果客户所取的钱在五千元以下，就必须到自动取款机上去取，柜台不予办理。

有一个人急着用钱，就准备去银行取出三千元，但是他不知道银行的这个规定。银行的人很多，已经排了长长的一队，他只好排在了队尾。然而等了很久，好不容易排到他时，营业员却告诉他："五千元以下的取款必须到自动取款机去取。"那个人向营业员解释自己很着急用钱，希望这次能通融一下，可是营业员说这是规定，不能为了一个人就改变规定。看到营业员那么坚决，他想只好去取款机取钱了。然而看到取款机前同样长长的队伍，他决定仍然在这里取，因为他突然想到了一个好主意。在营业员并没有通融他的情况下，他在那个窗口取到了他要用的钱数。

你知道他是怎么做的吗？

11. 购买"无用"的房子

火车驰骋在荒无人烟的山野中。由于长期的旅行，大部分旅客都很疲惫，有的已经睡着了，有的在打哈欠，还有的在无精打采地看窗外的风景。

在火车即将要驶向一处拐角时，速度慢了下来。这时候，一座简陋的平房吸引了乘客们的注意。因为这里是荒山老林，没有人烟，所以看到一座平房，大家都觉得很吃惊。这座平房成了大家眼中一道特别的风景。一些人就开始谈论起这房子来。大家都在猜测这房子的主人在哪？这房子是什么时候建的？

从房子简陋的外表，可以看出这是一座废弃的房子，应该很长时间都无人住了。事实上，这房子的主人本来在此居住，但是由于过往的火车噪音太大，严重地干扰了主人的生活，所以，主人就搬走了。然而房子却一直没人买，至今闲置在那里。

后来，火车上的一位乘客居然花高价买下了这座房子，并因此发了大财。你知道这是怎么回事吗？

12. 有创意的判罚

20世纪60年代，美国许多少年不喜欢读书，而早早到社会上去闯荡。这些少年为了能够获得工作，往往去找制造假证件的人制造一些假的学历证书。一次，一个墨西哥州的少年因为伪造高中学历，被雇主发现，以欺骗罪将其告上了法庭。按照通常情况，这个少年会被判处三个月的监禁或者缴纳几百美元的罚款。审判此案的法官了解情况后，却并没有依照法律条文判处，而是做出了一个令所有人都感到意外同时又会会心地一笑的判罚。同时，这个少年也对该法官终身感激。

你猜，法官是如何判的？

13. 妙批

俗话说"再高贵的人也有几个穷亲戚"。这话一点也不错，就连清朝的中堂大人李鸿章，居然也有一个胸无点墨的"穷"亲戚。这个亲戚，不学无术，胸无点墨，却总想捞个官做做。他曾经多次去找李鸿章，想要个小官做，可是每次都遭到中堂的拒绝。看到李鸿章不肯卖自己人情，他就想通过科举考试这一条路来实现自己的目的。

于是，那年开考时，他就去参加科举考试了。考场上，他一个问题也答不出来。对于这样一个不学无术的人，那些题目确实犹如天书。但是他又不甘心交白卷，这时，他突然想起自己是李鸿章的亲戚，就想利用这层关系，让主考官给自己徇个私情。于是，他就在卷子上，用颤抖的手写下了歪歪斜斜的几个字："我是中堂大人李鸿章的亲妻（戚）。"他以为写下了这几个字后，阅卷老师不会不给中堂大人面子，定能给他个官做做。但是，就这么几个字，这个笨蛋还把"戚"字写成了"妻"字，以至于后来闹出了笑话。

主考官在阅卷时，看到了这句话，哭笑不得。聪明的主考官灵机一动，将错就错，给了他一个幽默至极的批复。

你知道主考官是如何批复的吗？

14. 鬼谷子考弟子

战国时期的纵横家鬼谷子在教学中非常善于培养学生的创新发散思维，其方法也与众不同，别出心裁。他的两个学生孙膑和庞涓在他的引导与点拨下迅速成长，十分聪明。

一天，鬼谷子又要训练自己的弟子了。他给孙膑和庞涓每人一把斧头，让他俩一起上附近的山上砍柴。不过，作为考题，这次砍柴的任务十分具有挑战性，他要求孙膑和庞涓每人所砍的"木柴无烟"并且"百担有余"，而且两人都必须要在十天内完成这个任务。

庞涓是个十分勇敢、踏实的学生，他接到任务后，未加思索，一大早就扛起扁担，拿着斧头到山上去完成老师所交代的任务了。他每天一大早出门，直到天黑时才回来，努力砍柴。而孙膑的做法却和庞涓不一样，他并没急于完成老师交给的任务，而是过得十分悠闲自在。他每天先是从容自若地吃过早饭，再认真地从书房中挑出一些自己以前想看而没有时间看的书，之后到后山上找了一处适合读书的地方，一读就是一整天。孙膑每天的生活都是这样，这样一直持续到第九天。

庞涓看到孙膑竟然不急于打柴，虽然搞不清楚孙膑葫芦里到底卖的是什么药，但还是感到幸灾乐祸。庞涓心想，自己身强力壮，孙膑在体力上根本比不过自己，马上老师规定的时间都要到了，孙膑竟然还在偷懒，这次，孙膑肯定不是自己的对手！

想到这里，庞涓又加紧了手中的活儿，一点儿也不放松，以前他总是输给孙膑，他下定决心这次一定要比过孙膑。

师徒约定的第十天快到了，庞涓劳作不止，直到天黑才砍了九十九担柴火。而孙膑呢？天快黑了，他才收起书本，砍了一根粗壮的柏树枝做扁担，又砍了两捆榆树枝，之后，他就从容地下山了。

天完全黑了，师父鬼谷子来了，他看到庞涓砍来的那九十九担木柴，就皱起了眉头。庞涓看到师傅的表情，心里暗叫不妙，果不其然，等师傅"检查作业"之后，并没有夸奖自己，而是夸奖了只砍了一担柴的孙膑，你知道这是什么道理吗？

15. 复印机定价过高

20 世纪中叶，在美国有个著名的企业家名叫威尔逊，他是靠研制出新的干式打印机而发财致富的。

其实，刚开始，威尔逊只是一个小工厂的厂长，每天都在自己的工作岗位上兢兢业业地工作着。但是，随着自己工作阅历的增加，他发现原来收集各类信息是一件非常重要的事情，而且对自己的工作也很有帮助。有了这个发现之后，威尔逊就努力地寻找更加简单快捷的收集信息的方式。但是，由于受当时技术水平较低的限制，市面上广为使用的湿式复印机使用起来相当不方便，因为这种老式复印机必须要使用特殊的复印纸才行。所以，这就阻碍了信息的传播。威尔逊左思右想，再加上长期的研究和实践，终于研制出了一种新型的干式复印机。

新发明的复印机不仅没有老式复印机的缺点，而且复印的速度也特别快，只需要三四秒钟的时间，就能复印一份。为了保护自己的劳动成果，威尔逊专门申请了专利，这样他便可以正大光明地生产大量的干式复印机了。

但是，由于当时威尔逊对干式复印机的定价过高，以至于美国法律不允许他以这样高的价格出售复印机。结果，生产出的大量新型复印机一台都没有卖出去。但是，即使是在这样的情况下，威尔逊所获得的利润却并不比出售复印机所得的利润少，反而多出了好几倍。这样的情况一直持续到 20 世纪 60 年代，最终，干式复印机可以以高价在美国出售了。

你知道为什么即使没有出售复印机，威尔逊还可以赚到那么多的钱吗？

16. 绝妙的判决

20世纪50年代，法国南部省份有一对夫妇要离婚。但是，这对夫妇却比较钻牛角尖，他们一共有两个孩子，按照常理，一人得一个孩子就是了，但是他们却都坚持要得到两个孩子的抚养权，并且要求得到原来的住宅。两人态度都十分强硬，寸步不让。最后，两个人对簿公堂。在法院，两个人都坚持自己的要求，不肯相让。最后，法官和陪审团经过协商后，当众严肃地宣读了判决书。而这份判决书一公布令当事人和公众都大吃一惊，但是，仔细一想，这又是十分绝妙的判决，令当事人双方都无话可说。

你猜法官是如何判的？

17. 用一张牛皮圈地

古代的腓尼基有个美丽的公主狄多，她从小聪明伶俐，深受国王喜爱。但是，长大后，她的国家发生了叛乱，父王也被人杀掉，狄多公主带领着一些随从和金银细软逃离了自己的国家。他们背井离乡，辗转奔波，一路坐船到了富饶的北非。狄多因为喜欢那里的自然风光，便决定在此定居下来，并创立自己的新事业。于是，狄多公主将自己的经历告诉了当时非洲的雅布王，恳请雅布王给她一些土地。雅布王也很同情这位美丽的公主，但是一旦涉及到土地，便有些舍不得，于是他眼珠子一转想到了一个妙计，既答应了公主留住自己的颜面，又不会损失太多的土地。他给了狄多公主一块牛皮，说："你们用这块牛皮圈土地，我会把圈到的土地给你们的。"公主的随从们一听，一张小小的牛皮能圈多大的土地？都觉得这是在故意刁难他们，其实是不想给土地，大家都很生气。但是，狄多公主却没有生气，而是想了一下，便带领随从们拿着牛皮圈地去了。雅布王心下暗喜，心想这下不会损失太多的土地了。但是，不一会儿，仆人来报告："狄多公主在海边圈起了一大片土地，看上去已经有整个国家的三分之一大了。"雅布王一听大吃一惊，急忙赶去看是怎么回事，一看，果然如随从所说。雅布王一言既出，驷马难追，并且他也十分佩服狄多公主的智慧，便心甘情愿地给了狄多公主圈起来的土地。最后，狄多公主在那块土地上建立了牛皮城。

你能猜测出狄多公主是如何用一块牛皮圈起一大块土地的吗？

18. 智取麦粒

有个农民在用脱粒机对麦子进行脱粒时，不巧有一粒麦粒崩进了他的耳朵眼里。本来，麦粒也不是很深，但是农民因为着急把它弄出来，用手去抠，结果，麦粒反而越进越深，进入耳朵眼深处了。农民被弄得十分难受，无奈之下，尽管十分害怕进医院花钱，他还是不得不去了医院。

接待农民的是一位年轻医生，没有经验的他先是用特制的镜子对着农民的耳朵研究了半天，什么也没有看到。后来则是用各种器具对着农民的耳朵捣鼓起来，总体上跟农民原来的办法差不多。最后，也没有将麦粒弄出来，农民倒是疼得龇牙咧嘴，哇哇直叫。

隔壁一个医生听到声音后走进来，了解情况后赶紧制止了年轻医生的举动，并告诉他，这样不仅弄不出来，弄不好还会导致耳膜被弄破，变成聋子。

年轻医生一听，再也不敢轻举妄动。农民一听，更是着急："哎呀，我可不想变成聋子，被人在背后骂都不知道！"

老医生于是笑着说："别急，我有个办法，既不会这么疼，也不用费劲，就让麦粒自己出来。"接着他便说出了他的办法。

年轻医生一听，说道："理论倒是这样，但这真行吗？"

老医生笑着说："放心，就这样，保准管用。"

几天后，农民耳朵里的麦粒果然自己出来了。

你能猜出老医生的办法吗？

19. 问题呢子

在 20 世纪初期，一家呢子工厂在生产过程中，因为工人操作不当，生产出来的纯色呢子面料上出现了许多白色小斑点。

因为这批问题呢子面料数量相当大，因此对于这次生产事故，厂领导很重视，开了专门的会议对这件事进行研究。

在会议上，厂长表现得十分生气，可以说是大发雷霆，下面的人也都噤若寒蝉。不过，大家心里明白，在厂长震怒过后，如何处理这批问题呢子才是无可回避的问题。最后，一位一向富有想象力的年轻副厂长作了总结报告。他说道："各位，请恕我直言，追究责任并不是问题的关键，责任人反正也跑不掉，现在的问题是如何处理这批数量不小的问题呢子。关于此，我总结了一下，大致有三种办法：第一种，产品报废，然后追究当事人的责任。这种办法最简单，但损失巨大；第二种，则是对这批呢子设法补救，看能不能尽量减少损失。当然，具体的办法还要再研究讨论，不过我估计不太容易，并且最终呢子终究要降价销售；还有第三种，则是打破常规思路，想办法败中求胜。"

"败中求胜？"厂长意味深长地看着这位他一向很欣赏的年轻的副厂长，"好了，我知道你已经有主意了，别卖关子了！"

于是副厂长便说出了自己的办法，大家一听都表示认同，而这种办法果真实现了败中求胜，不仅没有造成损失，反而提高了厂里的收益。

猜一下，副厂长的主意是什么呢？

20. 聪明的小儿子

从前，在印度住着一位老庄园主，他一共有三个儿子。一天，老财主觉得自己要不久于人世了，便将自己多年积攒的钱财一分三份，留给三个儿子。但是对于自己凭借其致富的庄园，老人有一定的感情，他希望能够将他留给最聪明的儿子，以使庄园能够长久地经营下去。于是他将三个儿子叫到了自己的房间里，跟他们说明了情况。然后，老人对三个儿子说："现在，我给你们出一个题目，你们谁能够最先回答出来，我就将这个庄园留给谁。"三个儿子点点头。

于是老人问道："题目是这样的，现在你们看，我的这间房间，除了一些床和家具之外，还有很大的空间。你们想一下，用什么办法能够最快将这些空间填满？"

三个儿子一听都陷入思考。其中大儿子心想自己是老大，不能让两个弟弟抢先了，于是回答道："我知道了，爸爸，棉花比较松软，用棉花最快！"结果老人摇摇头。

于是，二儿子又回答道："用鹅毛，它比棉花更松软！"老人还是摇摇头。

最后，小儿子没有回答，而是采取了一个举动，立刻便将屋子填满了。老人满意地点了点头，最后将庄园留给了小儿子。

猜一下，小儿子是用什么使房间充满了呢？

21. 倾斜思维法

王老师在一个乡村小学的实验室里做实验时，需要量出十毫升的一种溶液，但是他却一时找不到量杯。他最后只找到了一个容积为二十毫升的没有刻度的玻璃杯，他想了一下后，用这个玻璃杯大致准确地量出了十毫升的溶液，你猜他是如何做到的？

22. 检验盔甲

一次，印度国王准备御驾亲征，因此命令一个工匠为自己打造一副盔甲。事关国王安全，工匠自然不敢怠慢，非常精心地为国王打造出了一副盔甲。但是，在工匠奉上盔甲的时候，国王为检验盔甲的质量，令人将盔甲穿在一件木偶身上，然后他亲自举起宝剑向木偶砍去。结果，盔甲立刻出现了裂痕。国王一看，便十分不满，他命令工匠再去打造一副，如果还是不堪一击，便要杀掉工匠。

工匠于是满怀心事地回来了，他心想，国王手里拿的是稀世罕见的宝剑，又是这样尽力一砍，恐怕再厉害的盔甲都要出现裂痕。感到危难之际，工匠前去求见印度智者比尔巴，请他给自己出个主意。了解了有关情况后，比尔巴立刻给工匠说了一个主意。

于是，工匠打造好新的盔甲后，又去奉给国王。国王这次要身边的卫士拿上自己的宝剑去像上次那样检验盔甲。但是，这次工匠却按照比尔巴所出的主意，请求国王让自己代替木偶穿上盔甲进行检验，而果然，这次盔甲通过了检验。

猜测一下，比尔巴给工匠出了个什么主意？

23. 巧装蛋糕

苏联作家高尔基小时候家庭贫困，曾在一个蛋糕店里工作。因为这个新来的小孩看上去呆头呆脑的，没有顾客时只爱看书，也不和其他店员交流，于是大家都经常取笑他。但是高尔基似乎并不在意大家对他的看法，只是我行我素。

一次，有个刁钻古怪的顾客来到店里，声称要订做九块蛋糕，但是他有个奇怪的要求，就是要求将这九块蛋糕装在四个盒子里，并且每个盒子里至少要装三块蛋糕。说完，他不顾伙计满脸的为难表情，说了句："好了，就这样，我下午来取。"说完诡异地一笑，便走了。看来这是个喜欢捉弄人的顾客，但是，顾客就是上帝，伙计们也不能置客人的要求于不顾。无奈之下，大家将这件事回报给了老板。老板一听，也没辙，只是说："那就试着装吧！"

但是，这样摆弄来摆弄去，弄坏了好几块蛋糕之后，也没能按照顾客的要求装好蛋糕。最后，从外面送货回来的高尔基看到大家都在忙活，便打听是怎么回事，一听，便说道："我来试试吧！"大家本来不看好高尔基，但是也没有其他的办法，看他那胸有成竹的样子，便让他试一下。没想到，只一会儿便解决了这个难题。

你猜高尔基是如何装的？

24. 张作霖粗中有细

我们知道，北洋军阀头子张作霖是个目不识丁的大老粗。但是事实上，张作霖是粗中有细的。下面的这个故事便是明证。

张作霖刚当上北洋军政府陆海军大元帅时，大帅府的所有开销都是先由账房先生将票据填好，交给大帅秘书送张作霖审批。张作霖批示的时候，既不签字，也不盖章，而是用一支朱砂笔在签名处随便一戳。然后秘书拿着这张张作霖戳过的票据就可以到银号取钱了，无论几十万、几百万，都没问题。时间长了，秘书看取钱如此简单，便打起了鬼心眼，想要找机会捞一把。

一次，秘书串通账房先生，一起填好了一张假票据，然后秘书找了支朱砂笔学着张作霖的样子在票据上戳了一下，就悄悄拿着票据到银号取钱去了。到银号后，秘书假称奉大帅命前来取钱，银号掌柜的接过票据看了一下后，让秘书稍等，称这就去取钱。掌柜的一走，秘书心想："原来张作霖的钱是如此好骗，看来张作霖虽身为大帅，毕竟是一介武夫啊！"秘书正在洋洋得意之际，没想到从门外冲进来几个全副武装的军人，不由分说将秘书按倒在地，绑了起来。秘书生气地大叫："瞎了你们的狗眼，知道我是谁吗？我是张大帅的秘书！"几个军人却回骂道："抓的就是你，你好大的胆子，竟敢伪造大帅府票据！"秘书一听这话，顿时泄了气，当即瘫软在地。

秘书至死也没明白事情为何会败露。你能猜出这是怎么回事吗？

25. 韩信画兵

我们知道，后来对楚汉之争起了决定性作用的韩信一开始并不被刘邦重视，于是在一天夜里悄悄逃离了汉营。深知韩信才能的谋士萧何知道后连夜追赶，将韩信追了回来，并极力向刘邦推荐，建议刘邦让其挂帅统兵。刘邦心里却不以为然，只是碍于萧何的面子，才说道："好，你先叫他来，我倒先要看看他到底有多大的智谋！"

萧何将韩信找来后，刘邦拿出一块几寸大的布递给韩信说："萧何说你十分有智谋，所以我准备让你统兵打仗，现在我给你这块布，你用一天的时间，在这块布上能画多少士兵，我就让你统领多少士兵！"站在一旁的萧何一看有些着急，心想这一块布能画几个兵？因此担心韩信一气之下又要逃走了，正要出面劝说刘邦，却看到韩信毫不迟疑地接过布就告退了，似乎胸有成竹。

如果你是韩信，你该如何画？

26. 汉斯的妙招

1933 年，世界博览会在美国芝加哥举办，其规模巨大，广受关注。全球各大生产商争相购买展位，将自己的产品送去展览。当时美国赫赫有名的罐头食品公司经理汉斯先生，自然也不愿放过这次在世人面前扩大影响力的机会。他奔波了几个星期，花费了很大一笔钱，最终在博览会会场中得到了一个位置。不过，这个位置却是在一个相当偏僻的阁楼上，这使他颇为失望。

博览会开始后，世界各地的人们纷纷前来参观，现场十分拥挤。但是，尽管如此，到汉斯先生展位的人，也是寥寥无几。汉斯先生对此感到十分沮丧，但是，这位在商场上奋斗了多年的商业奇才并没有因此宣布放弃，打道回府，而是开始积极地想办法。因为他知道，商业的成功最终靠的是点子。

你能帮汉斯先生想出一个好点子吗？

27. 莎士比亚取硬币

英国著名戏剧家莎士比亚出身低微，在他成名后还有一些贵族瞧不起他。在一次社交宴会上，有个贵族想让莎士比亚当众出丑。他对莎士比亚说："人人都说你很了不起，不过在我看来，你智力平平，不信，你敢和我做个游戏吗？"

莎士比亚知道对方不怀好意，当着众人的面，他也不甘示弱地回答："请吧！"

于是那个贵族让人提来半桶葡萄酒，并将一块硬币放在了里面，硬币浮在酒面上一动不动。然后，贵族对莎士比亚说："不准向桶内扔石头之类的重物，不准用东西拨弄硬币，也不准左右摇晃酒桶，你能在桶边处将硬币取到手里吗？"

围观的人一听都摇摇头，觉得这根本不可能。但是莎士比亚想了一下，很快便将硬币取到了手里。你猜，莎士比亚是如何做到的？

28. 赃钱的下落

清嘉庆年间，安徽某地遭遇罕见的涝灾，洪水泛滥，成千上万的百姓流离失所。朝廷于是下拨赈灾银子六十万两，修复河堤，赈济灾民。但是，没想到知府贪得无厌，贼胆包天，竟然连赈灾银子都敢中饱私囊，私自扣下了一半。该知府辖境内的几个知县早就看不惯此人的贪婪暴虐，借机联合向朝廷检举了这个知府，并连带将其平时的贪污行为一一举报。朝廷于是派钦差前来查办此案，将该知府羁押在了牢中。但是，这个知府自知罪孽深重，认定一旦老实交代必定难逃死罪，而拒不交代还可能有一线生机，于是摆出一副死猪不怕开水烫的架势。他避重就轻，声称自己虽然平时有贪污的行为，但绝对不敢打赈灾款的主意，并一口咬定赈灾款已经用于修补河道，赈济灾民，并且还拿出了假账目给钦差看。钦差几经审讯，都撬不开知府的口，又找不到罪证，就此判知府死刑对上不好交代，对下也不能令知府心服，因此感到十分犯难。

一天，知府的妻子前来牢中探视，该知府最后递给妻子一张纸片，声称这是他最后的遗言。看守人员照例检查了内容，见是一首悔过诗：

黄水涛涛意难静，彩虹高高人难行。

笔下纵有千般言，内心凄凉恨吞声。

帐面未清出破绽，单身孤入陷囹圄。

速去黄泉无牵挂，毁却一生悔终身。

看守人员见没有什么特别内容，就要交给知府妻子。就在这时，躲在一旁的钦差走了出来，要过了这首悔过诗。原来，钦差因为无法定案，知道知府妻子今天前来探视的消息后，便偷偷躲在一旁观察偷听，试图从他们夫妻见面的过程中找到破绽。钦差拿起这首悔过诗，皱着眉头反复看了几遍，最后，眼睛一亮，高兴地喊了出来"这下有了！"说完转眼严厉地看了一眼知府，知府也瞬间瘫软在了地上。

你猜钦差从知府的悔过诗里看到了什么？

29. 安电梯的难题

20世纪初期，在美国西部的一个城市里，有一家酒店生意特别好，每天都有络绎不绝的顾客光顾。但是，由于顾客太多，乘坐电梯成了一个难题，很多顾客要等很久才能乘上电梯。

于是，顾客就向酒店的老板反映了情况。为了解决电梯拥挤的问题，酒店的老板打算增加电梯。几天后，这家酒店就请来了两名建筑师，讨论该如何增加电梯。

讨论的结果是，大家一致认为应该在每层楼打个洞，然后才能装电梯。虽然耗费的成本高，并且会占用酒店内部的空间，但是酒店老板"两害相权取其轻"，同意这样做。不经意间，楼层的清洁工人听到了两位建筑师的谈话，知道了要在每层打洞安电梯的事。出于对本职工作的考虑，清洁工说道："如果在每层都打个洞，那会有很多尘土落下来的，环境也会弄得很脏。"建筑师对清洁工说，只能这么办，至于对他的清扫工作带来的不便，他表示万分抱歉。但是，清洁工却仍旧不满意，他皱了一会儿眉头后，说了一句话，建筑师一听，茅塞顿开，想到了一个绝好的主意。酒店老板也开心地手舞足蹈，并奖励了清洁工。

你知道清洁工说了什么吗？

30. 聪明的小儿子

在乌拉尔山里，住着一位老猎人乌塞里尔斯和他的三个儿子。三个儿子都跟着老猎人学习打猎的技术，都身怀绝技。不过，老猎人却经常教导儿子们，要想成为一个好猎人，技术固然重要，但更要善于动脑筋。

一次，老猎人在盘子上放了几个苹果，放好后，他问自己的三个儿子："你们谁能够用最少的箭将苹果全部射掉呢？"

三个儿子都跃跃欲试。

大儿子苏塞纳想了一下，回答道："禀告父亲，我数了一下，盘子里共有六个苹果，我可以做到箭无虚发，因此只需要六支箭便能将盘子里的苹果一一射落。"

二儿子苏斯拉尼奇听了大哥的话后，有些得意地说道："禀告父亲，我能够一箭串两个，因此我只要用三只箭就可以了。"

小儿子乌苏利亚一向最聪明，他想了一下后，回答父亲说："我觉得自己只要用一只箭就足够了。"

老猎人听了很高兴，夸奖小儿子聪明，让大儿子和二儿子向小儿子学习，不仅要有技术，还要善于开动脑筋。大儿子与二儿子听了不服气，认为小儿子在说大话。

于是小儿子一箭射出，果然六个苹果都落在了地上。

想一下，猎人的小儿子是怎样射的？

31. 巧运鸡蛋

一个夏天的下午，初二学生贾风波约了几个同学到操场去打篮球。运动一会儿之后，大家都汗流浃背，想要回去了。可贾风波还想再玩一会儿，于是他一个人又在操场上玩了一会儿，直到天快黑了，才抱着篮球往回走。

在回家的路上，贾风波遇到了在菜市场买菜的邻居张阿姨。张阿姨看到贾风波十分高兴，赶忙走上前来说道："哎呀，风波啊，我厂里临时出了点事，需要赶回厂里去，可是我刚刚买了一些鸡蛋，现在正想找个人帮我带回去呢！好孩子，你帮阿姨将鸡蛋带回去吧！"说着就将一方便袋的鸡蛋放在了地上，然后就急匆匆地走了。

正当贾风波要提起鸡蛋走的时候，他遇到了问题，原来装鸡蛋的方便袋的提手因为承受不住鸡蛋的重量，已经快断了。再冒险提着的话，万一中途断掉，二十几个鸡蛋可就全报废了。想到这里，贾风波犯难了，他看了一下四周，没有什么人可以帮忙，而自己手里除了一个篮球，只从口袋里摸出一个给篮球打气的气针。这可怎么办呢？

不过，贾风波一向是个聪明的孩子，他经过一番沉思后，突然眼睛一亮，想到了一个好主意，最后，他顺利而轻松地将这些鸡蛋帮张阿姨带回了家。你猜，他是用什么办法将鸡蛋带回来的？

32. 简单的办法

在江浙沿海一带，有很多家工厂从事商品生产加工贸易，行业之间的竞争十分激烈，一些产品的加工技术也需要做好保密工作。其中，一家名为"威盛泰隆"

的工厂便遇到了保密工作上的挑战。

现在，有一买家要来考察他们的商品——一台已经制造好了的大型机器。可是，从工厂大门到这台机器之间有许多其他绝密产品，如果这些绝密产品被泄露出去，可能会给公司造成巨大的损失。

于是，厂长发动全厂上下的人出谋献策，看谁能想出一个比较好的办法来解决这一难题。不过，这个问题很不好解决，因为威盛泰隆工厂的产品成本很高，无法搬动，买主前来考察的线路也无法改变。厂长总结了一下全厂上下人的建议，其中最好的一个就是：做个帐篷，把从工厂大门到这台机器之间的绝密产品一个个全盖起来，可是这样做很是费事，而且成本将会非常昂贵。

正在全厂对这个问题无计可施的时候，买主听到了这个消息，他们出于对卖方的尊重与合作精神，就提出了一个既不花钱又不费事的好办法，威盛泰隆工厂听到这个解决方案之后对买主十分感激。你知道买主提出的这个好办法是什么吗？

33. 聪明的摄影师

在一个阳光明媚的夏天，明明一家祖孙三代一起去照全家福。他们一家人欢欢喜喜地来到一家照相馆，由于明明家的人非常多，这家照相馆立即被他们一家挤满了。

照相馆老板一看一下子来了那么多顾客，赶紧出来招呼他们。老板先把他们让到会客室里，让他们稍稍休息一下，然后再进行拍照。

过了片刻之后，老板就把他们领到了摄影室，让他们按照长幼辈分依次坐好，然后就调整距离准备拍照。可是，当老板数了"一、二、三"，要为他们拍摄的时候，突然发现他们的表情一个个都僵硬了，原来脸上挂着的非常自然的笑容，一下子不见了。于是老板停止了拍摄，对他们说："你们一个大家庭今天能够聚集在一块，热热闹闹地来拍全家福，是一件多么值得高兴的事情呀，怎么一个个脸上没有一丝笑容？这样拍出来的照片多不好看呀，你们各位都要面带笑容，这样才够喜气！"

听了老板的话，明明一家人感到很对，于是就说："恩，对对，我们一家三代聚到一起不容易，是件值得高兴的事儿，大家都笑笑才对！"

但是说归说，当让他们去做的时候，效果却不那么理想。他们有的笑得非常不自然，有的根本笑不出来。老板看到这种情况，也有一丝为难。他扫了一眼这一大家子人，忽然间眼睛一亮，想到了一个主意。只听他说了一句话，就逗笑了明明一家人。

你知道老板说了什么吗？

34. 应变考题

一次，一家大型的上市公司要招聘重要职位，由于所给的待遇优厚，吸引了众多的求职者。公司一共收到了二百多份简历。这么多的简历真是让公司人事部门很头疼，看着那么多优秀人士，舍掉哪个都不忍心，但是职位只有一个，所以，必须从这些简历中选出一个人来。

为了考察应聘者的随机应变能力，该公司为面试者准备了一道题目。这是一道选择题：在一个大雨滂沱的晚上，假如你开车路过一个车站，这时候，正好有三个人站在车站旁，他们都是由于当晚的大雨被阻隔在车站的。其中，一个人是曾经救过你命的医生，一个是奄奄一息的病人，一个是你最心爱的人。问题是，你的车只能载一个人，你会选择谁来坐你的车呢？

这的确难以选择，众多的求职者都被难住了。大家的答案都不一样，有的说先把病人送到医院，然后再来接那剩下的两个人；有的说先把医生送到医院，再让他开救护车前来接病人，自己则再回来载走心爱的人；有的说当然选择自己爱的人了……所有的答案都被考官一一否定了。这个时候，一个年轻人出现了，他的回答让考官和其他应聘者都感到意外，但又觉得他的答案十分精彩。自然，最终这个年轻人成功获得了这个重要的职位。

想一下，如果是你，你该如何选择？

35. 挑选总经理

只要是商人，总是希望自己赚的钱越多越好，开了一家店，老想着再开一家连锁店。下面就是一个这样的例子。

一位老总拥有一家生意不错的酒店，这家酒店为他带来了巨大的财富，现在他又想要再开一家分店了。由于精力有限，这位老总不可能事必躬亲，也不可能一个人同时管理好两家酒店。于是，他想从自己的员工中选出一位出类拔萃的总经理。

自己的员工那么多，精明能干的也不在少数，该选谁做这个职务合适呢？他左思右想，用了整整一个晚上的时间，选了三个员工作候选人。这三位员工头脑都很精明，能力也很强。老总把三位叫到了自己的办公室，向三位问了同样的一个问题："你们三位能告诉我是先有鸡还是先有蛋吗？"其中的一个很快就回答道："我认为先有鸡。"另一个也不甘示弱，很自信的回答道："是先有蛋。"对于这二位的回答，老总都很失望。

第三个人也作出了自己的回答。他的回答得到了老总的赞赏，并成为了新酒店的负责人。

那么，你猜第三个人是如何回答老总的问题的？

36. 聪明的农家小伙

从前，一个国王有一位漂亮的女儿。国王特别疼爱自己的女儿，一直视她如掌上明珠。随着时间的流逝，国王也渐渐老去了，女儿也渐渐地长大了，于是，国王就想趁着自己在世的时候，给女儿物色一位好驸马。

次日，国王就命人下了一道诏书：本国国王要为公主挑选一位驸马，所有本国的未婚男士都有机会娶公主为妻。但是有一个条件，城堡前面将会设置障碍，只有连续三次通过障碍的人才能进入城堡，并最后与公主完婚。需要特别说明的是，一旦选择穿越障碍，就必须要坚持到底，如果不坚持，就失去了这次选驸马的机会。

看到国王的诏书后，很多未婚男子都去报名参选驸马。其实国王设置的障碍不是别的，只是在城堡前用砖砌起了乱如蜘蛛网的迷宫，其出口十分难找。因为这个迷宫十分复杂，前来参选的男子找来找去，找不到出口后，都一个个放弃了。最后，来了一个农家小伙，这个小伙采用了一个看上去既笨又聪明的做法，走出了迷宫，进入了城堡，成为了合格的驸马人选。

你猜，这个农家小伙是如何走出迷宫的？

37. 智力竞赛

在一个地方有这样一个风俗，那就是在每年的固定时间都要举办一次智力竞赛。这一年，又到了智力竞赛的时间，报名来参加的人也很多。经过层层选拔，最终有八名选手进入了决赛。到了最后的关键时刻，题目也比前几轮难多了。今年的决赛题目是这样的：所有进入决赛的选手都将被分别关进八间屋子里，门外派有专人看管。问题就是要选手们向守卫说一句话，如果守卫能自愿放选手出去，并且不跟随选手，那么选手就赢了这次智力竞赛。选手们要注意，不能采用强制性的手段威胁恫吓守卫，要通过语言，让守卫心甘情愿地放选手离开房间。

时间一点点地过去了，还是没有选手走出房间。终于，在最后的时刻，一个选手成功地摆脱了守卫的看管，走出了门，赢得了智力竞赛的胜利。

你知道这个人对守卫说了什么吗？

38. 智斗刁钻的财主

在一个小镇上，有一个刁钻狡猾的财主，他仗着自己有钱，喜欢愚弄镇上人，很多人都被他愚弄过，大家对他也恨之入骨。

一天，财主又想要愚弄镇上的老漆匠。财主让漆匠把一个新的方桌的颜色漆得和旧的方桌一模一样，不能有半点差错。如果漆匠能把新的漆得和旧的一样，那么财主就会给漆匠双倍的工钱，如果漆匠做不到这点，那么财主就不会给漆匠一分钱的工钱。憨厚老实的漆匠没日没夜地干了整整两天，才把方桌漆完，漆完后的方桌非常漂亮。和旧的相比，几乎没有任何差别，唯一的差别就是一个是新的，一个是旧的。但财主就抓住了这点不同，非说新的和旧的不一样，说什么也不给工钱。老实木讷的老漆匠也拿财主没有办法，没有收取这次的工钱，无奈地走开了。

刁钻的财主并没有满足，他还想要愚弄漆匠。过了没多久，刁钻的财主又来找漆匠了，又想要漆匠为他去工作。漆匠想起上次的事，自然不愿再去。但是，漆匠有个徒弟，他想起师傅上次被财主愚弄的事，心里就一肚子气，早想为师傅出出这口气了。于是，徒弟就表示自己愿意替师傅去财主家，不过要求双倍的工钱。财主奸诈地在内心盘算道：反正你又拿不到，不妨许给你！就答应了漆匠徒弟的要求。结果，财主又拿出上次的办法来对付漆匠徒弟，但漆匠徒弟却完全满足了财主的要求，拿回了双份的工钱。

你猜漆匠徒弟是怎么做的？

39. 惩罚

上课的铃声已经响了，在外面玩的学生都回到了自己的座位上。老师正在黑板前讲课，同学们也都在认真听讲，只有两个男生一直在窃窃私语个不停。老师发现后，并没有马上就把他俩叫起来，而是希望他俩能自觉点。然而，他们的声音越来越大了，老师这才把这两个小男孩叫了起来。原来是落在窗户上的小鸟吸引了他们的注意，他们正在议论这只小鸟。

为了让这两个小男孩吸取教训，下次不要再走神，同时也为了警示班里其他的同学，老师决定要惩罚这两个孩子。

"你们两个上课不认真听课，要受到惩罚。你们愿意接受惩罚吗？"老师说。

两个孩子答道："我们不该在上课的时候走神。我们愿意接受老师的惩罚。"

老师想了想，就说："我要你们把豌豆放进鞋子里，穿上装有豌豆的鞋子走一个星期。我想这样就能提醒你们下次不要再犯同样的错误了。"

两个小男孩很听话，他们就按照老师说的去做了。没过几天，这两个男孩相遇了。其中一个男孩走路一瘸一拐的，看起来很痛苦，但是另一个男孩走路却像往常一样方便，似乎鞋里没有豌豆。那个男孩就以为这个走路轻松的男孩，没有按照老师的要求在鞋里放豌豆。于是，他说道："你是在接受惩罚吗？我觉得你根本就没有把豌豆放进鞋里，你不按照老师的话去做！"

另一个男孩的回答很简单："我确实已经放了豌豆，我并没有违背老师的意思。只不过……"你知道这个男孩是怎么说的吗？

40. 有智慧的商人

有一个地方经常发洪水，每次发水，地势低的地方都不能幸免。有一个做纸品批发的商人，为了搬运的方便，他一直把自己的纸存放在一楼。

有一次，这个城市下了一场大暴雨，河水像猛兽一样肆虐。整个城市都处于一片汪洋之中，商人的店铺也不例外。商人看着雨水慢慢地渗入了门槛，由于没有事先准备，一点补救的办法也没有。店里的员工都很着急，大家都在抓紧时间抢救纸张。但是，哪还来得及，纸很快被水一层层地渗湿。

店员们都在抢救纸张，唯独商人站在那里不动。过了一会儿，商人却不顾外面的瓢泼大雨跑了出去。对于商人的这一举动，店员们很吃惊。现在这个时候，还有什么比抢救纸张更重要的事情吗？或许他是由于太伤心了，要出去发泄一下吧。这只是店员们的猜测。

等到商人回来的时候，店里的纸已经全部报废了。但是商人并没有难过的表情，他收拾完残局，就把店面搬到了另一个地方去了，这次商人也是选择把纸放在一楼。和以前不同的是，这次商人进了比以前多两三倍的货，做的依旧是纸张生意。

过了一段日子，这个地区又遭受了水灾，而且比上次严重得多。人们都跑到屋顶去躲避洪水了。奇怪的是，几乎城里所有的地方都遭受了水灾，但是商人的店铺却安然无恙。他的纸当然也没有被毁坏。但是由于城里其他的纸商的货都被水淹了，一时间，纸的价格就上涨了。很多出版社也急着出书，需要纸张，大家都拿着现款来找他，出高价买纸。

大家都感到很奇怪，纷纷问商人："你怎么知道这个地方就不会被水淹呢？"

商人说了一番很有哲理的话，使人们十分佩服他，你猜他说了什么？

41. 巧取银环

王冕是元代著名的大画家，他的作品非常受人们的欢迎，当时连明太祖朱元璋都慕名前去找他作画。王冕小时候家里穷，没有钱去读书，只能靠着给别人做工来糊口过日子。

有一次，他给一个非常贪婪的有钱人家做事，双方谈好的条件是：每个月一个银环的工钱。王冕第一个月很勤劳地给有钱人家做完苦工之后，这家有钱人并没有马上给他这个月的工资，而是拿出一条七个银环连在一起的链子跟王冕说："这个银环只准断开一个，你每个月底从这里取走一个作为你的工钱。假如你违反了这个规定，那么你不但得不到应得的工资，还要把以前我付给你的工资都还给我。"

王冕听后，知道有钱人是在故意考验他，想了一下之后就爽快地答应了。

时间不知不觉地过了七个月，他在这个有钱人家也一连做了七个月的劳工，并巧妙地按照有钱人的要求，取走了自己应该得到的七个银环的工钱。

开动脑筋想想，王冕是如何做到的呢？

42. 四面镜子的屋子

法国著名诗人拜伦，写过很多著名的诗词。

关于想象，他有过这么一句名言："想象是人类大脑中孕育智慧潜能的超级矿藏。想象力，能使人的思维充满无尽创造活力。"在拜伦眼里，人类所有的才能中，与神最接近的力量就是想象力。

拜伦这么说过："诗好比人类的一面明镜，那是人们心灵的真实写照。"但是他同时也承认，在面对镜子的时候，映出来的不见得都是人的真实容貌。

为此，他特意作了一个假设：一个人站在两块对应摆放的光镜中间，那么镜子中会出现一连串的影像。按照这个理论，假设有一间小屋，上下左右，前前后后，都会铺满无缝隙的镜片，有一个芭蕾舞演员在这个屋子里，那么他看到自己的影子一定是无数个了。

拜伦却警告说："思想上的延续和逻辑上的延续，并不一定在所有的问题上都有存在的必要。"

那么，按照拜伦的这个思想，这位芭蕾舞演员看到的到底会是怎样的影像呢？

43. 奥卡姆剃刀思维

六百年前，有一个叫做威廉·奥卡姆的人。他是一个神学领域的极端分子，经常传播一些极端的思想。教皇约翰二十二世为了制止他的极端思想的传播，把他关进了监狱。

但是没想到的是，奥卡姆竟然逃跑了，并且投靠了教皇的死敌——德意志的路易皇帝，他对路易皇帝说："你要用剑保护我，我会用笔保护你。"

奥卡姆喜欢写作，他一生写了大量的文字，其中最有名的一句是"如无必要，勿增实体"。意思就是：假如没有必要就不应该去增加与其相对应的实体。他强调的意思是只要我们承认了一个东西的存在，那么就要竭尽全力排除一切阻碍它的因素。这样的思维有点独断也有点偏激，后来我们称之为"奥卡姆剃刀思维。"

当时德意志皇帝最大的爱好之一就是收集名画，因此皇宫到处都挂满了历代名家的名作。有一次德皇专门出了有奖竞猜，其中的一个智力题目是：假如德意志最大的博物馆意外发生了火灾，当时情况非常紧急，博物馆里面有无数名画，在这个时候你会选择抢救哪幅画呢？这次竞猜的奖金数额不少，很多人绞尽脑汁想给德皇一个最满意的答案。

最终，德皇收到了成千上万个不同的答案。在这些答案中，有的说要抢救价值最高的，有的说要抢救最著名的，还有的说要抢救德皇最喜欢的，最后选出来的最佳答案却是奥卡姆的，他因此也获得了那笔巨额奖金。

那么，请问你知道他要抢救的是哪幅画吗？

44. 炮车过桥

硝烟弥漫的战场上，士兵们正在经历着枪林弹雨。

战争中，武器的及时到位自然是非常重要的。法国此时正在增援大炮的数量，一辆辆炮车载着大炮正急匆匆地开往前线。

炮车在行进的过程中，遇到了一座桥梁。只见桥梁的标志牌上很明显地写着：最大载重量二十五吨。然而当时法国的每辆炮车重量是十吨，大炮重量是二十吨，这样加起来之后，总重量明显超过了这座桥的载重量。如何才能让炮车平安过桥呢？

负责这次运输的总指挥员纳西将军苦思了好久都没有结果，最后只好把这个情况报告给了拿破仑。拿破仑沉思片刻之后，告诉了纳西将军一个简单而有效的办法，使得总重量超过桥的载重量的炮车平安地过了大桥。

那么请问，拿破仑想出的办法是什么呢？

45. 巧过沙漠

中国工程院院士翟光明是著名的石油勘探专家，他带领队员为我国的石油勘测事业作出了巨大的贡献。有一次，他率队要到新疆塔里木盆地进行石油勘测，路上要经过一片荒无人烟的沙漠，穿越这片沙漠最少需要十天的时间。当时每个队员随身却只能携带八斤水和八斤粮食，而按照当时的情况看，每个人每天最低要消耗掉一斤水和一斤粮食。

他们当时有的一个优势条件是：当地民工有很多，但是他们一样每个人也只能携带八斤粮食和八斤水过沙漠，而且他们每个人每天也要消耗掉一斤粮食和一斤水。

如何才能平安地穿过这片沙漠，这个问题难住了很多人，但是在翟光明那里，却轻而易举地被解决了，你知道他是用什么办法帮助队员穿过沙漠的吗？

46. 奇怪的成功条件

美国大名鼎鼎的钢铁大王卡内基在小的时候，家里很穷，但他一直很勤奋好学。在读小学的时候，有一件事情对他以后的人生产生了很大的影响。

有一天，在放学回家的路上，卡内基经过一个很大的建筑工地，小小的他不是很明白工人们都在做什么。这时，他看到有一个身着西装，很像老板的人在那指挥着工人们干活，于是他很好奇地走上前去问道：

"叔叔，请问你们在盖什么啊？"他问那个很像老板的人。

"小朋友，我们在建一座摩天大楼，给我的百货公司和其他公司的员工用。"那人回答他。

这样的回答让小小的卡内基很是羡慕，因为在他心里，能建造一座房子就是一件很了不起的事情，更别说一座摩天大楼了。

"那我长大后，怎么才能像你们一样建造一座大楼呢？"卡内基羡慕地继续问。

"要想建造一座大楼，第一需要勤奋工作。"老板模样的人很认真地回答他。

"这个我们老师说过，我知道的，那么第二需要的是什么呢？"

"买一件红色的衣服穿！"

这样的回答让卡内基感到非常奇怪，因为他怎么也想不通红色衣服和成功之间有什么必然的联系，"买件红色衣服与成功有关系吗？"他问。

看到卡内基满脸的疑惑，老板模样的人示意卡内基看他对面的那些工人，他们几乎都是穿着统一的蓝颜色的衣服，只有一个人穿的是红颜色的衣服。这个时候他指着那个穿红颜色衣服的工人说了一段话。卡内基听后顿时明白了买件红色衣服与成功之间的关系。

那么，你能想出来其中的奥秘吗？

47. 如此求职

一个大学生，在毕业之后急着去找一份自己喜欢的工作。他大学所学的专业是新闻，很希望能找到一份与所学专业相关的工作。

这天，他来到了一家杂志社，想看看他们是不是有招聘计划。

他直接来到了主编的办公室，很有礼貌地问主编："请问，你们这里需要编辑吗？"

"不好意思，我们暂时不需要！"主编回答说。

"那记者呢？"大学生继续问。

"也不需要！"主编回答。

这个学生依旧不死心，他继续问道："那么排版、校对的工作呢？"

"实在不好意思，我们现在什么职位都不缺人，需要的时候我们再和你联系吧。"主编继续平静地回答了他的问题。听到这样的回答，这个毕业生并没有立即离开，而是微笑着对主编说："那么，你们一定需要这个！"他边说边从公文包里面拿出一个自己特别制作的小牌子，上面简单地写着几个字。

总编一看，不禁莞尔一笑，既折服于这个求职者的创意，又赞扬他的机智与耐心，于是当场决定录取他。你能猜出这个求职者牌子上所写的内容吗？

48. 马先生的创意

生活中很多时候我们每个人的能力都是差不多的，有时候需要的只是一个与众不同的创意而已。

一天，马先生去一家广告公司面试创意总监的职位，这是一个待遇非常好的职位。那天前去应征的人不计其数，最后胜出却只有他自己。

回到家之后，他的妻子急忙问他："亲爱的，今天的面试怎么样？"

马先生自豪地回答妻子说："完全没问题，明天就能去上班，待遇非常好，月薪十万，不包括福利和奖金。"

妻子听后很高兴地说："这么好的待遇，那么去面试的人一定很多吧？"

"今天去面试的有好多人，经过三轮的面试，最后剩下的只有二十几个人，个个都是广告界的精英。"马先生得意地说，"但是最后他们录用的只有你老公我一个人。"

妻子更加高兴地说："哇，老公你太厉害了，那么他们最后的面试题目是什么呢？"

马先生说："最后的面试只有一个问题,总经理给每个参加面试的人一张白纸,随便我们在上面写些什么,最后他把所有的纸都通过窗口撒向大街,过往的路人先捡起谁的纸,谁就胜出了。"

妻子好奇地继续问:"一张白纸能写什么呢? 路上那么多人,会有人注意吗?"

马先生说："他们有的在上面写动情的文字，有的在上面画好看的漫画，还有的在上面画上了裸体的女人，有的还把纸折成了漂亮的艺术品扔下去，但是最后都没有我的办法有效。"

妻子一听很是好奇，急忙问："那么你是怎么做的呢？"

那么假如你是马先生，你会怎么做呢？

49. 智拔桥墩

一场突如其来的山洪冲毁了森林旁边的一座小桥，连钢筋水泥做的桥墩也被冲到了河的下游了。

森林负责人于是想在原地重新再建一座小桥，这样的话就需要把冲走的桥墩再弄回来。

相关人员找来两只大船，准备把冲到下游的桥墩给拖回来。几个工人把绳子系在了桥墩上面，可是因为桥墩太重，所以绳子根本就拉不动那么沉的桥墩。

如何才能把那么沉重的桥墩从下游的泥沙中顺利拔出来呢？大家冥思苦想了好久都无计可施。后来一个很有经验的老工人想到了一个办法，成功地把冲到下游的桥墩拖到了上游，这样就把被洪水冲毁的桥重新建好了。

那么，老工人想的是什么办法呢？

50. 三个司机

一家很有实力的公司最近想招聘一个小车的司机，前去面试的司机很多。

经过相关人员的层层筛选，进入最后一轮面试的只有三个司机，他们都是驾驶经验很丰富的司机，行车技术也很高。三个司机共同接受了面试，主考官最后的面试只给他们提出了一个问题。

这最后的考题就是："假如在悬崖边有一块金子，而你们要做的就是开着车去捡回金子，那么以你们的技术能把车停在距离悬崖多远的地方？"

第一个司机说："我能把车停在距离悬崖两米的地方。"

第二个司机这时候自信地说："我可以把车停在距离悬崖半米的地方。"

第三个司机却给了一个完全不同的回答。

最后，第三个司机被录取了，你能猜出他是如何回答的吗？

51. 智力题

一个周末，罗宾逊夫人与几个好朋友在自己家里聊天，气氛相当融洽。有一人提议让罗宾逊夫人给大家出个谜语猜猜。这个提议得到了在场朋友的一致通过。罗宾逊夫人说："我不善于猜谜语之类的游戏，但是我丈夫却非常喜欢猜谜语。"罗宾逊夫人一边说一边想着，突然想起了一道难题，她感觉那应该是这些朋友们没有见过的，于是就说出来给大家猜了。

题目是这样的：有一天，她正坐在房间里面缝衣服，她八岁的儿子走了进来，就在这个时候，她的儿子听到了一个声音在说："退回房间去，我的宝贝儿子，现在我在忙，不要打扰我。"

儿子听后说道："我确实是您的儿子，但是您却不是我的母亲，所以我希望您能给我解释清楚这到底是怎么一回事！"

朋友们听到这里，都陷入了沉思，他们搞不明白，怎么儿子说是您的儿子，而您却不是他的母亲呢？在读这个故事的你，能想明白这是怎么回事吗？

52. 考学生

古时候有一个私塾先生，一生兢兢业业地教书育人，后来，私塾先生慢慢老了，因为无儿无女，他便想把自己的私塾留给他的学生。

私塾先生有两个心爱的学生。这两个学生都很勤奋努力，私塾先生很喜欢他们，于是想从这两个人中选出一个来继承他的私塾。两位学生在学习上同样勤奋，在品格上也一样正直，一时之间，私塾先生很难决定选择谁作为继承人。最后，私塾先生想到了一个办法来考察一下哪个学生更聪明一些，让聪明的那个当他的继承人。

这天，他拿出两本同样厚的书和两支笔分别给了这两个学生，他考验这两个学生的方法是：让每个学生在给他们的书的每一页上都点一个点，每一页都必须点上，谁先点完整本书，谁就将继承私塾先生的私塾。

学生甲接到书之后就老老实实地开始用笔一页页地在书上画点，学生乙思考了片刻之后，换了一个办法，很快就完成了任务，私塾先生一看满意地点了点头，最后就将自己的私塾给学生乙继承了。

你能猜出来学生乙是如何做的吗？

53. 火灾带来的"灾难"

约瑟夫的祖父在去世后为他留下了一座美丽的森林庄园。约瑟夫非常喜欢那座美丽的庄园，每天都精心地打理着庄园里面的一草一木。

然而世事难料，美丽的庄园在一次火灾中化为了灰烬。森林大火是由雷电引发的。看到那片茂密的森林被大火无情地烧毁了，约瑟夫心里非常难过，他决定向银行贷款，用以恢复那片美丽的森林。但是，当他满怀信心地向银行提出了申请之后，得到的却是银行的拒绝。

约瑟夫看着化为灰烬的森林，非常难过。他茶不思饭不想地在家里过了好几天。他的太太看着他那样，非常担心，就劝他出去走走。

约瑟夫听从太太的建议，来到了一条热闹的街上闲逛。

在街道的一个拐角处，他看到一家店铺门口非常热闹，禁不住好奇地上前去看是什么情况，原来是好多家庭主妇在排队购买冬季取暖和做饭用的木炭。约瑟夫看到那家店铺箱子里面的木炭，忽然眼前一亮，想到了一个好主意。

你能猜出他想到的是什么主意吗？

54. 奇怪的票价

有一天，约翰逊带着自己亲爱的儿子去公园游玩。在他去买门票的时候发现了一个很奇怪的问题，公园定制的门票价格为：乘缆车游玩，每人二十五美元；通票（包含乘缆车）游玩每人二十美元。这个价格让约翰逊很奇怪，他认为可能是公园的工作人员不小心将这两个价格弄错了。他没管那么多，继续带着儿子在公园游玩。

当约翰逊带着儿子游玩到中午时分，儿子玩了大半天也饿了，约翰逊就带着儿子进了公园的一家小餐馆吃饭。很凑巧的是，他的好朋友吉姆也在这里吃饭，两人很久没见了，就找个地方坐下开始边吃边聊。当他们聊到公园的门票价格的时候，约翰逊说："我想肯定是公园的工作人员将这两种门票的价格弄错了，这样公园的损失估计会很大！"

吉姆是个大学里的经济学讲师，他笑了笑说："其实公园不仅不会有很大的损失，反而会盈利不少。"

这样一说，约翰逊就更加奇怪了，然后吉姆道出了公园这么做的原因所在，约翰逊听后恍然大悟，那么你能想出公园制定这样奇怪票价的原因吗？

55. 违法建筑

邻居家里在建造新房子。他们在建筑地以外的地方树立起了一块很厚的木板，按照当地规定，这块木板是违法建筑。

麦克看到这种情况以后，非常生气，和邻居沟通了但是依旧没有结果，于是他用粉笔在木板上写了大大的四个字"违法建筑"。但是第二天，那个木板上面的字就被擦去了。麦克于是又换成了用笔在纸上写，然后将那张纸贴在了木板上，但是第二天，那张纸就又被撕掉了。

麦克左思右想，终于想到了一个好办法，这次无论他们怎么擦，或者怎么撕，都没有办法让"违法建筑"这四个字消失。

猜想一下，这次他想到的是什么办法呢？

56. 故事接龙

在一次很著名的选美比赛中，美女云集。大赛经过几轮激烈的角逐，最后只剩下了四位佳丽，四人不论外貌还是才华都非常优秀。

最后一轮是智力比赛，这将关系到最后的结果。主持人笑盈盈地走到话筒面前，温柔地对台下的观众说："现在将要进行的是最后一轮比赛，此轮比赛是智力比赛，现在请四位佳丽轮流来为我们串讲一个故事。故事的开始是这样的：'今晚的月光很好'，那么从我们的第一位美女开始。"

第一位佳丽接过话筒，很快地答出了下面的一句："演出很圆满地结束了，我心情很舒畅，独自一人愉快地走在回公寓的路上，身后忽然传来一声枪响……"

第二位佳丽接过话筒笑容满面地说："我慌忙回头看是怎么回事，只见一位警察正在奋力追赶一个歹徒……"

第三位佳丽继续着这个话题说："经过一番激烈的搏斗后，这位警察最终将歹徒制服了。"

故事讲到这里似乎已经结束了，大家都为第四位佳丽捏一把汗，看她如何接着讲。

话筒已经到了最后一位佳丽的手里，第四位佳丽灵机一动，又接上了一个精妙的结局，并明显高出前三位一筹，她也因此赢得了比赛。

你帮她想一下，她该如何往下接？

57. 最短的道路

在许多年前,英国的《泰晤士报》曾经出了这样一道题,公开征求答案,题目即:从伦敦到罗马,最短的道路是什么? 最佳答案提供者将有一份奖品相赠。在问题的下面, 还附有两行说明 : 这道题是没有固定答案的, 所以大家可以大胆地去想象, 谁的答案合情合理, 能让其他人都感觉非常恰当, 那么他的答案就将获奖。

这个有趣的问题吸引了许多英国人的参与, 他们有的从地理位置上找答案, 有的去翻阅《旅游指南》一类的书籍, 然而, 他们的答案都落选了。最终, 一个小伙子获了奖, 人们都认为他的答案非常机智巧妙。

你能猜出这个最佳答案吗?

58. 沉默时间

美国纽约国际银行开张了, 为了打开局面, 银行负责人决定给银行打个广告, 看到那些在电视、电台上反复播放的广告并没有起到太大的实际效用, 他们想出了一个非常与众不同的办法。

该银行同样在电视、电台上播放了广告, 但是其具体的做法却与普通的广告截然不同, 人们一下子记住了国际银行的名字, 并将其作为了一个热门话题讨论。想一下, 该银行的广告是如何做的呢?

59. 酱菜广告

1997 年, 老李退休后用自己攒了半辈子的钱开了一个酱菜场, 虽然注册资金只有十几万块钱, 但干了一辈子营销管理工作的老李却蛮有信心做成全城第一品牌。

为了迅速挖到第一桶金, 老李寻思着在酱菜上市之前先打个宣传广告。问过当地电视台的相关人员以后, 他发现电视广告实在不是一个好选择, 不但价格太贵而且自主性太小, 看来只好选择广告牌位了。

可到哪里才能寻找到既便宜又实惠的广告位置呢? 琢磨来琢磨去, 老李灵机一动想出了一个主意, 他用了整整三天的时间转遍了城中城郊的大街小巷, 终于找到了一个让他非常满意的广告牌位——在进城的高速路口处, 各种车辆和行人总是川流不息。

就是它了，老李心想，虽然这里路人皆行色匆匆，很难保证广告的良好效果，但只要他们看上一眼，我的酱菜就能印到他们的脑子里了，要知道在这之前上百公里的高速公路上可都是没什么广告的。

决心一下，老李立刻行动起来，第二天，他的广告便登上了那个位置，但是令人惊讶的是，那并不是他的酱菜广告，而是一个"广告的广告"。原来，老李想到了一个大大放大自己的广告效果的点子，你猜他具体是怎么做的？

60. 贝索斯的选择

全球知名的网络商务公司"亚马逊"的创始人贝索斯刚刚创办公司，经营网上商务业务时，对在自己的商务网上首先出售什么商品，赚取第一桶金，进行了一番思索。当时，他的选择有两个：音乐制品和书籍。按照当时的市场需求，出售音乐制品，所赚取的利润显然会更大一些，但是，贝索斯最后还是选择了出售书籍，这是为什么呢？

61. 令人意外的战术

在篮球史上曾有过这么一次令人感到匪夷所思的比赛。

在一次世界男子篮球赛中，保加利亚队和捷克斯洛伐克队遭遇了。在这场比赛中，双方旗鼓相当，打得十分激烈，在离比赛结束只有八秒钟的时候，保加利亚队领先两分，而且还是保加利亚对开球，应该说，保加利亚队已经稳操胜券了。但事实上，如果从整体形势来看，事情对于保加利亚队并不利。因为，在前面的几场比赛中，保加利亚队的积分不如捷克斯洛伐克队。在这场比赛中，保加利亚队只有在此场比赛中胜出捷克斯洛伐克队五分才能出线，而捷克斯洛伐克队即使在这场比赛中以现在的比分输了，其仍可以出线。因此，在一旁忧心忡忡的反倒是保加利亚队教练，而捷克斯洛伐克队的教练则显得十分开心。因为显然，保加利亚队要想在剩下的短短八秒内突破对方的严防死守再得三分，几乎是不可能的。

就在这时，保加利亚队教练当机立断，果断地站起来，要了一个暂停。接下来，他对自己的队员面授机宜，采用了一个令所有人都感到匪夷所思的战术。凭借这个战术，保加利亚队最终如愿以偿地出线了。

如果你是保加利亚队主教练，你会采用何种战术？

第四章

转换思维名题

1.华盛顿抓小偷

华盛顿小的时候非常聪明，经常帮助村长解决一些难题。有一次，华盛顿的邻居家遭到偷窃，丢失了许多东西，这家人本来就不是很富有，因此很难过。邻居于是向村长说明了情况，希望村长能帮忙找到这个可恶的小偷。

华盛顿想了一会儿之后，把村长悄悄地叫到一边说："村长，从作案时间和所偷的东西来看，我感觉这位小偷应该就是咱们村的人。"

村长一听，觉得有道理，于是继续问华盛顿："那么如何能够将这个小偷找出来呢？"

华盛顿和村长说了一个办法，然后让村长晚上把所有村民都聚集起来。

村长按照华盛顿的要求将村民们集合到了麦场，并告诉大家华盛顿说要给大家讲一个故事。那个晚上月亮很好，星星明亮地闪烁着。华盛顿对着在坐的村民们开始讲故事："传说黄蜂是上帝派到人间的使者，它有一双犀利的大眼睛，能够辨别人间的是非曲直和善恶对错，尤其善于将坏人揪出来，这天，它乘着朦胧的月光飞到了人间……"

说到这里，华盛顿突然停了下来，对着人群大声地叫道："哎！小偷就是他，黄蜂看到的小偷就是他！他偷了善思特大叔家的东西，现在黄蜂正在他的帽子上面打转呢……"华盛顿焦急地一边说一边指着人群，"看，黄蜂就要落下来了，马上就落下来了，就在那里！"

村民们这个时候纷纷四处观望起来，都想看看黄蜂在哪里。一阵纷扰过后，华盛顿指着人群中的一个人对村长说："小偷就是他！"接着，华盛顿还说出了自己的理由。这个人想抵赖都抵赖不了，只好低头向村长认罪了。

那么你知道这个小偷是怎么暴露自己的吗？

2. 棒极了

一个探险家和他的挑夫打算穿越一个山洞。他们在休息的过程中，探险家掏出一把刀来切椰子，结果因为灯光昏暗，切伤了自己的一根手指。

挑夫在旁边说："棒极了。上帝真照顾你，先生。"

探险家十分恼怒，于是把这位幸灾乐祸的挑夫捆起来，打算饿死他。当他一个人穿过山洞的时候，却被一群土著抓住了，他们打算杀死他来祭奠神灵。幸运的是，那些土著看到了探险家伤了手指，于是把他放了，因为他们害怕用这样的祭品会触怒神灵。

探险家感到自己错怪了挑夫，于是回去把那位挑夫的绑松开了，并对他致以歉意。

这时候，挑夫又会说什么呢？

3. 保护花园

玛·迪美普莱是法国著名的女高音歌唱家，她有一个非常美丽的私家花园，花园里是她精心挑选的各色各样的鲜花、蘑菇、小草……这个花园非常漂亮。可是，每到周末，总会有一些人去她的园里采摘鲜花，捡拾蘑菇，有的还会搭起帐篷，在草地上野餐。原来漂亮整洁的花园被那些人践踏之后会变得又脏又乱。花园的管家曾经无数次地让人在花园的四周围上篱笆，并且竖起"私人园林禁止入内"的牌子，但是这些做法都无济于事。花园依旧是经常被那些采花的人践踏、破坏。管家实在没有办法，只好向主人迪美普莱请示。

迪美普莱听完管家的汇报之后，没有说太多，只是让管家再去重新做一个木牌树立在各个路口，牌子上面写上了一句话。管家按照主人的话去做了，之后，再也没有人闯进花园了。

那么请你设想一下，木牌上究竟写的一句什么话，才能起到那么一个好的效果呢？

4. 废纸的价值

德国某家造纸厂的一位技师因为一时疏忽，在造纸工序中出了错，结果生产出了大批不能书写的废纸，墨水一蘸到纸上就会扩散开。这批废纸会给造纸厂造成很大的损失，这位技师非常焦急，做好了被解雇的准备。

当他看着那些废纸发愁的时候，忽然灵机一动。

他想出什么好办法了吗？

5. 裴明礼的游戏

唐代有一位著名的商人叫裴明礼。有一次，他对一个处在交通要道的臭水坑发生了兴趣。那个水坑处在商贩来往的必经之路上，大家只能绕道而行。裴明礼用很便宜的价格把它买了下来，在水坑中央竖起一个很高的木杆，木杆顶上挂了一个竹筐。然后在水坑旁边贴了一张告示："凡是能把石块、砖瓦投入竹筐的，赏铜钱百文。"

路过的人看到有便宜可赚，纷纷向竹筐投掷砖瓦，但是由于竹筐太高太远，几乎没人能投中。但是，人们还是踊跃参与，尤其是没事做的孩子们，把这当游戏玩。

你能说出裴明礼的真正用意吗？

6. "鞋脸" 奇才

一位法国的艺术青年叫明尼克·波达尼夫，有一天他看到了一双被扔掉的破旧高跟鞋，他发觉那鞋子的样子有点像一张人脸。他兴致勃勃地把那鞋子加工了一番，使它看起来更像人脸的模样。朋友们对他制作的鞋子脸谱赞不绝口，这让他产生了新的想法……

7. 报废的自由女神铜像

这是个真实的故事。

1974 年，纽约的自由女神铜像因为时间长了，铜块出现了生锈老化现象，政府派人对其进行了维修更新。于是，旧的铜块被换下来，变成了一堆垃圾。为了处理这堆垃圾，纽约市政府进行了公开招标。但是，因为当时环保人士的监督十分严厉，一不小心便会被他们起诉，所以几个月过去了，一直没人敢参加招标。

这件事也成了一则新闻被刊登在许多报纸上。有个人在巴黎旅行时，从报纸上得知了这一消息，他灵机一动，便看到了这其中的商机。于是，他即刻乘飞机前往纽约，买下了这些破铜烂铁。不久，他凭借这堆破铜烂铁，赚了几百万美元。

你猜，他是如何利用这堆破铜烂铁赚这么多钱的？

8. 把谁丢出去

20世纪末，一家英国的报纸为了提升自己报纸的知名度，曾经举行了一个高额的有奖征答活动：说在未来的某一天，人类遭遇了大的灾难，眼看就要灭绝。而在一个热气球上，载着三个事关人类命运的科学家，前去拯救人类。但是，热气球由于充气不足，无法承受这个重量，于是眼看就要坠毁。而能扔的东西已经都扔掉了，下面再要减轻重量的话，只能是将科学家中的一个扔下去了。在这三个科学家中，一个是核武器专家，他有能力阻止全球性核战争的爆发；一位环境专家，他可以消除现在已经很严重的环境污染，给人类建造一个新的家园；还有一个则是粮食专家，他能够解决目前正陷入饥饿中的数十亿人口的吃饭问题。问题就是，在这个危机关头，究竟该把谁丢下去呢？这个题目的奖金高达十万英镑。

于是，全英国各地乃至其他国家的许多读者纷纷给该报社写信寄去自己的答案。其答案可以说是众说不一，有的人甚至写了长长的论文证明自己的答案的合理性。但是，最终赢得奖金的却是一个英国的十岁小男孩。

你猜他的答案是什么呢？

9. 钢筋混凝土的发明

有一次，法国园艺家莫尼哀进行园艺设计的时候，需要一个坚固结实的花坛。对于建筑这行他一窍不通，但是作为一个园艺家他很熟悉植物的生长规律。他想到植物的根系密密麻麻地牢牢地抓住土壤才能使参天大树屹立不倒。如果把这个原理应用在建筑中，不就能保证花坛坚固结实了吗？

他会采取怎样的行动呢？

10. 计识间谍

第二次世界大战时，法国的一位反间谍军官怀疑一个自称是比利时流浪汉的人是德国间谍，但是又没有足够的证据。这位军官灵机一动想到了一个办法。他让这个流浪汉数数,从一数到十。流浪汉很快用法语数完了。军官只好对流浪汉说:"好了,你自由了,可以走了。"流浪汉长长松了一口气,脸上露出了笑容。这时,军官终于确定这个流浪汉是德国间谍,命令手下把他抓起来了。

你知道军官是怎么作出判断的吗?

11. 老侦察员的答案

小明拿一道化学题考他不懂化学知识的爷爷。这道化学题有五个备选答案:A、氯化亚铁 B、硝酸镍 C、硫酸铜 D、氯化亚铜 E、氯化亚汞。爷爷虽然不懂化学知识,但是却当过侦察员,他戴上老花镜看了看备选答案,稍一沉吟,然后告诉小明:"正确的答案应该是氯化亚铜。"

你知道爷爷是怎么知道正确答案的吗?

12. 微波炉的发明

帕西·斯潘塞是一名电工技师,他发现了一个奇怪的现象:在安装雷达天线的时候,放在上衣口袋里的巧克力会自动融化。周围没有任何热源,是什么导致巧克力融化的呢?为了查个究竟,有一次,工作之前他故意在上衣口袋里放了一块巧克力。当他爬上雷达塔台的时候,巧克力就开始融化了。他想到,也许是雷达发出的强大的电磁波导致巧克力融化。

帕西·斯潘塞的想法正确吗?

13. 约瑟夫的发明

约瑟夫因为家里贫穷,很小的时候就辍学回家,给别人放羊。但是约瑟夫并没有因此而自甘堕落放弃理想,他坚持一边放羊,一边读书。当他读书读得入迷的时候,就忘了看管羊群。牧场的栅栏是用一些木桩和几条横拉的铁丝围成的,如果约瑟夫只顾读书,不管羊群,它们就会钻出栅栏,去啃栅栏外面的庄稼。老板发现后就会对约瑟夫痛加责骂。

约瑟夫想找个办法使羊群无法通过栅栏,他看到羊群从来不在长着蔷薇的地方钻出栅栏,因为蔷薇上有刺,能够阻碍羊群向外钻。于是,他想到如果用蔷薇做栅栏,羊群就不会再向外跑了。他砍下了一些蔷薇的枝条插在栅栏上,但是很快他就发现这个办法并不可行，栅栏太长了，哪有这么多的蔷薇可以插啊？

约瑟夫还会有其他什么好办法吗？

14. 范西屏戏乾隆

清代著名的围棋手范西屏和施定庵是千古弈林中前所未有的大师级人物。二人同为浙江海宁人，年龄仅一岁之差，因而被人们称为"同乡棋圣"。二人棋艺的高低历来被作为弈林的热门话题。

乾隆四年，二人在浙江平湖相遇。棋圣相遇，难免一时手痒难耐，于是摆开战局，一绝胜负。十局之后，二人依旧难分高下，在场的棋迷都说既然二人同为棋圣，难分高下也属正常，假如一定要刻意分出高下，反而不美。

此时，正好乾隆皇帝下江南，得知此事，非常感兴趣，于是决定去会一下二人。化装为平民之后，乾隆皇帝骑着一匹大马就来到了二人下棋的地方观看战况。

二人正在平湖大战，平湖周边景色宜人，风光秀丽，吸引了不少文人墨客前来观景。乾隆看着这里汇聚了不少人，于是也停下来仔细观看二人对弈情况。不知不觉已到了日落之时，二人依旧平分秋色。

范西屏抬头忽然发现了乾隆皇帝，于是起身迎接道："马有千里之气，人有万盛之态，不知贵人驾到，请恕罪。"

乾隆皇帝见身份被识破，只好摆手告诉范西屏不要张扬，他对范西屏说："听说范先生嬉游歌呼，随手应对。施先生敛眉射棋，出子甚紧。我今日过来就是想考考你们的。"

范西屏疑惑地问："您想考点什么呢？"

"这个……"乾隆皇帝思索着，转身指着波光粼粼地湖水说："我看你俩棋场上奋力厮杀，难分高下，关键之处杀得惊心动魄。都说二位落一子而力千斤，但是不知道二位是否有本事在落子间使我连人带马跳进湖里？"

施定庵本是出身书香世家，十分文雅，听到乾隆皇帝出言如此不逊，便有些不高兴，冷冷地回答说："湖水无盖，毫无阻滞。假若有心下水，何须拘泥于我等？刻意深求，反而过犹不及。"说完便转身专心下棋，不再接话茬。

而范西屏听后则是看了一眼清澈见底的湖水，然后一边挠挠头，一边对乾隆皇帝说："我虽不能落子推您下湖，但是却能借助举子之力牵您和马从湖里跃上来。"

乾隆听后，很是好奇，没多想就跃马跳入浅湖里，对着范西屏大声喊道："我倒要试试看，你如何让我和马从水里跳出来！"

结果范西屏不仅做到了"落子推入湖"，也做到了"举子牵马归"。乾隆不禁大窘，但是也心服口服。

那么你知道范西屏用的是什么办法吗？

15. 自动洗碗机的畅销

美国通用公司发明了一种全自动洗碗机，本以为这种先进的电器会很受欢迎，但是摆上货架之后却无人问津。公司的策划人员以为是宣传不够，于是通过各种媒体大力宣传这种洗碗机的好处，但是人们还是对洗碗机不感兴趣。

眼看这种新型洗碗机就要夭折了，策划专家会如何运用转换思维呢？

16. 霍夫曼的染料

奎宁是医治疟疾的良药，但是天然奎宁的数量有限，一旦疟疾流行起来，就会出现奎宁短缺的现象。19 世纪 40 年代担任英国皇家化学院院长的霍夫曼试图用化学方法合成奎宁。他的学生帕琴按照老师的想法进行了多次实验，但是每次都失败了。但是他并没有放弃努力，继续做实验，结果还是没有成功。

霍夫曼会就此放弃吗？

17. 狐狸的下场

狼和狐狸是好朋友，经常在一起捕食。一天，两位好朋友又一起外出打猎，很不巧地，它们遇上了凶猛饥饿的老虎。

怎么办？狡猾的狐狸眼珠一转，想出了一个馊主意。它回头对狼说："狼大哥，我原来跟它打过几次交道，还算有点交情，让我去求一下情吧，也许它能放过我们。"

狐狸满脸堆笑地走到老虎面前，压低声音道："老虎先生，如果我们两个联合起来对付你，很可能你不但吃不了我们，还会落个两败俱伤。所以，我看不如这样，咱们两个联合起来，我负责把狼引入一个陷阱里头，然后你吃掉狼，放掉我，怎么样？"

老虎想了想，点点头道："好，那你去引狼吧，如果你敢耍花招，我会立刻把你给吃掉。"

就这样，在狐狸的引诱下，狼被困到了一个陷阱里面。但是这时候，藏在旁边的老虎却突然窜出来把狐狸给抓住了。

狐狸大惊："大王，我们不是说好了吗？再说，我对您可是忠心耿耿啊……"你猜老虎会怎么说？

18. 大错误与小错误

后滕清一原本是三洋电机公司的副董事长，辞职之后，他投奔了赫赫有名的松下公司，并担任了厂长。其在任期间，曾遭遇过一次由于工人违反操作规章失火的事故，损失极为严重。事情发生之后，后滕清一心中恐慌之至，他想平时哪怕自己打电话时一句问候语说得不到位，都会受到松下先生的严厉斥责，这次出了这么大的事，还不定会受到多重的责罚呢。但他万万没有想到，松下接到报告后只轻描淡写地对他说了四个字："好好干吧！"

这短短的几个字当时就让后滕清一感动得一塌糊涂，立即暗暗发誓至死效忠松下，把全副精力都投入到工作中去。后来的事实证明，后滕清一的厂长做得的确是史无前例的好。

你能分析一下这其中的道理吗？

19. 神圣河马称金币

很早以前，非洲大陆上生活着很多个部落，其中一个叫土也胡特的部落，以河马为图腾，视之为神物。而这个部落的酋长还专门养了一匹河马，对其精心照料。

不过，酋长也没有白养这匹河马，这匹河马对酋长有一个特殊的作用。每年在酋长生日这天，酋长和他的收税官都要用王室的船载着河马，沿河游览到收税站去。到了那里以后，当地的税官就要根据当地的习俗供奉给酋长金币，而称量金币时，让这匹河马站在一个巨大天秤的一端，另一端则放金币，直到金币的重量达到了河马的体重为止。

不过对于交税问题，百姓们十分头疼，因为他们发现自己要供奉给酋长的金币一年比一年多。这是为什么呢？原来酋长的河马因为被精心喂养，越来越膘肥体壮，每年体重都要增加许多。因此百姓们每次都要供奉比上年多许多的金币才能等同于河马的体重。

这一年，酋长又带着收税官前来收税了。可是，正在称量金币时，意外发生了。因为那匹河马经过一年后，体重又增加了许多，只见收税官不停地往站着河马的天秤的另一端放金币，金币已经放上去很多了，可是秤依旧偏向河马的那边。等又放上去一些金币的时候，称杆"啪"的一声折断了。这下麻烦了，要修好秤杆，至少需要几天的时间。

过来收税的酋长一见到这种情况非常气愤，他告诉收税官："今天我要得到我的金币，而且必须是准确的数量。如果在日落前秤不出金币，我就砍掉你的脑袋。"说完，酋长就怒气冲冲地走了。

可怜的收税官这时脑袋中一片空白，吓得几乎不能想问题。等他缓过神来，酋长早已走远了。这时，收税官强打精神，苦苦思索起来。经过几个小时的思考后，他突然有了一个好主意。你能猜出是什么主意吗？

20. 熬人的比赛

在非洲有个原始部落，虽然整个世界已经进入了现代，但这里的人凡事都做得很笨拙，甚至有些好笑，从下面这个故事便能看出来。

这个原始部落的首领有两个儿子，首领对他们都很喜欢。随着自己渐渐老去，首领想要在两个儿子中挑出一个人来接替自己的位子。但是，他迟迟拿不定主意究竟将位子传给谁。一天，首领想来想去，终于想到一个自以为高明的办法，那就是让两个儿子各自骑上一匹马，跑向一个地方。谁的马后到达，首领就将位子传给谁。于是，两个儿子依照规矩，各自骑上马出发了。两个人谁也不敢走得快一些，都想尽办法拖延时间，甚至走走退退。如此一来，本来一天可以走完的路，两人走了三天，也都没有到达，首领及部落的人也都等得很不耐烦。

显然，这样的比赛方法，可能再过一个月，也不会有结果。看来这个原始部落的人的确笨得出奇。

那么，你作为一个现代聪明人，假设你正好在非洲旅游到了此地，并在路上遇到了两兄弟，你能否给他们出个主意，在不违反首领的比赛规则的情况下，尽快结束这熬人的比赛？

21. 青年的理由

　　这个故事发生在远古的希腊时代。那时候，有一个年轻人特别热爱演讲，他想把演讲作为自己以后一直从事的事业。但是，当他把自己的理想告诉父亲的时候，却遭到了父亲的强烈反对。

　　父亲的理由是这样的："演讲是一个两难的职业。如果你说真话，那么一些达官显贵就会憎恨你；如果你说假话，那么贫民老百姓就不会喜欢你。演讲就必须说话，或者真话，或者假话。无论说真话还是说假话，你都会得罪人，所以，你不能把演讲作为你终身的职业。"

　　父亲的话似乎很有道理，年轻人一时感到难以辩驳。但是，过了一会儿之后，他突然想到了辩驳父亲的好主意。他再次找到父亲，说出了自己的理由。父亲一听，也不得不点点头，同意了他的要求。

　　如果你是那位年轻人，你会怎样说服父亲呢？

22. 租房

　　沙窝村的老王家一家三口准备搬到城里去住。可是城里的房子并不是那么好找，老王带着妻子和一个五岁的孩子跑了一天，腿都跑细了，可不是环境不好，就是房价太贵。直到傍晚，才好不容易看到一张高级公寓廉价出租的广告。他们赶紧跑去看了看，房子周围的环境出乎意料地令人满意，"如果能够将这套房子租下来就好了"，老王心里暗想。

　　于是，老王一家就前去敲门询问。房东出来了，他是个六十多岁的老人，看起来很和气，不动声色地对这三位客人从上到下地打量了一番。王先生鼓起勇气问道："我看到了招租启事，请问是您这房屋出租吗？"

　　房东遗憾地说："是的，不过实在对不起，我的这栋公寓不找有孩子的住户入住。您还是到别的地方再看看吧！"

　　老王和妻子听了，感到很无奈。虽然跟房东商量了半天，但是看到房东没有让步的意思，觉得没有指望了。最后，他们终于默默地走了。

　　不过，他们那五岁的孩子可是把事情的经过从头至尾都看在了眼里。这孩子十分聪明，他跟着父母没有走出多远，就挣脱了父母的手，跑回去又去敲房东的大门，他想帮自己的父母住到这栋公寓里。王先生和妻子都不明白怎么回事，还以为孩子相中了这栋公寓，想要跟房东闹呢！

孩子已经敲响了房东的门。门开了，房东又出来了。这个孩子就对这位房东说了几句话，房东一听，哑口无言，觉得这孩子说的话十分在理，让他无法反驳，又看孩子十分聪明伶俐，就决定把房子租给他们住。

你能猜到这个孩子跟房东说了什么，让房东改变了主意吗？

23. 吸烟与祈祷

有一位基督教徒的烟瘾很大，经常在做祈祷时忍受不住，于是他便问神父道："神父，我做祈祷时能不能抽烟？"

神父严厉地看了他一眼，然后说："No"。

这时，旁边一个做祈祷的瘾君子烟瘾也很大，他换了一种方式问神父同样的问题，神父却回答说："当然可以！"

你猜第二个人是怎么问的？

24. 驼子的爱情

大家都知道费烈克斯·门德尔松是德国著名的作曲家，即使在世界乐坛上，这位音乐天才也同样享有盛名。然而，关于他的祖父墨西·门德尔松的爱情故事，虽然无比有趣，然而却鲜为人知。

墨西·门德尔松的相貌极其平凡，身材则非常矮小，连中等都算不上，他鼻子格外的大，在他的那张脸上显得极不协调。这一切还都无所谓，最让人难以接受的是，他竟然是一个驼子。然而就是这样一个其貌不扬的驼子，却娶到了当时汉堡最美丽的一位姑娘！

事情是这样的。一天，墨西到汉堡去和一个商人谈生意。这个商人有一个心爱的女儿，名字叫弗西。弗西长得十分漂亮，在当时被人们称为汉堡最漂亮的姑娘。每天，到这位商人家里来求婚的小伙子络绎不绝，然而商人都以"小女年龄太小"为理由拒绝了。

墨西第一眼看到弗西，就深深地爱上了她。他知道自己已经被弗西的爱情之箭射中，所以就在心里面暗下决心：一定要娶弗西为妻。

在这位商人家里吃过午饭之后，墨西鼓起勇气，一个人来到弗西的房间，向这位美丽的姑娘表达了自己的爱意，并且希望能够娶她为妻。然而，对于这位其貌不扬，甚至可以说无比丑陋的陌生男子的表白，弗西毫不犹豫地拒绝了。之后，无论墨西再怎么表白自己有多么发自内心地爱她，弗西都没再正眼看他一眼。墨西看到这种情形，只好伤心地离开了心爱的姑娘的房间。

在即将离开这里的时候，墨西决定再去试一次，因为他不甘心就这样和自己爱上的女子擦肩而过。正巧，他看到弗西一个人在花园里散步，就走了过去。

弗西看到这个丑八怪又过来了，就坐在花园的秋千上一言不发，也不去招呼他。墨西只好主动向前答话，他问这位漂亮的富家小姐说："你相信天底下有缘分这种东西吗？"

弗西回答说："相信。"然后她出于礼貌，又反过来问墨西说："那么您相信吗，先生？"

墨西说："怎么会不相信呢？我相信一切美好的姻缘都是上天注定的。而且我还听说，在每一个男孩子出生之前，上帝就会告诉他，将来会娶哪一个女孩子做他的妻子。不管你信或不信，在我出生时，上帝就这样告诉过我，他已经为我定下了一位女孩做我的妻子，而且不瞒你说，上帝还透露给我，我的妻子将会是一个驼子。"

弗西听墨西一本正经地讲完，又看了看他的外貌，不由地脸上露出迷人的微笑。墨西看到形势有所好转，心里感到非常高兴，于是他接着对这位千金小姐说："其实，你不知道，我本来并不是一个驼子，后来，因为一件事，我才变成了这个样子。"

弗西听了，好奇地问墨西："那您是怎么变成驼子的呢？"

听完墨西的一段胡编乱造的"谎话"，这位漂亮的小姐心动了，她的缕缕情丝开始在心头颤动，当墨西去牵她的手时，她并没有拒绝。就这样，这位相貌丑陋的驼子娶到了一位如花似玉的富家小姐。

想想看，墨西对弗西编的"谎话"是什么？为什么它会有那么大的魔力呢？

25. 萧伯纳与喀秋莎

萧伯纳是世界著名的大文豪、诺贝尔文学奖的获得者，出名之后，各地的邀请函如同雪片一般飞来，都是请他前去演讲的。

这一次，萧伯纳是到苏联来做演说。结束之后，满身轻松的他准备好好玩几天，没想到刚走进一个小公园，一个长相可爱的小姑娘便出现了。于是萧伯纳便和这个聪明的小女孩玩了起来，不知不觉，太阳已经快落山了。分手时，萧伯纳对小姑娘说："回去告诉你妈妈，今天和你一起玩的是世界著名的萧伯纳。"没想到小姑娘好像小大人一般，模仿他的口气说了一句话。

喀秋莎的话顿时让萧伯纳又吃惊又羞愧，他突然意识到，自己刚才那句话其实包涵着一种不尊重对方的味道，自己是"世界著名的"，而小姑娘只是一个再普通不过的小女孩，无形之中，他似乎暗示了自己比小姑娘"高出一等"，但是喀秋莎天真无邪的回话却重重地打击了萧伯纳的傲气。

后来的日子，这件事一直被萧伯纳铭记在心，无论何时何地，他都不忘以此为鉴，提醒自己要懂得尊重对方。

你猜喀秋莎对萧伯纳说了一句什么话？

26. 石头的价值

他很普通，没有什么大作为，因此一直觉得活着没有什么意义。

一天，他向一位哲学家请教道："你能告诉我，像我这样的人，活着有什么意义吗？"

哲学家想了想，便随手拾起树底下的一块石头来，递给他说道："你把这块石头拿到市场上去卖，但是记住，无论别人出多少钱，你都不要卖。"

他这样做了，没想到的是，由于坚决不肯出售，人们反而认为他的石头里藏着什么秘密，因此价越出越高。

第二天，按照哲学家的意思，他又把石头拿到了玉石场来卖，结果，由于还是不肯出售，价格又是一路飙升，已经远远超过了石头本身的价值。

第三天，哲学家又告诉他到珠宝市场去卖这块石头。最终，奇迹出现了，这块本来一文不值的普通石头成了整个珠宝市场价格最高的商品，人们甚至以为它是千年不遇的珍奇化石。

"怎么会这样呢？"这人非常奇怪地问哲学家，"这明明是一块再普通不过的石头嘛。"

你猜哲学家会如何回答？

27. 除杂草

一群即将出师的弟子正坐在草地上等老师出考题，只见老师挥手指了指四周说："我们的周围是一片杂草丛生的旷野，我想问大家的是，要除去这些杂草，用什么办法最好。"

弟子们一听考题如此简单，立刻眉开眼笑地各抒己见了：

"只要有恒心，用一把铲子就足够了。"一个学生说。老师点点头，没有说话。

"我觉得用火烧最好了，又快又干净。"又一个学生接着回答道。老师还是点点头，不说话。

"你们那些办法都不足以保证草完全被除掉，俗话说'斩草除根'，挖掉草根才是最好的办法。"

……

等弟子们静下来，一直没说话的老师开口了："你们都回去按自己的方法试试，明年的今天我们再在这里相聚讨论这个问题。"

一年后，弟子们都如约来到了这片庄稼地边——没错，原来的那片草地已经再无一棵杂草，取而代之的是满眼的庄稼。他们一边谈笑一边等着老师，可是不知为何，等了好久都不见老师，正在纳闷间，忽听大师兄指着那片庄稼道："我明白了，大家不必再等下去了，因为老师已经以这种方式告诉了我们答案！"

你明白了吗？除去杂草的最好办法是什么呢？

28. 马克思的表白

马克思在青年时期就志向高远，虽然一直闷头读书，但是在爱情上他也并不迂腐，而是相当有一手，他向燕妮的表白便是一个为大家所津津乐道的成功典范。

有一天，已经属意于对方很久只是没有挑明的马克思和燕妮又一次约会时，马克思突然对燕妮说："燕妮，我已经爱上一个姑娘，决定向她表白。"燕妮一听，心理咯噔一下，她急切地问道："你确定你真的爱她吗？""我确定我十分爱她，她是我见过的最好的姑娘，我肯定会永远爱她！"马克思严肃而热情地回答。燕妮一听，心里该是多么的难受，但她还是强忍心痛，对马克思说道："那我祝你幸福。"这时马克思似乎是完全没有看出燕妮的难受，还热情地继续道："我还带着她的照片呢，你愿意看看吗？"说着便递给燕妮一个小匣子，而燕妮一打开小匣子便突然变得高兴起来了。你能猜出这是为什么吗？

29. 淘金者

19世纪初，美国开始了势不可挡的"西进运动"。这一运动，使美国的边疆从密西西比河不断向太平洋西岸推进，并促进了大批人从东部向西部涌动。1848年，来到加利福尼亚的人们在这里发现了金矿，这立刻引起世界的轰动，并迅速引起了规模空前的淘金热，这对美国西部的开发产生了极大的刺激。当时的美国，是人人向往的天堂，一处发现金矿就有成千上万的人过去淘金。

发财的梦想一直驱动着人们前去淘金，淘金也成了冒险家眼中最快的致富手段。大家都希望通过这种方式一夜暴富，成为富翁。

愿望总是美好的。可是事情却往往不按照人们预期的那样发展。有的人能淘得到金，那是少部分幸运儿，多数人却没有淘到金。

一天，传来消息，某处又发现了金矿，许多淘金者纷纷前去。但是，在通向金矿的路上，有一条大河挡住了淘金者的去路。河水很凶猛，也很深。大家都很着急，如果过不去这条河他们就无法淘金了，就这样，这条河阻碍了他们的发财梦。面对滔滔的河水，很多人都退缩了，大部分人都叹气，走开了。还有一部分人不甘心就这么回去，就妄想着游过去，只是河水太急，根本游不过去。还有的人想绕道走。但是有一个人的想法和大家不一样。

这个人选择了自己的道路，结果发了大财。

你知道这个人为什么能发大财吗？

30. 潦草的解雇通知书

马克·吐温是美国非常著名的幽默大师、小说家，也是著名演说家，其作品向来透露出幽默、机智的风格。其实，不仅在作品中，马克·吐温在日常生活中也同样表现得十分机智和幽默。下面这个故事就是明证。

在没有成名前，马克·吐温只是一名报社的小雇员，这家报社叫《密苏里州报》。马克·吐温在那里工作的时候有着自己独特的思维方式和特立独行的性格特征。报社主编霍金斯·柯里利对这样性格的雇员很不满意，一气之下就亲手写了一封解雇信给马克·吐温。由于当时主编很生气，所以在写信的时候字迹很潦草，只有最后的亲笔签名比较清楚。

马克·吐温接到主编的解雇信以后，二话没说就离开了报社。数年之后，马克·吐温出版了自己的成名作《黄金时代》，从此以后，名声大起，成为了美国一位伟大的作家。《密苏里州报》的主编霍金斯·柯里利在这个时候开始后悔当初不应该解雇马克·吐温，当时的一时气愤让他失去了一位好的员工，为此他一直想找个机会向马克·吐温当面道歉。

让他没想到的是，马克·吐温竟然主动回到了报社。他直接来到了主编的办公室，然后非常高兴地对主编说："霍金斯先生，我今天是特意来向您道谢的。"

"道谢？"霍金斯先生看到马克·吐温心里就感觉不安，更何况听到这位著名的大作家向他说道谢，他一脸疑惑地问："真的对不起，我一定给您造成了不小的伤害，我为自己当时的激动向您道歉，从我这里走后，您还好吗？"

想不到的是马克·吐温高兴地回答说："我好极了，当初多亏了您给我的那封推荐信，我才找到了一个比这里更好的工作。"

"推荐信？"霍金斯更加奇怪地说，"那是我亲手写的一封解雇您的通知书，怎么会变成推荐信了呢？"

那么，你知道这是怎么回事吗？

31. 触龙巧说皇太后

赵国国王惠文王突然去世了，惠文王的儿子孝成王继承了王位。但是孝成王那时还太小，根本不懂事，所以只能让他的母亲赵太后暂时掌权治理国家。因为领导人进行了更替，赵国国内一片混乱。

赵国的情况，引起了秦国的注意，他们认为进攻赵国的机会到了。于是秦国组织了大批的军力来疯狂进攻赵国。当时，秦国的实力是所有国家中最为强大的，凭借赵国一个国家的力量根本抵挡不住秦国的进攻。为了生存，赵国只好派使者向东边的齐国求救，希望齐国能派兵帮助赵国渡过难关。当时两个国家之间如果要结盟的话，通常都把国王的儿子送到对方国家中做人质。果然齐王对赵国的使者说："要齐国出兵帮你们也可以，但是必须以赵太后的儿子长安君做人质。"

赵太后爱子心切，舍不得把长安君当作人质送到齐国，大臣们苦苦劝告赵太后："如果不答应齐国条件的话，赵国不久就要亡国了呀！"赵太后不但不听大臣们的劝告，还威胁他们说："以后谁要再敢提把长安君送到齐国当人质的话，我老太婆就向他脸上吐唾沫！"

大家听了赵太后的话，看着强大的秦军，都一筹莫展。

触龙听说了这个情况就过来求见赵太后，赵太后知道他是来劝告自己的，勉强答应了接见。

......

生死存亡的关头，只有把太后的亲生儿子长安君送到齐国去做人质，才能搬来救兵，解脱困难的处境。赵太后爱子心切，怎么也舍不得把儿子送入虎口，态度决绝。然而触龙一番体己的话，却使赵太后迅速转变了态度，从而也拯救了整个国家。

那么，到底触龙是如何说服赵太后的呢？

32. 曹冲称象

曹冲的父亲曹操是一个大官，有一次有人给他送来一只大象。曹操很高兴便带着曹冲和一群文武官员过来观看。他们以前都没有见过大象，现在看到大象柱子一样粗的腿、长长的鼻子和两只蒲扇一样的大耳朵，都感到很惊讶。曹操很想知道这个庞然大物的重量，于是他叫手下的官员想办法称一下大象的重量。但是，那时候根本没有那么大的秤来称大象，再说了也没有人能把大象抬起来呀。官员们都围着大象发愁，想不出办法来。

这时候，曹冲从人群中挤出来，大声说："我有办法了。"官员们看着这个淘气的小不点，不相信他能有什么好办法，都想：我们这些大人都没有什么办法，你一个四五岁的小孩子能有什么办法。曹冲才不管他们怎么想呢，他说："我的办法一定能称出大象的重量来，你们都跟我过来看吧。"曹操微笑着看着他的儿子，然后对官员们说："好，那我们就去看看他怎么来称大象吧。"于是，曹冲在前面带路，曹操和官员们将信将疑地跟他来到一条小河边。

曹冲是用什么方法称出大象的重量的呢？

33. 只借一美元

一天，一位犹太商人来到一家银行贷款部。他对贷款部经理说："你好，尊敬的经理，我想在贵行借点钱。"

贷款部经理看到眼前的这个人，身上穿着名贵的衣服，手腕上带着昂贵的手表，领带夹子上镶着一颗耀眼的宝石。显然，这是一位富豪，也许他急需进行一项重要的投资，贷款部经理想：这将是一笔大业务。于是，他殷勤地回答道："好的，尊敬的先生，很荣幸您能选择我们银行，不知道，你打算借多少呢？"

犹太商人说："我只打算借一美元。"

"什么！一美元？"贷款部经理开始怀疑自己的耳朵。

"是的，只借一美元，怎么难道贵行不借吗？"

贷款部经理证实了自己的耳朵没有问题，只借一美元，为什么呢？他想着富豪借一美元的意图：他一定是在试探，因为他需要一大笔钱，所以，他要事先了解银行的工作质量和服务态度，也许接着他就会说"好的，其实我是要借一亿美元"。

经理立即装出非常热情的样子，说："当然，当然可以，只要你有足够的担保，借多少钱都可以。"

"好吧，我会给你足够的担保的。"说着，犹太人从豪华的皮包里取出一堆股票、债券、国债等，"这些票据价值50万美元，这些就是我的担保物。"

经理目瞪口呆，他赶紧把这些票据整理好，忙说道："够了，这些担保足够了。"

经理热情地帮犹太人办完手续，犹太人拿到一美元，转身就要离开银行。经理赶紧说："尊敬的先生，我们的服务是全市最好的，如果您还有什么需要的话，我们随时为您效劳。"

"是的，你们的服务确实很周到，但是，我没有什么需要。"

经理糊涂起来，他问道："那您为什么只借一美元呢？"

为什么呢？

34. 巧换主仆

战国时期，一次一个公子和他聪明的仆人鸱夷子皮一起逃亡去燕国。主仆二人一路风餐露宿，披星戴月地赶了几个月的路，眼看就要到燕国了。但是，两人

233

风尘仆仆的样子，一定会被客栈老板冷落的，怎么办呢？忽然，鸥夷子皮想到了一个办法。

鸥夷子皮对公子说："我想到一个故事，不知你愿不愿意听？"

公子知道鸥夷子皮向来鬼点子就多，这次不知又想到了什么主意，就说："好，我愿意听，是什么故事，你快讲吧！"

鸥夷子皮笑着说："从前，在一条小河里住着很多蛇。有一年，天气非常干燥，小河里的水也快干枯了，蛇们为了生存，不得不迁徙到远处的一条大河中去。一条大蛇和一条小蛇打算结伴而行，为了安全，临行前小蛇出了一个主意：让大蛇背着它走。因为如果大蛇在前面走，小蛇跟在后面的话，人们就会把它们看成是非常普通的蛇，肆无忌惮的伤害他们。但是，如果大蛇背着小蛇走，人们会认为小蛇很有权威，连大蛇都听命于它，甚至还会以为小蛇是水里的蛇王呢，这样人们非但不会伤害它们，还会主动给他们让路。大蛇觉得小蛇的主意有道理，它们就按照小蛇的办法做。结果，它们果然安全地抵达了目的地。这就是我要讲的故事了。"

公子听了，若有所思："你的意思是，你就是那条小蛇，而我就是那条大蛇？"

鸥夷子皮一拍大腿说道："就是这个道理！"接下来，他说出了自己的主意，公子一听，觉得可行，于是，两人按照鸥夷子皮的主意采取了一个举动。结果，主仆二人得到了人们的热烈欢迎。

你猜，鸥夷子皮的主意是什么呢？

35. 父亲的深意

一天，虚弱的犹太富翁又病倒了，他预感到自己就要死去了，但是唯一的儿子还在遥远的城市求学。

"看来，我是见不到儿子最后一面了。"富翁长叹一声，他叫来了贪婪的奴隶，写下了一封简短的遗书就去世了。

遗书上写着："我要把我所有财产都留给我的奴隶，但是我的儿子可以挑选一个他想要的东西。"

看到富翁留下的遗嘱，贪婪的奴隶高兴极了："没想到这个老头对我这么好，这下我可以成为自由人了，而且还是一个大富翁。好吧，就让他的儿子随便挑选吧，就算挑选一件最为珍贵的东西，那又算得了什么呢！"奴隶立即把富翁去世的消息通知了富翁的儿子。

儿子操办完父亲的葬礼，就来找父亲生前最知心的朋友拉比。"父亲并不喜欢那个奴隶，但是他却把自己所有的财产都留给了奴隶，只让他心爱的儿子挑选一样东西，这到底是为什么呢？"拉比看完遗书，意味深长地说："你父亲让你挑选一样东西，真是用心良苦呀！"

你看出那位父亲的良苦用心了吗？

36. 最重要的动作

一个十岁的日本小男孩，在一场车祸中，不幸地丧失了左臂，但是小男孩并不打算放弃自己热爱的柔道，他下定决心，一定要学好柔道。

小男孩刻苦地训练，再加上天资聪颖，进步很快。但是令小男孩非常困惑的是：半年以来，教练只教过他一个动作，尽管这个动作难度比较大，但是小男孩已经练得非常熟练了。

一天，小男孩鼓起勇气问教练："老师，你能不能多教我几个招式？我想成为优秀的柔道选手。"

教练回答说："记住，孩子，这是你最重要也是唯一的动作，只要你努力练习，你会成为优秀的选手的。"

虽然小男孩对教练的话将信将疑，但是他不敢违背教练的要求，只好继续坚持不懈地练习，渐渐地，小男孩把这个最重要的动作练得炉火纯青了。

又过了几个月，教练带着小男孩参加了一个全国性的柔道比赛。令小男孩感到意外的是，他的前两个对手，根本不堪一击，接不了两招就败下阵去。

第三场，对手更为高大和强壮一些，但是他面对小男孩唯一的动作，似乎总是找不到破解的办法，渐渐地，他焦躁起来，被小男孩抓住机会，打败在地。

后来的比赛，小男孩打得非常顺利，他一路闯进了最后的决赛。

决赛的对手是著名的柔道选手，他身体强壮，技术高超，更为重要的是，他经验非常丰富。

决赛开始了，前几个回合，小男孩打得非常吃力，对手总能轻松躲过他那最重要的一个动作，渐渐地，小男孩开始体力不支了，他的动作明显缓慢下来。裁判觉得这样下去小男孩很容易受伤，应该让比赛暂停一会儿。但是教练坚决不同意，他大声说："不用暂停，他可以继续比赛。"

比赛继续进行，对手似乎着急起来，他总是下意识地去抓小男孩的左臂，当然他不可能抓到小男孩的左臂，当他再一次试图去抓小男孩的左臂时，小男孩趁机用他唯一的一个动作把对手踢下擂台，小男孩赢得了这场比赛，他成了全国冠军!

回去的路上，小男孩忍不住又问教练："老师，你为什么只教我一个动作，而我怎么凭借一个动作就赢得了冠军呢?"

37. 张齐贤妙判财产纠纷案

张齐贤是宋代著名政治家，其人深有谋略，并多有奇计，被认为是一个奇才。

北宋立国之初，宋太祖赵匡胤西巡洛阳，张齐贤在洛阳街头拦住太祖的坐骑要求奉献治国之策。赵匡胤把他带回行宫，张齐贤指天画地，上策十条，皆是关系到国家统一和富国强兵的大计。宋太祖对于其中四条表示认可，但是张齐贤却坚持十条都很重要，最后竟然与赵匡胤争吵起来。赵匡胤无奈之下，叫卫士将其拉了出去，但心里很佩服这个人。赵匡胤回到开封后告诉其弟赵光义："我此次外出在洛阳遇到一个奇士，叫张齐贤。现在不给他官做，将来你可任他为相。"

宋太宗时期，张齐贤进士及第，开始为国效力，到宋真宗时，其已经官至兵部尚书，同中书门下平章事，相当于宰相。一次，皇亲国戚中有两兄弟因为家庭财产分割起了纠纷，都认为对方分的家产多了，于是打起了官司。地方官府的官员对于这两兄弟，谁也惹不起，不敢接这个案子。于是两兄弟干脆闹到了宋真宗这里。真宗也是清官难断家务事，对两兄弟调解了十多天，也没有效果，无奈之下来找张齐贤商量。张齐贤听了，便说道："这样的事御史台和开封府自然都比较难办，这样吧，陛下就把这事交给臣吧，臣亲自为他们了断。"

张齐贤审理此案当天，把诉讼双方叫来后问道："你们都认为对方分得的财产多于自己的，是这样吗?"

"是的。"两兄弟都点头。

"好，既然如此，你们就将各自的理由写成文字，签名画押。"收到两兄弟各自的字据后，张齐贤当场便宣布了他的判决结果。两兄弟一听，当场你看看我，我看看你，都无话可说。后来张齐贤将自己审判的结果告诉宋真宗后，宋真宗笑得前仰后合，连声称妙。

你猜，张齐贤是怎么判的案呢?

38. 聪明的老板

美国著名音乐指挥家斯托科夫斯基一次在巴黎逗留期间，经常到一家小饭馆去吃饭。认识他的饭馆老板对他非常热情，每次都用好菜款待他，并且坚持收很低的价钱。有一天，斯托科夫斯基感到有些过意不去，于是问老板道："您为什么要对我这么客气，请您按照正常价格收费就是，我完全付得起。""我非常喜欢您的音乐，您能来这里是我的荣幸。"老板解释道。

但实际上，这个饭店老板喜欢音乐也许并不是假的，但那至多只是一半的理由，事实上还有一半理由则是源于他的精明，你能猜出这另一半理由吗？

39. 牙膏促销创意

一家著名的生产牙膏的企业一连几个月销量无法按照预定的比例增长，销售总监十分头疼，采用了各种各样的促销手段，但因为牙膏行业竞争激烈，其效果都不明显。于是，销售总监放出去一个消息，只要谁能想出好的促销点子，奖励10万美元。

几个月过去了，虽然许多人都尝试提出建议，但这些建议要么是一些老掉牙的促销手段，要么虽然新颖却没有实际的效果，因此谁也没有拿到这笔数额不菲的奖金。一天，该企业一个基层的年轻员工声称自己有一个好的办法，并称只肯当着销售总监的面才肯说出。于是，销售总监便破例接待了他一次。销售总监看着这位其貌不扬但看上去却胸有成竹的年轻人说："年轻人，说说你的办法！"年轻人回答道："我的办法十分简单。"接着他便说出了自己的点子。销售总监一听，立刻兴奋地喊道："太棒了！"立马便让秘书兑现了10万美元的奖金。后来凭借这个点子，这个企业的牙膏销量果然蹭蹭蹭地往上涨。而这个年轻人也因此被该企业从生产部门调到销售策划部门担任重要职务。

猜一下，这个年轻人的促销点子是什么？

40. 编草鞋的鲁国人

在《韩非子》中记载了这样一个故事。

有个鲁国人擅长编草鞋，他的妻子则擅长织白绢。夫妻两人商定一番后，准备到越国去谋生。一个朋友听说后，便来对这个人说："你如果到越国去，一定会变得很穷。"

"为什么？"鲁国人不解地问。

"你想啊，你擅长编草鞋，但是越国人习惯赤足走路，根本不穿鞋子；你妻子擅长织白绢，白绢是用来做帽子的，但越国人习惯披头散发，不戴帽子。这样，你带着你的长处，到用不上你长处的地方去，想不贫穷，都很难吧！"

但是，鲁国人没有听从朋友的劝告，毅然去了越国。并且，鲁国人到了那边后，不仅没有变得贫穷，反而发了财。你能猜出是怎么回事吗？

41. 阿拉伯国王的难题

很久以前，一个阿拉伯国王和大臣们到野外散步时，看到一个形状怪异的池塘。他突发奇想，问大臣们道："你们都是这个国家里的聪明人，那么你们能说出这个奇怪形状的池塘里有多少桶水吗？"

大臣们一听，你看看我，我看看你，谁也回答不出来。

国王一看所有人都回答不出，便有些不悦："这么简单的问题都回答不出，还怎么靠你们处理复杂的国家大事！"最后，国王限令大臣们三天之内回答出这个问题，不然，都要受到处罚。

于是，平时关系不是很融洽的大臣们此时也变成了一条线上的蚂蚱，都纷纷聚集在一个大臣家里商量办法，但是最终还是没有结果。在大臣们商量时，这个大臣有个聪明的小儿子在一旁玩耍，看他们最终也没有商量出个办法，便对他们说："哎呀，这么简单的问题你们怎么就回答不出呢？"大家一听，便好奇地问他该如何回答。小孩却不肯说，声称自己没有见过国王，自己要当着国王的面才肯说。

大家一听，认为可能是这孩子在调皮，不愿意带他去，尤其孩子的父亲担心调皮的孩子惹怒国王，更不愿意。但是，一向和孩子父亲交好并和孩子很熟的一个官员说："这孩子从小就一直精灵古怪的，经常有一些别人意想不到的好点子，反正我们也没有办法，不妨带他去试一下。"最后大家都同意了，孩子父亲也勉强同意了。

于是，到了第三天，大臣来面见国王。国王问道："三天时间已到，你们可想出问题的答案？"这时，有位大臣站出来说，我们大家虽然没有想到答案，但是有位大臣的儿子声称自己知道答案，我们将他带来了。

国王一听，感到很惊奇，便问那个孩子道："小家伙，你可不要吹牛哦，你真知道答案？"

小孩也不怯场，满不在乎地说："陛下，这个问题太简单了！"

于是国王说："那好，那么想必你已经去过那个池塘了吧，现在你告诉我答案吧。"

没想到小孩说："陛下，我并没有去看过池塘，也不需要看，但是我知道它有多少桶水。"说完，他便说出了答案。国王一听，感到十分满意，直夸小孩聪明，重重地赏赐了他，并让他以后经常来宫里玩耍。

你猜，小孩是如何回答国王的问题的？

42. 农民和三个商人

16 世纪，在挪威的某个小城里，住着三兄弟。兄弟三人的职业都是商人，他们一起做买卖，然后将挣来的钱放在一起，准备将来平分。不过，三兄弟虽然能干，在这个城市的名声却并不怎么好，因为他们出了名的吝啬，人们都不太愿意和他们打交道。

有一天，三兄弟听说在遥远的边境地区的某城市的人们急缺某种商品，于是便决定到那里去贩卖这种商品。但是，三兄弟却面临一个难题，就是他们多年积累下来的一笔财富无法带在身上。因为在当时，并不像现在这样有银行，可以很方便地为自己的财产找到安全的存放处。正在无计可施时，老三说话了，他对两位哥哥说："我认识一个住在城郊的农民，他很穷，但是人非常诚实，是个可靠的人。我们可以将钱先放在他那里，等我们做完这笔生意回来后再取回来，你们觉得怎么样？"老大和老二对这个主意表示同意。老实的农民也同意了他们的请求，答应替他们保管。同时，为防止意外情况，三人和农民约定，将来取钱时，只有同时当着兄弟三人的面，农民才可将钱交出。

于是，兄弟三人出发去了边境。他们在边境的生意也做得很成功，又赚了不少钱。一年后，兄弟三人回到了家乡。回来后的当天晚上，三人便开始商量去农民那里取回存在那里的钱。同时，三兄弟也在想着如何感谢那位帮了他们大忙的农民。最后还是老三提出了建议："每天早晨，我们尊敬的农民都喜欢坐在家门口晒太阳。明天早上，我们兄弟三人一起到农民的家门口，远远地脱帽向农民致敬，以表达我们的感谢，二位哥哥以为如何？"两个吝啬鬼一听，正中下怀，这样自己就一个大子儿都不用花费了。

可是，老三却打起了自己的私人算盘，他想独吞那笔钱。于是，当天晚上，他一个人悄悄摸到城郊农民家中，他告诉农民："我们兄弟都从外面回来了，这次我们亏了钱，因此我们决定不再经商了，想要在附近买些地做个地主过日子了。明天早上我们就要去和卖地的人谈判，到时我们兄弟三人会路过您的家门口，我们会一块向您脱帽致敬。不过因为匆忙，我们就不到您身边问候了，跟您打个招呼后我们就会离开去和卖地的谈判。过一会儿呢，我们谈好了价钱，就会由我来到您这儿取钱。这是我们三兄弟商量好的，您看行吗？"老实的农民一听，表示同意。

于是第二天早上，农民像往常一样坐在大门口晒太阳，过了一会儿，果真看到三兄弟远远地在脱帽向他致敬，之后，他们就离开了。又过了一会儿，老三果然来到了农民家中，要取钱。农民看情况果然如他所说，便将钱交给了老三。老三拿了钱，便逃跑了。

但是没想到的是，到了中午，老大和老二一起来到了农民家中，称要取钱。农民于是将情况告诉了他们。两个哥哥这才醒悟过来，原来那天他们给农民脱帽敬礼后，便各自分开了，说好到了中午再一起来到农民家中取钱。但没想到两位哥哥都被狡猾的弟弟给耍了。两位哥哥心想，弟弟既然拿钱跑了，恐怕这辈子也别想再找到他了。于是他们便指责农民没有遵守当初的协议，才造成了他们的损失，坚持要农民赔偿他们的钱，并将农民告到了当地法院，择日就要开庭审理。

农民好心帮忙却引火烧身，自然十分伤心，心想自己肯定赔不起这笔钱，于是感到十分愁苦。农民有个邻居，是个聪明而有正义感的青年。这个青年看到一向乐呵呵的农民变得十分愁苦，便询问情况。在了解情况之后，他便自告奋勇要替农民辩护，并打包票肯定能打赢官司。

到了开庭这天，两兄弟专门请了当地有名的律师来为其打官司，而农民则带着自己的邻居来到了法庭。在法庭上，先是控方发言，那个有名的律师口若悬河，滔滔不绝，愣是将好心纯朴的农民说成了见钱眼开，收受了老三的贿赂才将钱交给了老三的奸猾之人，因此要他负责赔偿全部损失。这时，轮到农民的辩护人发言了，只见那个青年微笑着站起来，只简单地说了几句话，便使得两兄弟和他们的知名律师哑口无言，法官也当庭宣布农民无罪释放。

你能猜出那个青年说了什么话吗？

43. 妙计保春联

我们知道，王羲之是中国晋代的大书法家，在当时他便已经名冠天下了。但是，名扬天下固然好，有时却也会给自己带来意想不到的麻烦。王羲之遇到的一个大难题就是贴春联的问题。有一年，王羲之一家从山东老家移居到浙江绍兴居住。此时正值年终岁末，王羲之一家人安定下来之后已经是大年二十八了。看到周围一片祥和欢快的气氛，王羲之也不禁来了兴致，命儿子磨墨，然后挥笔写下一副春联，命家人贴在新家大门两侧。对联内容是：

春风春雨春色，新年新岁新景。

果然是好书法加上好内容。但是因为王羲之的书法在当时为天下人所敬仰，因此没想到此对联到了第二天早上，竟然被人偷偷揭走了。家人于是将此事告诉了王羲之，王羲之只是莞尔一笑，并不责怪。只见他提笔便又写了一副，让家人再次贴上去。这回是：

莺啼北星，燕语南郊。

但是没想到的是，到了第二天早上，对联又被人揭走了。今天已经是大年三十了，眼看着周围的邻居都已经贴上了春联，唯独自己家门前还没有一点过年的气氛，王羲之的夫人开始着急了，急着催王羲之想办法。王羲之于是想了一下，微微一笑，提笔又写了一副对联，但是这次他让家人先将对联剪去下半截，只将上半截贴在门上。只见这次写的是：

福无双至，祸不单行。

到了半夜，果然又有人来偷对联。但是，来人借着灯光一看，见对联的内容竟然如此不吉利。纵然王羲之的书法如何了得，也不能大过年的搞一副这样的对联挂在门上啊，于是只好摇摇头回去了。

而到了第二天大年初一，天还没有完全亮，王羲之便命家人将昨天剪下来的下半截对联贴上了。而周围的邻居也都知道王羲之家因为丢对联而故意贴了张不吉利的对联的事，料想他家会在今天贴上完整的对联，因此都很好奇。于是天亮之后，许多人都围过来看王羲之家的对联。大家一看，只见昨天的不吉利的对联后面各添上了几个字，对联的不吉利气息一扫而光，成了一副非常吉庆的对联，众人拍手称绝。

试着猜一下，这副对联该如何变？

44. 移山

在一座山上的小寺院里，住着一个老和尚和一个小和尚。有一天，老和尚看小和尚脸上不高兴，便问他有何烦恼。于是小和尚告诉他，他每天喜欢站在寺门前的一个比较高的地方眺望远处，但是每次都被对面的一个座山挡住了视线，因此他很不高兴。老和尚一听，便对小和尚说："既然这样，那么很简单，我可以帮你将这座山移动一下，把他放在你的身后，这样你就能看到前面的景色了。"小和尚一听很高兴，便要老和尚马上做。于是老和尚就真的使山移到了小和尚身后。

想一下，老和尚真的会移山吗？

45. 数学和苍蝇

约翰·冯·诺伊（1903～1957）是20世纪最伟大的数学家之一，他在青年时期就表现出了很高的数学天赋。据说在一次宴会上，有人向在场的人提出一个数学问题：说有两个人各自骑一辆摩托车，从相距40英里（1英里合1.6093千米）的两个地方以每小时20英里的速度同时开始沿直线相向而行。在两人起步的一瞬间，一只蜜蜂开始从其中一个人处飞向另一个人处，然后又马上折回往另一个人这里飞。如此往返，直到最后两个人在中间碰面。那么请问，假设蜜蜂的速度是每小时10英里，到两个人碰面时，蜜蜂总共飞行了多远的路程？在场的人都感到十分有趣，同时也为了在众人面前展现自己的聪明，纷纷开始苦思冥想起来。他们先是计算蜜蜂在两个人之间第一次飞行时的路程，然后又开始计算蜜蜂往回飞了多少的路程……如此依次累加，但是，其后面的路程越来越短，这便涉及了无穷数列求和问题。这是相当麻烦的高等数学问题，不是一时半会儿可以解决的。因此，虽然在场的很多人都进行了思考，但是最终没有人给出答案。并且有人也有些显摆地告诉其他人，这涉及到高等数学，不是站立之间能够得到答案的。正在这时，约翰·冯·诺伊却直接该给出了答案：10英里。出题者一听，也立刻表示答案正是如此。

你知道约翰·冯·诺伊是如何这么快地解决这个难题的吗？

46. 狄仁杰巧谏武则天

武则天作为中国历史上唯一（为历史学家所承认）的一位女皇帝，可谓名不正言不顺，不过其总算凭着自己的政治才干得到了天下人的认可，当了十几年的皇帝。但是，在其当政的最后几年，作为一个女皇帝，她遇到了又一个非常麻烦的难题，那就是继承人的问题。其实，这个问题在她登基之初便开始困扰着她，但当时她身体强健，政事处理起来得心应手，也便暂时将这个问题搁置起来。但现在，她身体已经衰弱，随时有可能归天，这个问题是非考虑不可了。

按说，既然现在天下已经姓武，按照规矩，自然应该是传给武姓娘家子弟，才算是保住了自己的江山。因此，她考虑将江山传给自己的娘家侄儿武承嗣或武三思，这样这江山便永远姓武了。但是，他的这两个侄儿却都不怎么争气。武承嗣头脑简单，没有教养，毫无谋略，只是行事鲁莽、头脑简单的一介武夫。而武三思虽然比武承嗣机智一些，但因自幼没有受过良好的教育，所以只是有些小聪明而已，对国家治理、历史鉴戒等事情则一窍不通。再加上他给武则天的情夫冯小保当了多年随从，学了不少坏毛病，所以在长安城名声极臭。

武则天的第二个选择便是传给自己和唐高宗所生的儿子李显或李旦。但是，这两个儿子毕竟是跟随父姓，他们一旦登基，必定将她的武姓江山改回李姓江山。事实上，这两个儿子早先也曾经被自己先后扶上过皇位，而他们一上台都试图从自己手中夺回大权，建立"李氏天下"，儿子长大后的确是向父不向母啊！而且，自己当皇帝几十年来，已经建立起了一个新的稳定的政治秩序，一旦李姓重掌江山，势必又要对原来的政治秩序进行大的改动，政治毕竟又要动荡。最终，经过一番反复考量之后，武则天还是决定将江山传给武姓子孙，以保住自己辛苦建立的武氏天下。

就这样打定主意后，武则天便想将自己的想法告诉自己最信任的智囊人物狄仁杰，顺便也听取一下他的意见。但是，这样的事情有些敏感，不方便在太正规的场合询问。并且，对于这样敏感的问题，在太严肃的场合，作为臣下，可能不敢直言，以免因此罹祸。而在比较随和的气氛中假装不经意地提起，臣下便不会那么紧张，另外突然发问，也来不及编造谎言，最容易说出自己的真实想法。这一向是精明的武则天套取臣下真实想法的手段。于是，一次，武则天便约狄仁杰到宫中和自己对弈。就在双方的弈局十分紧张的时候，武则天突然问狄仁杰："你说是立武三思等为太子好呢，还是立李显兄弟为太子好呢？"

狄仁杰是何等的精明！他近来见武则天经常眉头紧缩，心事重重，就猜到她在为何事犯难。并且他也早已猜到武则天早晚会向自己询问这个问题，于是他提前已经想好了自己如何作答。狄仁杰假装仍旧专注于棋局上，然后似乎是不经意地回答道："自然是李显兄弟了。"狄仁杰也十分了解武则天的脾性，知道她喜欢听别人猝不及防的回答。

武则天一听，便继续问道："那么你的理由是什么呢？"

接下来，没想到对于这个复杂的难题，狄仁杰只是很轻巧地说出了一个简单的道理，便让武则天改变了主意，你能想出这个简单的道理吗？

47. 炼丹的副产品

在我国古代，一直存在着一个特殊的群体，那就是炼丹术士。因为那些帝王乃至将相们都十分留恋人间的荣华富贵，所以总妄想这世间能有一种使其长生不老的丹药。于是，炼丹术士便有了一个极大的市场。一般而言，炼丹术士都是道教人士，这些人中当然不乏骗子，但也的确有人是怀着一种真正探索的态度试图真的能够找到这种药的。并且，虽然一直没能找到长生之药，但这些术士们却可以凭借自己的中医药方面的知识为帝王提供一些壮阳补肾方面的药物和建议，这可算作炼丹的一种副产品。因此，虽然大部分帝王都对这种丹药抱一种姑妄试之的态度，但他们仍然给这些炼丹术士以很大的支持。

炼制这种"长生"丹药，经常要用到硫磺、硝石、木炭这三种物品。其中，硫磺是一种砂物，其早在春秋战国时期就被人们所利用了。西汉时期，在我国湖南地区发掘出了丰富的硫磺矿。后来，又在山西、河南等地，也陆续发现了硫磺矿。硫磺因为化学性质活跃，能和多种金属发生化学反应，还能和方士眼中神奇的水银（汞）发生反应，所以成为方士炼丹的必需品。

硝石同样是一种矿物，其主要出产于四川、甘肃等省份。它是一种强氧化剂，受到加热后能放出氧，并且容易发烟发火，所以也被人称为烟硝或火硝。由于硝石的化学性质活泼，能和许多物质发生反应，所以也被炼丹术士用来改变其他药品的性质。

虽然炼了一千多年，长生之药也没有炼出来，但是在这种长期的实践过程中，炼丹术士们还是找到了一些规律。比如，他们就发现，硫磺、硝石、木炭这三种东西混在一起时，一不小心便会引起燃烧乃至爆炸。这种情况出现的次数多了，便引起了术士们的注意。于是有人干脆对这种现象进行了专门的研究，最终发明了一种东西，成为了一千多年炼丹的最重要副产品。

你能猜出这种副产品是什么吗？

48. 国王的难题

据说，在很久以前，人们都是光脚走路的。一天，一个国家的大臣为了讨好自己的国王，在国王的房间里都铺上了打猎打来的兽皮。这位国王走在上面，感到十分的舒服。于是，这位好心但有些不通事理的国王想，如果能够在全国的地面上都铺上兽皮，那不是大家走起来都很舒服？于是，他立刻就颁布了一道命令，让大臣们去将全国的地面都铺上兽皮。

大臣们接到这个命令，都感到十分为难，一个个抓耳挠腮，也想不出什么好办法——哪有那么多的兽皮去铺啊；即使有兽皮，也没那么多人手去铺啊！

你能帮这些大臣想个办法吗？

49. 打赌

明朝时期，在苏州城里住着两个狂放的书生，一个姓郑，一个姓黄。两个人颇有才智，又都喜欢打抱不平，在苏州城里都颇有名声，各自在身边聚集起了一帮朋友。但是，两个人都十分孤傲，虽然对对方都有所耳闻，素未谋面，但谁也瞧不上对方。一天，两人碰巧都和朋友到同一茶楼中喝茶，经人介绍之后认识了。两人见面后，都有些不服气对方，于是客套一番之后，郑书生便直言挑衅道："阁下的名声郑某早有耳闻了，素闻阁下才智胆识过人。不过所谓耳听为虚，眼见为实，今日得见，不知敢否和在下打一个赌，好让在下见识下。"

黄书生一看对方要和自己过招，便回道："只是朋友吹捧的虚名罢了，不足为信，不过倒是愿意听一下你的赌局。"

郑书生道："苏州城内最大官就是知府了，在下不才，有本事将知府的官帽给取来。我取来后，如果阁下能够将官帽还给他，并能得到一张收据，我就十分佩服。"

黄书生听了想了一下回道："好，只要阁下有本事将帽子取来，小弟自有办法还回去！"

显然，知府的帽子乃是其官职的标志，每天都离不了，即使回到府中，也会有专人保管，加上知府府中戒备森严，想要偷出来是不容易的。因此郑书生想要取得官帽并不容易。而如果郑书生有本事将官帽弄到手，知府必定大发脾气，如果黄书生将帽子不清不白地还回去，并且讨要一张收条，更是不可想象。

这天，苏州知府正在府中闲坐，忽然有人通报："老爷，有个自称提督大人的亲随的人在府外求见。"

"唤他进来。"知府命令道。

来人参见总督后禀道："刚才有个从京城来的珠宝商，拿着许多珠宝来卖，要价也很高。提督大人说，如果能够有一颗像知府大人帽子上缀的那颗一样大小圆润就好了，因此差小人前来借大人的帽子前去比较一下。"说完，来人便呈上了提督大人的帖子。

苏州城中，知府乃是最高行政长官，而提督则是最高军事长官，两者平起平坐，互不干涉，也并无多少往来。从来没有事情劳烦自己的提督因为这件小事儿派人前来，知府自然不好拒绝，便命人将帽子取来借给来人带走，说好马上送还。但是，此人走后半天，也不见回来。知府便只好派人前去提督府讨要，但是提督竟然声称并无此事。这下，知府才慌了手脚，立即传令县令、捕头等一干人寻找贼人，并限令他们三日破案，否则革职查办。

原来，前来骗走帽子的正是郑书生。郑书生将帽子弄到手之后，便将帽子送到黄书生处，将烫手的山芋丢给了他。但是，黄书生也一点都不着忙，只是很从容地说："兄台果然好胆识，下面小弟也自当履行诺言，将帽子还回去！"于是，他便也很轻易地将帽子还了回去，并且还讨到了知府的收据。

想一下，黄书生是如何做到的呢？

50. 笨妻子

古时候，在四川江油地区有个卖油郎，这个卖油郎娶了个很贤惠的媳妇。每天早上卖油郎担货出门之前，卖油郎的妻子都会偷偷地将要担出去卖的油舀出来一勺装进罐子里存起来。这样到了年底的时候，因为卖油郎家的日子过得很紧巴，无钱过年。这时，他的妻子将一年里存起来的一罐油拿出来交给卖油郎说："这是我在一年里积攒起来的，你拿去卖了吧，我们好过年。"卖油郎于是高兴地将油卖掉了。

这件事后来被一个卖黄历的知道了，于是便整天在自己的媳妇面前夸卖油郎的媳妇贤惠。卖黄历的媳妇虽然脑子不是很好使，是远近闻名的笨媳妇，但是也不甘心自己丈夫在自己面前夸别人媳妇，于是听了之后不服气地撇嘴说道："有什么了不起的！"于是，她便做了一件令自己的丈夫哭笑不得的事情。你猜她做了什么？

51. 富人与穷人

从前，有个穷人很有骨气，从来不肯奉承富人。

有一天，一个富人前来问穷人道："我这么富，你为什么不来奉承我呢？"

穷人不屑地说："我奉承你有什么好处，你也不会把你的钱白白地给我呀！"

富人说："那好，我把我的钱的十分之一给你，这下你该奉承我了吧！"

穷人说："那样的话，我的生活变化并不大，我不会为了这点钱奉承你！"

富人于是说："那好吧，我把我的钱分一半给你，你肯奉承我了吧？"

没想到穷人却说："如果那样，我和你是平等的了，我为什么要奉承你！"

富人不甘心地说："那好，我将我的钱全都给了你，这下你总肯奉承我了吧？"

没想到穷人还是不肯奉承富人，而且他提出了一个十分充足的理由。

你猜，这次穷人的理由是什么？

52. 爱迪生与助手

我们知道，爱迪生是美国著名的发明家，其完全通过自学而成为科学巨子。但是，在早期的美国社会，人们很重视传统的门第，许多贵族对于出身低微的爱迪生总心存藐视。爱迪生的科研助手阿普顿就是这样一个人，其出身贵族，又是美国名校普林斯顿大学的高材生，毕业后因为成绩优异而被分派给大科学家爱迪生当助手。正因为此，他对于爱迪生十分轻蔑，经常找机会讥讽爱迪生。但是，有一件小事使得他改变了对于爱迪生的傲慢态度，变得毕恭毕敬起来。

一次，爱迪生在研究一个项目时，需要一个数据，于是对阿普顿说："麻烦你把这只梨形玻璃泡的容积计算一下，我马上要用。"阿普顿点了点头，便拿着梨形玻璃泡去了自己的工作间。在工作间里，他先是用尺子上下量了几次玻璃泡的几个数据，然后又按照其式样在纸上画出草图，最后便开始列出了一道算式，开始计算起来。但是事情并不像他想象的那么顺利，他一连换了十几个公式，算得满头大汗，最后也没有得出结果，他急得满脸通红，狼狈不堪。

两个小时过去了，爱迪生见助手还没有将数据交给自己，感到很奇怪，于是便来到阿普顿的工作间。看到阿普顿满脸窘迫地看着自己，同时桌子上则放着几张写满了算式的纸，爱迪生便拍了拍阿普顿的肩膀，然后笑着说："这样算就太浪费时间了。"

阿普顿一听很不高兴，他挑衅性地反问爱迪生："不这样算，请问该怎么算呢？"

爱迪生什么也没说，而是做出了一个举动，果然十分简单地便算出了这个玻璃泡的体积。你能猜出爱迪生是如何算出玻璃泡体积的吗？

53. 蜜蜂与苍蝇的不同结局

有一个生物学家曾经做过一个有趣的实验，他将三只蜜蜂和三只苍蝇分别放入一个玻璃瓶中，再将玻璃瓶置于一个光线昏暗的房间中，同时使玻璃瓶的瓶底朝向窗户。你猜会发生什么情况？

实际上，仅仅一分多钟之后，三只苍蝇便都飞出了瓶子；而蜜蜂虽然一直都试图飞离瓶子，但一直都未能如愿，直到它因精疲力竭和饥饿而死亡。

你能分析一下，这是为什么吗？

54. 柏拉图理发

柏拉图是古希腊最著名的唯心论哲学家和思想家，他28岁到40岁都是在海外漫游。

有一天他来到西西里岛一个镇上小住。小镇只有两位理发师，他们各开了一家发廊。这两家发廊可谓天壤之别：一家窗明几净，理发师本人仪表整洁，发型大方得体；另一家则是又脏又乱，理发师也不修边幅，头发乱糟糟的。

柏拉图想理一下发，他观察了这两家发廊之后，却走近了那家脏发廊。请问这是为什么？

55. 苏小妹看吵架

苏东坡的妹妹苏小妹生性聪颖机智，聪颖如苏东坡，也经常上她的当。

一天，她正在家中看书，忽然听到街上吵闹异常，便好奇地跑出家门来一看究竟，原来是有人在吵架。

这时，从外面回来的苏东坡看到妹妹在那里看人家吵架，便走上来对苏小妹说："一个女孩子家，怎么在这里看人家吵架，赶快回家去！"

没想到苏小妹却说道："要我回去也行，我出个上联，只要你能对上下联，我就回去！"

苏东坡说："好，你出吧！"

苏小妹于是吟道："闺阁闷，闻闾闹，开门闲问。"

苏东坡一听，这对联比较偏，一时被难住了，于是琢磨了好一会儿，才想出了下联："官宦家，窈窕容，宜室安宁。"说完，苏东坡便催促妹妹回去，"好了，现在对出来了，你该回去了！"

没想到这时苏小妹说了一句话，苏东坡一听，才知道自己又上了妹妹的当了。

你猜，苏小妹说了句什么话？

56. 三个推销员

有一家生产企业大张旗鼓地招聘推销员，前来应聘的人很多。公司经理对前来参加应聘的人说道："推销嘛，说起来也很简单，就是想办法说服别人买我们的东西。当然，对于需求迫切的顾客来说，你不用怎么费劲，就可以说服他买了我们的东西。但最难的是，将产品推销给需求并不迫切甚至是根本没有需求的顾客，而我们所需要的推销员正是具备这种能力的人。下面，为了检验你们的能力，我给诸位出一个题目，即到寺庙里去向和尚推销梳子，以十天为限，推销成功者我们就会予以录取，并给以优厚的待遇。"

"什么，向和尚推销梳子，谁都知道，和尚一根头发都没有，怎么可能会买梳子，这不是开玩笑吗？"许多应聘者忿忿地议论开了，有不少人当场表示放弃。但是，也有一部分人留了下来。于是，公司经理便给这些人每人分发了一批梳子，让他们各自出发了。

十天后，应聘者们纷纷回来了，其中的多数人都垂头丧气，他们一把梳子也没有推销出去，这些人将梳子交还给公司便一声不吭地离开了。只有三个人成功地将梳子推销了出去。

公司经理问第一个人："你卖了几把梳子？"

"我只卖了 1 把。"这个人不好意思地回答。

"你是怎么卖的呢？"经理问道。

"哎，为了卖出这把梳子，我可是费了大劲了。我跑了附近的许多寺庙，和尚一看我是来推销梳子的，都直接将我赶了出来。"这个人苦着脸说道，"最后，我好不容易找到了一个好心的老和尚，请求他买一把梳子，好说歹说了半天，他才肯买了 1 把。"

"老和尚买了梳子也没什么用啊！"公司经理笑着说。

"所以才难推销啊，他基本上是为了帮我才买的。"这个人只好承认。

"你卖了多少呢？"公司经理又问第二个人。

"我还不错，卖出去了 10 把！"这个人略微有些得意。

"那么，说说你是如何推销的吧。"公司经理笑着说。

"我只去了一家某名山的寺庙，这座寺庙由于位置较高，寺庙里山风很大，前来烧香拜佛的人们的头发都被风吹乱了。我就对寺里的住持建议说：'人们头发这样蓬乱着拜佛，是对佛的不敬。如果在大殿门口放几把梳子，让他们先将头发梳理一下，想必会显得更虔诚吧！'于是，住持接受了我的建议，买下了我 10 把梳子。"

公司经理听完第二个人的讲述，也没说什么，将目光转向第三个人，问道："请问你卖了多少把呢？"

"500 把。"第三个人说道。

"说说你的经过！"公司经理眼睛里闪露出一丝光芒。

你能想象出第三个人是如何卖了 500 把的吗？

57. 聪明的苏代

我们知道，苏秦是战国时期著名的纵横家。其实，苏秦还有个弟弟，名叫苏代，也是当时有名的纵横家。下面这件事便能够体现出苏代的智慧。

一天，楚襄王的宰相昭鱼前来拜访苏代，对他说："我想请你看在老朋友的份儿上帮我一个忙。"苏代问是什么事情。昭鱼讲道："魏国的宰相田需刚刚死去了，我担心张仪、薛公、公孙衍这三个人有人做了魏国宰相。因此我希望你能去说服魏王，让魏国太子做宰相，这样对楚国是很大的帮助，我会记着你的好处的！"

苏代答应了昭鱼的请求，北上魏国。见到魏王后，苏代凭借自己的一番话果然使得魏王让太子做了宰相。

你猜，苏代是如何说服魏王的？

58. 无货不备的商店

有一家大型的百货商店，门口放着一个广告牌，上面写着：无货不备，如有缺货，愿罚十万。有个法国人看到后，很想赚到这十万元，便去见经理。法国人问经理："店里有没有潜水艇？"经理领他到大楼的十六层，果然有一艘潜水艇放在那里。法国人很惊讶，但又不甘心就这么放弃，又说："我还想看看飞船。"于是经理又领他到第十一层去看飞船。法国人看难不倒经理，就又心生一计，问道："那么这有没有肚脐眼长在脚下面的人？"

法国人以为自己这么一问，肯定能难倒经理，但没想到经理还真给他找到了"肚脐眼长在脚下面的人"。猜猜看，经理是怎么给法国人找出来的？

59. 最准的天平

在英国某个村庄里面，有一位面包师和一位卖黄油的老农民是邻居。二人相互之间经常买彼此的东西。

因为二人做邻居已经很多年了，所以在彼此相互买东西的时候从来不去当面称所买物品的重量，对方说是多少也就是多少。

面包师是一位非常细心的人，每次从邻居那里买来黄油之后总会去称一下分量足不足。开始的时候，他觉得邻居还不错，黄油的分量非常充足。但是时间长了，他发现从邻居家里买的黄油的分量越来越不足了。这就说明，每次他买黄油的时候都多花了一些钱。

这件事情一直被面包师搁在心里放不下，终于有一天，他再也忍不住了，就很委婉地向邻居提出了这个问题。没想到老农民一听，非常生气，他指天发誓说从来没有少给过面包师分量。二人争辩了一会儿，竟然因为话不投机而闹翻了脸，面包师一气之下将这位卖黄油的农民告到了法官面前。

法官于是开庭对这个事情进行审理。法官问这位农民："你每次卖给面包师黄油的时候都仔细称过分量吗？"

农民很自信地回答说："当然，我有一架最准的天平，每次都称准了分量。"

"天平？"法官继续问，"那你有标准的砝码吗？"

"不，我不需要砝码。"

这样的回答让法官很吃惊，他继续问："没有砝码，你怎么去称黄油的重量呢？"

农民于是就将自己的办法告诉了法官。法官听后立刻明白了是怎么回事，农民当场被判无错。面包师自认倒霉地付了所有的诉讼费。

你能猜出农民不用砝码如何测出黄油的分量吗？

60. 商人转换思路取货款

眼看着新年就要到来了，一个商人辛辛苦苦地做出了一批货，交给一个新客户。交货之后，本来以为客户很快就会付款的，但是左等右等就是不见客户的汇款信息过来，商人有点着急了。

又过了两个星期，客户依旧没有将应该付的钱汇过来。商人终于等不及了，于是连夜赶火车亲自来到了客户的公司要钱。

客户是一个非常狡猾的人，商人在苦等了几个小时之后，客户才肯露面。商人与客户磨了半天才勉强拿到了一张8万元的支票。商人拿到支票就立即赶往所在银行，希望能尽快提出现金，以用来准备年货。

然而事情却没有他想的那么顺利，在商人将支票交给银行工作人员的时候，对方却告诉他，那个账号的户头已经好久没有资金往来了，而且更糟糕的是，那个账户现有的存款已经不足，商人的支票根本没有办法立即兑现。

商人忽然明白了，这是客户的一个小动作，客户想用这个办法来为难他。因此他很想立即赶回客户所在公司，与他理论一番。

但是商人做事一向谨慎，他仔细思考了一会儿之后，他先向工作人员说明了自己此时的困境，然后问是不是可以告诉他那个账号的具体存款情况。他想知道到底对方的账户里面有多少钱。

看到他的诚恳，考虑到他现实中遇到的困境，工作人员很热情地帮助他查到了结果：那个账号户头目前有存款 77500 元，与他的支票相差了 2500 块钱。

商人脑子灵活，天生聪明，灵机一动想到了一个办法，最后顺利地取走了支票上的 8 万块钱，那么你知道用的办法是什么吗？

61. 馆长催书

加拿大卡尔加里市有一家历史悠久、规模宏大的图书馆。很多居民都喜欢来这里借书看。其中有一个叫卡尔的学者，便是这里的常客之一。

卡尔是做学术研究的，经常要查阅很多资料，这家图书馆自然就成了他喜欢的地方。但是遗憾的是，卡尔经常会借不到他想要的书。书单上的书图书管理员经常会说没有，为此，他非常失望。

一次，卡尔为写论文急需查阅一些资料，他把自己需要的书名列了清单交给了图书管理员。过了一会儿，管理员过来抱歉地对他说道："先生，不好意思，你要借的书，我们这里暂时都没有。"

卡尔非常生气，他心想，这么大的图书馆怎么会有这么多书找不到？于是就直接找到了这家图书馆的馆长提意见。

馆长是一位和蔼可亲的老头，听完卡尔的叙述后赶紧打电话叫来了图书管理的负责人来询问情况。

负责人仔细看了一下卡尔所列的图书清单，然后说："其实这些书，我们图书馆都有，但是现在都在别人手中，很多书借了好多年了，到现在都没有人还。"

馆长听后非常生气地问："那么长时间，你们为什么不催借书的人？"

图书负责人低下头说："我们一直在催，但是想了好多办法都不奏效。"

馆长感到这个问题挺严重，于是便问图书负责人究竟有多少书逾期没有还回来，结果发现这样的书竟然多达 7000 多册。

馆长对此很是吃惊，决心要想出办法解决这个问题，于是他转身对卡尔说："先生，今天十分抱歉，没能让您借到想要的书。您先回去，我向您保证，一个星期以后，您再来一定能借到所有您想要的书！"

卡尔听到馆长这么保证就不好再说什么，转身离开了。卡尔走后，馆长冥思苦想了半天，最后终于想到了一个催书的好办法，他将图书负责人再次叫来，如此一般地交代了一番。

果然，短短几天内，图书馆众多逾期未还的书都回来了。人们争先恐后地都跑图书馆还书。一个星期之内，大部分书都完璧归赵了。结果发现，有的书竟然已经逾期了十多年之久。

一个星期之后，卡尔抱着怀疑的态度再次来到了图书馆，这一次，他果然如愿地借到了所有他想要的书。卡尔很好奇地向馆长询问催书的办法。馆长笑了笑，递给了卡尔一张报纸广告，卡尔看完后恍然大悟。

你能猜到那个广告上面写的是什么吗？

62. 卖猫的农夫

有一位古玩商，非常喜欢收集古玩。因为在城里转遍了，很难再收到比较有价值的古玩，于是他就决定去乡下碰碰运气。

这天，他来到了一家农舍前，观察了一会儿，忽然眼前一亮，他看到了一件很有价值的东西。那是一件非常别致的小碟子，凭着对古玩这么些年的研究和高超的鉴赏力，他断定那是一个值大钱的古董。但是好像这家主人对此一无所知，因为主人竟然拿它喂猫。

古玩商此时心中狂喜，但是他极力忍住了。他假装随意地走到了这家主人的身边闲聊起来，并假装一副才发现小猫似的样子对小猫表现出了极大的兴趣。古玩商先对那只猫大肆赞扬了一番，然后编造了一个非常动听的故事。他告诉小猫的主人，他的太太非常喜欢小动物，尤其喜爱小猫。前几天因为精心养的一只猫死去了，妻子正伤心不已，而此时眼前的这只小猫，竟然和太太死去的小猫出奇的像。

古玩商说着说着不禁流出了动情的泪水，木讷的农夫听后也跟着伤心起来。这个时候，古玩商问农夫："我想买下这只小猫送给太太，你这只小猫卖不卖？"

农夫干脆利落地回答说："当然卖了，既然你的太太这么喜欢小猫，我就卖给你好了，希望她早点恢复心情。"古玩商听了心里暗喜，为了表示自己的诚意与感谢，他还特意出了两倍的价钱给农夫。

就在他抱起小猫准备走的时候，他才开始引入正题。他故作若无其事的表情对农夫说："你们是一直用这个小盘子喂小猫的吧？我怕小猫以后不习惯，所以我还想继续用这个盘子喂它。请问您可不可以顺便把这个盘子送给我呢？"

古玩商心想，农夫不知道这个盘子的价值，肯定会很爽快地送给他。可是，他怎么也没想到，农夫的回答让他的美梦一下子破碎了。

你知道农夫究竟是怎么回答的吗？

63."懒惰"的邻家太太

珍妮太太有个毛病，她总喜欢挑别人的毛病。这么多年以来，她总是不断指责对面的史密斯太太懒惰，原因是她总是认为史密斯太太洗衣服没洗干净。

珍妮太太不断地对身边的人说："那个女人真懒惰，连一件衣服都洗不干净，你看，她晾在绳子上面的衣服总是有斑点，哎，我就不明白了，一个女人家怎么会把衣服洗成那样，简直像是一个马虎的男人洗的衣服！"

这天，一个朋友来珍妮太太家里做客，她又开始抱怨对面的太太衣服没洗干净。这位朋友朝对面看了一下，然后走到这家太太的窗户旁边去擦了一下窗户，再看对面太太洗的衣服，竟然就一下子变得干净了。

你知道这是怎么一回事吗？

64.吴用智赚卢俊义

我们都知道，明朝小说《水浒传》中讲了梁山好汉的一系列精彩故事，而"吴用智赚玉麒麟"的故事就是其中著名的一个。

这个故事中的"玉麒麟"就是卢俊义，卢俊义乃河北俊杰，他不仅急公好义，乐善好施，济人危困，而且武艺高强，名闻四海，人称"河北玉麒麟"。梁山泊义军头领宋江久慕他的威名，一心想招卢俊义上梁山坐一把交椅，以借助他的威名扩展梁山的事业。但是，偏偏这个卢俊义有钱有势，有名有位，吃不愁，穿不愁，而且满脑袋的忠君思想，要他上山造反谈何容易，宋江常常为此苦恼。

为了拉卢俊义入伙，宋江便找军师吴用商量办法。说起来这军师吴用，人称"智多星"，他为人机敏，善于谋略，凡事一经他策划，没有办不成的。所以，当宋江与他议起此事时，吴用很快就想了一个好主意。

这天，吴用扮成一个算命先生，悄悄来到卢俊义的庄上。吴用故意口出狂言，引起了卢俊义的注意，将其邀至府中。在卢俊义府中，吴用先是用一些危言耸听的话赚取卢俊义的信任，等到卢俊义相信他是一个非常"神机妙算"的算命先生了，吴用就说卢俊义最近肯定有血光之灾。他利用卢俊义正为躲避"血光之灾"的惶恐心理，口占四句卦歌送给了卢俊义，并让他端书在家宅的墙壁上。这四句卦歌的内容是：

> 芦花丛中一扁舟，
>
> 俊杰俄从此地游。
>
> 义士若能知此理，
>
> 反躬难逃可无忧。

当时的卢俊义正想着如何消灾解难，根本没有细细看这首诗，便按照吴用的嘱咐到远处避难去了。可是，这首诗仔细一看，就有很大的问题。当吴用走后不久，官府就来了，说卢俊义想造反，而证据正好就是这首诗。官府以这卦歌为罪证，大兴问罪之师，到处捉拿卢俊义，终于把他逼上梁山。你知道这首诗的玄机在哪里吗？

65. 三个不称职的工人

马老板和张老板是生意上的合作伙伴，一次，两人聚在一起聊天，聊着聊着就聊到了各自的员工身上去了。

马老板很头疼地说起了自己的三个做技术的员工小崔、小刘和小赵。他说他们三个人不务正业，不专心研究技术，反而老喜欢管其他的事情。

没想到张老板对于这个竟然很感兴趣，他就让马详细地把那三个员工的情况说一下。

马老板就继续对他说："小崔喜欢对别人生产出来的产品评头论足，每次总能挑出这样那样的毛病。你想啊，谁愿意自己的产品老被挑出毛病？因为这个，同事经常和他吵架，这不就影响整体的团结了嘛；小刘整体一副忧心忡忡的样子，他老担心车间会发生事故，一会儿说这里缺少东西，一会儿又说那里该换了；最气人的是小赵，他从来不关心车间的事，一下班就去街上闲逛，还老喜欢去问商家什么物品好卖，哪种东西卖不出去等莫名其妙的问题！"

介绍完之后，马老板生气地说："像他们这种不安分于本职工作的员工，就应该把他们辞退了！我真不想要他们了，最近就打算把他们辞退了。"

张老板听后笑了笑说："你把这三位技术人员给我行吗？"

马老板二话没说就把这三位员工给了张老板，自己心里还暗自高兴走了三位不好好工作的员工呢。

谁知道这三个工人在另一个老板那里都做得很出色，并受到重用，你知道是

66. 如何使线变短

在一家武术馆里面，约翰正在认真地进行着训练。

接下来的训练内容是两人对练。约翰分到的对手实力比较强，他自知真的打起来之后，自己绝对会输给对方的，于是他心里盘算着是不是该用其他的办法赢一次。

比赛开始，约翰老是想用一些投机取巧的办法，频频突然偷袭或者利用比赛规则占便宜，但是很可惜，对手始终沉着冷静，没有让约翰讨到多少便宜。结果，比赛结束后，约翰不仅失败了，而且在积分上竟然没有得到 1 分，他心里非常恼火。

教练看完他们的比赛以后，把约翰叫到了办公室。他没有批评约翰，而是什么都没说，先在地上画了一条大约长 4 英尺的线，然后问了约翰一个莫名其妙的问题："如何才能把这条线变短呢？"

约翰很奇怪教练为什么这么问他，他仔细看了一下那条线以后给出了好几个答案，其中包括把线截成小段，把线折叠起来等，但是教练均摇摇头，认为不可行。

最好，教练又拿起笔，做了一件事。然后约翰一看，看起来线果然变短了。

你能猜出他是如何使线变短的吗？

67. 两个商人

从前，有两个商人背着沉重的货物在山上艰难地行走，此时正是中午，火热的太阳炙烤着大地。两个人都累得满头大汗，他们必须越过这座山才能把货物运到对面的小镇上去卖。

走了一会儿，其中一个商人热得实在受不了了，就停了下来骂骂咧咧地抱怨道："他妈的，这座山也太高了，在这么大的太阳下爬山真是受不了！"

另一个商人听了，却不以为然，他竟然说希望这座山再高些。第一个商人感到很奇怪，询问他为何说这种傻话。第二个商人于是说出了自己的理由，第一个商人一听，十分佩服他的智慧。

你能猜出第二个商人的理由是什么吗？

68. 失去的和拥有的

一位商人经过自己多年的努力和打拼后，终于取得了成功，拥有了自己辉煌的事业和很高的社会地位。

这天，商人特意邀请自己的父亲来到一家非常高档的餐厅就餐。餐厅环境优雅，氛围温馨，一位技艺高超的小提琴手正在台上为大家演奏悠扬的音乐，音乐伴随着可口的饭菜让人们心情大好。

这个时候，商人想起了自己小时候曾经也练过小提琴，那个时候自己曾一度十分迷恋小提琴，但是最后没有坚持下来就放弃了。于是他就感慨地对父亲说："假如当初我坚持练小提琴，说不定现在在台上演奏的就会是我了，想起来真是有些遗憾！"

其父接着商人的话说了一句话，商人听后点了点头，顿时不再感到遗憾。

你猜出商人的父亲说了什么话？

69. 以退为进

一位富翁把自己收藏多年的三枚邮票拿来拍卖，拍卖师刚讲明邮票的年代与种类，一位识宝者便意识到了它们的珍贵，所以立刻开出了一个高价。只是很遗憾，他叫出的价离富翁的底价还差一点点。

富翁坚持的同时，识宝者也在坚持着，你来我往几番讨价还价之后，富翁竟然从兜里掏出一个打火机，拿起一枚邮票烧掉了。看到如此珍贵的邮票被毁，识宝者心疼极了，不得不把叫价抬高了点，可是仍然跟富翁的底价有一段差距。看着识宝者又一次陷入坚持，富翁又缓缓地拿起第二枚邮票点燃了。这一下，识宝者终于忍不住大喊道："好好好，我给你那个价钱。"

"不，"富翁摇了摇头，"剩下的这枚邮票你需要出四倍于原价的价钱。"

"凭什么？刚才你三枚邮票一共也没卖到这个数。"识宝者大喊道。

你猜富翁的理由是什么？

70. 聪明的小吏

相传有一次，两个官员在一起喝酒，酒过数巡之后，两人谈到了各自的孩子问题。

一个官员很忧虑地说："我家只有一个儿子，真的是人丁不旺啊！"

这个时候，在一旁的小官吏在旁边安慰说："儿子只要成器，不在乎多少，一个足够了！"

谁知道另一个官员这个时候问他道："我的儿子很多，这又该如何解释呢？"

小官吏这个时候随机应变地说了一句话，让在喝酒的两位官员不禁拍手称赞，于是赶紧把小官吏拉过来一起喝酒。

你知道这个小官吏是如何回答另一位官员的吗？

71. 不一样的说法

阿拉贡是 20 世纪法国著名诗人，有"20 世纪的雨果"之称。一天清晨，阿拉贡出门散步，在经过一个广场的时候，他看到一个孩子正坐在门口的台阶上面乞讨。孩子手里捧着一个破旧的帽子，面前放着一张纸，纸上歪歪斜斜地写着这么几个字：

"我是盲人，无父无母，请好心的人帮帮我！"

阿拉贡低头看了一下这个孩子面前的帽子，发现里面只有很少的几枚硬币，于是他赶紧掏出钱包来想帮帮这个可怜的孩子，却发现自己忘记带钱包了。想了一下之后，他拿出一支随身携带的笔在小孩子面前的那张纸的背面写了一句话，并将纸反过来放下，然后便离开了。

等阿拉贡走了以后，小孩子奇怪地发现往他帽子投钱的人突然多了起来，到了傍晚，帽子竟然已经满了。

阿拉贡再次经过的时候，笑着对小孩子说："看来这个世界上有爱心的人还真不少！"

小孩子听出来这个说话的就是早上那位好心帮助他的人，于是连忙问道："好心的先生，请问您早上在纸上写了什么字呢？为什么那么多人看了之后都来帮助我呢？"

阿拉贡笑着说道："我写的话和你原来的意思一样，只是换了种说法而已。"

那么，你知道阿拉贡在纸的背面写了什么吗？

72. 制度变换

17～18世纪时，英国政府经常运送犯人到澳洲去，类似于中国的流放。当时，在运送这些犯人的时候，都是雇用私营船主运送这些犯人，政府按照犯人的人头数付给私营船主运费。

这样的运送犯人的方式便导致了这样的现象：私营船主为了从运送奴隶的过程中获得更多的运费，往往会不顾犯人的死活，每次拼命地增加运送犯人的数量。这样一来，经常会由于船上运送人数过多，导致船上生存环境非常恶劣，再加上许多私营船主还想尽办法克扣犯人的粮食，等到了目的地之后再拿出来卖钱。这样一来，许多犯人就在中途因营养不良或疾病而死去了。甚至于，有些黑心的私营船主为了节省开支，在船只出海不久就把一些犯人活活地扔进海里。

对于这种不人道的现象，英国政府十分着急，想要降低犯人的死亡率，但是却一直想不出什么比较好的办法。因为假如增强医疗措施，多发食物和改善犯人营养，那样就会增加运输成本，同时也无法保证船主真的将这些东西用到犯人身上；而如果在船上多增派管理员监视船主，那样不仅会增加政府开支，而且也很难保证监管人员不会在暴利的诱惑下不与船主合谋。

那么，你能给他们想出一个好的办法吗？

73. 书商与总统

一个做出版的经销商库房里面积压了一大批书，这个出版商就想找个办法把积压的书赶紧卖出去。很快，书商想到了一个办法，他通过关系将其中一本书送给了总统，然后多次询问总统看了此书后的感想，总统因为忙于公事所以一直都没有时间去看那本书，但为了让这个出版商不要再来纠缠，就对他说："这本书还不错。"这位出版商得到这个答案以后，便借题发挥，大力宣传，他不断地在各大媒体上刊登广告："本店现有总统喜欢的书出售！"人们看到这个广告后，纷纷前去书店抢购这本书，很快，这本书就被人们抢购一空。

过了一段时间后，出版商又遇到了同样的情况，他手里再次积压了一批滞销的书。于是这位经销商又送了一本书给总统。这次总统收到以后，想起上次被经销商利用的事情，就很气愤地说："这本书实在糟透了！"出版商听了以后，再次去刊登了这么一则广告："本店现有总统讨厌的书出售！"令人想不到的是这样的一则广告带来了同样的效果，那批滞销的书很快又被抢空。

第三次，经销商又来找总统时，总统拿着出版商第三次送来的书，吸取了上两次的教训，什么都不说。但是书商同样借此事打出了广告，使得手里的书同样销售很火。

你猜经销商这次是如何打广告的呢？

74. 赢了两个冠军

有三人是个好朋友，他们其中一个是全国网球冠军，一个则是全国象棋冠军，只有第三个人什么冠军都不是。

有一次，这三个好朋友一起来到一家俱乐部非常快乐地玩了一个下午。他们到玩够了之后，便一起吃晚饭。这时，那个什么冠军都不是的人很自豪地对周围的人说："今天我们一起不仅玩了网球，而且还玩了象棋。我今天可是大获全胜，既赢了网球冠军，又赢了象棋冠军，大家为我庆祝一下吧！"

周围的人怎么都不相信他，因为他们认为，以第三个人的水平怎么能够赢全国冠军呢？于是他们就说："那肯定是他们两个冠军让着你的！"

谁知道旁边的两个冠军笑着说："不是的，他说的是真的，我们可是尽了最大的努力，但是最后还是输了。"

你知道这是怎么回事吗？

75. 老住持考弟子

在一座高山上有一座新建的寺庙，庙里有一个住持和几个和尚。因为附近没有其他寺庙，所以这座寺庙在当地的影响相当大，来庙里烧香拜佛的人都很多，十里八屯的都专程跑来这里上香。寺庙建成之初，是一个中年和尚担任住持，许多年过去，寺庙被风雨冲刷得已经失去了往日的"容颜"，中年住持也老了。

住持知道自己年事已高，剩下的日子不多了，在离开之前，他决定要选一个新住持接替他。寺庙就这么几个弟子，习性也都了解，可是住持还是想考考他们。于是，住持给众多弟子们出了一个问题。

一天，他叫来了众弟子们，对他们说："我的日子不多了，现在我要从你们之中选出一人做住持。你们到南山上去，各自去打一担柴回来。谁第一个打柴回来，我就让谁做本院的新住持。"弟子们听了住持的话后，都往南山的方向跑去了。但是，非常不如人意的是，就在他们快到达南山时，前面出现了一条大河。这条河的河水从山上奔涌而下，气势非常吓人，根本无法穿行过去。看来南山是去不成了。

于是，很多弟子就放弃了去南山打柴的想法，纷纷掉头回去了。只有一个小和尚没有立即回去，等到他回去的时候，住持就让这个小和尚做了下一届的住持。你知道小和尚是怎么做的吗？

76. 智解难题

在一个小城里，只有一家电影院，而这个小城的娱乐场所并不多，人们都喜欢到这家电影院看电影，因此电影院生意非常好。这家电影院虽然座位很舒适，环境也很优雅，不过，这家电影院却有一个问题一直让观众不满意。

由于观众多，电影院的厕所的蹲位有限，每次散场后，厕所前面都要排很长很长的队伍。对于这个问题，观众已经向电影院多次提建议，怨声载道。

但是，电影院也有难题。电影院所占的空间有限，无法扩大厕所的面积。如非要扩大厕所的面积，那么电影院的经营成本上也是个问题。但是，如果一直不解决观众排队上厕所的难题，相信总有一天，观众将不再愿意来了。因此，这确实是一个很棘手的问题。

经营商在困扰之下，请来了一位有名的专家，希望能讨教到解决问题的方法。专家不愧是专家，给经营商出了一个几乎没有成本而又十分见效的主意，从此以后，虽然没有修建新的厕所，但是观众的怨声却魔法般地消失了，再也没有观众抱怨过厕所的问题了。

你猜这位专家的主意是什么？

77. 不开心的老人

从前有一位老妇人，有两个女儿，都很孝顺。大女儿嫁给了一个做浆布的商人，小女儿嫁给了一个修伞的商人，两个女儿都嫁给了好夫婿，按理说老人该过得幸福才对。可是情况却并非如此，相反，老人每天过得都不开心，脸上很少有笑容，总是愁眉苦脸的。邻里乡亲都觉得很奇怪，可也不知道是什么原因。

其实，老妇人不开心的原因主要是天气。如果是晴天，那么她就觉得她的小女儿的丈夫的生意就会受到影响，赚不到钱；如果是阴天，那么她的大女儿丈夫的生意就会受到影响。而天气不是晴就是下雨，所以，无论是哪种天气，她都很担心。于是，自从她的两个女儿都出嫁后，她就整日的愁眉苦脸，从未开心过。

处于这样的状态，老妇人也觉得很难过。她极力说服自己不要为女儿们担心，她想要摆脱这种担忧的状态，但是无论她怎样努力，都没有办法解脱。

某天，她听说山上有一位智者，能解决各种困扰人的难题。于是，她找到了智者，把自己的烦恼告诉了他，希望智者能够解除她的忧愁。果然，智者和老妇人聊了后，老妇人的脸上又出现了久违的笑容。

你知道智者是怎样开导老妇人的吗？

78. 一句话解决问题

有一次，保罗·盖蒂在田里挖水井时，发现了地下竟然有黑色的石油冒出来。于是，他决心开始做石油的生意，一开始，他只是自己挖石油来卖，后来攒了一些钱后，他就开始雇工人开采石油。

一开始，工人都很认真地工作。但是，时间久了，保罗·盖蒂发现有些工人有浪费原料的现象，更可气的是，还有工人在工作期间偷懒。看到这些现象，保罗·盖蒂非常生气。他也曾经多次找负责的人，和他们说要严格管理好工人。但是，每次保罗·盖蒂说后不久，工头还会监督工人，可是时间长了，也就会重蹈覆辙了。这样，几次三番下来，保罗·盖蒂依旧没有杜绝浪费的现象。

保罗·盖蒂并不死心。他很纳闷，为什么那些工头就不能一直尽职尽责地管理工人呢？为什么会导致工人如此散漫呢？于是，他就去找了一位德高望重的管理学家。管理学家帮保罗·盖蒂分析了一下，保罗·盖蒂顿时恍然大悟。他回来后，仅仅对工头说了一句话，上面的现象就都销声匿迹了，石油的产量大大提高，企业利润也大大提高。

保罗·盖蒂对工头说了什么呢？

79. 罗斯福的连任感想

我们都知道，美国的罗斯福总统一共连任了三届，这在美国历史上，是绝无仅有的。当罗斯福第三次当选总统后，一个记者就想采访罗斯福，请他谈谈三次连任总统的感想。面对记者的采访要求，罗斯福很爽快地答应了。记者开门见山就问起了他此时的感受，罗斯福并没有马上回答记者的问题，而是请记者吃三明治。被总统请客，记者感到很荣幸，当然很爽快地就答应了。记者很高兴地吃了第一块三明治。吃完后，总统又要请他吃第二块，记者本来就不饿，但是这是总统的邀请，也不好拒绝，于是，就勉强吃了这第二块。当吃完第二块，记者的肚子已经很撑了。没想到这个时候，总统又要请他吃第三块，记者无奈，只好硬着头皮吃了下去。

最后，总统又对记者说："再吃一块吧。"记者表示实在吃不下去了。

这个时候，总统简单地说了句话。记者听后，连连点头，满意地回去了。你知道罗斯福总统说了句什么话吗？

80. 满是缺点的秘书

一个公司老板脾气很坏，好几个秘书都因为受不了他而辞职了，于是他就招来了一个新的秘书。老板对这个新秘书的工作很不满意，经常数落她的不是。一次，新秘书的工作又惹得老板生气了，老板就把新来的秘书叫到了办公室。可想而知，等待这位新秘书的就是一顿狠批。老板对新秘书说："你的工作我很不满意。你和我之前的几个秘书相比可差远了，你哪都不如她们。你的应变能力不强，做事总是很呆板；文笔也一般，写的文章也不如以前的秘书写得好；你的字比不上她们任何一位。只可惜她们都辞职了，要不我也不会录用你。别的不说，就连拾掇办公桌，你都不能让我满意，你说我还有必要继续留你吗？你还是另谋高就吧！"

老板发火的过程中，新秘书一句话也不说，只是静静地等他说完。等老板话说完了，秘书开始说话了，她只简短地说了几句话，就逗得老板哈哈大笑，并决定不再裁掉这个新秘书。

你猜秘书说了什么话？

81. "雅诗·兰黛" 的成功

雅诗·兰黛是国际上知名的化妆品品牌，是美国 500 强企业之一。但是，在最初开拓市场方面，雅诗·兰黛却并不是那么顺利的。

1953 年，雅诗·兰黛推出的"青春之泉"香水在美国市场上大获全胜，一夜之间成了家喻户晓的品牌香水。具有敏锐洞察力的创始人埃斯·泰劳德并不满足只占领美国市场，她还要进一步抢占欧洲市场。突破口就选在了法国。

法国人的浪漫是举世公认的，同时，他们的挑剔也是举世公认的，他们对于这个新事物并不感兴趣。只是有几个爱占便宜的小市民，经常到店里来试用，把自己浑身喷了个遍，到最后也不买。这样的市民很多。更可恶的是，一个市民隔三差五地就到店里来试香水，却也不买。

看到这样的情形，店里的员工都气不过了，对埃斯·泰劳德提议要在店内贴些警示语，例如"法国是文明的国家，法国人是有教养的人""请勿起贪婪之念""天下没有免费的午餐"等等。对于员工的好意，埃斯·泰劳德却没有采纳，而是愿意继续让顾客试用香水，她"好心"地声称："就让她们把香味带走吧！"没想到，正是因为这份"好心"，雅诗·兰黛很快赢得了市场，在法国迅速流行，你知道这是为什么吗？

82. 妙解

商人的一个朋友要过生日了，商人想给朋友买张画作为生日礼物。于是，他就走入了一家画店。商人咨询了画店老板该买哪种画，老板看来人衣着光鲜，器宇轩昂，心想其朋友也必定是富贵之人，就说道："牡丹代表大富大贵，很符合您朋友的身份，不如就买张牡丹图吧！"商人觉得老板说的有道理，就买了张牡丹图回家去了。

在朋友的生日宴会上，他把自己送给朋友的生日礼物当众打开了。众人都夸这礼物选得好。正在大家夸赞画画得好时，一个客人惊讶地说："你们看，这张画没有画完。这幅牡丹最上面的那朵花，竟然不完整！"旁人一看也都议论开了，有不懂事的人忍不住议论道："这不是代表着'富贵不全'吗？"

商人也看到了那残缺的部分，也很懊悔自己买的时候没有认真看。现在，不但他的好意没了，而且还在那么多人面前出了丑。正在商人不知道如何是好的时候，主人来了。主人是个很有学问的人，他了解情况后，哈哈大笑，声称这是个好礼物。在众宾客惊诧之际，主人笑着给出了新的解释，正好和"富贵不全"完全相反，是十分吉祥的意思。全场嘉宾无不称赞主人的智慧。你知道主人是如何解释的吗?

83. 私塾先生的批语

蒲松龄是清朝有名的文学家。于是，一介武夫胡守备想请他做自己儿子的老师。看在胡守备望子成龙的份儿上，蒲松龄就答应了他的请求。胡守备的儿子生性拙笨，进步很慢，蒲松龄则实事求是地在作业本上写了评语。但是，胡守备看到蒲松龄在儿子的作业上的批语都是不好的话时，却感到很不高兴，于是就把怒气撒到了蒲松龄的身上。他埋怨说蒲松龄教学无方，并非自己儿子愚笨。听到胡守备这样说，蒲松龄心里很不是滋味，他想，应该给胡守备点颜色看看，既然你要听好话，那我就成全你。

胡的儿子文章的错别字太多，蒲松龄就用笔在旁边醒目地批作："唯解漫天作雪飞。"

他儿子的另一篇文章字迹潦草，蒲松龄就批作："草色遥看近却无。"

还有一篇文章内容空洞，蒲松龄就批作："两个黄鹂鸣翠柳，一行白鹭上青天。"

胡守备大老粗一个，只识得几个字而已，一看都是些唯美的诗句，以为蒲松龄说的都是夸赞之词，哪知道这些诗词背后的讽刺意味。于是，他问蒲松龄道："最近我儿子的学业看来大有进步，想必已经将四书五经都贯通了吧?"

蒲松龄笑着回答道："人有七窍，令郎已通六窍。"

你能猜出这些批语的背后的含义吗?

84. 巧捉野猪

一个村子因为靠近山林，经常受到山上野猪的袭击。下山的野猪毁坏庄稼、袭击家畜，有时还伤害村民。村里的人都想把野猪打死，可是野猪凶猛而狡猾，打死它可不是一件容易的事情，村里人多次行动都失败了。无奈之下，村长把大家召集起来，想要集思广益，想出一个捉野猪的好办法。正当人们都表示无可奈何之际，一位老人站了起来，说道："我愿意去抓野猪，只要你们提供给我所需要的东西，我就一定能办到。"虽然大家还是不太相信老人的话，但是既然老人这么说了，就按照老人的要求，为他准备了需要的东西。

第二天，老人就独自跑到深林中了。老人先是找到了野猪经常出没的地方，并在那个地方放了玉米饼。野猪闻到了玉米饼的香味，就循着味道走了过来。最初野猪不敢靠近玉米饼，可是禁不住香味的诱惑，最终还是慢慢向玉米饼走近了。翌日，老人还是在那个地方，又多放了一些玉米饼，同时在玉米饼旁边竖起了一块木板，结果野猪又去吃了。接下来的几日，老人每天都在原地放玉米饼，不过每次都多竖起一块木板。野猪对此并不在意，依旧大摇大摆地每天去吃玉米饼。你猜最后的结果是什么？

85. 远近之辩

曹植是曹操的第三个儿子，他不仅文章写得好，而且随机应变的能力也很强。

一年中秋的晚上，正值月圆之际，曹操带领家人出来赏月，看着皎洁的月亮，曹操突然想考考曹植，就问道："你觉得是月亮离咱们近呢，还是外国离咱们近呢？"曹植不假思索地答道："当然是月亮了。"对于儿子的回答，曹操不解，追问道："何出此言呢？"曹植说："我们抬头就能看到月亮，可是我们抬头却看不到外国，可见月亮离我们近些。"对于儿子的回答，曹操很高兴，还夸了曹植一番。

第二年，也是中秋。这一回来了几个外国人拜见曹操。曹操也把去年中秋问曹植的问题，问了这些外国人，可是客人们众说纷纭，有的说月亮近，有的说外国近，只是都没有给出个合适的理由来。曹操为了在外国人面前显示自己儿子的聪明，就命人把曹植叫来。这次依旧让曹植回答这个问题，谁知曹植的回答和上次却不同。曹操一听，心下一惊，担心曹植给自己丢面子。谁知，这次曹植同样给出了精彩的理由，曹操一听，更为高兴。你知道曹植这次是如何回答的吗？

86. 讨马

春秋时期，圣人孔子因为在国内得不到重用，带着众徒弟周游列国，推销自己的"仁政"，旅途劳累，十分辛苦。一天，他们来到了一个村庄，由于过于劳累，他们决定先在一片树荫下乘凉休息，也顺便吃点干粮，填饱肚子。正在大家都预备吃饭的时候，不成想孔子的马却脱缰了，跑到农夫的地里啃吃起庄稼。想是连着几天赶路，马也饿了。虽然拦得及时，可是庄稼已经被马糟蹋了不大不小的一片。

农夫这时正在田里劳作，看到自己的田地被马糟蹋了，非常生气，上去便抓住了马的缰绳，嘴里喊着要杀了马。孔子见状，就派自己能言善辩的弟子子贡去劝说农夫，要求和解。

子贡学识渊博，明白事理，相信自己一定能把农夫说通。可是，子贡去了很久，依旧在那里和农夫辩解，看上去没有结果。原来子贡和农夫讲的都是之乎者也之类的大道理，这些农夫怎么听得懂呢？于是，谈判就没有进展。

这时孔子的另一个学生，原本就是个农民，没有多少学识，但对于人情世故很是了解，他换了一个思路，只是按照基本的人情世故说了一番话，那农民一听便点点头，将马牵了回来，想象一下，他是如何说的？

87. 找铁环

傍晚时分，在经过了一天的辛劳之后，农民都回家准备吃晚饭了。每家的炊烟都已经袅袅升起了，真是一幅恬淡的乡村傍晚图。吃完晚饭的小明来到一条小河边，在河里捉鱼玩。

小明每天都会来这条河捉鱼，以往他都会捉到鱼，有的时候还能捉到大鱼。不知道今天怎么了，连一条小鱼都没捉到。正在他打算回家的时候，突然发现在离他不远的水里有一个闪闪发光的东西。走近一看，原来是一个漂亮的铁环。

铁环是金色的，在月光的照耀下发出金灿灿的亮光，异常漂亮。小男孩特别高兴，迫不及待地走了过去，都忘记了把袖子往上卷卷。他伸手想要捞起铁环，可是不管怎么摸就是抓不住铁环。小男孩急坏了，明明就在那里，却捞不到。等到水再次清澈的时候，他又仔细辨别了下铁环的位置，又下水去摸，可是依旧摸不到。明明看见铁环在那里，却怎么也摸不到，这让小男孩很无奈。他只好去请救兵，从家中把父亲带到了水边。

父亲看了看河边的树，就对小男孩说了一句话，小男孩按照父亲的话，果然很快就找到了铁环。你知道父亲对小男孩说了什么吗？

88. 牧师与商人

犹太教中的安息日在希伯来语中意为"休息""停止工作"的意思，是犹太教的古老节日。犹太教国家的古老律法规定，一周的第七天是休息的日子。据说这与上帝创世相关，上帝耶和华在六天里完成了创世的工作，第七天则休息。

按照犹太教规，在安息日，所有的犹太教徒在这一天中就只能在家里待着，不允许出去工作。一般情况下，这个规定是不能更改的，因为这个节日是那么的神圣。可是无论规定多么的严格，还是有人触犯。有一个商人想："既然安息日这天不允许工作，那么商店就会关门。那样，如果我继续营业，我的收入肯定比平时多得多。"于是，为了多赚些钱，在安息日这一天，这个商人居然还照常营业。了解到这种情形后，牧师在讲道时，就大声地斥责了这个商人。等到礼拜结束后，为了讨好牧师，商人送给了牧师一大笔钱，这让牧师很高兴。

俗话说："吃人嘴短，拿人手短"。到了下一个讲道的时刻，牧师并没有那么严厉地谴责商人。他以为商人还会给他很多钱，谁知，这次商人并没有给他一分钱。

牧师觉得很困惑，他就找到了商人的家里，询问原因。商人于是就说出了理由，牧师也恍然大悟，并点头表示同意。你猜商人怎么说？

89. 巧搬图书馆

在英国，曾经有一家大型的图书馆要搬迁。但是，由于这家图书馆藏书非常多，新馆又有一段距离，所以搬运这些图书不但花费特别高，也特别的麻烦。

一天，馆长召开全馆工作人员会议，让大家一起动动脑筋，看有没有省时、省力又省钱的办法，来搬运这些图书。图书馆所有工作人员想了很久很久，一阵沉默之后，一位入职不久的图书管理员突然说："你们看，我们可不可以这样做，就是……"

听完他的话，大家都鼓掌叫好，于是，馆长下命令，就按照这位图书管理员的办法做。果然，这件原本费力费时又费钱的工作，轻轻松松地完成了，而且图书馆基本上没花钱！

你能猜出这位图书管理员想出的办法吗？

90. 名师出高徒

在古代的欧洲，有一个名叫欧提尼的聪明人，他曾经拜在当时著名的学者普罗塔哥拉斯门下，向他学习法律和诡辩术。在当时，跟从普罗塔哥拉斯学习有一个不成文的规矩，那就是在没有学习之前，学生和老师之间要签一份合同：入学前，学生要先交付老师一半的学费，等到学成之后，再付另一半学费。不过有一个条件，那就是学生出庭的第一场官司必须打赢，这样才证明学业有成。

欧提尼当时很穷，但是为了跟从普罗塔哥拉斯学习法律和诡辩术，他还是毫不犹豫地签约了。交了一半学费之后，他就身无分文了。在跟随普罗塔哥拉斯的几年内，他学习非常用心，很快，普罗塔哥拉斯的知识他已经学到了十之八九。就这样，欧提尼比他的同学提前毕业了。然而,他却迟迟不肯去出庭打官司。因为他知道，如果他打赢了的话，他必须交付另一半学费，而他当时依旧身无分文。

普罗塔哥拉斯看到这种情况，感到有些不太高兴，他心想："欧提尼为什么不肯出庭打官司呢？难道他想赖掉另一半学费吗？"想到这里，他决定向法院提出诉讼，而被告正是他的学生欧提尼。因为他想："如果我打赢了,按照法庭的判决,我可以得到另一半学费；如果欧提尼赢了，按照我们当时的合同，他也要交付我另一半的学费，何乐而不为呢？"

就这样，普罗塔哥拉斯把欧提尼告上了法庭，可是他万万没想到的是，他的学生也用同样的诡辩术，巧妙地"赖"掉了他的另一半学费。普罗塔哥拉斯虽然没有得到另一半学费，但是却非常高兴，因为他看到他教出了一位真正的"高徒"。

你能猜到，欧提尼在法庭上怎样为自己辩护的吗？

91. 爱迪生的看法

美国的爱迪生是一位伟大的电学家和发明家，他一生发明了许多对人们有用的东西，极大地推动了人类社会的进步和发展。然而这一切，都是他刻苦钻研，锲而不舍工作的结果。

有一次，一种新发明需要天然橡胶作为原料，为了寻找一种比较适用的天然橡胶，他试用了许许多多种植物。然而，实验结果总是以失败告终，因为从这些植物中提取的天然橡胶没有一种是匹配的。

后来，在试过了多达五万多种材料，均告失败后，爱迪生的助手泄气地对他说："亲爱的先生，我们都已经失败过五万次了，看来可能世上不存在这种原料，我们还是放弃吧，再这样坚持下去，有什么意义呢？"

爱迪生听了助手的话，停下了手中的工作，平静而坚定地对他说了一番话。之后，助手就再没有什么怨言，他们两个又开始忙碌起来了。又经过了无数个失败以后，爱迪生终于完成了那项发明。

你知道爱迪生对他的助手说了什么吗？

92. 老师的斥责

卢瑟福是现代原子物理学的奠基者，他对现代物理学作出了巨大的贡献。同时，在教育自己的学生方面，他也有自己独到的一面。

有一天深夜，卢瑟福到实验室去取一件东西，偶然发现他的一位学生仍然在那里埋头做实验。于是，这位物理学家问这个学生："这么晚了，你怎么还在这摆弄这些东西？上午你去干什么了？"

学生回答说："在做实验。""那么下午呢？"卢瑟福问。

"也是在做实验。"

卢瑟福听了，对他说："那么整个晚上你也是在做实验对吧？""对，我一整天都待在实验室，在不停地做实验。"这个学生回答之后，以为老师一定会夸赞他几句。没想到卢瑟福听了不仅没有夸赞他，反而把他狠狠地批评了一顿。

你知道这是为什么吗？卢瑟福会怎样批评这位"勤奋"的学生呢？

93. 双面碑的启示

有四个人一路同行，前往麦哲伦遇难的马克旦恩岛游玩。他们四人中一位是菲律宾大学生，一位是西班牙的海员，一位是批判主义学者，还有一位是哲学大师。

来到马克旦恩岛之后，他们看到了一块用英文写成的双面碑。在碑的正面，记载着这样的文字：

1521 年 4 月 27 日，拉普拉普率领族人在此地击败了一群西班牙侵略者，并杀死了他们的首领斐迪南·麦哲伦。菲律宾人英勇顽强地成功抵御了一次欧洲人的入侵。

在碑的附近还塑有一尊拉普拉普的铜像和他砍杀麦哲伦时的勇武画面。而在石碑的另一面，也有一段文字，这样写道：

1521年4月27日，伟大的航海家斐迪南·麦哲伦在马克旦恩岛与当地居民发生冲突，他率领随从与众人交战，最终寡不敌众，身受重伤而殒命于此。之后，他的船队由助手埃尔卡诺率领，于第二年9月6日到达圣罗卡尔港，完成了人类历史上首次环球航行。

西班牙的那位海员看到了雕塑和碑文，愤愤不平地说："这是多么大的一个历史的悲剧啊，一个愚昧的酋长，在狭隘的地方保护主义的冲动下，竟然把一位伟大的航海家杀死了。要知道，这位航海家为人类的文明和进步作出了多大的贡献呀！更可气的是，在这里竟然还塑有那个可恶酋长的铜像，真是岂有此理！"

菲律宾的那位大学生一看他攻击当地居民，就很不以不然地反驳说："你好像不了解当年的情况吧。当年麦哲伦和他的随从下船来到岛上，受到了当地居民的盛情款待，当地居民不仅让他们在岛上吃好睡好，而且在他们临走时，还为他们的船队补充足够的粮食。可是麦哲伦呢，却强制当地人放弃自己长久以来的宗教信仰，去接受他的传教和洗礼！当地人当然不愿意！然而麦哲伦竟然凭借他们手中的武器杀戮无辜的岛民，这样做文明何在？公理何存？这不是恩将仇报又是什么呢？"

批判主义学者听了，笑了笑说："这两种截然不同的观点竟然写在同一块石碑上，是很滑稽可笑的，因为他没有是非，没有善恶的明确态度；同时，这块石碑又是非常有深意的，它作出了两种态度迥异的评价，显示了一种辩证的批判视角，这一点是难能可贵的。这究竟是麦哲伦的悲哀还是拉普拉普的不幸呢？谁是谁非，谁功谁过，千百年后，自有后人评说！"

哲说大师看到这位批判学者故作高论，早就不耐烦了。他如同在高处俯瞰一般地评价道："据我看，这块石碑，就是历史唯物主义的典范代表。一方面他缅怀了人类社会伟大而又艰难的文明进程和这位伟大的航海家的生死荣辱；另一方面，他又维持了民族的尊严，还历史以本来面目。历史，在这里聚焦在了一处！"

四个人于是唇枪舌剑地争论起来，都自认为自己的言论很高明，然而却谁也说服不了谁。其实，可以想象，也许拉普拉普和麦哲伦两人的英灵此时正在地下暗笑不止呢。

看完了这个故事，对你有什么启发？

94. 真正的男子汉

有这样一位父亲，他希望自己的儿子是一个充满阳刚之气的铁血男儿。然而，令他苦恼的是，儿子如今已经十六七岁了，却仍然没有一点男子汉气概，遇到一点小事就畏首畏尾。为了把儿子培养成一个堂堂正正的男子汉，他去拜访了一位拳师，希望他能够帮助儿子成为一名真正的男子汉。

拳师对这位父亲说："你就放心好了，只要你把儿子留在我这半年，我用心调教，半年之后，保证你的儿子是一个真正的男子汉。只是有一条，半年之内你不许来看望他，半年后，你才能来接你的儿子。"

父亲听完，连声道谢，并答应了拳师的要求，表示半年内儿子任凭拳师调教，自己绝对不会干涉。

半年很快过去了，这位父亲按照事先的约定过来接儿子回去。拳师为了向儿子的父亲展示这半年的训练成果，就特意安排了一场拳击比赛。而这位父亲呢，也很想看看半年的时间内儿子能有什么样的改变。

拳师给这位儿子安排的对手并不是一般人，而是一个很有名气的拳击手。所以，刚打了不到三个回合，儿子就被击倒在地。这时，儿子立即爬起来，继续向拳击手还击。然而，毕竟他的水平有限，技不如人，接下来又一连被击倒二十余次。可是，他仍然坚持着站起来，迎接对手猛烈的拳头，直到他实在无力爬起来了，才一动不动地躺在了地上。

比赛结束后，拳师问这位父亲说："怎么样，你觉得刚才你儿子的表现够不够男子汉？"

父亲伤心地回答："我简直是无地自容了，这样的儿子太给我丢脸了，竟然连连被别人击倒了那么多次，他太不经打了！"

拳师听了，意味深长地对这位父亲说了一番话，父亲听了，顿时恍然大悟——原来自己的儿子，已经成为了一位了不起的男子汉了！

猜猜看，拳师对这位父亲说了些什么呢？

95. 柏拉图开导失恋青年

一位青年因为失恋，痛苦万分地坐在与恋人初遇的河边，准备投河自尽。恰逢大哲学家柏拉图走过来，问他是怎么回事。

"我失恋了。"青年目光呆滞地说道，"我爱她，把她当成我自己的生命来看待，没有了她，我一分钟都活不下去。反正没有了爱情我活着也是具行尸走肉，还不如死了好。"

"你们处了多久？"柏拉图问。

"两年，在这两年里，我无时无刻不……"青年喃喃着。

柏拉图打断了他的话："那你能告诉我两年前，在还没有遇到她的时候你是怎么过的吗？"

青年的眼里有了一丝光彩："那时候，我是个自由自在、无忧无虑的青年，每天我都会活力四射地生活、工作，领导和同事们都很喜欢我，我还好几次被评为优秀员工呢，光奖状都得到好几张。那时候，我还有过关于爱情的甜蜜幻想，那种幻想真美啊，可惜从今往后再也不会有了。"

但是，柏拉图却不同意青年的说法，他断然说道："不，你当然可以有。"接下来，他从另一个角度说了一番话，青年一想果真如此，于是便放弃了寻死的念头。

你猜柏拉图是如何说的？

96. 作家的反击

这是一次专门为慈善家准备的舞会，参加者都是些曾经捐出巨款的成功人士们。据说，他们之中，最少的都已经捐过百万元以上了。

灯火辉煌间，某千万富翁正在与新认识的朋友们谈笑。忽然，他瞥见房间角落处坐着一个沉默不语且无人陪伴的人，于是他端着酒杯走了过去。

"嗨，你好，我的朋友，"富翁向那个人打招呼道，"你也是这次舞会的客人吗？"

"是的。"那个人看他一眼，很礼貌地笑笑答道。

"哦，那我们可以认识一下，请问你是做什么的？"富翁又问。

"我是 ×× 报社的专栏作家。"那人答道。

"哦？"富翁惊讶地睁大了眼睛，"那你一定非常成功吧？能来参加这个晚会，捐款可是不能少于一百万的。"

"我除外，"专栏作家淡淡一笑，"我只捐了五万元。"

"什么？"富翁先是一愣，继而有点鄙视地哈哈大笑了起来，"我还以为你是个成功人士，谁知你只捐了区区五万块钱。"

"我当然是个成功人士，先生！"专栏作家不卑不亢，站起来说出了一番话。千万富翁一听，顿时哑口无言。

你猜专栏作家是如何进行反击的？

97. 双胞胎兄弟的不同人生

一对双胞胎兄弟从小就生活在一个很不幸的环境中，这一切都跟他们的父亲有关。那个不负责任的父亲整天一副冷酷无情的样子，兜里有一点钱便会拿来买酒喝。后来，他又沾上了毒品，由于毒瘾发作时他没有钱买毒品，狂躁之下扎死了这对兄弟的母亲，为此，他被判了终身监禁。那一年，这对兄弟还不到五岁。

可怜的兄弟无计可施，只好流落街头以乞讨为生，年龄稍稍大一点后又到工地上给人做帮工。可是谁都想不到，多年之后，曾经极为相似的他们会有如此大的差别：

哥哥同父亲一样，嗜酒如命毒瘾很深，而且偷窃、敲诈无恶不作，最后也因杀人罪而被判入狱。

而弟弟却滴酒不沾且从未嗜毒，他是一家大公司的部门经理，有一个美满幸福的家庭。

当记者分别采访这两位兄弟时，万万没想到他们的开头语一模一样："有这样的老子，我还能有什么办法！"只不过这句话后面的解释不同。

哥哥说："……我的身上天生就带了嗜酒吸毒杀人放火的种子，这些东西是我所无法控制的。"

你猜弟弟接下来的话是如何说的？

98. 墙角的金币

安德鲁是个穷小子，他最大的梦想就是哪天能够发笔大财，改变一下自己潦倒至极的生活。淘金大潮起来之后，一心发财的他加入了这个行列。可是不远千里来到目的地，又辛苦劳作了半年之后，运气欠佳的他不但一无所获，还把来时带的一点钱也花光了。沮丧之下，安德鲁打算打道回府了。看，他的行李都装好了，就等着明天上路呢。

"安德鲁，安德鲁。"安德鲁忽然听见有人在叫他，待转过头去，他发现是那位靠门站着的老人。

"有事吗？"安德鲁问老人道。

"告诉我你最大的愿望是什么，我可以帮你实现。"老人微笑着对他说。

"愿望？"饱受打击的安德鲁摇了摇头，"原来我还梦想着哪天能得到一批金子，现在看来一切都是做梦而已，算了吧，以后我再也不敢谈'愿望'二字了。"

"哈哈哈，"老人突然大笑了起来，"如果你真的只想要金子的话，你又何必跑这么远呢？你家中房屋的墙角处，就埋着一罐金子嘛。"说完，老人就消失了。

一急之下，安德鲁醒来了，哦，原来自己是做了个梦。在清晰梦境地刺激下，异常兴奋的他再也睡不着了。"难道这暗示着什么？难道自己家的墙角处真埋藏着金子？"他翻来覆去地想着，结果没等到天亮，他就背上包裹朝家的方向出发了。

后来，安德鲁成了当地最有名的富翁。因为按照神的指示，他真的在自己家的墙角处挖出了一罐金子。

得知这件事之后，有人半是嫉妒半是惋惜地对他说："早知道这样，还不如不跑那么多路去淘金呢，吃了那么多苦，原来金子就在自己的脚底下。"

但是，对于这个说法，安德鲁并不同意。你猜他的理由是什么？

99. 幸好

没想到世界上有如此大胆的贼，他竟然趁无人之际，把美国总统富兰克林·罗斯福的家洗劫了！晚上，当罗斯福回到家时，发现许多值钱的、有用的东西都被偷走了。

听说这一消息，罗斯福的一个朋友赶紧写信来询问和安慰他，信中写道："亲爱的总统先生，听说您家被洗劫了，我甚为担心。上帝可真是不公平，他怎么能够让您这样伟大的人物遭此不幸呢！

"不管您丢了什么东西，我都希望您能以身体和精神为重，别为此过多分心，以免影响健康。祝您早日开心。"

罗斯福先生读完这封信，立即提笔回信道："亲爱的朋友，谢谢您来信安慰我，我现在很平安，无论身体健康还是精神状况，所以您完全没有必要为我担心。上帝真是太公平了，因为三个理由，我由衷地感谢上帝……"

你猜罗斯福的三条理由是什么？

100. 乐观者

俗话说"人无远虑，必有近忧"。可是小王偏偏就不是这样，几乎从来没有谁见过他忧虑，反之，任何人碰到他时，都会看见他满脸笑容，动不动就大嘴一张，哈哈大笑。

他的生活里快乐的事怎么会这么多呢？要说表面看来，无论家境、家人、工作，他都算不上多好啊。带着这个疑问，我开始了与他的对话：

"小王，假如你一个朋友都没有，你还会高兴吗？"

"当然了，我会高兴地想，幸亏我没有的是朋友，而不是我自己。"

"假如现在你老婆生了病，你还会高兴吗？"

"当然了，我会高兴地想，幸亏她只是生病，不是死亡，也不是弃我而去。"

"那如果她要弃你而去呢？"

"那我更要幸亏了，幸亏我只有她一个老婆，而不是好几个。"

我哭笑不得，接着问道：

"如果你下夜班回来，遭遇抢劫，被打了一顿，你还会高兴吗？"

"当然了，我会高兴地想，幸亏他们只打了我一顿，而没有要我的命。"

"如果你在理发时，理发师不小心把你的眉毛剃掉了，你还会高兴吗？"

你猜这次小王会怎么说？

101. 谁是投毒凶手

一家酒馆里有许多客人在悠闲地喝着香槟。中间的一张桌子上，3个男子正在谈笑风生。正在这时，酒馆内灯光突然灭了，到处一片黑暗。原来是停电了，酒馆老板急忙叫人点燃了蜡烛。点燃蜡烛后，人们继续喝酒交谈。忽然，中间那张桌子上的一位男子惨叫一声，倒在地上，气绝身亡了。

酒馆里出现如此重大的案件，这可了不得！酒馆老板急忙叫人报了警，并很快维持了秩序，不让人们走动，更不让人离开。

很快，大侦探希尔赶来了。他仔细检查了死者的酒杯，发现酒里有一种烈性的液体毒药。

希尔知道，这种毒药一经接触人的食道，可以马上置人于死地。希尔问酒店老板："今晚停电你们事先知道吗？"

"知道，前两天就在酒店门前贴了通知，我早有准备，所以准备了许多蜡烛。"

"如此看来，凶手是早有预谋的，他知道今晚要停电，便准备了毒药，在停电的瞬间把毒药放进了死者的杯子。死者并不知情，喝了杯中的酒，从而致死。"

希尔问清了案发的时间，又察看了这张桌子与其他桌子的距离，再仔细检查了四周地面，发现地上没有可疑物品，便断定凶手是同桌的人，否则不可能在一瞬间投毒。

于是，希尔要求同桌甲和乙掏出他们所有的物品。甲掏出的物品有：手表、手帕、香烟、火柴、现金；乙掏出的物品有：手表、手帕、口香糖、金笔、日记本和现金。

人们心想，这能看出什么呢？可是，希尔却指着乙说："是你害死了他！"乙听了大喊冤枉，其他人也觉得很奇怪。希尔为什么说是乙杀害了死者呢？

第五章

逆向思维名题

1. 汽车大盗的转变

警察局终于抓获了一个专门偷汽车的大盗。这个汽车大盗的偷车技术非常高，一分钟之内就能偷走一辆高级轿车，他偷走的汽车总价值已经超过 5 亿元了。以往警察抓到他之后，就判他坐牢，他已经为此坐过 11 年的牢了。这次，警察局长没这样做，而是换了个方法，你知道是什么吗？

2. 氢氟酸的妙用

很多化学试剂具有腐蚀性，不同的化学试剂要用不同质地的容器来盛放。有些化学试剂对玻璃的腐蚀性很强，比如氢氟酸，当氢氟酸与玻璃制品接触的时候，很快就把玻璃腐蚀掉，因此，氢氟酸不能用玻璃容器盛放，必须放在塑料或铅制的容器中。

氢氟酸腐蚀玻璃，这是不利的作用，按照正常的思路，人们想的是尽量避免让氢氟酸和玻璃接触，但是，玻璃工匠运用逆向思维却让氢氟酸腐蚀玻璃这一特性发生了正面作用。

你知道是怎么回事吗？

3. 上司的回答

一位顾客投诉超市里某位做烧卖的师傅，说是吃坏了肚子。按规定，这位师傅应该上门道歉。结果，师傅到了顾客家里发现是一条狗吃烧卖出了问题，他很生气地说："我做的烧卖是给人吃的，不是给狗吃的。"顾客对他的态度很不满意，投诉到更高一层。

上司责问这个师傅的时候，他说："把我做的烧卖喂狗吃，是对我的不尊重。"
你知道上司是怎么回答的吗？

4. 微型"潜水艇"机器人

1966 年，好莱坞制作了一部科幻电影《神奇旅行》，片中几名美国医生为了拯救一名苏联科学家，被缩小成了几百万分之一。他们乘坐微型潜水艇驶进了科学家体内进行血管手术。也许你会说这只能在科幻片中存在，但是你错了。

你知道吗？有科学家就真的让科幻电影中的那一幕变成了现实。

5. 电晶体现象的发现

为了研制高灵敏度的电子管，需要在最大限度内提高锗的纯度。当时锗的纯度已经达到了 99.99999999%，要想达到 100% 的纯度非常困难。索尼公司为了成为同行业霸主，一直致力于这项研究。江崎玲于奈博士组织了一个研究小组，投入到这个科研攻关项目中。

大学刚毕业的黑田小姐是小组的成员之一，由于经验不足，她经常在做实验的时候出错，屡次受到江崎博士的批评。黑田开玩笑说："我才疏学浅，很难胜任提纯锗这种高难度的工作。如果让我做往锗里掺杂的事，我会干得很好。"这句话引起了江崎博士的兴趣，他由此想到如果往锗里掺入别的物质会产生什么效果呢？

6. 青蒿素提取

人们习惯性地认为从中药中提取有效成分，必须采用热提取工艺的方法。但是，当研究人员用这种方法提取抗疟中药青蒿素的时候，总是得不到期望的效果。他们想尽了多种办法改良热提取工艺，还是起不到任何作用。后来，中医研究院的研究员屠呦呦经过反复思考之后，提出了一个大胆设想。

你知道是什么设想吗？

7. 吸尘器的发明

大家都知道吸尘器的工作原理是把尘土吸到机器里面。但是，你知道吗？为了有效地把让人讨厌的尘土清除掉，人们最早想到的除尘机器是"吹尘器"，即用鼓风机把尘土吹跑。

1901年，在英国伦敦火车站举行了一场用吹尘器除尘的公开表演。但是当吹尘器启动之后，尘土到处飞扬，效果并不怎么样。一个名叫郝伯·布斯的技师看到表演之后运用方式倒转的思考法想到：既然吹的方式不行，那么如果用吸的方式会怎么样呢？

8. 郑渊洁教子

童话大王郑渊洁有着独特的教育理念和教育方式。他的儿子郑亚旗小学毕业后就在家接受父亲的教育。郑渊洁自己给儿子编教材。按照常规的思路，要想检测教学效果就要通过考试，考试当然是老师出题，学生做题了。但是郑渊洁却不这样。

他是怎样做的呢？

9. 小八路过桥

抗日战争时期，敌人把一个小村庄包围了，不让村里的任何人出去。一座小桥是由村子通向外界的唯一通道，有伪军在桥上把守。村里的人为了把情况向外界透露，想尽办法也找不到出路。

后来，村里的一个小八路说："让我试试。"

他想到什么好办法过桥了吗？

10. 移山大法

有这样一个故事：一位很有修为的大师经过几十年的修炼终于练就了"移山大法"。有一天，他向人们宣布："明天我要当众表演移山，我将把广场对面的那座大山搬过来。"消息不胫而走，很快就传开了。

第二天，如潮水般的人群围在广场上，等着大开眼界。只见大师口中念念有词，然后对着对面的山大喊："山过来！山过来！"过了一会儿，他问人们："山过来了吗？"有人说，好像过来了一点。有人说，没有过来。于是大师接着喊："山过来！山过来！"但是，很快上午过去了，大山还是没有过来。有人开始说，大师是个骗子。人们陆续离开了。

大师不管那些离开的人继续高喊："山过来！山过来！"但是山依旧不听他的话，很快中午过去了，下午过去了，山还是没有过来。大师嗓子都哑了，他做最后一次努力："山过来！"然后问人们："过来了吗？"你知道结果吗？

11. 变短的木棒

一位财主家里失窃了一枚价值连城的夜明珠，种种迹象表明是家贼偷的，但是经过一番调查之后，还是查不出是谁偷的。经过一番思考，财主有了主意。他请来一位算命先生，然后把家里所有人召集起来，对他们说："这位大师神功莫测、法力无边，他有办法帮我把贼抓出来。"只见算命先生手中拿着很多小木棍，口中念念有词，施了一番法术。财主告诉众人："大师已经作法了，现在把这些长短一样的木棍发给大家每人一个。明天自有分晓，偷珠贼的木棍会变长一寸。"

真的会这样吗？第二天，财主胸有成竹地检查每个人的木棍，当看到李管家的木棍的时候，他的眼睛一亮，问道："李管家，真是奇怪，你的木棍怎么变短了一寸？"李管家瞠目结舌。财主笑道："老实说了吧，把夜明珠藏到哪儿了？"
你知道事情的原委了吗？

12. 晋文公不守承诺

公元前633年，楚国攻打宋国。宋向晋求救，晋文公派兵攻占楚国的盟国曹国和卫国，于是楚国放弃对宋国的包围，转而与晋国交战，两军在城濮对阵。晋文公重耳做公子时，曾到楚国避难，受到楚成王的款待。楚成王曾问他，将来如何报答。重耳说："美女金银您都不缺，如果我有幸能执掌国政，万一晋楚交战，我将率兵退避三舍，如果楚国不能谅解，双方再动干戈。"

为了实践当年的诺言，晋文公真的下令撤退九十里（一舍为三十里）。楚国大将子玉紧追不舍，再加上敌强我弱，晋文公有点不知所措了。

接下来，晋文公该怎么做呢？

13. 阿凡提训驴

阿凡提养了一头驴子，脾气倔得出奇，让它走，它偏偏站着不动，让它停下来，它偏偏原地转圈。有一次，阿凡提带驴子去拉磨，走到半路上，说什么驴子都不走了。越是赶，它越往后退。哄也不行，打也不行，求爷爷叫奶奶也不行。

但是，阿凡提毕竟是阿凡提，他想出了一个办法，终于让驴子走到了磨坊。

你知道他想的是什么办法吗？

14. 陈建平的飞机

从概念上说，飞机是指具有机翼和一具或多具发动机，靠自身动力能在大气中飞行的重于空气的航空器。严格来说，飞机指具有固定机翼的航空器。从定义来看，飞机一定是有翅膀的。

可是，飞机一定要有翅膀吗？

15. 甘罗计驳秦王

甘茂是秦国的左丞相。有一天，秦王故意为难他，要他在两天以内，找来三个公鸡生的蛋。甘茂回到家里，愁眉苦脸想不到办法，只是坐着唉声叹气。十二岁的甘罗看到祖父忧愁的样子，就问："爷爷，您为什么发愁？"甘茂把秦王交待的事告诉他。甘罗听后，稍微沉吟想到了办法，他说："爷爷，我有办法。明天早上，我去见秦王。"甘茂说："你不要胡闹了，闯下祸来，可不得了！"甘罗说："爷爷放心，我保证秦王不会降罪的。"经过一番请求，甘茂答应让他去试试。

甘罗会有什么好办法吗？

16. 哪个近，哪个远

晋明帝小时候非常聪颖，有一天他坐在晋元帝的膝上玩，正好有人从长安来，元帝探询洛阳的消息，泪流不止。明帝问道："为什么哭泣呢？"于是元帝把匈奴攻陷洛阳的情形告诉他，然后问明帝："你认为长安和太阳哪里比较远？"明帝回答："太阳比较远。因为从来没听说过有人从太阳那边来，但是总有人从长安来。"元帝听后惊异于儿子的回答，又感到很得意。第二天，元帝聚集众臣宴会，把这个事情告诉众臣，为了炫耀一下，他又重新问了明帝。

这一次，明帝会怎么回答呢？

17. 赢了官司

一位移民到美国的中国人与别人发生财务纠纷，要打一场官司。他对律师说："我们是不是应该约法官出来吃顿饭或者给他送点礼？"律师听后连忙制止："千万不可！如果你向法官送礼，你的官司必败无疑。"那人问："为什么？"律师说："只有理亏的人才会送礼啊！你给法官送礼不正说明你知道自己有罪吗？"

几天后，律师打电话给他的当事人，说："恭喜您！我们的官司打赢了。"

那人淡淡地说："我早就知道了。"

律师感到很奇怪："您怎么可能早就知道呢？我刚从法庭里出来。"

那人是怎么知道的呢？

18. 如此广告

在广告片中，一个人拿着一部照相机在不停地拍照，闪光灯频频闪烁。突然，闪光灯不闪了，那个人试着按了几次快门都没有反应，于是他把照相机放在桌子上，取出里面的电池。按照常规的思维模式，我们会想到电池没电了该换电池了。但是，那个人做了一个出人意料的举动。你知道是什么吗？

19. 电磁感应定律的发现

1820 年，有人通过实验证实了电流的磁效应：只要导线通上电流，导线附近的磁针就会发生偏转。法拉第怀着极大的兴趣来研究这种现象，他认为，既然电能产生磁场，那么磁场同样也能产生电。虽然经过了多次失败，他还是坚信自己的观点。经过十年的努力，1831 年，他的实验成功了：他把条形磁铁插入缠着导线的空心筒中，结果导线两端连接的电流计上的指针发生了偏转。法拉第据此提出了电磁感应定律，并发明了简易的发电装置。

你能解释一下蕴含其中的思维道理吗？

20. 琴纳发明种痘术

琴纳是英国的一个乡村医生，看到天花严重威胁着人们的生命，非常难过。为了治病救人，他一直潜心研究治疗天花病的方法。有一次，乡村里有检查官让琴纳统计一下几年来村里因天花而死亡或变成麻脸的人数。他挨家挨户了解，几乎家家都有天花的受害者。奇怪的是，养牛场的挤奶女工们，却没人死于天花或变成麻子脸。他问挤奶女工生过天花没有，奶牛生过天花没有。挤奶女工告诉他，牛也会生天花，只是在牛的皮肤上出现一些小脓疱，叫牛痘。挤奶女工给患牛痘的牛挤奶，也会传染而起小脓疱，但很轻微，很快就会恢复正常。好了之后，挤奶女工就不再得天花病了。

琴纳又发现，凡是生过麻子的人，就不会再得天花。

你知道由此琴纳想到什么吗？

21. 竿上取物

听到人们都夸赞徐文长是个聪明伶俐的孩子，大伯将信将疑，就决定来考考他。

一天，大伯想到了一个难题。他提着两只小木桶，把徐文长领到一条小河边，河上有一座又矮又小的破竹桥。

大伯对徐文长说："如果你能提着两桶水过桥，而且途中水不洒出来，我就送你一件礼物。"

徐文长看了看竹桥，心想：竹桥的桥身很软，弹性很大，人空身走上去，还摇摇晃晃的呢，别说再提两桶水了，水不洒出来才怪！再说了，凭我现在的这点力气，别说两桶水了，就是一桶水也提不动呀！大伯分明是在难为我。不过他会给我什么礼物呢？也许是我最想要的画笔呦。

徐文长拍着小脑袋瓜子，看着眼前潺潺的流水，忽然冒出了一个想法。他立即找来了两根长绳，拴在两个木桶上，然后把木桶灌满水放在河里，他自己走上竹桥，拖着两个木桶，很轻松地到了对岸。水桶里的水，一滴也没洒出来。

大伯见了，暗暗叫声"好"，脑子里又想到了一个题目，他不以为意地说："这个题目太简单了，你做出来也没什么了不起的，不过，我说话算话，礼物已经给你准备好了，喏！在那儿呢！"大伯指了指。

徐文长看到不远处竖着一根长竹竿，竹竿顶端系着一个包裹，就兴冲冲地跑过去想要看个究竟。

"慢着！"大伯说到，"你拿礼物，我还有两个要求：第一，你不能把竹竿放倒；第二，你不能爬竹竿，也不能垫着凳子去够。"

徐文长听了，一双小眼睛滴溜溜一转，就想到了一个好办法，他笑着说："放心，我一定满足大伯的要求。"

徐文长想到了什么好办法？

22. 难以铲除的地堡群

第二次世界大战期间，日本因为通过珍珠港事件先发制人，在制海权方面取得优势，太平洋上的许多岛屿都被美军所占领。美国为了重新夺回制海权，对于这些岛屿进行了疯狂的争夺。但是，因为日本士兵中有不少是煤矿工人出身，这些善于挖洞的人在一些岛屿上挖出了许多地堡群。这些地堡群一般地处低洼地带，设计又非常巧妙，洞口小而少，很难攻进去；但又坚固无比，很难炸掉，因此美军虽然付出惨重代价，都拿这些地堡群没有办法。美军指挥官就此事多次召开军官会议，都没能找到有效的办法。当时，有个美国士兵也曾经当过煤矿工人，他通过自己的切身体会，知道身在地下最害怕的事情，经过一番考虑之后，一个办法在他头脑中形成。于是，他便将自己的想法告诉了自己的长官。结果，长官一听，顿时十分兴奋，连喊妙计。最终美军正是采用这个办法很轻易地便解决了这个问题，迅速夺得了这些岛屿。

你能猜出这个美国矿工所想出的办法吗？

23. 巧治精神错乱

古时候，在苏格兰有个王子产生了精神错乱，脑子总有个很怪的想法，认为自己是一头牛。开始还好，这个王子只是每天模仿牛走路的样子，又发出牛的叫声，感到痛心的国王和王后找了很多医生为他看病，医生们也都束手无策，时间一久，国王和王后便听之任之了。但是，有一天，这个王子更加钻进了牛角尖，他坚持认为，按照当地教规，牛是应该被杀掉祭祀的，因此自己作为一头牛，便应该被杀掉祭祀神灵，并要求别人这么做。当然，谁也不敢满足他的要求，于是，他便开始坚持不吃不喝，要将自己饿死。这么一来，国王和王后着急得掉泪，悬赏重金在全国找医生。

两天后，有个民间医生来到宫廷，声称愿意一试。于是，他先是远远地仔细观察了王子的情况之后，便打定了治疗的主意。这个医生装扮成一个乡间负责祭祀的人，他拿着一把刀，假装是要杀"牛"。王子一看这情形，很高兴。在杀之前，"祭祀者"上前煞有介事地摸了摸王子的肩膀和四肢，看上去是看看从哪儿下刀合适。但是，过了一会儿，他突然停了下来，并对身边的人说，这头牛太瘦弱了，神灵不会喜欢，说完便走了。王子一听心里十分失望，为了能达到"祭祀者"的要求，他便开始吃饭了，并且很注意营养搭配。几个月后，他果然吃胖了，身体也又强健起来了，并且他的精神也逐渐好起来了，已经忘记了关于牛的事情了。

其实这种类似的精神分裂现象虽然在现实生活中不常见，但总体上类似的病人还是一直都有的，在挪威便有一个人也同样是得了这种精神分裂。并且这个人更奇特，他坚持认为自己是一只蘑菇，于是他便天天打着一把伞，蹲在地上一动不动。无论别人怎么劝他，他都无动于衷。于是，他也成了远近闻名的"景点"，许多人大老远赶来就为了看他，家里人也对他感到又好气又好笑。

终于有一天，家里人为他请来了一个心理学医生，医生想了一个和上面的故事类似的办法，将这个人的病治好了。

联系上面的故事，你能猜一下这次医生会怎么做吗？

24. 神箭手

从前有一个射箭手，他的技艺十分高超，百发百中，方圆百里之内无人能及。箭手喜欢经常和别人切磋技艺，以弥补自己的不足。但是，附近的善于射箭的都和他切磋遍了，也都败在了他的箭下。一日没有对手，神箭手一日不得安生。

俗话说："山外有山，楼外有楼。"这个范围内是神箭手，并不代表其他的地方没有人可以胜过你。射手相信在别的地方一定有自己的对手存在，于是，他决定自己出去找对手。

就这样，射手离开了家乡。他边走边问有没有射箭的高手。可是，大家都说没有。这让他很失望。但是，他没有放弃寻找高手的想法。他走了很多地方，连驮他的马都疲惫了。但是，一天不找到对手，射手就不甘心。

一天，射手来到了一个村子里，发现村子到处都有被命中的红心。他想："这个村子里一定会有一个射箭高手,我一定要和他较量较量,也不枉我这么远跑来。"他边走边按照靶上的箭寻找"高手"。过了几个时辰之后,终于,他在村子东头的一个小树林里发现了那个"高手"。这个"高手"和他想象中的相差甚远,他既没有高大挺拔的身姿,也没有深邃坚毅的眼神,他只是一个十来岁的小男孩。神箭手正在纳闷:"难道这个小男孩就是高手吗?"

正巧,这个小男孩正在射箭。于是,神箭手悄悄地躲在一棵树后,看这个小男孩到底是如何次次射中靶心的。但是,这个小男孩"命中"红心的过程却让神箭手感到又可气又可笑,并由此知道他只是个顽皮的孩子罢了。

你猜那个小孩是如何"命中"红心的?

25. 魔术表演

一个非常著名的魔术师正在表演一个魔术。魔术师身着华丽的服饰,手里拿着四个球走到了舞台中央,只见他神秘地对台下观众说:"请各位仔细看好了,这将是见证奇迹的一刻。"说完之后,魔术师将四个球放在了手掌上面,然后大叫了一声,此时台上的那四个球依旧老老实实地在原来的位置待着,没有任何变化。但是此时台下的观众响起了一片雷鸣般的掌声。大家都在为魔术师精彩的表演鼓掌喝彩。

你能猜出来这究竟是为什么吗?

26. 齐威王考孙膑

中国古代著名军事家孙膑生活在战国时期,他在师父鬼谷子的教导下精通兵法,是个难得的人才。出师之后,孙膑来到当时的大国——齐国,齐威王久闻孙膑大名,想拜其为师。

不过齐威王有一点担心:虽然孙膑很有名气,可会不会是徒有虚名呢?因此,他很想找个机会试探一下孙膑的才能。

一天,齐威王和他的侍从以及大臣们(包括孙膑)一同到京郊游玩。一路上景致不错,齐威王的心情也不错。走到一个小山前时,齐威王灵机一动,想到了一个逗乐的主意,只见他在山脚下停了下来,问随从们:"这样走路也怪沉闷的,我现在给你们出个难题——如果我不肯上山,你们中谁有办法让我主动走到山顶上去？"这个题目表面上是考大臣们，其实是考孙膑。大臣们看齐威王这么有兴致，也都很积极，纷纷沉思了一番，并说出了自己的办法。

先是大臣田忌开了口："现在是秋天，正值叶落草黄的季节，您看看您的周围，有那么多的树叶，我可以在您的周围点上一把火，这样大王您自然就往山上走了。"

齐威王听了之后，不以为然地笑着说："你这个做法岂不是把这里的美景都破坏了？再说，在大火攻势下，爬山岂不是太难了？我又不是一个木头人，在你点火之前我早已经走到别处了。"

田忌听了齐威王的分析，顿时觉得自己的这个主意实在不怎么高明。

这时另一位大臣说话了："既然火攻不行，那么我们改用水淹吧。"

齐威王听后更是不以为然，认为这办法费时费事，可行性也不大，不是高明的办法。

随后，其他随从也陆续说出了自己的办法，有的大臣甚至说："既然环境利用不成，那我们就利用敌军。索性找附近楚国的军队来攻打您，您到时肯定就往山上走了。"

齐威王听了，眉头一下子皱了起来，说这办法比刚才的办法更笨，并且完全没有可操作性。

经过这一圈否定之后，大臣们都不敢轻易开口了，纷纷眉头紧皱，却想不到什么好办法。这时，齐威王偷眼看孙膑，只见他神色自若，面带微笑。于是，齐威王便转向孙膑问道："看孙先生的表情，想必孙先生是有好办法了？"

其他的大臣们也都对于齐威王尊崇孙膑一向有些妒意，这时见齐威王将难题抛给孙膑，都暗自高兴。他们心想，这回孙膑要出丑了，因为脚长在大王身上，如果大王不肯上山，难道孙膑还有胆量把大王逼上山不成？

令大臣们没想到的是，孙膑短短几句话竟然真的使得齐威王自己走上了山顶。最终，齐威王和大臣们都不得不赞叹孙膑的聪明。

你猜孙膑是如何使齐威王主动走到山顶的？

27. 父子摸鱼

一天，一个父亲带着儿子到池塘边摸鱼。父亲告诉儿子摸鱼的时候千万不可以发出声音，因为鱼一听到声音，就会跑掉躲起来。儿子于是问："那么他们躲到什么地方呢？"父亲说："躲到水深的地方，在那里我就很难摸到他们了。"儿子听了这话后便乖乖地不作声了，好让父亲多摸几条鱼。不过，最终，父亲也只是摸了三四条鱼而已。

如此几次之后，儿子发现虽然每次自己都很安静，但父亲每次并不能摸到很多鱼。一向爱动脑筋的儿子便开始琢磨，如何能捉到更多的鱼呢？最后，他逆着父亲捉鱼的思路想到了一个办法，并告诉了父亲。父亲试着采用了他的办法，没想到半天下来，父亲抓到了整整一筐鱼。

你猜，儿子想到的办法是什么？

28. 章鱼的习性

19世纪中期，有一艘日本的轮船在日本海沉没了。这艘船本身价值并不大，然而，船里装载着为日本天皇从四处搜罗来的珍贵瓷器，这些瓷器价值连城。

虽然人们清楚地知道沉船的地点，可是却无法进行打捞，因为轮船沉没的水域太深了，连最好的潜水员也无法潜到水底。为了打捞这些瓷器，人们想尽了各种办法，却都没有成功，那些珍贵的瓷器依然深藏在水底。

有一天，一位负责打捞事宜的日本官员来到海边散步，他看到几个渔民从海里拉出来一串普通的陶瓷器皿，然后从里面捉出来许多章鱼。看到这些，他灵机一动，脸上露出了笑容，因为他想到了一个好主意来打捞那些贵重的瓷器了。

猜猜看，这位日本官员想到了什么主意？

29. 王子破案

普鲁士国王腓特烈二世在未登基的时候，人们都称他为腓特烈王子。王子自幼就特别聪明，经常去警察局帮警察解决一些很难解决的问题。

一天上午，王子一个人在皇宫里感到无聊，就一个人悄悄地从王宫后门溜了出来，来到警察局玩耍。局长看到腓特烈王子，赶紧上来敬礼说："王子陛下，您好！您怎么又一个人跑出来了？这样多不安全，万一出了什么差错，我们怎么担当得起！"

王子笑着对他说："哎，我在皇宫太无聊了，到这里来解解闷。我看你愁眉不展的，是不是发生了什么令你头痛的案件？"局长叹了一口气，然后和王子讲述了昨天遇到的一个案件。

局长说："昨天在一座没有邻居的大房子里面发生了一起谋杀案。房子的主人是一个独居的寡妇，她在昨天莫名其妙地被害了。报案的人是住在离被害人不远的独身音乐家。他昨天傍晚 6 点左右，想去向寡妇借用一下平底锅，却发现了寡妇的尸体。正好当时有巡逻的警察从那儿经过，所以他就跑到警察那里报了警。"

王子很认真地听着，他对局长说："你能具体介绍一下寡妇死亡的时间和其他的情况吗？"

局长继续对王子说："根据法医鉴定，女子死亡时刻为下午 5 时左右。因为昨天从早上开始就一直在下雪，到了下午 3 点左右大雪忽然停止，当时地面积雪有 20 厘米厚，所以这座房子等于被大雪围困了。很奇怪的一件事情是：当时雪地上只有画家去借书时的脚印，我们再也没有找到其他人的脚印了。"

王子仔细沉思了片刻说："你们不要被画家主动报案的行为所迷惑了，依我推断，这个案件的凶手就是画家自己。"

局长听到王子的结论很是疑惑地说："你怎么知道的呢？"

王子于是冷静地给出了自己的理由，局长听完恍然大悟地叫道："对呀！"

于是，局长将画家当做犯罪嫌疑进行了调查，最后证实那个画家确实就是凶手。他之所以主动报案，便是因为他知道自己是住得离寡妇最近的人，警察必然会怀疑到自己身上，因此还不如主动报案，以排除自己的嫌疑。

你猜，王子推测画家就是凶手的理由是什么？

30. 毕加索的妙招

毕加索是当代西方最有创造性和影响最深远的艺术家，他和他的画在世界艺术史上占据着不朽的地位，关于他的故事也一直影响着很多为了理想而奋斗的人。

早年的毕加索生活得很不顺利。那个时候，他在浪漫之都巴黎闯荡，事业上一直默默无闻，生活上非常贫困，他的画一张也没有卖出去。在当时很多的画店里面，老板喜欢卖的都是一些当时很有名的画家的作品，而对于毕加索这样的无名画家一点也不感兴趣。

毕加索没有被残酷的现实打败，他依旧在努力画着自己的作品。一天，他的生活陷入非常困难的局面，当时他的口袋里竟然只剩下了仅有的 15 个银币。这个时候，他准备孤注一掷，为自己的画找一个出路。

想到画店的老板都愿意卖一些比较出名的画家的画，毕加索这个时候就想到了一个办法。他去附近的一个学校雇用了几个大学生，然后让这几个人每天都去附近的画店转悠，但是谁也不买画，等到他们临走的时候都要问画店的老板下面的一些问题，比如："请问，你们店里有毕加索的画吗？""请问，在哪里可以买到毕加索的画？""请问，你们这里什么时候才能有毕加索的画？"

就这样，毕加索的画不断开始在各个画店出现。很快，他的画就被卖出去了，最后他的画一点点地开始被人们认可，很快他就成了非常出名的画家。

你能分析一下毕加索的办法包含的思维方法吗？

31. 寻找葡萄酒保鲜术

巴斯德是法国著名的化学家，生物学家。有一段时间，他一直都被葡萄酒在贮存的过程中会变酸的问题困扰，他想了好多的办法，最终都失败了。但他没有放弃，而是选择继续研究这个问题。经过反复的研究他发现，葡萄酒变酸的原因是发酵器中的一种细菌在悄悄起作用。但是，如果按照常规的杀菌方法，通过将葡萄酒用火煮沸的办法来杀菌，那么肯定会影响葡萄酒的质量。所以，如何才能既消灭细菌，又不影响葡萄酒的质量便成了问题的关键。

为了研究这个问题，巴斯德实验了好几种办法，但是最后都没有得到比较理想的结果。他不断变换抗菌药物进行实验，但是很遗憾最后都没有达到预期的目的。一次又一次的失败对于巴斯德来说是一个很残酷的现实，他有点丧失信心了，于是决定暂时放下这项研究。

一个冬日的下午，几个朋友前来拜访巴斯德，在吃饭的时候，大家依旧选择了最爱喝的葡萄酒。巴斯德是个非常细心的人，因为天气冷，出于对大家健康的考虑，他把葡萄酒放在炉子上稍微加热了一下，然后再让朋友喝。巴斯德热了不少的葡萄酒，尽管大家开怀畅饮，但是依旧没有全部喝干净。等朋友走后，巴赫德没有把剩下的葡萄酒全部倒掉，而是将它们重新装进了瓶子里，然后就那么放着了，自己也慢慢地忘记了这件事情。

直到第二年春天，巴斯德无意中看到了被自己放置好久的那瓶葡萄酒，他想，时间过了这么久，葡萄酒肯定早就变质了。但是让他感到惊奇的是，当打开那些葡萄酒后，发现这些葡萄酒居然一点也没有坏，巴斯德惊喜万分。

你能预测一下接下来发生的事情吗？

32. 不一样的动物园

国外一家动物园，有一段时间生意非常不好，动物园园长为此特意请来了一些专家一起讨论，其目的是找到一个能捉到老虎的办法。原因在于动物园老虎的数量与品种是吸引广大游客的一个很重要方面。

专家们接下来按照 KJ 的办法开始了讨论。所谓 KJ 法是 1970 前后由日本著名学者川喜田三郎创立的，原则是在开会的时候大家要彻底解放思想，展开想象，畅所欲言，无论其他人的意见是如何荒谬都不立即进行反驳；要求与会者一起努力寻找或者改进他人办法的意见，最后由决策人整理全体人员的意见并作出最后的抉择。

一位计算机学者首先发言说："我们可以不必捉老虎了，先把猫捉来就可以了。因为猫与老虎非常相似。"

"只要给猫拍张照片就好了，因为猫的照片是老虎的同态像。"另一个数学家接着上面的建议说，他运用了数学中"同态学"的概念。

一位拓扑学专家过了一会儿站起来发言说："其实老虎我们已经捉住了，我可以用一个拓扑学的变换来给大家说明，把笼子的内部变成外部，外部变成笼子的内部，不管哪里有老虎，我们最后都可以捉得住。"

会议上，每个专家都说了自己的意见与看法，好多专家的言论看起来是那么的荒谬可笑，但是动物园的园长却通过这次会议得到了很大的启发，他于是采取了一个重大的举措，调整了人与老虎的空间位置，改造了自己的动物园。事实证明，他的举措非常成功，动物园因此生意越来越红火。

那么，你能想到动物园园长采取的是什么有效的措施吗？

33. 摄像师解难题

有一个摄影师，经常会被邀请去给一些大会拍集体照，但是一直有个问题困扰着他：在拍集体照的时候，照相机对面的人们就会出各种各样的问题。

开会的人比较多，一般是一排排坐着的，有些还要站着，时间一长，人们难免会犯困，即使不困，也会有人眨眼睛，眯眼睛之类的。

一般开会的人数是几十人，有时候甚至是上百人，摄影师"咔嚓"按下快门之后，有的人是睁着眼睛，有的是闭着眼睛，还有的在发呆。那些闭着眼睛的、表情没到位的看到照片后自然会很不高兴，但是可惜的是每次照相几乎都会遇到这样的情况。

对于拍照而言，个人形象是头等大事，大家苦苦等了那么久，一起喊完"一二三"之后还是有人会忍不住闭眼，摄影师为此非常头疼。

想了好久，他终于想到了一个特别好的办法，一举解决了这个问题。从那以后出来的照片几乎没有闭着眼睛的，每个人的表情都很到位，大家当然也就很满意了。

那么，你能猜出这个摄影师最后想到的解决问题的办法是什么吗？

34. 推广马铃薯

马铃薯本来是产于美洲大陆的作物，它不仅营养价值很高，而且产量也很高。马铃薯作为一种人们常吃的食物，既可以当做主食来吃，也可以作为蔬菜食用。一位名叫巴蒙蒂埃的法国农学家，认真研究了马铃薯之后，觉得马铃薯是一种值得推广的农作物。于是，他就想把马铃薯引进到法国来。

为了让法国人民认识到马铃薯的益处，巴蒙蒂埃千方百计地通过刊物和媒体宣传马铃薯。但是，由于法国人们受到传统观念的影响，加之人们对新事物的接受需要一个过程，最初很多人都反对引进马铃薯。巴蒙蒂埃无论怎样奔走相告，人们就是不接受马铃薯这个新鲜的食物。因此，在法国推广马铃薯的事情遇到了挫折。

但是，巴蒙蒂埃并没有放弃，他动了一下脑筋，想到了一个好办法。最终，马铃薯还是在法国普遍推广开了。你知道聪明的巴蒙蒂埃是如何做到这一点的吗？

35. 突发奇想

1935 年，智利一个名叫凯文的小伙子失恋了。那一段日子里，凯文一直处于痛苦、彷徨之中。他怎么也想不到自己相恋多年的女友竟然会和他分手。这件事情对他的打击很大，为此，他十分难过，心情久久不能平静。

一天，他无意中发现自家阳台上的玫瑰花枯萎了，他不禁感叹："曾经那么漂亮的花也枯萎了，我的爱情曾经不也是那么的美好吗？"越看花，越感伤，他索性就把那朵枯萎的花剪了下来，把它用一根黑色的丝带扎好，寄给了以前的恋人。

残花寄出去后，凯文的心情似乎比之前好了很多。他想："世界上有那么多的人，谁没有过痛苦伤心的时候呢？人们苦于无处表达，我是不是应该给他们提供一个机会呢？或许花能够作为这个媒介。"这样想后，凯文就去做了一件事情。之后，他成了美国家喻户晓的名人，并且发了财。

你知道凯文做了什么吗？

36. 赵汴救灾

宋朝神宗年间，有一个叫赵汴的清官，被派到越州做知州。当时的越州适逢蝗灾，农民的作物都遭殃了，一年的收成被蝗虫吃得所剩无几。

由于蝗灾的肆虐，百姓过的都是半饥半饱的日子。所以，赵汴到任的首要任务就是要让老百姓有饭吃。俗话说："物以稀为贵"，在粮食极度短缺的年代，黄金都没有粮食珍贵。当时的粮食价格飞涨，普通百姓无力购买，因此很多百姓都想要官府出面降低粮价。赵汴是大家公认的好官，大家都觉得他一定会为百姓着想降低粮价的。但是，令所有人不解的是，赵汴却发出这样的告示：越州米价可以自由上升。表明官府不会控制米价。

对于赵汴的这一做法，大家都甚为困惑。但是，没过几天，越州的米价反而自然地回落了。你知道这是为什么吗？

第六章

形象思维名题

1. 贝尔发明电话

"电话之父"贝尔做过这样一个实验，相连的两个带铁芯的线圈前面分别放一个音叉，当一个音叉振动的时候，就会使线圈产生电流，导致另一个音叉也振动，并发出同第一个线圈一样的声音。由此他联想到如果把音叉换成金属簧片，说话的声音引起金属簧片的振动，另一端金属簧片的振动又会转化成声音，这样不就可以通话了吗？

真的是这样吗？

2. 充气轮胎的发明

苏联心理学家哥洛万斯和斯塔林茨，发现任何两个概念或词语都可以经过四五次联想，建立起联系。比如桌子和青蛙，似乎是两个风马牛不相及的概念，但可以通过联想作媒介，使它们发生联系：桌子——木头——森林——水塘——青蛙。又如书和小麦，书——知识——精神食粮——粮食——小麦。每个概念可以同将近 10 个概念发生直接的联想关系，那么第一步就有 10 次联想机会，你可以从 10 个词语中选择一个接近目标对象的词语，第二步就有 100 次机会，第三步就有 1000 次机会，第四步就有 1 万次机会，第五步就有 10 万次机会。因此联想为我们的思维提供了无限广阔的空间，经过五次联想之后，你就能把两件事物联系起来了。

将两个看似毫不相干的事物联系起来之后，总能给你带来意想不到的点子。比如自行车充气轮胎就是运用联想思考发明的。

你知道是怎么回事吗？

3. 利伯的设想

精神病学专家利伯，有一次在海边度假的时候，看到了涨潮的现象，海水波涛滚滚涌向岸边，没多久又悄然退去。他知道这是月球引力的作用，每到农历初一、十五就会有大潮涨落。由此他联想每到月圆之夜，新入院的精神病人会增加，精神病院里的病人会变得情绪激动，病情加重。

真的是这样吗，月球的引力会不会对病情有所影响呢？

4. 番茄酱广告

有这样一则获奖的广告作品：夜里一个男人正在黑暗的卧室里看枪战片，电影情节非常刺激，他看得非常着迷。突然间一声枪响，电影结束了。再看那个男人，他躺倒在床上，胸前有一摊血……观众看到这里会纳闷，怎么回事？那个男人遭到袭击了吗？

5. 费米发现核能

1934 年后，意大利物理学家费米，用中子轰击铀，发现了一系列半衰期不同的同位素。1938 年下半年，一位德国化学家用中子轰击铀时，发现铀受到中子轰击后得到的主要产物是钡，其质量约为铀原子的一半。1939 年初，一位瑞典物理学家阐明了铀原子核的裂变现象。

由于铀 –235 裂变后会释放出大量的能量和中子，费米由此联想到……

6. 引狼入室

在澳大利亚有一个引狼入室的故事。澳大利亚草原上经常有狼群出没，吃了不少牧民的羊，使牧场受到很大的损失。牧民们于是向政府求救，政府为了牧民的利益派军队将狼群赶尽杀绝。没有了狼的威胁，羊群的数量不断增加，牧民们非常高兴。可是，几年之后，羊的数量开始锐减。羊群变得体弱多病，而且繁殖能力也大大下降。羊毛的质量也大不如从前。

牧民们只好再请政府帮忙。这一次，政府会怎么做呢？

7. 蔡伦造纸

在京城洛阳的皇宫里当宦官的蔡伦，当时主管宫中用的各种器物的制造，同时还担任中常侍（侍从皇帝的官员）一职。蔡伦看到皇帝每天要批阅堆积如山的简牍，非常不方便，他就琢磨着要制作出一种既轻便好用又价格低廉的书写材料，来取代笨重的简牍。从此，蔡伦就时时处处留意，脑子里一直想着这个问题。

有一天，蔡伦闲来无事，就带着几个小太监来到城外游玩。这是一个十分幽静的山谷，一条小溪从山谷中缓缓流过，溪边长着各种各样的树木和花草，景色十分漂亮。

小太监们一路打打闹闹，嘻嘻哈哈，好不快活。只有蔡伦一副心事重重的样子，一路上不住地东张西望，好像在寻找着什么。

忽然，蔡伦眼前一亮，只见他快步走到小溪边，蹲下身去一动不动了。

"蔡大人在干什么呢？"小太监们觉得非常奇怪，都停止打闹围了过来。只见蔡伦手里捧着一堆湿湿漉漉的、破破烂烂的像棉絮一样薄薄的东西发呆。

这时，一位农夫扛着锄头走了过来。蔡伦见了，双手捧着那团东西，三步并作两步走上前去问道："老人家，您知道这是什么东西吗？"

农夫看了看，笑着回答说："这个呀，是漂在小溪里的树皮、烂麻布、破渔网什么的，它们被水冲呀、泡呀，又被太阳晒，时间长了就成了这个模样。你看，这小溪里漂的到处都是呢！"

这个东西对蔡伦真的会有帮助吗？

8. 毕达哥拉斯定理的发现

有一次，毕达哥拉斯到一位朋友家做客。这天来了很多客人，其他客人们都在滔滔不绝地高谈阔论，而毕达哥拉斯却一个人安静地躲在墙角，低着头不说一句话，好像在思考着什么。

原来，他是在观察朋友家用花砖铺砌的地面：一块块等腰直角三角形花砖，有黑的，也有白的，交替着铺成了一个美观大方的方格图案。而在这美丽的方格中，似乎有一种模糊不清的规律在他面前时隐时现。

毕达哥拉斯想着，看着，不知不觉地用手指头在花砖上画起图形来。

他究竟发现了什么？

9. 瓦特发明蒸汽机

在瓦特还是少年的时候，有一次，瓦特的妈妈带他到外婆家玩。外婆见到小瓦特来了，十分高兴，连忙打了一壶水放在灶上，为他们烧开水喝。十几分钟过去了，水开始沸腾起来。这时，水壶的盖子被水蒸气顶了起来，不停地往上跳，还发出"啪啪啪"的声音。瓦特听到声音，急忙跑过去看发生了什么事。他的两只眼睛直愣愣地盯着水壶观察了好半天，感到很奇怪，不明白这是怎么回事，就问外婆说："外婆，壶盖为什么会跳动呢？"

外婆微笑着回答说："傻孩子，这有什么好奇怪的，水开了都是这样啊！"

可是瓦特并不满意外婆的回答，又追问起来："为什么水开了壶盖就会跳动啊？是什么东西在推动它吗？"

可能是外婆太忙了，没有工夫答理他，便不耐烦地说："不知道。小孩子问那么多干什么？"

瓦特在外婆那里不但没有找到答案，反而受到了批评，心里很不舒服，可是他并没有灰心，他决心一定要弄清楚到底是怎么回事。

回到家后，连续几天，每当妈妈用壶烧水时，瓦特就蹲在火炉旁边细心地观察着。刚开始，壶盖安安静静地一动不动，过了一会儿，水快烧开的时候，水壶就开始发出"哗哗"的响声。瓦特心里开始紧张起来，他两眼一眨不眨地盯着水壶看。

突然，瓦特看到，壶里的水蒸气冒了出来，推动壶盖往上跳动。水蒸气不住地往上冒，壶盖也一个劲地往上跳，好像里边藏着个魔术师，在变戏法似的。瓦特高兴极了，他兴奋得几乎叫出了声来。他把壶盖揭开再盖上，盖上又揭开，反复进行验证。他还把杯子罩在水蒸气喷出的地方看水蒸气喷出的情况，一会儿又在数杯子上蒸汽凝结成的水滴。瓦特终于弄清楚了……

10. 哈格里夫斯发明珍妮纺纱机

在 18 世纪以前，人们都是用手工纺车来纺纱的。这种纺车一次只能纺出 1 根纱，生产效率很低。1733 年，约翰·凯伊发明了飞梭，使织布的速度提高了两倍，棉纱更加供不应求。

为了解决这个矛盾，英国皇家艺术学会于 1761 年公开宣布：谁要是能发明一种新型纺纱机,"一次纺出 6 根毛线、亚麻线、大麻线或棉线,而且只需一个人开机器或看机器",谁就能得到重奖。可是两年过去了,仍然没有人将这笔奖金领走。

当时,英国兰开夏郡有个叫哈格里夫斯的纺织工,他的家里很穷。为了增加家庭收入,他的妻子珍妮每天坐在纺车前忙个不停。因为纺车上只能放 1 个纱锭,她每天起早贪黑地干活,也只能纺出 1 锭棉纱。看着妻子由于日夜不停地劳作而消瘦下去,哈格里夫斯非常心疼。他决心发明一种高效率的纺纱机,使妻子能轻松一点。萌生这个念头以后,他每天都在想着这个问题。

1764 年里的一天,哈格里夫斯很晚才回家,而珍妮还没有休息,仍坐在纺车前纺纱。也许是因为太累了,他开门后不小心一脚踢翻了纺车。他赶紧弯下腰,想把纺车扶起来,这时他突然愣住了。

"珍妮,你快看!"哈格里夫斯惊喜地叫起来。

"看什么?"妻子有点莫名其妙。

"原来平放着的纱锭现在变成直立的了,可是它仍然转得那么快!"哈格里夫斯解释道。

"那又怎么了?"妻子还是不太明白。

是啊,那又怎么了?

11. 蜘蛛的启示

法布尔是 19 世纪末法国著名的昆虫学家。他从小就喜欢和各种小昆虫打交道,在他的眼中,那些小家伙们是那么可爱、那么有趣,跟它们在一起真是有不尽的乐趣。

出于研究的需要,法布尔饲养了 6 种园蛛。他发现,只有条纹蜘蛛和丝光蜘蛛经常停留在网中央,不管外面的太阳多么毒辣,它们也决不会轻易离开蛛网去阴凉的地方歇一会儿。而其他的蜘蛛在结好网后就把网往那一张,自己却跑到一个隐蔽的场所躲了起来,直到晚上才出来。

然而,令法布尔感到奇怪的是,虽然那些蜘蛛并不停留在网上,但是只要网上一有动静,比如当一些蜻蜓或蚂蚱不小心碰到网上被粘住的时候,躲在暗处的蜘蛛就会像闪电一样马上赶到,将猎物用丝网死死地缠住。

它们是怎么知道网上有了猎物的呢?

12. 贾德森发明拉链

19 世纪时，人们穿的衣服和许多皮靴及鞋子都要用纽扣扣牢。有的外衣背面或皮靴的边沿有几十个纽扣，扣起来非常费事而且浪费时间。

能不能想个简单点的方法呢？这个问题让发明家伤透了脑筋，很长时间过去了，人们仍然没有得到满意的结果。

有一次，一位叫惠特康布·贾德森的美国人到铁匠铺买饭勺。他发现铁匠铺的饭勺放得很整齐，而且非常巧妙：在一根水平放置的细铁杆上，上下吊着两排饭勺，上面的饭勺用细铁杆直接穿过勺柄孔，下面的勺柄朝下，通过勺头与上面的勺头紧紧地咬合在一起。

"真是太奇妙了！这样，下面的饭勺就掉不下来了。"贾德森看着看着就入了迷，把买饭勺的事忘了个一干二净。

他联想到什么了？

13. 祖冲之测算圆周率

一天深夜，祖冲之躺在床上翻来覆去睡不着觉，就披上外衣坐起来看书。他翻阅着刘徽给《九章算术》作的注解，不禁被他高度的抽象概括力和"割圆术"精巧的计算方法所折服，不住地点头称赞。他看着刘徽计算出的圆周率数值，陷入了沉思："能不能把圆周率的精确度再提高一步呢？"

第二天一大早，祖冲之就蹲在地上画起了圆圈。原来，他还在想着计算圆周率的事情。突然，祖冲之兴奋地喊道："有了！有办法了！"

祖冲之的办法是什么呢？

14. 善于联想的企业家

一位善于运用相关联想的企业家同时了解到以下四件事：

四川万县食品厂积压了大批罐头食品；四川航空公司由于缺乏资金，没有属于自己的飞机；俄罗斯古比雪夫飞机制造厂生产的大批飞机滞销；俄罗斯轻工业发展缓慢，基本生活用品供不应求。

企业家发现这四件事之间有相关性，可以联系起来。

他是怎么做的呢？

15. 杜朗多先生的"陪衬人"

左拉的小说《陪衬人》中描写了一个杜朗多先生的故事。杜朗多先生是个经纪人，对美学一窍不通。有一天，他居然贴出广告，声称专为小姐和夫人们开设一个"陪衬人代办所"。

他有什么目的呢？

16. 绷带到输油管的联想

日本的一支南极探险队在基地遇到了一个难题，他们需要把基地的汽油输送到探险船上，但是输油管的长度不够。面对这个问题，大家一筹莫展。这时，队长西崛荣三郎展开了联想……

他想到了什么好办法了呢？

17. 水银矿的发现

20世纪50年代，苏联的绘画艺术兴起，很多青年都投身于绘画事业。那时一位叫普法利的学生放弃了自己所学的地质工程专业，决定学习油画艺术。为了增加见识、开阔眼界，他经常参观各种油画展。在参观一个油画展时，他被一幅风景画深深吸引住了，画面是一片光秃秃的山峦，整个画面透出荒凉、神秘、诡谲的气氛。普法利觉得这幅画似乎隐藏了什么。

他到底发现了什么？

18. 保险柜的密码

乔丽娜是二战期间的德国间谍，她奉命搜集法国的机密军事情报。

在一次私人宴会上，年轻貌美的乔丽娜认识了法国军方的军事要人雷丹将军。通过一步步的交往之后，乔丽娜也逐渐和雷丹将军成了很好的朋友，对于雷丹将军的一些比较私密的事情也都有所了解。乔丽娜了解到，雷丹将军经常将一些军方重要文件带回家中，并锁进保险柜里。乔丽娜很想得到这些机密文件。

机会终于来了，一次，乔丽娜被雷丹将军邀请到家中做客。她趁雷丹将军不注意，悄悄地在他的酒中放了安眠药。雷丹将军喝过之后，呼呼睡去了。当时已经是深夜两点了，乔丽娜于是赶紧进入将军书房，寻找保险柜。最后，在一座古老的柜式大钟的后面，乔丽娜找到了保险柜。但是，接下来的问题便是，如何打开保险柜。保险柜是有密码的，而乔丽娜却并不知道。于是她随机地试了几个密码，都没有奏效，显然，靠这种排列组合的方式一个一个地试，是不可能赶在雷丹将军醒来之前打开保险柜的。

乔丽娜先是想到，雷丹将军已经上了年纪，记忆力不好，因此很可能会将密码之类的东西记录在记事本之类的东西上。但是，经过一番查找之后，乔丽娜并没有如愿。于是，正在她无计可施，在房间里来回踱步的时候，她的目光突然停在了那架古钟上。她发现，那架古钟的指针一直都指向一个时间，即九点二十五分十九秒，这会不会就是密码呢？乔丽娜想。但是根据钟表所指示的时间得到的数字是 92519，只有五位数，而保险柜的密码显然是六位数的，乔丽娜陷入了困惑。不过，直觉告诉她，密码肯定就在这古钟之中，她开始挖空心思进行进一步的猜想。最终，乔丽娜灵机一动，找到了问题所在，最终，她成功地窃取了法国的军方机密情报。

你知道乔丽娜是如何得到保险柜的密码的吗？密码是多少？

19. 建筑师的联想

环球航空公司请建筑大师伊罗·萨里在纽约肯尼迪机场建造一座风格独特的建筑。伊罗·萨里构思了很长一段时间，也没想到满意的方案。有一天，他正准备吃早餐，突然看到桌子上的一只柚子……

20. 拼地图的小孩

因为下午有一个布道会，牧师早早地就起床了，端坐在书桌旁，他想准备一篇精彩的布道词。但是，整整坐了两个小时，牧师还是没有写一个字，他满脑子都是那些陈词滥调，没有一句话不是以前重复说过很多遍的。牧师开始烦躁起来，他在笔记本上胡乱地划着杂乱无章的道道。

这时候，牧师九岁的儿子，可爱的约翰起床了。他非常活泼，只要他在屋子里，你就别想安静了。你看他，一会儿抱起电动手枪，"嗒嗒嗒"地打几抢，一会儿抱着玩具熊胡言乱语地嘟囔着。终于他安静地坐在电视机旁了，他在专心致志地看着动画片，哦，我的天哪，那电视的声音简直可以把屋顶掀掉。

可怜的牧师终于忍受不了了，他随手把一张世界地图撕得粉碎，然后把约翰叫了过来："约翰，爸爸来和你做个游戏，你看我把这张地图撕碎了，只要你能把它重新拼起来，我就给你1美元，怎么样？"

约翰想了想，终于抵挡不住1美元的诱惑，就答应了牧师。约翰抱着那堆碎纸回到了自己的房间。牧师想：那幅地图就算一上午也别想拼完，这下我可以安心地写布道词了。

但是，刚刚过了10分钟，约翰就来敲牧师的门，他兴奋地对牧师说："爸爸我拼完了，给我1美元吧。"

牧师连头也没回就说道："你一定拼错了，回去再检查一遍。"

约翰坚定地大声说："我拼得没错，你看一下吧。"

牧师将信将疑地拿过地图，果然拼得丝毫不差，他不解地问约翰："你怎么拼得这么快？"

21. 王冠的秘密

很久很久以前，一个国王想做一顶新的王冠。于是国王找来王国里最心灵手巧的，同时也是最狡猾的金匠，给他一块黄金，让他去做一顶纯金的王冠。

没过多长时间，金匠就把王冠做好了，他把精致的王冠献给国王："伟大的陛下，我已经按照您的吩咐做好了王冠，请您过目。"国王接过王冠，那王冠太漂亮啦，全身闪烁着金色的光芒，王冠的周围雕刻着美丽的花纹。国王立刻就喜欢上了它，他把王冠拿在手里，看来看去，就是不肯放下来。国王重赏了工匠，让工匠回去了。

但是，过了一会儿，国王就高兴不起来了。原来，多疑的国王，怀疑狡猾的工匠克扣了他的金子，在王冠里掺了其他的材料。于是，国王偷偷地称了称王冠，重量和作为原料的金块的重量是一样的。但是，国王还是不能确定王冠是不是纯金的，他太喜欢这顶王冠了，舍不得打开王冠，检验里面的金属成分。这时候，国王想到了科学家阿基米德，他立即派人找来了阿基米德。

"阿基米德，你是王国里最受人尊重的、最有才干的科学家。现在，我要求你在不弄坏王冠的前提下，检验王冠是不是纯金的。你尽快给我一个结果。"

阿基米德接到国王的命令，开始想检验王冠的办法。但是，这个任务太难完成了，阿基米德从来没有遇到过这样的问题。他走在路上不停地想啊想啊，不知不觉就回到了家里，但是还是没有想到解决问题的方法，连一点线索都没有。阿基米德沮丧地打开房门，习惯性地来到浴室，也许洗个澡能让他更清醒一些吧。

阿基米德一边往浴缸里放水，一边继续思考着问题。水慢慢充满了浴缸，阿基米德完全沉浸在思索当中了，直到水开始溢到地面上，他才发现。"哦，真该死，我真是个大傻瓜。"阿基米德自言自语地嘟囔着。他迅速关上水龙头，脱掉衣服，当他一脚跨进浴缸的时候，浴缸里的水开始"哗哗"地溢出来。阿基米德看到这种情况，突然灵光一闪，一个念头从他的脑海里一闪而过。当他整个人躺到浴缸里的时候，更多的水溢出来了，阿基米德若有所思地漂浮在水里，忽然，他兴奋地大叫起来："我有办法啦，我有办法啦。"就像一个孩子忽然得到了他心爱的玩具一样。

阿基米德想到了什么办法？

22. 盟军的"笨"办法

第二次世界大战期间，盟军通过声东击西的办法，巧妙地实现了诺曼底登陆，使得盟军对法西斯的战争进入了战略反攻阶段。但是，盟军在诺曼底登陆后，并没有如原来所设想的那样迅速对德军构成强大的攻势。原来，在盟军前进的必经之路上，密密麻麻、纵横交错地分布着高出田埂一米多的灌木树篱，这些东西成为了德军的天然屏障。盟军的机械化部队根本无法前进，因为坦克和装甲车前进不到数十米便会被这些灌木所卡住，从而成为德军的活靶子。在前面几次的强行突袭中，德军往往只用小分队便能将大队的盟军如数消灭。如此一来，盟军登陆已经五十多天了，但基本上没有对德军构成任何威胁。

为了解决这个问题，盟军高级统帅紧急召开了指挥官联席会议。在会议上，各指挥官纷纷发表意见，提出了各种各样的方案，但最终都被否决了。

最后，农民出身的美军第二师师长站起来说道："我想到了一个比较笨的办法，但也许是最有效的办法，不知可行不可行？"

在听取了第二师师长的"笨"办法后，盟军统帅立即决定采纳。而这个"笨"办法也果真有效地解决了这个问题，盟军很快顺利地通过了这个德军的天然屏障。德军做梦也没想到盟军突然解决了这个大麻烦，仓促应战，但已经抵挡不住盟军海陆空联合作战的强大攻势，很快土崩瓦解。

你猜那位师长的"笨"办法是什么？

23. 鲁班的发明

鲁班是我国古代著名的建筑师，许多人都拜他为师，学习建筑。一天，皇帝听说了鲁班的名声后，找他和他的徒弟们一起来给自己建造宫殿。皇帝要求将这个宫殿建造得雄伟壮观，因此工程量十分浩大。而且，他给鲁班的工期也有限定。

鲁班接到活儿后，立即和弟子们一起到山上采伐木材。因为宫殿需要的木料十分粗大，他们所要砍伐的都是参天大树。以往，鲁班所做的木匠活规模都比较小，木料也都比较小，因此他和徒弟们用斧子便能应付。但是这次，面对这些参天大树，用斧子便显得十分吃力，几天下来，人累得不行。并且这样砍，效率也太低，照这样下去，很难在规定工期内将宫殿建成。因此，鲁班十分焦急。

这天，鲁班到一个山岭上去寻找适合做梁的木料。在爬上一个比较陡峭的小坡的时候，他顺手抓了一下手边的一束草，想借下力，没想到瞬间感到一阵刺痛。一看，他抓草的手上已经渗出了血。

怎么这看上去很柔软的茅草这么锋利呢？鲁班感到很是惊讶，于是，他小心地扯起一把这样的草在手里，端详了一下，结果发现这种草的叶子边缘密密地长着锋利的小齿。他于是用这些小齿在手上轻轻地划了一下，手上居然又出现了一道口子。

于是，鲁班陷入了沉思，你能猜出鲁班接下来的举动吗？

24. 肩章轮廓的启发

1944 年 4 月，二战中的盟军进入战略反攻的攻坚阶段，而法西斯国家则转入战略防御。苏联红军为了彻底消灭德军，解放克里木半岛，在彼列科普与德军展开了对峙。因为德军的负隅顽抗，战斗进行得并不顺利，加上突然降临的大雪，双方进入了暂时的休战状态。这天，苏集团军炮兵司令正在掩体内思考破敌之计，他无意中看到刚刚从外面进来的参谋长肩上的雪花因为室内温度高的缘故开始融化，并很快勾勒出肩章的轮廓。于是，炮兵司令灵光一闪，产生了一个念头。正是凭借这个念头，苏军很快摸清了德军的兵力部署，并调整了进攻力量，一举突破了德军的防线。

你猜炮兵司令想到了一个什么念头？

25. 绑架案

劳拉·赫尔是美国一位著名的侦探家，但是很多人不知道在做侦探家之前，她只是一位普通的图书管理员而已。那么这位漂亮的女孩如何从一名普通的图书管理员变成今日著名的女侦探的呢？用她自己的话来说，那完全是出于自己的好奇心。

在劳拉·赫尔做图书管理员时，她还是一位漂亮的金发美女，每天，她都会接触众多的图书借阅者和还书者。有一天，图书馆里面来了一位很特殊的妇人，她穿着褴褛地过来归还一本名叫《曼纽拉获得如意郎君》的书。

劳拉像往常一样，检查归还的书是否完整无缺。结果却让她很不高兴，因为那本书明显的出现了问题，书中的第41和42页不见了。

发现这个情况之后，妇人就向劳拉解释说："小姐，那两页真的不是我撕掉的。"

劳拉很为难地告诉这位老妇人："你是第一位借这本书的人，而每本书都是经过严格检查之后才上架的。"

那位老人听到劳拉这么说，也不好意思再解释什么了，因为这本书毕竟是在她那里被撕掉两页的。她对劳拉说："假如真的是这样的话，那一定是我的那个调皮的儿子干的。那么我需要赔多少钱呢？只是我现在工资很低，所以能不能分期付款呢？"

劳拉是一位特别好心的姑娘，听到妇人这么说，就很同情地告诉妇人说："这样吧，我先给你垫上。"

妇人很感激地向劳拉道谢之后离开了。劳拉又拿起那本书，随意地翻阅着。忽然，她无意间发现在那本书的第43页上面有几处细小的刮痕，看刀痕的样子应该是做雕刻用的刀之类的利器划的。

劳拉很自然地被这些划痕吸引住了，仔细地看了一会儿之后，她找来一支铅笔，一边看一边用铅笔把划痕给勾画出来。当线条一点点地显示出来，她发现这些划痕并不是完全在字下面，还有一部分是在空白的地方。

看着这些划痕，她突然醒悟了，真正有价值的应该是丢失的那两页，43页上面的印痕应该是前一页印上去的。想了一会儿，她自言自语道："我知道该怎么做了。"说完急匆匆地离开了图书馆。

她跑到外面的一家书店又买来一本一模一样的书，回来之后，她急忙把书中的第 41 和 42 页小心地撕了下来，然后把它夹在了原来那本书的第 44 页后面，把页码对齐之后，在两页中间加上了一页复写纸。做完这些之后，她拿起铅笔小心翼翼地把在第 43 页上面的划痕又重新描了一遍，描完之后，她抽出夹进的那张纸，充满期待地等着看这些痕迹之后的秘密，她兴奋地注视划过痕迹之后复原的文字：如万要 50 你备女速儿命的性，珍妮。

看了一会儿，劳拉失望了，难道这些痕迹只是某个人无聊的举动吗？她依旧不甘心地盯着这些字，突然她神经一点点紧张起来了，一个火花忽然闪过她的脑海，她赶紧拿起了电话，给刑事侦探局的哈代博士打了过去。

"喂，哈代博士你好，我想问一下，最近有没有一个叫珍妮的女孩失踪呢？"劳拉着急地问。

"是的，我们刚刚接到一个报案，有个名叫珍妮的女孩失踪了。"博士回答说。

劳拉听到博士这么说，非常兴奋地把她的发现告诉了哈代博士并且自信地说："请你们找一位名字叫卡勒的人吧，他会帮助你们找到失踪的女孩。"

侦探按照劳拉提供的线索，很快就将这起案件破获了，顺利地解救了被绑架的小姑娘珍妮。

哈代博士很高兴地赞扬了劳拉的好奇心："这次案件如此顺利快速地破解，完全得益于劳拉小姐的帮助。"哈代博士继续说："侦探必备的两项品质就是探索的愿望和聪慧的联想及推理，这些你都已经具备了。"

就这样，劳拉慢慢地走上了侦探的道路，后来成为了美国著名的女侦探家。

那么请问，你知道劳拉是如何知道被绑架的珍妮的吗？那几个字究竟藏着什么秘密呢？

26. 鸡蛋变大了

在美国，有一个穷小子，为了维持生计，他向朋友们借了点本钱，开了一家杂货店。杂货店里物品齐全，除了必备的日常生活用品之外，还有鸡蛋。开张没几天，生意很好，来往的顾客很多。只是每次他都能听到顾客抱怨他的鸡蛋太小。为此，他还特地在进货的时候，嘱咐了一下要些大的鸡蛋。可是顾客依旧抱怨鸡蛋太小。他怎么也想不通，鸡蛋都是差不多大的啊，自己店里的鸡蛋不会比别人店里的小啊！于是，每次顾客来店里买鸡蛋的时候，他都仔细地观察，琢磨着是哪里有问题。功夫不负有心人，经过一段时间的观察和琢磨，他似乎发现了问题的所在。他决定让妻子把鸡蛋搬到前台去卖，不再由自己卖鸡蛋了。

经过了他的这一小小的调整，果然，买鸡蛋的顾客再也没有埋怨过鸡蛋小。相反，大家都觉得鸡蛋大了呢。

这个穷小子就是以后的美国金融巨头约翰·皮而庞特·摩根，由于他两次拯救美国的经济，因此被誉为"华尔街的拿破仑"。你知道为什么顾客认为鸡蛋变大了吗？是鸡蛋本身真的变大了吗？

27. 极大思维

居里夫人是波兰物理学家，最早获得诺贝尔奖的女性科学家。她和科学家皮埃尔·居里结婚后，夫妇两人一直为科学作出自己的贡献。可惜的是，在他们结婚后的第十年，丈夫不幸遭遇车祸，死于马车下面。

居里夫人的科学研究，没有因为丈夫的去世而终止，她在皮埃尔·居里老父亲的大力支持下，自己带着两个孩子继续埋头研究科学。作为一位杰出的女性科学家，居里夫人在短短的八年的时间里，就两次摘取了科学史上的最高桂冠——诺贝尔物理学奖和诺贝尔化学奖。她一生中获得了无数的科学荣誉，用自己的智慧和勤劳换取了人们对她的敬仰。

不仅如此，居里夫人的两个女儿同样也是很伟大的科学家。长女伊伦娜是著名的核物理学家，她与丈夫一起发现了人工放射性物质，并因此一起获得了诺贝尔化学奖；次女艾芙则是著名的音乐家、传记作家，其丈夫曾以联合国儿童基金组织总干事的身份接受瑞典国王在1965年授予该组织的诺贝尔和平奖。

作为一个科学家，居里夫人有着最伟大的奉献精神。那么作为一个普普通通的母亲，居里夫人是如何培养自己的子女的呢？如何让自己的子女一个个都在不同的领域有了不同的但是同样优秀的成就呢？关于这个话题还有一段小故事：

一次，在居里夫人的两个女儿向母亲讨教成功的奥秘的时候，这位伟大的科学家亲切地对她的女儿们说了下面一段话：

我们在考虑问题的时候，首先要走出自己生活的那个圈子，然后去探索我们看到的物理现象的一些极致状态，比如："极大"和"极小"等，假如研究我们每天都居住的地球，那么我们就不能只立足于地球这一个东西，而是要看到它外面的世界还大得很，比如银河系，比如整个宇宙。地球和银河系相比，真是像是沧海一粟，就像是浩瀚海洋里面的浮游生物一样渺小。所以，在以后你们研究问题的时候，一定要把眼光放得远一点，思维拉得开一些。

最后她说："孩子们，这个话题是训练你们思维的一个很好的话题，现在就让我来考考你们，迄今为止，你们见过的最大的影子是什么物体的影子？"

聪明的你，假如你有一双善于发现自然、观察自然的眼睛，那么这个问题就会很简单，搜索一下你的记忆，想想这个问题的答案吧！

28. 摆直角

大家都知道瓦特是蒸汽机的发明者。当他获得了蒸汽机的发明专利之后，从一名普通的大学实验员，变成了一位公司老板，而且成为了英国皇家学会的会员。

一天，皇家学会举行一次盛大的音乐会。很多著名的人物都应邀参加了这次活动，瓦特同样也出席了此次音乐会。

音乐会上有一个贵族以非常嘲讽的口吻对瓦特说："乐队指挥手里的指挥棒在物理学家手里仅仅只是一根棒子而已。"

瓦特回答说："是的，那在物理学家手里只是一根棒子而已。不过，大家都知道用这样普通的三根棒子，可以组成 5 个直角。但是我却可以组成 12 个直角，而你，最多也就只能组成 6 个直角。"

瓦特这样说让这位贵族很不服气，他找来三根棒子不断地摆出各种直角，但是很可惜的是无论怎样都摆不出 12 个直角来。

那么假如你来摆，用三根棒子你能摆出几个直角来呢？

29. 踏花归来马蹄香

北宋皇帝宋徽宗赵佶喜欢绘画，他本身也是一个善于画花鸟的能手。他在位的时候，广为搜集历代名人书画墨宝，并亲自掌管宣和画院，经常考查宫廷画师的技艺。宋徽宗自己绘画时特别注意构图的立意和意境，因此在朝廷考查画家的时候常常以诗句为题，让应考的画家按题作画择优录用。

有一次，朝廷决定考查天下的画家，择优录取为宫廷画家。诏命一下去，各地的画家都纷纷来到京城。到了考试那天，主考官出了一个命题："踏花归来马蹄香"，让画家以这句话为主题，画出一幅画，这幅画要把这句诗的内容体现出来。

一见到这个题目，画家们就个个在考场中抓耳挠腮，一筹莫展。试想，花的香味如何通过画面表现出来呢？况且还要和马蹄联系起来，着实很难。因此，许多参加考试的画家虽然画功十分了得，一个个有丹青妙手之誉，但面对这样的题目却无从下手。

眼看着考试时间都快到了，无奈，这些画家只好先后硬着头皮动起笔来。有的画家绞尽了脑汁，在"踏花"二字上下工夫，在画面上画了许许多多的花瓣儿，一个人骑着马在花瓣儿上行走。可这显然太生硬，完全没有意境，看上去活脱一幅游春图，却无法表现出"香"；有的画家煞费苦心在"马"字上下工夫，画面上的主体是一位跃马扬鞭的少年，在黄昏时候疾速归来，这显然更是跑题；有的画家运思独苦，在"蹄"字上大下一番工夫，结果在画面上画了一只大大的马蹄子，特别醒目。

等考卷交上来以后，宋徽宗一幅一幅地亲自审看。他抱着期待，看了一张，不满意，放在一边；又看了一张，还是不满意，又放在了一边……翻了一会儿，宋徽宗几乎不耐烦，看不下去了。正当他准备放下画去休息的时候，却有一幅考卷令他脸上立时现出了喜悦的微笑。他抚掌连连称赞："好极了！好极了！"于是他选中了这一幅，还下了评语："此画之妙，妙在立意，妙在意境深厚。把无形的花'香'，有形地表现在纸上，令人感到香气扑鼻。"这才心满意足地休息去了。

第二天，宋徽宗告诉宫廷的众画师说自己发现了一幅好画，众画师一听，连忙跑过去欣赏。一看到这幅画，这些画师们也连连称是，觉得自愧不如。你能猜出这幅画是如何巧妙地体现了"踏花归来马蹄香"这个主题的吗？

30. 西红柿和青椒有联系吗

农民雷安军是栽培大棚蔬菜的能手。有一天，他给塑料大棚培土的时候，看到快要拉秧的西红柿冒出了几个小腋芽。由此他联想到青椒老了以后，去掉老枝叶，还能发芽开花结果，这种栽培方法叫做残株再植。西红柿和青椒都属于茄科植物，是不是也可以残株再植呢？

他的设想可行吗？

31. 太阳为什么能持久发光发热

虽然太阳每天东升西落，是我们再熟悉不过的事物，但是直到 20 世纪 30 年代，人们才弄明白太阳为什么会持续不断地发光发热。

大概 100 年前，科学家们根据能量守恒与转化定律提出，太阳中的分子在引力作用下向中心坍缩，在坍缩过程中，分子的动能转化成光和热。但是经过计算之后，人们发现这种假设并不成立，如果是因为分子运动释放热量，太阳只能发光发热几亿年，事实上太阳已经存在了几十亿年了。

20 世纪 30 年代，随着对原子核认识的加深，人们发现很轻的原子核在极高的温度下互相靠近的时候会发生聚变，形成新的原子核并释放出巨大的能量。美国物理学家贝特联想到核聚变的现象，找到了太阳能够持久发光发热的原因。你知道是什么吗？

32. 伞的发明

传说雨伞是鲁班发明的。木匠的祖师鲁班曾在路边建造很多亭子，方便过路人在亭子里休息，雨天的时候可以避雨，晴天的时候可以遮阳。有一次，他在雨天遇到一个急着赶路的人，他身上淋得湿漉漉的，怕耽误时间，只在亭子里待了一会儿就又冒雨前行了。鲁班心想，如果有一种能够随身携带的亭子就好了。

鲁班是如何发明会移动的亭子——伞的呢？

33. "构盾施工法"的发明

19 世纪 20 年代，英国要在泰晤士河下面修建地下隧道。传统的地下施工方法是"支护施工法"，这种方法施工进度非常慢，而且经常遇到塌方事故。工程师布鲁内尔为解决如何更好地在地下施工的问题大伤脑筋。

有一天，布鲁内尔无意中看到一只至木虫在挖橡树……

他想到什么好办法了吗？

34. 听诊器的发明

19 世纪的某一天，一位贵族小姐来找雷内克医生看病，只见她面容憔悴，手捂胸口，好像病得不轻。听她讲述症状之后，雷内克认为她可能得了心脏病。

但是要想确诊，还得听心肺的声音。那时的做法是隔一条毛巾把耳朵贴在病人的胸廓上进行诊断，但这种方法显然不适合用在贵族小姐身上。

雷内克心想，能不能用别的办法呢？

他想到好办法了吗？

35. 薄壳结构的应用

你能用一只手把鸡蛋捏碎吗？也许你想象不到薄薄的蛋壳却能承受很大的力。英国消防队员为了试验鸡蛋的受力，曾把一辆消防车停在草地上，伸直救火梯子，消防队员从离地 21 米高的救火梯顶端向草地扔下 10 个鸡蛋，出乎意料的是只破了 3 个。有人做试验发现当鸡蛋均匀受力时，可以承受 34.1 千克的力。鸡蛋具有如此大的承受力，是与它特有的蛋形曲线和科学的结构分不开的。一个鸡蛋长为 4 厘米，而蛋壳厚度只有 0.38 毫米，厚度与长度之比为 1 ∶ 130。

奇妙的蛋壳引起了建筑学家的关注。

建筑学家都做了什么？

36. "理雅斯特号"潜水器的发明

阿·皮卡尔本来是研究大气平流层的专家，他设计的平流层气球曾飞到 15690 米的高空。后来，他想到大气和水都是流体，大气的原理应该也能使用于海水，于是他想用平流层气球的原理改进深潜器。那时的深潜器既不能自由行动也不能自行浮出水面，必须依靠钢缆吊入水中，这样就使它的活动范围大大受到限制，最深只能达到水下 2000 米。

阿·皮卡尔是如何成功的？

37. 杠杆原理的管理学应用

世界上很多道理都是相通的，某一领域的经典原理同样适用于另一个领域。运用联想思维我们可以打开思路，从一个崭新的角度看待我们熟悉的问题，从而获得解决问题的新方法。比如物理学中的惯性原理运用在乐器演奏中，可以更加自如地运气，使口腔和手指的动作更加轻松流畅，演奏出更加精彩的乐曲。

阿基米德曾说:"给我一个支点,我就能撬动整个地球。"这是物理学上非常简单的杠杆原理。我们可不可以把这个原理应用在企业管理中责任、权限和利益的关系中呢?

38. 变电器的发明

有一个物理学家正在研究如何发明能够扩大电压的变压器。一次偶然的机会,他看到了传说中雷公的画像,画像中的雷公身穿虎皮,背负大鼓,手持铁锤,形象非常威武庄严。他看到虎皮的花纹是黄色杂有黑色的条纹,忽然头脑中有了主意……

39. 冥王星的发现

1781 年,业余天文学家威廉·赫歇尔发现了天王星,但是进一步的观测显示,天王星的实际运行轨道与预测的轨道存在偏差。1846 年,天文学家发现了海王星,但是海王星的存在只能部分解释天王星实际轨道与预测轨道的差异。

接下来,天文学家又会有什么发现呢?

40. 人工牛黄

牛黄原是一种昂贵的中药,它是牛的胆结石,只能从屠宰场上偶然得到,产量很小,所以非常珍贵。后来人们利用产生胆结石的原理,把牛、羊、猪的胆汁提取出来研制人工牛黄,但是这种人工牛黄的临床医疗功效很差,医学专家不得不继续寻找新的解决办法。某药品公司的科研人员想到,河蚌经过人为的"插片"植入沙子,会分泌出黏液将沙包住慢慢形成珍珠,如果……

他们联想到什么了?

41. "蝇眼照相机"的发明

苍蝇是细菌的传播者,似乎对人类没什么用,但是我们应用形象思维之后,可以把苍蝇身体的独特结构和功能应用起来。苍蝇的楫翅(又叫平衡棒)是"天然导航仪",人们模仿它制成了"振动陀螺仪"。这种仪器安装在火箭和高速飞机上，可以实现自动驾驶。苍蝇的眼睛是一种"复眼"，由三千多只小眼组成……人们模仿复眼又制成了什么呢？

42. 日光灯的发明

如今电灯让我们的夜间生活变得丰富多彩，但是普通的灯泡只能将一小部分电能转换为可见光，大部分都以热能的形式浪费掉了，而且电灯发出的热射线对眼睛有害。于是人们试图寻找只发光不发热的光源。当人们向大自然求助的时候，发现许多生物都能发光，如细菌、真菌、蠕虫、软体动物、甲壳动物、昆虫和鱼类等，而且这些动物发出的光都不产生热，所以又被称为"冷光"。

在众多的发光动物中，萤火虫发出冷光不仅具有很高的发光效率，而且发出的冷光一般都很柔和，很适合人类的眼睛，光的强度也比较高……科学家是怎样将萤火虫的发光原理应用到日常照明中的呢？

43. 一箭双雕

春秋时期，卫国美男子弥子瑕得到卫灵公的宠爱，逐渐开始专权于卫国。卫国有个身材矮小的贤人对此感到很忧虑，于是便想讽谏卫灵公。

这天，这个贤人求见卫灵公，得到了接见。他见到卫灵公后说道："看来我昨晚做的梦应验了！"卫灵公于是好奇地问："你梦见什么啦？"贤人回答说："我梦见了灶——这正说明我今天能够受到您的接见啊！"卫灵公听了勃然大怒，说："我听说一个人将要见到国君的时候，往往梦见的是太阳，你要见寡人的时候却梦见了灶，你这不是戏弄寡人吗？"

这个贤人听了却不慌不忙地进行了解释，不仅使得卫灵公不再发怒，而且成功地达到了自己讽谏的目的，使得卫灵公从此开始疏远防范弥子瑕。

你猜这个贤人是如何对卫灵公解释自己的梦的？

44. 门客的比喻

战国时期，齐威王的小儿子田婴，因功被封于薛（今山东滕州东南），号靖郭君。到达封地之后，田婴要在薛地构筑城墙，门客纷纷劝阻。田婴不耐烦之下，便干脆不再接见前来拜见他的人。

这天，有个门客又前来求见田婴，他保证自己只说三个字，如果多说一个字，情愿被抛进锅里煮死。田婴于是才破例接见了他。

这个人见到田婴后，果然只说了三个字——"海大鱼"，说完便转身就走。田婴见此人说了这没头没脑的三个字，便感到十分奇怪，派人将其叫回来问道："您这话究竟是什么意思呢？"来人却说："我可不敢拿性命当儿戏！"田婴于是说："没关系，你继续说就是了。"

于是这个人便对自己先前所说的三个字进行了解释。原来，这三个字乃是他打的一个比喻，目的是用来劝阻田婴修筑城墙的。没想到田婴一听他的比喻，立刻停止修筑城墙。

你能猜出，门客究竟会如何以"海大鱼"这三个字劝阻田婴修筑城墙吗？

45. 邹忌抚琴谏威王

战国时期，齐侯田午不听神医扁鹊的劝告，病入膏肓死掉了。其子继位，是为齐威王。齐威王即位后，整天沉迷于酒色，不理朝政。以致韩、魏、鲁、赵等国都来入侵，齐国出现了"诸侯并伐，国人不治"的局面。

一天，平民邹忌抱着一把琴前来求见齐威王，他自称能够弹奏高妙的音乐。齐威王素来喜欢音乐，于是接见了邹忌。

邹忌行过礼之后坐定，认真地调好琴弦，摆出一副马上要弹奏的样子，只是手放在琴上一动不动。齐威王一看很着急，问道："先生调好了琴弦，怎么不弹？"邹忌回答说："大王，在我弹琴之前，请允许我先谈谈弹琴的道理。"

齐威王便让邹忌讲讲，邹忌于是指天画地地谈了起来，刚开始齐威王还能听懂，到后来便越讲越玄，越讲越空，齐威王逐渐听不懂了。但邹忌讲了很长时间，仍旧滔滔不绝，没有停下来的意思。齐威王感到有些不耐烦了，打断邹忌道："好了，道理您已经讲得很透彻了，还是请弹奏一曲来听听吧！"

邹忌于是停止了长谈阔论，将手放在琴弦上，但是仍旧一动不动。齐威王于是火了："怎么还不弹？"邹忌接下来说了一番话，齐威王一听便明白了邹忌原来是来讽谏自己的，并且他也接受了邹忌的讽谏。

你猜邹忌接下如何借弹琴之事讽谏齐威王？

46. 荀息巧谏晋灵公

春秋时期，晋灵公生活奢侈无度，残暴专横。一次，他征发大量百姓，耗资巨大，建造豪华的九层之台，以供自己娱乐。因为担心大臣们反对，晋灵公事先放出话来：若有人劝阻，格杀勿论。

身为相国的晋国大臣荀息，知道此事后非常担忧，前去觐见晋灵公。晋灵公一看荀息此时进宫，便知道他所为何事，于是毫不客气地命令卫士搭建拉弓，箭头对准荀息，只要荀息开口劝阻他建造高台，就一箭射死。荀息一看这架势，心知自己若直言讽谏，必将遭致杀身之祸，于是他便想了一个办法。他假装以一副轻松愉快的样子对晋灵公说："大王，不必这样，我此次前来，并非为规劝您什么，而只是来为您表演一个小技艺，供您开心。"

晋灵公于是问道："不知爱卿要表演什么技艺呀？"

荀息答道："我能够将十二个棋子堆起来，然后在上面加九个鸡蛋。"

晋灵公一听，十分感兴趣，便让卫士撤了弓箭，让荀息开始表演。

荀息于是定了定神，果真开始严肃认真地将十二个棋子堆起来。然后，他又将鸡蛋一个一个地加上去。旁边观看的人，看着荀息将鸡蛋越加越多，眼看就要掉下来，都紧张得屏住了呼吸；晋灵公也同样紧张地瞪大了眼睛，并不时地叫嚷道："危险！危险！"

荀息听到晋灵公说危险，于是便顺势开始了对晋灵公的讽谏，并最终成功地说服晋灵公停止了高台的建造。

你能猜出荀息是如何借自己的游戏讽谏晋灵公的吗？

47. 丘吉尔严守秘密

英国著名首相丘吉尔在担任首相之前，曾任英国海军大臣。一次，一个朋友想私下里向丘吉尔打听一些有关英国海军的私密消息。一向讲究原则的丘吉尔不肯告诉他，但是这个人有些不甘心，软磨硬泡地向丘吉尔一再打听。最后，丘吉尔盯着他的眼睛说："这是很机密的消息，你能保证我告诉你后你不告诉别人吗？"

那个人一听有戏，立刻信誓旦旦地说："绝对不会的，您放心吧，阁下！"

丘吉尔于是一副就要告诉他的样子，但在说之前，他又谨慎地向四周望了一圈，似乎是害怕有别人会偷听到，然后他才回过头又对这个人问道："你真的能保证你能保守这个秘密？"

那个人于是又诚恳地保证道："放心吧，我能！"

没想到这时丘吉尔却微笑着看着对方的眼睛，然后说了一句话，那个人再也不再提这件事了。

猜一下，丘吉尔说了句什么话？

48. 富兰克林讲故事

18世纪70年代，处于英国殖民地下的美国人民准备采取斗争，争取独立。这天，北美十三个殖民地的代表聚在一起，协商美国脱离英国宣布独立的大事。代表们经过商议后，推举富兰克林、杰弗逊和亚当斯等人负责起草一个宣布美国独立的宣言。几天后，几人便将这个《宣言》起草好，并交给了委员会，等待审查通过，起草者则在门外等候。

在几个《宣言》起草者之中，年轻的杰弗逊才华横溢，因此其他起草者只是将自己的意见陈述，而执笔者正是杰弗逊。应该说，杰弗逊的功劳是最大的。正是因为此，他便格外在意该宣言能否被通过。在外面等了许久，见委员会还没有传出消息之后，年轻的杰弗逊便有些坐不住了。他几次站起来又坐下去，或者干脆踱起步来。这时，老成持重的富兰克林很了解杰弗逊的心思，想要劝一劝他。但是，他知道像杰弗逊这样才华卓越又年轻气盛的人来说，直接劝说他，恐怕他很难接受。于是，富兰克林便想绕个弯子来劝说他。

如果你是富兰克林，你会如何劝说杰弗逊？

49. 心理学家"解决问题"的地方

在一个酒吧里，一个商人独自坐在一个角落里喝闷酒。他一杯接一杯地喝，看上去心情十分糟糕，似乎充满了绝望。这时，一个邻座的心理学家走上前去，对这位商人说："朋友，有什么我可以帮你的吗，看上去你似乎遇到了十分难缠的事。"

"你帮不了我！"商人抬头冷冷地看了一眼心理学家，干脆地回答，同时将一杯酒一饮而尽。

"不妨说来听听！"心理学家微笑着说。

"我的问题太多了，说都不知道从何说起！"似乎是感激于对方的好意，商人苦笑着解释。

"这是我的名片，有兴趣的话可以来找我。"心理学家放下名片就要离开，临走时他又加了一句，"相信我，我帮过比你问题多得多的人。"

第二天，商人出于好奇，不怎么抱希望地来到心理学家的办公室。心理学家友好地接待了商人，并一直微笑着静静地听商人说完了自己的问题。

"我早说过，我的问题你帮不上忙的，是吧？"商人说完后，苦笑着看着心理学家。

"不，你的问题并不复杂，很容易解决！"没想到心理学家很轻松地说道。

"怎么解决？你在逗我吧？"商人好奇地问。

"绝对不是逗你，我带你去一个地方，到了那里，你的这些问题马上就会消失。"心理学家很认真地看着商人说。

"那好，如果能解决我的问题，去哪里都行！"商人越来越好奇。

于是，心理学家带着商人去了一个地方。到了那里之后，商人果然感到自己的问题不再是问题了，很高兴地回家了。

你猜，心理学家带商人去了什么地方？

50. 刘伯温的巧妙比喻

朱元璋登基不久，需要处理很多国事，其中一件就是对自己的部下和亲戚朋友封官行赏。这件事令朱元璋十分为难：对于那些跟随朱元璋打天下，立下了汗马功劳的文臣武将进行封赏，理所应当，很容易决断。但是，对自己沾亲带故的亲戚朋友，朱元璋却不知怎么办了。这些七亲六戚的，人数众多，如果都封个一官半职，岂不成了见者有份，无功受禄了吗？而如果将这些亲戚置之不理，势必背后有人说三道四，搞不好自己会落个六亲不认的骂名。为此，朱元璋拿不定主意，心中闷闷不乐。

这时，军师刘伯温体察到了朱元璋的矛盾心理，他想帮助朱元璋分忧，却不便直言进谏，担心惹怒朱元璋。左思右想之后，刘伯温便画了一幅画进献给朱元璋。

朱元璋接到刘伯温的画后，只见画面上画着一个身材魁梧的男子，他的头发乱蓬蓬的，而他那一束束的头发上顶着一只只小帽子，除此之外，并无其他。朱元璋并不理解刘伯温为何送他这样一幅画，但是他知道，刘伯温足智多谋，做事稳重，送他此画定然大有深意。夜深了，朱元璋仍在灯下仔细琢磨着，可想了一夜仍是百思不解，于是决定第二天当面向刘伯温请教。

可是第二天，刘伯温并没有上朝，于是，朱元璋命令手下把那幅画展开给众大臣看。

众大臣看完这幅画之后，都在小声议论。

朱元璋问众大臣：“这是刘伯温老先生送给朕的一幅画。这画中有个谜，众爱卿谁能解开呢？”

众大臣面面相觑，都表示不知道画谜的意思。其实，其中的聪明人已经明白了画中之意，但都怀着和刘伯温同样的心理，不愿直接点破。

这时，在一旁的皇后马秀英因为和朱元璋是患难夫妻，并不避讳，她已经看出了画中之意。于是，她主动对朱元璋说：“皇上，臣妾倒有一解。”

朱元璋一听马秀英的解释，觉得很有道理，就当机立断，只封有功之臣，不再封亲戚朋友为官了。

你知道刘伯温这幅画谜的意思吗？

51. 智者点醒青年

从前，有一个很有抱负的青年，他曾经确立了很多目标，但是结果却是一事无成。对此，他很困惑，但又找不出问题所在。于是，他就去找一位智者给他解惑。

智者居住在深山老林之中，断绝了与外界的联系。这位年轻人用了很长时间才在一个小河边找到了智者。年轻人把自己的经历与困惑对智者说了。智者听后，并未正面回答青年的问题，而是望着墙角放着的水壶对年轻人说：“你去给我烧壶水来。”

于是年轻人就去烧水，不过当他想要生火时，却发现智者的家里已经没有柴火了。于是，他就去山上砍了柴。终于，年轻人把柴火弄回来了。开始烧水了，可是烧了很长时间，水依然未开。柴火这时已经烧光了，年轻人只好再去山上打柴。

这一切智者都看在眼里，等待年轻人砍柴回来，智者问道：“如果你这次砍的柴，还是不能把水烧开，你怎么办呢？"年轻人摇了摇头。

智者接着便对年轻人进行了点拨，结果，年轻人一下子就知道了自己问题所在了。你知道智者是怎么点拨年轻人的吗？

52. 小太监讽谏

明宪宗时，太监汪直擅权专横。他仗着宪宗对他的宠爱，肆意妄为，百姓生活在水深火热之中。

汪直有两个心腹分别是左都御史王越和辽东巡抚陈钺，两人狐假虎威，作恶多端。朝中大臣也都受够了汪直等一干人的罪恶行径，每每向宪宗进谏。可是，宪宗偏听偏信，对那些进谏的人一概拒绝或怒斥，时间长了，也没有人愿意进谏了。

当时，宫中有一个会唱戏的小太监，名叫阿丑。虽身份低贱，但是看不惯汪直的专横跋扈，于是阿丑也想要向宪宗进谏。

一天，宪宗要听"阿丑"的戏。这一次阿丑的装扮倒有点像是汪直，原来，他要扮演的就是汪直。在戏台上，只见他双手各拿着一把锋利的斧头。问旁边的人说："这是什么？"大家说是斧头，阿丑却说不是斧头，而是钺。大家都无奈地问："你拿着钺干什么啊？"阿丑说："我能走到今天，全仗着这两钺呢，这可不是一般的钺啊！"大家都笑了，都说这有什么不同的啊。阿丑就回答了"路人"的疑问。

听完戏后，宪宗就下诏革去汪直及其两个同党的职位，并将其发配到边远地方去了。

你知道阿丑在戏中是怎么回答的吗？

53. 碰到熟人

罗西尼是意大利19世纪著名的歌剧作曲家，他特别注重作品的独创性，厌恶抄袭。

一次，一个年轻的作曲家邀请罗西尼去听自己新创作的曲子。一开始，罗西尼觉得这个曲子不错，可是听着听着，他觉得曲子似乎在哪里听过，有种似曾相识的感觉。他知道这首曲子一定不是年轻的作曲家的原创，而是他抄袭了好几个著名作曲家的作品。

罗西尼本来就很厌恶抄袭，加之年轻人又欺骗了他，这下原本的喜悦之情，顿时消失了。他越听越不高兴，没等到演出结束就开始坐不下去了。但是，他又不能上台去制止别人的演出，他忽然想到了一个好办法。

作曲家每每演奏一小会儿，他就站起来，摘下帽子，点下头，再把帽子戴上，再坐下。就这样他重复了好几次，终于那个年轻的作曲家也注意到了这点，就自己停了下来，不解地问罗西尼这么做是什么意思。

你知道罗西尼是怎么回答他的吗？

54. 暗示

朋友之间虽然是可以无话不说的，但是有的时候，为了避免伤害感情，也是需要含蓄委婉一些的。

从前，有个人老喜欢到朋友家去喝酒。本来去朋友那里喝酒是无可厚非的事情，可是他每次去都要在朋友家里住很久。

有一次，他又跑到朋友家去了，这次，他又在那里住了很久，酒也已经喝了很多，可是他却没有要走的意思。每天都招待这位客人，他的朋友也已经有点厌倦了。但是，又不能直接赶他走啊，这话该怎么说呢？这可难倒了主人。

一次，两人正在喝酒，喝得正高兴的时候，主人给他讲了一个故事："有一段山路，经常有老虎出来伤人，已经有很多人被老虎咬死了。一天，有一个贩卖陶器的商人从这段路上经过，正巧老虎等在路边，商人还没来得及跑，老虎就向他迎面扑来。商人急中生智，赶紧拿起一个瓶子，向老虎砸去。但是，老虎并不退却，瓶子一个个地快砸完了，老虎仍旧不罢休。只剩下最后一个瓶子的时候，商人便大声呵斥了老虎一句……"

故事讲到这里，那个人就明白朋友的意思了，第二天便跟朋友告别，回家去了。猜一下，商人是怎么呵斥老虎的？

55. 苏格拉底的妙喻

苏格拉底是古希腊著名的哲学家，同时他也很幽默。苏格拉底的妻子很彪悍、泼辣，经常与苏格拉底吵闹，是出了名的悍妇，经常当着众人的面让苏格拉底处于窘境之中。但是，苏格拉底每次都能用他的幽默化解困境。

有一次，他在和他的学生们讨论问题。正在大家都很激动的时候，苏格拉底的老婆冲了进来，不分青红皂白就对苏格拉底进行了一顿破口大骂，还未等苏格拉底开口解释，他的妻子就离开了。大家都以为"灾难"就此结束了。可是，没过一会儿，他的妻子又进来了，这次她还提了一桶水，一句话不说就泼了苏格拉底一身。苏格拉底浑身都湿透了。

看到这样的场景，学生们都惊呆了，不知道老师会如何处理这件尴尬的事情。只见苏格拉底的脸上并没有生气的表情，而是摸了摸自己身上湿了的衣服，不慌不忙地说了一句风趣的话。顿时，全场都笑了起来。这一次又是苏格拉底的幽默和风趣为他化解了尴尬。

你知道苏格拉底说了什么吗？

56. 农民的理由

有一个班主任老师在一所乡村小学任教。一天，铃声响了很久，孩子们已经就坐了，只有一个学生没来上学。接下来的几天，这个学生依旧没有来学校。班主任觉得很奇怪，于是，他决定下班后去家访。

到了学生的家里，在了解了情况之后，班主任才知道，并非孩子自己不想读书，而是学生的父母不让孩子上学了，理由就是学费太贵。班主任极力劝说家长："您得让他去上学啊，否则他以后可能会是一个愚蠢的人，您这样做是断送了孩子的前程啊！"可是无论班主任怎么苦口婆心地劝说，家长还是说："您说的道理我们都知道，可是一个月要交 100 块钱的学费，实在太贵了。100 块钱可以够我买头驴呢！"听了这话，班主任一气之下，便说出了句气话，将这个家长巧妙地骂了。没想到憨厚的家长一听这话，忍不住笑了，同时也觉得这句气话说得有道理，最终同意让孩子继续读书了。

你知道这个班主任包含着道理的气话是什么吗？

57. 父亲巧妙教子

从前，有一位著名的画家，他举办过数十次个人画展，参加过数百次的绘画评奖比赛。然而，无论画展举办得是否成功，无论他是否能在大赛中获奖，人们总会看到他脸上露着开心而从容的微笑。

有一次众多同行一起聚会，大伙聊着聊着，就聊到了这位画家。有人就问这位画家："你为什么每天都能够那么开心呢？难道每天真有那么多值得高兴的事发生？还是你有什么开心的'秘诀'呀？说来大家学习学习呀！"

画家说："这样吧，我给大家讲一个我自己的故事。在小的时候，我的兴趣非常广泛，篮球、游泳、画画、吉他我样样喜欢。可是，我有一个毛病，那就是非常争强好胜，只要是我喜欢的爱好，哪一样我都非争一个第一不可。然而一个人的时间和精力是有限的，你不可能样样都优秀，何况是第一呢？所以我就每天闷闷不乐。

"我的父亲非常了解我的这种性格。有一天晚上，他来到我的房间，告诉我说，今天我们来做一个小游戏，只见他一手拿着一个小漏斗，一手拿了一玻璃杯玉米籽。父亲让我把手放在漏斗下面，过了一会儿，他将往小漏斗里放了一些玉米籽，并让我用手在下面接着。刚开始，父亲放了一粒下去，玉米籽一下子就滑到了我的手里。接下来，他放了几粒在里面，玉米粒也很快滑到了我手里。最后，他抓了一大把玉米籽放了进去，结有玉米籽都在漏斗的尖端堵在了一起，再也下不来了。

"游戏结束之后，父亲意味深长地对我说了几句话。听完父亲的话，我的心情就释然了，再也不为那些事而耿耿于怀了。直到今天，我还一直铭记着父亲那天的教诲。"

那么现在你猜猜看，这位父亲对画家说了些什么呢？

58. 墨子教徒

墨子的众弟子中，数耕柱子的学问最大，可是墨子偏偏对他要求最严。有一次，耕柱子来到墨子房间，满腹委屈地说："如果论才智和聪明，论学习的态度和悟性，不是弟子夸口，其他的师兄弟都比不上我。可是您为什么对我那么严格，而对他们却那么宽容呢？"

墨子听耕柱子这么说，就放下手中的书，对他说道："如果我现在要去昆仑山，坐的是一辆由快马和黄牛共同拉的车，你说我应该拿鞭子抽快马呢，还是黄牛呢？"

耕牛子听完，就说："当然你应该抽快马了，而不应该抽黄牛，因为马是越打跑得越快，而黄牛你打它几下，可能就会站着不动了。"

墨子接着说："好了，既然你这样想，就可以去用功读书了，以后就不要来找我抱怨了。"

到这时候，耕柱子才恍然大悟，明白了老师所讲故事的寓意。他向墨子深深鞠了一躬，高高兴兴地出去了。

现在你来说说看，墨子所讲故事是什么寓意呢？

59. 老子释疑

传说老子骑青牛越过函谷关后，曾在函谷府衙为府尹大人作洋洋五千言的《道德经》，正当他奋笔疾书之时，一位年逾百岁却鹤发童颜的老翁前来府衙找他。

老翁对老子略略施礼后道："老朽向闻先生博学多才，故特来向您请教一个问题。"

听完老子的谦词和问询之后，这位老翁得意地扬了扬眉毛道："老朽我今年已经 106 岁了，与我同龄的人都纷纷作古而去了。你看他们，耗尽心血修筑起万里长城却不能享受辚辚华盖，殚精竭虑建设好四舍屋宇却落身荒野孤坟，而辛劳毕生开垦出百亩沃田死后也只得一席之地。而我呢？从少年到现在，一直都是游手好闲地轻松度日。可虽然不稼不穑，我依然能吃上五谷杂粮；虽然不置片砖只瓦，我仍然可居于金碧房舍。所以我想问先生，现在我是不是可以嘲笑他们徒劳一生，却只换来一个早逝呢？"

听了这番话，老子微微一笑，然后吩咐侍童道："去找一块砖头和一块石头来。"然后，老子借用转头和石块打了个比方，老翁一听，惭愧地离去了。你猜，老子是如何打这个比方的？

60. 坚持真理

学生们向大哲学家苏格拉底请教怎样才叫坚持真理。

苏格拉底反问学生道："你们真的想知道什么叫坚持真理吗？"学生们点头称是。

"那好，"说着，苏格拉底从抽屉里拿出一个苹果放在讲桌上，然后说道，"请大家集中精力，注意空气中的味道。"

十秒钟之后，他问道："现在，请你们告诉我，你们闻到了什么？"

好几个学生举起手回答说闻到了苹果的香味儿。

"好，请你们再集中精力，仔细闻一闻空气中的味道。"说完，苏格拉底举着那个苹果走下了讲台，围着学生慢慢地走了一圈。

"这次，你们能回答我是什么味道吗？"回到讲台上以后，苏格拉底又问学生道。

下面更多的学生举起了手，都回答说闻到的是苹果的香味儿。

于是，苏格拉底第二次走下讲台，把苹果放在每位学生的鼻子底下让他们仔细闻了一回。

这一次，除了一位学生之外，其他所有学生都举起手说是苹果香味儿。

"那你闻到的是什么味道呢？"苏格拉底看了看那位没举手的学生，微笑着问道。

顿时，那位学生意识到了什么，慌忙也举起了手，回答说自己跟大家一样，闻到的也是香味儿。

这时，只见苏格拉底高高举起了那个苹果，笑着对学生们说了一句话。学生们一听，顿时明白了什么叫坚持真理。你猜，苏格拉底对学生说了什么？

61. 演讲家的比喻

这是一次很特别的演讲，场中的一个镜头震撼了每一个人，足够他们用一生去记忆，尤其当遭遇挫折艰难时。

据说，这位演讲家经历过无数磨难，当人们问起他是怎么走过来的时候，他伸手从兜里掏出了一百块钱，环顾一下在场的观众问道："我想把这一百块钱送给你们当中的某一位，有谁想要？"

下面的观众一下子都举起了手。

演说家把那一百块钱揉了揉，攥成一团，又问道："现在有谁还想要？"

观众们再一次举起了手，看样子，人数一点也没变。

这时候，演说家把那个钱团扔在地上，使劲儿踩了一脚，然后捡起来问："现在呢？还有谁想要？"

观众依然高高地举着手。

接下来，演说家说了一段意味深长的话，之后，下面立刻爆发了雷鸣般的掌声，观众从中都颇受启发，并对于自我的价值有了更坚定的自信。你猜演讲家说了一番什么话？

62. 装杯子的顺序

学生时代马上要结束了，同学们个个眉开眼笑。看看大家的浮躁劲儿，教授决定给学生们上最后一堂课，一堂比较特殊的课。

看教授手里拿着这么多东西，同学们意识到这将是一堂与众不同的课，所以都安安静静地坐下来，等着聆听这位著名教授的最后教诲。

教授把手里的东西一一放在讲桌上，一只大敞口杯、一瓶水、一袋石子、一袋沙子。然后便开始往敞口杯里放石子，等到石子都堆出杯口时，他问大家："杯子满了吗？"

"满了。"大家异口同声地答道。

这时，教授抓起细沙，小心翼翼地往装着石子的杯子里填着，几分钟之后，那一小捧沙子都被装进了杯子。

"杯子满了吗？"教授又问。

"满了。"回答的人还剩下一半。

于是教授又拿起水往杯子里倒，渐渐地，水开始往外溢。

"杯子满了吗？"教授再次问道。

下面一片沉寂，谁都不敢再说话了。

"这回杯子才确实是满了。"教授接着问了一个问题，"之前你们多次都认为杯子满了，但是后来却又装进了其他的东西，你们知道之所以能如此的关键吗？"

你能回答出教授的这个问题吗？教授问这个问题是想向学生阐述一个什么样的道理？

63. 命运在哪里

从小到大，我一直被一个问题缠绕着：世界上到底有没有命运之说？

一天，我偶然遇到了一位事业上颇有成就的朋友，便跟他闲侃了起来，不知不觉中，我们谈到了"命运"，于是我趁机问他：你认为这个世界上有命运之说吗？

"有！"他不假思索地说道。

他的肯定把我吓了一跳，我条件反射般地问道："大学的时候，咱们宿舍可数你最唯物了，怎么？工作了几年，难道就全变了？"

"开玩笑，我还是老样子，不过我现在相信一定有命运存在。"他很认真地说。

我糊涂了："如果真有命运存在的话，也就相当于一切都已经是注定的了。既然如此，那你还奋斗什么？看你现在兢兢业业、努力奋斗的样子，可一点也不像信命的。"

朋友笑了，拉过我的手说："我来给你看看手相。"

接着，他就生命线、事业线、感情线地给我讲了一大通。讲完后，他突然将我的手握成了一个拳头，并对我说了一番话，我瞬间明白了命运的意思。

你猜朋友是怎么说的？

64. 绝无错误的书

随着社会的发展，人们越来越发现旧的生物学著述中错误百出，在人们不断地指责声中，生物学权威拉塞特教授决定出版一本内容绝无错误的生物学巨著。

几个月后，人们引颈期待的拉塞特著作终于问世了，书名是《夏威夷的毒蛇》。当人们看到那部上千页的巨著时，都惊讶地感叹着教授的速度与丰富学识，然后，他们就迫不及待地翻开了墨香犹存的书，打算一睹这本"绝无错误"的作品。

但是让所有人大吃一惊的是：除了封面上的书名外，上千页巨著居然页页空白，从头到尾没有一个字！

惊愕不已的人们纷纷大惑不解地把目光投向了拉塞特，不想教授却像毫不知情似的继续他的研究。

"教授，你总该给我们一个解释吧。"有人实在忍不住了，于是上前打断了拉塞特的实验。

"怎么了？难道有什么问题吗？"拉塞特故作惊讶地反问道，然后又以一种极为轻松的语调说道，"对生物学稍有研究的人都会知道，夏威夷根本没有毒蛇，所以这本书当然应该是空白的。"

"可是，可是这也太……"问的人张口结舌，不知道应该如何表达自己的心情。

"正因为整本书是空白了，所以我才敢说，它是有史以来，唯一一本没有任何错误的生物学巨著！"拉塞特教授两眼闪烁着古怪的光芒说道。

众人一愣，顿时领会了教授的幽默。

你知道教授的意思吗？

第七章

迂回思维名题

1. 别具匠心

宋湘是清朝著名的诗人和书法家，据说嘉庆皇帝曾封他为"岭南第一才子"。有一个他写"心"字故意少写一个点，却挽救了一个小店的故事，被当时的人们传为佳话。

那是一个穷苦的夫妇开的一个小饭店。小饭店开在人来人往的路边，夫妻俩待客热情周到，饭菜也做得香甜可口，按理说小店应该生意兴隆才对呀，但是因为无力置办像样的店面，小店显得过于简陋，所以很难引人注意，客人寥寥无几，生意冷冷清清。夫妻俩也只能愁眉相对，没有好的办法。

一天，宋湘路过此地，感觉饥饿难耐，看到路边的小店，虽然店面简陋，倒也干净朴素，就进店来用饭。没想到，小饭店饭菜居然非常可口，宋湘不知不觉就吃得杯盘狼藉，吃完后还满口余香。但是，从进店到吃饱饭，正是午餐的好时候，小店居然没进来一个客人，这与店里可口的饭菜是不相称的呀。

宋湘很奇怪，就问："你们如此好的手艺，怎么招不来客人呢？"

夫妻俩回答道："实在是小店太过简陋，客人见了，根本不进小店，所以我们夫妇的手艺还只是'养在深闺人不知'啊。"话语中透出些许的无奈。

宋湘听了点点头，他沉吟了片刻，说道："这样吧，我给你们写副对子，或许能对你们有所帮助。"夫妻俩虽然不知眼前的客人是何方神圣，但是他是出于一片好意倒是真的，于是赶紧端上了文房四宝。

宋湘提笔，一挥而就，只见上联是：一条大路通南北，下联是：两窗小店卖东西，横批是：上等点心。

对联上的字写得是铁画银钩，龙飞凤舞。小店的夫妻见客人的字写得如此漂亮，赶忙请教尊姓大名。听说眼前的客人就是鼎鼎大名的才子宋湘后，夫妻俩手足无措简直不知说什么好了。宋湘笑了笑，就告辞走了。

……宋湘的对联真的有帮助吗？

2. 毛姆的广告

毛姆是英国著名的小说家和戏剧家，他的作品深受人们的欢迎，不仅小说一再脱销，他的戏剧作品也为人们所称道。曾经有一段时间，他的四部戏剧作品同时在伦敦上演，一时传为佳话。但是，像许多伟大的作家一样，毛姆在成名前曾过着穷困潦倒的生活，他的作品也无人问津。

有一次，毛姆饿着肚子写完一部很有价值的小说，但是出版以后却根本没人买。毛姆连买面包的钱都没有了，他不得不厚着脸皮来到一家报纸的广告部，找到主任后，结结巴巴地说："先生，我想推销我的小说，想来想去只能在报纸上登广告了，你可不可以帮我在各大报纸上登个广告。"

"什么？各大报纸！"广告部主任吃惊地瞪大了眼睛，"亲爱的毛姆先生，你现在真是财大气粗啊，你知道要多少钱吗？"

"其实，我现在正在挨饿呢，我连一英镑的钱都没有。"毛姆惭愧地说，"但是主任先生，广告刊登后，我的小说一定会销售一空的，到时候我给你双倍的广告费。"

面对广告部主任哭笑不得的表情，毛姆递上了自己的广告词。广告部主任飞快地看了看，猛地一拍桌子，兴奋地说："真是一个绝妙的广告！可以试一试。"

到底是什么绝妙的广告呢？

3. 孔子穿珠

一次，孔子出门旅行，在路上遇到了几个流氓。流氓听说孔子是一个知识渊博，很有名望的人，就故意为难他："这里有一颗珍珠，上面有一个珠孔，如果你能用线把珍珠串起来，我们就放了你。如果你不能办到，哼！说明你是一个浪得虚名，没有什么真才实学的人，你就得把身上的财物全都交出来！"

真是秀才遇到兵，有理也说不清。没有办法，孔子只好拿过珍珠看了起来，但是，珠孔是弯曲的，他试了几次都没有成功地把线穿过去。

"哈哈！这个珠孔有九道弯，你这样做是没用的，大学者！还是抓紧把财物交出来吧！"流氓们开始起哄。

孔子没有理睬流氓们的讥笑，而是开动脑筋仔细想了起来：妇女心细，也许这种事让她们来做，更容易一些。

于是，孔子拿着珍珠来到附近的一位采桑的妇女身边，谦虚地说道："大嫂，我手拙，您能不能帮我把珍珠串起来呢？"

采桑的妇女拿过珍珠，仔细看了看，笑着说："噢，这很简单，记住'密尔思之，思之密尔'，你也能做到的。"

"密尔思之，思之密尔"能帮上孔子的忙吗？

4. 别具一格的说服

在第二次世界大战爆发前夕，希特勒开始疯狂地在国内推行法西斯主义，并积极准备对外发动战争。为增强军事实力，1939 年初，希特勒开始组织科学家研制原子弹。这时，包括爱因斯坦在内的一批流亡美国的科学家得知这个消息，无不忧心忡忡。如果纳粹抢先研制出原子弹，那么，人类将面临史无前例的核灾难。他们经过一番考虑，认为阻止这场灾难的唯一办法，就是反法西斯国家抢在德国前制造出原子弹。为此，爱因斯坦等人到处奔走，呼吁美国尽快开始研制原子弹。但是，美军高层却难以理解这个新生事物，并不重视科学家们的呼吁。

最后，没有办法的科学家们准备绕开军方，直接向美国总统罗斯福递交联名信。为了保证能够说服罗斯福，科学家们最后商定由既懂得核理论又是罗斯福密友的科学家萨克斯出面。

深感责任重大的萨克斯丝毫不敢怠慢，经过一番精心的准备后才去找罗斯福。他先是将爱因斯坦等人的联名信递交给罗斯福，然后，他开始严肃地对罗斯福详细讲解有关原子弹的巨大威力和有关原理。

但是，因为有关理论过于艰深晦涩，对于萨克斯的严密理论讲解和慷慨陈词的说服，罗斯福听了半个小时候便哈欠连天。最后，等萨克斯终于说完之后，一脸疲惫的罗斯福有些无奈地摆摆手说道："你说的东西听起来似乎很有趣，不过，我认为政府现在就干预此事，为时过早。"罗斯福给萨克斯兜头一盆冷水，使得他不得不沮丧地离开。不过就在萨克斯要离开时，罗斯福为了表示自己对于这位多年老友的歉意，表示明天要请萨克斯在白宫共进早餐。

　　萨克斯怀着复杂的心情离开了白宫，他对自己今天无功而返感到有些沮丧的同时，又因为明天还有机会和罗斯福见面进而说服他的可能而兴奋。于是，萨克斯回到自己的住处，开始总结自己失败的原因。他发现，自己今天之所以失败，原因在于总统对于物理一窍不通，跟他讲看不见、摸不着的核技术，无异于对牛弹琴，因此必须换个思路。为了寻找说服罗斯福的办法，萨克斯苦思冥想了大半夜，最终他想到了一个思路，并且在第二天早上，正是按照这个思路，他很快便说服罗斯福听从了他的安排，开始组织科学家着手研制，赶在德国之前研制出了原子弹。应该说，萨克斯的成功说服可以说是改变了历史，拯救了世界。

　　那么，想象一下，假设你是萨克斯，你会如何去说服罗斯福呢？

5. 巧妙的劝阻

　　第二次世界大战期间，英美盟军决定在 1944 年 6 月渡过英吉利海峡，在法国的诺曼底登陆，展开对法西斯德国的全面反攻。经过商定后，进攻的日子定在 6 月 6 号。而就在这前一天，英国首相丘吉尔突发奇想，认为诺曼底登陆这一天必将具有重要的历史意义，因此如果能够要求英国国王和自己一起乘坐舰艇，随同部队一起渡过英吉利海峡，亲眼目睹这一历史瞬间，将是难得的人生经历。

　　显然，这是一个浪漫却不理智的决定。尽管丘吉尔是一个成熟而冷静的政治家和军事家，但是，在这样一个激动人心的历史时刻，他也有些把持不住自己的浪漫遐想，忘掉了自己肩上的责任。他竟然真的向国王发出了邀请信。当时的英王乔治六世更是一个浪漫主义者，一直都很羡慕那些率领军队战斗的古代国王，一接到丘吉尔的邀请信便立刻欣然答应了。如此一来，英国的两位最高领导人就要共同参加一场出于浪漫目的的冒险了。

　　当时，英王有一个秘书，名叫阿南·拉西勒斯，他是个十分冷静的人。他得知这一消息后，感到万分震惊。他清楚地知道，这次登陆战，虽然之前已经作出了周密的安排，又是大规模的军事行动，相对比较安全。但是要知道，这到底是真正的战争，而不是军事演习。万一出现什么意外，在这么紧要的历史关头，英国的两位最高领导者都出现不测，那是英国所承受不起的代价。于是，阿南·拉西勒斯一刻也不敢耽搁，火速前去面见乔治六世。在路上，他心里盘算着，乔治六世是一个天生的浪漫主义者，此时又正处在兴头上。自己直言劝阻，恐怕他未必听得进去。因此，最好能够想到一个巧妙的劝阻办法。

如果你是阿南·拉西勒斯，你会如何劝阻英国国王？

6. 郑板桥巧断悔婚案

郑板桥是我国清代著名画家、书法家，因画风怪异被称作"扬州八怪"之一。不过其怪异的不仅是画风，其做事也经常是不拘泥于常规，而且这种做事风格也体现在了其做官判案的过程中。郑板桥在乾隆年间曾中进士，因后来弃官卖画，他只做了一段时间潍县县令。下面这个故事便是他在做潍县县令时巧妙地判断一桩悔婚案的事情。

一天，郑板桥接到了一桩案子。事情是这样的：当地的一个财主原本将自己的女儿许配给了一个县令的公子。后来，这个县令因得罪上级，被革职归家，抑郁而终。不久，妻子也故去，只剩下县令公子孤苦无依拮据度日。这个财主见女婿变穷，便想要赖婚。县令公子则不同意，双方于是对簿公堂。郑板桥先是审问了一堂，大致了解了一下情况，然后声称需要再核实一下双方所言，宣布退堂，择日再审。

没想到到了第二天，这个财主因为自知理亏，又想赢得官司，悄悄地给郑板桥妻子送了一千两银子，让她劝说郑板桥判他赢。郑板桥做官一向清白自律，知道这件事后，对财主十分愤怒。他一向痛恨财主这种嫌贫爱富的行径，况且，郑板桥还发现这个县令公子虽然家道中落，但他本人知书达理，颇有才学，前途无可限量。于是，他便决心做成这一门婚姻。直接将财主叫来训斥一顿，将银子退给他，然后判公子赢得官司？这样做似乎并非最完美的办法，因为公子实在是太穷，可能即使赢了官司，也没有钱迎娶财主女儿过门。如何才能想到个两全其美的办法呢？郑板桥在屋里来回踱步，突然，他的目光落在桌子上财主送来的一千两银子上。眼睛一亮，计上心来。

郑板桥当即将财主找来，假意对他说："你的银子我收到了。俗话说，无功不受禄。既然收了你的银子，我一定要为你效劳的。因此呢，这事我要管到底，想认你的女儿做干女儿，这样一来，就可以提高她的身价，我亲自为她找个乘龙快婿。"财主虽然有钱，但毕竟无势，现在县太爷既然要收自己的女儿做干女儿，自然是巴不得的事情，于是满口答应了。

你猜郑板桥接下来是如何做的？

7. 记者装愚引总统开口

美国第三十一届总统胡佛，不喜欢在公共场合发表自己的政见，对于记者的采访，也一向采取一种沉默是金的策略。不过，曾经有一次，有一位记者却通过自己的巧妙策略撬开了这位沉默总统的嘴巴。

就在胡佛就任总统前夕，他坐火车外出考察，随行记者和他坐在同一节车厢里。有位记者想趁机对胡佛进行采访，从而了解一下这位即将就任的未来总统的政见。但是，无论这位记者怎么询问，胡佛始终一言不发地看着窗外。这位专以探听政界要人言论的记者感到十分沮丧。

这时，火车车窗外出现了一片新开垦的土地。这位记者灵机一动，想到一个办法，使得胡佛开口发表了长篇大论。他也得以写成了一篇很详尽的报道。

你猜这位记者想了个什么办法？

8. 甘茂暗箭伤政敌

甘茂，是战国时期秦惠王时期的一名将领。后来秦武王即位后，甘茂因为平定了蜀地的战功，被秦武王任命为左丞相。甘茂因早年跟随史举学习诸子百家的学说，颇具智谋，因此将秦国治理得很好，被后世称为名相。

但是，后来纵横家公孙衍来到秦国后，秦武王开始器重起公孙衍来，而将甘茂冷落在一旁。并且，甘茂还通过自己宫里的线人得知，秦武王准备正式任命公孙衍为相。甘茂得知这一消息后，采取了一个巧妙的举动，使得秦武王不仅没有任命公孙衍为相，反而将其流放了。

你猜甘茂是怎么做到的？

9. 东方朔劝汉武帝

一代雄才大略的皇帝汉武帝步入晚年后，因为贪恋荣华富贵，逐渐失去理智，开始宠信起方士来，希望方士们能够帮他找到长生不老的神药。大臣们就此事多次劝谏汉武帝，无奈他根本听不进去。

太中大夫东方朔也决定劝一劝汉武帝，但他知道直言劝谏，汉武帝很难听进去，便琢磨出了一个主意。这天，他对汉武帝说道："陛下，据我看来，长生之药并非没有，但是决不是那些方士所能找到的。"

"你何出此言哪？"汉武帝问道。

"因为方士们所找的药都是在地上，其最多只有治病康体、延年益寿之效，而真正的长生之药则只有天上才有。"东方朔解释说。

"那怎么才能到天上得到这药呢？"汉武帝急切地问。

"实不相瞒，臣就可以上天去找这药。"

汉武帝一听，不大相信，因为东方朔一向性格诙谐，滑稽多智，常在武帝前谈笑取乐。但既然东方朔这么说，汉武帝又求药心切，便命令东方朔立即上天取药，一个月内取不来，便要砍他的脑袋。

东方朔一听，立刻表示答应了。环顾了一下四周之后，东方朔又说道："陛下，我已经拿脑袋做了担保，但是这些人却在这里交头接耳地议论，看上去并不相信我的话。为了向大家证明，我希望您能派一名方士和我一块上天，也好监督我。"汉武帝一听，觉得有理，便批准了。

于是，一个一向受到汉武帝宠信的方士住到了东方朔的府上。但是，东方朔回府后，似乎并没有将上天取药的事挂在心上，每天只是像往常一样到王侯家中轮流宴请作乐，高谈阔论。方士自己虽然受到皇帝宠信，但其官职并不高，而东方朔则身居要职，因此方士也不敢多言。

眼看一个月的期限已到，方士看东方朔依旧不作一点上天的准备，这下才着急了。他也不顾自己的地位卑微了，不停地催问东方朔何时上天，又干脆问他到底能不能上天，而东方朔则干脆躲着他。实在被问得紧了，东方朔才应付他道："神仙经常云游四方，又不会在家里等着我们去拿药，要看机缘的。不过，这事情已经有眉目了，就在几天之内，神仙就会前来接我去的。你也准备好上天吧！"

就这样，到了规定期限的最后一天，方士还是没有从东方朔那里得到准信，于是气愤地上床睡觉了。这一夜，他翻来覆去睡不着，因为他知道，伴君如伴虎，一不小心，不仅东方朔被砍头，自己的小命也得搭进去。于是，他直想了一夜，第二天见到皇上时如何交代，如何将自己撇开责任。如此辗转反侧了一夜，到天快亮时，他才迷迷糊糊地睡着了。

方士刚刚入睡，东方朔却突然进来将他喊醒，告诉他马上要上天了。方士迷迷糊糊地便跟着东方朔来到了一个凉亭里，东方朔告诉方士准备好，马上神仙就会来接他们。说完，东方朔便闭上眼睛盘腿坐在了地上，一动不动。如此过了大约一个时辰，方士也不见神仙来接，只觉得困得要命，便身子一歪，靠着凉亭的柱子睡着了。

就在这时，东方朔开始用扇子在方士的耳边轻轻地扇动，同时嘴里轻轻地发出呼呼的声音，这个耳朵扇一会儿，则又换到另一个耳边。这时正好凉亭里也有凉风吹过。东方朔一边扇风，一边轻轻地喊着方士的名字，听上去仿佛是来自遥远的天上的呼喊。最后，东方朔收起扇子，将方士叫醒，大声对他说："我刚才在天上喊你，你怎么不答应，好了，我已经上过天了，刚从天上回来！"

方士一听大吃一惊，但坚决不信。东方朔于是说："你这人到底有没有脑子！刚才不仅我上了天，而且还带着你一起上了天。我们一起腾云驾雾，一路上耳边都是呼呼风声，你忘了吗？你刚才没有听到呼呼的风声吗，你没有听到我喊你的名字？"

方士这时才猛然想起，刚才自己迷迷糊糊好像是听到了风声，回想起来，还真像是在腾云驾雾；并且，他也的确听到有人叫自己的名字，听上去仿佛是来自天上。想到这里，方士不仅感到目瞪口呆，自己真的已经上过天了！

这时，一旁的东方朔继续说道："不过，也不是每个人都能随我上天的。只有那些深谙道术的人才能够随我上天，凡是对道术一窍不通的人，或者是假冒道术的人，就不能随我上天。"

方士一听，慌忙辩驳道："不是，不是，我刚才的确在梦里听到了风声，并听到了你喊我的名字。看来我们都已经上过天了！"

"你不是为了假装自己懂道术而说谎吧？"东方朔故意严肃地问道。

"绝对不是！我可以对天发誓！"方士严肃地保证。

"那好，我们一起进宫，你跟皇上说一下情况吧！"东方朔狡黠地笑了一下说道。

东方朔于是带着方士一起进了宫，他不仅没被杀头，而且还达到了自己组织这场闹剧的目的——成功地使得汉武帝放弃了追求长生之药。

你猜东方朔是如何做到的？

10. 诸葛亮智激周瑜

三国时期，曹操基本统一了北方之后，开始着手南征，统一天下。建安十三年（208），曹操先是建造了玄武池训练水军，派遣张辽、乐进等驻兵许都以南；

同时为了解除后顾之忧，对可能动乱的关中地区采取措施，上表封马腾为卫尉，封其子马超为偏将军，继续代替马腾统领部队，令马腾及其家属迁至邺作为人质，以减轻西北方向的威胁。该年七月，曹操亲率大军二十万，号称八十万，南征荆州。

本来寄居于荆州刘表篱下的刘备被曹操一路追赶，狼狈不堪，眼看有被曹操灭掉的危险。此时，诸葛亮对刘备说："事急矣，请奉命求救于孙将军。"然后，诸葛亮便只身来到吴国游说，想让其和刘备一起抗击曹军。

诸葛亮知道，孙权在得知曹操南征之后，已经将正在鄱阳湖训练水军的大都督周瑜召回商议。因此要想说服吴国和刘备联合抗曹，除了吴主孙权之外，最为关键的人物便是周瑜。如何才能说服周瑜呢？要知道，曹操来势汹汹，吴国大臣多数都倾向于投降，而吴主孙权本人也是举棋不定，尚在观望，周瑜自然不可能不受这种大气氛的影响。况且，以周瑜的才能，投降曹操后，不愁不能身居要职，享受荣华富贵。因此要想说服周瑜，显然是相当不易的。坐在前往东吴的船中的诸葛亮烦恼之下，开始翻阅书卷。突然，他无意中翻阅到曹操之子曹植所写的《铜雀台赋》。诸葛亮知道，铜雀台是曹操建立的一座高台，声称要将天下美女置于台上，供自己晚年时享乐。在该台落成之际，其曾召集文武大臣在台前庆祝，并令其几个儿子登台做赋。其中曹植下笔成章，做出这部文笔华美的汉赋。

在这篇自己早就熟读过的汉赋中，诸葛亮看到了其中的"立双台于左右兮，有玉龙与金凤。连二桥于东西兮，若长空之蝃蝀"几句，顿时眼睛一亮。诸葛亮联想到，曹操向来以好色著称；而江南的乔公之女大乔、小乔二人并称"二乔"，其美丽名闻天下，其中的大乔嫁给了孙策，小乔则嫁给了周瑜。想到这里，再看看那两句赋文，诸葛亮想到了一个绝好的点子，正是凭借这个点子，诸葛亮成功地使得周瑜坚定地站在了抵抗曹操的阵营中。

你猜，诸葛亮是用什么点子说服周瑜的？

11. 蓬启疆索弓

春秋时期，一次鲁昭公受邀到楚国访问。在一次宴席上，鲁昭公谈到自己喜欢弓，楚王一听，为了夸示自己，便让人抬出自己的宝弓"大屈弓"送给了鲁昭公。鲁昭公十分高兴地接受了这件礼物。

可是到了第二天，楚王又心疼起来，后悔一时冲动将心爱的东西送了人。这时，楚王身边的一个名叫蓬启疆的臣子看出了楚王的心思，自告奋勇地声称自己能将弓讨要回来。

薳启疆于是到鲁昭公下榻的宾馆去拜见鲁昭公。他假装不知道楚王送弓给鲁昭公的事，问道："我们楚王和您昨天喝酒喝得那么高兴，他就没有送您点什么东西吗？"

鲁昭公对于宝弓也很是得意，立即叫人抬出来给薳启疆看。没想到薳启疆一看到这张弓，便立即很正式地给鲁昭公跪拜，表示祝贺。鲁昭公感到很奇怪，问薳启疆为何要如此。于是薳启疆回答道："大王您有所不知，这张弓的名声很大，齐国、晋国、越国三个大国都曾经派人前来索要过……"鲁昭公听完薳启疆的这番话后，立刻将弓又还给了楚王。

根据上面的提示，你猜薳启疆是如何对鲁昭公说的？

12. 张大爷求和解

一次，张大爷和张奶奶为一件小事吵架了，张奶奶一气之下，一连三天不和张大爷说话。张大爷感到很失落，但他又是个好面子的人，不肯服软。第四天早上，张大爷实在忍不住了，就当着张奶奶的面在抽屉里、衣柜里翻来覆去地翻，好像在找什么东西。张奶奶忍无可忍，不耐烦地问："你到底在找什么东西？"

于是，张大爷说了一句话，一下子使得张奶奶觉得又好气又好笑，忍不住笑了出来，两人于是和好如初了。

你猜张大爷说了句什么话？

13. 老宰相撒谎

古时候，有个年老的宰相正在和一帮属下聊天，他突然喊道："你们看，刚刚有匹白马从那边田野上跑过去了。"其实，根本没有马跑过去。

左右的人听宰相这么说，都感到莫名其妙，因为他们谁也没有看到刚才有马跑过去，都在心里以为是老宰相年龄大了，出现了幻觉。但是，就在这时，却有一些心术不正，喜欢逢迎拍马的人附和道："是的，刚才确实有匹白马跑过去了，看上去像是附近农家的马！"

宰相于是狡黠地笑了。

你猜宰相为何要撒谎？

14. 新知府"絮叨"问盗

清朝时，山东莱州地区有个强盗，其犯案累累，又狡诈异常，说话反复无常。官府将其捉拿归案后，其常常翻供，使得审讯的官员很是犯难，不知该如何对其定罪。

这个强盗的案子还没有定下来，老知府因事调走，新到任了一个知府。新知府到任后，翻阅卷宗，看到这件案子拖了这么久，便感到很奇怪。询问师爷，才知道是因为盗贼屡屡翻供所致。于是，他笑了一下说道："这种案子，本府三天即可审问清楚！"

于是，第一天一早，新知府在衙门的客厅里放了一壶茶，自己在厅里面一坐，然后命人将强盗带来，竟和他闲谈起来。不过，知府命书吏在一旁记录下闲谈的内容。新知府边品茶边漫不经心地问道："你是哪里人氏？"

"小人是郯城人。"

"你多大年龄了？"

"今年三十八岁。"

"你父母可还健在？"

"小人不幸，父母双亡了。"

"你家是住在乡下还是城里？"

"小人家住城里。"

……

半天下来，新知府所问的都是些家长里短的事情，对于案件本身却并未询问一句。盗贼看这个新知府态度和气，也就十分放松，很配合地回答。不过，由于他经常被抓起来审问，这些问题的答案也就随每次的情况而变，并不一定。旁边负责记录的书吏心里想：问这些与案情无关的琐事有什么用，看来这个新知府不过是个草包罢了。

到了第二天，新知府仍旧是摆出昨天的架势，和强盗聊些琐事。强盗心想，你这么问案，恐怕永远也别想定我的罪，只是暗自得意地回答这些"没什么用"的问题。书吏则更是觉得困惑，新知府所问的依旧是类似昨天的那些无聊的问题，而且，一些问题昨天都已经问过了，但他也不敢多言，只是一五一十地记录下内容。

没想到到了第三天，新知府又是前两天那一套。只是到了最后快要结束时，新知府让书吏将这三天来所记录的内容拿给自己，然后，突然宣布正式升堂。

在大堂上，新知府对强盗说道："从案宗上看，你犯罪事实确凿，为何屡屡翻供？"强盗回答："小人实在是冤枉的，有时不得已招供，是遭到刑讯逼供所致，请大人明察！"

这时，新知府一反前几天的温和，将惊堂木一拍，呵斥道："大胆刁徒，还敢狡辩，从我与你接触的三天，便可看出你是个出尔反尔，满嘴谎话的刁徒。"接着，新知府便翻着书吏记录的案宗说了一番话，将强盗驳斥得哑口无言，当场服罪，并保证不再翻供。这时，书吏和衙役才明白了新知府三天来如此"絮叨"地问案的目的所在，并对其十分佩服。

你猜，新知府是如何驳斥强盗的？

15. 魏敬劝阻魏王入秦

战国时，秦国大臣许绾来到魏国，骗魏王说："现在秦国兵强马壮，早晚要吞并天下。秦昭王已经决定近期将称帝，如果您肯前去朝拜的话，秦王将来就仍旧封你为魏王，只去攻打别的国家，而不会进攻魏国。"魏王十分惧怕秦国，一听这话，便决定前去秦国朝拜秦昭王。魏国大臣魏敬却不同意魏王的做法，认为此去可能凶多吉少。于是，他便决定劝阻魏王。不过，他没有直言劝阻，而是采取了委婉的方法。

这天，魏敬问魏王道："大王，就您看来，魏国国境内黄河以北的地区和国都大梁相比，哪个更重要？"魏王回道："自然是大梁更重要，此是魏国的根本所在。"魏敬又问："那么，大梁和您自身相比，哪个更重要？"魏王想了一下后回答："我自身重要。"

接下来，魏敬又问了魏王一个问题并得到回答后，魏敬便说出了自己劝阻魏王入秦的真实想法。而魏王一听，也就打消了入秦的念头。

你猜，魏敬又问了魏王一个什么问题？他又是如何劝阻魏王入秦的呢？

16. 宋弘巧谏光武帝

东汉时期，大臣宋弘将当时著名的哲学家、经济学家桓谭举荐给光武帝刘秀。宋弘本来希望桓谭的聪明才智得以充分发挥，帮助光武帝治理国家。但是，没想到光武帝却只喜欢桓谭弹的曲子，于是让桓谭专门为自己弹奏曲子。宋弘看到桓谭被这样大材小用，心里很不舒服。于是，他便准备劝谏光武帝。不过，直接指责皇帝显然不大好，于是，他便采用了一种迂回的策略。

你猜宋弘是如何劝谏光武帝的？

17. 魏徵巧劝唐太宗

唐太宗的皇后长孙皇后死后，被安葬在昭陵。唐太宗因为和她感情甚笃，十分思念她，于是便令人在宫中搭建了一座很高的楼台，经常登台眺望昭陵。这件事如果搁在普通人身上，可能并非坏事，但是搁在皇帝身上，便有些不合适了。因为一个皇帝将自己过多的心思寄托在一个死去的皇后身上，便必然对国事有所荒疏。即使实际上没有荒疏国事，这种事传出去，人们也会以为皇帝重视私情，而不重视国事，影响不好。魏徵知道这件事情后，便决定找个合适的机会劝谏唐太宗。但是，这次他并没有直言进谏，而是采取了迂回的策略。

一次，唐太宗带领魏徵一起登台观看陵墓，他问魏徵看到陵墓没有。魏徵假装看了很久后，说道："臣年纪大了，眼睛昏花，没有看见。"唐太宗于是用手指给他看，魏徵故意问："这个是昭陵吧？"太宗回答说是。魏徵于是说了一句话，唐太宗一听，便感到十分惭愧，立即下令拆除了楼台。

你猜，魏徵说了句什么话？

18. 长孙皇后劝唐太宗

唐太宗算得上是中国历史上难得的虚心纳谏的好皇帝了。但是，到晚年时期，因为国家已经在他的治理下进入了著名的"贞观之治"，国家强盛，政治清明，百姓富足，因此唐太宗也不免有些志得意满，虽然还能够听进别人的意见，但已经不像以前那样虚心了。

一次，著名的谏臣魏徵在向唐太宗进谏时，唐太宗便有些不买账，但是一向耿直的魏徵也同样不买唐太宗的账，只是一味地争辩。结果双方言辞都十分激烈，最后不欢而散。回到后宫后，唐太宗感到十分恼怒，恨恨地说："岂有此理，朕怎么说也是皇帝，岂容你如此态度。等我将来有了机会，非杀了你这个乡下人不可！"长孙皇后这时正好进来，见状大吃一惊，慌忙问唐太宗："陛下，究竟是谁惹您生这么大的气，您要杀谁？"唐太宗回道："还不是魏徵这个老儿！"长孙皇后一听赶紧问道："老臣魏徵忠直敢言，您经常在我面前夸赞他，怎么今天反而要杀他呢？"唐太宗带着火气说道："这个老东西，每次进谏，我都洗耳恭听，并认真考虑他的意见。但是，他就以为朕好欺负，得寸进尺，竟然当着众多大臣的面顶撞我，一点面子都不给我留，使我完全下不来台。不杀他，我这个皇帝没法当了！"

长孙皇后一向深明大义，她往往能够在唐太宗使性子的时候以自己的温柔和智慧对唐太宗进行规劝。最近以来，他也发现唐太宗因为自己的功绩有些飘飘然了，不再像以前那样能够听得进别人的意见。于是，她也早有心对唐太宗进行一番规劝。但是，此时的唐太宗正在气头上，如果再给他来一番虚心纳谏的大道理，恐怕不仅他不会接受，反而会火上浇油，使自己从此不好再开口规劝。于是，经过一番思考之后，长孙皇后想到了一个好办法。

只见长孙皇后一言不发地回到自己的寝宫，整整齐齐地穿好自己的朝服，这是在平时有盛典时她才会穿的衣服。然后，她重新来到太宗的寝宫中，用很正规的礼节向唐太宗请安。太宗见长孙皇后刚才不见了，现在又以这样一副打扮来拜见自己，感到十分纳闷，于是问道："你这是干什么，无缘无故为何以这身打扮来见我？"长孙皇后满脸堆笑地说道："我给陛下贺喜来了！"唐太宗一听更加迷惑了："喜从何来？"于是，长孙皇后一本正经地说了一番话，实际上是变着法地拍了一通唐太宗的马屁。唐太宗一听，马上转怒为喜，同时还感到有些惭愧，不再怪罪魏徵了，并且从此又像以前那样虚心纳谏了。

试想，长孙皇后对唐太宗说了一番怎样的话呢？

19. 赵普一语点醒宋太祖

宋太祖赵匡胤以后周大将的身份，发动"陈桥兵变"夺取后周的天下，建立了大宋王朝。符彦卿是宋太祖的得力手下，为其立下许多战功，因此，宋太祖想让符彦卿执掌军事大权。但是，对此，宰相赵普却不同意，多次劝阻。他认为符彦卿的地位已经很高，又一直享有威名，不宜将兵权再交给他。宋太祖却不听劝阻，执意下达了诏书。按规定，皇帝的诏书是要通过宰相这里下传的。但是，赵普却以诏书中的一些言辞不够恰当为由，扣留了诏书。宋太祖知道后，便找来赵普询问，赵普便趁机再次劝阻宋太祖。宋太祖于是说道："你为何会一直怀疑彦卿？我心里是有数的，我待彦卿这么好，难道他还会背叛我吗？"

赵普等的就是这句话，他立刻接着宋太祖的话反问了宋太祖一句话。宋太祖一听，便默然无言，并立刻打消了让符彦卿执掌军事大权的念头。

你猜，赵普反问宋太祖的是一句什么话？

20. 劝章炳麟进食

1914 年，窃取了辛亥革命果实的袁世凯在北京实行了独裁统治。时任共和党副理事长的著名学者章炳麟对袁世凯的倒行逆施十分愤慨，经常在报纸上撰文讥讽他。袁世凯对其是又恨又怕，总想将他软禁起来。无奈章炳麟在上海，势力范围在北京的袁世凯鞭长莫及。

一次，袁世凯买通了一些共和党人，借口请章炳麟到北京主持党务会议，将章炳麟骗来了北京。章炳麟一到北京，袁世凯便派人将其下榻的公寓控制起来，章炳麟的文章、信件都无法发出，完全与外界失去了联系。后来，为了能长期控制章炳麟，袁世凯派陆建章将章炳麟诱骗到龙泉寺，摆下了长期幽禁的架势。并且，袁世凯密令，对章炳麟的策略就是：特殊优待，不得非礼，但不许越雷池一步。失去了自由的章炳麟感到十分愤怒，无奈之下，他宣布绝食，以此抗议。

章炳麟绝食几天之后，袁世凯有些慌了，他害怕自己担当逼死名士的骂名，遭到舆论界的讨伐。为此，他专门召集自己的左右询问："你们有谁能够劝章炳麟进食？"

就在大家都默不作声之际，王揖唐回答道："我能！"

这个王揖唐原是章炳麟的门生，两人后来又一起在上海组建过统一党，交情甚好。但是，他来到龙泉寺见到章炳麟后，章炳麟当头第一句话便是："你是来给袁世凯当说客的吧！"

王揖唐一听，立刻回答道："老师，我知道您的脾气，哪里敢呢？"接下来，两人便一起聊起了一些往事。等聊了一会儿，气氛缓和下来后，王揖唐试探着说道："听说老师您要绝食而死，这又何必呢？"

章炳麟于是愤怒地说道："与其被袁贼杀死，不如我自己饿死！"

王揖唐却接道："老师您如果这样做，正中了袁世凯的圈套了！"

章炳麟一听，十分不解。

王揖唐于是说了一番话，章炳麟马上表示要进食了。

如果你是王揖唐，根据当时情势，你会如何说？

21. 林肯迂回拆谎言

林肯当律师的时候，有一次，他的一个朋友前来找他求救。原来，这位朋友的儿子小阿姆斯特朗被别人诬告为谋财害命，并且已经初步判定有罪。林肯于是担任了朋友儿子的辩护律师，前往法院调查卷宗。在查阅了所有有关的卷宗之后，林肯意识到，被告被控有罪的关键在于原告方的一个名叫福尔逊的目击证人。此人一口咬定说在 10 月 18 日的月光下，清楚地看到小阿姆斯特朗开枪打死了死者。林肯仔细分析了一下证人的言辞，并查阅了一下历法知识后，找到了这个证人的漏洞。于是，林肯向法院提出申请，要求复审。

在复审中，林肯和这个目击证人展开了一场精彩的对话。

林肯：请问证人，你说你当天晚上看到小阿姆斯特朗开枪杀死了死者，并且对你的证词发誓？

福尔逊：是的。

林肯：那么，你自称当时是在一个草垛后面，而小阿姆斯特朗是在二三十米远之外的大树下，你能看清吗？

福尔逊：我看得非常清楚，因为当天晚上的月光很亮。

林肯：你确定自己不是从衣着方面进行判断的？

福尔逊：绝对不是，我清楚地看到了他的脸，因为月光刚好照在他的脸上。

林肯：那么，具体时间呢？你在证词上说是 11 时，你能肯定吗？

福尔逊：完全可以肯定，因为我回屋时专门看了看钟，那时是 11 时 05 分。

林肯问到此处后，转过身来，面朝法官和陪审团，底气十足地说道："那么现在，我可以肯定地告诉大家，这个证人是个十足的骗子！"法官和陪审团以及听众席上的人顿时感到十分惊愕，并开始交头接耳。不过接下来，当林肯说明了他的理由后，所有人都心服口服，福尔逊也顿时哑口无言。

你能猜出林肯是如何辩驳的吗？

22. 阅览室里的争执

在一个城市的图书馆里，几个读者正在阅览室里看书。因为是冬季，阅览室的窗户关得很严。过了一会儿，一个读者站起来说道："空气实在太闷了，还是将窗户打开透透气吧。"说着他便走到窗前，要开窗。但是，坐在窗户旁边的一个读者表示反对："不能开窗，我坐在窗边，会冷！"

但是，第一个读者却坚持要开窗，这样，两个人便争执起来。图书管理员听到争执后走了过来，了解情况后，他微笑了一下，立即采取了一个两全齐美的办法。

你猜，图书管理员是如何做的？

23. 孙宝充称馓子

汉朝时，民间流行一种叫做油炸馓子的面食，其由许多环形细条组成，香酥可口，但比较脆，很容易碰碎。很多货郎担着这种食品走街串巷叫卖。

一天，一个名叫王二的货郎，挑着油炸馓子叫卖。走至一个拐角处，突然拐出来一个走路慌慌张张的青年，和王二撞在了一起。王二猝不及防，担子一下子掉在了地上，所挑的油炸馓子全碎掉了，显然无法再卖。王二见状，便一把揪住撞他的青年道："你赔我的油炸馓子！"

青年一开始坚持说是王二自己走路不小心，撞上了自己，不肯赔。后来，围观的人越来越多，大部分人认为青年应该对王二有所赔偿，青年自知理亏，便答应赔偿。他看了看货担里碎掉的油炸馓子，问王二共有多少枚。

王二看对方服了软，便起了贪念，想敲诈一下对方，一咬牙说道："出门前我专门数了下，不多不少，正好 300 枚。"

青年一听，坚决不信，表示自己最多只肯赔 50 枚的钱。

现在，馓子已经碎掉，除了王二心里有数外，谁也说不清到底有多少枚馓子。因此，两人再次吵了起来。这下，众人也都不知道该帮谁说话了。

就在两人吵得不可开交之际，新任京兆尹的孙宝充路过此地。他见这里聚拢了一群人，便派人过来询问是怎么回事，得知情况后，他走过来表示自己给两人作个评判，两人自然不敢不同意。孙宝充先是朗声说道："王二乃是小本经营，青年人撞碎了馓子，赔偿是应该的。不过，究竟赔多少，王二也不能趁机讹诈。"

孙宝充问王二究竟被撞碎了多少徽子，王二见大官在此，心知刚才所喊数目过大，于是改口说是 200 枚。

孙宝充于是笑着说道："你刚开说是 300 枚，现在又说是 200 枚，让人如何信你的话。这样吧，我来帮你弄明白到底有多少枚徽子吧！"说罢，孙宝充果然很快便算清楚了王二的徽子数目，与实际的数目分毫不差，王二心服口服。青年于是也心悦诚服地如数进行了赔偿。

想一下，孙宝充是用什么办法得出碎徽子的数目的？

24. 神甫的答案

在意大利的萨丁岛上，有两个傻瓜。一天，两个傻瓜碰到了一起，互报委屈，都认为自己不是傻瓜。最后，两人商定，要向岛上的人澄清一下他们并非傻瓜。可是，如何做呢？两人想了很久，其中一个傻瓜说道："我有一个办法，人们都很相信法官的权威，我们去让法官告诉大家我们不是傻瓜，你看这主意咋样？"

"这主意不好，"另一个傻瓜一边将头摇得像拨浪鼓一样一边说，"我是绝对不会去的！"

"为什么？"

"两个月前，一个坏蛋将水泼在我的头上，我去法官那里控告他，法官却将我赶了出来。"

"那是为什么？"

"我告诉法官，我做了一个梦，梦见一个坏蛋将水泼在我的脑袋上，要法官去惩罚他。可是法官竟然将我赶了出来，所以我对我们找他不抱希望。"停顿了片刻之后，这个傻瓜说道："我想我们还是找店老板吧，他天天在那里算账，看上去是这个岛上最精明的人了。"

"不不，我不去！"这次第一个傻瓜不同意了，"有一次我去他的店里买鞋子，他递给我一双鞋子，竟然不是同一个方向。你想，两只脚长得一模一样，鞋子不是也应该一模一样吗？所以，我问他要两只朝着同一个方向的鞋子。他竟然告诉我说：'那样的话，你只能买两双鞋子。'瞧他这话说的，难道我是傻瓜不成？他显然是想多卖出一双鞋子。气得我一句话也懒得再说，扭头便走了。"

另一个傻瓜对于第一个傻瓜的做法也表示赞同。不过，究竟该找谁呢？两人想啊想啊，最后，决定去找神甫，因为他们早就听说，神甫代表了神，是最公正的。

于是，两个傻瓜便来到了教堂。他们对神甫说道："尊敬的神甫，岛上的居民都说我们两个是傻瓜，可是我们两个并不这么认为，现在我们想请您来帮我们裁决一下。如果我们真是傻瓜，您就直接告诉我们好了，我们从此也就承认了；如果不是，就请您告诉其他人我们是和他们一样的聪明人。"

神甫听了这话之后，便问两个傻瓜："你们还记得人们第一次叫你们傻瓜时的情景吗？"

"是这样的，"一个傻瓜边回忆边说道，"我记得十五岁那年，我妈妈让我去打水，我于是带上我妈妈经常用来装东西的竹篮便出发了。但是，我用竹篮打水一直打到了天黑，也没有打到水。到了晚上，我妈妈来找我了，她一见我，就骂我说：'哎呀，你这个傻瓜！'从此，人们便都叫我傻瓜了。"

神甫听后，强忍着笑问另一个傻瓜同样的问题。

第二个傻瓜说道："有一次，我家附近的枣子熟了，我很想吃，爸爸便让我回家将一根长竹竿拿来，好将枣子给敲下来。但是，当我扛着竹竿要出大门时，那竹竿太高了，我无论怎么弄他，它都过不了那个大门。最后，我爸爸看我老半天不去，便回家来看是怎么回事。他看到我当时的情形后，便骂我是傻瓜。从此，大家便都这么叫我了。"

神甫听完两个傻瓜的述说后，想了一下，然后交给两个傻瓜一个小盒子，并说道："好了，关于你们的问题，我已经有答案了。我的回答就放在这个盒子里了，你们回家后打开盒子就知道了。不过，你们可一定要小心翼翼地打开，别让我的答案跑掉了。如果它跑掉了，你们就是真的傻瓜了。"

最后，两个傻瓜便小心翼翼地带着神甫的盒子回去了。两个人一起来到了其中一个傻瓜家里，决定看看神甫的答案到底是什么。最终，他们两个不得不承认自己真的是傻瓜。

原来神甫是用一种迂回的方式告诉两人他们就是傻瓜。你猜，神甫在盒子里放了什么？

25. 拥挤问题

古时候，在印度北部，住着一个智者，附近的人遇到生活上的难题，都喜欢来找他出主意。

一次，附近村庄中的一个妇女遇到了麻烦，便忧心忡忡地来到智者家里诉苦。

原来，她和丈夫以及自己的两个孩子住在一个狭小的小茅屋里，原本就十分拥挤。但是，最近，她的公婆因为原来的房屋倒塌，搬来和他们一起居住。这下，整个茅屋就显得更加狭小了，她觉得简直就像生活在地狱中。她问智者道："哎，我该怎么活呀！"

智者一听，沉思了一会儿，便问他道："我记得你以前曾经告诉我你有一头母牛，对吗？"妇女点点头，但问道："那又怎么样呢，对于我的难题的解决又会有什么帮助？"智者于是对她说："把这头母牛牵到你的茅屋里住一个星期，然后再来找我。"妇女一听，感到十分不解，但因为知道他是个聪明人，便听从了他的安排。

一星期后，这个妇人又来找智者，一见面她便哭诉道："哎呀，我按照你说的方法做了之后，现在情况更糟糕了。母牛稍微转动一下，屋里的 6 个人都得跟着挪动位置，简直都无法睡觉。"

智者一听，又沉思了一下，便说道："你好像还养了一些鸭子，是吗？"妇女这次比较机灵了："啊，难道又让鸭子也住进来？"没想到智者回答说："是的，如果你要我帮你解决问题，就按我说的做。现在你将这让这些鸭子也都住进茅屋里，一个星期后再来找我。"妇女一听，感到十分怀疑，但是她还是勉强同意了。

结果，一个星期后，这个妇女来到智者这里后，简直是歇斯底里地哭诉："你的建议真是太糟糕了，现在好了，我的茅屋现在完全成了一个动物世界了，我们一家人根本无法待在里面。为这个，我和我家那口子已经打了两次架了，我再也不听你的了！"

这时，智者又对她说了一个办法，妇女照她说的做了之后，果然一家 6 口人和平安乐地生活在了一起。

猜一下，这次智者的主意是什么呢？

26. 富翁教子

从前，有个富翁，他年轻时很穷，完全是凭借着自己的努力发了财，攒下了偌大的家业。这个富翁有个儿子，从小娇生惯养，在蜜罐里长大。长到十六岁时，富翁的儿子还完全是个公子哥，自己没挣过一分钱，花起钱来却大手大脚，而且懒得出奇，不肯吃一点苦。

父亲看到儿子完全不像自己，成了这样一个懒蛋，心里十分失望。同时，他

351

也怪自己没有教育好儿子，太放纵他了。于是，他便想教育一下儿子，让他知道挣钱的艰辛，好珍惜财富。

这天，富翁将儿子叫到跟前说："儿子呀，你长这么大了，还没有挣过一分钱呢。我像你这么大时，已经能够养家了。"富翁的儿子听了很不服气地说："爹，你这是在小看我吗？现在是家里有钱，不需要我出去挣钱，如果现在咱们家的情况像你当时那样，我也能挣钱养家！"富翁一听，便说道："年轻人，钱不像你想象的那么好挣的！这样吧，你今天从家里出去，一个月内只要你能挣到一块钱回来，我就信你的话。""这有什么难的！"说完，儿子便出了门。

富翁的儿子出门后，富翁的妻子才得知此事，她到富翁跟前说："你这又是何必呢！"富翁说道："不让他现在吃点苦头，将来就要吃苦头，这是为他好。"妻子听了点点头。不过，她想了一下又充满疑虑地说道："道理是这么个道理，不过这办法未必行。这孩子从来没有吃过苦，又懒，恐怕他不会乖乖地去挣那一块钱，可能用我们以前给过他的钱或者是借来一块钱来糊弄我们呢！"

对此，富翁却只是微笑着看着妻子说道："这个你放心，我自有办法！"

你猜，富翁解决这个问题的办法是什么吗？

27. 智断婆媳纷争案

清朝时，浙江湖州地区，有一个姓徐的县令。此人断案往往不拘常规，别出心裁，而又能巧妙地得到真相，令人信服。

一天，一个年纪约六十岁的老太太来到县衙告状。其一上大堂便一边放声大哭，一边述说其媳妇的不孝。据她讲，她的媳妇对自己十分不孝顺，从来不肯好好地服侍她。今天，是她六十二岁大寿，媳妇竟然只给她烧了碗青菜萝卜汤，而媳妇自己却躲在屋里吃鱼肉。老太太自称自己平时看在儿子的份上一直忍让，今天实在是气不过了，才来见官，请求徐老爷为她做主，惩治一下这个不孝的媳妇。

徐县令听了老太太的述说后，便将这个婆婆的儿媳妇刘氏带来堂上。徐县令将惊堂木一拍，问道："刘氏，你身为人媳，难道不知道人伦道德吗？为何对你婆婆忤逆不孝？"没想到，刘氏对于县令的询问，置若罔闻，完全像是被吓傻了一样，只是一味地跪在堂下低头啜泣，不肯说话。

徐县令看那媳妇也哭得伤心，并且看她面相，也不像是歹毒之人。但是，再看那婆婆，仍旧在那里哭天抹泪。于是，他便不知道如何判断了。皱着眉头想了一会儿后，徐县令灵机一动，又来了妙计。只见他平心静气地对堂下的婆婆说："你媳妇不孝，实在是不应该。不过，一家过日子，哪有不闹别扭的。我就是将你媳妇打上几十大板，回头她也只会更加嫉恨你，对你们家的和睦没有好处。因此，我看这样吧，今天是你的生日，我已经叫后厨给你做了两碗寿面。你和你媳妇就在堂上一起每人吃一碗，算作我给你们调解了，以后你们就好好和睦相处，老人家你看如何？"老太太看这个县令这么判案，感到有些别扭，但也不敢抗命。只好点头答应了。

过了一会儿之后，衙役们搬来一张长桌子放在大堂上，又在两端各放上一碗面条。婆媳二人虽然感到别扭，你看看我，我看看你，再看堂上的老爷，正笑眯眯地看着她们俩。于是，两人只好端起碗吃起来。

而就在两人吃完面条之后，徐县令立刻便知道了事情的真相。然后，据此，他作出了真正的判决。

你猜，这是怎么回事？

28. 钱学森的办法

20 世纪 50 年代，钱学森从海外归来，为国效力。回来后，他担任了中国科学院力学研究所所长。对于这位国际知名的科学家，力学所里的所有人都对他十分尊重。但是，这种尊重也带来了麻烦，对于钱学森的观点，没有人敢于否定。每次钱学森作报告时，大家都是客客气气，不敢提出任何意见；开讨论会时，也成了钱学森的学术报告会，大家都不发言，总是冷场。

对于这种情况，钱学森很是着急。因为他深知，学术研究中最忌讳崇拜权威，学术必须在争议中才能焕发出活力，这样下去，研究所很难有所成就。于是，他想了一个简单的办法，很快便扭转了这一局面，大家都变得勇于发言了。

你猜他的办法是什么？

29. 县令学狗叫

隋朝时，有个读书人去拜访新到任的县令。没想到这个县令看读书人还没有考取什么功名，便对他很傲慢。读书人回来后，感到很生气，于是便和几个朋友打赌说："咱们打个赌怎么样？我有办法让这个新县令学狗叫，我要是输了就请你们吃一桌酒席，如果我赢了，你们一起请我吃桌酒席，如何？"

众人一听，都不服气，表示接受这个赌局。

这天，这个读书人和几个朋友一起来到县衙门口。读书人一个人进了县衙，几个朋友则躲在外面。没想到的是，这个书生上前跟县令交流了一会儿后，县令果然"汪汪——汪汪——"地叫起来。这几个朋友一听，便掩口偷笑起来，同时，也心服口服地请读书人吃了桌酒席。

你猜，读书人是如何使县令学狗叫的？

30. 花农的疑惑

荷兰是一个花卉王国，在那里培育着世界上最多的花卉。一年四季，鲜花盛开，很多美丽的鲜花不断地被运往世界各地，为人们的生活增添了许多色彩。

一位名叫布兰科的荷兰花农，为了能够卖上高价，独辟蹊径地从遥远的非洲引进了一种世界上罕见的名贵花卉，在自己的花园里面精心培育。

第一年，布兰科培育出来的罕见花卉轰动了整个花卉市场，人们争相恐后地购买这种漂亮罕见的鲜花，布兰科取得了巨大的成功，也因此大赚了一笔钱。

如此好的势头让布兰科非常高兴，第二年他信心满满地扩大了种植面积，希望会有更好的收获。

但是让他没有想到的是，这一年培育出来的花卉却没有第一年那么漂亮，花朵上面不知道为什么会有很多杂色。这些花卉上市之后根本没有上一年那么热销。

布兰科百思不得其解，难道这种花只能保持一年，第二年便会退化？但是，在非洲一直是长得挺好，是因为水土还是因为气候？

于是，他去请教了一位植物学专家。这位植物学家特意来到了他种花的地方仔细观察了一番，然后他问了布兰科一个非常奇怪的问题："你周围的邻居都种些什么花卉呢？"

"邻居们？他们都种的是本地的一些花卉。"布兰科疑惑地回答。

"那就对了。"植物学家非常肯定地对他说，"你在花园里面种的是从非洲引进的罕见花卉，但是你的邻居种的还是本地的品种，所以你的花已经被邻居们的本地花卉传染了，他们才会出现杂色之类的现象。"

布兰科听后非常奇怪地说："这怎么可能呢？邻居们的花怎么能传染我的呢？"

植物学家对他解释说：“是风把邻居那里的花粉传了过来。”

布兰科想了想觉得有点道理，但是却很疑惑怎么才能解决这个问题，他继续问植物学家：“但是，谁都没有办法阻止风的传播啊？我要怎么办才好呢？”

植物学家笑了笑对他说：“我们是没有办法阻止风的传播，但是人可以变化方法，只要我们动下脑筋就好了。”接着就悄悄地对布兰科说了一个办法。

布兰科听后非常高兴地按照植物家的办法做了。第三年，他培育出来的鲜花依旧那么漂亮，他又再次获得了很多利润。

请问，植物学家到底想到了一个什么好主意呢？

31. 吃美金的“芭比”娃娃

美国市场出现过一种价格低廉的“芭比”洋娃娃。每只漂亮的洋娃娃售价仅10美元95美分。但是就是这么一个小小的洋娃娃，竟然弄得好多父母哭笑不得，因为那是一个会吃钱的玩具。到底是怎么回事呢？请看下面的故事。

有一天，一位父亲在商场为亲爱的女儿买下了一个非常漂亮的洋娃娃，然后把它作为生日礼物送给了女儿。之后，父亲很快就把这件事情忘记了。

一天晚上，女儿突然对父母说芭比娃娃需要换新衣服了。原来是女儿在洋娃娃的包装盒里面发现了一张商品供应单，上面提醒小主人说芭比娃娃应该有几套属于自己的漂亮的衣服。

父亲想，女儿在给洋娃娃换衣服的过程中能得到某种程度上的锻炼，花点钱是值得的。于是，父亲就又去了那家商店花了45美元买回了“芭比系列装”送给了女儿。

过了一个星期，女儿再次收到了商店的友情提示说应该让洋娃娃当“空姐”，他们还说，一个女孩在她的同伴中的地位，取决于她的芭比娃娃有多少种身份。回到家之后，女儿哭着对父亲说自己的芭比在同伴当中是最没有地位的，父亲不忍心自己的女儿哭泣，于是就赶紧去商场花了35美元买了一套空姐制服来满足女儿小小的虚荣心。接着过几天又连续买了护士、舞蹈、老师等几套行头。

然而这样的事情并没有完全结束。有一天，女儿得到“信息”，她的芭比喜欢上了英俊的“小伙子”娃娃凯恩，不想让自己的芭比失恋的女儿央求父亲把凯恩娃娃买回来。父亲有什么办法拒绝女儿带泪的请求呢？凯恩洋娃娃的到来同样要给添置一大批的衣服玩具，父亲没有办法，只得一次次满足女儿的要求。

当父亲以为这次一定是该结束的时候，女儿却眉飞色舞地向爸爸宣布她的芭比娃娃和凯恩准备"结婚"，父亲更无奈了。当初买来凯恩的时候就是为了让他与女儿的芭比娃娃成双结对的，所以更没有理由拒绝女儿的要求了。父亲忍痛再次破费了一大把给女儿的芭比和凯恩把"婚礼"大张旗鼓地完成了，这下子，父亲以为事情总该结束了。

谁知道，过了一段时间，女儿告诉父亲，她的芭比和凯恩有了爱情的结晶，它叫米琪娃娃，父亲很无奈地崩溃了，会吃钱的"第二代"又出来了。

……

你知道"芭比策略"的实质是什么吗？

32. 空手套白狼

阿根廷有位叫图德拉的人，他是一位自学成才的工程师，开始的时候从事工程方面的工作，但是后来却突发奇想地想去做石油生意。

按理说，一个人从事一份自己完全不熟悉的工作是一件非常困难的事情，再加上当时他既没有石油界的关系可以利用，也没有雄厚的资金作为基础，想要做好石油生意更是难上加难。但是图德拉却采用了迂回的连环计最终让自己的石油生意取得了很大的成功。

他先从一个朋友那里得到消息说阿根廷需要购买 2 亿美元的丁烷，之后又从报纸上看到阿根廷现在的牛肉过剩的这个消息，几乎不用多少钱就可以买下很多牛肉。

这看似是两件风牛马不相及的消息，可是图德拉却用自己的智慧将这两件事情联系到了一起。最后，他自己没花一分钱，只利用了他人提供的资金就成功完成了这两件生意的运作，最后一跃成为石油界出名的大亨之一。

你能设想出，他是怎样将上面两件完全联系不到一起去的事情联系起来进行生意操作的吗？

33. 巧立石碑

在南京东郊紫金山南麓的一个叫玩珠峰的下面，有一座非常著名的旅游景点，那就是明太祖朱元璋的陵墓——明孝陵。这个著名的旅游景点吸引了无数的游客前来观光，一是因为那里景色非常优美，二就是因为明孝陵的建筑在当时技术非常高超。

游人沿着台阶拾级而上，一座正方形的城堡建筑就会出现在你的面前，那就是著名的四方城。继续参观，四方城中有特意赞颂朱元璋而写的《大明孝陵功德碑》，石碑高三丈有余，在石碑的开头盘踞着 6 条巨龙，那是皇族的象征，在石碑下面是一个形似龟状的兽。

这样一座石碑，高约有十几米，高高地矗立在那座龟的背上，很多人看到后都会感到吃惊——在当时的条件下，是如何把这个石碑放到那座龟背上的呢？据有关专家说，当时明成祖在为父亲朱元璋建造这块墓碑的时候，因为龟身太高，石碑又大，所以如何才能把碑放到龟身上去就成了一大难题。明成祖想了好久也没有想出办法。有一天晚上，明成祖做梦梦到了一位神人，在梦里这个神人对他说："想要立此碑，必须做到，龟看不见碑，碑看不见龟。"

等明成祖醒后，突然灵机一动，想到了一个办法，很顺利地将碑放在了龟的身上。

那么你能猜出，明成祖想到的是什么办法吗？

34. 特别的广告

美国马里兰州有一位名叫路易斯的女护士，她好长一段时间一直被一件事情困扰着，那就是他的丈夫约翰常年迷恋于狩猎和钓鱼，多数时间都不在家。路易斯对此非常反感，一天，她决定想个办法教训一下丈夫。于是，在 1985 年 8 月的时候，路易斯去当地报刊上刊登了一则非常特别的广告，广告的题目是"出售丈夫"，广告内容为：

"今出售丈夫一名，价格优惠。他随身携带良种狗一条，外加钓鱼用具一套。其人品行优良，性格温顺，唯一的爱好就是狩猎和钓鱼，因此，每年在家里的时间不会多于 3 个月。"

其实，路易斯还是很爱丈夫的，只是因为多次和他沟通都没有起到作用，他依旧是迷恋于自己的活动而忽略了身边的妻子和家庭，路易斯一气之下才会做出这种事情。

此广告发出去之后，丈夫约翰先生惊讶之余，也很想挽回妻子的心。不过，他却不想直接在妻子面前搁下面子，同时也并不想放弃自己的爱好。如何才能既挽回妻子的心，同时又不用放弃自己的爱好呢？约翰找好朋友格林商量，格林于是给他出了个绝妙的主意。凭借这个主意，约翰不仅成功挽回了自己的婚姻，而且让妻子接受了自己的爱好。

你猜，格林给约翰出的主意是什么呢？

35. 薛礼借麻雀攻城

薛礼是唐朝时候的一位将领，一次，他奉命带兵东征岩州城（今辽宁辽阳）。

岩州城内守军粮草充足，所以他们进行了十分顽强的抵抗，一边固守阵地，一边等待援兵的到来。薛礼带领着自己的军队不断进攻，但是都没有成功。

当时正值寒冷的冬季，假如再不赶紧结束战争，那么会对唐朝军队非常不利。薛礼选择了速战速决的战略，不断对守军进行进攻，因为守军实力不弱，所以薛礼损失了不少兵力。

一天，薛礼正在营帐中为此事发愁，这个时候，一位谋士来到了薛礼所在的营帐，只听他对薛礼说："将军如此强攻，绝非良策，守军实力不薄，如此耗下去，必定无法攻下。"

薛礼问："阁下有何良策？"

"麻雀送火种之计可以一试。"谋士接着仔细地对薛礼说了此计谋的操作办法。

薛礼听后，大喜，赶紧按照谋士的计谋开始行动。他命令士兵去捉大量的麻雀，然后将这些麻雀都关在笼子里面不让吃任何东西。薛礼接着又让士兵们去弄来了很多硫磺和火药。

几天后的一个夜里，天空突降白雪。第二天清晨刮起了大风。薛礼立即命令士兵们做了很多的小纸袋，然后把弄来的硫磺和火药分别装到那些小纸袋里面。接着他们用纸条捻成小绳子将小纸袋系在了麻雀的爪子上，最后将已经饿了好几天的成千上万只麻雀放了出去。

薛礼很早之前就下令把自己的草垛全部烧光。此时，城外四处大雪茫茫，也看不到草垛之类的堆积物，麻雀们找不到可以觅食的地方，就开始向城里飞了过去。由于很多天没吃东西，饥饿难忍的麻雀看到草垛就使劲地刨，它们很想赶紧找到可以充饥的东西。这样拴在麻雀爪子上的小纸袋就掉到了草垛上面了。

那么你来猜一下，下一步该怎么办？如何才能以麻雀为中介，将守军的草垛点燃呢？

36. 服务员的难题

上海一家著名的大酒店里面曾经发生过这么一件事情：一位外宾在饭店吃完饭离开餐厅之后，将餐厅里一双制作特别精美的景泰蓝筷子放进了自己随身携带的包里。

服务员将这一切都看在了眼里，并马上将此事报告给了当天的值班经理。值班经理了解到情况之后对她说："你得想出一个办法，既不让我们受损失，也不让客人难堪。"

这位服务员听后，就一直想要如何才能处理好这件事，但是很可惜想了好久都没有结果。最后没有办法，为了不让顾客难堪，服务员没有和客人要赔偿，而是决定用自己的钱给饭店作为补偿。

这个时候值班经理看出了服务员的为难，于是就从柜子里拿出了一个做工非常精美的小匣子对她说："这个小匣子是专门用来装那种筷子的。"说完接着又对服务员说了一个可以让对方不难堪的下台阶的办法。

服务员听后顿时喜上眉梢，连声称赞说："这个办法太棒了！"

值班经理想到的是什么办法呢？

37. 帅克打赌

在东欧一直流传着这么一个笑话：

有个叫帅克的人非常聪明，他有个爱好是喜欢和别人打赌，奇怪的是，他的运气一直很好，因而他打赌每次都会赢。

这天，一位警察找到了帅克，想对他敲诈一把。警察说他偷了别人的东西，帅克一口咬定自己从来没有偷过别人的东西，家里的东西都是他和别人打赌赢来的。

警察却怎么都不相信，他说："除非你和我赌一次，我们来赌一件看起来完全不可能的事情，假如你赢了的话，那么我才能相信你说的话。"

帅克很爽快地答应了警察的挑战："好，那我现在就和你打赌，我赌明天你会长出尾巴。假如你赢了的话，我就心甘情愿地输给你 100 元，但是假如你输了，你就要输给我 100 元。"

这样的一个看似很不合理的打赌，警察心想这肯定不可能，于是就满怀信心地答应了帅克。

第二天，警察非常高兴地来到了帅克家里面，得意地对他说自己没有长尾巴，让帅克赶紧把输的 100 元钱给他。

帅克说："我都没有检查，怎么知道你到底长没长尾巴？你得让我先检查一遍再说。赶紧脱下裤子让我检查。"

警察一想也对，反正现在也没有其他人在，于是就让帅克开始检查。但是他想不到的是此时帅克却高兴地跑到了内屋，大声地叫着"我赢了！"然后数了一张 100 元的钞票给了警察。

这个时候，从内屋里面走出来了警察的父亲、舅舅、叔叔，每个人都狠狠地给了警察一个耳光说："你真是太丢人了，竟然露出屁股来让别人摸！"

你知道这是怎么回事吗？警察的亲人为什么都会出现在了帅克的家里呢？

38. 纪晓岚吃鸭

御林兵统领和珅多次被聪明的纪晓岚捉弄，因此心里非常不舒服，总想找个办法报复一下纪晓岚。

有一天，和珅特意把纪晓岚找来，非要和他赌一把。和珅想到的一个赌局是这样的：假如纪晓岚在 10 天之内能吃掉 100 只鸭子，那么这些鸭子不但不用纪晓岚付钱，而且和珅还会再送 100 只给他；假如纪晓岚完不成这个任务，在 10 天之内吃不下 100 只鸭子，那么不但要付鸭子的钱，而且还要向和珅负荆请罪。

10 天吃 100 只鸭子也就是说一天要吃 10 只鸭子，这样的吃法一般人是无论如何都做不到的，纪晓岚知道这是和珅故意在报复他，假如不同意的话就是认输了。这个时候，他突然灵机一动，最后还是和和珅打了这个完全不可能赢的赌。

打赌开始，和珅叫手下的人把日常用品、柴米油盐和特意买的 100 只鸭子都一起关在了一个屋子里面，然后又让纪晓岚一个人搬进去住。和珅命令手下把屋子里面所有的门窗都关好锁死，并且派了御林兵在门口严加看守，以防止纪晓岚耍花招。

10 天很快就过去了，和珅让御林军赶紧把门打开，结果发现屋子里面 100 只鸭子全都不见了，只剩下了一堆鸭毛还有一堆骨头，和珅惊呆了，只好认输。

那么，纪晓岚在 10 天之内是如何吃完这 100 只鸭子的呢？

39. 整治治安的方法

20 世纪 80 年代的美国纽约，处在一个非常混乱的时期，不管是从交通还是治安上看都是一团乱麻，政府对此一直很头疼。

抢劫，杀人，暴力事件的不断发生让好多纽约人白天出门都害怕，其中情况最为糟糕的就是纽约的地铁站，地铁里面先是车厢混乱，继而是随处可见一些淫秽字眼，每个坐地铁的乘客都异常紧张。

提心吊胆的人们非常渴望政府早点制定出一个好的方案改善一下这混乱的状况。美国政府经过商议制定了一系列的改善措施，他们认为应该先从改善社会环境做起。

一个良好的社会环境能够减少犯罪率，回归秩序以后接着便是集中通缉犯罪人员。纽约市先从维护地铁车厢的整洁着手做起，同时将上地铁不买车票白搭车的人用手铐铐住，然后排成一排站在了月台上面。当人们知道这个消息之后，都认为没有用，他们无法理解政府的做法，认为那样只是一种徒劳。

令人感到意外的是，纽约市政府的这种举措真的见效了，很快整个城市的面貌就焕然一新，犯罪率也慢慢降了下来，你能分析一下这其中的道理吗?

40. 向小鱼打听消息

意大利著名的诗人但丁一次应邀去参加一个宴会，这个宴会是由威尼斯执政官举办的。在当时，意大利的等级观念十分浓厚，在这次宴会上也表现得非常明显。但丁发现，侍者端给城邦使节的鱼都很大，唯独自己的鱼很小。这让但丁心里很不痛快，但是，为了不失涵养，他没有大声抗议。

但丁是怎么做的呢? 只见他把自己盘里的鱼拿起来，放到耳边，并开始和鱼小声地"交谈"。但丁的这个怪异的举动被执政官看到了,执政官问但丁在做什么。但丁说："我在向小鱼们询问一件事情。几年前，我的一个朋友海葬了。我就问小鱼是否知道朋友的遗体有没有到达海底。"

执政官笑了笑,问道:"小鱼说了什么啊？"但丁的回答让在场的观众都笑了。结果，执政官让侍者为但丁端来了一盘大鱼。

你知道但丁是怎么回答执政官的吗?

41. "傻"老板

在美国，有一家公司专门生产煤油炉和煤油。公司老总以为，这样的产品上市之后肯定会得到广大市民的喜爱，原因是它既方便，又环保。但是，产品上市之后，并没有达到预期的效果，市场反应平平，销售量十分低，甚至有时很长时间都无人问津。这些都是公司之前没有预料到的。

公司老总着急了，这下可怎么办？一件产品都卖不出去，仓库里还有好多存货呢。为了改变这个局面，公司做了大量的宣传工作，把产品的性能、优点都描述得非常详细、非常到位，但是产品的销量还是不尽如人意，连预期数额的一半都没达到。

公司老总怎么都想不明白，这么好的产品为什么就没有人用呢？于是，他决定亲自去考察当时居民的生火方式，想探个究竟。经过一段时间的观察，他发现，原来当时的人们已经习惯了使用木炭和煤，对于新产品，虽然他们都知道，但是却都不太认可。

知道事情的原因之后，他想出了一个办法。他让员工免费为每家送去煤油炉和一定量的煤油，先让当地居民试用。对于老板的行为，大家都觉得不可思议，觉得这个老板太傻了，怎么会白白把自己的产品送给别人呢？

但是，没有人会拒绝送上门来的东西，人们都纷纷接受了，并开始尝试使用新的生火工具。过了不长时间，有趣的事情发生了——居民都纷纷打电话来购买煤油。这时候，不仅煤油的销量翻了好几倍，就连煤炉也连带着卖出去了好多，大大改变了原先的窘迫局面。几天时间，仓库里的存货就全部卖光了。公司的盈利大大地增加了。

这个"傻老板"的行为反而取得了良好的效果，不仅使公司的销售额大大增加，还扩大了自己的知名度，有了良好的信誉。你知道这是为什么吗？

42. 纪晓岚不死的理由

我们都知道，乾隆皇帝出于对翰林院大学士纪晓岚的喜爱，经常会故意为难他，以从中取乐。但是，乾隆每次的为难，都能被饱读诗书又机智多谋的纪晓岚给巧妙地化解掉。

一次，乾隆皇帝又想要为难纪晓岚了。当时，他们正在湖边散步，乾隆突发奇想，说道："爱卿，你平日总说自己对朕忠心耿耿，那么，是不是我让你做什么，你都会按照我的意思去做，并且没有异议？"纪晓岚回答道："只要是臣能做到的事情，定当万死不辞。"乾隆大笑道："这可是你说的，不许反悔。我要你现在就跳进湖里去。如果你不跳，就是不忠，那么你依旧要死。"

纪晓岚这时候才看出了乾隆皇帝的用意，原来是皇帝老儿又想作弄自己了。这次乾隆皇帝的问题确实有点难了，纪晓岚肯定不能因为这个问题就这么白白地送掉自己的性命，但是还不能惹乾隆皇帝不高兴。于是，纪晓岚只好慢慢地向湖边走去。他一边走，一边在思考着该如何化解难题，而且还能让乾隆皇帝高兴。

乾隆满以为这一次一定可以难倒这位饱读诗书的大学士，可是没想到，没过多久，纪晓岚居然慢悠悠地回来了。乾隆皇帝很奇怪，于是就很生气地斥责纪晓岚，说他对自己不忠，要把纪晓岚处死。等到乾隆皇帝斥责完，纪晓岚才不紧不慢地对乾隆皇帝说了自己不跳湖的原因。结果，乾隆皇帝听完后不但平息了愤怒，反而大笑了起来。这件事情也就算是过去了。

你知道纪晓岚是怎么解释不去跳湖的原因的吗？

43. 诗没有被偷走

我们知道，牛津大学是世界最著名的学府之一，有来自世界上各个国家的优秀学子在此求学。但是，即使是在这样的高等学府里，也有有名无实的学生，艾尔弗雷特就是其中之一。

这个名叫艾尔弗雷特的学生，为了表现与其他的学生与众不同，显示他自己特别有才华，平时特别喜欢在同学们面前炫耀自己，尤其喜欢通过作几首小诗来显示自己的文采。有一次，他又想在同学面前炫耀一下自己的才华，想了半天，他还是选择作一首小诗。于是他就在同学们面前抑扬顿挫地读了一首自己精心准备的小诗。他原本以为大家肯定都不知道这首诗，其实啊，这首诗根本就不是他自己写的，是他为了在同学面前显示自己的才华，从书上抄来的。

听了他的诗之后，许多同学便知道这首诗不是他写的，只是碍于面子，并不想使他难堪，也就没有当面戳穿他。大家本来以为艾尔弗雷特读读诗，炫耀一下也就算了。没想到的是，艾尔弗雷特可没有这么想，他看大家都不说话，就以为大家还都沉浸在他美妙的诗作中呢。于是，他就更加努力地炫耀起自己，谈起自己"创作"这首诗时的"灵感"来。

这时候，终于有人沉不住气了，人群中一个叫查尔斯的学生愤怒了，他站了起来，说道："艾尔弗雷特的诗是从一本书上偷来的，我看过这本书！"听完这话，艾尔弗雷特非常震惊，可是他还不肯承认，他大声对查尔斯说："这首诗是我自己写的，你在撒谎！"说着说着，艾尔弗雷特便恼羞成怒，大喊大叫，怎么都不肯善罢甘休，非要查尔斯给他道歉。

大家都知道查尔斯的话是对的，但是令人意外的是，对于艾尔弗雷特的无理要求，查尔斯居然答应了。但是，当听了查尔斯的"道歉"后，大家才明白了查尔斯的意图，纷纷笑成一团。

你猜查尔斯是怎么"道歉"的？

44. 学者劝国王

古时候，在欧洲南部的一个半岛上，A、B 两个小国相邻而居。两国的关系非常好，不仅互通贸易，而且彼此的货币也是通用的，也就是说两国的货币价值是相同的。

但是有一次，这两个国家却因为一件不大不小的事情闹翻了，两国的国王都认为是对方对不起自己，相互指责，差一点就动用了武力。一气之下，A 国的国王宣布：B 国的 100 元货币只能兑换 A 国的 90 元货币。B 国国王得知这一消息后，不甘示弱，也随即宣布了相同的命令：A 国的 100 元货币只能兑换 B 国的 90 元货币。

一天，一个学者从自己的国家到这个半岛上旅行，当他知道了这个消息以后，就分别对两个国王说："你们的这个命令太荒唐了，如此一来，只会导致大批投机取巧之徒的产生，因为他通过一种很简单的手段，便可以从中牟利，其实我要是乐意的话，就可以借此很快发财。"

两个国王听了却不肯信，他们每人给了学者 100 元，看看他是不是真的像说的一样可以发财。

学者为了令两个国王心服口服，就接过 200 元钱开始行动。没过多久，他果真发了财，并把赚到的钱分别拿到两个国王面前。两个国王都相信了学者所说的，取消了前面的货币政策，并受到启发，认识到彼此敌对的坏处，主动向对方示好。很快，两国又重归于好了。

你知道学者是用什么手段发财的吗？

45. 管仲买鹿

春秋时期，齐桓公任用管仲为相，把齐国治理得井井有条。没过几年，齐国大治，强于各路诸侯，齐桓公就成为了春秋五霸的第一个霸主。

然而，当时除了齐国之外，国力强盛的还有南边的楚国。楚国仗着自己国土广大，兵多将广，不肯听从齐国的号令。这时候，齐国大将纷纷向齐桓公请缨，要把楚国夷为平地。

齐桓公看到这种局面，就向管仲征求意见。管仲说："虽然我们齐国的实力强于楚，但如果硬拼的话，齐国也免不了要损兵折将，劳民伤财，不如让他们主动俯首称臣的好。"并称自己已经有了好主意。

第二天，管仲就派出大量的齐国商人，让他们去楚国去购买野鹿。当时楚国的野鹿是五个铜币一只。管仲让齐国的商人在楚国四处宣扬："齐桓公爱食鹿肉，不惜重金在楚地购买。"一些楚人得知此消息，觉得有利可图，就进山捕鹿去了。接着，管仲让那些商人一再抬高鹿价，刚开始是十个铜币一只，后来二十个，再后来三十个，一直涨到五十个铜币。

你能猜到管仲一再抬高鹿价的真正用意吗？

46. 大臣的信

从前有一位正直的大臣，他立志做像魏徵那样的谏臣，所以在朝堂上总是毫无顾忌地直指皇帝的过失。有一次在朝堂上，他又对皇帝出言不逊，皇帝恼羞成怒，把他发配到边疆去牧羊。

这位大臣在边疆每日与羊为伴，过了好几年凄苦的生活。他盼望着哪一天皇帝能够想起他的忠心，把他重新召回京师，然而却一直杳无音信。

终于有一天，他的一位多年的老友出使邻国，顺道来看望他。这位大臣便对好友说："我这多么年没有回家了，一直挂念着家中的妻儿。我这有一封家书请你帮我带回去。不过，你一定要把它先交给太守，然后再由他交给我的妻子。"

老友听完说："放心吧老朋友，我一定按你的意思去做！"

然而，令人想不到的是，老友回去不久，这位大臣就被赦免了罪行，官复原职了，你知道这是为什么吗？

47. 聪明的妻子

　　从前，有一个农民，整天在田地里干活，感到非常辛苦。每天他从家到田地的时候，会经过一座寺庙，每次他都会看到一个和尚，悠闲地坐在寺庙门口的大树底下，一边摇着芭蕉扇，一边喝着凉茶，这位农民于是非常羡慕和尚的这种舒适的生活。他在心里想："做个和尚多自在呀！"

　　有一天，天气非常热，农民在田里干了一天的活，觉得这样的日子太辛苦了。回到家里，他就鼓足勇气，向妻子说了他想做和尚的想法。

　　妻子听完，就对他说："你做了和尚，以后就没法回来干活了。从明天起，我和你一块去田里干活，等田里的活忙得差不多了，我就送你去。"

　　于是第二天，农民和妻子就一起下田了。中午的时候，妻子提前回来给农民做好饭，然后带到田地去和丈夫一起吃。太阳落山的时候，他们就一块回家休息。就这样一直持续了十多天，田里的活差不多也忙完了。一天，妻子对农民说："田里的活忙完了，我送你去庙里吧！"就这样，他们俩就一块来到了那座寺庙。到了庙门口的时候，他们遇到了那个和尚。听了和尚的一番话，农民不愿意出家了，你能猜到和尚对他说了些什么吗？

48. 转达一下

　　随着商业社会的发展，公司员工的个人形象已经是一个公司形象的重要体现。如果公司员工在工作中具有端庄的仪表、文明的语言、得体的举止、素雅的服饰等礼仪，那么公司也会给人留下良好的形象。相反，如果员工在谈吐举止方面粗俗，那么该公司的形象就会大打折扣。因此，现在的企业没有几个不重视自己员工的礼仪培养的。

　　虽然许多公司重视礼仪的培养，在职工入职前也对其进行了培训，可是有些员工却还会出现形象不得体的问题。在一家企业中，有几个女职员经常在上班期间言谈不雅。公司的主管对于这一点很是烦恼，但是又不知道该如何处理。如果当面说出来吧，主管和职员之间的关系就会受到影响；如果不说吧，这个问题任其发展下去，会对公司造成很不好的负面影响。

　　主管想了很久，终于他想出了一个好办法。一天，他找来了其中一位言语不讲究的女职员谈话。结果这场谈话的作用是显著的，后来再也没有女职员谈吐不雅了。

你知道这位主管对这位女职工说了什么吗？

49. 催款妙招

从前有位商人，由于他善于经营，所以赚到了很多钱。同时，他也很慷慨，每当他的朋友在经济上有困难的时候，他都会毫不犹豫地借钱给朋友们。因此，他在朋友之中的印象一直不错。

一次，由于资金周转不畅，商人急需要用钱。但是这个时候，他才发现自己手里已经没多少钱了，他的钱都借给朋友们了。这让商人很着急，难道要上门催债？显然不礼貌，而且会伤害到朋友们的自尊，况且自己也不好意思开这个口啊！可是，不去催债的话呢，自己这边又确实需要钱，否则没法经营下去了。这可难为了商人，怎么办好呢？

商人想了很久，都没有想到合适的办法。面对这样的难题，他只好求助于当地的一个聪明人，希望聪明人能帮助他解决问题。聪明人在商人耳边耳语了一翻，商人点了点头。回去后，商人就按照聪明人的指示去做了。果然，短短的几天之内，朋友们就把所借的钱都如数偿还了。朋友们非但没有生气，还非常感激商人。这是怎么回事呢？

50. 创意营销

1964 年，台湾纺织生产商看到一个有趣的现象：一些去日本等地旅游的游客喜欢购买很多的尼龙、特多龙、达克龙的衬衫及女裙，然后带回台湾。于是，这个生产商判断，在台湾市场中很需要这样的一类产品。于是他就和日本的生产厂家合作，购进了很多种原料，加工成各种的衬衫和女裙等来销售，颇受人们的喜爱。

根据当时的市场及消费动态，生产商判断，这种人造纤维产品日后一定会被人们普遍接受，棉织品的市场便会随之缩小。于是厂商们就开始不断扩大其使用范围。

台湾当时学生人数很多，于是一些厂商就想：假如学生制服可以用尼龙作为原料的话，那么销售市场便会随之打开，营销也会随之得到更大的拓展。所以，学生制服的生产就成了众多的厂商积极争取的一个待开发的潜在市场之一。

但是，在当时的台湾，学校将尼龙织品作为一项奢侈品看待，学校领导认为，用尼龙做制服会助长学生讲究穿戴的心理，这样一来就与学校一直推崇的朴素作风背道而驰。所以当时很多学校都规定学生不许穿戴尼龙料的衣物，很多学生因为穿尼龙袜子就受到了相关处分。

在这种情况下，如何才能打开学生市场就成了一个非常令人头痛的问题。相关的生产商与销售商经过多方的协商，最后决定根据台湾广告公司拟定的计划，准备先从女子学校方面入手。

他们计划所针对的第一个目标是台湾各级女子学校。他们给每个班成绩最好的女同学免费赠送尼龙百褶裙一件。这种专门给优秀学生的百褶裙也就被定义为了"荣誉学生裙"，这样一来，学校就相信了厂商此举的目的是为了鼓励学生好好学习，这样的办法也会激发学生的学习热情。因此，当广告商向各个学校发出一封要求学校参加此计划的公函时，立即得到了各个学校的同意。每个学校很快就将每个班级第一名的女孩子的名单及相关信息给他们回复了过去。广告商收到名单以后立即就和这些优秀的学生开始联系，他们先给这些学生一人一张兑换券，学生凭此兑换券可以到附近的经销店兑换"荣誉学生裙"一件，衣服的颜色、尺寸、大小均由学生自行挑选。与此同时，他们还向这些优秀的学生附加上了一封信，信中首先向得到优惠券的学生表示道贺，然后很清楚地说明了这种物料的裙子如何保养以及裙子的优点：这种物料的裙子容易清洗，无需熨烫，穿戴非常方便。这在当时也算是一种生活上的改进。

两周后，几乎所有的第一名女学生都将兑换券兑换成功之后，广告商再次向这些第一名的女学生发出了第二封信，每封信中送出 10 张优惠券。信中说明，鉴于最近很多女学生羡慕与喜欢这种荣誉学生裙，于是特意再次寄来一些优惠券，请学校分发给各个班级中同样优秀的学生，学生可以凭优惠券去购买这种裙子，同时可以免费获得精美衣架一个。

这样一来，学生穿这种裙子的概率就大大地增加了。事实证明，这一举动收到了很好的效果：首先是学校不许学生穿尼龙物料衣服的规定自然也就被打破了；再次是很多学校慢慢地将学生制服的原料改为了尼龙一类；再次是男子学校的制服慢慢地也随之改为了使用尼龙这类物料。几年以后，尼龙物料这类衣服已经是非常普遍了，这个时候，假如谁不穿这种原料的制服，反而会被认为是异类了。

就这样，本来对厂商很不利的环境发生了逆转，一扇原本紧闭的大门被打开了，一个非常广阔的市场出现在了厂商面前。

现在，请你来分析一下厂商们在这件事中所运用的思维。

51. 聪明的约瑟夫

约瑟夫今年十五岁，是一个头脑非常灵活的男孩子。他在一家杂技团工作，其任务就是自己设法在杂技团演出的剧场门口招待观众。因为约瑟夫聪明勤快，又能说会道，杂技团的团长很喜欢他。但是，约瑟夫却并不满足于现有的状况，他想利用自己的聪明才智干出属于自己的一番事业。

这天，他向团长提出了自己的一个想法：他想在为杂技团招揽顾客的同时售卖点自己的东西。团长想了想告诉他："只要不影响杂技团的收入，你可以随便做自己喜欢的事情。"约瑟夫狡黠地对团长保证说："放心吧团长，杂技团的收入肯定会受到影响，不过不是减少，而是会增加！"

约瑟夫接下来非常高兴地准备着他的计划，回到家里之后，他赶紧忙着开始炒花生。约瑟夫炒的花生米非常香，整个屋子都能闻到花生的香味。看着炒好的花生，约瑟夫很有成就感。然后，他的嘴角悄悄地上扬了一下，特意在花生米中加上了一点食盐。弄好之后，他用纸把炒好的花生米包成一个一个的小包，然后兴奋地带着这些包好的花生米来到了剧场门口。

"好消息，好消息，买一张杂技票，送一包花生米！精彩的杂技，喷香的花生米，边看杂技边吃美味，快来买了……"约瑟夫的吆喝引来了不少路人的注意。一看有如此好事，人们纷纷买票，一些不是很喜欢看杂技的人因为有花生米免费赠送，也都买了票。不一会儿工夫，杂技团的票全部卖完了。

对于约瑟夫的这种做法，杂技团里的一个同事感到很奇怪，问他："买一张杂技票，你送一包花生米，你这不是做亏本的生意吗？"但约瑟夫只是狡黠地笑笑，并没有作出回答。

约瑟夫并不傻，其实前面已经交代了，约瑟夫是个非常聪明的孩子，他做这样的"傻事"其实是有他的盘算的。事后团里的人才发现，约瑟夫不仅没有赔钱，反而挣了不少钱，你猜他是如何做的？

52. 天下第一棋手

晚清军政重臣左宗棠，因为棋艺高超被世人称为"天下棋手"。

某天，左宗棠在大街上散步时，看见一老者摆了一个棋阵小摊，旁边竖着的招牌上写有"天下第一棋手"几个大字。倔脾气的左宗棠一看立刻来了气，他觉得老者未免过于狂妄了些，要知道自己可也是有着"天下棋手"的美誉的。于是，他上前挑战，不想老者只应对了几招就连连败北，使得他最终得意扬扬地拂袖而去。

不久之后，左宗棠率部赴新疆平乱并打了胜仗。

回到京城老家之后的某个下午，他又来到了市井游玩，不想这次他又看见那个老者在那里大摆棋阵，而且招牌上依然号称自己是"天下第一棋手"。

很是生气的左宗棠于是第二次坐下来向老者挑战，谁知这次，只三个回合自己便败下阵来。

左宗棠不服，一口气和老者连下了三盘，但三盘居然都是以失败告终。最后，大惑不解的他问老者道："在这么短的时间内，您的棋艺为何能长进如此之快呢？"

老者笑称自己早就知道对方是左宗棠，并回答了左宗棠的问题。左宗棠一听，立刻起身施礼，表示心悦诚服。你猜，老者是如何回答左宗棠的问题的？

53. 巧取王冠

读过小说《水浒传》的人，肯定都记得书中有一个名叫时迁的神偷，他凭借自己高超的偷技给读者留下了非常深刻的印象。而在泰国北部的清迈府，也有一名和时迁一样厉害的盗贼，不过，与时迁不同的是，这是个女贼，她的名字叫泰丝蕾·娜尔德媞。泰丝蕾·娜尔德媞是名非常有正义感的侠盗，她扶危济困，救济了不少百姓，后来因为自己在民间的良好名声，她还应邀出席阿拉伯国王的招待会了呢。

在这次阿拉伯国王的招待会上，国王在15米见方的豪华地毯正中放了一顶金光闪闪的王冠，然后给出席这次招待会的人们出了一个难题："尊敬的女士们、先生们，这是用阿拉伯钻石制作的一顶上等的皇冠，你们谁能不上地毯就可以拿到这顶王冠？而且只能用手，不准用其他任何工具。谁能拿到，我就把它作为礼物送给谁。"

阿拉伯国王话音刚落，人们全都聚在地毯周围争先恐后地伸出手，但谁也够不到。

正在大家议论纷纷、出谋划策的时候，泰丝蕾·娜尔德媞微笑着站了起来，她向大家说道："如果大家不介意的话，请让我试试吧！"

说着，泰丝蕾·娜尔德媞便轻而易举地拿到了王冠。

聪明的你能猜出泰丝蕾·娜尔德媞是如何做到的吗？注意，泰丝蕾·娜尔德媞是现实中的人物，可没有小说中的时迁那样的飞檐走壁的本领。

54. 你需要割草工吗

静静的午后，劳伦太太接到一个电话，对方自称是一位以替人割草为生的男孩。

"请问您需要割草吗？"表明自己的身份后，男孩问劳伦太太。

"哦，谢谢，我不需要了，我已经有了割草工。"劳伦太太回答道。

"我可以帮您拔除花丛里面的杂草。"男孩说。

"我的割草工已经做到了这一点。"劳伦太太回答。

"我会帮您把草与走道的四周割齐。"男孩又说。

"这一点我请的割草工也做到了，谢谢你。"劳伦太太似乎是微笑着说这句话的。

"那，请问您还有什么割草工没有做到的活儿要干吗？"固执的男孩依然不死心。

"没有了，所有该割草工干的活儿，他都干了，并且干得很好。"劳伦太太说完，就挂断了电话。

男孩放下电话时，恰逢一个伙伴来找他出去玩。

"给谁打的电话？"伙伴问他。

"给劳伦太太，问他需不需要割草工。"男孩回答。

"你不正在给劳伦太太做割草工吗？怎么还会打这个电话呢？"伙伴大惑不解地问。

你猜男孩怎么回答的？

55. 林肯的回绝

在林肯任职美国总统期间，一天，他的办公室来了一位老妇人。林肯并不认识这位妇人，但他还是很有礼貌地接待了她。

　　林肯把她请到接待室，给她倒了杯开水，然后和气地对她说："恕我直言，我真的想不起来在哪里见过您，或者说我有幸是您的什么亲戚，请问您来找我有什么事吗？"

　　老妇人说："总统先生，我这次来不为别的，是为我的儿子而来的，我想请您给他一个上校的职位！"

　　林肯听了老妇人的话，感到很突然。他怎么也想不到一位老太太跑到他这来，要为自己的儿子要一个上校的头衔，这听起来似乎有点无理取闹。

　　于是林肯对她说："谢谢您还想着让儿子出来为国家效力，不过，我们暂时还没有上校的空缺，一旦有了，我一定通知您好吗？"

　　林肯本想快点把这位老妇人打发走，因为他还有许多公事要忙。没想到这位老妇人并没有那么容易就妥协。她听到林肯推托此事，就理直气壮地对他说：

　　"总统先生，我今天来到这里，并不是来求你给我儿子一个上校头衔，也不是闲着无聊到您这里无理取闹，因为我知道您公务繁忙，一分一秒的时间都是宝贵的。我有充足的理由，为我儿子争得一个上校头衔。我的祖父曾经参加过著名的雷斯顿战役，并在战场上受了重伤，他的一条左腿被炸掉了。在布拉敦斯堡战场上，我的伯父是唯一一个没有逃跑的军人，直到敌人用机枪把他的身体扫射得血肉模糊，他才英勇地倒下去。我的父亲曾经参加过有名的纳奥林斯之战，因功绩显著而得到了一枚勋章。而我的丈夫，是在曼特莱战死的。因此，我有权利为我儿子争取一个上校头衔，让他也因作为一名军人而感到光荣！"

　　林肯听完老妇人的那么多条理由，深受感动。他想："我不能够直言拒绝一个几代军人的家属，得给她一个能接受的理由。"林肯思索了一会儿，对老妇人说了一句话，老妇人听了，就不再要求什么了。

　　猜一下，林肯会怎么对老妇人说？

56. 一则广告

　　一次，一位教授对一个商人说："上个星期，我的伞在伦敦一所教堂里被人拿走了。因为伞是朋友作为礼物送给我的，我十分珍惜，所以，我花了几把伞的价钱登报寻找，可还是没有找回来。"

　　"您的广告是怎样写的？"商人问。

　　"广告在这儿。"教授一边说，一边从口袋里掏出一张从报上剪下来的纸片。

商人接过来念道："上星期日傍晚于教堂遗失黑色绸伞一把，如有仁人君子拾得，烦请送到布罗德街 10 号，当以 5 英镑酬谢。"商人说："广告我是常登的。登广告大有学问。您登的广告不行，找不到伞的。我给您再写一个广告。如果再找不到伞，我给您买一把新的赔您！"

商人写的广告见报了。次日一早，教授打开屋门便大吃一惊。原来园子里已横七竖八地躺着六七把伞。这些伞五颜六色，布的绸的，新的旧的，大的小的都有，都是从外面扔进来的。教授自己的那把黑色绸伞也夹在里头。好几把伞还拴着字条，说是没留心拿错了，恳请失主勿将此事声张出去。

教授把这个情况告诉了商人，商人说："这些人还是老实的。"你知道商人的广告是怎么写的？为什么说这些还伞的人还是老实的？

57. 李德裕断案

唐朝大臣李德裕出任浙西观察使期间，一次，他接到一个和尚递交的案子。原来，北固山甘露寺的和尚状告现任主事和尚贪污寺里的财产。具体地说，便是大家状告现任主事将寺里多年积攒下来的一块金子给贪污了。说是前任主事卸任时，曾将寺院里的财物写了一个交接文书，在文书上，寺内有多少财物，写得明明白白。其中，便有金子一块，其重量、成色都写得很清楚，但是，现在这块金子却不见了。

李德裕接到案子后，便将出面状告和被状告的和尚都传来审问。经过审问，他发现，前面的几任主事均证明，在他们主事时，都见过这么一块金子，交给现在的这个主事时，他也都查验过财物了。但是，现在金子不见了，因此他们怀疑是这个主事将金子藏起来或者干脆已经花掉了。对此，被状告的和尚似乎也没有什么话可说，但是他只是一味地声称自己没有贪污金子。仔细观察之下，李德裕发现被状告的和尚看起来挺老实的。倒是作为原告的几个和尚看上去不像善类。于是，他觉得这件案子有蹊跷，便声称自己将要调查一番，过几天再作定夺。接下来，他便私下里同被状告的和尚进行了交谈，告诉他，如果有什么隐情，尽管说出来。于是和尚便倾诉了自己的苦衷。

原来，因为僧人一向对于金钱并不在意，因此寺庙里的财产也并没有严格登记。有时候，外面有饥荒时，财物已经被拿出去赈灾了，而账簿上却并没有注销。这块金子便是这么回事，在账簿上一直记录有这么一块金子，但实际上，这块金子根本就不存在。在上一任主事和下一任主事之间作交接时，彼此也都知道这个情况，但是都没有点破这一点。就这样，这块"金子"就这么一代一代地传下来了。本来，对于出家人来说，这些倒也无所谓的。但是，现在的这个主事，因为一向性情孤高，不杂流俗，一直被大家所排挤，于是他们便在这件事上做文章。而这个和尚则是哑巴吃黄连——有苦说不出。

李德裕一听，就明白了，他脑子一转，便想出了一个办法，让那些诬告的和尚一个个只好低头认罪。

假如你是李德裕，你能想出什么好办法呢？

58. 丘吉尔化解难题

在英国政府举办的一次招待英国上层人士的宴会上，气氛十分热烈，英国首相丘吉尔作为宴会的主人在频繁地和大家碰杯。就在宴会进行到一半的时候，礼宾司的一名官员悄悄地走到丘吉尔身边，对他耳语道："刚刚有侍者看到，某先生将一只银质的烟灰缸悄悄放进了自己的口袋。"丘吉尔一听，感到有些犯难，因为在这样高级的场合直接对其指出来，不仅那个人没有面子，所有的人都会感到没有面子。

你能帮丘吉尔想出一个两全其美的办法吗？

59. 吴道子除雀

唐代时，在长安城南的乐游原上，有一座古刹，名叫青龙寺。因为在这一带全是光秃秃的山野，麻雀无处落脚，大部分都飞往古寺栖息。而寺里的僧人因为是出家人，不忍赶走这些麻雀，于是年深日久之后，这里的麻雀越来越多。这些麻雀整天成群结队地到处飞，时而在大殿内做窝，时而在佛像的供桌上觅食，搅得寺里不得清净。不仅如此，麻雀吃饱了，还在寺庙里乱屙屎，搞得寺里到处都是斑斑点点的雀粪。

一次，画圣吴道子受皇帝旨意，前来这里做壁画。这些麻雀却没有给画圣面子，经常是将窝里的草屑弄到吴道子头上身上，又多次将粪便拉在吴道子所作的画上。吴道子非常生气，找来寺里的方丈商量如何除雀。寺里的方丈一听吴道子要除雀，立刻双手合十说道："阿弥陀佛，出家人以慈悲为怀，连蚊虫性命尚且不伤，怎敢伤这些鸟雀的性命？"最后，吴道子看实在说不动方丈，便只能依靠一己之力除雀了。左思右想之下，他还是发挥了自己的专长，想到了一个绝妙的除雀办法。他在大殿外的山墙上他画了一幅翠竹图。这翠竹画得十分逼真，麻雀一见，都以为是真的，纷纷争相飞过去找食。结果许多麻雀都一头撞死在了山墙上。

不过，这种办法虽然能够除雀，但是仔细想想的话，有些不妥。因为，这毕竟是在佛门净地，就这样大规模地杀生，显然是不好的。那么，你能够替吴道子想个更好的办法吗？

60. 客人是谁

任伯年是我国清末著名画家，工于山水、花鸟，其肖像画看上去尤其真实自然，栩栩如生。任伯年十一岁那年，一天，其父亲出门了，恰巧有位朋友来访。小伯年便请其到屋里，来者得知任伯年父亲不在家时，喝了杯茶就告辞了。任伯年父亲从外面回来后，听说有人前来造访，于是问任伯年来者是何人。但任伯年却想不起对方的名字了。但是，他灵机一动，想了一个办法，使父亲得知了来访的客人是谁。

猜想一下，任伯年的办法是什么呢？

61. 张良用蚂蚁计赚楚霸王

秦朝末年，天下大乱，楚霸王项羽与汉王刘邦两个实力最强的起义军领袖为了争夺江山，整整打了四年仗，演绎出了"楚汉争霸"的一则则生动鲜活的故事。

公元前 204 年 11 月，项羽在击败彭越后，寻汉军主力决战不成，屯兵广武（今荥阳北）与刘邦形成对峙。不久，韩信在潍水之战中歼灭齐楚联军，完成对楚侧翼的战略迂回，又派灌婴率军一部直奔彭城。项羽腹背受敌，兵疲粮尽，遂与汉订盟，以鸿沟为界，中分天下，东归楚，西归汉。楚汉订盟后，项羽引兵东归。这时，刘邦在张良、陈平等人的提醒下，却突然违背盟约，回过头来全力追击楚军。结果刘邦、韩信、刘贾、彭越、英布等各路汉军约计七十万人与十万久战疲劳的楚军于垓下（今安徽灵璧县南）展开决战。最终，楚军寡不敌众，仅剩不到两万伤兵随项羽退回阵中，坚守壁垒。楚军兵疲食尽，又被汉军重重包围。这时，汉军士卒齐声唱起楚歌，歌云："人心都向楚，天下已属刘；韩信屯垓下，要斩霸王头！"致使楚军士卒思乡厌战，军心瓦解，项羽只好率八百人突围。最终，项羽好不容易才冲杀出来，并在一名渔夫的带领下，到了乌江边上。我们要讲的故事便是此时在乌江边上所发生的事。

到了乌江边上后，疲惫的项羽从马上下来，准备休息片刻后渡江。可是就在项羽想着渡江后重整旗鼓卷土重来的计划时，他突然看到江边有一座石碑，这座石碑上竟然写着"霸王自刎乌江"这几个字。项羽看到这座石碑之后，十分生气，但当他走近再看时，一下子惊呆了——原来这几个字竟然是由许多蚂蚁组成的！

看到此景，项羽逃出来后的侥幸心理顿时没有了，他非常震惊。项羽沮丧地想，难道真有冥冥之神在主宰着生灵万物，预示着自己必然会失败吗？想到这里，迷信的项羽感到万念俱灰，他长叹一声："此乃天意，非战之过也。"说完就拔剑自刎了。

本来，正如后来的唐代诗人杜牧所说的"江东弟子多才俊，卷土重来未可知"，如果项羽能够渡过乌江，"楚汉之争"的结局或许还有另一种可能性，但是，正是因为这些蚂蚁，项羽放弃了这种可能性。那么，真的是上天在通过这些蚂蚁暗示项羽的灭亡吗？你能猜出这其中的奥秘吗？

62. 巧妙的谋杀

比埃尔·拉法兰是一个十分机智、经验丰富的法国侦探。

这天，拉法兰侦探接到警察局的电话，对方让他立即前往呼斯卡尔郊区森林，协助调查一起案子。原来，十分钟前警察局里来了一个男子，他称自己在呼斯卡尔郊区森林中看到一个男子被人绑在树上，当他走过去想把这个绑在树上的人弄下来的时候，才发现这个男子已经死了。于是，他没敢动这名男子，就报了案。

警方和拉法兰侦探到了斯卡尔郊区森林的出事地点。果然如报案的男子所说，等他们赶到事发现场的时候，死亡现场还没有被破坏。死者是一名三十岁上下的男子，其嘴被堵着，脖子被生牛皮紧紧地绕了三圈。法医鉴定后，认定死者的死亡时间是在下午三点左右，死亡原因是窒息。警方经过调查发现，受害人名叫卡尔雷诺，在对卡尔雷诺生前的人事关系进行了一番调查后，警方认定一个人的作案动机很大。于是，警方马上逮捕了这个嫌疑犯。

但是，这个嫌疑犯一口咬定从上午至下午尸体被发现的这一段时间内，自己都不在作案现场，并且有充分的证据。而警方经过调查，也不得不承认此人的确不具备作案时间，因此虽然十分怀疑他，也苦于找不到相关证据，根据法定程序，必须要释放此人。

不料，警方在拘留期限的最后时刻不得不释放这个人的时候，拉法兰侦探给警方提供了一番推理，证明这个人尽管不具备作案时间，却并不一定就不能作案。警方一听，觉得十分有理。于是按照拉法兰侦探的推理，又一次审讯了这名犯罪嫌疑人，此人终于无话可说，乖乖地承认了自己的犯罪行为。

你能猜出凶手在"不具备"作案时间的情况下是如何作案的吗？

63. 唐寅学画

说起明朝江南大才子唐寅，可能你有些陌生，可是我们一说唐寅字伯虎，你肯定就知道了。不错，正是电影《唐伯虎点秋香》中的唐伯虎。其实，除了"点秋香"，在民间还流传着许多有关他的故事，其中一则便是唐寅学画。

从少年时起，小唐寅便喜爱画山水人物、石头竹松，而且画出来的图画惟妙惟肖、生动逼真。唐寅的母亲见儿子在绘画方面有天赋，便让他带上一个行李卷和一包碎银，到当时的大画家沈周门下学习深造，以求更上一层楼。沈周见小唐寅俊逸清秀、聪明伶俐，便爽快地收下了这个徒弟。

由于小唐寅天分极高，学了一年画之后，他的画艺可以说是突飞猛进，出手不凡了，再加上别人的夸奖，年幼的唐寅不免有些骄傲自满起来。这天，他偷偷地把自己的画与师傅的作品比了比，感觉不相上下，就不想再继续跟着沈周学下去了，因为沈周天天让他描描画画的，日子无聊极了。因此，小唐寅就向师傅提出回家"孝敬老母"的要求。

沈周看出了唐寅的自满情绪，就叫妻子做了几样菜，端进东厢一间小屋里。师徒二人到小屋里坐下，一边饮酒一边说着话，沈周笑问："学画一年，想念老母了是吗？"唐寅连连点头。

沈周佯笑道："你画画的基础本来就不错，又跟我学了一年，现在可以出师了。"

唐寅一听到师傅这么说，喜上眉梢，就连忙称是，接着拱手施礼："感谢老师大恩。"

沈周笑了笑，说："陪你喝这酒喝得为师全身发热，你帮为师将窗子全部推开，凉快凉快可以吗？"

"遵命。"唐寅应了一声，起身走到窗前，谁知这一推，他大吃一惊，扑通一声双膝跪下："师傅，我不想回家了，留下我再学三年吧！"你知道这是为什么吗？

64. 兔子的论文

腹中饥饿的狐狸正在觅食，忽见一只兔子正斜躺在青青的草地上晒太阳。大喜过望之下，狐狸迅速扑了过去，不想兔子却连躲都不躲地继续享受温暖的阳光。

"你为什么不逃跑？难道你就不怕我吃了你吗？"狐狸挑衅一般地问道。

"你不会吃我的。"兔子眯了眯眼睛说道。

"为什么？"狐狸疑惑地问道。

"因为我们兔子实际上比你们狐狸更强大。"兔子回答道。

顿时，狐狸像听到了一个天大的笑话一般放声大笑了起来，笑过之后，它又向兔子扑了过去："做梦吧你，我今天一定要吃掉你！"

"你不相信？"兔子坐了起来，"关于这一点，我已经用一篇论文详细透彻地论述完毕了。如果你不相信的话，我可以证明给你看。"

好奇不已的狐狸于是跟着兔子走进了山洞，去看它那篇论文。

进去之后，狐狸才相信了兔子真的比自己强大，只不过，它再也没机会亲口承认这一点了。

证明完毕的兔子走出山洞，继续沐浴着阳光。

不一会儿，一只觅食的狼也走过来想吃兔子，兔子故技重演，把狼也领进了山洞里看它那篇自己为什么比狼强大的论文。狼进洞之后也相信了这一点，只不过和狐狸一样，它也没机会亲口承认了。

你猜这是怎么回事？

第八章

急智思维名题

1. 老太太点房报警

从前，欧洲北海附近的胡苏姆镇有一个风俗，每到冬天的时候，他们都要举行一个庆典。镇上无论男女老少都要参加，他们在海岸与海岛之间的冰面上，搭起帐篷，在冰面上自由地滑冰，随着音乐疯狂地跳舞，也会拿出烈酒，开怀畅饮，这个庆典实际上就是胡苏姆镇的一个盛大的狂欢节，人们对它怀有极大的热情，往往夏天才刚刚结束，人们就开始盼望庆典了。

这一年，庆典的时间又在人们的热切期望中到来了，全镇的人们都迫不及待赶到了庆典现场，在那里尽情地释放出积蓄了一年的热情，庆典要从早上一直持续到半夜，月亮升到半空为止。

只有一个腿脚不灵便的老太太没有去参加庆典，她独自一个人趴在窗口，眺望着远处载歌载舞的人们。

到了傍晚，老太太发现海平面上升起了一团乌云。

"不好了，要出大事了！"老太太惊呼起来，她的丈夫曾经是一个经验丰富的船长，从丈夫那里她学到了很多气象知识。

"大家快回来呀，台风来了，马上要涨潮了，再不回来大家就没命了！"老太太一瘸一拐地走出家门，声嘶力竭地喊着，一边挥舞着双手。

但是，庆典上的音乐震耳欲聋，狂欢的人们，根本就不可能听到老太太焦急的喊声。

这时候，乌云更加逼近了，它张牙舞爪，西北风嗖嗖地刮起来了，好像在狞笑："嘿嘿，愚蠢的人们，这回你们可跑不了啦！"

老太太打了一个寒噤，她已经预感到了可怕的后果……

老太太有办法拯救胡苏姆镇人吗？

2. 与贼巧周旋

下班后，幼儿园的舞蹈教师周巧英像往常一样，顺便在菜市场上买了些菜带回家。这个时候，周老师的丈夫陆伟通常还没有下班。

周老师来到家门口，惊愕地发现房门虚掩着。"怎么，难道今天陆伟提前下班了吗？"周老师暗想到。她蹑手蹑脚地推开房门，想给陆伟来个突然"袭击"。

当屋内的景象映入眼帘，周老师不禁惊呆了，屋内的一些杂物乱七八糟地扔得满地都是，一个满脸凶相的彪形大汉手提着一把明晃晃的菜刀，正在翻箱倒柜地找东西。"强盗行窃！"一个可怕的念头顿时从周老师的脑海里跳出来。怎么办？电光火石间，周老师的脑子快速地旋转：

马上高呼"抓贼"？凶恶的强盗近在眼前，把他逼急了，他什么事都能做的出来，这个办法对于瘦弱的周老师来说显然是很不利的。

转身就跑？就算再迟钝的强盗，也会马上警觉，他可能会选择立即夺门逃窜，也有可能会拿起菜刀追杀周老师，无论强盗选择哪种做法，结果都是周老师所不愿意看到的。

第三种办法就是：运用智谋，巧妙地和强盗周旋，先稳住强盗，然后再想一个万无一失的办法，抓住强盗，这当然是最完美的结局了。

拿定了主意，周老师"怦怦"直跳的心脏也慢慢平缓下来。

周老师用什么办法摆脱危险境地并成功捉贼呢？

3. 易卜生智斗警察

易卜生是挪威著名的戏剧家，他勇敢，正直，对黑暗的社会制度深恶痛绝，不仅在戏剧作品里对荒唐的现实进行无情的批判，还用实际行动来帮助革命者，支持社会变革。他经常冒着生命危险收留一些革命者，为他们保存革命文件，给他们提供秘密集会的场所。为此还和许多工人运动领导人交上了朋友，其中就包括著名的阿葛特。

反动当局对易卜生的行为非常不满，但是慑于易卜生在人民群众中的崇高威望，怕引起人们的暴动，不敢贸然抓捕他。他们多次对他进行"好言相劝"，叫他注意自己的行为，不要轻易"上当受骗"。但是，易卜生才不理会这些假惺惺的"金玉良言"呢，他依然我行我素，对于革命者能帮则帮。反动警察局长看在眼里，恨在心里，多次恶狠狠地扬言：“这个不知天高地厚的易卜生，不吃敬酒吃罚酒，早晚被我抓住把柄，好好地收拾你。”

1851年7月的一天，阿葛特在执行任务的时候不幸被敌人抓获，一位同志赶紧过来通知易卜生：“抓紧把存放在你这里的文件销毁，敌人随时可能过来搜查！”

话音未落，外面就响起了嘈杂的脚步声，易卜生赶紧从秘密通道送走了这位同志，等他转过身的时候，警察已经来到窗外，怎么办？销毁文件已经来不及了，易卜生看着箱子里和柜子里的文件，急得满头大汗。忽然灵光一闪，易卜生想到了一个大胆的办法，“事到如今，也只有这个办法了”他自言自语地说。

易卜生刚刚收拾完毕，一群警察就破门而入了。

“你们想要干什么！”易卜生大声抗议道。

“闪开！”警察粗暴地把易卜生推倒在一边，开始翻箱倒柜地搜寻革命文件。但是，箱子、柜子、天花板，甚至墙角的一个老鼠洞都被他们搜遍了，还是没有找到一页可疑的文件，全是些普通的书籍和书稿。

“你把秘密文件都藏到什么地方去了！”警察局长恼羞成怒地冲着易卜生吼叫。

“我不知道你在说什么，我这里都是光明正大的书籍和稿件，根本不存在什么秘密文件。你们这种野蛮的做法，实在是让我莫名其妙，也许我的观众们会乐于看到你们的丑态！”易卜生不卑不亢地反击道。

“好，好，”警察局长气急败坏地说，“那我们骑驴看唱本——走着瞧！”说完，就带着人灰溜溜地走了。

到底是怎么回事呢？易卜生把秘密文件藏哪儿了？

4. 盟军飞行员脱险

第二次世界大战期间，一天晚上，盟军的几架飞机受命前去轰炸德军的一个机场。但是，盟军的飞机尚未到达机场时，便被德军布置在机场外围的雷达发现了，刹那间，德军的防空炮如雨矢般齐发。盟军的几名飞行员看情况不对，赶紧架机逃离了。但是，其中的一架飞机中弹了，飞机已经无法正常飞行了。这时，盟军飞行员心想，下面是德军的地盘，如果在这里跳伞，肯定很快被抓住。想到此，这名飞行员心一横，干脆勉强将受伤的飞机驾驶到德军机场上空，然后在那里跳了伞。

机场是德军重点布防的区域，但是他们做梦也不会想到敌人敢于在他们的机场上降落，因此德军只是在机场外搜寻跳伞的盟军士兵，在机场内部则没有什么警戒。因此，这名盟军飞行员竟然大摇大摆地降落在了德军机场上，然后，他将降落伞卸了下来，隐没在了黑夜之中。

镇定地观察了一下之后，盟军飞行员看到，机场外面漆黑一团，而机场大楼则灯火通明，机场外面则有一家德国客机，里面坐满了乘客，而驾驶舱内则空无一人，可能飞行员因为什么事耽搁了还没到。盟军飞行员知道，自己如果逃出机场，即使凭借黑夜的掩护能够暂时逃脱，等天一亮也必定被抓住。该怎么办呢？他陷入了沉思。

假如你是这名盟军飞行员，身处这种险境，接下来你会如何做？

5. 曹操机智脱险

话说东汉末年，西凉刺史董卓乘朝野之乱，以平叛为名，统帅二十万大军入都城洛阳。这厮入京之后，废了少帝，立了献帝，自封为相国，其参拜不名，入朝不趋，剑履上殿，飞扬跋扈，篡位之心毕露无遗。尤其是在收了三国第一猛将吕布之后，其更是残暴凶狠，恣意妄为。大臣们对于董卓的行径十分愤怒，于是，渤海太守袁绍与司徒王允秘密联络，要他设法除掉董卓。但王允乃一个文官，面对骄横的董卓无计可施，于是便以庆祝生日为名，邀请群臣到自己家中赴宴，商讨计策。

席间，王允突然掩面而泣，众人皆问其故。王允便将想要除去逆臣董卓却又无计可施的想法给说了，众人一听，也都掩面而泣。这时，唯骁骑校尉曹操于座中一边抚掌大笑，一边高声说："满朝公卿，夜哭到明，明哭到夜，还能哭死董卓吗？"王允见曹操口出妄言，便质问他为何如此，曹操于是说道："我之所以笑，乃是笑满朝公卿无一计杀董卓！我虽不才，愿即断董卓之头悬于国门，以谢天下。"王允正色道："愿闻孟德高见！"曹操说："我近来一直在讨好董卓，目的就是想找机会除掉他。现在老贼对我已很信任，听说司徒您有七星宝刀一口，愿借给我前去相府刺杀董卓，虽死无憾！"王允闻言即亲自斟酒敬曹操，并将宝刀交付曹操。曹操洒酒宣誓，然后辞别众官而去。

第二天，曹操佩戴着宝刀来到相府，见董卓躺在小床上，吕布侍立一旁。董卓见到曹操后，便问他今天为何来迟了。曹操回答说："乘马羸弱，因故来迟。"董卓一听，便让吕布去从新到的西凉好马中选一匹送给曹操。吕布于是出去了。曹操见吕布离去，心中暗想，这贼看来合该今日死于我手中。他想要当即动手，但担心董卓力气大，难以在仓促间将其杀死。正在犹豫，却见董卓因身体肥大，不耐久坐，倒身卧在床上并将脸转向内侧。曹操见状，心想这贼看来合该命绝，急忙抽出宝刀，就要行刺。不料董卓却从衣镜中看到曹操在其身后拔刀，于是喝问道："孟德你要干什么？"而此时吕布也已经牵着马从外面回来了。曹操心中一阵发慌，有些不知所措。

假如你是曹操，面对如此险情，你会如何使自己脱险呢？

6. 布鲁塞尔第一公民

五百多年前的一个晚上，比利时首都布鲁塞尔的中心广场上五光十色，人声鼎沸，人们在这里载歌载舞，欢庆自己刚刚打败了外国侵略者。

但是，就在人们处于欢腾状态的时候，一个邪恶的阴谋却在悄悄实施着。不甘心就此认输的侵略者派出了几个敌人悄悄地潜入布鲁塞尔搞破坏。这几个敌人将目标锁定在了市政府地下室。在那里，堆放着许多火药。一旦有一点火花落在火药上，整个市政厅和附近的建筑物都肯定会被炸得稀巴烂，欢庆的人们也会瞬间被炸死成百上千。这天夜里，这几个敌人乘人们失去了戒备，将一根长长的导火索接到了地下室的炸药堆上，为了方便自己逃跑，另一头则被拉到了院子里。敌人将导火索点燃之后，便赶紧逃跑了。导火索则顺着墙根"呲呲"地飞快燃烧着，火苗快速地向地下室跑去，眼看一场灾难即将发生。

就在这个万分危急的时刻，一个名叫于连的光屁股小孩到院子里来玩耍，他看到了正在燃烧的导火索。这段时间的战争使得这个小男孩提前长大了，他知道地下室里有火药，也知道这不断变短的导火索意味着什么。他立即意识到，现在去喊大人，肯定来不及了，自己必须立刻将导火索弄灭。但是，他身边没有水，而如果这时再去打水，也来不及。该怎么办呢？情急之下，小于连突然灵机一动，想到了一个绝妙的主意，挽救了成千上万的人们。

你猜，小于连想到了什么好主意呢？

7. 聪明的丽莎

一次，一家时尚杂志社的编辑丽莎在杂志社加班到晚上十二点才下班。走出办公楼之后，她不禁感到一阵轻松，因为终于将工作上的事情理顺了，接下来几天她的工作将会是轻轻松松的。但是，仅仅是一瞬间的轻松感之后，她便感到了一阵的紧张。因为平时下班时人来人往的办公楼前的马路上此刻冷冷清清，连一个人影都看不到。

丽莎不禁心里一阵发紧。她平时喜欢在业余时间看一些侦探类故事，此刻，一个个描述抢劫、凶杀的故事中的情景都纷纷在脑海中出现，同时，她也努力回忆起那些聪明的侦探们是如何巧妙地对付那些凶犯的。想到这些，她心情稍微平静了一些。毕竟，只要往前走三百米，便会走到大街上，到时就会有出租车了。

但是，侦探故事中的情景最终还是与丽莎的现实交汇了，就在她走过一幢大楼的时候，突然从拐角处出现了一个黑影。这个黑影手持一把寒气逼人的尖刀向丽莎扑了过来。看来跑是跑不掉了，而如果尖叫可能反而被气急败坏的对方捅上一刀。于是，丽莎干脆站在原地一动不动，并询问对方："你想要什么？"丽莎看上去十分害怕。

"小姐，别害怕，把你的耳环摘下来给我就行了。"强盗看这个女人不喊不跑这么听话，倒也和气起来。

听到这个之后，丽莎的脸上似乎露出了一丝释然的表情。只见她努力用大衣的领子护住自己的脖子，然后用另一只手麻利地摘下自己的耳环，并将它扔到地上说："好，这个给你，现在我可以走了吧！"

强盗看她如此爽利地交出了耳环，却拼命护住脖子。心想她一定戴着一条值钱的项链。便又说道："现在我改主意了，我要你的项链！"

丽莎一听，慌忙乞求道："先生，这条项链很不值钱，只是因为朋友送我的，我才十分珍惜，请你把它留给我吧！"

强盗于是说道："鬼才信你的话，少啰唆，赶紧交给我！"

丽莎只好用颤抖的手，极不情愿地摘下来自己的项链。强盗一把夺过项链，便跑了。

这时，丽莎脸上却露出了一丝诡异的微笑，然后弯腰捡起地上的耳环。她心里想，自己的侦探故事还是没有白读，这次智斗歹徒的故事也够自己跟朋友吹嘘一番了。

你能猜测一下这是怎么回事吗？

8. 伊丽莎白的暗示

伊丽莎白是一家电视台的女主播。这天，她下班有些晚，疲惫的她打开门进屋之后，正想把门关上，没想到突然从门外插进来一只胳膊卡住了门，紧接着一个中年男子的身子插了进来。伊丽莎白吓得赶紧往身后退。这位不速之客进来后，从口袋里掏出一把匕首，凶神恶煞地要伊丽莎白将自己的钱和首饰都拿给他。

伊丽莎白明白，自己经常在新闻里播报的入室抢劫案今天落在了自己头上了，她吓得脸色煞白，有些不知所措，机械地从手提袋里掏出钱来递给对方。但是，歹徒并不满足，开始在屋里寻找起来，他先是将伊丽莎白放在桌子上的几件首饰放进了口袋，然后又逼迫伊丽莎白摘下戴在手臂上的名贵手表。

就在这时，门铃响了起来，歹徒一听十分着慌，他用匕首抵在伊丽莎白背上，要她告诉外面的人自己已经睡了，让外面的人离开。

"谁呀？"伊丽莎白问道。

"是我，罗伯特警官，伊丽莎白小姐，我巡逻至此，最近这条街上不是很太平，我来看看你是否安好。"听到这熟悉的声音，伊丽莎白感到镇定了许多。

"十分感谢您，我很好。"伊丽莎白回答道，停顿了一下之后她又轻松地说道，"对了，我丈夫对您上次对他的帮助十分感谢，让我向您道声谢。"

"那没什么，只是顺便而已，那么，现在，您早点休息，晚安！"

透过窗户，歹徒看到楼下的罗伯特驾车离开了。"表现得不错，哈哈！"看到这种情况，歹徒完全放松了下来，他毫不客气地到酒柜里拿了瓶酒坐在沙发上啜了一口。休息了一下之后，这家伙开始用色迷迷的眼神打量起伊丽莎白来，他心里琢磨，自己或许今晚可以在这里过夜。

不料，就在歹徒正在做自己的美梦的时候，突然从阳台上的门口冲进来几名持枪警察，还没等他反应过来，警察就将手铐拷在了他手上。

"你真聪明，伊丽莎白小姐，你没事吧？"罗伯特警官看着伊丽莎白夸赞道。

你猜这是怎么回事？

9. 盟军坦克兵反败为胜

第二次世界大战期间，在一次战斗中，一辆盟军坦克冲入了德军阵地，不料，却陷进了一个水坑里，发动机也熄了火，无法动弹。坦克里的三名坦克兵除了手枪之外，没有其他武器。这时候，一群德国兵冲了上来，他们从外面敲打着坦克的外壳，要坦克里的士兵出来投降。

但是，里面的盟军士兵却不为所动，拒绝投降。于是，德军干脆找来了汽油，声称如果坦克里的人再不投降，就要在坦克上浇上汽油，将他们活活烤死。就在这个危机时刻，其中一名盟军坦克兵掂了掂手中的手枪，突然想到了一个脱险的好主意。凭借着这个主意，这几个盟军坦克兵果然开着坦克逃回了自己的阵地，并且还拉回了两辆德军坦克作为战利品。

你猜，盟军坦克兵想到了什么主意？

10. 吕叔湘巧妙寄回信

吕叔湘先生是我国著名语言学家，他经常会收到来自全国各地的向他请教问题的读者来信。这天，吕叔湘收到一封读者来信后，习惯性地阅读了来信，又是一个请教问题的朋友，吕叔湘马上写了封回信解答了信上的问题。但是，正当他装上信封要寄信时，遇到了问题。原来这位写信的朋友在信上留下的签名，完全是龙飞凤舞，十分潦草。吕叔湘看了多次，都看不出个所以然来，所以不知道自己的回信该寄给谁。但是，不回信的话，会显得很不礼貌。吕叔湘陷入了两难，就在这时，他突然眼睛一亮，想到了一个好办法，将信顺利寄了出去。

你猜，吕叔湘的办法是什么？

11. 智取手稿

第二次世界大战的末期，德国法西斯特务组织企图绑架丹麦著名核理论研究者玻尔博士，妄想强迫他帮助法西斯制造原子弹，以进行垂死挣扎。当时丹麦的地下反抗组织得到这一消息后，就立刻想办法把其营救了出来，让他逃往国外。临走时玻尔博士告诉反抗法西斯组织的人，他有四张记着有关核武器的关键公式和重要数据的手稿，藏在他的住所牛奶箱后面的砖缝里。玻尔博士请求反抗法西斯组织赶快想办法把他的手稿取出来。玻尔博士很清楚法西斯分子肯定把守严密，他就给地下反抗法西斯组织出了一个主意。

就在第二天清晨，十三岁的丹尼装扮成送报纸的孩子来到玻尔博士的住所，没费什么周折就取到了手稿。但是，当她抱着报纸走出门的时候，她发现了十字路口有几个德国兵在把守，并对来往的行人进行着严密的搜查。并且，有几个盖世太保已经向玻尔博士的住所走来。丹尼就按玻尔博士说的办法顺势闪进了身旁的邮局。

丹尼在邮局待了几分钟以后，抱着报纸又走了出来。当她走到十字路口后，盖世太保对她搜查得特别仔细，却什么也没搜到。

三天后，反抗法西斯地下组织成功地拿到了那四张重要的手稿。

请读者朋友们想一想：玻尔博士给丹尼说出了一个什么妙招呢？

12. 处变不惊的曹玮

北宋时期，大将曹玮英勇善战，又深有谋略，处变不惊，在北宋和西夏的战争中屡立奇功。

一次，曹玮正在与宾客下棋，突然一名士兵上气不接下气地跑来，禀报道："将军，大事不好，有一部分士兵叛逃到西夏去了！"

曹玮一听，心中也吃惊不小，要知道，这种事情对于军心的动摇非常大。但是他却没有表现出一丝惊慌，而是神态自若地说了一句话，不仅稳定了军心，而且巧妙地除掉了叛逃者。

你猜，曹玮说了句什么话？

13. 林肯的反击

1843 年，亚伯拉罕·林肯作为伊利诺伊州的共和党候选人参与选举该州在国会的众议员席位，其竞争对手便是民主党候选人的彼德·卡特赖特。

卡特赖特是当地有名的牧师，在当地有许多信徒，比当时的林肯有名望得多。而卡特赖特也是靠山吃山，从不忘利用自己在宗教方面的优势，对林肯进行攻击。他大肆宣扬林肯不承认耶稣，甚至污蔑耶稣是"私生子"等。搞得满城风雨，林肯的威信因此受到很大影响。

林肯觉得再这样下去也不是办法，决定反击。一个星期天，林肯获悉卡特赖特又要在某教堂布道演讲了，就随着人群一起走进了教堂，并找了个显眼的位置坐了下来，以故意让卡特赖特看到自己。果然，卡特赖特很快就看到林肯，他很快便想到了一个让林肯出洋相的主意。

于是，正当演讲到高潮的时候，卡特赖特突然对下面的信徒说："愿意把心献给上帝，想进天堂的人站起来！"信徒们都站了起来。显然，如果林肯此时乖乖听话地站了起来，他便在这场博弈中落入下风了。而如果林肯不站起来，便是不想去天堂，正好反映了他对于主的不敬，就更给了卡特赖特以攻击林肯的宗教信仰的口实。如此，林肯便处于一种两难境地，显然，卡特赖特的这招是很阴险的。最终，卡特赖特发现林肯没有站起来。

"请坐！"卡特赖特看林肯已经进入了自己的圈套，心想再加强一下效果，于是他继续祈祷一阵之后又说道："所有不愿下地狱的人站起来吧！"这次，信徒们又都站了起来。但是林肯仍然没有站起来。

卡特赖特看火候已经差不多了，于是用一种神秘而严肃的声调说道："我看到大家都愿意将灵魂推向上帝，从而进入天堂。但是，我看到这里的唯一的例外就是鼎鼎大名的林肯先生，请问你到底要到哪里去？"

林肯这时才从座位上从容地站了起来，他面向牧师，其实是面向选民，先是平静地说道："我是以一个虔诚教徒的身份来到这里的，没想到卡特赖特教友竟单独点了我的名，让我感到不胜荣幸。我认为，卡特赖特教友刚才向我提出的问题很重要，但是我觉得倒也不必和其他人的回答一样，因为我有自己的答案。他刚才直截了当地问我要到哪里去，那么现在我就同样坦率地回答……"结果，林肯的话音刚落，教堂里的人随即忍不住笑了出来，但是这却并不是笑林肯，而是卡特赖特。和这笑声一起响起的，是人们热烈的掌声，人们不禁为林肯的机智和雄辩所折服。而卡特赖特则显得狼狈不堪。

猜一下，林肯的回答是什么吗？

14. 越狱犯和化妆师

在中国南方某市曾发生过这样一件富有戏剧性的事情。

一天，该市一名著名的化妆师下班回家，打开门进屋后，还没有来得及将门给关上，突然从外面一下子挤进来一个中年汉子。这汉子进门后，一边一把将身后的门给关上，一边从身后亮出一把明晃晃的匕首。化妆师一看，吓得身子急忙往后面退去。他以为对方是入室抢劫的，战战兢兢地对对方说："钱都存在银行里，家里只有两千多块钱，在抽屉里，你全拿走！"

没想到对方却狞笑一声道："放心，张老师，钱我不缺，我不会拿走你那两千多块钱的。明人不说暗话，我就是昨晚新闻节目里播送的越狱潜逃犯范××。我冒这么大风险来找你可不是想要你的钱，而是有其他事想让你帮我！"

昨晚化妆师因为在电视台加班，没有看新闻节目，于是说道："昨晚的新闻我并没有看，不过，我想你是找错人了吧，我又能帮你什么忙呢？"

"实话告诉你吧，我昨天夜里已经打死了一名警卫，撬了一家银行，搞到了足够我下半辈子花销的钱，只要我能逃出这个城市，就可以舒舒服服地过下半辈子了。不过，现在外面的警察到处在找我，我的照片也已经挂在了各个公共场合的显眼地方。现在我需要你帮我化装一下，好躲过警察的追捕。"

"这个，恐怕你太高看我了，我想我对你帮助不大。"化妆师一边搪塞，一边看着来人放在脚边的帆布包，猜想这歹人抢来的昧良心的钱肯定就在这里面了。

"嘿嘿，张老师你就别谦虚了！谁不知道经过你的手一化装，丑人能变美，美人也能变丑。年轻的可以变成年老的，年老的可以变年轻！帮我这点忙你肯定是做得到的。只要你帮了我这个忙，我不仅不伤害你，而且还高价给你报酬。"这个亡命之徒狞笑着说道，"可是，如果你不肯配合，那么可就不要怪我心狠手辣了。反正杀一个人是死，杀两个也不过是个死！"

化妆师心想看来是躲不过去了，于是脑子在飞快地转动。突然，他眼睛一亮，想到了一个主意。于是，他冷静下来说道："照我看来，你最好还是去自首，因为即使我帮你化了装，也只能起到暂时的作用。"

"废话少说，我只需要暂时逃出这个城市就行，你是化还是不化？"歹徒凶神恶煞打断了化妆师的话。

"好，我帮你化，会使你满意的。"化妆师假装屈服了逃犯的淫威。然后，他开始拿出各种化装工具，认真地为逃犯化起装来。半个小时后，化妆师对逃犯说道："好了，你照下镜子看是否满意？"

歹徒趴到镜子前一照，只见自己的脸已经完全是另外一个人了，就连自己也认不出自己了。于是，逃犯十分高兴，赞叹道："哈哈，果然名不虚传！张老师，你既然对我够意思，我也不亏待你，这些钱你拿去！"说着，逃犯便从帆布包里掏出了一沓钱放在化妆师的桌子上。

"这个——就不用了！"化妆师虚意推让了一下，见逃犯并不理睬他，也就不吭声了。他想，既然歹徒有心行贿，不收钱反而引起他的怀疑。

最后，逃犯正要提着包出门，突然又转回来，放下包，皮笑肉不笑地对化妆师说道："张老师，为防止你报案，还得委屈你一下！"说完就用临时找来的鞋带将化妆师的手脚给捆了起来，又用一块毛巾将其嘴堵上。"张老师，你帮了我的忙，我不会伤害你，你在这里等家人回来就行了！"说完，逃犯提起包，开门走了出去，又随手将门关上，飞快地下楼离去了。

逃犯离开化妆师的家后，刚开始心里还有些打鼓，但逐渐地，他开始放下心来。因为他知道，自己现在已经完全是另外一副面孔了，没必要担心。于是，他大摇大摆地先是去火车站买了一张晚上7点开往广州的火车票。看时间还早，他又在火车站附近找了家饭馆吃了饭。然后，他又买了张报纸，放心地坐在候车室里看起来。等开始检票进站时，逃犯也大大咧咧地拿着票排在队伍里等候检票。但是，令他没想到的是，突然跳出两个便衣警察从背后将他摁住了。

直到被抓回警察局后，逃犯才明白他上了化妆师的当了。你猜，化妆师采用什么办法使得逃犯落了网？

15. 茄子的好坏

从前，有一位大富翁在吃饭的时候，感到一盘红烧茄子味道十分鲜美，于是，他一边吃一边赞叹："这道红烧茄子真是不错，不仅口感香嫩，而且营养丰富，可以说是蔬菜中的极品！"

旁边站着的仆人听到自己的主人一个劲地夸赞茄子，就顺口奉承说："是呀是呀，您注意到了吗主人，每个新摘下来的茄子都戴着一顶王冠呢！说它是蔬菜中的大王，可一点都没说错。"

富翁听了仆人的话，哈哈大笑起来，夸奖他这位跟班的会说话。

厨师听说富翁对红烧茄子"情有独钟"，于是每天都给他做这道菜吃。

一个星期过后，富翁看到饭桌上又是红烧茄子，感到口里的酸水都流出来了，直想呕吐。他生气地说："这是怎么回事，天天吃茄子，除了茄子就没有别的菜可做了吗？我一看到茄子就倒胃口，这个东西吃多了还生痰，以后再也不许做这个菜了！"

仆人听到自己的主人口口声声骂茄子不好，他也就顺着主人的气愤说道："一看茄子就不是什么好东西，你看它长得多难看，没有见一个茄子长得像模像样的，而且头上还长着刺，以后再不许用它做菜了！"

主人听了仆人的话，又感觉心里很舒服。然而过了一会儿，他忽然想起来，上次这位仆人还随声附和地夸赞茄子呢，怎么这次就改口了呢？于是他问仆人说："上次你说茄子是好东西，这次又说他是坏东西，你到底什么意思？茄子到底是好是坏？"

仆人知道主人是在故意刁难和戏弄他，不过既然主人发问，做仆人的必须要作出回答。这位机灵的仆人脑袋瓜子一转，就想到了一个巧妙的答语，逗得主人哈哈大笑起来。你猜一下，他是怎么回答主人的？

16. 巧用白手套

法国著名的巴黎大剧院此时正在上演着莎士比亚的名剧《奥赛罗》，奥赛罗的扮演者是法国著名的演员菲利普。

在人们的期盼中，舞台幕布徐徐拉开了，菲力普骑士一身戎装出现在了舞台中。舞台下面，观众们在鼓掌欢迎中忽然发现了一个问题：奥赛罗脸黑如漆，但是他的双手却是白白净净的。菲利普在观众的诧异声中低头一看，也发现了这个问题，原来是由于化装的时候太着急，自己忘记了给双手涂上黑色。一般遇到这种情况，演员们会下去补上妆再上来，但是菲利普毕竟是老演员了，他沉住气，继续镇定地把戏演了下去。

直到剧情演到中间，菲利普下场后，他才急忙跑去了后台，动作麻利地将自己的双手涂上了黑色的油彩。在转身准备上场的时候，他突然好像想起了什么，转身又戴上了一副洁白的丝质手套。

本来，菲利普只需要将手涂黑，将错误改正过来就行了，但是他却似乎多此一举地带上了副白手套，想一下，菲利普为何要这么做？

17. 丘吉尔一语解尴尬

二战期间，为了抵抗法西斯的恶行，很多国家联合起来，形成反法西斯同盟，简称同盟国。其中像英国和美国是同盟国的两个重要成员。为了协商对抗法西斯的政策，当时的英国首相丘吉尔不远万里，跨越大西洋亲自去了美国。

到了美国后，丘吉尔受到了美国总统罗斯福的热情款待。丘吉尔首相住的、吃的都是总统亲自关照过的。丘吉尔有早晨洗澡的习惯。一天早上，丘吉尔起床洗完澡后，还未穿好衣服，突然想到了一个问题，于是，就赤身裸体地在浴室里踱步。就在这个时候，有人敲门。

丘吉尔还没来得及披上浴巾，敲门的人就进来了。丘吉尔一看，来的不是别人，正是美国总统罗斯福。罗斯福是来和丘吉尔谈论事情来了，没想到却看到丘吉尔一丝不挂。罗斯福总统自知自己开门太快了，脸上表情很是尴尬，正想转身回去，却被丘吉尔叫住了。丘吉尔张开双臂，表示欢迎罗斯福进来。并且，丘吉尔还说了一句话，一下子逗得两人都哈哈大笑。本来的尴尬顿时无影无踪了。

你知道丘吉尔说了句什么吗？

18. 约翰逊公寓中的惊魂之夜

珍妮是一家新闻周刊的记者，她今天很高兴，因为大名鼎鼎的约翰逊侦探前两天终于接受了自己的采访，今天夜里，她就要前往约翰逊所住的公寓中采访这位她一直崇拜着的侦探了。

珍妮兴冲冲地来到了约翰逊侦探的公寓，约翰逊侦探在大门口迎接了珍妮。珍妮看到约翰逊之后，首先便感到一种失望，在她的想象中，约翰逊侦探应该是一位冷峻而深沉的四十岁的魅力男性。但是，她失望地发现，站在她面前的大侦探只是个面目和蔼，还略微有些秃顶的胖老头。只是，其眼睛倒多少透出一丝犀利。寒暄之后，侦探带着珍妮前往自己的公寓，他住在一栋普通公寓楼的5楼。在被带着走在灰暗、不整洁的走廊里时，珍妮更是感到失望了，她原本以为，这里应该是同伦敦贝克街22号A座福尔摩斯旧宅一样，充满了惊险、神秘与浪漫色彩的。

约翰逊显然也看出了珍妮的失望，他乐呵呵地对珍妮说："看来我令你失望了，你之前大概以为我的房间里应该有神秘的来客、美丽的女郎和放了毒药的香槟酒吧？呵呵，至少今晚可能你要失望了。不过，作为弥补，我待会儿会让你看一份很重要的文件，已经有好几个人为它送了命，也许若干年后，这份文件会影响历史的。"说罢，侦探便打开了门，并请珍妮进屋。

可是，就在侦探关上门，并将灯拉亮之后，珍妮吃惊地愣在了当地。只见屋里的沙发上有个人正拿枪对准着他们。

"罗伯特，"约翰逊侦探吃惊地说，"你不是已经死在东京了吗？"

"哈哈，我这人很敬业，在完成任务之前是不会轻易死掉的，我想你还是将把那份有关新式导弹的文件交给我，好成全我吧。"来人冷笑着回答。

"看来我必须得找隔壁的邻居算账了！"约翰逊侦探突然十分恼火地说，"这是第二次别人通过他的阳台跳到我房间里来了！"

"阳台？"罗伯特奇怪地问，"是吗，如果我早知道有阳台的话，我就省了不少麻烦了。"

"不，不是我的阳台，是隔壁房间阳台，一直延伸到我的窗下。"约翰逊看上去仍旧十分恼火，"我早就要他拆除掉了，但他却一直没有动静，他不知道给我带来了多大的麻烦——不过也许我没法找他算总账了，因为也许今晚我就得去见上帝啦！"

"好了，不妨告诉你，你如果今晚死了，不是你邻居的责任，事实上我是用万能钥匙进来的。"罗伯特说完，又言归正传地说道，"好了，不要再啰唆了，赶紧把文件交给我吧，只要你交出了文件，我想我没兴趣杀你。"

罗伯特的话刚说完，忽然门外传来了"嘭嘭"的敲门声。

"是谁？"罗伯特惊恐地盯着约翰逊问。

"呵呵，你以为这么重要的文件如此容易得到吗？"约翰逊笑着对罗伯特说道，"事实上，政府已经派了警察前来保护这份文件，他们想必是来巡视的，如果我不开门，他们会闯进来毫不犹豫地开枪的。你最好还是想想你自己的退路吧！"

罗伯特一听，又惊又慌，迅速地退向窗口，打开窗户，将一只脚伸向外面漆黑一团的夜色中，想试着找到下面的阳台。同时，他回头警告约翰逊道："你去叫他们离开，我在阳台上等着，只要你敢暴露我，我立刻就将你脑袋打开花！"说着，他向约翰逊扬起自己手中的枪。

"约翰逊先生！"门外的叫喊声更加急促了，同时，外面的人显然已经决定要"破门而入"了，门把手已经开始转动。看到这种情况，来不及够到阳台的罗伯特一着急，慌乱中直接松开双手，往下跳去，试图落在阳台上。

"先生，这是您要的两杯咖啡。"打开门进来的原来是个公寓的侍者，说罢，他将托盘放在桌子上，转身离开了房间。

珍妮这时浑身冰冷，本以为有救了，原来却是侍者，她心想，自己今晚可能也要死在这里了。

"珍妮小姐,你的采访可以开始了。"没想到约翰逊侦探突然微笑着对珍妮说道。

"可是,阳台上的那个人……"珍妮紧张地说。

"哦,他不会再来打扰我们了。"约翰逊意味深长地笑了起来。

你猜,这是怎么回事呢?

19."顺藤摸瓜"

一个周末,中学生李茜和王小毛一起到另一个同学家去玩。因为是周末,在回来的公交车上,人特别挤。车刚行驶了一小段之后,李茜想起自己今天可能不回家吃晚饭了,于是想给家里的母亲打个电话。就在她想要从口袋里掏出手机时,才发现装在上衣口袋里的手机不见了。李茜心里咯噔一下,心想糟了,在同学中频发的公交车上丢手机的倒霉事今天落在自己头上了。不过身为班长的李茜毕竟还是能够遇事不慌,她沉着地想,现在如果大喊捉贼,只能是打草惊蛇,那贼没准趁乱跑了;况且这贼还不一定是一个人,万一是团伙作案,到时反倒吃亏。于是她悄悄地对同学王小毛说明了情况,并告诉他如何如何做。于是,王小毛便假装很随意地挤到另一边,然后拨通了110,低声报了案。

公交车又往前行驶了一段距离后,突然一辆110警车拦在了前面,几个巡警上了车。这时李茜才站出来说明情况。但是,接下来的难题就是,车上有几十个人,不可能为了一个手机而挨个搜身。并且,那样的话,偷手机的人也可能利用搜身的时间将手机偷偷藏在车上某个地方。

你能帮李茜想出一个办法吗?

20.妻子智退小偷

这天,李小璐因为身体不舒服,便给公司打了一个电话请了一天假。不过,因为只是头稍微有点晕,李小璐也没有去医院,而只是打电话对丈夫说了一声,让他下班后早点回家,就躺在床上继续睡觉了。

迷迷糊糊中,李小璐听到门上的锁转动的声音,她以为是丈夫因为担心她,也请假回家来照看她了,就没有在意。过了一会儿,李小璐听到锁"啪"地一声开了,接着便是人进来的脚步声,还有就是有人翻弄东西的声音。李小璐都以为是自己的丈夫,也没多想。慢慢地,脚步声开始朝卧室走来,并打开了卧室的门。

李小璐这才睁开眼睛，准备跟丈夫说话。没想到她抬头一看，来人却是一个陌生男子，显然是小偷。这小偷本以为家里没人，这时突然看到屋里有人，也吃了一惊，愣在那里。

如果你是李小璐，你会如何做？

21. 杨小楼机智"救场"

我们可能听说过"救场如救火"这句话，说的是戏曲开演前或演戏过程中出现意外状况，需要采取相应的紧急措施以使戏曲正常进行的一种情况。

可以说，戏曲行业的人对这种事情是十分紧张的，因为一旦不能对意外状况作出有效的应对，也即"救场"，便很可能使观众感到不满乃至闹场，对于剧场和演员的负面影响是很大的。具体而言，这些意外状况大致可包括两种情况，一种是临开演前需要上场的演员因迟到、生病等原因不能上场。对于这种情况，戏班一般都会找替补演员进行临时替代；还有一种情况便是在戏台上出现意外状况，即演员忘词儿、唱错词儿、拿错道具等情况。对于这些情况，便往往要依靠演员本身的临时应变能力了。下面便是 20 世纪我国著名的京剧演员杨小楼 (1877 ~ 1937) 凭借机智巧妙地化解了一个意外的故事。

20 世纪 30 年代的一天，杨小楼在北京第一舞台演京剧《青石山》，他在戏中扮的是关羽。当时因为演周仓的老搭档因家中出现意外而临时告假，于是由一位别的花脸代替。但这位花脸因为在之前喝了点酒，到上场时，昏头昏脑地便上场了，竟然忘了戴上道具胡子。

要知道，这出戏是老戏，观众都熟得不能再熟了，出现这种失误很可能立刻引起观众的倒彩，如此，这场戏也就砸锅了。这时，扮演关羽的杨小楼在戏台上眼看着没带胡子的周仓就这么堂而皇之地走上场来站在了自己身边，心里十分着急，当着观众的面也不好提醒。正在焦急之际，杨小楼突然灵机一动，想到了一个主意，他以关羽的口吻临时加上了一句台词："呔！面前站的何人？"

这时饰演周仓的花脸也感到十分纳闷，台词中没这句啊，关羽怎么会不认识周仓呢！于是他也就顺势一边捋胡子一边回答，他本来想回答自己是"周仓"，但他一摸才发现自己竟然没有戴胡子，这演员一下子给惊醒了。但是这个演员也反应很快，一摸自己没有胡子，便顺嘴说了句："我乃是周仓——的儿子！"接下来，"关羽"便又顺势说了句话，巧妙地化解了这场危机。

你能猜出"关羽"所说的这句话吗？

22. 妻子半夜智擒小偷

这天半夜，李贞下班回家得比较晚，打开门后，发现丈夫已经躺在床上睡熟了。为了不吵醒丈夫，李贞轻手轻脚地走到梳妆台前卸妆。但是，就在卸妆的时候，李贞吃了一惊，因为她从镜子里看到在他们的床下有两只脚。

肯定是小偷！李贞心里下意识地想到。不过，素来有心机的李贞没有立即叫喊起来。她心里想，小偷很可能身上带有凶器，如果就这样将迷迷糊糊的丈夫叫起来，把小偷逼急，丈夫可能要吃亏。怎么办呢？

斜眼看到放在梳妆台右侧的暖水瓶，李贞灵机一动，来了主意。

最终，凭借着这个主意，李贞成功地将小偷给捉住了。假如你是李贞，你会如何做？

23. 机智的相士

唐朝时，有个云游四方的江湖相士，此人颇通三教九流，巧舌如簧，善于察颜观色，见风使舵，因此博得了不小的虚名。一天，他来到江西地界。当时镇守江西的乃是千岁王李德诚。这个相士于是便前去拜见。

李德诚见这个相士倒也能说会道，便留他在府上款待。正在酒酣耳热之际，相士又拿出了自己的看家本领，对李德诚吹捧起来："千岁大人，您现在的富贵虽然已经不小，但是据我看来，您的富贵还不止于此，将来定有更大的事业！"

李德诚问道："何以见得呢？"

相士于是吹起牛来："富贵贫贱，与生俱来，小人不才，对于这个一眼就能分得清清楚楚！"

李德诚对于这种江湖人士见得也多了，自然不会轻易便相信。第二天，李德诚想起相士的话来，便有心试他一试。于是他将相士找来，然后指着庭前五个穿戴一模一样也都十分漂亮的女子说："既然你一眼便能辨别出人的富贵贫贱，那么你能够从这五个人中识别出哪一个是我的夫人吗？"

相士一看傻眼了，他昨天不过是习惯性地酒后吹牛，他哪里有这等本事。但是，如果他现在兜了底，面子上不好看还是其次，可能还被当做骗子赶出府去。好歹自己也是在江湖上小有名声的人，栽下这个跟头，以后还怎么混？于是他心一横，决定硬着头皮过这一关。并且，他知道，李德诚的夫人是出了名的漂亮，到时指那个最漂亮的大致不会错。于是，他便煞有介事地来到五个女子面前，上上下下地开始反复打量。但是，看起来，这五个女子无论是漂亮程度，还是气质风度，看上去都十分出众，并没有哪一个能截然高出其他人。这下他可犯难了，头上不由得生出了些微冷汗。他偷眼朝旁边瞥去，发现李德诚和身边的随从都在那微笑着，看上去可不是善意啊，可能随时准备奚落他一番。

就在无计可施之际，相士心下一横，心想走这么多年江湖，多少大风浪都闯过来了，就不信今天会栽在这里。于是脑筋一转，一个计策便上了心头。他当即对李德诚说道："千岁大人，头上有黄云的那个就是您的夫人。"

正是通过这一句话，相士巧妙地过了这一关。你能猜出他是如何过这一关的吗？

24. 村妇智退流窜犯

在云南边境地区的一个山脚下，住着一对朴实的农户。一天，男主人离家到二十里外的县城去办事，第二天才能回家，只剩下村妇一个人在家。

到下午时，村妇透过大门远远地看到一个青年男子一边东张西望，一边朝自己家的方向走来。走近之后，村妇发现来人二十几岁年纪，留着长发，长得贼眉鼠眼，看起来绝非善类，因为知道经常有逃犯逃到这里的山里躲起来，伺机穿越边境，因此村妇心里咚咚直跳。村妇于是便想将大门关上，没想到来人却抢先一步跨进了院子，然后先是将村妇上下打量了一番之后，又机警地在院子里四下打量，村妇心里感到一阵战栗。当发现家里只有村妇一个人时，这个人更是胆大了，他嬉皮笑脸地对村妇说道："大嫂给行个方便吧，这四下里就你们一户人家，今天天色晚了，能不能留我住一晚，我会给住宿费的。"说完他便大模大样地在一个椅子上坐了下来，一副无赖相。

村妇一看来者不善，想赶走他，可她知道那样反而可能将对方惹急了，丈夫又不在家，吃亏的是自己，最好还是想个巧妙的办法为好。她看对方正在往屋里瞧，便也随着他的目光看去，无意中她看到床下放着丈夫的几双鞋子。于是她灵机一动，想到了办法。她马上装出一副热情的样子对来人说道："谁出门也不能背着房子啊，我们当家的本来就是个热情好客的人，经常留宿客人。你就放心地在这儿住吧，也不用给什么住宿费。"听她这么一说，来人十分得意。

接着，村妇先是给他沏了一杯茶，说道："你先喝杯茶歇一下，我忙点自己的事情。"说完，她便进屋去了，过了一会儿，只见她从屋里拿出来四五双鞋子，往地上一放，然后又拿一个大脚盆过来，放在鞋子旁，并开始往盆里舀水。来人一看，便好奇地问："大嫂，你拿这么多鞋子干吗？"村妇于是说了一番话，这个人一听，便不敢在这里借宿，悄悄地溜走了。第二天，几个警察追踪到这里，村姑才知道原来这个人是个流窜犯。

猜一下，村妇对这个流窜犯说了什么，将他吓跑了？

25. 狡猾的小偷

从前有个小偷胆大包天，偷东西偷到了王宫里，国王十分生气，动用全国力量捉拿他，很快便将他捉住了，并判处了他死刑。

执行死刑的日子快要来临时，这个小偷每天痛哭流涕地跪地忏悔，请求国王宽恕他。

国王对他说："你犯下如此大罪，我如果宽恕了你，以后还怎么服众，这样吧，看你如此虔诚地忏悔，我可以让你自己选择死的方式。"

小偷说了一句话。国王一听，感到束手无策。猜一下，小偷说了一句什么话？

26. 心理学家智退强盗

上世纪 60 年代，美国费城的治安十分混乱，每天晚上都会发生数十起抢劫案。以至于人们晚上轻易不敢外出，外出时则不敢带多了钱，同时又要备上几美元，好在被抢劫时交给强盗，以保全自己的性命。

一次，心理学家福·汤姆逊从外面回来，身上带了刚领来的 2000 美元的稿费。眼看天色已经黑了，小街上连个人影也没有，他摸一摸放在内衣口袋里的稿费，不禁感到十分担心，于是加快了脚步。正是怕啥来啥，汤姆逊正在疾速往前走，突然听到背后有脚步声，他回头一看，只见一个戴着鸭舌帽的壮汉紧紧地跟着他。汤姆逊一连走了几条巷子，都无法摆脱这条"尾巴"。

正在着急之际，汤姆逊急中生智，想到了一个主意。他突然扭转头朝跟踪他的壮汉走去，并对他说了一句话，使得那壮汉顿时对他失去了兴趣，不再跟踪他。

你猜，汤姆逊对壮汉说了什么？

27. 莎士比亚随机应变

我们知道，莎士比亚是英国 16 世纪的大戏剧家，不过，他有时候也亲自走上舞台演戏。并且，莎士比亚演戏时十分投入，从来不被戏外的东西所干扰。

一次，莎士比亚在一出戏剧中扮演一个国王。当时的英国女王伊丽莎白十分欣赏莎士比亚，经常坐在近距离的台侧甚至后台看莎士比亚表演。这天，莎士比亚的戏快要结束时，伊丽莎白女王因为被莎士比亚的戏所打动，竟然情不自禁地从台侧走到了台上，想要跟莎士比亚打个招呼。而此时的莎士比亚却正投入于自己的角色中，对女王的到来视而不见。女王无奈之下只好又回到了台侧，临离开时，女王的目光和莎士比亚相遇了，女王乘机向莎士比亚示意，但莎士比亚仍然没有任何表示。女王简直有些生气了，于是，她乘莎士比亚将要下场之际，再次来到台上，并当着莎士比亚的面故意将自己的一只手套褪下扔在舞台上，给莎士比亚"捣乱"了一下，然后转身离开舞台。这时，莎士比亚却通过一个巧妙的做法使得自己既保全了女王的面子，又没有影响戏剧的演出。

你猜，莎士比亚是如何应付这一局面的？

28. 善辩的罪犯

1671 年 5 月，伦敦发生了一起震惊全英国的刑事犯罪案。一个以布勒特为首的五人犯罪团伙，采用计谋骗过了伦敦塔副总监，混入伦敦塔中，抢走了英国的"镇国之宝"——英国国王的王冠。不过，就在这伙罪犯已经冲出伦敦塔，就要得逞之际，国王的卫队包围了他们，经过一番殊死搏斗，五个人全部被擒。接下来，由于事关重大，伦敦塔总监泰尔波特亲自审问了这些罪犯，并最终判处他们死刑。当将审判结果报告给英国国王查理二世时，这个国王对于这些胆大包天的歹徒产生了兴趣，决定亲自提审罪犯的头子布勒特。在这次审问过程中，布勒特充分发挥了他的辩才，因此，查理二世和他的这场审讯也永远地记入了英国历史，广为人知。下面是其中最精彩的片段：

查理二世："你在克伦威尔（英国著名的资产阶级革命家，以杰出的军事才能和血腥残暴的独裁统治而著称。曾经杀死过一位英国国王）手下时曾通过诱杀艾默思（一个坚决效忠于英王的大臣），换到了上校和男爵的头衔，是吗？"

布勒特："陛下请听我解释，我在家中不是长子，没有继承权，除了本人的性命以外别无所有，所以我得把我的命卖给出价最高的人。"

查理二世又问："你还两次企图刺杀奥蒙德公爵，对吧？"

布勒特："陛下，只是想检验一下他是否配得上您赐给他的那个职位。如果他轻而易举地被我杀掉，这对陛下并非坏事，因为您就能为那个位置找到一个更合适的人选。"

查理二世听他如此回答，便沉默下来仔细打量了一下眼前这个囚徒，觉得此人不仅胆子大，而且伶牙俐齿。接下来，查理二世又问道："到后来你胆子越来越大了，这回竟然打起我的王冠的主意！"

布勒特："我知道自己的这个行为十分胆大妄为，不过我只能以此来提醒陛下，请关心一下生活无着的老兵。"

查理二世纳闷地问："你从来都不是我的部下，而是为克伦威尔卖命，怎么要我关心你？"

布勒特："陛下，我从来都不曾对抗过您，我一直认为英国人之间兵刃相见是件很不幸的事情。如今天下太平，所有的人都是您的臣民，我自然也是您的部下。"

查理二世一听，感觉此人是个十足的无赖，但他还是耐住性子继续问道："你自己说吧，我该怎么处理你？"

布勒特："如果单从法律角度来论，我们是应该被处以死刑。但是，我们五个人每一位至少有两个亲属会感到痛苦。从陛下您的角度来说，我想多十个人赞美您比多十个人痛恨您要好得多。"

查理二世没想到他会如此回答，有些不由自主地点了点头，他又有些机械地问道："你觉得你是勇士还是一个懦夫？"

对于这个问题，布勒特给出了一个绝妙的回答，不仅没有失掉自己的面子，又讨好了查理二世，使得查理二世不仅赦免了他的死刑，而且还赏赐给他一笔不小的年金。

你猜布勒特是如何回答查理二世的那个问题的？

29. 反应迅速的国王

11世纪时，英格兰国王威廉二世曾率军进攻英格兰东南的佩文西。正在指挥军队进攻时，威廉二世不小心被一块石头绊倒了，在众目睽睽之下狼狈地摔在了地上。国王的手下一看都吃了一惊，认为这是一个不祥之兆，瞬间对这次战争的结果产生了怀疑。

威廉二世当然也知道这件看起来不起眼的事情对士气的影响，于是，他果断地做了一件事情，恢复了士气。你猜，他是如何做的？

30. 聪明小孩贾嘉隐

唐朝初年，有个小孩叫贾嘉隐，从小便机智过人，即使是有学问的大人也往往辩驳不过他。一次，唐朝大臣长孙无忌和徐世勣看到贾嘉隐后，便上前考他。徐世勣将身体靠在一棵槐树上后，问他道："你知道我所依靠的是一棵什么树吗？"

没想到贾嘉隐却回答说："松树。"

"这明明是槐树，你怎么说是松树呢？"

"您年纪这么大，我应该称您公公，'公'的旁边是一棵树，不正是'松'吗？"

这时，长孙无忌同样将身体靠在槐树上，问他道："那我靠的是一棵什么树呢？"

贾嘉隐因为不喜欢长孙无忌，于是便说道："槐树。"

"怎么又变了呢？"长孙无忌问道。

接下来贾嘉隐说了一句话令长孙无忌哭笑不得，你猜他是怎么说的？

31. 忘了台词

在拍摄电影或者是在舞台上表演的时候，为了预防演员忘记台词的情况，往往会有个人被专门安排在观众看不到的地方为演员提醒台词。一次，德国电影明星克洛普弗在电影拍摄时忘了台词，于是停下来往负责为他提醒台词的弗劳那里张望。但是，弗劳显然也不知道他的台词说到哪儿了，只是茫然地望着他。这时，无奈的克洛普弗为了不出现冷场的情况，便对和他同台演戏的人说："弗劳近来怎么样，还好吗？"他希望通过这样的对话来给弗劳一点时间想起或从别人那里打听到他的台词说到哪里了。这位演员当然明白克洛普弗的意思，但是他也没有办法，只是默然无语地耸了耸肩膀。这时，弗劳仍然没有任何举动，感到绝望的克洛普弗便继续接着刚才的话往下说了一句话，并用这句话向弗劳表示自己正在等待她的帮助，同时，这句话听起来还让人忍俊不禁。你能猜出这句话是什么吗？

32. 尴尬时刻

一次，一位电视节目的主持人在节目里向观众介绍一种摔不破的玻璃杯。为了让大家相信，他当场拿起一个这样的杯子朝地上摔了下去。没想到的是，杯子当场被摔得粉碎，现场立刻显得十分尴尬。

如果是你，你该如何化解这一尴尬？

33. 老将军的幽默

20世纪80年代，民主德国的柏林空军招待宴席上，一个年轻的士兵在斟酒时，不小心将酒洒在了乌戴特将军的秃头上。现场顿时一片寂静，大家都紧张地看着乌戴特将军，看他如何发作。没想到这位老将军却并不介意，而是将手轻轻地放在了这个年轻士兵的肩膀上，然后微笑着说了一句话。现场的人一听，顿时哄堂大笑，人们不禁佩服老将军的宽容、机智和幽默。

你猜，老将军说了句什么话？

34. 李穆救主

南北朝时期，北方的北魏分裂成东魏和西魏两个政权。两个政权之间连年战争，都想击败对方，重新统一中国北方。一次，西魏丞相宇文泰与东魏大将侯景在河桥大战。在战斗中，宇文泰的马被流矢射中，狂奔乱跳，最后将宇文泰摔在了马下。此时，宇文泰左右的人也都跑散了，只剩下一个都督李穆，而东魏的士兵也都追到了这里，眼看就要擒拿住宇文泰。这时，李穆急中生智，用计骗过了东魏兵士，救下了宇文泰。

你猜，李穆是如何做的？

35. 陶行知改诗

抗日战争时期，我国著名教育家陶行知到一所小学去参观，看到校长、老师们都跑了，孩子们却自行组织起来管理学校。他深受感动，专门写了一首孩子们能看懂的浅白易懂的诗来赞扬他们：

> 有个学校真奇怪，
>
> 大孩自动教小孩；
>
> 七十二行皆先生，
>
> 先生不在学生在。

陶行知写好后，将这首诗念给孩子们听，大家一听都很高兴。就在这时，一个八九岁的小孩却提出了批评意见："这首诗写得不好，因为不符合实际，大孩自动教小孩，小孩就没有做事吗？况且，如果真的只是大孩教小孩，也没有什么好奇怪的呀！"

陶行知先是一愣，仔细一想，觉得这小孩的话又有道理，便笑着说："对！这个小朋友说得很对，应该改正！"但是，陶行知的改动却也是相当的简单，只是改动了全诗中的一个字，便解决了小孩所说的问题，孩子们一看，也都十分高兴。

你知道陶行知改的是哪个字吗？

36. 爱因斯坦的司机

爱因斯坦的"相对论"发表之后，在科学界引起了巨大的震动，世界各地的机构和大学纷纷邀请他前去演讲，爱因斯坦感到不胜疲惫。

这天，爱因斯坦又坐在了前去某个大学演讲的小汽车上。在路上，爱因斯坦的司机开玩笑地对爱因斯坦说："教授，我帮您算了一下，您的这个演讲已经整整进行了40次了，您肯定感到厌烦了吧！"爱因斯坦无奈地耸耸肩说："哎，就像是让你一连一个月顿顿吃意大利面的感觉！"司机笑着说："我可以想象，哈哈，不仅您讲得厌烦，老实说，就连我听得都有些厌烦了，我敢说，这个演讲我也能做了！"爱因斯坦一听，顿时想出了一个主意，他朝司机眨眨眼睛说："那太好了，那么我有个好主意，这次前去的这个大学没有人认识我，你就替我给他们做次演讲怎么样？到时我自称是你的司机。"司机一听觉得有趣，就答应了。

司机因为十分熟悉爱因斯坦的演讲，因此将"相对论"讲得很好，坐在台下的爱因斯坦也感到十分满意，正在打着主意以后多让他替自己分担些演讲的无聊工作呢。没想到就在这时，有位教授突然站起来提出了一个问题。这个问题相当复杂，不是司机所能应付的。司机先是愣了一下，但随即他便想到了一个解围的好主意，避免了此次演戏的穿帮。

假如你是那个司机，你会如何应付？

37. 卓别林和强盗

卓别林在荧幕上是一个戏剧大师，这不仅给他带来了荣誉和财富，而且，他的戏剧天才还在生活中帮助他解决了实际的困难，下面这件事正是一个例子。

一天，卓别林骑着自行车带着一笔数目巨大的款子到某地去，但倒霉的他在半路上遇到了一个强盗。强盗手持手枪威胁卓别林交出所有的钱。就在此时，卓别林发挥了自己的戏剧天赋，巧妙地使得强盗上了他的当，最后，他不仅全身而退，而且钱财也没有损失。

你能猜出卓别林是如何做到的吗？

38. 吟鹤

乾隆皇帝每次下江南巡游时，都要带上一帮文人学士并接见当地的文人才子。巡游期间，乾隆经常要这些文人写诗对对联，以增添游兴。

一天黄昏，乾隆正带着一干人在船上游玩，这时从天际飞来一只鹤。乾隆一看，便要借此考验一下随从的才华，令他们各写一首《吟鹤》诗。这突然之举令随从多少有些着忙，纷纷赶紧低头凝思。不过这些人既然能够伴驾皇帝，自然是有一些水平的，仅仅片刻之后，江南诗人，也是当时的进士冯诚修便不慌不忙脱口而出：

眺望天空一鹤飞，

朱砂为颈雪为衣。

乾隆本来的目的是要难一难这些文人，没想到冯诚修才思如此敏捷，便不甘心，于是故意打岔道："朕要你们吟的乃是黑鹤，你的这首诗不对题，不算才子！"明明这是一只白鹤，乾隆却要人吟黑鹤，明显是故意刁难。

不过，冯诚修却并没有另起一首，而是仍旧不慌不忙地说出了下面的两句，一下子便将前两句咏诵的白鹤变成了黑鹤。

想象一下，他接下来的两句诗该如何写？

39. 工程师救小狗

有一个美国工程师因为年轻时爱情受挫，四十多岁时仍然是独身，只是养了一条小狗，以排解寂寞。工程师和小狗的关系非常好，两个朋友形影不离，宛如夫妻。一次，工程师带着小狗乘船到欧洲去旅行。一天天气晴朗，微风徐徐，人们纷纷到甲板上欣赏风景，工程师也带着自己的小狗在甲板上。小狗在甲板上跳来跳去，不小心掉进了海里。

工程师一看，大吃一惊，因为船行得很快，小狗眼看就要被甩在后面的海里淹死了。工程师于是请求正好也在甲板上的船长立即停船。但是船长却拒绝了工程师，他说道："请您理解，我不可能因为一只小狗而停船的。"

工程师于是焦急地不停请求船长，但船长态度坚决，不肯停船。工程师这时灵机一动，想到了一个主意，于是，他果断采取了一个举动，使得船长不得不立即停船，小狗因此得救了。

你猜，工程师采取了一个什么举动？

40. 工人智救画家

从前，在法国有位著名的画家，一次他受国王之托为皇宫宫殿的内墙壁作画。

由于皇宫的墙壁很高，国王为画家搭起了很高的脚手架。画家在脚手架上作画时，除了有几个工人在下面干些粗活外，还有一个工人在架子上帮画家打下手。

大概过了将近一年的时间，画家终于将画画好了。画家很高兴，于是十分满意地站在脚手架上看自己的画，他越看越投入，不自觉地便忘了自己的处境，一边看一边开始后退，以便远距离地看下画作的整体效果。眼看着他已经退到脚手架的边缘了，再后退半步便要掉下去了，从这样高的地方摔下去不死也得残废。这时帮画家打下手的工人看到画家的危险处境，他想大喊一声提醒画家，但转念一想，如果我大喊一声，突然醒悟过来的画家可能会被吓一跳，反而一下子失去重心，摔到下面去。接下来，这位工人急中生智，迅速地采取了一个举动，使得画家条件反射性地赶紧往前走，从而救下了画家。

试想，假如你是那位工人，面对这种情况，你会如何做？

41. 消防车警笛寻人

在美国田纳西州，有一个独居的老太婆在一天晚上不慎在家中摔倒，撞在了一个桌子的棱角上，爬不起来了。在绝望中，她勉强够着了放在桌子上的电话听筒，并按了报警号码"06"。

"喂，这里是纳什维尔市警察局，有什么可以帮您！"警察局当班的约翰警长拿起了听筒。

"喂，我摔倒了，疼得厉害，救救我！"从听筒里传来微弱的声音。

"喂，你在哪里，告诉我们你的位置！"约翰警长急促地催促对方。

"我在家中，只有我一个人住……"老太太忍着疼痛艰难地说。

"告诉我们你的住址，我们立刻就去！"

"我，我记不清了……"老太太显然已经有些昏迷。

"是在市区吗？"

"是的，靠马路，快来呀，我快要不行了……"

"哪个区，你能想起来吗？"约翰警长焦急地催问，但是对方已经没有回应，只从未挂断的电话里传来对方显然很痛苦的喘息声。约翰警长于是又对着听筒问了很久，对方都一直未有回应。

显然，情况十分危急，如果去晚了，很可能老太太就没命了。但是，不知道老太太的住址，再着急也没有用啊。约翰警长一边看着警察局院子里十几辆严阵以待的警车，一边思考办法。想着老太太所留下的信息——市区，马路边，突然，一个主意出现在约翰警长的脑子里。

通过这个主意，约翰警长很快找到了老太太的住址，并救下了老太太。

想象一下，约翰警长是如何找到老太太的住址的？

42. 陈平渡河

陈平，是秦汉时期的著名谋略家，在后来的楚汉之争为刘邦击败项羽夺得天下起到了很大的作用。陈平在年轻的时候就表现得非常机智，在一次战役失败后，他独自带着宝剑逃亡。过黄河时，摆渡的船夫看他器宇不凡，又身带宝剑，猜他是个逃亡的将士，认为他身上一定带着不少金银财宝，于是便想在河中心杀掉他。见多识广的陈平也看出了船夫的企图，于是心里感到很紧张，其实他并没有带什么财宝，因此他便采取了一个措施，使得船夫放弃了这个杀他的念头。

如果你是陈平，你会如何做？

43. 聪明的农夫

从前，有个农夫带了一只公鸡来到王宫，把它献给国王。国王被农夫的举动逗乐了，于是对农夫说："可怜的农夫，从来没有人献给我这样微不足道的礼物。不过既然你来了，这样吧，我一家有 6 口人，我，王后，我的两个儿子和两个女儿，如果你能够将你的礼物公平地分给我们，我就接受你的礼物，并重重地赏赐你。"

农夫很从容地回答说："陛下，这个问题很好办，只要您给我一把刀，我就让你们一家 6 口都得到自己应得的那部分。"

国王于是让人拿给农夫一把刀。

农夫先是割下了公鸡的脑袋献给国王，说道："陛下是一国之首，所以这个鸡头非您莫属。"然后他又割下公鸡背上的肉，说道："这份我献给王后，因为王后背负着陛下一家的重负。"接着他又割下公鸡的两只脚，说道："这两只脚，我分别将其献给两个王子，因为他们将踏着陛下您的足迹治理国家，造福天下。"最后，他又割下公鸡的两个翅膀说："两个翅膀分别属于两位美丽的公主，因为她们早晚要出嫁，并随自己的丈夫远走高飞。而这剩下的部分，"农夫顿了一下说，"是属于我的，因为我是陛下您的客人。"

国王听了农夫机智的回答后，感到非常满意，便赏赐了农夫许多金币。这个聪明的农夫从此成了一个富翁。

农夫的事情很快在村子里传开了。在同一个村子里有一个十分贪婪的人，他听说农夫仅仅献给国王了一只公鸡便得到了许多赏赐，于是便带着 5 只公鸡来到了王宫，战战兢兢地对国王说："陛下，我想要献给您 5 只公鸡。"国王一看这个人的神色，便知道了这是个东施效颦者，心里不免有些厌恶，但也不想为难他，于是对他说："好吧，我很乐意接受你的礼物，但我一家有 6 口人，如果你能公平合理地把你的鸡分给我们，我就重重赏赐你。"

这个人一听，心里便没有了主意，他后悔自己不该带 5 只鸡来，而应该带 6 只鸡。国王看这个人没有注意，便派人将上次的农夫请来，让他再次分鸡。

农夫略加思索，便解决了难题。国王这次仍旧十分满意，又赏赐给农夫许多金币。而那个贪财的人，则只是白白损失了 5 只鸡，却没有得到任何赏赐。

你能猜出农夫这次是如何分鸡的吗？

44. 丘吉尔的雅量

在丘吉尔还未当上英国首相的时候，一次，他去参加一个重要的会议。会议上因为双方存在激烈的争执，到后来，一位女士竟然对丘吉尔毫不留情地破口大骂道："如果我是你太太，我一定会在你的咖啡里下毒。"在场的人都被这句话惊呆了，会场一下子静了下来，气氛十分紧张，所有人都目瞪口呆地盯着丘吉尔，看他如何收场。

没想到，丘吉尔只是微笑着说了一句话，大家顿时哄堂大笑，他们不禁佩服丘吉尔的机智和宽容，那位女士也因为感动和羞涩而脸红了。

你猜丘吉尔是如何回应的？

45. 卓别林的主意

1938 年，针对希特勒在德国的独裁统治，喜剧大师卓别林以此为题材写出了喜剧电影剧本《独裁者》，对希特勒进行了辛辣的讽刺。但是，就在电影将要开机拍摄之际，美国派拉蒙电影公司的人却声称："理查德·哈定·戴维斯曾写过一本名字叫做'独裁者'的闹剧，所以他们对这个名字拥有版权。"卓别林派人跟他们多次交涉无果，最后只好亲自登门去和他们商谈。最后，派拉蒙公司声称：他们可以以 2.5 万美元的价格将《独裁者》这个名字转让给卓别林，否则就要诉诸法律。面对对方的狮子大开口，卓别林无法接受，正在无计可施之际，他灵机一动，想到了一个绝妙的主意，省下了这 2.5 万美元。

你猜卓别林的主意是什么？

46. 丁斐危急关头救曹操

三国时期，西凉军马超、韩遂一同攻下长安，并进攻潼关。曹操知道后十分着急，先是派遣曹洪、徐晃急忙赶去潼关固守，令其坚持 10 日，自己则亲率大军随后赶到。不料，曹洪性格暴躁，中了马超的诱敌出城之计，9 天便丢失了潼关。曹操后续部队到达潼关后，与马超的首次交锋中，也以失败收场。并且，曹操本

409

人在这场战斗中也差点被马超活捉,被迫"割须弃袍",又在危机时刻得曹洪相救,才得以狼狈脱身。

曹操逃回营中后,传令坚守营垒,不许出战。同时,曹操与谋士们谋划击败马超、韩遂的计划。最终,曹操决定,派徐晃引精兵4000径袭潼关后路河西,他自己则督军渡过渭水。然后,两路夹击,一举消灭马、韩诸部。马超得知曹操的意图后,主张抢占渭河北岸,不让曹兵渡河。韩遂则提出《孙子兵法》中所说的"兵半渡可击"战术,主张陈兵南岸,在曹军船至河中心时,趁机攻击。最终,马超采纳了韩遂的建议。当曹军部分精兵渡至北岸,曹操则带着百余名护卫军将坐于南岸,观看大军渡河时,马超率军突然杀至,冲到离曹操仅有几十米远的地方。就在这个危机关头,曹操的护卫军骁将许褚,扶起曹操急奔河边。他挟起曹操一跃就跳上离岸边一丈多远的船上,撑船向河心划去,曹操趴在许褚的脚下,狼狈至极。马超带人赶到河边后,见曹操的船已到河心,便命令士兵即刻弯弓搭箭,沿河向曹船猛射。刹那间,箭矢如雨,曹船上的护卫和士卒立刻倒了一片,落入水中。情急之中的许褚只能左手举起马鞍遮抵挡箭矢,护卫曹操;同时,他用两条腿夹住船舵,以右手使篙撑船。在这样的情况下,两人随时可能被冷箭射中,情况十分危急。

这时,当时的渭南县令丁斐正在南山之上,他看到了曹操的危机情况。但是,他只是个文官,没有能力冲上前去救曹操,况且那样做在时间上也有些来不及。这时,他看到寨门关着,里面有许多牛马,灵机一动,想到了一个主意。正是凭借这个主意,他成功地救下了曹操。事后,曹操询问救下自己的人,知道是丁斐后,立刻提拔他做了典军校尉。

猜想一下,丁斐想出了个什么主意,救下了曹操?

47. 英国间谍绝路逢生

二战期间,瑞士因为是中立国,其首都苏黎士成了躲避战争的各国人士聚集的地方,同时,各国间谍也纷纷出没于此,调查各种情报。杰克是一名活跃在苏黎士的英国间谍,其与两名德国间谍都知道彼此的存在,并多次过招。很不幸,在一天深夜,杰克为了保护一名法国知名的反法西斯人士免遭德国间谍的暗杀,自己被德国间谍活捉了。

杰克被两名德国间谍带到了一个酒店里,两个德国间谍先是将杰克狠狠地揍了一顿，直到将其打昏，看从他嘴里问不出什么之后，便将杰克剥光衣服关在了一间浴室里，并将门从外面反锁了。这两个德国间谍可能也累了，将杰克关起来之后，便各自回房间睡觉了。半夜时杰克从昏迷中苏醒了过来，在感到浑身酸痛的情况下，他干脆到浴缸中洗了个澡。躺在舒适的浴缸中的杰克知道，自己如果不能在今晚逃脱，明天等待自己的就是无尽的折磨；而事实上，杰克最害怕的还不在于此，他最害怕的是自己到时会忍受不住折磨而供出了组织，他害怕自己成为那样的懦夫。于是，他开始查看浴室里的环境。他发现，浴室的门很结实，并且已经从外面牢牢地锁死，从里面不可能打开。再看浴室里面，四面的墙壁大约有三米高，并且没有窗户，只在天花板上有一个换气窗。杰克看了一下，换气窗看上去似乎是可以想办法弄掉，并从中逃脱的。但是，由于墙壁十分光滑，杰克试了许多次，都无法上去。

　　绝望之下的杰克觉得自己今天大概是过不了这关了，想到明天自己将要面对的遭遇，他想到一死了之。其实，自从干这一职业的第一天，杰克就知道，这一天早晚得到来。想到此，杰克的心反倒逐渐平静下来。不过，如何才能自杀呢？在浴室里，没有任何工具可以使用。他开始用头去撞墙，可是，他发现墙是硬橡胶做的，就连浴缸都是橡胶做的。撞在上面只会使脑袋生疼，却不至于丧命。接下来，杰克又想到上吊自杀。他现在身上一丝不挂，根本没有东西可用来上吊。显然，这两个德国间谍之所以敢于放心地去睡觉，是因为他们事先已经将各种情况考虑在内了。无奈之下的杰克忽然想到一种超常规的自杀方法，那就是躲在浴缸里，扭开自来水，让水慢慢地没过他的身子，淹死自己。但是，直到半小时后，水早已漫出浴缸，杰克并没有死去。原来每当他在水里憋得受不了时，其身体便会出于生存本能，浮上来吸口气。然后他又躺下去，试图再次尝试着淹死自己。如此反复。

　　就在杰克想死死不了的时候，他突然发现，浴室里的水越来越多了。杰克仔细一看，才发现原来浴室的门因为是橡胶做的，一旦关上，便会严丝合缝，水丝毫也流不到外面去。

　　杰克本身水性很好，他看到浴室里越来越多的水，顿时眼睛一亮，想到了一个逃脱的办法。正是凭借这个办法，杰克成功地逃走了。

　　你能猜出杰克逃走的办法吗？

48. 经理的考题

一家酒店的老领班因故辞职了，经理想要在三个比较有头脑的服务员中挑选出一个作为新的领班。经理为了考验三个人，将三人叫到一起，问了他们同一个题目："假如有一天，你们打开一个房间门后，不小心看到一个女客正在浴室里洗澡，你该怎么做？"

第一个侍者想也不想地回道："我会说，对不起，小姐，我不是故意的。"经理听后摇了摇头。

第二个侍者想了一下，回答道："小姐，您放心，我什么也没有看见。"经理还是摇了摇头。

第三个侍者不慌不忙地说出了自己的答案。经理一听，满意地笑了，然后提拔这个侍者为新的领班。

你猜，第三个侍者是如何回答的？

49. 计算器上的算式

二战时期，汤姆森作为一名英国间谍在德国刺探情报。最近一段时期，他的任务是保护一名德国科学家爱德华教授从德国逃往英国。这天，汤姆森和爱德华教授约好，在晚上8点前去他的公寓看望他，并商定出逃的具体事宜。

8点钟，汤姆森准时到达了爱德华教授的公寓。但是，他发现教授的门却是虚掩着，屋里也没有一个人。汤姆森心里感到有些不妙，但是，他心里并没有底，因为据他推测，纳粹的动作并不会这么快。他猜想，也许爱德华教授只是因为遇到了什么事情，临时出去了。于是，他在屋子里边溜达边想，或许教授待会儿就回来了。这时，他突然看到桌子上放了一个计算器，上面显示着一道算式：101×5。看到这个算式之后，汤姆森当即抛弃了刚才的侥幸心理，意识到爱德华教授已经出事了，自己必须立即采取行动，设法营救。

你知道汤姆森是如何得出爱德华教授已经出事了的判断的吗？

50. 巧妙报案

一天晚上，探员杰克习惯性地来到金星大酒店巡视，他来到酒吧间，看到一群可疑的年轻人在那里喝酒。杰克仔细打量了他们一番，发现他们正是美国刑警一直在通缉的走私分子。因为当时杰克穿着便装，所以并没有引起他们的疑心。

杰克想："如果凭我一人的力量，肯定制服不了这伙人，可是离开这里去通知其他警员，万一他们离开，这条线索又要断了。"这时，杰克看到酒吧间有一部电话，于是，他就上前拨了警局的号码，然后故意地大声说：

"亲爱的小宝贝，你还在生我的气吗？我是杰克，昨天晚上因为突然有笔生意要谈，所以没来得及陪你去看电影。不过，马上就可以搞定了，我现在正在金星大酒店里等客户，他已经答应今天晚上和我签合约了。亲爱的，不要生气了，你忘了我们共同规划出来的生活规划和目标了吗？我们分开只是暂时的，我们会永远在一起的，请你原谅我昨晚的失约，待会儿我会尽快赶到你身边，当面向您陪罪。再见。"

那伙走私分子听到杰克说的这些话，一个个大笑不止，他们嘲笑杰克是一个软弱的男人。可是在五分钟之后，一群全副武装的警察突然出现在他们面前，将他们全部带走了。

你能够想明白杰克是怎样通过电话报案的吗？

51. 急中生智

美国著名的大亨之一鲍洛奇在成名之前是一位食品生产商，以制造罐装食品而出名。

有一次，他应邀去参加一个非常重要的食品鉴定会，会上，他需要打开一罐自己工厂生产出来的食品给所有到会的专家品尝鉴定。

然而就在他刚刚掀开罐口的时候，一个很不好的现象发生了：他看到食品里面的一个青菜叶上明显地卷缩着一个小蚂蚱，那肯定是工人在制作的过程中粗心造成的。

假如专家们看到这样一个看似微不足道的现象，那么很有可能他的产品从此以后会声名狼藉。要如何做才好呢？这个时候的专家还没发现这个小问题。是该和专家们解释那是工人们的粗心，还是把小蚂蚱看做是一个调料物？或者是把它解释为故意放上去的？要不找个借口再换一瓶新的？……鲍洛奇脑子中不断地在想如何处理这个突发情况。

鲍洛奇最后采用的办法很有效地解决了问题，并且让自己的产品给在场的所有专家留下了一个好的形象，从此他的产品也更加受到消费者的欢迎。

那么你知道最后他采取的应急措施到底是什么吗？

52. 忍无可忍也得忍

美国总统克林顿执政的时候，鲍威尔还不是国务卿。有一次，克林顿在对是否要对叙利亚动武的问题上进行咨询，一时没有很好的答案，克林顿情绪上有些激动。在场的政府官员看到总统心情不好，个个显得都非常紧张。

克林顿挑战性地问了在场的官员这么一个问题："我们作为世界上唯一的超级大国，或者可以想成是一个男人，那么，在什么样的情况下才应该一忍再忍呢？"

这样的一个关系重大的问题，大家一时都不知道该如何回答，整个会议室一片寂静。这个时候，鲍威尔站了起来，他的回答让克林顿和在场的官员都哄堂大笑，克林顿的情绪一下子也好了很多，接下来，大家在一个比较融洽的气氛中认真地讨论了克林顿提出的问题，最后问题得到了圆满的解决，美国放弃了对叙利亚动武。

你知道，鲍威尔是如何回答的吗？

53. 阿尔德林的回答

第一次登上月球的太空人一共有两位，大家最为熟悉的是阿姆斯特朗，除了他之外，还有另外一个人，他的名字叫阿尔德林。

阿姆斯特朗在登上月球之后说的那句家喻户晓的话"我个人的一小步，是全人类的一大步"，这让全世界所有的人都记住了他的名字。

登月成功之后，大家为他们举行了隆重的庆祝仪式，现场的记者招待会上吸引了无数的记者，大家都在庆祝这个伟大的胜利。忽然一个记者问了阿尔德林一个很特别的问题："请问，由阿姆斯特朗先走下月球，成为登陆月球的第一个人，你会不会觉得有点遗憾呢？"

全场的气氛顿时变得异常尴尬，大家都在想要如何回答这个问题比较好，阿尔德林此时却风度翩翩地回答了一句话，在场的人都报以了这个回答最热烈的掌声。

那么，你知道阿尔德林到底是怎么回答记者的吗？

54. 聪明的诸葛恪

三国时期，诸葛家族人才辈出：诸葛亮当时在蜀汉，他的哥哥诸葛瑾在东吴，堂弟诸葛诞在曹魏，他们每一个人都是位高权重，颇负盛名。当时流传着这么一句话："蜀得一龙，吴得一虎，魏得一狗。"

诸葛恪是当时在东吴的诸葛瑾的儿子，自幼就聪明绝顶，处事机灵，不管在什么场合他都能够随机应变。

一次，孙权请客大宴群臣，很多比较出名的大臣们都应邀参加了此次宴会。因为诸葛瑾长着一张长脸，孙权一时之间兴趣大增，就打算和他开个玩笑。

孙权让下人牵来了一头驴，然后他在上面写了"诸葛瑾"三个大字，很明显他是想讥笑诸葛瑾的长相像驴，诸葛瑾看到后非常生气，但是一时间想不出什么好办法进行回击。

诸葛恪当时年龄很小，在旁陪同的他看到孙权故意取笑自己的父亲，非常生气，于是，他在那三个字的下面很快加上了两个字。孙权看后，大笑一声，他欣赏诸葛恪小小年纪就如此聪明，后来就重用了诸葛恪。

那么。你知道诸葛恪在上面加上了哪两个字吗？

55. 机智的女演员

在我们的日常生活中，难免会出现尴尬的场面，即便是再小心再谨慎的人，他也有出丑的时候。即使是世界名人，也可能一时大意，在自己最辉煌的时刻遇到令自己尴尬的事情。

我们都知道，世界上最隆重的电影颁奖典礼是美国的奥斯卡金像奖，那也是全球最盛大的奖项，每年都要在美国的洛杉矶举办一次盛大的颁奖晚会。那时候，典礼会场云集了来自世界上各个国家最著名的电影明星，他们都想登上那个舞台，站在世界的顶端。当然，每个登上舞台的人也都是激动万分的，谁都想让自己在全世界人民地注目下大大方方地走向领奖台，那是多么荣耀的事呀！

有一次，在奥斯卡金像奖颁奖晚会上，当主持人宣布获奖的女演员名字时，台下爆发了雷鸣般的掌声，这时，就看到一位漂亮的女演员面带微笑地向颁奖台走来。就在这时候，意外发生了，在走向领奖台上时，女演员不小心被自己长长的礼服绊住了，结果就是，她重重地摔在了舞台上。当时，全场变得鸦雀无声，这个晚会可是全球直播的，现在世界上不知道有多少观众在观看呢，女演员的尴尬也就可想而知了！

就在大家都为女演员担心的时候，女演员却轻松地站了起来，并且像什么都没发生过一样，还是面带微笑地走到舞台中间去领奖，并发表了获奖感言。

女演员利用这个机会说了一句话，非常成功地化解了刚才摔倒的尴尬。当她说完这句话时，台下观众顿时会心地笑了出来，为女演员的机智和幽默所折服，会场里又一次爆发了雷鸣般的掌声。从此以后，这个女演员的名气也越来越大。

你猜这个聪明机智的女演员说了什么话，化解了自己的尴尬？

56. 张作霖妙解错字

我们都知道，民国时期的东北军阀张作霖没有读过多少书，没有多少学问。但是，在胆识和谋略方面，这个人却并不缺少，尤其是在对付日本人上，他更是有办法。这一点，常常令中国人拍手叫好，而日本人对他却恨之入骨。也正是因为他对待日本人的这种态度，才导致了他后来被日本人杀害。

有一次，日本人举行一个酒会，并邀请了张作霖去做客。日本人本想要让张作霖当众出丑，于是就出题为难他。他们说，一个日本名流想请张作霖题字，因为他们知道张作霖出身草莽，识字不多。一向有魄力有胆量的张作霖听到这样的要求后并没有推托，而是很潇洒地拿起笔来，在纸上写了一个"虎"字。按照当时的写字规矩，最后是要有落款的。于是，张作霖写完后，日本人就把写好的字接了过去。日本人看题的"虎"字，虽然不怎么好看，但也工整，不好说什么。可是，就在落款处他们却找到了毛病，原来是出现了一个错别字，张作霖把"张作霖手墨"写成"张作霖手黑"了。日本人看到这个"黑"字就乐开了花，以为终于抓到了可以嘲笑张作霖的把柄。

此时，张作霖并不知道发生了什么事情，只是看到那些日本人在不停地哈哈大笑。后来身边的一位侍从告诉了他这件事。知道这件事情之后，巧于应对的张作霖并没有生气，只是说了一番话，就令在场的日本人目瞪口呆，不敢再发出笑声。而这一句话，令在场的中国人则拍手叫好。也正因为这件事，张作霖的名声更大了。

你想知道张作霖说了什么话吗？

答　案

第二章

1

他用金属片把小橡皮固定在一端，于是，就有了带橡皮的铅笔。这项发明中海曼·利普曼运用的是组合发散思维——把两件或多件事物组合起来就产生了一件新的事物。很多发明创造都是用这种思维方法完成的。

2

福尔摩斯听完之后，说："现在我告诉你我的推论，我们的帐篷被人偷走了。"

同样是看到了星星，华生和福尔摩斯得到了不同的推论。在进行由果及因的时候，我们应该像福尔摩斯一样从实际出发，关注与生活密切相关的问题。

3

她反复思量这个问题，把左边的理由一条条划去，把右边的理由一遍遍加深，于是她确定了自己的选择。

4

老和尚说："你说的也对。"

也许你觉得老和尚的话自相矛盾，但是真的存在绝对的对与错吗？很多事并非只有一种解释。从甲与这件事的关系来看，甲说一种解释。从甲与这件事的关系来看，甲说

的是对的；从乙与这件事的关系来看，乙说的是对的；从小和尚与这件事的关系来看，小和尚说的也是对的。这就是所谓的关系发散。我们所处的这个世界是一个多元的、复杂的世界，我们所做的每一件事都有利有弊，对与错、好与坏就像一股黑线和一股白线相互交织，有时甚至紧密得难以分开。我们在观察和解释事物的时候，应该避免单一和僵化的解释，那样只会导致偏执一词，钻牛角尖，看不到事情的全貌。

5

看到这个等式，想必那个数学老师的思维会立马开阔起来。显然学生在计算这道题的时候思维是发散的，而计算前一道题的时候，思维是封闭的。

思维培训师对等式两边的关系进行了发散处理，把已知变未知，把未知变已知，从由分求和到由和求分。有人把这种发散方法称为"分合发散"。

6

他决定用那些废弃的帐篷缝制衣服。他从帐篷的特性进行思维发散，并采取行动，缝成了世界上第一条牛仔裤！后来，终于成

了举世闻名的"牛仔大王"。

7

联合国大楼很快建起来了，随着联合国在世界事务中的作用越来越重要，周围的地价立即飙升起来。当初洛克菲勒在买下捐赠给联合国的那块地皮时，也买下了与这块地皮相连的全部地皮。没有人能够计算出洛克菲勒家族在后来获得了多少个870万美元。

洛克菲勒之所以敢作大胆的投资，是因为他已经看到了潜在的好处。联合国购买土地作为联合国办公地址，这件事不是孤立的，必然会带来一系列其他的影响。运用特性发散思考问题，可以帮我们预测隐藏在某一事件中的潜在的机遇。

8

文彦博对小朋友们说："我们大家都回家提一桶水来。把水灌到树洞里，球就浮上来了。"文彦博借着"皮球能浮在水面上"这个属性发散思维想出了一条妙计。

9

牛的身上并没有标记，怎么来判断牛的归属呢？于仲文知道牛是群居的，孤单的牛，一定会非常渴望回到自己的群体。聪明的于仲文就是在这一点上发散思维，想出了好办法的。

事实也是如此：牛群赶到大操场上之后，于仲文大喊一声："放牛！"只见那只无法判断是谁家的牛冲着任家的牛群跑了过去。围观的群众都明白了，他们欢呼着："牛是任家的，牛是任家的。"

10

这同样是一个借动物属性发散思维的解决问题的事例——曹冲叫人拿来了一个大铜镜，把铜镜放在山鸡的身边。山鸡看到铜镜里自己美丽的影子，忍不住跳起舞来。

山鸡爱站在河边跳舞，那是因为山鸡是个顾影自怜的家伙，它只有看到了自己的倒影才翩翩起舞。满朝的大臣都是死脑筋，他们都往河的方向去想，要在宫里挖一条河，那可真够麻烦的，所以，他们一筹莫展。其实，要山鸡看到自己的影子，有很多办法，河水和曹冲想到的镜子只是其中两个办法而已。

开动思维，看看是否还有更好的办法。

11

几天以后，林邑国又派人前来挑战，宗悫接受了挑战。这次林邑国国王神气活现地让大象排了阵前，只见他彩旗一招，大象就撒开腿威风凛凛地向宋军冲过来。眼看就要冲到宋军阵营前了，忽然从宋军阵营里扑出了几百只张牙舞爪的大雄狮。大象见了，吓得掉头就冲林邑国的阵营跑过来，把林邑国的阵形冲得七零八落。宗悫趁机发动全面攻击，把林邑国的军队打得屁滚尿流，落荒而逃。宗悫乘胜追击，林邑国王没办法，只好投降，归顺了宋国。

宋军从哪里找来这么多训练有素的大雄狮的呢？原来，宗悫找来画师和工匠，三天之内画了500个狮像，铸了500个狮子模型。打仗的时候，让士兵把模型穿在身上，就吓跑了敌人的大象。是假狮子吓跑了真大象——宗悫这一妙计就是在那个谋士的"狮子建议"上生发出来的。

12

鲁班在草叶的提示下打造了一把带齿的工具，他把这个工具命名为"锯"。徒弟们用锯来伐木，果然又快又省力，很快就备齐了木料。一直到今天，木匠们还在使用鲁班发明的锯。

无论是在社会上，还是在大自然中，任何事物都是普遍联系着的，而这些联系则会给我们提供很多智慧的线索。

13

第一题：小小悄悄地从口袋里掏出石蜡，放在空盆子里融化掉，然后把铁筛子浸在里面，当把筛子拿出来的时候，筛孔就蒙上了一层薄薄的透明的石蜡，这层石蜡谁也看不到。小小走到国王面前，小心地往筛子里倒水，结果把筛子都倒满了，也没有漏出一滴水。第一个题目就算完成了。

第二题：小小不慌不忙地把纸叠成锅的模样，把鸡蛋放在纸锅里加满水，然后放在火苗上烧，奇怪的是，火苗舔着纸锅，但是就是烧不着，没一会儿，就把鸡蛋煮熟了。小小很轻松地完成了第二道题目。

第三题：小小先把纸烧着，放进玻璃杯里。

纸烧完了，玻璃杯里充满了白色的烟雾，小小立即把玻璃杯扣在盘子里。令人惊奇的是，盘子里的水长脚了似的，都流进了杯子，小小把盘底的绿玉捡了起来，手一点都没沾湿。

14

只要有线索，就算最复杂的迷宫，也不能把你困在里面——阿里阿德涅找来一团红色的线，然后对忒修斯说道："进去的时候，把线的一端系在迷宫的门上，边走边放线，这样，杀死怪兽后，你就能顺着红线出来了。"忒修斯满怀感激地收下了线，便和其他童男童女们进入了迷宫，他们在迷宫里拐弯抹角地转了好一会儿，终于遇到了令人毛骨悚然的怪兽弥诺陶洛斯，怪兽张开血盆大口向他们扑过来，大家都惊恐地四散跑开了，只有忒修斯冷静地站在那里。就在怪兽就要扑倒他的那一刻，忒修斯把宝剑深深地刺入了怪兽的心脏。怪兽重重地倒在地上，痛苦地喘着粗气，过了一会儿就停止了呼吸。忒修斯长舒一口气，带领其他童男童女，沿着红线出了迷宫。

15

原来，这个电信员工正是受到上帝从空中清扫积雪的启发，想到人也可以从空中将积雪清扫掉，于是建议用直升飞机绕着电话线飞来飞去，利用直升飞机的螺旋桨旋转时所产生的强大气流将电话线上的积雪刮掉，既简单又高效。

在这个故事里，第一个员工只是感叹了一句之后便停止了进一步思索，而另一个员工则是在人们惯性地停止思维的地方将思维进一步扩展，进而想到了实际有效的办法，这便是一种典型的发散思维。

16

不久，泰勒便突然多出了一个爱好，便是穿着便衣在北京城的各名胜古迹闲逛。看到名胜古迹处的签名，他便拿起相机将其拍下来，在外人看来，这是个对于签名感兴趣的奇怪的摄影爱好者。但是，身处战争年代的泰勒，可不会真的有这种闲情雅致，他实际上是在利用日本人签名并留下身份注明的习俗来搜集日本军人的信息。一天，他在颐和园万寿山的一尊大佛身后，发现了三个日

本军人的签名及所属的师团。后来，他发现类似的签名越来越多，于是，他将自己所搜集来的相关签名整理归纳一番之后，他准确地搞清楚了侵华日军的编制及其番号。

在这个故事里，泰勒利用早年记忆中的一件小事，并通过一个细节联想到日本的一个习俗，进而联想到利用这个习俗来收集情报，并最终完成任务，这便是一种典型的发散思维。

17

瓦杜丁大将先是仔细观察了一下无名尸体，确定这个人的面孔是张苏联人的面孔之后，他命令属下道："给他里里外外都换上一身苏联大尉的军服，仔细地乔装改扮一番，然后，在他的手里放上一个黑色公文包。"一切完成之后，这名抱着公文包的假大尉被扔进了前沿阵地，德军的子弹呼啸着射中了那名假大尉，苏军前沿部队则假装顶不住德军的攻势，撤退到了第二道战壕。

德军于是进入了苏军的第一道战壕。一名德国军官在经过假大尉尸体时，被他所紧紧抱着的公文包所吸引。当他打开公文包最里面的一层后，一份标有"绝密"字样的文件跳入眼帘："沃罗温什方面军，最高统帅部命令你们暂停进攻，就地在布克林转入防御！"这军官一看，欣喜若狂，立即将文件送到了上级那里。德军最高指挥官立即下令："密切注意苏联军队动向！"

在苏军阵地上，一个指挥所和几部电台在嘟嘟地"忙碌"着。同时，"呜呜呜"的防空警报在不断地拉响。看上去，苏军正在进行一种集结。"苏军果然正在进行调整，准备进行防御！哈哈，不过你们做梦也没想到你们的传令官会死在前线，我对你们的动向了如指掌。你们就死守布克林吧，我的炸弹要统统送你们上西天！"德军指挥官狞笑着自言自语。

德军在等苏军将军队"撤至布克林"的同时，也已经秘密调集了大量的预备队到布克林，对其形成了围歼之势。最后，德军的轰炸机凌空而起，呼啸着向苏军的假阵地倾泻无数炸弹。但是，德军做梦也没想到的是，苏联红军主力此时已经转移到德军防御力量薄弱的基辅北侧，准备一举攻破其防线了。

18

　　原来，柯岩又跑到屋里找了一面镜子，将这个镜子放在第一面镜子斜上面，经过角度的调整之后，太阳光经过两次反射之后，便照在了井里。

19

　　原来贴在墙壁上的是荷兰纸币。

20

　　读书人对宾客解释道："此人作为一个皮匠，建造了这个房子。皮匠最基本的工具有两样：一是钻子，二是皮刀。'甲'字从外型上看，不就像个钻子吗？'乙'字不就像一把皮刀吗？所以我用'甲乙'两字替他题了堂名，这叫做'君子不忘其本'！"

21

　　原来，人们在前面加了一个"宋"字，石碑成了"宋张弘范灭宋于此"。

22

　　原来，物理学教授在窗台上放的镜子不是普通的平面镜，而是一面凹面镜。那天，天气很好，阳光照在了凹面镜上，形成了一道光束，其焦点正好落在在了窗台的窗帘上。到下午时，窗帘起了火。

23

　　宋王不解地问："可是还有一个绳结没解开呀！"

　　鲁国人却说："这个绳结是我挽的，我知道它是解不开的。儿说先生虽然没有解开它，但是他知道这个结是无法解开的，这便等于说是解开了它。儿说先生果然名不虚传，真是天下最有智慧、最灵巧的人呀！"

24

　　贾诩对张绣分析道："曹操挟天子以令诸侯，名正言顺，这是你应该归顺他的首要原因。其次，袁绍兵强马壮，我们的人马并不多，前去投奔他，肯定不被他看重；而曹操，则兵马不强，正需要扩充人马，因此得到我们肯定很高兴。再次，曹操是个心怀大志的枭雄，他必定不会因为你之前的恩怨而怪罪于你；相反，他肯定会借此次机会向天下人表明他的博大胸襟，以吸引天下豪杰前去投奔他。所以我们应

该投奔曹操。"张绣于是便听从了贾诩的意见，率领部队归附了曹操。

25

　　使其变成更令人高兴的四件事的改法是：十年久旱逢甘雨，万里他乡遇故知。和尚洞房花烛夜，寒儒金榜题名时。

　　使其变四悲诗的改法是：久旱逢甘雨——几滴；他乡遇故知——债主；洞房花烛夜——隔壁；金榜题名时——师弟。

26

　　一家英国公司把一辆汽车的4个轮子涂上黏液，然后将汽车倒粘在广告牌上。而南非的一家公司，则将一名替身演员用胶粘在一架飞机的机翼下方，在空中飞行了将近一个小时。

27

　　原来，他抓到的竟然是一颗德国子弹。这虽然听上去不可思议，但事实上是可能发生的。因为子弹刚出膛时的速度一般是每秒800～900米，由于空气的阻力，子弹的速度会逐渐降低。到终点时，其速度其实就只有每秒40米了。这个速度就和飞机的速度差不多了。而如果飞机与子弹飞行的方向和速度相同，那么对于飞行员来说，子弹就相当于是静止的，或者是缓慢移动，如此一来，飞行员抓住子弹就一点都不困难。

28

　　原来，富商写来的信中说道："我刚刚亡去的太太曾经是我的天使，但是她死前已经失去了她的美丽，所以我想她再次复活无论是对于我还是对于她都不是好事。"除了信外，信封里还放了一大笔钱。

　　接着，两个外乡人陆续接到许多小城居民的来信。一位继承了叔叔遗产的侄子在信上说："请你们不要打扰我叔叔在天堂的安宁。"一位改嫁的妇人在信中说："你们这样做，只会使世界大乱。"在每一封信里都附有一笔多少不一的金钱。

　　但是，两个人不为所动，仍旧每天在墓地里神秘地走动。终于，该市的市长也坐不住了，刚刚去世的前任市长是个非常受拥戴的人，他一旦复活，市长肯定保不住自己的宝座了。于是，他也给两个外乡人写了封信，

信上说："两位尊敬的科学家，我知道你们的试验一定会成功的，那将是一个奇迹，但我们并不希望奇迹发生在这个城市，因为届时我们这里的生活秩序将受到严重破坏，所以希望你们能迅速离开本市。"同时，市长的信里也附了一大笔钱。就这样，两个骗子大摇大摆地带着大笔钱离开了这个城市。

29

客人说道："你这表面上是爱护生灵，其实是在害它们啊！正是因为你爱好生灵，要放生，百姓便会投你所好，专门捉来生灵献给你。你这不是在鼓励百姓去捉生灵吗？而在这捉的过程中，不知有多少生灵已经死去了。"

30

因为人体血液的功能主要便在于为人体的呼吸循环向内运载氧气和向外运载二氧化碳，因此这种液体便可以用来作为一种"人造血液"，在医院的天然血液不够用的时候用来临时抢救病人。这种液体后来果然在医学上得到广泛应用，抢救了无数人的性命。由于这种液体是白色的，因此人们称之为"白色血液"。

在这个故事中，克拉克之所以能够发现"人造血液"，便是因为他能够充分利用一种发散思维，在看到这种液体具有很强的溶解氧气和二氧化碳的能力之后，他能够进一步联想到这与人体血液功能的相似之处。

31

年轻人想了想，说："不知道道德就不能做到道德，知道了道德才能做到道德。"

苏格拉底这才满意地笑起来，拉着那个年轻人的手说："您真是一个伟大的哲学家，您告诉我关于道德的知识，使我弄明白了一个长期困惑不解的问题，我衷心地感谢您！"

32

班主任说："你觉得人与人之间不存在真实，可是，你走时却给我写信，并祝我身体健康，这说明你对老师的爱是真实的。你信中说希望我多送几个同学升学，这说明你对你的同学的爱是真实的。另外，难道你不爱你的父母吗？你对他们的爱不是真实的吗？在你身上存在着这么多真实的成分，怎么能

说人与人之间不存在真实？"

33

老人对小孩说："你这样骂人家，人家当然要回骂你了。你如果用友好的方式跟对方沟通，它便会同样对你友好。"这个故事所反映的哲理便是：与人相处正像是回声一样，你对别人充满善意，自然便能得到别人的善意；你对别人充满恶意，别人自然也会还以颜色。

34

原来，李画家的作品正是那块画出来的幕布。黄画家的画只不过骗过了猫而已，而李画家的画则骗过了人的眼睛，当然更高一筹了。

35

朋友说："我夜里想知道时间时，只要趴在窗台上一吹，就会有人朝我喊道：'现在是夜里×点钟，你吹什么呀！'我就知道时间了。"

36

"只要你再细看一次就行了。"马克·吐温回答。

37

农民让乘客到医院院子里的一个水塘里，将脸和甲鱼一起浸入水中。过了一小会儿，甲鱼便松开了口。原来，甲鱼一旦被捕，便会具有攻击性，因为自感没有逃脱的希望，便会咬住对方不放。一旦将他放入水中，它便感到自己有了逃脱的希望，于是便会松口，以潜水逃脱。

38

因为一直有鱼吃的关键并非在于鱼竿，而在于钓鱼的技术。这个小孩只是有了鱼竿，却并没有学会老人高超的钓鱼技术，因此未必能钓到鱼。并且，鱼竿早晚是会用坏的，而钓鱼的技术却是永远不会用坏的，老人的钓鱼技术才是小孩真正该向老人索要的。

39

原来，阿基米德叫人制造的奇怪大镜子，是凹面镜。到中午太阳最毒辣的时候，他让士兵抬了几十面这样的凹面镜到城墙上，调整好焦点，将毒辣的太阳光反射到古罗马的

船只上。不一会儿，古罗马船只便冒出缕缕青烟，经海风一吹，"呼"地便起了火。几十只船同时起火，再加上海风的帮忙，火势很快蔓延起来，古罗马军队来不及灭火，烧死的烧死，跳海的跳海，损失惨重。他们不知道这奇怪的大镜子是什么东西，还以为叙拉古人借助了神灵的魔法，吓得赶紧掉头逃窜了。

40

原来，瓦里特少校将30个士兵分成两个各有15人的小分队，让他们各自带着手电筒，开着汽车，模仿机械化部队夜间集结的方法前进。每当德军侦察机出现的时候，他便命士兵们打开手电筒，射向天空；而当德军侦察机真正邻近的时候，他们则故意关掉手电筒；而在敌机再次飞远之后，他则命令士兵们再次打开手电筒，射向天空。如此一来，便给德军侦察机造成了他们在躲避敌机侦查的假象。如此进行了一段时期后，德军果然上当了。

41

这个年轻人一听，便高兴地回家了。他一回家，便立刻将自己已经荒废多年的田地上种上了香蕉。另外，为了尽快收集齐香蕉绒毛，他还开垦了许多新的荒地来种植香蕉。每当香蕉成熟后，他便小心地将白色绒毛刮下来保存好。同时，为了能生活，他也顺便将这些香蕉都弄到市场上卖掉了。结果，几年之后，由于卖香蕉，他的日子也逐渐阔绰起来了。一次，当他又一次从市场上带着卖香蕉得来的金币回家的时候，突然间领悟了智者的意思正是点化他通过劳动来获得金子。于是他从此开始更加勤奋地劳动，最终成为了当地有名的富翁。

42

故事中，乞丐虽然可以像富翁一样在沙滩上晒太阳，但是，可以想象，富翁能做更多的事情，乞丐是无法做的。比如，最现实的，当太阳下山后，乞丐住在哪里呢？乞丐可以拥有美好的爱情吗？富翁可以去听门票昂贵的音乐会，乞丐可以吗？富翁可以供自己的子女接受好的教育，乞丐可以吗？——假如他有子女的话……

43

狄仁杰说道："有人指出我的缺点，我很高兴，我很乐意知道我有哪些缺点，但是我并不想知道这个说出我缺点的人是谁。"

44

店老板说："墙上种白菜，不是预示着高种（中）吗？戴着斗笠打伞不是说明你这次有备无患吗？跟你表妹脱光了背靠背躺在床上，不是说明你翻身的时候就要到了吗？"虽然秀才的高中跟店老板的劝慰没有太大的关系，但是如果不是店老板的话，秀才就会放弃考试，又何来高中呢？同样的梦，可以有两种截然相反的解释，这正说明任何一件事也都有它的两面性，关键在于我们从什么样的角度、用什么样的态度去看待它。积极的人，总能在绝望处看到希望，而消极的人，往往只看到阴暗的一面。很多时候，想法和态度决定着我们的生活，有什么样的想法和态度，就有什么样的未来。

45

路南影院一折的票价要赔钱，送瓜子更是赔钱，但送的瓜子是老板从厂家定做的超咸型五香瓜子。看电影的人吃了瓜子后，必然会口渴，于是老板便派人卖饮料。饮料也是经过精心挑选的甜型饮料，顾客们越喝越渴，越渴越买，于是饮料和矿泉水的销量大大增加。放电影赔钱、送瓜子赔钱，但饮料却给老板带来了高额的利润。路南影院的老板实际上是采用了"声东击西"的赚钱术。

46

陈树屏说："江面水涨时就宽到七里三分，而落潮时就变成了五里三分。张督抚说的是涨时江面的宽度，而抚军大人说的是落潮时江面的宽度。两位大人都没说错，这有什么好怀疑的呢？"张之洞与谭继洵本来都是信口胡说，听了陈树屏有趣的圆场，自然也就无话可说了。

47

书法家的老师让他加了这么一句话："一位美国朋友的梦想。"这么一加，把中国古代的圣人和现代的美国文化巧妙地融合起来，既无损孔子的形象，也满足了外国朋友的请求，可谓一举两得。

48

希尔顿找人把圆柱拆了，在这些大圆柱上安装一些小型的玻璃陈列橱窗，这些橱窗被纽约市著名的珠宝商和香水商租用，一年租金有几万美元，希尔顿轻而易举赚取了大量的财富。任何事物的用途都不只是一个方面，就看你能否充分去发掘了。

49

刘墉回答说："佛见臣笑，是笑臣成不了佛。"逗得乾隆不由得哈哈大笑。笑的原因有很多，有善意的微笑，也有恶意的嘲笑，人在高兴时会笑，在不高兴时也可以笑。刘墉巧妙地分解了笑的不同原因，抬高了皇帝，贬低了自己，马屁拍得恰到好处，怪不得乾隆皇帝会这么喜欢他。

50

钟会回答说："战战栗栗，汗不敢出。"人出汗可能是由很多原因造成的，或者因为炎热，或者因为害怕，也或者有别的原因。而且并不是只有出汗才表示敬畏，钟会回答正是抓住了这一点。不过很明显，钟会回答得虽然机智巧妙，但并不是实话，有明显的诡辩色彩。

51

商人把这些蔗糖和面粉混合在一起，做成片状，用火烘烤熟后拿去出售，没想到这种食物特别好吃，后来这个做法被广泛流传，并发展成后来的饼干。"福兮祸之所伏，祸兮福之所倚"，事物总是发展变化的，只要你善于动脑筋，就能立不变于万变，化不利为有利，从而"置之死地而后生"。

52

爱因斯坦说："反正这里的人都已经认识我了。"爱因斯坦一生都致力于科学研究，生活上不拘小节、不修边幅，无论是成名前，还是成名后，他根本不在乎穿衣打扮。

53

王僧虔说道："臣的书法，是大臣行列中的第一；陛下的书法，当为皇帝中第一！"这样，王僧虔既保住了先祖的美名，也给皇

帝留足了面子，可谓一举两得。齐太祖听罢，也不由得哈哈大笑起来。

54

田文说："人的命运，如果是由天支配的，父亲何必忧愁呢？如果是由大门支配的，那么可以把大门再开高一些，就没有人能长那么高了。"田文抓住父亲要抛弃自己的主要原因，据以反驳，令父亲心服口服。

55

麦克斯是这么解释的："因为我吃了剩下的杏子，我最喜欢吃杏子了。"小孩子的思维是非常活跃的，在他们天马行空的世界里，一个非常简单的问题，都能得出许许多多看似荒谬却又让人无可厚非的答案。作为一个教育工作者，遇到麦克斯这样的孩子不应该粗暴地批评压制，而应该给以适当的引导。

56

这一根手指涵盖了所有的可能性：中一个，说得通；中两个，一根手指就表示其中一个不中，也说得通；中三个，一根手指的意思就是一齐中；三个都落榜，一根手指就表示一个也不中。总之，不管是哪一种结果，答案都在这根指头上。由此可见，道士并非真的能够预测未来，而是脑袋聪明加上口才好罢了。

57

店主回答："因为另外两只鹦鹉叫这只鹦鹉老板。"一只又老又丑的鹦鹉，价格远远高于美丽而又很有语言能力的另外两只鹦鹉，确实很令人不解。但是，有时候，价格的高低并不是由我们通常所采用的思路和标准来决定的。

58

查尔斯把电缆洗干净、弄直，剪成一小段一小段的，然后将这些金属块精心装饰，作为纪念品出售。由于电缆来自大西洋底，人们认为它有很高的收藏价值，于是争相购买，查尔斯轻而易举地发了一笔财。"横看成岭侧成峰，远近高低各不同。"很多东西，并不是它真的没有用处，只是人们没有发现它的价值，我们应该从事物的各个角度、各个方面去认识它。

59

李世民对隋炀帝说："这座宫殿确实是在百日之内建好的，请陛下派人拔钉验锈，揭瓦验泥。新修的宫殿，钉子没有生锈，瓦泥还是新的。如果是早就修好的，钉子一定会生锈，瓦上也会有霉斑。"隋炀帝觉得他说得很有道理，就立即派人查验，结果证明了宫殿确实是新造的。于是放了李渊，同时处罚了奸臣。

60

原来，不同的颜色对光的吸收能力不一样。黑色等较深的颜色吸收光的能力较强，转化来的热能也就较多，而白色等较浅的颜色对光的吸收能力差，转化来的热能也就相应的少。根据这个原理，黑陶罐的吸光吸热能力强，又经过大半天的太阳照射，表面会比较热。相反，白陶罐由于吸光吸热能力差，摸上去会比较凉。聪明的盲人就是根据这个道理判断出商人给他的是黑陶罐而不是他要的白陶罐，从而维护了自己的利益。

61

主人辩解到："我说的不是他们。"最后一位客人一听这话，心想："说的不是他们，那就是我了。"于是叹了口气，也走了。这个主人并没有别的意思，只是因为朋友没来而难过，但他思维混乱，说话没逻辑，以至于把客人一个个都气走了。

62

吃饭时，每个人面前都是一碗饭和一盘菜，但胖和尚只有一碗饭。胖和尚非常不高兴，就问老和尚，为什么自己只有饭没有菜？这时，小和尚就用筷子把胖和尚的饭拨了一下，下面的菜就露出来了。连近在眼前的东西都不能看到，胖和尚的所谓的"千里眼""顺风耳"的谎言也就不攻自破了。

63

毋择说："一路上我非常小心地看管着天鹅，我发现天鹅非常渴，于心不忍，就将它放出来喝水，谁知才一会儿工夫，它就飞上了天，再也没有回来，当时我非常难过。我想，世上的天鹅那么多，不如买一只相似的

送给大王吧，但一想，这样岂不是欺骗大王吗？我又责怪自己，连送一只天鹅都送不到，不如自杀算了，但这样一来，传出去可能会让大家误解，说国君把鸟兽看得比人还重要。我想，我没有颜面见大王，不如干脆逃跑算了，但这样又会影响两国的关系。没有办法，我只好呈上一只空鸟笼给大王，请大王治罪吧！"听完毋择的话，齐侯被感动了，不但没有责怪毋择，反而重重地奖赏了他。

64

大火还未灭，裴员外就赶紧派人从长江沿岸便宜购买了大量的木材、砖瓦、石灰等建筑用材，并用大船运回来。火灾过后不久，朝廷就下令重建杭州城，凡经营销售建筑用材者一律免税。于是临安城内一时大兴土木，建筑用材供不应求，价格陡涨。裴员外趁机抛售建材，获得巨大的利润，其数额远远大于被大火烧掉的财产。

65

从左至右数起的第7个笼子和第14个笼子。

66

宋清让衙役把银子放到院子里，不一会儿，猫就跑到银子上嗅来嗅去，宋清据此来判断出银子是艄公的。因为如果银子是和蜜饯放在一起的，放在院子里那么久，肯定会爬满喜爱甜味的蚂蚁。可是银子一只蚂蚁也没有引来，只引来了一只猫，这说明银子上有鱼腥味，银子的主人是谁就显而易见了。

67

原来，狗又称犬，黑狗即是黑犬，"黑"字和"犬"字放在一起就是个"默"字，这也就是谜底。老农一直不说话，实际上就是"默不作声"，所以李秀才说他猜中了。

68

原来，昨天傍晚的时候，小达尔文折了一束白色的报春花，把它插在红墨水瓶里，今天，报春花就变成了红色的了。达尔文不仅善于观察事物、思考问题，而且勇于把想法付诸于实践，终于变出了红色的报春花。

69

总经理说："你虽然用水洗去了污渍，但衣服上还有湿迹，而且你是在手忙脚乱中处理这件事的。文子不同，她走进我的办公室时，一直把那只黑色公文包幽雅地放在她的前襟上，没有让我看见那块污迹。她在处理事情时，思路清晰，善于利用手中现有的条件解决问题，把事情做得从容漂亮，所以我们决定录用她。"

70

渔夫回答说："尊敬的陛下，这是一条反复无常的共生双体鱼！"国王无奈，只好把两百枚金币赏给渔夫。实际上，渔夫不仅回答了国王的问题，还巧妙地讽刺了国王。

71

拳击运动员问："你服输了吗？"年轻人听不懂拳击运动员的话，企图用"No"和"Yes"来回答所有的问题，不过非常不幸，他两次都刚好撞到了拳头上。

72

狐狸发现狮子洞口只有进去的脚印，没有出来的脚印，据此断定，进去的动物都被狮子吃掉了。聪明的狐狸善于观察细节，并认真分析，从而使自己逃出"狮口"。

73

父亲说："我家面临的主要祸患是老鼠，而不是没有鸡。你想一下，如果没有猫，老鼠就会偷吃我们的粮食，咬烂我们的衣物，破坏我们的房子和家具，这样下去，我们就得挨饿受冻。而如果家里没有鸡，我们顶多不吃鸡肉了，还不至于挨饿受冻啊！"父亲站在整体利益的角度上去考虑问题，用长远的目光去权衡事物的利弊，令儿子心服口服。

74

老板解释道："你这个傻瓜！那个人是我最好的朋友，他只是打碎一块玻璃，算不了什么。可是你，你把我的玻璃打碎，我能从中得到什么好处呢？"很多时候，别人能做的事情，自己不一定能做，要具体问题具体分析，如果一味地遵循别人的思路，不知

道变通，就可能会碰钉子。

75

树叶每天都会往下落，无论你今天怎么努力地摇树，明天的落叶还是会落下来。世上有很多事情是无法提前做完的，所以要认真活在当下，这才是最正确的人生态度。

76

通过这件事，小和尚明白了世间万物，没有什么是永恒不变的，要用变化和发展的观点来看待一切事物。

77

罗丹自己说："这双手太突出了，它已经有了自己的生命力，这样会吸引观众的特别注意，它已经不属于整个雕塑了，所以我只有把它砍去，记住，任何一件艺术品，部分永远不能超出整体，整体的位置总是高于部分。"

哲学上也有整体和部分的关系，在日常生活及工作中，同样需要这种精神，整体有整体的功能，部分有部分的功能，而整体的功能无论怎样都会大于部分的功能，这样一来才能让整体和部分都发挥自己应有的作用。

78

农夫告诉老虎，自己的智慧没带在身上，让老虎明天再来。老虎不答应，非要立即就看，于是农夫便说自己回家去取，并以担心老虎吃掉水牛为由，要将老虎捆在树上。老虎答应了。农夫于是将老虎结结实实地捆在了树上，并告诉它："好了，这就是我的智慧！"老虎这才知道自己中计了，并对人类的智慧心服口服。

79

年轻人把小马独自关上一夜，只喂它们草料不给它们水喝，第二天，再打开栅栏让小马放到母马那里去，小马立刻跑到自己母亲身边去喝奶了。

80

这个故事就是要告诉孩子们一个简单的道理，有很多可能的事会成为不可能，不可能的事情也会演变成可能的事情。

81

不同的角度会有不同的立意：

1. 季羡林先生没有架子，平易近人，以身作则，为学生树立了很好的形象。

2. 学者身上谦虚、认真的作风，拥有着人性中的闪光点。

3. 在这个世界上，人与人之间是平等的，没有大人物与小人物之分。

4. 北大给人留下的第一个难忘的印象。

5. 关爱身边的每一个人，不以善小而不为。

6. 渊博的知识与高尚的人格，这些是我们应该好好学习的地方。

7. 从学生的角度来说，要有谦虚谨慎的学习态度。

8. 从老师的角度而言，要平等对待每一个学生，在能帮助学生的时候尽力去帮助。

……

82

吉尔福特教授认为，如果那个圆洞是枪伤留下的，那么四万年前就应该有制造火器的工具存在，比如说枪的存在；

还有一个猜测就是那时人类根本还不会制造火器，所以可以假想那些痕迹是外星人路过地球的时候，因为某种原因而留下的。

只要"枪杀"这样的前提成立，很多推论都会是合情合理的，但是那样的前提一直都有待证明，那个圆洞到底是不是被枪杀而存在的一直都有待证明。所以以后的推论都只能说是一个假说。

83

原来，毛驴在被饿了一天一夜之后，完全饿坏了，一被放出，便直奔曾经喂养了它几天的偷盗者家中。而张坚则已经派衙役悄悄地跟在毛驴后面，看到毛驴在一户人家的门口停住了，立刻进去搜查，果然找到了商人的鞍子。

84

原来，老板把房子的钥匙交给了他。"这是我送你的礼物，谢谢你这么多年来一直辛劳工作。"老板说，"这是你的房子。"其实我们每时每刻都在为自己建造一座属于自己的"房子"，今天的任何一个不负责任的行为都会在以后的某个地方等着你。

85

这显然是个寓言故事。三个金人分别象征了听不进别人话的人，不能保守秘密的人和多听少说的人。老天给了我们两只耳朵一个嘴巴，意思本来就是让我们多听少做，因此最有价值的人往往不是最能说的人，而是最善于倾听的人。善于倾听，是成熟的人最基本的素质之一。能够更善于倾听，也是个人不断成长的重要标志之一。

86

老人说："你的过错就是只传授了儿子技术，却没有让他学到教训。要知道，对于知识来说，教训是基础，假如没有基础，那么再多的知识也可能只是纸上谈兵。"

87

当天夜里，曹操就命令一些士兵在离台子不远的地方用挖来的泥土堆积成了一个很大的土堆，然后用装满粮食的袋子铺在这个大土堆的表层，然后就在满军营里散布这样一个消息：这堆粮食是曹丞相提前命人悄悄藏在这里的。

这一消息很快传到了袁军那边，袁谭听后半信半疑，于是就派人悄悄去打探曹军的虚实。探子潜入曹营后，就听见很多士兵在说这件事情，说那些粮食是曹丞相提前藏好的。于是他赶紧回来向袁谭报告："将军，我去打听过了，那些粮草确实是曹操早年准备好的，现在他们的粮草堆积如山。"

袁谭听后，立刻神色大变，仰天长叹道："天败我也！"于是连夜带着士兵们弃城而逃。曹操就这样不战而胜，轻易地拿下了南皮城。

88

因为商场的职工都认识这两个小偷，因此在他们一出现，商场职工便开始留意他们。这样，在多次亲眼看了这两个小偷的偷盗过程后，商场职工都对于小偷的偷盗方式十分清楚了，如此一来，他们的警惕性和识别小偷的本领也空前提高。其他的小偷再次来到这个商场后，往往还没行窃就被识别出来并抓住了。时间一长，小偷们再也不敢来"光顾"这家商场了。

89

听到袁慈阳这么说,他的妻子不慌不忙地回答他说:"我姐姐自幼品德高尚,到现在一直都没有找到和她匹配的品德高尚的好丈夫。哪像我这么卑下,不管好与坏,找个男人随便就把自己嫁了呢?"

其实在这个世界上,总有那么一种人,他们自以为是,从来不反思自己的身上的缺点,反而喜欢处处指责别人的短处。对于这样的人,我们就应该像袁慈阳的妻子那样,给予坚决回击,让他们自己感到惭愧。

90

陈细怪是这么改的诗:"云淡风轻近晚天,傍花随柳跪床前。时人不识余心苦,将谓偷闲学拜年。"的确别致,难怪她老婆不生气了。

91

小孩子今年十一岁,读作"一十一岁",他姓王,因为"一十一"加起来正好是"王"字。

92

表示褒义的"女"字旁的好字:好,娇,姝,娴,妍……

表示贬义的"女"字旁的坏字:妖,娼,妒,嫌,妄……

93

连衣帽的雨衣:把雨具和衣服加在了一起。

电饭煲:把定时和做饭结合在了一起。

药物牙膏:将牙膏和药物组合在了一起。

车房:将房子和车子结合在了一起。

手机闹钟:将手机和闹钟结合在了一起。

……

94

原来王子看到三个女孩子只有一个女孩子伸出的脚是和其他两个女孩子不同的,她伸出的脚正好就是和王子手里拿的水晶鞋同边的。只有真正丢水晶鞋的灰姑娘才知道自己到底丢的是哪只鞋子。

95

伊美扎尔德对国王说:"我当初进宫来给您讲故事的时候,就和引荐我的大臣马吉德提克里特说好了,他将和我平分您的赏赐。现在您赏了我一百大板,我已经领了五十大板,我很感激您。剩下的五十大板您就让您的大臣马吉德提克里特领走吧,他也一定会十分感谢您的赏赐的!"

96

这个聪明的小伙子能看到市场的变动,他发现了砖瓦工需求看涨的行情。小伙子想,砖瓦工的待遇提高了,自然有很多人愿意从事这一行业,然而并不是每个人都能胜任这个职业的,于是,小伙子就想到了何不培养愿意当砖瓦工的人呢?于是,他租门面是用来开办砖瓦工培训班的。

97

伍德沃德是位地质学家,他的工作就是找各种矿。根据拿回去的植物可知,这个地方的土壤应该含铜比较多,所以他推测此处有铜矿,于是就又来了赞比亚。果然如伍德沃德所预测,他在此处发现了丰富的铜矿。

土壤中含有铜元素,喜欢铜元素的和氏罗勒才会茂盛。而既然和氏罗勒茂盛,则地下必然含有丰富的铜矿。伍德沃德正是通过逆向思维,获得了重大发现。

98

原来,哥伦布考虑到印第安人天文知识的缺乏,决定利用这次月食来使印第安人就范。于是在第二天一早,他又来到印第安首领那里要求借粮。首领感到十分不耐烦,哥伦布却假装又像昨天那样进行了许多解释,最后在同样遭受拒绝后,哥伦布说道:"如果你再不肯帮我们,我就夺走你们的月亮。"印第安首领听了根本就不相信。到了晚上,印第安人像往常一样,吃过晚饭后在月亮下跳舞唱歌。但是,突然,他们发现天空暗了下来,月亮果真不见了。这下,他们开始相信哥伦布这些外来人真的具有神奇的魔力,可以偷走他们的月亮,于是赶紧惊慌失措地找哥伦布,表示愿意用粮食来换回他们的月亮。哥伦布于是说:"既然如此,两个小时后你们的月亮就会回到天上了。"在得到粮食的第二天,哥伦布一行便离开了牙买加,开始了新的航程。

99

原来，西格弗里德从有婴儿的父母的麻烦中看到了他们的需求，于是他独一无二地开办了一家专门为携带 3 岁以下的婴儿的夫妇入住的婴儿酒店。在婴儿酒店内，每个房间的家具、陈设都如同家庭中的婴儿房。同时还设有婴儿餐厅、婴儿酒吧，提供标准的婴儿食品和饮品。此外设有宽敞的儿童游乐场。而且，酒店的工作人员都是合格的护士或儿童教育工作者。他们负责小住客的饮食起居、洗澡、换尿片，服务周到，殷勤备至。因此，当年轻的父母们想要过浪漫的二人世界时，可以放心地将婴儿交给酒店方。

另外，来到酒店中的父母们也因为孩子有了共同话题，他们可以聚集在一起交流婴幼儿培训的心得体会。同时，酒店方面也会开设一些相关的培训课程。如此一来，这家婴儿酒店可以说是全方位地满足了年轻父母的需求。所以，酒店一开张，就受到热烈的欢迎，常常爆满，许多房间都被预定到下一年度。自然，西格弗里德的财源滚滚而来。

100

在重庆，水将按着逆时针方向旋转形成漩涡。

在赤道，将不会形成漩涡。

101

原来，当地人将狒狒捉回家中关起来，然后给它们吃大把的盐，然后再将其放出来。村民一直追着它们，看它们要跑到哪里。狒狒们因为吃了大把的盐，渴得要命，纷纷心急火燎地奔向一个隐秘的山洞。原来，在山洞里隐藏着一股很甘甜的水源，于是，跟踪而来的当地人便找到了水源，从而解决了生活中缺水的问题。下次再缺水时，再如法炮制，便可以找到另一个水源。

102

攻关小组设计了一种新的蓄电槽，这样每次熨完衣物之后就可以把熨斗放进槽内进行蓄电。每次蓄电的时间则只需要 8 秒钟。这样一来，熨斗的重量便会大大减轻了。为了使用人的安全，蓄电槽还特别装了断电系统。

103

原来，吉雅朗想，每封信件我都要将收信人的姓名和地址分别打在信封和信纸上，这完全是一种没必要的重复。如果我只在信纸上打一次，然后在信封上打收信人姓名和地址的地方剪开一个小"天窗"，再贴上透明纸，使得信纸上的收信姓名和地址同时显现在信封上，不就可以节省一半精力了吗？

于是，吉雅朗就按照自己的想法尝试起来。刚开始，总是有些挫折，小"天窗"的位置很难准确把握，常常不能正好将信封上的收信人信息露出来，给邮局和收信人带来了一些麻烦。于是，他又尝试在几个不同部位重新开窗，并在信纸的折法上动脑筋，规划设计统一的折叠式样，以使信纸上的姓名、地址能够单独完整地显露在窗口前。经过反复试验，终于，他成功了。

后来，他的这种"偷懒"行为被公司上司发现了。公司上司在听了他的解释后，非但没有责怪他，还嘉奖了他，并将他的这种方式向全公司推广。很快，全美国都采取了这种方式。而现在，基本上全世界的许多公司、机关乃至个人都采用了这种方式，并且对其进行了改进，使得原来的透明纸统一变成了透明塑料。这就是我们日常生活中常见的塑料透明信件的由来。

吉雅朗的发明看起来是微不足道的，但是这个小小发明一旦在全球推广开来，其总共所节省下来的时间，所提高的效率还是巨大的。而这，便是起源于一个人的求异思维，想一下，也许就在你的身边，你也能够找到类似的发明。

104

原来，在这年秋天燕子将要离开时，补鞋匠写了一张纸条绑在了燕子的腿上，上面写道："燕子，你是如此的忠诚，你能否告诉我，你在什么地方过冬？"

几天之后，补鞋匠眼看着燕子带着自己的纸条飞向遥远的地方去了。然后，鞋匠在做活时，虽然明知道还不到时间，但是他仍然隔一会儿就忍不住抬眼看一下天空，看燕子是否回来了。

终于，在补鞋匠焦急的等待中，这个漫长的冬天被打发走了，又一次春回大地。一天，燕子飞回来了，而补鞋匠在那一刻激动得就像见到了自己久别的妻子一样。他于是一伸手，燕子落在了他的手上，只见它的腿上被缚上了一张新的纸条，上面写道："它在雅典安托万家过冬，你为何要对这件事刨根问底呢？"

第二天，补鞋匠将这件事告诉了老学者，老学者仔细看了那张纸条之后，心里惭愧地说道："我还不如一个补鞋匠呢！"后来，老学者将这个故事写进了自己的书里，这也是我们能够知道这个故事的原因。

后来，一些专业的学者便采用补鞋匠的做法，对燕子进行了标记放飞，逐渐搞清楚了燕子的迁徙路线和规律。就这样，一个看似没有办法得到答案的学术问题得到了解决。

105

德·波诺教授的观点是：由于那里的人们对于其生活感到十分满足，没有人想到要去改变什么，所以也就没有人去想到要发明一个车轮。德·波诺教授的看法可以说是新颖而犀利的。因为不满足是向上的车轮，一旦一个人对于已有的东西或成就感到满足，便失去了创新的动力。这在逻辑上完全说得通，所以目前为止，德·波诺教授的观点被认为是对这个问题的最合理解释。

106

原来，苏联军官的办法便是将列车进行了改造，将机头全都挂在列车的尾部，使得机头推着列车前进。这样一来，这些"推"向前线的列车果然再也没有受到德军的轰炸，前线急需的物资被源源不断地从斯大林格勒运来。

107

项橐提出的这个问题一时可能真不太好想出答案，但是如果充分发散自己的思维，是可以想出来的：污水里没有鱼，萤火没有烟，枯树没有叶，雪花没有枝。事实上，关于这个问题，答案也未必是唯一的，读者朋友不妨再想想，还有其他答案吗？

108

这三首字谜诗的谜底是同一个字，就是"鲜"。

109

这几则谜语是同一个谜底："口"字。

110

李大宝的第一个工作是拉磨，第二个工作是拉纤。因为拉磨就是围着磨盘转圈，虽然不停地走，却始终在屋子里，所以是"日行千里，足不出户"。而他在拉纤时，如果正好有开往家乡的船，那么他便需要沿着回家的路线拉纤，到时自然可以顺便回家了，所以叫"若有便船，步行回家"。当然，这种说法有些夸张了。

111

朱天赐的叔叔在对联的上联和下联前分别加上了"早"和"不"字，使原对联变成：早行节俭事；不过淡泊年。

112

法灯的答案是：找来那个给老虎脖子上系铃铛的人，自然能将铃铛解下。

113

"对恶人行善，就是对好人作恶。"上帝回答道。

114

穷人最缺少的是野心。

不过有趣的是，后来得知，蒂勒之所以能想到答案，完全出于偶然。因为当她后来站在巴黎的领奖台上时，记者问这个只有九岁的小女孩："你是怎么想到答案是野心的呢？"不想蒂勒的回答却十分简单和天真，她说："每当我姐姐把她十一岁的男朋友带到我家时，总要对我发出警告：不要有野心，不要有野心！所以我想，野心大概能够让人得到他想要的任何东西吧。"

115

回来之后，哈里开始联系各大洲的一些医药公司，并把他的发现公布了出去。结果不到一个月，订购这种野草的合同便堆满了哈里的办公桌。哈里郑重其事地把这些合同文本交给了布须曼族的族长，看着族长大惑不解的眼睛，哈里解释道：这种草是全球科学家们苦寻了几十年的治疗肥胖症的理想原料，你们发财的机会到来了，全族有救了。

果然，数年来，靠着这种比金子还昂贵的药材，布须曼每年约有 640 万欧元的收入，所有族人都不用再为食物担心了。其族长曾既欢喜又感叹地说过：真没想到，在这片祖祖辈辈生活的穷地方，一种看似普通的野草会改变全族的命运。

116

丘吉尔从上衣口袋里掏出了一把小汤匙，然后走到池边，蹲下身去，开始一勺一勺往池外舀水。

一事当前，人们的通病是寻找"多快好省"的巧方法，一旦巧方法无济于事，便立刻宣布放弃。其实，笨方法也是解决问题的有效途径，无计可施之下，何妨一试呢？

第三章

1

神秘的高尔丁死结，让无数英雄豪杰都无功而返。解开高尔丁死结，这看起来是一个根本无法完成的任务，它太复杂了！然而，让人想不到的是，这样一个复杂的问题，居然有一个非常简单的办法。气概非凡的亚历山大突破了前人的思路，挥剑劈开了高尔丁死结。

2

原来，这个办法就是，在核桃的外壳上钻一个小孔，灌入压缩空气，靠核桃内部的压力使核桃壳裂开。

在取核仁时，人们往往习惯性地想到要从外面去打开核桃壳，而不会想到从内部着手。这里的这个办法便是一种典型的打破常规思维的求异思维。

3

实际上，只要能够打破常规思维，这个想法是可以实现的：如下图所示，沿着纸上的线剪开再展开，即可让人钻进钻出。这实际上是一种把"面"变为"线"的做法。实际上，这些看似荒诞至极的想法，往往能够培养一个人大胆思考的习惯，将其思维充分拉开，具有非凡的创造性。另外，就本题而言，试想一下，在爱迪生的这个办法之外，你能

不能找到其他的办法呢？

4

毛毛虫可以等自己变成蝴蝶后飞过去。

5

原来哈姆威看卖冰激凌的商贩没有盛装冰激凌的容器了，他便将自己的蛋卷卷成锥形，以用来盛放冰激凌。冰激凌商贩一看这个办法挺好，便买下了哈姆威的所有蛋卷，用来制造这种锥形冰激凌，以方便让顾客带走。而人们则发现，这种锥形冰激凌不仅携带方便，外观好看，而且冰激凌和外面的蛋

卷一起吃，味道也很好，后来十分流行的蛋卷冰激凌就此诞生。不仅如此，这种蛋卷冰激凌还被人们评为那届世界博览会的真正明星。

6

纸条上写着："我的图案设计是信封上的假邮票。"这个人不仅表现出了自己扎实的美术功底，而且也展示了自己的创意思维能力。

7

日本商人弄清的真相是：对面的那家店也是这个年轻人开的。

故事中，这个年轻人总是能够摆脱从众思维，看到别人所看不到的机会，继而通过自己出人意料的举动获得更大的收获。这其实就是一种打破惯性的求异思维。而这种思维在商业上是非常有价值的，所以日本丰田公司亚洲区的代表山田信一才会花百万年薪雇用他。

8

小路易斯将瓶盖盖上并拧住，然后把瓶子倒过来。这样，油就浮了上去，醋沉了下来，他再将瓶盖松开，醋就流了出来。

9

他拿起了第2只杯子，把里面的红色的水倒进了第7只杯子，又拿起第4只杯子，把里面的红色的水倒进了第9只杯子，结果，杯子就成交错排列的格局了。

10

那个人先取出5000元，再把不需要的2000元存进去，结果就得到了他想要的3000元钱。

俗话说："规矩是人制定的。"营业员的做法就是不懂灵活处理规矩的表现。营业员只是按照规矩办事。如果那个人也和营业员一样，循规蹈矩，那么他只能去取款机前排队，说不定会误了他的事。所谓急中便生智，这个人在取钱和存钱之间进行了一种巧妙的转换，便巧妙地解决了问题。

11

这位乘客考虑到这座房子对于火车上处于极度无聊之中的旅客的吸引力，将这个房子买下来，用来给各家商家做户外广告。结果，因为其独特的位置，广告订单雪片般飞来，这个乘客于是就发了财。

按照正常人的思维习惯，房子位于火车的道旁，是致命的缺点，所以根本没有价值。但是，这位乘客却反过来看，认为房子位于火车道旁，恰恰是其优点，具有不可估量的价值。这是一种典型的逆向思维。

12

原来这位法官的判决是：要求这个少年返回学校读书，获得一张真正的高中毕业文凭来交给法庭（当然，只是其复印件）。最后，这个少年果然去读了高中，并在三年后给法庭交来了他的毕业文凭复印件。并且，这个少年接下来还考入了大学。据统计，后来，这个法官对于类似案件以及少年偷窃案等案件的罪犯都采用了这个判罚。在接下来的10年时间里，共有接近600个少年犯重新回到学校读书。

假冒文凭，就判处你去获得一张真文凭来，这的确是一种富有创意的判罚。其不仅需要一种善良，而且还需要一种思维上的灵感。

13

主考官的批复只有四个字：我不敢耍（取）。

14

原来，鬼谷子给弟子们派出这个任务，是想考考自己这两个弟子的才智，而不是比他们两个的体力。十天之后，鬼谷子先在洞中点燃了庞涓打来的干柴，这些干柴的火势虽旺，但浓烟滚滚。显然，数量和质量都没有达到老师的要求。而孙膑从山上回来之后，就把自己砍来的榆树枝放到一个平时烧炭的大肚子小门的窑洞里，开始烧起榆树木炭来。等烧好之后，孙膑又用那一根柏树枝做成的扁担，将榆木炭担回鬼谷洞，意为"柏担有榆"。等到鬼谷子点燃这些木炭的时候，没有一点烟，这便做到了"木柴无烟"。鬼谷子一看十分满意。

原来，孙膑在接到老师的任务后，便意识到，十天的时间砍一百担木材，凭自己的体力完全做不到，于是便用谐音巧妙地满足了鬼谷子的要求。而庞涓则遇事不知思考，仅凭着一股子蛮力，结果费力不讨好，自然

431

要令鬼谷子感到失望。

15

在当时，美国法律只是禁止以高价位出售复印机，但是，却并不禁止威尔逊出租或提供复印服务。聪明的威尔逊只是稍稍动了一下脑筋，这个问题就解决了。他想到了通过这两种方式依旧可以赚钱，而且需求量会更大，因此他赚的钱也就更多。

16

原来法官是这么说的：鉴于父母离婚的最大受害者是孩子，为了保护儿童的权益，并考虑到父母双方的要求，本庭宣判如下：父母归两个孩子所有；原有的住宅的居住权也归两个孩子所有，而不判给母亲或父亲。离婚后的父母定期轮流到原来的住宅中居住并照顾孩子，直到孩子长大成人。

17

原来，狄多公主让随从们将公牛皮切成一条一条的细绳，然后再把它们连结成一根很长的绳子。她在海边把绳子弯成一个半圆，一边以海为界，圈出了一块面积相当大的土地。因为同样周长的平面图形中，圆的面积最大，以海为界，又省下了一半的周长。

18

原来，老医生的办法便是让农民每天往耳朵里倒一些清水。如此一来，麦粒便在耳朵里开始发芽，因为植物向阳的本性，麦芽自己便往耳朵外面长。结果几天之后，一根嫩芽从农民的耳朵眼里长出来了。农民让自己的妻子用手一拔，便将麦粒拔了出来，不仅没有一点痛苦，而且还省去了再去医院花钱。

19

原来，副厂长的主意便是将错就错，不对呢子做任何变动，而是将这批呢子称作是"雪花呢"，然后投放市场。因为当时市场上全都是纯色呢子，还没有这种杂色呢子，因此"雪花呢"一投入市场，便受到了人们的广泛欢迎。其后，便有许多呢子厂家开始主动生产这种上面有斑点的呢子，直到今天还受到人们的欢迎。

在这个故事里，如果人们始终按照常规的思路，将这批呢子当作一个"错误"来处理，可能永远也不会得到这样的好结果。这位副厂长也是利用了一种求异思维，使得事情出现了转机。

20

原来，小儿子点燃了一根蜡烛，马上，烛光便将整个房间都填满了。

在这个故事中，对于老人的问题，人们习惯性的思维都会去想用某种具体的东西去填空间，而这种东西应该是足够蓬松，以尽量大地占据空间。自然而言地，棉花、鹅毛这些东西会很容易被人想到。但是，小儿子却没有拘泥于常规思路，而是采用了一种创造性思维，很快找到了一种更为简单有效的方式。这便是一种典型的求异思维。

21

表面上看上去，这似乎是不可能做到的，但是如果能够充分发散自己的思维，便会找到解决问题的办法。因为 10 毫升正好是玻璃杯容积的一半，所以将玻璃杯倾斜 45 度角，其留在杯子里的溶液便正好是 10 毫升了。

许多人之所以想不到这个办法，是因为在他们的脑海里有一个固有的思路——量液体的容积时，必然是将容器水平放置，然后根据刻度来看液体的体积。殊不知特殊问题（溶液体积正好是杯子容积的一半）是可以特殊对待的。总体而言，倾斜思维法属于一种求异思维，其关键仍旧是思考者要能够打破惯性思维的束缚。至少，在读了这个思维命题之后，我们应该知道，在思考问题时，物体不一定非要四平八稳地放在那儿，而是可以适当倾斜的，没准儿在倾斜的那一瞬间，答案就出现了。

22

工匠按照比尔巴所说的穿上盔甲后，站在那里一动不动地等待国王的卫士出场。但是，就在卫士拔出宝剑就要砍下来时，工匠却突然大叫一声扑了上去。士兵被工匠的举动吓呆了，他以为工匠要跟自己拼命，于是赶紧跳开了。旁边的国王一看，便恼怒地对工匠说："你想干什么，想要造反吗？"工匠于是说："陛下，是这样的，我的盔甲不是做给木偶人穿的。当有人拿剑砍下来时，穿盔甲的人必然不会站在原地等他来砍，而是会躲开，如此一来，盔甲就不会被轻易砍破了。"国王一听，觉得有理，便收下了工匠所做的盔甲。

这个故事中，比尔巴便是突破了检验盔甲硬度时盔甲一定会被砍到的常规思维，使盔甲的作用得到了更合理的理解。

23

高尔基先将九块蛋糕分装在三个盒子里，每盒三块，然后再把这三个盒子一齐装在一个大盒子里，用包装带扎紧。

有个伙计一看便不服气了，质问道："你怎么能用不一样的盒子装呢？而且还有一个盒子没装蛋糕。"

高尔基反驳道："难道顾客限制了盒的大小，并规定不能套装了吗？"

那个人无言以对。

下午，那个挑剔的顾客来到了蛋糕店，他用挑剔的目光看了一下之后，也无话可说，提着蛋糕走了。从此，老板和伙计们都开始对聪明的高尔基刮目相看。

在这个故事里，老板和其他伙计们之所以想不出办法，是因为他们被惯性思维所束缚，以为四个盒子必须是一样大小，并且根本想不到还可以套装。而高尔基之所以能够想出办法，便是因为他不为常规思维所束缚，能够自由地发挥想象。

24

原来，秘密全在张作霖的那只朱砂笔中。那支笔看上去和普通的朱砂笔无异，其实藏有玄机，其是张作霖专为批钱特制的，在其笔尖中插了一段钢丝儿，用笔在纸上戳一下后，红点中间会有一个小洞，不仔细看看不出来。只有银行掌柜的和张作霖两个人知道这个秘密。这次，秘书虽然依葫芦画瓢用朱砂笔戳了一下，红点中间却没有小洞。掌柜的一看，心下便明白了，只是假装没有识破，然后去通报了。

25

第二天，韩信依时带着那块布来见刘邦，刘邦接过布一看，只见布上并没有士兵，只是画了一座城楼，城门口战马刚刚露出了头，一面"帅"字大旗斜斜地露了出来。

刘邦于是问道："怎么一个士兵也没有？"韩信却回答说："千军万马都尽在其后。"

在这个故事中，韩信便利用了一种求异思维。试想，如果按照常规思维来想，老老实实地画士兵，即使将士兵画得再小，几寸的小布最多也不过画几百个士兵而已，那显然不是韩信所满足的。而通过这样一种暗示的手法，就是千军万马了。

26

汉斯先生想出了一个点子。在博览会开幕几天后，会场中突然出现了一个新玩意儿，前来参观的人们常常会在地上捡到一个小铜牌，上面刻着一行字："凭借这块铜牌，可以到阁楼上的汉斯食品公司换取一份纪念品。"前前后后，竟然有几千块铜牌出现在会场上。不用说，这是汉斯先生派人抛下的。

如此一来，那间本来几乎无人光顾的小阁楼，每天都被挤得水泄不通，以至于博览会举办方因为担心阁楼被压塌，请木匠加强了其支撑力。

27

原来莎士比亚叫人又提来了半桶酒，往桶内倒酒，等到桶里的酒满之后，硬币就浮了上来，并随着溢出的酒流了出来，莎士比亚伸手将硬币接在了手里。

28

这其实是一首"藏头诗"，每句开头第一个字连起来便是"黄彩笔内帐单速毁"八个字，最后，钦差果然在知府书房里的黄色笔筒里找到了赈灾款藏匿的清单。

29

清洁工说："何不把电梯装在楼的外面，那样既保持了环境卫生，又能方便顾客。"

可能你不知道，在早期时候，电梯都是装在楼宇内部的，没有人想到电梯可以装在外面。也正是因为此，两个建筑师虽然面对代价昂贵、挤占酒店内部空间的弊端，也"执意"要将电梯安装在酒店内部，这正是受到惯性思维的束缚。而清洁工正因为并非专业人士，所以才不会受到惯性思维的束缚，想出了这个绝妙的主意。这体现的正是一种求异思维。并且，正是此件事情发生后，人们普遍开始将电梯装在楼宇外面，以节约内部空间了。

30

小儿子乌苏利亚没有用那支箭去射苹果，而是瞄准放苹果的盘子，一下子将盘子射翻，自然，盘子里的苹果全都落在了地上。在这里，两个哥哥都在射箭技艺上动脑筋，想要如何射得更准，而小儿子则没有沿着这个思路往下想，而是完全从新的思路更巧妙地解决了问题，这可说是一种求异思维。

31

贾风波用气针将篮球里的气给放掉，然后将篮球压成安全帽一样的凹陷状，这样，篮球就成了一个装鸡蛋的最好的容器。

32

思考问题的时候，我们要找到牵动问题的各个方面。解决这个问题的关键除了在威盛泰隆工厂之外，还可以在买家一方下工夫。买家主动提出的方案就是在去参观的路上拿布条蒙住自己的眼睛，这样看不见途中的绝密产品就解决问题了。

33

老板看到明明的身边坐着一位老太太，就对明明说："你能不能坐在你妈妈的怀里，让她抱着你，这样显得更亲切。"显然，老板是在巧妙地夸老太太年轻，不过，这种夸法也实在有点夸张了，大家一听，纷纷忍不住笑了出来。摄影师于是趁机按下快门，拍出了一张大家都非常满意的照片。

一个是年幼的孩子，一个是老太太，一眼便能看出来，两人必定是祖母和孙子的关系。但是，老板却硬是故意将其说成是母子关系，从而逗笑大家，应该说，没有一种求异思维，还开不出这样的玩笑呢。

34

年轻人的选择是："我会把车交给医生，让他开车送病人去医院，然后我和我的爱人一起等车。"

思维如果受到禁锢，便会失去灵性。那些没被录取的应聘者，便是始终不能跳出惯性思维的窠臼，他们自始至终没有想到，在这种危急的情况下，自己其实完全没必要非

要和自己的车"拴"在一起。而那个年轻人显然是具有创造性思维的人，被录取是理所当然的了。

35

他是这样回答的："这完全取决于客人的要求，如果客人先点鸡，就先有鸡；如果客人先点蛋，就先有蛋。"

对于先有鸡还是先有蛋的问题，估计没人能说得清楚。这是一个让哲学家争论的议题，至今也没有明确的答案。老总选择这个题目显然并不指望得到确切的答案，而是通过这个题目测出了他们不同的思维方式。前两个人思考问题太死板，不会变通，联想能力太差，只会就事论事。而第三个人能挣脱惯性思维框架的束缚，联系相关的问题，所以被老板看中。

36

这个农家小伙是扛着铁锨和凿子走入迷宫的，遇到不通的路，他就用自己手里的工具开辟出一条路来。

这个农家小伙的办法看似笨拙，实际却绝顶聪明，他没有受到惯性思维的束缚，而是采用了打破常规的方法，最终取得成功。

37

原来这个选手对守卫说："这个题目真没意思，我宣布放弃比赛！"

38

漆匠徒弟是这样做的：把新的和旧的一起都重新刷一遍，这样就一模一样了。

老漆匠之所以会被财主愚弄，便是因为他以常规的思路考虑问题，只想着将没上漆的新桌子照着旧桌子的样子漆，这样无论怎么漆，都不可能将新桌子漆得和旧桌子一模一样。而徒弟则能够打破常规思维，将旧桌子也漆一边，这样，两个都是新漆的，自然一模一样了。他所采用的便是一种求异思维。

39

这个小男孩说："只不过我放的是煮熟的豌豆而已。"

煮熟的豌豆放在鞋里，一踩便碎了，自然不会使脚难受了。第一个小男孩按照常理去思考，主观上认为老师让他放的豌豆就是

生的。但是实际上，老师并没有规定，另一个小男孩却能够跳出思维定势，寻求更好的解决方式，可谓聪明。

许多时候，我们之所以会被问题所困扰，是因为我们被惯性思维所束缚，一旦跳出窠臼，问题便不成问题了。

40

纸商说道："上次，洪水已经进屋，根本就无法拯救了，所以我才没有去徒费力气地抢救纸张。既然没法补救，何不把精力集中在下次，争取下次不让悲剧重演。我上次冒雨出去，走遍了全城，只发现了这一个地方没被水淹，于是就把店铺转到了这里。"

41

王冕的做法如下：

第一个月，他取走的是第三个银环；第二个月他用第三个银环换下一、二两个银环；到了第三个月，他再取走第三个银环；第四个月，他用一、二、三个银环换走了四、五、六、七这四个银环；第五、六、七个月的做法分别和第一、二、三个月相同。

王冕用自己的聪明智慧拿到了自己应该得到的工钱，有钱人的计策没有得逞，当然只好乖乖地把工钱付给王冕了。

42

芭蕾舞演员什么都看不见，因为你想啊，各个方向都铺上了镜子，并且镜片是没有缝隙的，这样就没有光线从外面射进来，芭蕾舞演员就站在了一个封闭的空间内，自然什么都看不到。

对于这个问题，许多人之所以想不出答案，便是因为受到前面的定势思维的束缚，而没能用一种全新而自由的思维去思考问题。

43

奥卡姆的回答是："先抢救距离博物馆出口最近的那幅画。"

成功的目标不是实现最有价值的那个，而是最有可能实现的那个。所以在发生火灾的时候，根本没有太多的时间考虑该抢救哪幅名画，而是要抢救那个离出口近的，因为那是最可行的办法，错过了时机，或许连一幅画都抢救不成功了。

从道理上讲，在人生中，我们要找到那个最有可能实现的目标一步步前进，而不是好高骛远地想那些不切实际的思想，脚踏实地好好实现现实中能实现的目标才是关键所在。而从思维上来讲的话，大家在看到这个题目之后都纷纷惯性地从画作的价值着眼，而奥卡姆则能够看到抢救画作的紧迫性，这可以说是一种犀利的求异思维。

44

拿破仑让纳西将军找来一个比桥面长的钢索，然后将这条钢索系在炮车与大炮之间。这样一来，炮车和大炮就能分段开过桥面，过桥的时候炮车与大炮不会同时压在桥上，桥身就不会超载重量，这样便可以顺利地让炮车过桥。

拿破仑通过这样的办法分担了桥身本来应该承担的重量，把原本不可能通过的桥梁重量分担成了不同的部分，最后巧妙地完成了大炮过桥的任务，这办法看起来似乎很简单，但是纳西将军却愣是想不出来，原因就在于他为常规思维所束缚，不具备拿破仑那样的求异思维。

45

当我们现有的条件不能满足需要的时候，我们就需要借助外部的力量来满足自己的需要。翟光明选择的就是这种思路。

翟光明采用的办法是借助当地民工的力量帮助队员们穿过沙漠。他让每两个勘探员雇用当地的一个民工，每一个人带足8斤粮食和8斤水开始上路。等他们走了2天之后，就请当地的民工回去，并给他们2斤粮食和2斤水，够民工回去的路上吃喝。这个时候每两位勘探员那里还有6斤粮食和6斤水，民工携带的粮食和水还各剩下4斤。他们将民工剩下的粮食和水平分，如此一来，他们每个勘探员那里就有8斤粮食和8斤水了，而此时剩下的路程也只有8天了，所以正好能平安地走出这片沙漠。

如果按照常规思路来想，解决此类问题似乎只能是想办法去寻找骆驼了，或者用马匹来替代骆驼，而翟光明这样的办法似乎是只有极少数聪明人才能想到的。其实，只要具有一种求异思维，这办法并不难想到。

46

老板指着那些穿蓝衣服的工人说："他们都是我的手下，但是他们都喜欢穿着清一色的蓝衣服，所以到现在对于他们我一个都不认识。"然后他又指向那个穿着红衬衫的人说，"但是那个人却和他们不一样，虽然说他们的手艺差不多，但是我却能在这么多人中间一眼就看到他。所以我会更多地注意到他，我准备请他做我的助手。"

成功并不是你想的那么困难，当然也不是你想的那么简单。有时候需要你有异于他人的眼光与智慧，用独特的思想让你在众人中独树一帜。成功不仅仅需要自己的努力，有时还需要你具有与众不同，和众人区别开来的意识。

47

求职者的小牌子上面写着："额满，暂不雇佣。"

这个刚毕业的大学生用自己的创意制作了这么一块别具一格的牌子，正是这样与众不同的创意思维让主编眼前一亮，进而为自己赢得了一个非常好的工作机会。

每个人都有独具一格的创意思维，假如你能在需要的时候用好，那么会在生活与工作中赢得更多的机遇，在遇到困境的时候，不要轻易放弃，一个与众不同的创意或许便能使你的处境顿时柳暗花明。

48

马先生说："我什么都不写，也没画，只是在那张白纸上面贴了三张100元的人民币。"

其他的应聘者的办法虽然也不乏创意，但是终归都没有打破惯性思维，以为只能在纸本身做文章。而马先生完全突破了这种惯性思维，并运用了一种求异思维，成为了最有创意的一个。广告行业最需要的就是创意，马先生自然被录取了。

49

老工人想到的办法是：先把两条大船装满沙土，然后把船划到桥墩上方，用绳子将桥墩套牢以后，再卸掉两条船上的沙土。这个时候再利用水的浮力，就能把桥墩从河底的泥沙中拔出来，最后再把桥墩拖到河流上游。

50

第三个司机不慌不忙地回答考官说："我会尽量远离悬崖，越远越好。"

前两个司机都尽量展示他们的驾驶技术，按照惯性思维，第三个司机似乎应该将距离悬崖的位置说得更近些，以显示自己的技术高超。但是，他没有受前两个司机的影响，而是从安全和责任的角度进行回答，这便是一种求异思维。

51

其实，当时房间里面有两个人，和儿子说话的那个人不是罗宾逊夫人，而是罗宾逊先生。

猜不出这个问题的原因是我们会陷入一种惯性思维，认为罗宾逊夫人坐在那里，便肯定就只有她一个人在房间里。解答这类的问题关键就是要摆脱惯性思维，而这，便需要一种求异思维。

52

学生乙拿起笔，在那本书的侧页上面画了一道直线，这样一来，整本书的每一页上面都有了一点墨迹，于是，他在最短的时间内成功地完成了先生规定的任务。

53

约瑟夫匆忙赶回家，然后雇用了几个炭工，把庄园里被大火烧焦的树木进行加工。不久，2000箱优质的木炭加工好了。约瑟夫把这些木炭带到集市上的木炭店里，因为木炭质量非常好，价格也不是很高，所以没过多久，那2000箱木炭便被抢购一空了。约瑟夫用这些木炭换回了一大笔不小的收入。他用这些收入购买了很多树苗，经过一番辛苦劳动，他的那片美丽的庄园又重新建了起来。

当我们生活中遇到不幸的时候，不要垂头丧气，也不要抱怨生活，积极地面对上天赐予我们的一切。用一颗充满热情的心迎接每一个明天，或许变一下思路就会看到希望，记住这么一句话"山重水复疑无路，柳暗花明又一村"。

54

吉姆说："公园这么做，其实是负责人

刻意安排的。假如每个乘客都只是坐缆车游玩，那么不到两个小时就能将整个公园逛完了，这样的话，公园只能从每个游客那里赚到 20 美元。但是假如游客买了通票，那么就会慢慢地游玩，时间必定会很长，等有人玩累了，自然会找地方吃饭，购物，这样一来，每个游客的消费就远远不止 20 美元了。在不知不觉中，每个人的花费都会提高不少，这样公园盈利必定多。"

看似便宜的价格其实有些时候真的藏有学问。票价虽然便宜，但是藏在里面的还有餐饮和购物的费用，公园通过这些获得了更多的营业额。公园负责人了解到了游人的消费心理，从而使公园不断盈利。

55

麦克用幻灯机的强光把"违法建筑"这四个字强打在了邻居家的木板上面，这样一来，只要是那块木板不被拿走，只要那块木板不消失，那几个字都没有办法消失掉。

56

这位美丽的佳丽接着说道："写到这里，青年作家一把撕去了写满的一页稿纸，自言自语地说：'我怎么会写出如此无聊加俗套的故事！'"

57

这个小伙子的答案是：一个好朋友。有一个好朋友相伴，再长的旅途也会变得轻松愉快。两个人可以一路上说说笑笑，不但不会觉得道路漫长，反而会觉得此路太短。显然，小伙子运用了不同常人的思维方式，给出了让人耳目一新又觉得合情合理的答案，所以，他获得这一个奖，理所应当。

58

那天晚上，全纽约所有的电视、电台在统一时间向听众播报道："亲爱的观众（听众）朋友，下面是国际银行特别为你奉上的沉默时间。"然后电视台和电台便都突然中断了信号，在十秒钟内声息皆无。一时间，纽约市民纷纷对这十秒钟的沉默惊讶不已，他们甚至奔走相告，一起猜测着这莫名其妙的"沉默时间"背后的故事。结果没出几天，这短短的十秒钟沉默便成了人们饭后茶余最热门

的谈论话题，相应的，"国际银行"这四个字也被迅速传遍了整个纽约，甚至被传到了更远的地方。

许多时候，人的嘴巴是最好的宣传途径，但是并非谁都能利用上这个途径，因为人们只会聊他们感兴趣的东西。反复地、大声地叫喊自己的企业名称或产品名称并不见得就能让人们感兴趣，而且还有可能刺激起人们"讨厌"的神经，而新鲜的、出人意料的东西却能很自然地引起人们的好奇心，让他们主动去探根究底。这里，国际公司正是通过一种打破惯性思维的求异思维达到了目的。

59

老李先是在广告牌上打上如此一个"招租广告"：好位置，专等贵客，此广告位招租 185 万／每年。其故意打上这样一个天价，以引起人们的主意。所有看到这个广告牌的人都倒吸一口冷气这样惊呼着，心想这样的天价谁能租得起！一时间，这个贵得离谱的广告位成了人们饭后茶余所津津乐道的新闻，连当地电视台、电台、报纸等各大媒体也纷纷给予了极大的关注。

一个月之后，老李将自己的酱菜广告登了上去。结果没出几天，全城的市场便被迅速打开了，因为那"185 万／每年"的广告位早已经家喻户晓。

正当员工们为自己老板的睿智惊叹的时候，老李又在筹划如何将酱菜推向全国了。

拿到一个广告招牌后，不是直接打上广告，而是打上一个天价的"广告的广告"，先引起人们的关注，这实在是一个奇妙的主意，体现出了一种打破惯性思维的求异思维。

60

原来，贝索斯在思考分析的过程中，发现了传统出版行业中的一个根本性的矛盾：出版商和发行零售商之间的业务目标相互冲突。

出版商在图书印刷出版之前，总是要先大体确定一个市场需求量。而市场是难以预测的，这个需求量十分不好掌握，于是出版商总是会多印一些，然后发给零售商去销售，为了鼓励零售商多订货，出版商往往会允许零售商把卖不完的图书再退回来。这样，出版商就会承担所有的风险，而零售商却大可

以放心赚钱。

贝索斯注意到，这是一种市场需求和生产之间的脱节。而他认为，运用互联网，让顾客直接向出版商下订单，这样就可以消除中间环节的盲目和无序，做到以销定产。这样做，不但会使产销合理化起来，而且更重要的是，这其中隐藏着巨大的利润。

于是，贝索斯锁定了这一市场，全力进行经营，不久之后，"亚马逊"公司的市值就超过了400亿美元，拥有了450万的长期客户，每月的营业额超亿元。

贝索斯的成功，就在于他敏锐的洞察力，看到了表象背后的本质，并充分利用了自己的发现。他用的就是纵向思维法。

61

在暂停结束后，保加利亚队开球后，其控球队员将球带到了中场。这时，捷克斯洛伐克队队员全都回撤到自己的半场进行防守。没想到的是，保加利亚队控球队员突然转身回到自己的半场，纵身一跳，竟然在所有人的目瞪口呆中将篮球放进了自己的篮筐。就在这时，终场的哨子也吹响了，结果是双方战平。如此一来，按照比赛规则，双方要再打5分钟的加时赛。原来，保加利亚队教练的战术就是通过自摆乌龙，赢得5分钟的加时赛时间，这样自己的队员便还有一次拼搏出现的机会。最后，斗志高昂的保加利亚队果然在加时赛中正好以5分的优势赢得了比赛，得到了出线权。

在这个故事中，按照常规思维，保加利亚队肯定应该是孤注一掷，拼命投进一个3分球，或者是投进一个2分球，再造对方一个犯规，罚球再得1分。但是，这样做成功的几率非常小，因为时间太短了！而保加利亚队教练所想出的办法可谓高明，可以说思想中规中矩、缺乏创造性的人决然是想不到这个主意的。事实上，这就是一种典型的求异思维。在遇到常规方法无法解决的难题时，求异思维往往能够使我们柳暗花明又一村！

第四章

1

其实华盛顿是抓住了小偷做贼心虚的心理。他的故事为小偷设置了一个情景，在这个情景中，小偷会不自觉地做出一些举动。当华盛顿说黄蜂就在小偷帽子上的时候，小偷受到华盛顿故事的感染，已经忘记了根本不存在这样的黄蜂，而是条件反射性地想要看看自己的帽子上是否真的有黄蜂，进而便将自己暴露了。

俗话说"不做亏心事，不怕鬼敲门"，相反，做了亏心事的人当然会害怕"鬼敲门"，在很多的时候，他们自己会不自觉地暴露了自己，抓住小偷这样的心理之后，稍微动下脑筋就能找到破绽了。华盛顿之所以能够想到这样一个巧妙的找小偷的办法，是因为他具有一种求异思维。

2

挑夫说："棒极了。看来，上帝也很照顾我，先生。如果你没有把我捆住的话，我已经成为他们的祭品了。"同一件事情，用正面思考的方法能够使你自信、乐观和拥有解决问题的高效率，而负面思考则正好相反。我们必须学会负面思考到正面思考的转换。

3

迪·美普莱让管家在木牌上醒目地写着"如果在园中不幸被毒蛇咬伤，距此处最近的医院在15千米外，开车约半个小时可以到达。"

迪美普莱就是应用了视角转换的思维方法来解决问题。开始时，他按照常规的思路，从自己的利益出发，和闯入花园的人站在对立面，"禁止"他们入内。这种警告不但起不到积极的作用，反而会激起人们的逆反心理。经过视角转换之后，她站在对方的角度来思考问题，如果花园中有对他们造成伤害的东西，不就可以阻止他们了吗？

4

既然这种纸的吸水性很强，就把这种纸

作为一种专门用来吸干墨水的"吸墨水纸"不是很好吗？这位技师运用价值转换思考法，发现了废纸的价值，发明了纸的一个新品种，并获得了专利。这种吸墨水纸上市之后很受欢迎，给造纸厂带来很大的利润。技师不但没有被解雇，还受到了奖励。

5

裴明礼是想借助这种方法将臭水坑填平。事实果然如他预想的一样，很快臭水坑就被填平了。然后，裴明礼停止了悬赏投石的活动，把地面修复平整，并搭建了几个牛棚和羊圈供过往的商人使用。没过多久，那里就堆积了很多牛羊的粪便，这正是附近的农人种田所需要的。裴明礼把牛羊粪便卖给农人，没多久就赚了一大笔钱。然后，他把牛棚、羊圈拆掉，盖起了房屋并在周围种上花卉，建起了蜂房。几年之内他就成了富甲一方的商人。

6

何不把鞋子加工成艺术品销售呢？于是明尼克·波达尼夫收集来一些破旧的鞋子，并由此创业。他把鞋子制作成各种各样的脸谱，有顽童、有贵妇、有政客、有商人。这些艺术品有的朴素、有的唯美、有的搞笑、有的精致，很受欢迎。其中一些优秀作品还曾多次到世界各地展销，每个售价 3000 美元。

当你认为某件东西没用的时候，就更应该想想是不是在其他的领域还有用。一双不能再穿的废弃的鞋子不就变成了一件艺术品？

7

这个有头脑的人用这堆废铜烂铁，制造了许多个小小的自由女神铜像，当做纪念品出售。因为这批小铜像的材质是来自于原来的自由女神铜像，所以便具有了重要的纪念意义，游客们甚至是纽约当地的市民都纷纷乐于购买来收藏。所以，这批铜像的价格虽然卖得很高，也很快便销售一空。这个人凭借自己的这个点子赚了足足 350 万美元。

在别人眼中是烫手的山芋的废铜烂铁，却成了这个人发财的宝贝，区别便在于是否具有价值转换的慧眼，从司空见惯的事物中找到潜在的价值。

8

小男孩儿的答案是——把最胖的科学家丢出去。其实这是报纸利用人们的惯性思维设置的陷阱，诱使人们讲道理，摆事实，引用大量数据来分析哪个科学家对人类的贡献最大。获奖的小男孩根本不去理会科学家的价值，而是运用了问题转换的思考方法，从最简单的思路出发，把最胖的科学家扔出去，轻松地解决了问题。

9

他把土壤转换为水泥，把植物的根系转换为铁丝，把根系固定土壤转换为铁丝固定水泥。这样他建造了一个非常结实的花坛。很快，他的这项发明就在建筑界得到了普及，成为一种新型的建筑材料"钢筋混凝土"。

我们面对陌生的问题时，常常感到无从下手。如果我们把陌生的问题转换为自己熟悉的问题，就好办多了。

10

流浪汉数完数之后，军官用德语对他说了那句话，流浪汉松了一口气并露出笑容，显然他能听懂德语，暴露了他是德国间谍的真面目。军官就是在流浪汉毫无准备的情况下，转换原理，使流浪汉落入圈套中。

11

爷爷说："我不懂化学，所以没有从化学的角度来思考这个问题，而是从心理学的角度来寻找答案。出题人为了迷惑答题的人，在设置答案的时候，就会把正确答案与一些看似正确，实际上不正确的答案混在一起。这就和罪犯作案后，故意破坏现场或伪造现场的道理一样。我利用出题人的心态，从备选答案中找到三个相似的答案：A、氯化亚铁 D、氯化亚铜 E、氯化亚汞，答案应该在这三者当中。究竟哪个是正确答案呢？同样的道理，我发现与铜相关的答案有两个，而与铁和汞相关的只有一个，所以我说正确答案是氯化亚铜。当然了，出题人在设置这道题的答案的时候留下的蛛丝马迹比较明显，所以我很容易就知道答案了。"

老侦察员就是通过把犯罪心理学的原理应用在做化学题上，取得了成功，虽然有一定的偶然性，但是也能给我们带来很多启发。

12

为了证明这个假设，斯潘塞做了一系列实验研究，终于得出结论。原来导致巧克力熔化的原因是微波可以引起食物内部分子的激烈运动，从而产生热量。随后，斯潘塞用这个微波加热的原理制造了世界上第一台微波炉。一个原理并不仅仅适用于某一个领域，我们可以把它转换到其他领域，也许就能发挥意想不到的作用。

13

看到围成栅栏的铁丝，约瑟夫又有了新的主意，把细铁丝做成带刺的蔷薇的样子，不也可以阻止羊群钻出去吗？于是，他找来很多细铁丝，剪成很多几厘米长的小段，然后把这些小段缠在围成栅栏的铁丝上，露出的尾端就像蔷薇的刺一样。做好之后，他假装读书，看羊群的动向。果然，当羊群像往常一样试图钻出栅栏的时候被刺痛了，没多久它们就放弃了钻出栅栏。约瑟夫终于可以放心地读书了。

14

其实这本来就是一件不可能做到的事情。不管用什么办法，别说是皇上，就是一般人也不会自己跳进湖里。这个时候主动权在回答问题的一方，因此不能按照常规的思路出牌。范西屏于是反其道而行之，将"下岸"和"上岸"的顺序稍微做了一下变动，这样就轻而易举地解决了乾隆皇帝所出的难题。

他等乾隆帝跃马掉进浅湖里之后立落一子，然后大笑道："大人，您刚才不是叫我落子间将您连马一起推进湖里吗？现在您已经是在湖里了。"

乾隆听后，立即明白是上当了，于是立即从水里跃马上岸，并对范西屏大叫："这不算！这不算！"范西屏此时又举一子，不急不慢地对乾隆皇帝说道："大人，我又让您牵着马从湖里上来了。"此时便完成了"落子推入湖"和"举子牵马归"。

范西屏正是借助了目标转换的思维方法来实现自己的目的。他假设了另一个目标，使乾隆对真正的目标不再提防，结果出乎意料地使问题得到了解决。目标转换是指当某一目标很难实现的时候，我们可以试着通过一个间接的目标来实现最终的目标，或者把目标转向另一个方向。

15

策划专家运用了目标转换的思考法，把住宅建筑商作为销售对象。住宅建筑商发现安装自动洗碗机的房子很快就卖出去了，销售速度平均比不按照自动洗碗机的房子快两个月，所以新建住房要求全部安装自动洗碗机。就这样，通用公司的自动洗碗机打开了销路。

16

霍夫曼发现实验反应之后的化学试剂呈现鲜艳的紫红色，他想：这么鲜艳的颜色如果用作染料不是很漂亮吗？于是他进行了目标转换，由研制奎宁转为研制染料，很快他就制成了"苯胺紫"。为此他申请了专利并建立了历史上第一家合成染料厂。

17

老虎淡淡地答道："在遇到我之前，你对狼不也是忠心耿耿吗？现在，狼已经不可能跑掉了，我不如先把你这个将来的背叛者给吃掉。"

18

其实，这正是松下人力资源管理的一大秘诀。他曾经这样说：犯小错误时，当事人多半并不在意，所以我才用严加斥责的方式来引起他们的注意，以免以后重复出现这样的事情。相反，犯下大错时，连傻子都知道自省，这时如果我再严厉批评，就会过犹不及，不利于工作和团结，所以还不如选择对其进行情感管理。下属犯小错误时，严厉斥责；犯大错误时，反而不再批评，这看似有些让人不可理解，其实却饱含深意。

19

其实收税官的主意非常简单，就像曹冲称象一样，收税官先是把河马放在运载河马过来的那艘华丽的船上，接着在船的外侧记下船的吃水线。然后他把河马从船上牵走，再把金币往船上放。当达到相同的吃水线时，船上金币的重量就相当于河马的重量了。

20

可以让兄弟俩交换座骑，因为先后到达是以马而论的，这样一来，只要自己骑着对方的马赶在前面到达了指定地点，那么自己的马肯定就在后面抵达了。因此，比赛便变成了谁骑着马跑得快的性质了。

21

年轻人是这么说服父亲的："演讲非但不是个两难职业，而且是个左右逢源的职业，因为如果我说的是真话，贫民就会歌颂我；我说的是假话，显贵们就会拥戴我，我不是说真话就是说假话，所以，我要么得到贫民的歌颂，要么就会得到显贵的拥戴。"

22

孩子对房东说："这一次，是我要租房子，老爷爷，您放心，我没有孩子，只带来两个大人。这样行吗？"

23

第二个人的问法是："神父，我在抽烟时可以做祈祷吗？"

按照第一个人的问法，在祈祷时还要抽烟，显然是不专心祈祷，乃是对上帝的亵渎；而按照第二个人的问法，则是在抽烟时都想着上帝的恩典，乃是一种对上帝的虔诚了。这个故事很有启发意义。许多时候，一个问题在正面走不通的情况下，以一种逆反思维，从相反的角度去思考，可能会瞬间柳暗花明。

24

墨西对弗西说："当时上帝告诉我，我未来的妻子是一个驼子的时候，我向上帝恳求道：'伟大而仁慈的上帝呀，您怎么能让一位女子有那样的外貌呢？女孩子最看重的就是自己的相貌了，您这样做我未来的妻子自尊心一定会受到伤害。我求求您施展无所不能的神力，把美貌赐给我未来的新娘吧，我宁愿自己做一个驼子来代替她。'就这样，我就成了一个驼子，而小姐你才会有今天沉鱼落雁般的美貌。"

25

喀秋莎对萧伯纳说："回去告诉你妈妈，今天跟你一起玩的是苏联美丽的姑娘喀秋莎！"

26

"但是，"哲学家回答道，"当你非常珍惜它，把它当成稀世珍宝时，它便拥有了无上的价值。生命不也一样吗？"

这人一下子明白了。

27

要想除掉旷野里的杂草，最好的办法就是在上面种上庄稼。同样，要想让心灵不被世间的"杂草"所打扰，就必须在心中种满美德。

28

原来，燕妮惴惴不安地接过小匣子并打开之后，发现里面没有照片，而是只有一个小镜子，而所谓的"照片"即是她本人的映像。这时她才明白了马克思是在巧妙地向她表白，禁不住破涕为笑。

29

这个人看出了来此地的人这么多，如果开展交通运输，肯定能大赚一笔，于是就开起了营运的业务。

那些淘金者都忘记了通向发财的路不是只有淘金这一条，淘金只是一条比较直接、便捷的道路，还有很多方式可以发财。但是，那些人的思维却被惯性思维所堵塞，在脑子里把其他的方式排除在外了。

30

马克·吐温给霍金斯解释说："您的笔迹很特别，敬重您的同行一眼便能认出来。但是当时您因为激动，所以那封信写得很潦草，除了最后的签名比较清晰之外，其余的字迹都不是很清晰。所以，我拿着这封信对其他人说，这是您给我写的推荐信，他们不好意思说看不懂您的字迹，于是就信以为真了。"

本来是一封解雇信，马克·吐温却硬是使其"变成"了一封推荐信，变不利为有利，一般人还真想不出这么个奇妙的主意，马克·吐温的脑子的确与众不同。

31

触龙来到了赵太后面前，首先抱歉地说："臣年纪大了，腿脚越来越不灵便了，所以很长时间没有来看望太后，太后您的身体还好吧？"太后双腿已经不能走路了，她说：
"我只能用车子代步。"

触龙关切地说："那您的饭量没有减少
吧？每天坚持活动活动，吃一些自己爱吃的
东西，这样对身体是有好处的。"赵太后听他
说的都是生活上的事，态度慢慢好起来了。

触龙又说："我有一个孩子叫舒祺，是
我最小的一个孩子。我非常疼爱他，现在我
年老了，不知道还能活多久，我希望把他送
到宫廷侍卫队，做一名侍卫，这样以后他也
能有个依靠。"赵太后答应了他的请求，笑着
对他说："原来你们男子汉也懂得疼爱自己的
儿子啊。"

触龙回答说："其实男人比女人更疼爱儿
子，但是父母爱孩子，一定要为孩子的长远打
算。比如当年，您把您的女儿燕后嫁给燕王做
妻子的时候，拉着她的脚跟，为她哭泣，那情
景够伤心的了。但是燕后走后，您不是不想念
她，可是您总为她祝福：'千万别让她回来'。
您这样做是为她考虑长远利益，希望她能有子
孙继承为燕王吧？"太后答道："是的。"

触龙继续说："五代以前，各国国王那
些没有继承王位的儿子，大多数都被封为侯，
现在他们的后代还有存在的吗？"太后想了想
说："没有。"

触龙沉痛地说："难道国王的这些子孙
们命中注定不能长久吗？这是因为他们没有
功劳，甚至连苦劳也没有，却享受着荣华富贵。
他们自己没有能力，一旦失去了靠山，就生
存不下去了。现在您给长安君这么高的地位、
这么广阔肥沃的土地，还有无数的金银珠宝，
却不给他为国建功立业的机会，一旦您不在
了，长安君凭什么在赵国生存呢？"

赵太后听了如梦初醒，点头说："好吧，
那就凭您怎么派遣吧！"于是，赵国把长安
君送到了齐国当人质，齐国就出兵来帮助赵
国了。

触龙成功的秘诀在于，他能从赵太后的
角度去分析问题，指出了什么才是真正的爱，
溺爱只能给孩子带来灾难性的后果。

32

曹冲首先叫人划过来一只大船，然后又
叫人把大象赶到船上去，大象到船上以后，
船就下沉了一些。曹冲说："齐水面在船帮上

做个记号。"记号做好以后，曹冲又叫人把大
象赶到岸上来。这时候船空了，便又浮上来
了一些。官员们看着曹冲把大象赶上船又赶
下来都感到莫名其妙，心想："这孩子又在玩
什么把戏呀？"

这时候，曹冲又叫人往船上搬石头，船
上的记号又慢慢地贴近了水面，曹冲看到船
上的记号已经和水面一样齐了便叫道："行了，
行了，把石头搬下来吧。"这时候大多数人已
经明白了曹冲的办法：如果两次搬上船的东
西，船都下沉了一样的深度，就说明这两样
东西是一样重的。刚才船上装大象和船上装
石头，那船都下沉到了同一记号上，这说明
石头和大象是一样重的，只要把每块石头的
重量称出来，加在一起就是大象的重量了。

称一个东西的重量，常规的思维是用秤
直接来称。但是，当这种方法遇到一个庞然
大物的时候，比如故事中的大象，就束手无
策了。故事中的那些大人们总是用常规的思
维来想办法，这当然解决不了称大象这个非
常规问题了。

小曹冲却能打破常规思维，运用一个生
活常识，巧妙地把大象的重量转换成一堆石
头的重量，称一堆石头的重量就容易多啦。
这样，一个常规思维看来根本无法解决的问
题，小曹冲稍微转变了一下思维就给解决了。
小曹冲的聪明之处就是及时地转变了思考问
题的方向。

33

原来犹太人想出去做一笔生意，但是随
身携带这些票据很麻烦，保存在金库里，租
金太昂贵了，可是，把这些票据当作抵押品，
贷款一美元，一年则只需要付一美分的利息，
这个价钱就便宜多了。

遇到问题，如果从正面去解决，不能得
到好的结果，何妨从它的反面去考虑呢，也
许最理想的办法，就藏在那里。

把价值五十万美元的证券存放在金库
里，租金太昂贵了。这个时候，如果犹太人
继续按照原有的思维去考虑问题，他就会千
方百计地去找一个租金最便宜的金库，那样，
即使是找到了价格最低的金库，他仍要付出
不菲的租金，因为，那毕竟是金库呀。

聪明的犹太人把思路来个一百八十度

的转变，由原先存钱的思路变成了借钱思路，把保存品变成了抵押品。同样达到了保管证券的目的，但是所付出的代价就少多了，这就是他换个角度进行思考，所带来的回报。

34

鸥夷子皮说道："我相貌平平衣衫褴褛，而你气宇不凡衣服也很华贵，如果我做你的仆人，这是很正常的事，人们丝毫不会感到奇怪。而如果我们的身份换一下，人们看到你这样一个了不起的人也只能给我做仆人，就会认为我的身份非常高贵。这样，我们就会收到意想不到的好处。只是，这样做就委屈你了。"

公子想了想说："你说得很有道理，那么我们调换一下身份吧，这次就便宜你了！"

主仆二人巧换身份后，果然受到了人们格外热情地欢迎。

主人一定比仆人强，从仆人的气度上，可以推断出主人的身份，这是人们公认的道理。鸥夷子皮让气宇轩昂，有贵族气质的公子变成仆人，而自己反而摇身一变就成了主人。人们看到"仆人"都这么高贵，推想到"主人"鸥夷子皮更加不同凡响，所以，城里的人们不敢怠慢，两位原本很平常的主仆，受到了人们格外热情的招待。

鸥夷子皮的智慧之处，就在于转换思维，去迎合人们的习惯思维，给人们造成一种假象，从而自己从中得到好处。

35

法律规定，奴隶是主人财产的一部分，主人可以拥有奴隶的一切。深谋远虑的父亲，为了稳住奸诈贪婪的奴隶，巧妙地利用这个规定，变相把所有的遗产都留给了儿子。而无知的奴隶显然没有留意这条规定，结果不过是竹篮打水——一场空罢了。

拉比也是这样给富翁的儿子解释的。但是，富翁的儿子还有疑问："父亲为什么不直接在遗书上说明呢？"拉比说："你父亲弥留之际，已经约束不了奴隶了，如果遗书上说明把所有的遗产都留给你，那么奴隶见了，会老实吗？也许他早就席卷你家的财产，逃跑了呢！"儿子听了恍然大悟，他终于明白了父亲的深意，流下了悲喜交集的泪水。

36

老师对小男孩说："我教你的动作是柔道里面最为精妙的也是最为难练的动作，并且破解这个动作的唯一方法就是抓住你的左臂，你恰恰没有左臂，而他在抓你左臂的时候，恰恰把他自己的重要部位暴露了出来，所以，你能一击制胜。"

聪明而经验丰富的教练，针对小男孩的缺陷，数月如一日地训练一个动作，而这个动作却因为小男孩的缺陷而变得毫无破绽，成为无往而不胜的动作。小男孩的劣势转变成了巨大的优势，终于获得了成功。

37

原来，等双方将字据立好后，张齐贤说："好了，现在我有个办法，可以让你们皆大欢喜。"接着，他宣布判决结果是，让两兄弟各自搬到对方家里，互换财产。两兄弟一听，都无话可说。第二天，张齐贤果真派了吏员前去监督双方搬家。双方府上的人都不许携带财物，净身来到对方府中。完毕后，张齐贤又让二人互换了财产文契。实际上，两兄弟也未必就真的觉得自己的财产分少了，但是如果不同意，不是自己打自己嘴吗，并且自己已经写了字据留在那里，也不敢反悔。于是，这件案子就这么了了。

对于这个案子的审理，一般的思路应该是派人分别核算两家的财产。但两家财产多少的问题，实际上很难严格计算，可能最后越算越糊涂。因此，张齐贤干脆来了个剑走偏锋，使得双方无论苦甜都无话可说，实在是个既简单又很难想到的奇招。

38

原来这个老板是在用斯托科夫斯基来招揽客户。那次听完老板的解释后，斯托科夫斯基非常感动，但是有一天，他突然发现饭馆橱窗里有一块牌子，上写："欢迎来到这里和伟大的音乐家斯托科夫斯基一同就餐。"

39

原来，他的点子便是将牙膏管口的直径扩大一毫米。这扩大的一毫米对于使用者来说看上去并不起眼，但是因为人们每次挤牙膏时所挤出的长度往往是固定的，所以这样每个人每次其实都多用了一些牙膏，如此一来，反映在牙膏企业的销售量上，便是很大的增长。

在这个故事中，其他的人在想办法提高牙膏销量的时候，肯定都想的是如何在广告上、销售策略上下工夫，殊不知，这些东西整天被专业人士琢磨来琢磨去，发挥想象的空间已经不大了。而这个年轻员工则避开通常的路子，从另一个别人忽略的角度提出了点子，这点子听上去十分笨拙，却又十分管用，堪称奇招。这就是转换思维的妙用。

40

原来，鲁国人带着自己的妻子到越国后，发现情况果然如朋友所说的那样，鲁国人既不喜欢穿鞋子，也不喜欢戴帽子。一开始，夫妻两人的生意的确都很清淡。但是鲁国人反过来一想，现在越国人都光着脚，不正是巨大的商机吗？越国人都没有帽子戴，自己的妻子不也正大有发挥的空间吗？于是，他们开始给越国人介绍穿鞋子和戴帽子的好处。这样，一开始，只有少数越国人接受，这些人感受到穿鞋子和戴帽子的好处后，便一传十，十传百。于是，越来越多的越国人来向鲁国夫妻购买鞋子和帽子。如此一来，鲁国人很快就发了财。

许多时候，劣势和优势都并不那么绝对，而要看你看问题的角度。如果善于运用逆向思维，劣势和优势之间往往是可以相互转换的。

41

小孩是这么回答的："关于这个问题，我要看陛下您所说的桶是多大的。如果您的桶和池塘一样大，那么这个池塘的水就只能装一桶；如果桶只有这池塘的一半大，那么就能装两桶；如果桶是这个池塘的三分之一，那么便能够装三桶；如果……"小孩还没说完，国王便哈哈大笑起来，并打断了小孩："好了，我明白了，你找到了一个好办法。"

在这个故事中，小孩便巧妙地运用了转换思维。一个池塘的水即使真的通过用桶去装来计量，也肯定是很难严格地算出桶数。因此，小孩将这个问题转化为了对于桶的容量的辩证考虑上，虽然没有给出确定的答案，但也令人无话可说。

42

那个青年说："法官先生，控方刚才所说的话毫无意义，被告人是个十分诚实的人，关于这一点，我可以用我的人格担保。让我来告诉你们真实的情况，那就是，三兄弟的钱其实并没有取走，现在就在诚实的被告人的家里，一直保管得很好。无论何时，只要他们三兄弟能够按照当初的约定，一起到我邻居那里去取，那么被告将立刻如数交出他们的钱。"这样一来，老大老二自然再也找不到他们亲爱的弟弟了。

在这个故事中，农民的邻居青年便是典型地使用了转换思维，将本来赔偿的事情转变回了如约"取钱"的事，从而解救了诚实的农民。

43

原来对联变成了：福无双至今朝至，祸不单行昨夜行。

44

原来，老和尚带着小和尚下山，然后爬过对面的山，又下山。如此，这座山就真被"移"到了小和尚身后。由此小和尚也明白了，老和尚是在教给自己道理——一个人可以通过改变自己来改变环境。

这个故事也同样是在教育我们，在生活中，当不能改变周围的环境时，不妨换一个思路，通过改变自己的心态、眼光来获得平静和安宁。

45

实际上，约翰·冯·诺伊之所以能够快速得出这个看似复杂的问题的答案，是因为他巧妙地从另一个角度去解决这个问题。一般人往往试图分次计算蜜蜂往返的路程，最后好相加。而约翰·冯·诺伊则简单地将蜜蜂飞行的时间和速度进行相乘。因为蜜蜂在两人相遇之前的时间是很容易知道的，即1个小时，而蜜蜂的速度也是固定的。在这里，约翰·冯·诺伊正是使用了一种转换思维，使得看似复杂的问题简单化了。其实，现实中，我们所遇到的许多看似十分犯难的问题，如果你能试着变换一下思维，也许同样能找到简单的解决办法。

46

狄仁杰很平和对武则天说道:"自古立后嗣的目的,一是为国家将来有人继承大统,二是为先帝宗庙有人祭祀。您想一下,如果武氏兄弟立宗庙,是祭祀他的先祖、祖父母、父母,怎么会祭祀他的姑母呢?"武则天一听,立刻恍然大悟,是呀,这是个乡下的村姑都明白的道理呀,怎么饱读诗书的自己怎么就没想到呢?

狄仁杰看武则天已经被自己的话打动,便又继续道:"陛下您想,是自己的侄儿亲呢,还是自己的儿子亲呢?毕竟,儿子身上是流着母亲的血的啊!母子亲情,是任何别的感情都无法替代的。春秋时,郑庄公母亲为帮助小儿子谋反,被郑庄公囚禁了起来,这可是不可赦的大罪呀,但是最终母子二人还是和好如初了。可见亲情难间啊!"

武则天一听,便陷入了沉思,最终他还是决定宁愿放弃自己的武氏江山,自己只是重新以皇后的身份入庙。于是,她将被自己废为庐陵王的已经十四年没见面的儿子李显召回京师,立为太子。后来李显即位重新做了皇帝,是为唐中宗。

在这个故事里,狄仁杰便是巧妙地利用了一种转换思维,他将武则天所考虑的政治形势、江山社稷等复杂的问题统统绕开,而巧妙地从侄儿亲还是儿子亲的角度进行了说服。而实际上,狄仁杰也的确是一下子抓住了问题的要害,这才能够令武则天豁然开朗。可见,许多时候,说服一个人时,雄辩的言辞固然重要,能够找到好的角度更为关键,这便需要一种转换思维了。

47

这种副产品便是被称作中国四大发明之一的火药。其初步为人们所认识到其性能,并掌握配置方法,是在晚唐时期(大约9世纪),至北宋年间比较成熟。由于这种副产品的颜色接近黑色,所以当时人们称其为"黑火药"。火药发明后,立即得到了广泛的应用,在北宋晚期,其被人们用来制造烟花爆竹,供娱乐之用。到南宋时期,则开始被应用于军事。只是可惜之后便止步了。

火药的发明,便体现出了一种转换思维。显然,硫磺、硝石、木炭这三种东西的混合物具有燃烧乃至爆炸现象是一直存在的,但直到晚唐时期才有人去总结这种现象,并进一步发明了火药。可以想象,有许多炼丹术士因为只想着如何去发明长生之药,对于其他的现象并不关心,直到后来有人能够转换思维,愿意在炼制丹药之外尝试去发明一些其他的东西,才最终发明了火药。这里便提醒我们,考虑事情时不要过于死板,而要善于转换思维。

48

其实,如果换一个思路,问题便迎刃而解了——全国的地面虽然铺不过来,何不让每个人在自己的脚上包一块兽皮,那么每个人不就无论走到哪里都踩在舒服的兽皮上了吗?后来,有大臣也的确想到了这个办法,国王也感到很满意,于是,鞋子诞生了!

49

失帽第三天,正当知府在府中刚刚训斥完知县、衙役等人,并强调如果第二天早上还没有将帽子找到就将革职查办时,突然有人来报:"大人,帽子回来了!"原来门外一名武官拿着知府的帽子求见。来人进府见到知府后,跪下回禀:"卑职是太仓县营防千总,听说大人帽子被贼人骗走,于是全营出动,捉得贼人,守备大人命卑职将帽子送来,请大人查验。"知府接过帽子一看,果然是自己的帽子,非常高兴。这时武官又禀道:"现在骗子还被押在营中,请问大人是否将他押来府中?"

"立刻押来,我要仔细审问!"知府沉着脸说道。

"卑职遵命,这就将消息带给守备大人,并押骗子来府。不过请大人赐给卑职一个收到帽子的文书,卑职好回去交差。"

知府便命人拿来一张纸,亲自写了个证明,交给千总。

结果这位千总并没有回营房,而是直接去找郑书生了,原来他是黄书生扮的。

两位书生见对方果然有胆有略,都很佩服对方,从此两人成了很好的朋友。

在这个故事中,两个书生之所以能够将看似很不可能的事情很简单地便做成了,便是因为两者都善于运用转换思维,避开困难,从另外一个思路去解决问题。

50

原来，卖黄历的媳妇暗地里也想争口气，于是便每天也将丈夫要拿出去卖的黄历偷偷藏起一本。到了年底，她神秘地将丈夫叫到跟前，然后拿出了一大叠黄历，也要丈夫拿出去卖了好过年。面对这一大堆过时的黄历，卖黄历的自然是哭笑不得。

在这个故事中，卖黄历的媳妇便是犯了一个不知变通的错误，油和黄历的性质是有所不同的，她却不懂得转换自己的思维，结果闹了笑话。这个故事告诉我们的便是凡事要学会变通，不可一根筋。

51

穷人说："如果那样，我是富人，你是穷人，该你来奉承我才对！"

52

爱迪生将水倒进了玻璃泡，等倒满后，又将玻璃泡中的水倒进量杯中，通过量杯上的刻度很容易便得出了玻璃泡的容积。

阿普顿看到爱迪生的测量方法后，茅塞顿开，对于爱迪生顿时感到十分佩服。从此，他对爱迪生再也不敢心存藐视了，而是恭恭敬敬、认认真真地给爱迪生当起了助手。

其实，仔细想来，爱迪生的办法也并非有多高明，可能一经他说出，许多人都感到恍然大悟，觉得这十分简单，自己也能想得到。但是，在真正遇到事情的时候，能够懂得转换思维的人恐怕并不多。转换的关键在于"变通"。《易经》中说"穷则变，变则通，通则久"，当你沿着常规的、传统的道路走不通的时候，就应该换一个思考问题的角度，或者从另一个领域寻找解决问题的办法。

53

蜜蜂之所以飞不出玻璃瓶，是因为它生性对光线的喜爱。因为瓶底朝向光线明亮的窗户，并且从视觉上看，瓶底一方也的确没有什么任何障碍物，所以蜜蜂便以为出口必然就在瓶底方向。但是，令它们感到纳闷的是，它们却无法穿过这层奇怪的"大气层"。于是，它们在这层"大气层"上不断变换着方向，因为按照自己的智慧和逻辑，这是唯一正确的道路。但是，它们也正是死于自己的逻辑和智慧。

而苍蝇则不同，它对于光线没有特别的喜好，同时在生物等级上要比蜜蜂低许多，在智力上也比蜜蜂要愚蠢许多。但是，正是它的愚蠢使得它没有什么逻辑判断，只是蒙头蒙脑地四处乱撞，结果却通过误打误撞很快地找到了出口。

当然，这个故事所给我们的启发决不是聪明是不好的，而是提醒我们聪明的同时不要过分相信自己的聪明，进而钻牛角尖，而是要学会变通。许多时候，一个看似无懈可击的思路无法解决问题的时候，不妨换一个角度试一下。

54

因为干净发廊理发师的头发肯定是那位脏发廊理发师理的。

55

苏小妹说道："好吧，回去吧，我也看够了！"原来，她出对联是在拖延时间。

许多时候，当一件事不能直接达到目的的时候，转换一个思路，也是一个不错的方法，假装让步，实际上是在拖延时间便是一个常用的转换思维。

56

第三个人讲道："我也去了一座名山的古寺，这里的香火非常旺，一路上我看到了许多善男信女，他们都十分虔诚。同时，我一路上也遇到了许多返程的香客，他们有很多是从千里之外的地方慕名而来，只在这里烧一炷香便回去了。于是，我想，这些人从这么老远赶来，又费了这么大的劲爬山，然后就这么回去了。如果寺庙里能够回赠给他们一些东西，作为这次拜佛的纪念，他们回去后，也会因为这个东西而想起自己的这次拜佛经历，从而受到激励，更加虔诚，他们心里不是会很高兴吗？于是我对寺庙住持说，您的书法非常好，您可以在梳子上写上'积善行德'四个字，然后送给那些香客，香客高兴，又宣扬了佛法，同时，这样一传十，十传百，前来拜佛的香客也会越来越多，寺庙的香火也会更旺。住持听了我的话后，觉得有道理，便买下了我 500 把梳子。"

公司经理一听，当即决定让第三个人进入销售策划部门担任重要职务。而对于前两个人，则只是让他们当上了普通的推销员。

这个故事所体现出的便是一种典型的转换思维。试想，向和尚推销梳子，乍一看，这似乎是一个不可能完成的任务。之所以会这样，那是因为你被惯性思维所束缚，认为梳子卖给谁，就必然是被谁用来梳头的。第一个推销员和那些一把梳子也没有推销出去的推销员们便是因为被这个思维所束缚，所以才导致推销失败。而如果将思维转换一下，将眼光放开，会发现梳子卖给和尚，不一定便非要是和尚用来给自己梳头的，他们可以买来这些梳子供香客们梳头呀！第二个推销员之所以能够推销出去 10 把梳子，便在于它将思维做了转换。而第三个推销员的思维转换得则更彻底，不仅卖给和尚的梳子不一定被和尚用来梳头，甚至梳子本身都不一定是用来梳头的，而是可以具有另外的功能——作为回赠香客的纪念品。正是因为第三个推销员的思维转换得更为彻底，所以他才推销出了更多的梳子。可以想象，他如果再到其他寺庙中，以同样的方法推销，他还可以卖掉更多的梳子。因此，可以说，对于第三个人来说，向和尚卖梳子已经完全不再是难题。这就是转换思维的神奇之处。

57

苏代见到魏王后，直接说道："我来的路上，曾经遇到楚国的昭鱼，他看上去很忧虑。我问他为何事忧虑，他说他担心田需死后，张仪、薛公、公孙衍三人中有一人会做魏国的宰相。我就告诉他，魏王是个贤明君主，肯定不会这样做的。"魏王于是问原因何在，苏代便解释道："因为您肯定十分清楚，如果张仪做了魏国宰相，他肯定将秦国的利益放在前面，而将魏国的利益放在后面；而如果薛公做了魏国宰相，他肯定将齐国的利益放在前，魏国的利益则放在后；而公孙衍做了魏国宰相后，则又必然将韩国放在前，将魏国放在后。所以您肯定不会让他们三人中的任何人担任宰相。"

"依你看来，谁出任宰相合适？"魏王好奇地问。

"我觉得不如让太子做宰相。这样一来，这三个人都肯定认为太子做宰相只是暂时情况，不会长久。如此，他们都必然会尽力拉

拢自己的国家和魏国亲近，好讨好您，以在有一天能够代替太子充任宰相。如此一来，魏国本来就是大国，与这三个国家万乘之国关系亲密，必然可以长期安全稳固。"

魏王一听，果然让太子做了宰相。

在这里，苏代劝谏魏王的手法便是典型地使用了一种转换思维。本来是他自己想要劝说魏王不要立张仪、薛公、公孙衍为相，而立太子为相，结果他没有直接从自己的角度进行分析，而是站在魏王的立场上分析问题，结果使得魏王自然而然地接受了自己的建议。

58

经理对一个店员说："你过来一下，做个倒立给这位先生看看！"我们都知道，根本不存在"肚脐眼长在脚下面的人"，但是如果转换一下思考的角度，让思维转个弯，就可能轻松地化解困境，让对手有口难言了。

59

农民告诉法官说，他的天平砝码就是从面包师那里买回的面包。

农民每次从面包师那里买回多少面包就用来作为给面包师称黄油的砝码。所以，假如这个砝码不准确，那么就只能说明是面包师的面包分量不足，这就不再是农民的错误了。

称东西时，不用砝码，而用和对方交换的物品，这的确是个绝妙的办法。许多时候，转换一下思路，事情往往能够做得更好。

60

商人想既然是客户故意刁难他，那么回去肯定也得不到结果，还不如想办法先把能取的钱取走。他首先把自己身上的 2500 块钱存进了支票上的账户，补足 8 万元金额之后，顺利地将钱取了出来。

因为存款不够，无法取钱，那么换个思路，先将钱存进去，补足金额，再取出来不就行了！虽然比预定的少了 2500 元，但至少要回了一大部分货款。商人的做法体现出了一种灵活的转换思维。

61

馆长报纸上的广告是这样写的："为了鼓

励大家的阅读热情，本馆将在一周之内对借阅时间最久的一本书的读者颁发大奖！"看到广告后，那些逾期未还的借阅者纷纷前来归还图书。结果，有一本1927年借书的那位读者获得了奖品。

馆长的这个办法其实是换了一种思路来处理事情，为了催书而选择奖励的办法，独具一格，抓住了读者的心理同时也达到了效果。

62

农夫对古玩商说："对不起，这个我不能送你，因为我还得用它来卖猫呢，因为这个碟子，我已经卖掉了一百多只高价猫了。"

商人可谓狡猾，试图用一种迂回的方法通过买猫来骗到农民的古董，只是没想到农民也不笨，同样是在迂回地借助古董来卖猫。总之，这个故事典型地体现出了一种迂回思维。

63

原来是珍妮太太自己家的窗户脏了，所以才会老觉得史密斯太太洗的衣服是不干净的。

许多时候，对于一个百思不得其解的问题，转换一下思路，往往会恍然大悟。同时，这个故事也提醒我们，在我们指责别人的缺点的时候，要学会先检查一下自身，或许问题出在我们自己的身上。

64

这其实是一首"藏头诗"，四句诗中的每一句首字合起来念就是"卢俊义反"四个字。狡诈的吴用正是用这个计谋将卢俊义逼上了梁山。

藏头诗其实在古代是一种常见的杂体诗，例如在电影《唐伯虎点秋香》中也用到了，唐伯虎用一首诗说明了自己去华府的目的："我画蓝江水悠悠，爱晚亭上枫叶愁。秋月溶溶照佛寺，香烟袅袅绕经楼。"其中每句的第一个字缀连起来是："我爱秋香"。从思维上讲，藏头诗所体现的便是一种转换思维，即换个角度看，能够得出另一个意思。

65

原来张老板让他们三个人各自从事自己比较感兴趣的工作：小崔负责检验产品，小刘负责车间的安全生产，小赵则去了销售部负责产品销售。张老板根据三个人不同的性

格给他们安排了不同的工作后，他们都干得很出色。

故事中，马老板不懂得运用转换思维，所以才会一味抱怨自己遇到了三名"坏员工"；张老板善于运用转换思维，得到了三名好员工。许多时候，对于一个人的缺点，换一个角度来看，就是优点。

66

教练在那条线旁边画了一条更长的线。教练进一步解释道："提高你自己的能力，这是战胜对手的最有效的办法。"

许多时候，对于外界的情况，我们无力改变，但是我们并非便完全无能为力，转换一个思路，改变我们自己，问题便迎刃而解。

67

第二个商人说："假如这座山再高一点，很多人就会和你一样因为怕热怕累而不去那面做生意了，这样一来，我就会有更多的机会，岂不是能挣更多的钱了？"

第二个商人显然是个智者。许多时候，对于不利的因素，如果能够换个角度来看，往往会成为有利的因素。

68

父亲笑了笑对商人说："假如是那样的话，你现在就不会在这里用餐了！"

失去一些东西的同时我们往往也会得到另一些东西，凡事都没有绝对的对错，要学会转换思路来看。

69

"没错，"富翁微笑着，"但是你不要忘了，如果这样的邮票有三枚，它们的价值将会远远不如只有一枚，因为相对'珍贵'来说，人们更喜欢'绝世'。"

没办法，识宝者最后只得以四倍于原来的价钱买下了这枚绝世的邮票。

仅仅从数量来看，一枚邮票比原来的四枚邮票还贵，自然是令人不可理解的，但是换个角度来看，物以稀为贵，这样的事情也就能够让人理解了。

70

这个小官吏说："儿子只要成器，再多

也不会发愁！"

71

阿拉贡在那张纸上写的一句话是："今天是美好的一天，而我却看不到它！"

如此能打动人的一句话自然会引起更多人的注意，更能触动人心，因此才会纷纷给可怜的小男孩投钱。的确，同样一个意思，不同的表达方法，便有不同的效果。

72

英国政府最后制定的新办法是：他们规定，以后按照最后到达澳洲活着下船的犯人人头数向船长付费。这样一来，私营船主们便绞尽脑汁让尽量多的犯人能够活着下船。这样一来，后期运往澳洲的犯人的死亡率越来越低了，从最初的94%降到了1%。

故事中，英国政府没有改变其他的措施，而只是将按照上船犯人人数付运费变成了按照活着下船的犯人人数付运费，便轻松地解决了问题。

73

出版商这次打的广告是；"本店现有令总统难以下结论的书出售，欲购从速！"

对于总统三次不同的态度，经销商之所以都能巧妙地加以利用，达到自己的目的，便在于他善于运用一种转换思维。

74

第三个人其实是与象棋冠军玩了网球，和网球冠军则是玩象棋，所以最后赢了两个冠军是很正常的事情。

有时候，我们需要摆脱一下定式思维，换个角度想一下，有些原本不可能的事情就会变得可能，不要让思维总是停留在本来的定势思维上面。

75

在无法过河的情况下，小和尚发现了河岸边有一棵苹果树，上面长满了沉甸甸的果实，于是，就摘了几个苹果给住持拿回去了。

那些中途放弃的弟子们在潜意识中，一直有这样一个逻辑：要想当住持，就必须到南山砍柴，既然无法到达南山，也就失去了做住持的机会。其实，他们的思路太死板了，

出家人最忌讳的就是过分偏执。小和尚在不能去南山的情况下，想到了可以带些苹果回去，总比白来一回好啊。他的思维就从去南山转移到了摘苹果。住持正是看出了小和尚遇事能够随性而定，没那么偏执，才把这个位置传给他的。从思维的角度来讲，小和尚体现出的则是一种转换思维。

76

专家建议经营商在厕所旁边贴很多海报。这样，这些海报就可以转移观众的注意力，在他们排队等厕所的时候，就不会觉得时间太长了。

厕所小，人多，需要排很长的队才能方便，观众烦躁也是在所难免的。但是，客观环境摆在那里，改造或者扩充厕所是不太现实的，一来没有那么大的空间，二来需要投入大量的资金。按照人们的惯性思维，从厕所入手，看上去是条死胡同，但是，就真的无计可施了吗？未必，把观众的烦躁的情绪转移，不就行了吗？

77

智者说："你为什么不倒过来看呢？晴天，你的大女儿会挣钱；雨天，你的小女儿会挣钱。无论是晴天还是雨天，你都有一个女儿在挣钱。所以，你应该开心才对啊！"

许多事情，都并不在于事情本身，而在于你看待事情的角度。

78

保罗·盖蒂对工头说："从今天起，你拥有这个企业5%的股份。"之所以工头对于工人的浪费不闻不问，而保罗·盖蒂却那么在意浪费现象，是因为油田是保罗·盖蒂的，而不是工头的。工头并不会因为公司利润提高而加薪。所以，深谙管理之道的管理学家，就告诉保罗·盖蒂要让工头分得公司的股份，这样，工头就会把公司当成是自己的了。所谓谁的孩子谁疼，一味站在自己的角度看别人，往往是隔靴搔痒，只有转换思路，站在别人的角度考虑问题，往往一下子便能挠到痒处，解决问题。

79

罗斯福说："现在我不需要回答你的问

题了，因为你已经体验到了。"

有的时候，很多事情只有亲身经历了，才能有深刻的印象。如果总统只是简单地回答记者的提问，那么记者有可能会觉得总统的言语有点假，但是，这样一来，记者就能亲身体会到总统的感受。

80

秘书说："在您眼中我有那么多的缺点，可是您却忽略了我的一个最大的优点。和其他秘书相比，她们在听了您的批评之后，都纷纷辞职了，我却仍旧在这虚心接受，并没打算辞职啊！"

显然这个秘书不仅具有虚心接受批评的优点，而且还具有善于运用转换思维的优点。她正是通过转换思维，一下子使得老板从对她缺点的关注转移到了对她优点的关注上。

81

原来，这些顾客将香味带走后，等于是为雅诗·兰黛做活广告。别人闻到这种香水味后，纷纷打听这是什么香水，这样口口相传，雅诗·兰黛迅速知名度大增。

所谓在商言商，显然，埃斯·泰劳德当初的"好心"并非真的是出于简单的好心，而是她善于转换角度看问题，看到了这个"令人恼火"的问题背后有利的一面。

82

主人说："各位都看到了，最上面的这朵花，没有画完它的边缘，这不就意味着我的富贵是'无边'吗？你们说呢？"大家一听便连声喝彩，商人也顿时觉得十分高兴。

同样一个东西，从不同的角度进行解释，便可以得出截然不同的结论。

83

"唯解漫天作雪飞"意思是"白字（纸）连篇（翩）"；

"草色遥看近却无"意思是"一片模糊"；

"两个黄鹂鸣翠柳，一行白鹭上青天"意思是"不知所云，离题（地）太远"；

"人有七窍，令郎已通六窍"的意思是"一窍不通"。

许多东西，转化一个思路来看，意思可以截然相反，蒲松龄就是巧用转换思维对胡守备的儿子进行了婉转的讽刺。

84

木板越来越多，渐渐地就成了一个只有一个缺口的围栏，野猪最后一次进入围栏中吃玉米饼的时候，老人和几个年轻小伙突然将缺口堵上，野猪被困在了里面。

村里人感到很好奇，问老人如何想到这个办法。老人回答说："你们以前的办法总是想要直接将野猪打死，但野猪又敏捷又狡猾，很难将其打死。于是，我换了一个思路，先找到这畜生，并使其不能动弹，于是想到了这个办法。"

85

曹植这次回答："外国近。"接下来，他解释道："月亮虽然可以看得见，却不能和我们交流，外国虽然看不到，却可以和我们交流往来。"听完曹植的解释，不仅曹操笑了，就连外国朋友也夸赞曹植聪慧过人。

这其实便是一种转换思维，同一个问题，从不同的角度回答，有不同的答案。

86

这个学生只说："你我住得并不远，你既非住在东海，我也非住在西海。那么，既然离得这么近，难免我的马会吃你的庄稼，而说不定哪天你的马也会吃我的庄稼呢，你说是不是？我们还是和解吧。"

农夫一听，这道理浅显易懂，十分在理，便说道："你这个人说话还在理，不像刚刚那个说了一大通，我也不明白他说的是什么！"说完便将马还给了这个学生。

子贡虽然学问渊博，可是说话毫无针对性；新的学生虽然阅历浅，但知道具体问题具体分析。因此，遇到不同的人、不同的事情，便要学会转换思路，具体问题具体分析，这样才能将事情办好。

87

父亲说："这可能是铁环的影子，真正的铁环说不定在树上，你到树上去看看。"小男孩之所以花了那么久的时间都没有找到铁环，是因为他一直认为铁环在水中，他不知道水里的可能是铁环的影子。他的父亲转换了一下思维方式，寻找另一个办法，因此就很快解决了问题。这个故事告诉我们凡事要学会转换思维，不能一条道走到黑。

88

商人说："在您严厉谴责我的时候，我的竞争对手就不敢在安息日营业了。在您不谴责我的时候，我的对手看我没事，也纷纷开始营业，我的收入就减少了！"

牧师谴责商人，商人送他钱；不谴责商人，商人却不送他钱。表面上看，似乎很奇怪，但转换思路想一下，便觉得合情合理了。

89

这位图书管理员说："我们不妨登出一则告示，上面这样写：各位读者朋友们，为了答谢诸位对图书馆的厚爱与支持，同时也为了满足诸位对于知识的强烈渴求，我馆作出以下决定：本图书馆在限期内将免费向读者提供图书借阅，并从原来的每次限借两本增加到五本，同时还延长借阅时间，只需要您交纳一定数量的押金，并把书还到新建的图书馆。"

读者们看到告示也很高兴，纷纷前来借阅自己喜欢的图书，很快，图书馆里的大部分书都被读者陆续借走了，最后又由读者还到了新的图书馆。就这样，大部分的书都由读者"帮忙"搬运到了新图书馆，而图书馆只需要搬运一小部分读者没有借走的书到新图书馆就行了。

90

在法庭上，欧提尼对法官说："尊敬的法官大人，这场官司无论是胜是负，我都不应该交付另一半学费。如果我赢了，那么按照您英明的判决，我当然不用交付学费；如果我输了，按照当初我和我老师的合约，我也不应该交学费于他，难道不是这样吗？"

先看一下普罗塔哥拉斯在前面提出的逻辑，看上去简直无懈可击，似乎欧提尼必定是不得不付给他学费了。但是，欧提尼则从自己这一面出发，同样提出了看上去无懈可击的理由。

91

爱迪生对助手说："每一次失败都有它的价值，经历了一次失败，我们就向成功迈进了一步。五万个实验失败了，然而却告诉我们有五万种东西是不适用的，这也是一种收获，所以我们并不是一无所获，在这个基础上，我想，成功就快到了，让我们继续吧。"

有时候，我们也要学会换个角度思考问题。比如日常生活中人们总会患得患失，其实他们只是没有看到得中所失、失中所得罢了。

92

卢瑟福说："你一天到晚都在做实验，什么时候用于思考？在一切知识的获取方面，勤于思考才是最重要的。如果你整天只知道埋头实验，不去思考问题，早晚你也会成为实验室里的一台死机器，你的思维就会始终处于一个很低的水平，那么你永远不可能在物理学方面有所作为！"

勤奋，一般来说肯定是好事了，但凡事都要辩证地看，换个角度来想一下，也许会发现本来的好事也有不好的一面，本来的坏事却有好的一面，这便是转换思维的作用。

93

其实，许多事情都很难下一个定论，没有对错之分。因为在这个世界上，根本不存在绝对的客观，任何事物最终要经过人的主观意识的加工。而每一个人在产生自己的观点时，总是会站在自己的角度，凭借自己的知识体系和价值观，最后所得出的结论必然是有出入乃至截然相反的。正像西方那句名言所说：一千个读者心中有一千个哈姆雷特。因此，在我们看问题的时候，如果能够有意识地跳出自己的"小圈子"，从别的角度来思考一下，我们便往往能够看得更全面，更接近客观。

94

拳师对父亲说："真正的男子汉，不是能够在战斗中一次又一次击败对手，而在于他能够永远不被对手吓倒，永远敢于直面挑战。你刚才只看到自己的儿子一次次被击倒，却没有看到他倒下后一次次毫无惧色地站起来，这一点才是最难能可贵的，因为这只有真正的男子汉才能做到！"

95

柏拉图大声说："你看，命运是如此地爱你，它把你又送回了两年前，让你依然可以自由自在、无忧无虑地生活，并可以继续拥有自己美好的梦想，不是吗？"

柏拉图之所以能够点醒青年，便是因为

他善于运用一种转换思维，提醒青年换一个角度看问题。

96

作家说道："我虽然只捐了五万，但它却是我全部财富的二分之一。而你呢，捐了一百万，也不过你全部财富的百分之一。相比之下，请问谁更是成功人士，谁更有资格站在这里呢？"

如果从捐钱的总量来说，富翁的确要比作家更有资格站在慈善舞会上。但是，许多事情都并非是绝对的，换个角度看的话，从所捐钱数量占自己财富的比例来说，作家则比富翁更有资格站在慈善舞会上。这里，作家对富翁的反击，显然运用了一种转换思维。

97

弟弟说："……我已经无所指望，我只能靠我自己打拼，否则我只会再走出一条同样的路来。"

面对同样一个事实，哥哥感到自暴自弃，而弟弟则感到一种奋发的力量，原因便是两人的着眼点不同，这里体现的便是一种转换思维。

98

"不，如果我不去淘金，恐怕永远也不会知道这个结果。"富翁安德鲁回答道。

许多事情，都不是绝对的，换个思路，

便会持不同的态度。安德鲁的回答正是体现了一种转换思维。

99

一、贼只是偷去了我的财物，而没有伤害我的身体。

二、贼偷去的只是我的部分财物，而不是全部。

三、这最后一点也是我感觉最值得庆幸的一点，做贼的是他而不是我！

本来，家中被小偷光顾是一件倒霉的事情，但是罗斯福不仅不感到难过，反而感到庆幸，这反映了这位伟大人物的豁达精神，而从思维上讲的话，则体现了一种转换思维。

100

"当然了，我会高兴地想，幸亏我是在理发，而不是做手术。"小王回答。

101

凶手一定要用什么东西把毒液带来，而此时盛毒的容器还没有被扔掉。因此只要查看一下同桌的另两个人所带的物品，便可知道谁是凶手了，只有乙的金笔可以装毒液。

原来，凶手为了隐藏，把毒液藏在了金笔的软囊中，趁着停电，把毒液注入了受害者的杯中。

第五章

1

警察局长运用倒转思考法想到，为什么不把他的偷车技术用在正当的防盗技术上呢？如果再把他投入监狱，出狱之后肯定还会走偷车这条路。

就这样，"汽车大盗"成了"汽车防盗技术指导"，帮助科研小组研制汽车防盗技术。可想而知，在"大盗"的指导之下研制出的汽车防盗设备质量特别高。

2

原来氢氟酸的腐蚀作用也有可取之处，比如在玻璃上钻孔，或者在玻璃上刻花。玻

璃的质地很硬，只有用金刚石才能把它切割开，要想在玻璃上钻孔或刻花就更难了。而氢氟酸的腐蚀性恰恰满足了这一需要。玻璃工匠先将玻璃器皿在熔化石蜡中浸泡一下，沾上一层蜡水。等蜡水凝固之后，用刻刀在蜡层上刻上所需要的花纹，刻透蜡层，然后在纹路中涂上适量氢氟酸。等到氢氟酸的作用发挥完毕之后，刮去蜡层就可以在玻璃上看到美丽的花纹了。

3

上司回答："作为服务业者，你首先要学会真诚地道歉。你应该从顾客的角度着想，

就算顾客的要求你认为不合理，也应该尽量满足。如果她买了烧卖是给狗吃的，那你就应该想办法做出狗吃了也不会坏肚子的烧卖。"上司在这里用的是倒转人物的逆向思维方法。

4

40多年后，以色列科学家朱迪和萨马里亚学院科学家尼尔·希瓦布博士以及以色列科技协会科学家奥戴德·萨罗门共同发明了一种可以在血管中穿行的微型"潜水艇"机器人。这种机器人的直径仅1毫米，它们可以被注射进病人血管中，并在血管内穿行，为病人进行治疗。这种微型机器人具有独特的本领，可以执行复杂的医学治疗任务。它还具有导航能力，既可以在血管中顺流前进爬行，也可以逆着血流的方向，在人体静脉或动脉中穿行。它外面还有一些"手臂"，可以在血管中旅行时抓住一些东西。

5

江崎博士真的让黑田小姐试着往锗里掺杂。当黑田把杂质增加到1000倍的时候，测定仪出现了异常的反应，她以为仪器出现了故障，赶紧报告江崎博士。江崎经过多次掺杂实验之后，终于发现了电晶体现象，并由此发明了震动电子技术领域的电子新元件。这种电子新元件使电子计算机缩小到原来的1/10，运算速度提高了十几倍。由于这项发明，江崎博士获得了诺贝尔物理学奖。

在日常生活和工作中很多事都是约定俗成的，具有特定的做事方法和准则。人们习惯于按照常规的方法处理问题，比如，既然我们的目的是提纯，那么就要想办法把杂质分离出来。如果往锗里添加杂质，那不是南辕北辙吗？但是，荒谬的、不合常理的做法却往往能产生意想不到的效果。江崎博士正是运用了逆向思维法取得了成功。

6

用热提取办法得不到有效药物成分，很可能是因为高温水煎的过程中破坏了药效。如果改用乙醇冷浸法这种新的提取工艺，说不定可以成功。研究人员倒转了提取方式之后，真的得到了青蒿素这种具有世界意义的抗疟新药。

无论是在自然界还是在人类社会，任何事物都是一个矛盾统一体。有时人们所熟悉的只是其中的一个方面，事实上在对立面也许潜藏着没有被挖掘到的宝藏。运用倒转思考法就可以使对立面的价值显现出来。事物起作用的方式与事物自身的性质、特点、作用有着密切的联系，使事物起作用的方式倒转过来，就有可能引起事物在性质、特点、作用等方面朝着人们需要的方向改变。

7

他并没有停留在设想阶段。回家之后，他用手帕蒙住口鼻，趴在地上对这灰尘猛吸，果然地上的灰尘被吸到手帕上了。

他发现用吸的方法比用吹的方法更有效，于是发明了利用真空负压原理制成的吸尘器。

不同的方式会对事物产生不同作用，如果用正常处理问题的方式不能解决问题，那么我们就要运用方式逆向思维法，考虑一下用相反的方式处理问题会发生什么。对事物起作用的方式改变之后，事物的结构就会发生相应的变化，也许让我们一筹莫展的问题就会迎刃而解。

8

郑渊洁运用方式倒转思考法，教完之后让学生出题，老师做题。郑亚旗每次出题都想把父亲考得不及格，因为教材是郑渊洁编的，要想出好题就必须先学会书里的东西。如果把父亲考得不及格，那么就说明他学好了。如果父亲每次都考七八十分，则说明他没有学好。

我们总是对一些问题的惯常处理方式习以为常，进而认为不可以改变。其实，如果把处理问题的方式倒转过来，也许能产生更有效的结果。

9

小八路在黄昏时悄悄来到小桥旁的芦苇地藏了起来。在夜色的掩护下，他认真地观察小桥上的动静。不一会儿，有几个人从村外走来，他注意到守桥的伪军呵斥道："回去！回去！村里不让进！"看到这种情况，小八路心里有了主意。他又等了一会儿，敌人开始打盹了。这时，小八路钻出了芦苇地，悄悄上了小桥，接近敌人的时候他突然转身向村里的方向走去，并且故意把脚步声弄得挺大。敌人听到后，大喊："回去！村里不让进！"跳起来追上小八路，连打带推地把他赶出了村庄。就这样小八路顺利地把消息带到了村外，为部队打胜仗立下了汗马功劳。

既然想离开村子的人被赶回村子，想进入村子的人被赶出村子，如果你想走出村子，只要假装进入村子不就行了？小八路就是通过颠倒行走过程的办法蒙混过关的。

10

人们告诉他，山真的没有过来。大师听罢向山那边走了几步，然后回过头来对人们说："山不过来，怎么办？那我只好过去了。山不过来，我就过去。这就是我修得的移山大法。"

我们的目的是到达山的那边，如果山不过来，那我们过去不也能达到同样的目的吗？

11

事实上，什么大师啊、法术啊，都是故弄玄虚，财主只是用这个办法让小偷露出马脚。在这个案例中，体现了结果倒转的思维方法，即通过设计某一种结果，间接地得到自己真正想要的结果。财主知道"聪明"的小偷一定会想办法隐藏自己的罪行，既然法术会让木棍变长，他就会人为地让木棍变短。可惜聪明反被聪明误，木棍变短了，恰恰说明他做贼心虚。

12

这时晋文公的舅舅子犯献策说："诚信是对待君子的礼仪，如今是你死我活的战争，不妨用欺骗的手段。"晋文公听从了子犯的建议，继续假装撤退，引诱楚军追赶，然后留下伏兵夹击，结果晋国以弱胜强，大败楚军。

既然当初有了约定，楚国就不作任何防范，以为晋国真的会撤退九十里。但是晋文公运用结果逆向思维法，在战场上没有遵守君子之间的约定。这给我们的启示是任何事物的发展都充满了变数，我们既可以根据自己的意愿使结果向我们期望的方向改变，也要提防敌人突然改变策略，导致我们预想中的结果发生变化。

13

他运用了结果倒转的思考方法，磨坊本来在东，他先把驴子转了个身，让它面朝西。然后，使劲赶，驴子和刚才一样，越是赶越是往后退，很快就退到了磨坊。后来，阿凡提觉得总是这样也不是办法，他又想到了一个绝妙的办法。他在鞭子上拴了一根胡萝卜，伸到驴子的前面，驴子想吃萝卜就不停地向前走。直到走到目的地，才把萝卜给它吃。

有时候，我们要想得到一个结果，用直来直去的办法很难达到目的。这时，我们就要运用结果倒转思考法，通过另外一种结果来实现我们的最终目的。就像阿凡提一样让驴子倒退到磨坊，把吃胡萝卜和达到目的地做一个等价交换。

14

广东农民陈建平用观点逆向法摘掉了飞机的翅膀。他在用手推车推着重物下坡的时候，发现车子很容易失控，而如果换作在前面拉着车子走，只要人跑的速度比车子稍微快一些，很容易使车子保持平衡并快速前进。由此他想到，车子的平衡和飞机的平衡是类似的，如果在飞机的前边加上一个螺旋桨，是不是不用翅膀也可以平稳飞翔呢？经过不断研究和多方求证，他终于设想出了一种前导式无翼飞机。

飞机有翅膀是正常的，合理的，那么飞机如果没翅膀就一定是不可能的吗？观点逆向就是对那些常规的观点进行反方向思考，从而得到解决问题的新方法。

15

第二天，甘罗去拜见秦王。秦王问他是谁，他恭敬地说："我是甘茂的孙子，名叫甘罗。"秦王又问他："你的祖父怎么不来？"甘罗回答："爷爷在家里生孩子。"秦王听后，勃然大怒说："你胡说！男人怎么会生孩子？"这时候，甘罗不慌不忙地回答："男人不会生孩子，公鸡又怎么会生蛋？"

秦王哈哈大笑起来，他觉得甘罗小小年纪不但聪明过人，而且胆量也大，就不再为难他的祖父了。

甘罗运用了属性对立思考法，以其人之道还治其人之身。既然荒唐的秦王认为公鸡会下蛋，那么以此类推，男人也应该能生孩子。属性对立就是要我们对事物的属性进行反向思考，从而得出解决问题的新方法和新创意。

16

明帝这次却回答说："太阳比较近。"元帝脸色一变，说："你为什么跟昨天所说的不一样？"明帝回答道："抬头就可以看到太阳，却看不到长安。"

晋明帝的两次回答似乎都有道理，可见从不同的角度观察事物的属性就会得出不同的结论。因为事物是有多面性的，有些方面的属性是我们平时看不到的，而且在一定条件下，不同的方面还有可能发生改变。

17

那人说："因为我给法官送了礼。"

律师万分惊讶："您说什么？"

那人说："的确送了礼，不过我在邮寄单上写的是对方的名字。"

当事人那么做确实不道德，但是我们不得不佩服他的逆向思维方式。既然律师说送礼的人必败无疑，如果对方送了礼，自己不就赢了吗？

18

他把照相机随手一扔，拿来一个新的照相机，然后装上刚才取下来的电池。在拍照的时候，闪光灯又开始不断闪动了。这时观众才明白原来出问题的不是电池而是照相机。把照相机用坏了，电池却还有电，可见电池的电量之足。

这种推因及果，由果溯因的思维方式在文学艺术等领域同样非常重要，可以营造一种出乎意料之外，又在情理之中的悬念。

19

头脑风暴法的创立者奥斯本曾经说过："对于一个表面的结果，我们应该思考，也许它正是原因吧。而对于一个所谓的原因，我们就要考虑，也许这个原因就是结果吧。我们将因果颠倒一下会怎么样呢？这样的次序问题可能会成为创意的源泉。"法拉第发明发电机的过程就是对这种思维的应用。

20

琴纳想：得过一次天花，人体就产生免疫力了。

琴纳开始研究用牛痘来预防天花，终于想出了一种方法，从牛身上获取牛痘脓浆，接种到人身上，使之像挤奶女工那样也得轻微的天花。他做了一个危险的试验，从一位挤奶姑娘的手上取出微量牛痘疫苗，接种到一个 8 岁男孩的胳膊上。等男孩长出痘疱并结痂脱落之后，又在他的胳膊上接种人类的天花痘浆，结果没有出现任何病症，可见男孩具有了抵抗天花的免疫力。为了确定男孩是不是真的不会再得天花，他又把天花病人的脓液移植到他肩膀上，事实证明牛痘真的是抵御天花的有效武器。

按照常理，得了一种病，肯定要把致病的克星作为解药。但是，运用因果逆向思考之后，我们会发现有时候，因即是果，果即是因，致病之因就是治病之药。

21

徐文长把竹竿举起来，走到一口水井旁边，顺着井口，把竹竿慢慢放下去，等到自己能够到竹竿顶端的礼物的时候，顺手把礼物接了下来。

从高高竖起的竹竿上解下包裹，最直接的办法就是去"够"，但是大伯的条件把这个办法给否决了。徐文长没有被问题难住，而是从"够"的反面去想办法，在不放倒竹竿的前提下，让竹竿自己矮下来，这样问题就顺利解决了。徐文长的智慧之处就在于他运用了逆向思维去考虑问题。

22

原来，这位曾经当过煤矿工人的士兵通过自己的切身体会知道，身在地下，最害怕的就是找不到出口或者出口被封。再进一步考虑到日本人的这些地堡出口很少，又非常狭小，攻不进去又炸不掉，何不干脆想办法从外面将这些出口封起来。于是，美国军队将思维颠倒过来，不再去想打开这些地堡，而是出动了许多由坦克改装成的推土机，将快速凝结的水泥点在了地堡群的各个出口处。如此，地堡便一下子成了日本人的"活棺材"，他们被封死在内，半天工夫便全都窒息而死。

23

这位医生同样是仔细观察了这个人的举止后，也打了一把伞，到路边蹲在这个人旁边，像他一样一动不动。这个病人一看这情况，便问医生是谁，医生便称自己也是一个蘑菇，这个人一听也不再说什么。就这样两个人一起蹲了半天之后，这个医生突然站起来走动起来，这个病人一看便不理解地问："你是蘑菇，怎么还会动？"医生便回答他："这不就动了吗？"病人一听，便也开始站起来走动了，这样一段时间后，这个病人便恢复正常了。

显然，在上面的两个故事中，按照正常的思路，治疗这两个病人的方式是应该指出他们的想法的荒谬。但是，这种正常的思路显然没有用，两个医生于是便采用了一种逆向思维，通过疏通的方式治好了他们的病。

24

小男孩先是射出箭，然后用笔围着扎在树干上的箭一圈一圈地画了靶心。

25

魔术师表演的魔术是：球不动，人消失。

按照一般的魔术表演所带给我们的惯性思维，我们肯定会觉得魔术师的表演是要在四个球上做文章。要想猜出这个答案，便要用一种打破常规的逆向思维。

26

原来，孙膑用计将齐威王骗到了山顶。对于齐威王的问题，孙膑故作从容地微笑着说："大王，我实在想不出办法让您自己上山，不过，如果您现在已经在山顶上了，我倒是有办法让您自己走下来。"齐威王一听，很不服气，心想我倒要看看你有什么办法让我下山。于是，他就在随从们的簇拥下来到了山顶。到了山顶上后，齐威王正想问孙膑如何才能使自己走下山，孙膑这时却说："大王，我已经使您走到山顶上来了。"齐威王和大臣们这才恍然大悟。的确，孙膑没费一兵一卒，便使齐威王自动走上了山顶。其实，孙膑对于齐威王的这次考验并不陌生，因为他早在鬼谷子门下做学生的时候就已经经受过

类似的考验了。当时，鬼谷子给他的两个弟子孙膑和庞涓出了这样一个难题："我现在就站在房子里，你们可以想一个好办法让我主动走出去吗？"庞涓说："老师，您是取笑学生的吧！这有什么难的，我把您使劲从屋子里拉出来不就可以了吗？"鬼谷子微笑着说："这样不行，不能强拉，你必须让我自己主动走出来才可以。"孙膑却不慌不忙地对老师说："老师，学生没有办法请您自己主动走出去，可是学生有办法让您自己从房子外面主动走进来。您相信学生吗？"鬼谷子一听，就说："好吧，我倒要看看你是如何让我自己走进去的。"说着，鬼谷子出了房子，快步来到了院子里。孙膑一看老师走出房子，便说："老师，您现在不是已经从房子里走出来了吗？"这时，鬼谷子方知自己受了学生的骗了。

27

原来，儿子想，既然鱼听到动静后就会躲到深水中，那么何不事先在池塘里挖一个深水坑，然后往池塘四周扔石子。这样一来，鱼就会躲到事先挖好的深水坑中，然后，父亲再到深水坑中用网捉鱼，便能一下子捉到很多鱼。

28

这位官员想："既然可以用瓷器来捉章鱼，那么为什么不用章鱼来'捉'瓷器呢？"于是，他就吩咐渔民们多捉些章鱼，然后把它们带到沉船地点，在章鱼身上拴上长绳子后将其放入深水中。这些章鱼到了海底后，都纷纷钻入海底的贵重瓷器中。人们再将这些章鱼拉起来。就这样，那些瓷器就被章鱼"钓"上来了。

29

王子的理由是："白雪皑皑的天气里，没有别人的足迹，那么我们就很容易排除其他人作案的可能，因此具备作案条件的便只能是作家了。"

虽然无法直接推测出凶手是谁，但是凶手既然是在雪后杀死了寡妇后离去了，便必然会在雪地上留下脚印。现在，既然看不到其他人的脚印，那么便可以排除其他人，唯一具有嫌疑的便是画家了。王子用排除法找

到凶手的方法，体现了一种转换思维。

30

　　一般而言，一个人是先有名气，然后才会有人去打探他的作品。毕加索则反向思维，先是想办法抬高了自己的名气，然后再去卖出自己的画。

31

　　巴斯德对于他放置起来的葡萄酒没有变质的原因进行了研究，最终，他发现，把葡萄酒加热到 55℃ 左右，这样既可以杀菌同时又可以保鲜。不同种类、不同度数的葡萄酒加热程度只要进行研究就能达到精确的标准。巴斯德的这种葡萄酒保鲜技术，一直延续至今，并且，他的这种技术还被应用到其他饮料。

　　巴斯德开始想要找到保鲜的方法，但是都没能成功，后来由"果"到"因"地逆向思维，便找到了办法。

32

　　动物园园长想到的办法是：为所有的动物们建立了一个天然的动物园，让老虎和其他的动物在天然的环境中生活。这个时候，假如参观者想去参观，那么就会进入一个活动的笼子里面。那个笼子是一个特别制作的密封汽车。

　　此举即为："将笼子的外部变为内部，而将内部变为了外部。"园长一反以前的将动物关在笼子里供游客观看的思路，而是让动物自由自在，而将游客关进"笼子"里，这一逆向思维给广大游客带来了不一样的感受，所以获得了很好的效果。

33

　　摄影师一改以前的思路，每次拍照的时候，都先让所有的到会者都先闭上眼睛，然后集体听他的口令，等他开始数"一，二，三"，等到他数到"三"的时候，所有的人一起睁开眼睛，这样一来，就不会再有闭上眼睛的

人出现在照片中了。在这里，摄影师所运用的便是一种逆向思维。

34

　　巴蒙蒂埃专门种了一块马铃薯地，还请了一队卫兵专门看管他的马铃薯园地，声明不许任何人去偷。可是，百姓们很好奇，于是就纷纷跑去偷。百姓把偷到的马铃薯做着吃，觉得味道很好，于是，很多百姓就偷着种马铃薯。几年的时间，马铃薯就在法国被普遍种植了。

35

　　凯文开了一个"死花商店"。这个花店不同于售卖寄托美好爱情、祝福的一般花店，而是专门售卖各种枯花、死花。这些花专门用来寄给那些欺骗感情的轻薄年轻人、背叛友谊者、卑鄙的生意合伙人等。这项服务一经推出，便受到了许多人的欢迎。后来，由于"死花商店"在平复人们的负面心情方面所作出的贡献，智利政府还专门对凯文的花店提出了赞扬。

　　花朵，本来是用来象征、寄托美好情感的，但是，这个智利小伙子却用花朵来象征和寄托痛苦、失望、仇恨的情绪，并取得了成功。

36

　　当各地都在降低米价的时候，米商自然会把米运到可以自由抬高米价的地方去，这样一来，越州的米就越来越多。但是，越州的老百姓却没有增加，按照市场经济的原理，米价虽然刚开始会有所上涨，但因为市场上米的增多，早晚会回落。而商人好不容易把米运来了，考虑到运费，即使米价下降了，他们也不会再把米运回去了，只能根据市场情况降价销售。

　　要降低米价，一般来说，最直接的办法自然是直接打压米价了。但是，赵汴却反其道而行之，看上去似乎是在有意抬高米价，其实却起到了降低米价的结果。

第六章

1

贝尔在助手的帮助下进行试验，但是由于线圈产生的电流太小，试验失败了。贝尔没有放弃，他做了一些改进。用薄铁片代替金属簧片，用磁棒代替铁芯，以加大电流。这次他获得了成功，人在薄铁片前说话，声波的节奏变化导致铁片的振动，进而引起线圈中产生相应的电流，通过导线，传递到另一只线圈中，引起线圈前的薄铁片发生振动并发出清晰的讲话声音。1876 年 3 月，贝尔通过联想，实现了通过把电流变成声音进行远距离通话的梦想，发明了世界上第一部电话装置。他的发明获得了美国的专利，随后他建立了世界上第一家生产电话的工厂。

贝尔就是运用形象思维把一事物的特定功能或原理应用在另一件事物上发明的电话。

2

最初的自行车轮胎是实心的，在卵石路上骑车颠簸得非常厉害。有一天，外科医生邓禄普在院子里浇花的时候，感到手里的橡胶水管很有弹性，由此联想到如果发明一种充气的自行车轮胎，应该能够减轻震动。于是，他用橡胶水管制出了第一个充气轮胎。

3

为了证明这个设想，利伯进行了一系列调查研究，发现月球确实对人的生理和精神有一定的影响。人的身体也像大海一样有"潮汐"，每当月圆的时候心脏病的发病率会增加，肺病患者的咳血现象会增多，胃肠出血的病人病情也会加重，病人的死亡率会比平时上涨。

利伯发现了大海潮汐与人体病变的相似之处——都在月圆之夜有激烈的变化，进而推断精神病人的病情也受月球引力的影响。

4

当然不是。下一个镜头，只见那个男人缓缓地撑起身子，用薯条沾着番茄酱吃。真相大白了，原来他胸前的那片殷红不是血，而是不小心滴落的番茄酱。

创意人员正是运用了相似联想，借助番茄酱和血之间的相似点——红色黏稠的液体，耍了一个噱头，给观众留下深刻的印象。

5

费米由此联想到铀的裂变有可能形成一种链式反应而自行维持下去，并可能形成巨大的能量。1941 年 3 月费米用加速器加速中子照射硫酸铀酰，第一次制得了千分之五克的钚 –239——另一种易裂变材料。1941 年 7 月，费米在中子源的帮助下，测定了各种材料的核物理性能，研究了实现裂变链式反应并控制这种反应规模的条件。为了逃避法西斯政权的统治，费米流亡到美国。随后，他在美国芝加哥大学建造的世界上第一座石墨块反应堆，于 1942 年 12 月 2 日下午 3 点 25 分，使反应堆里的中子引起核裂变，首次实现了人类自己制造并加以控制的裂变链式反应，也表明了人类已经掌握了一种崭新的能源——核能。

费米由铀原子核裂变现象联想到如果能恰当地控制核裂变就能带来巨大的能量。核能研发过程体现了由已知到未知，由局部到整体的相关联想。

6

政府联想到之前的状况，发现因为羊群没有了天敌，在安逸的生活中失去了活力，变得委靡不振。再加上羊群的数量太大使草原上的草遭到破坏，羊群没有充足的食物，体质自然会下降。牧民们发现失去天敌之后，羊的繁殖基因也退化了，于是，就又把狼群引进了草原，狼群重又给羊群带来了危险。在危险的环境中羊群又变得健康、活泼了，羊群的数量也有所增加。

狼是草原生物链中不可缺少的一个环节，把狼灭绝之后，就会破坏生态平衡。狼与羊群并不仅仅是敌对关系，狼还能限制羊群的过剩繁殖，迫使羊群提高警惕，保持活力。

事物之间的联系是复杂的，开始时，牧民只看到了狼对牧场的破坏作用，就要把狼赶尽杀绝，当他们看到失去天敌之后，羊群并不能长期地健康成长，这时才全面地认识到狼与羊群的关系。

7

蔡伦仔细看了看手中的东西，不由得喜上心头。他叫上小太监们急忙赶回皇宫，马上开始了紧张的试验和制作。他找来大量的树皮、麻头、破布、旧渔网等材料，让工匠们把它们剪断切碎，放在一个大水池中浸泡。过了一段时间，其中的杂物烂掉了，而纤维不易腐烂，就保留了下来。蔡伦又让工匠们把浸泡过的原料捞出来放入石臼中，不停地搅拌。当搅拌成浆糊状的纸浆时，再用竹片把这些黏糊糊的纸浆挑起来放到太阳底下晾晒，等干燥后揭下来就变成了纸。

8

画着画着，毕达哥拉斯突然发现：如果一个等腰直角三角边的直角边长分别为a、b，那么，以a为边的正方形，它的面积就等于这一等腰直角三角形面积的2倍；以b为边的正方形面积也等于这一等腰直角三角形面积的2倍；而以斜边为边长（c）构成一个正方形，它的面积等于这一等腰直角三角形面积的4倍。

"那么，进一步就可以推出$a^2+b^2=c^2$，也就是两直角边的平方和等于斜边的平方。"毕达哥拉斯穷追不放，进一步想到："古人曾提出边长为3、4、5和5、12、13的三角形为直角三角形，那么，它们是否也合乎这个规律呢？"

于是，他赶紧在地上画了起来。不错，确实是这样的。

毕达哥拉斯并没有满足，他又产生了新的疑问："这个法则是不是永远正确呢？各边都合乎这个规律的三角形是不是一定是直角三角形呢？"

想到这，他猛地抬起头来看看客厅，发现客人不知什么时候都走光了，只有主人站在那儿不解地看着他。他感到非常不好意思，也赶紧跟主人告别，一溜烟跑回了家。回到家里，毕达哥拉斯又搜集了许许多多的例子，结果都证明了他的那两个猜测是正确

的。但是，他仍然不满足，决心用更大的精力和更有说服力的证明，来说明这一结论是永远正确的。功夫不负有心人，他终于证明成功了。

后来，西方为了纪念毕达哥拉斯这一伟大的发现，把这一定理称为毕达哥拉斯定理。

9

瓦特发现水被烧开后变成了水蒸气，是水蒸气在推动壶盖跳动！这个发现在瓦特心中留下了深刻的印象。瓦特由此想道：这蒸气的力量好大啊！如果能制造一个更大的炉子，再用大锅炉烧开水，那产生的水蒸气肯定会比这个大几十倍、几百倍。用它来做各种机械的动力，不是可以代替许多人力吗？后来，瓦特按照这个思路，经过反复研究，对前人的蒸汽机进行了合理改造。他把水蒸气的力量很好地利用起来，终于发明了改良蒸汽机，使人类社会开始进入了工业时代。

10

哈格里夫斯说："如果把几个纱锭都竖着排列，用一个纺轮带动，不就可以一下子纺出更多的纱了吗？"说干就干，哈格里夫斯马上开始试制新型纺纱机。经过反复研制，他终于在1765年设计并制造出一架用1个纺轮同时带动8个竖直纱锭的新纺纱机，工作效率一下子提高了8倍。为了纪念自己的妻子，他把这台新型纺纱机取名为"珍妮纺纱机"。

11

一开始法布尔认为蜘蛛是用眼睛看到网上的猎物的。为了证明这一点，他把一只死蝗虫轻轻地放到有好几只蜘蛛的网上，并且放在它们看得见的地方。可是，不管是在网中待着的蜘蛛，还是躲在隐蔽处的蜘蛛，它们好像都不知道网上有了猎物。后来，法布尔又把蝗虫放到了蜘蛛的面前，它们还是好像什么也没看见似的，一动不动。看来，蜘蛛不是靠眼睛来发现猎物的。

接着，法布尔用一根长草轻轻地拨动那只死蝗虫，蛛网振动起来。这时，只见停在网中的蜘蛛和隐藏在树叶里的蜘蛛都飞快地赶了过来。

通过这个实验，法布尔断定，蜘蛛什么时候出来攻击猎物，完全要看蛛网什么时候振动。它们是靠一种振动来接受外界信息的。如果真是这样的话，那蜘蛛一定有一种接受振动的装置。这种装置是什么呢？

法布尔对蛛网进行了仔细观察，最后终于发现：在蛛网中心有一根蛛丝一直通到蜘蛛躲藏的地方，被蜘蛛的一只脚紧紧地握住。因为这根蛛丝是从网的中心引出来的，因此不论蛛网的哪个部分产生了振动，都能把振动直接传导到中心这根蛛丝上，然后再把振动立即传给躲在远处角落里的蜘蛛。可以说，这根蛛丝是一种信号工具，是一根电报线。同时它还是一座空中桥梁，沿着这根蛛丝，蜘蛛才能以最快的速度从躲藏的地方奔向猎物。等到网中的工作结束后，又沿着它返回原处。

还有使法布尔感到不解的一点：当有风吹过来时，蛛网也会产生振动。那么，蜘蛛是如何分辨哪些是风吹过时产生的振动，哪些是猎物挣扎时产生的振动的呢？

法布尔认为，蜘蛛握住的那根电报线不是简单地传递各种振动，它还能够传递各种不同的声波。蜘蛛握着电报线的脚有很灵敏的听觉分辨力，能分辨出猎物挣扎的信号和风吹动所发出的假信号。

现在，科学家的进一步研究发现，蜘蛛的脚上有一条小裂缝，能够感知到每秒钟20~25次的振动。人们正在设法揭开这种构造的秘密，并模拟这种构造制造可以供人类使用的音响探测器。

12

"两排饭勺既然可以紧紧地咬合在一起，如果用这种方法，不就可以把衣服和鞋子扣紧了吗？"想到这，贾德森兴奋起来，他顾不上买饭勺，扭头就往家里跑去。

一到家，贾德森就开始忙活起来。他把一个个很小的颗粒状元件作为扣子，彼此交错着镶嵌在两条布带子的边缘上，然后通过一个滑片由下往上一拉，两边的扣子就一个个依次扣紧。这就是现在拉链的最初形式，贾德森把这种新玩意儿叫做"可移动的扣子"，并申请了专利。

这个设计非常出色，但遗憾的是，这种"可

移动的扣子"并不好用。早期的扣件经常卡住，安在服装、靴子上，穿着它在大街上走动时经常会突然自动爆开，闹了不少笑话。

"怎样才能不让扣子爆开呢？"贾德森在心里不停地琢磨着。

不久以后，贾德森与沃尔特一起组建了拉链制造公司，不断地对这种扣件加以改进，并且发明了制造扣件的机器。但效果始终不能让人满意，制造出来的扣件还是不够可靠，很长时间都没有人大量购买。

1908年，瑞典工程师桑德贝克来到贾德森的公司工作。于是，沃尔特就请他对贾德森的发明进行改进。桑德贝克重新设计了扣件的链节，经过多次反复试验，最后终于设计出一个理想的方案：将扣子改成凹凸形的，使它们一个紧套一个。这样，金属牙就不会自己分开了，扣起来也非常方便。这非常类似于今天的拉链。经过改进后的扣件果然得到了人们的欢迎，很快就卖出了几千个。1923年，贾德森和桑德贝克设计的这种扣件终于以"拉链"的形式闻名于世。

13

祖冲之一想，刘徽在书里不是明明写着割圆术吗？只要将圆不断地割下去，在圆内接上正多边形，只要能求出多边形的周长，不就能算出圆周率了吗？

祖冲之先是在书房的地上画一个直径为1丈的大圆，紧接着又照刘徽所用的割圆方法，在圆内作一个内接正六边形。每条边都与半径一样为5尺长。后来，祖冲之再把6条边所对应的6个弧平分，作出一个正十二边形。用尺一量，每条边长2尺6寸多。

"到底是多多少呢？"祖冲之想，"用尺量只是一个大概，要求出精确的数值，必须用数学计算才行。"于是，他让儿子祖暅用算筹帮助计算。儿子不停地做着加、减、乘、除运算，忙得不亦乐乎，每个数字都算得长长的一大串。每算完一步，祖暅便在一旁用笔记录下结果。父子俩算了半夜，才算到十二边形的边长和12条边的总长。第二天晚上，他们又算出二十四边形一边的长度。

经过几年的艰苦努力，父子俩把地上那个大圆一直割到24576份，终于算出了圆周率的数值介于3.1415926与3.1415927之间，并用 22/7 和 355/113 作为圆周率的疏率和密率。

祖冲之计算出小数点后面六位准确数字的圆周率，在当时世界上是独一无二的，他提出的密率值 355/113 要比欧洲早 1000 多年。所以，国际上许多数学家都主张把 355/113 称为"祖率"。

14

他先与古比雪夫飞机制造厂进行协商，最后签订了易货贸易合同，用食品和服装等轻工业产品换购四架飞机。随后，他把飞机卖给四川航空公司，允许航空公司以运营收入支付飞机款，然后以飞机做抵押向银行申请了一笔不小的贷款。他用这笔钱分别与万县食品厂等 300 多家轻工业厂家进行交易，然后把货物运往莫斯科。经过这样一番策划，这位企业家大赚了一笔，同时还搞活了食品厂、飞机制造厂、航空公司三家的市场，可谓皆大欢喜。

可见，相关联想可以让思考者从宏观上把握事物之间的相互关系，从而作出对自己有利的决策。

15

这些"陪衬人"实际上都是廉价招募来的相貌丑陋的女佣人，杜朗多根据各人的特点对她们进行分类，然后定价出租。她们的服务内容主要是陪伴主顾以便衬托其美貌。不难想象，女士们为了满足虚荣心和炫耀的欲望纷纷前来租用"陪衬人"，一时间"代办所"门庭若市，生意兴隆，杜朗多很快就成了百万富翁。

虽然杜朗多不懂美学，但是他清楚美丑是相对的概念，一个长得丑的小姐，在比她更丑的人衬托下也会显得漂亮，"陪衬人"自然会大为抢手。利用相对联想，杜朗多在金融交易场中发了大财。相对联想就是让我们把正反两方面的事物放在一起进行考虑，一正一反，对比鲜明，可以是属性相反、结构相反或功能相反。通过对比，可以使事物的特征更加明显，往往能引起人们的注意。比如日本一家玩具厂生产的黑色"抱娃"不受欢迎，厂长运用相对联想，想到了一个主意：把黑色"抱娃"放在模特雪白的手腕上。这样一来果然非常醒目，很快就打开了市场。

16

首先，他想到可以把长方体的冰块做成管子。在南极找到适合做管子的冰块并不难，但是如何才能穿透一个很长的冰块又不至于使它破裂呢？西崛荣三郎继续发挥联想，把医疗用的绷带缠在铁管子上，然后在绷带上浇水，等水结成冰之后，再把铁管抽出来，这样就可以做成一个冰管子了。

西崛荣三郎发挥了丰富的想象力，借助南极的冰，把绷带和输油管联系了起来，解决了一大难题。

17

他联想到画中的气氛可能与某种矿物质有关，但是沉思良久也想不出所以然来。他想找那幅画的作者帮他解开谜团，不幸的是，那位画家在不久前去世了。几经周折，他找到了画家的遗孀，从她那里借到了画家的创作日记。根据日记中的描述，他找到了那幅画反映的实际地点，那是西伯利亚的一个人迹罕至的地方。在寸草不生的山边，他发现了一个奇特的小湖，湖水发出银色的光芒。走近一看，那根本不是湖，而是一个天然水银矿，静止的"湖水"全都是水银。他恍然大悟，原来画面中的荒凉神秘气氛是由水银造成的，有这么多的水银，草木根本无法生长。

普法利竟然从一幅画中发现了一个水银矿。为什么他能够看到那幅画的与众不同之处呢？因为他有地质工程方面的专业知识。这个案例告诉我们，要想具有出色的联想能力，必须丰富自己的知识。只有具备足够多的知识，我们的思维才能四通八达地展开自由联想。

18

原来，乔丽娜灵机一动，想到 9 时其实代表了两个时间点，一个上午 9 时，一个则是晚上 21 时。如果将 9 换成 21，便凑够了保险柜的密码。而情况也正如她所料，保险柜的密码正是 212519。

创造力与想象力密不可分，超凡的想象力往往能开创出一片新的天地。运用联想思维，我们可以通过一些看似与我们无关的现

461

象，了解到与我们密切相关的事实真相。乔丽娜就是这样找到密码的。

19

柚子的外形引起了伊罗·萨里的兴趣，他拿起柚子左看右看，柚子的形状真的很美，做一个这样的建筑怎么样？想到这里，他连饭都顾不上吃，拿着柚子走进了设计室，尽情发挥想象，把他在柚子上看到的美体现在建筑上。当这座建筑竣工的时候，他赢得了广泛的赞誉。那是一座完全流体的式样，让人想到鸟的飞翔。

20

原来，地图的背面是一张人脸画，只要把人脸拼起来就行了。

21

第二天，阿基米德兴冲冲地来到皇宫，他还带来了做试验用的工具。阿基米德首先把两个容器装满水，分别放在两个盆子里。然后找来和王冠一样重的一块纯金，他分别把王冠和纯金放在两个容器里，于是两个容器都溢出了一部分水到各自的盆子里。然后，阿基米德分别量了一下两个盆子里的水，结果两个盆子里的水不一样多！

国王和围观的大臣们，还是一头雾水，不明白这个结果说明了什么问题。阿基米德大声向他们宣布："王冠不是纯金的，如果王冠是纯金的，那么它和这个金块体积是一样的，也就是说两个盘子里的水应该一样多。但是现在的结果是，盘子里的水不一样多，这就充分说明，王冠里掺了别的金属。"国王和大臣们听了，恍然大悟，纷纷称赞阿基米德："不愧是最有才华的科学家啊！"

国王找来了狡猾的金匠，在事实面前，金匠只好承认了自己在王冠里掺杂其他金属的罪行。

王冠的重量和作为原料的黄金的重量是一样的，要检查王冠里是否掺了其他的金属，还不能损坏了王冠，怎么检查呢？这真是一个棘手的问题。聪明的阿基米德在洗澡时注意到了一个现象，当把物体放进装满水的容器里时，容器会溢出和物体的体积一样多的水。通过这个现象，阿基米德联想到纯金的王冠和非纯金的王冠，二者的体积一定

是不同的，因为它们所用材料不同。就像相同重量的木头和铁块，体积相差很远一样。这样，通过一个简单的实验，就轻松解决这个问题了。

22

那位师长的"笨"办法便是在进攻的坦克上安上两把坚硬的钢刀，这刀就像是两把镰刀一样，其刀刃向外，水平张开，借助坦克的强大推动力，切断灌木树篱，铲平地埂。这位"农民"师长也是受到收割庄稼的镰刀的启发，才想到了这个办法。这办法看上去很笨，却的确非常有效，不仅使得机械部队顺利前行，也为后面的步兵扫清了道路。

这位师长所体现出来的便是一种形象思维和联想思维，他由镰刀的形象，进而想到将镰刀变大，从而解决了这个难题。

23

鲁班心想，能不能将这种草的齿变大变坚硬一些，用来划木头呢？于是，鲁班就请铁匠师傅打造了几十根边缘上带有锋利的小齿的铁条。鲁班和徒弟试着各拉这种铁条的一端，在木头上来来回回地锯了起来，结果，树木很快就被锯断了。鲁班将这种工具称作"锯"。后来，鲁班还为这种工具的两端各装上了一个木柄，用起来就更方便了。他也因此按时建成了宫殿。

在这个故事中，鲁班之所以能够发明锯，是因为他能够具有一种形象思维，能够根据物体的造型，联想到其更大的用途。实际上，人类的许多发明都是凭借的这种形象思维，比如飞机的发明来自于人们受鸟的启发，潜艇的发明则得益于鱼的启发。

24

参谋长肩章上的积雪融化后显示出肩章的轮廓，炮兵司令受其启发，想到随着气温的升高，德军掩体内的积雪也肯定会融化。为了防止掩体内的泥泞，德军必然会将掩体内的积雪提前清理到洞口。因此，通过判断对方地上的积雪堆积情况，便可知道对方兵力部署。于是，炮兵司令命令侦察兵对德军阵地进行了大量的侦查和航空摄像，只花了3个小时便搞清楚了对方的兵力部署。

25

劳拉经过仔细地研究发现，划痕上面的几个字可以组合成为"如要你女儿珍妮的性命，速备 50 万。"这是绑架者给女孩家长发出的通牒。

表面上看，劳拉所发现的一行字完全是一组毫无意义的"乱码"，正是由于劳拉能够充分地展开联想，才解出了其中所包含的秘密，进而在无意中帮助警察破获了一起绑架案。许多时候，发散思维都能够给我们带来意想不到的收获。

26

摩根的手又粗又大，蛋在他手里自然看起来小些。可是他妻子的手却又细又小，鸡蛋在她手里就显得大了。这里，摩根没有从常规思路去想，而是运用了一种求异思维。

27

地球上最大的影子是黑夜。

提到影子，按照常规思路，我们肯定会去想象地球上尽可能大的物体。这其实便受到了惯性思维的限制，要知道，黑夜，其实便是地球本身的影子，自然比我们所看到的地球上的任何物体的影子都要大。而要想到这一点，是需要一种打破惯性思维的求异思维的。

28

这个问题如果不能摆脱平面思维，便无法解决，而如果能够采用一种立体思维，将三根棒子相交于一点，并相互垂直，其中的每两根之间都会形成四个直角，总共便会有12个直角。从平面转向立体思维，这是需要想象思维的。

29

这幅画的作者独具匠心，他没有生硬地将诗句中的字词一一展现，而是在全面体会诗句含义的基础上，着重表现诗句末尾的"香"字。他的画面是：在一个夏天的落日近黄昏时刻，一个游玩了一天的器宇轩昂的年轻人骑着马回归乡里。马儿疾驰，马蹄高举，几只蝴蝶追逐着马蹄蹁跹飞舞。这就真正表现了"踏花归来马蹄香"的含义。在这句诗题里，"踏花""归来""马蹄"都是比

较具体的事物，容易体现出来；而"香"字则是一个抽象的事物，用鼻子闻得到可用眼睛却看不见，而绘画是用眼睛看的，所以以难于表现。没有选中的那些画，恰恰都没有体现出这个"香"字来；而被选中的这一幅，蝴蝶追逐马蹄，使人一下子就想到那是因为马蹄踏花泛起一股香味的缘故，所以这幅画是非常成功的。

其实，还有一则和此故事非常相似的故事，说的也是一次有关画家画功的考试，主考官也是出了一句诗为画题，这句诗是"竹锁桥边卖酒家"。结果最终胜出的是一位没有画出酒馆的画家。他画上的内容是：小桥流水潺潺，竹林繁茂青青，在绿叶掩映的林梢远处，露出古时候的一个常用酒帘子，上面写着一个大大的"酒"字。在这幅画中，画面上不见酒店，却使你似乎看到了竹林后面却有酒店，形象地体现出一个"锁"字来，同样达到了"无形胜有形"的效果。

30

雷安军试着把西红柿的老枝叶剪掉，然后悉心照料，及时浇水施肥。一星期之后，果然长出了新枝叶，又过了些时候就开始开花结果了。这种方法使西红柿的生产期延长了两个多月，大大提高了产量。残株再植带来的成果大约占到总产量的 1/5。

雷安军把西红柿和青椒联系起来，发现适用于青椒的原理同样适用于西红柿。形象思维给他带来了丰厚的回报。

31

在太阳内部高达 2000 万度的高温下，氢原子聚变为氦原子，在聚变过程中释放出巨大的能量。根据核聚变的原理计算出的太阳能量释放值与观测到的数值一致。

32

有一天，鲁班看到一群孩子在水边玩耍，每人头上戴一片荷叶。他想到荷叶既能遮阳又能挡雨，不就是一个移动的亭子吗？回家之后，他先用竹子做出一个支架，然后在顶上蒙上了一块羊皮，模仿荷叶的结构制作了第一把伞。后来，为了方便携带，他又发明了能开能合的伞。

伞被雨淋湿之后让人很厌烦。近年来，

英国研究人员发明了一种纳米无水雨伞。这个创意同样来源于荷叶。下雨的时候，雨水会随着荷叶的摆动滚下去，不会把荷叶弄湿。研究人员用一种纳米材料制成的雨伞，水汽无法穿透伞面，因此只要轻轻一甩，就可以让伞面保持干燥。

33

布鲁内尔发现至木虫先用嘴挖出树屑，然后立即将自身的硬壳挺进去再继续深挖前进。他突然想到，这和挖隧道不是一样的道理吗？如果先将一个空心钢柱体打入松软岩层中，然后在这个"构盾"的保护下进行施工，不就安全多了吗？他把这个设想付诸实践，于是就有了世界上著名的"构盾施工法"。

34

他想到前些天在街上看到的一件事：几个孩子在木料堆上玩，一个孩子用铁片敲打木料的一端，让另一个孩子在另一端听有趣的声音，雷内克一时兴起，也听了听。想到这里他灵机一动，马上找来一张厚纸，将纸紧紧地卷成一个圆筒，一头按在小姐心脏的部位，另一头贴在自己的耳朵上。果然，小姐心脏跳动的声音连其中轻微的杂音都被他听得一清二楚。他高兴极了，告诉小姐的病情已经确诊，并且一会儿可以开好药方。

随后，他请人制作了一个中空的木管，长 30 厘米，口径 0.5 厘米，这就是世界上第一个听诊器。

35

鸡蛋以最少的材料营造出最大的空间，而且能承受强大的外界冲击力。建筑学上把这种具有曲线的外形，厚度很小，又能承受很大的外界压力的结构叫薄壳结构。建筑师把这种结构应用在建筑上，现在像鸡蛋那样的建筑已经很普遍了。

在文艺复兴末期，意大利罗马建成了圣彼得大教堂，圆圆的顶部很像竖放的鸡蛋，圆顶直径为 41.9 米，内部高 123.4 米，但厚度竟达 1～3 米，厚度与跨度之比为 1：40。那时人们还不敢把屋顶建得太薄。直到 1924 年，德国的半圆球形的蔡斯工厂天文馆才真

正采用了薄壳结构。1925 年，德国耶拿斯切夫玻璃厂厂房采用了球形薄壳，直径为 40 米，壳厚只有 60 毫米，采用钢筋混凝土为建筑材料，厚度与跨度之比为 1：667。

36

平流层气球的原理很简单，在气球中充满比空气轻的气体，利用气球的浮力使吊在下面的载人舱升上高空。皮卡尔想到，如果在深潜器上加一个浮筒，不就可以像气球一样自行上浮了吗？他设计了一个船形的浮筒，里面充满密度比海水轻的汽油，为深潜器提供浮力。同时他还设计了一个钢制潜水球，在里面放入铁砂作为压舱物，使深潜器沉入海底。这样就不需要借助钢缆了，潜水器可以在任何深度的海洋中自由行动。后来，他设计了一艘"理雅斯特号"潜水器，能够潜到世界上最深的洋底。

37

企业管理的成败主要取决于责任、权限和利益三者是否平衡。管理的过程就是透过责任人驾驭生产力要素来实现预定的生产目标。当我们准备把一项任务交给某人做的时候，首先要考虑他是否能够承担相应的责任，这个责任类似于杠杆的支点，责任越重大，支点离施力点越远，就越不容易撬起来。其次要考虑利益与权力的匹配关系，假定权力不变，就保证了支点到受力点的距离不变，那么利益越大，撬起来越容易。因此在一般情况下，企业中薪水越高的人承担的责任越大，他们的办事效率也是较高的。

38

他想："把电线按照虎皮花纹那样排列成一个线圈，而电流通过线圈要产生磁场，磁场又能转化成电能，那么对于强如闪电般的瞬间电流，岂不可产生强大的电阻吗？"在这个想法的引导下，经过不断研究，他终于发明了变电器。这位物理学家正是运用了联想思维找到了解决问题的突破口。

39

19 世纪末的天文学家猜测，在海王星的轨道范围之外，还应该有一个比海王星还远的行星，它的引力干扰着天王星的运动，于

是人们开始寻找这个未知行星，到 1930 年，这颗新行星终于被劳威尔天文台的唐包夫（C.Tomaugh）所发现了，命名为冥王星，从而成为太阳系第九大行星。

天文学家之所以预测到还有一颗未知行星在影响天王星的运行轨道，是因为他们掌握了已知的行星运行规律，按理说应该能够准确地预测行星轨道，既然实际轨道出现了偏差，可能的原因就是受到未知天体的影响。他们把这种因果关系套用在天王星身上，推测出它可能受到另外一颗行星引力的作用，所以运行轨道会出现偏差。

40

如果把"插片法"应用在牛身上，是不是也能产生牛黄呢？该公司马上进行立项研究，选择失去医用价值的残菜牛做试验，在牛胆囊中埋入异物。经过一段时间之后，果然培育出了胆结石。这种人工牛黄跟天然牛黄的医疗效果一模一样。

在这个案例中，医疗专家就是运用联想思维，把胆结石的形成过程与珍珠的形成过程联系起来的——既然用插片法可以培植珍珠，那么也应该能够培植牛黄。

41

制成了由上千块小透镜组成的"蝇眼透镜"。蝇眼透镜作为一种新型的光学元件，在很多领域都有价值。比如用"蝇眼透镜"作镜头可以制成"蝇眼照相机"，一次就能照出千百张相同的相片。这种照相机已经用于印刷制版和大量复制电子计算机的微小电路，大大提高了工作效率和质量。

42

科学家研究发现，萤火虫的发光器位于腹部，由发光层、透明层和反射层三部分组成。发光层拥有几千个发光细胞，细胞中含有荧光素和荧光酶两种物质。在荧光酶的作用下，荧光素与细胞内的水分和氧氧化合便发出荧光。萤火虫之所以能发光，实质上是它把化学能转变成了光能。随后，人们根据对萤火虫的研究发明了日光灯，其发光原理是：通电后灯丝发热，使灯管中的水银蒸发成气体释放出大量电子，电子的高速撞击产生紫外线，紫外线作用于灯管内壁的荧光粉则会发

出自然而柔和的灯光。

近年来，科学家已经从萤火虫的发光器中提取出了纯荧光素和荧光酶，并采用化学方法人工合成了荧光素。由荧光素、荧光酶、ATP（三磷酸腺苷）和水混合而成的生物光源，这种光源不依赖电源，不会产生磁场，适合在充满爆炸性瓦斯的矿井中当照明灯，或者在做清除磁性水雷等危险工作的时候使用。

43

贤人解释说："之所以一个人要见国君时会梦见太阳，是因为太阳普照大地，任何一个东西都无法遮挡他的光芒，而国君也正像是太阳一样施与国人以恩泽。而灶，其光芒一个人就足以遮挡住了，其他人便再也看不到它的光芒了。我将要见到您，却梦见了灶，我想或许是有某一个人遮挡住了您的光芒吧？"

在这个故事里，贤人之所以能够讽谏成功，便是因为他善于使用一种形象思维。

44

门客对田婴解释道："您有没有听说过海中大鱼的故事？它在大海中自由自在地遨游，渔民的网捕不住它，渔民的钩勾不住它。但是，如果它脱离了海水，那么就连蝼蛄和蚂蚁都能够欺侮它。现今的齐国，就是您的海水，只要齐国在，您便是安全的；而如果齐国不在了，您就算将城墙筑得同天一般高，也是没有用的。"

在这个故事中，田婴对于众多门客的劝阻感到厌烦，而对于这个门客的讽谏却轻易地接受了，就是因为他采用比喻的手段，使得道理听上去生动易懂，这就是形象思维的奇妙作用。

45

邹忌对于发火的齐威王，从容地回答道："大王看我拿着琴却一直不肯弹奏有些不高兴吧！可是，齐国人眼看着大王拿着齐国这把大琴，九年来没有弹奏过一次，又该怎么想呢？"

齐威王一听，感到十分震动，忙站起来对邹忌说："原来先生是在用琴来劝寡人，寡人明白了。"之后，齐威王便和邹忌促膝长谈，相见恨晚。三个月后，齐威王又拜邹忌为相，

加紧整顿朝政，改革政治，很快使得齐国摆脱了困境，诸侯震恐，纷纷归还抢走的齐国土地。

在这个故事中，邹忌之所以能够讽谏齐威王成功，与其高明的讽谏艺术是分不开的。其先是用自己拿着琴却不肯弹奏的事情比喻齐威王身居要位却无所作为的事情，激怒齐威王，然后再突然点破，使得齐威王对自己的过失认识得更加清晰。这里，邹忌便是利用了一种形象思维的艺术。

46

荀息听晋灵公说"危险"，便一边仍旧摆放鸡蛋，一边慢条斯理地说："这并没有什么了不起的，还有比这更危险的呢！"晋灵公一听，更感兴趣了，说道："好，寡人非常想看一下，你快表演！"此时荀息却并没有做什么更危险的表演，而是突然立定身子，无限沉痛地说："启禀大王，请容我说几句话，臣死而无悔。您下令建造九层高台，劳民伤财，长达三年还未成功。现在，国内已经没有男人耕地、女人织布了；国家的仓库也已经空虚，如此一来，一旦邻国来侵犯，我们没有足够的物资来打赢战争。这样下去，国家迟早要灭亡。现在我们的国家，就正如眼前的累卵一样危险啊，请大王三思而行！"说完泪洒衣襟。

经荀息这么一比喻，晋灵公也马上意识到了自己的错误，再看荀息如此恳切的态度，便叹口气说："原来我的过失竟然严重到这步田地啊！"于是，便停止了高台的建造。

在这个故事里，荀息之所以能够让晋灵公从执迷中清醒过来，便是因为他借用了一种形象思维，借累卵来比喻晋国形势，使得晋灵公对建造高台的危害理解得更加透彻，而这也正是形象思维的妙处所在。

47

丘吉尔说："我也能！"

在这个故事里，丘吉尔便是使用了迂回思维方式。他用这样一种方式告诉对方，如果自己因为他的保证而告诉了他这个秘密，那么遇到同样的情况，即别人同样向他做出严肃的保证时，他不是会同样将秘密告诉下一个人吗？

在这里，丘吉尔正是使用形象化的手段，先是站在了对方的立场上进行思考，并使对方也站在了自己的立场上进行思考，其高明之处便在于通过将枯燥的说教给情景化的方式，巧妙地将自己的逻辑展示给了对方，由此让对方对事情的本质一目了然。这正是形象思维的妙处。

48

富兰克林对杰弗逊讲了一个故事：他曾经有个朋友，在鞋帽店当学徒，三年之后，手艺学成的他决定回家自己开个礼帽店。一切布置得差不多的时候，根据他的经验，他知道一个醒目的招牌对生意会有很大的好处。于是，他便自己设计了一个，上面写道："约翰·汤普森帽店，制作和现金出售各式礼帽。"下面还画了一顶新颖的礼帽图样。但是，为了能达到更好的效果，他在送做之前，特意拿着草稿给朋友们看，请他们提意见。

有个朋友一看便觉得不好。"太啰唆了！"毫不客气地提出，"这么长的内容，过路的顾客路过时还没来得及看完便已经走过去了。'帽店'和后面就不必再重复'出售各式礼帽'意思明显重复，可以删去。"这个人一听，觉得有理，便删去了"帽店"两字。

又一位朋友看后，说道："'制作'一词也完全没有必要，因为顾客并不关心帽子是谁制作的，只要帽子的质量好，式样称心，谁制作的他们都会买。"这个人又点点头，照办了。

到了第三位朋友那里，他又指出："'现金'二字也完全可以删去，因为按照这里的规矩，基本上没有赊账的行为，不用你提醒，顾客理所当然地会付现金的。"这个人又照办了。

就这样，问了一圈朋友之后，最后这个招牌上只剩下了"约翰·汤普森出售各式礼帽"和那个礼帽的图样了。就在这个人准备送去制作的时候，又有朋友提出了意见："出售各种礼帽？谁也不指望你白送给他，你这不是废话吗？"说罢，他便将草稿上的"出售"二字划去了，歪着脑袋想了一下后，他将"各式礼帽"也删去了，"下面的礼帽图样已经告诉顾客你在卖什么了嘛！"

于是，最后，等这个人的礼帽店开张的那天，招牌挂出来的时候，上面仅写着："约翰·汤普森"几个大字，下面则是一顶款式新颖的礼帽图样，看上去简洁而令人耳目一新。来往的顾客，没有一个不称赞这个招牌做得好。

杰弗逊听完富兰克林的故事后，心情马上变得平静起来，不再急躁了。显然，他也明白富兰克林是在向他暗示什么。

在这个故事中，显然富兰克林给杰弗逊所讲的故事十分简单，但是这个简单的故事却十分有效地使得年轻气盛的杰弗逊接受了自己的（暗中）劝说。这个故事之所以能够起到这样良好的效果，当然首先是因为富兰克林没有直接劝说，而是采用了迂回的策略。不过，更主要的原因其实不在于富兰克林的迂回思维，而在于其形象思维。试想，富兰克林即使是拐着弯劝说，但是如果不具有说服力，杰弗逊恐怕仍旧会不为所动。而这个故事，则是非常生动地体现出了一个道理：一个人做一件事时，即使自己看上去已经做的很好了。但是因为旁观者清，别人的意见也往往能够使得事情更加的完美，对事情本身大有裨益。可以说，这个故事正是非常恰当地折射了杰弗逊起草《宣言》一事，他一听，自然便明白了。

49

原来，心理学家带商人去了一个公墓。心理学家指着那些墓碑对商人说："你只要躺在这里，你便任何问题都没有了，你愿意吗？"还没等商人有所反应，心理学家又继续说道，"朋友，只要是活着的人，谁会没有问题呢，人活着不就是不停地解决问题的过程吗？"

商人一听，恍然大悟，立刻又燃起了斗志，并对心理学家表示深深的感谢。

这个故事中，心理学家的道理其实并不高深，商人本人都不可能没有听到或从书上看到过这样的道理。但这样简单的道理之所以能使意志消沉的商人恍然大悟，便在于心理学家利用了一种形象化的方法，他直接将带商人到公墓去，使得他的道理更加形象生动，进而一下子击中了商人的心灵，使其受到震颤。同样的道理，有的人讲道理之所以能够使其更容易让人接受，往往是因为其善

于运用形象化思维，使其更生动的缘故。

50

此画的意思是："冠（官）杂发（法）乱"。马秀英解释道："一眼看去，这是个头发很乱，头上戴许多小帽子的人。请看这帽子，大小不一，哪朝哪代的都有，杂得很。帽子又称'冠'，'官'、'冠'谐音，'发'、'法'谐音，因此此画的含义，可解为'官多法乱'。

正因为刘伯温的画可谓形象生动，说服力强，朱元璋才当机立断，放下私情，以从国家的问题考虑问题。这正是形象思维的妙用。

51

智者对青年人说："如果你烧不开，就把壶里的水倒掉一些！要想把水烧开，你只能或者多加些柴，或者少放些水。砍柴又慢，只有少放些水才能让你更快地把水烧开。从最近的目标出发，才会一步步走向成功。"

水迟迟未开，不仅是因为柴少，更是因为水太多。年轻人只从一方面考虑问题，忽视了另一个方面。智者用烧水这一形象的比喻，告诉了年轻人失败的原因。

52

阿丑答道："你真是孤陋寡闻，连王越、陈钺都不知道吗？"

聪明的小太监巧妙地运用戏曲来向宪宗进谏，形象生动，明宪宗很容易便接受了。众大臣多次劝谏，明宪宗听不进去；而一个卑微的小太监，轻巧的几句话，便使得明宪宗接受了谏言。

53

罗西尼说："我遇到熟人就会行脱帽礼，在听您的曲子的时候，我遇到了很多熟人，所以才频频起来行脱帽礼。"

青年一听，顿时满脸通红。

罗西尼的举动可谓形象而幽默地将自己的不满表达了出来。

54

商人斥责道："你这个畜牲，你走不走，都只有这一瓶了！"

有的时候，有些话必须得要对方明白，但是也不能说的那么直接，否则会伤害到别

人。故事中的主人就很聪明地借用一个故事表明了自己的心意，这是一种形象思维。

55

苏格拉底说："我就知道，打雷过后，一定会有倾盆大雨的！"

苏格拉达又一次用自己的风趣幽默化解了尴尬，而苏格拉底的话之所以听起来会风趣幽默，便是因为他打了一个巧妙的比喻，这其实是一种形象思维。

56

班主任生气地说道："如果你不让他读书，你家里就有两头蠢驴了！"

农民的思维方式显然是过于狭隘了，可笑的是，他居然认为一头驴比孩子的将来更重要。班主任则在情急之下，顺势说出了一句气话，这气话将家长比作蠢驴的同时，也警告了家长，如果孩子不读书，将来也会像驴那样蠢。

57

父亲对画家说："其实，你就和这个漏斗一样，如果你一次不要求那么多，那么你就会很顺利，一旦你贪得太多，你就会受到阻碍。记住，永远不要过于贪婪，只有这样，你才会生活得开心快乐。"

58

墨子把耕柱子比作快马，说明非常器重他，正因为如此，才时时鞭策他，才对他如此严格。而他的那些师兄弟相比之下就如同黄牛一般，没有什么前途希望，如果对他们要求太严格，也许他们会索性不学了。因此，别人对你严厉甚至苛刻，往往是因为别人对你期望高，认为你值得鞭策，其实是件好事。

59

当砖头和石头摆在老翁面前时，老子问道："如果这两者只能择其一，仙翁您是选择砖头还是石头呢？"

"当然是砖头。"老翁得意地拿起砖头说道。
"为什么呢？"老子抚须笑问。
"这石头没棱没角，我取它何用？而砖头好歹还能有点用处。"老翁指着石头回答道。

"那么大家是取石头还是取砖头呢？"老子这时向围观的众人询问道。

众人皆答取砖而不取石，理由同于老翁。

"是石头寿命长还是砖头寿命长呢？"听清众人的回答后，老子回过头来问老翁。

"自然是石头。"老翁犹豫了一下说。

老子释然而笑道："石头寿命长而人们却不择它，砖头寿命短而人们却择它，不过是因为它们一个有用、一个没用罢了。"

60

苏格拉底举起苹果后，对学生们说："这是一个假苹果，什么味儿也没有。不过现在，你们应该知道什么叫坚持真理了吧。"苏格拉底用这个比喻形象地说明了坚持真理就是在所有人都和你的意见不同的时候，你也要顶住压力，相信自己真实的感受。

61

演讲家说："我知道，无论我怎么对待这张钞票，只要它还能花得出去，便总会有人举手。因为，虽然它皱了、脏了，价值却一点不变，还是一百块钱。我们人，不也一样吗？无论挫折还是灾难，都只会改变我们的表面，而不会改变我们的实质，只要你能挺得住，不趴下，你就还是你，你的价值永远不会变。"

关于人应该认识到自我价值的道理，显然很常见，而演讲家之所以能够用一个并不新颖的观点获得大家热烈的掌声，并使众多人受到鼓舞，原因便是他将这个道理以一个形象的比喻阐述了出来，看来令人感到生动形象，更容易打动人心。

62

其实，杯子之所以能够一次次地装进新的东西，其关键便在于教授装东西的顺序，试想，教授所装东西的顺序颠倒过来，恐怕就不会装进那么多种东西了！教授的用意便是向我们阐明这样一个道理——在人生当中，我们也要去做那些最为关键的事情，分清主次，这样我们的生命才能更加饱满。这就是教授此举想要教给学生们的道理。

63

"你看，无论是哪条线，现在都在你自己

的手心里了。"朋友把我的手握成拳头后，微笑着对我说。我瞬间领悟：可不是，命运线全在我自己的手里，而且，一直都在。

"你再看，"他微微转了转我的拳头说，"有一小部分线你还没有攥住，它们就是我们生命当中那些不由自己把握的东西。而'奋斗'的意义就是：把能把握的尽可能都把握住，

把不能把握的尽可能减少一些。"

64

实际上，教授正是通过这一"古怪"的举动形象地告诉大家一个道理：没有书是十全十美、毫无错误的，创造总是伴随着错误的。

第七章

1

当然了。

夫妻俩把宋湘的对联贴到了小店的门上，顿时蓬荜生辉，非常引人注目。附近的秀才见了，就过来鉴赏，可是，却发现"心"字少了一点，就问是谁写的。夫妻俩据实相告。"想不到著名才子宋湘，居然连'心'都不会写，实在是奇闻啊！"秀才大笑出门去，把这件事四处宣扬。一传十，十传百，听到这个消息的各式各样的人，都过来观赏，顿时小店门前热闹起来，小店的生意也红火起来了，本来大家是来看宋湘笑话的，却忍不住赞美起小店的点心来，都说："果然是上等点心！"如此一来，"上等点心"的名声越来越大，小店的生意也越来越红火，没过多久就重新翻盖为一栋气派的酒店。过了很久，夫妻俩才明白宋湘的一片苦心，宋湘少了一个点的"心"字，正是他独具匠心之处啊。宋湘其实是利用自己的名声，给小店做了一个广告。

2

费尽心血完成的著作，却没有人理会，其实只要人们能稍微留意，就会发现这确实是一部意义深刻的好书。但是，令人沮丧的是，忙忙碌碌的人们，根本不会注意到那本默默无闻的好书，所以，当前最重要的任务就是让人们注意到它——

第二天，伦敦各大报纸都在醒目的位置刊登了一条征婚广告："本人喜欢音乐和运动，是个年轻又有教养的百万富翁。希望能和毛姆小说中主角完全一样的女性结婚。"未婚的女士读者们，甚至来不及看第二遍广告，就冲进书店，四处搜索毛姆的小说。她们想立

即知道，自己是不是年轻富豪所要找的目标。而男士朋友们也不甘落后，想了解一下令富豪痴迷的完美女士，到底是什么样的。三天以后，毛姆的小说销售殆尽，而购书的读者依然数量不减，书店的工作人员只好抱歉地说："书已经脱销三次了！现在正在向出版社增订呢。"

毛姆利用少女们渴望美满爱情的心理，和男士们好奇的心理，成功地实现了自己的目的。

3

孔子仔细想了想那位妇女有些神秘的话：密尔思之，思之密尔，'密'难道是蜂蜜的蜜？哦，孔子恍然大悟，终于明白了那位妇女的意思。孔子回头抓了一只蚂蚁，在蚂蚁的身上系上一根细线，把蚂蚁放在珠孔的一端，在珠孔的另一端涂上蜂蜜引诱蚂蚁，果然蚂蚁禁不住诱惑，带着细线，穿过了珠孔。这样就顺利地给珍珠串上线了。孔子把串上线的珍珠扔给流氓们，然后扬长而去了。流氓们拿着珍珠目瞪口呆，怎么也想不到小小的蚂蚁居然帮了孔子一个大忙。

4

次日一早，萨克斯如约来到白宫。刚在餐厅前坐定，还没等他开口，罗斯福便抢先说道："今天不谈爱因斯坦的信，一句也不提，明白吗？"

萨克斯对此已经有所准备，他只是微微一笑，并点了点头，然后他装作漫不经心地对罗斯福说道："好的，我一句也不谈。不过，我想您不会介意我谈一谈历史吧！众所周知，

当年拿破仑的军队横扫欧洲大陆，无人能抵挡，但是，他虽然很想，却唯独没有征服英伦三岛，你知道这是为什么吗？"

罗斯福作为一个政治家，对于这个问题自然是十分感兴趣的，不禁两眼聚精会神地盯着萨克斯，等待他接下来的解说。

萨克斯于是清了下嗓子，便继续道："当年英法战争期间，拿破仑的军队虽然在陆地上所向披靡，但是在海上与英军作战时却是屡战屡败。鉴于此，当年美国发明蒸汽机船的科学家富尔顿曾经前来专程拜见过拿破仑，他建议拿破仑砍掉桅杆，撤去风帆，用钢板代替木板，然后装上蒸汽机，这样就可以大大提高船速和船的战斗力。当然从我们今天的眼光看来，拿破仑如果采用了这种蒸汽机船，英国海军也就不堪一击了。但是，在当时的拿破仑看来，这完全是个笑话，他训斥富尔顿道：没有帆的船怎么能航行，把木板换成钢板，船还不沉到海底去，这不是天大的笑话吗？最后把富尔顿当做一个来自美国的大骗子给赶了出去。

"总统先生，请您想一下，如果拿破仑当初肯冷静下来认真考虑一下富尔顿的建议，结果会如何？19世纪的历史必将重写！"萨克斯停顿了一下后严肃地看着罗斯福说道。

罗斯福听到这里，便陷入了沉默，几分钟后，他拿出一瓶法国白兰地，给萨克斯和自己斟上一杯，然后举杯说道："你胜利了，我不会犯拿破仑的错误！"

5

阿南·拉西勒斯见到乔治六世后，没有直接对其陈述利害，而是从另一个角度说道："国王陛下，我听说您明天要和首相一起前去观看诺曼底登陆，这的确是件令人兴奋的事情。不过，作为您的秘书，我有必要提醒您，在您临走之前，您是不是应该对伊丽莎白公主交代一些事情。因为万一您和首相同时遭遇不测，王位由谁来继承？首相的人选是谁？"

听到阿南·拉西勒斯的话，正在兴头上的乔治六世像是被兜头泼了一盆凉水。他立刻清醒地意识到自己和首相的想法都实在是过于不负责任了，只考虑了个人的浪漫和荣誉，而完全忘记了自己对于国家所负的责任。于是，他立刻给首相丘吉尔写信，他

解释说自己虽然很想像古代国王那样，亲自率领英军作战。但是从目前的情况来看，这样做不仅对国家无益，反而是极不负责任的做法。因此宣称自己收回成命。并且，他也劝首相不要这样做。丘吉尔最终也接受了他的劝告。

6

郑板桥将财主打发走后，便将穷公子找来，问他道："你愿意解除婚约吗？"穷公子流着泪说道："学生自然不愿，这是家父当初为学生定下的婚姻。俗话说，父母之命，媒妁之言。我也并非贪图他家钱财，只是觉得这是父母当初定下的婚姻，想要给九泉之下的父母一个交代罢了！"郑板桥听这年轻人说得有礼有节，条理清晰，便更加欣赏他了，于是对他说道："现在你的岳父之所以赖账，是因为你无钱无势。现在呢，我将他送给我的一千两银子转送给你，你就不穷了；我认了他的女儿为干女儿，你们成亲后，从今以后你就是我的干女婿了，你也就有势了。他也就没有理由解除婚约了。不过，我之所以这么帮你，也是因为看你人品不错，又有才学，将来肯定不会久居人下。你可不要辜负我和我的干女儿啊！"穷公子一听，又喜又感激，立刻给郑板桥叩头谢恩，并保证一定努力上进，不辜负郑板桥和他的干女儿。

接下来，郑板桥又将财主以及他的女儿找来，对财主女儿说："好了，你现在是我的干女儿，可要听从我的安排啊！"

财主女儿点点头。财主更是在一旁奉承："那是当然，那是当然！"

然后，郑板桥便叫来了穷公子，对财主说："现在，你这个女婿有了一千两银子，也不算很穷了。与小姐成婚后，就是我的干女婿，也算是有势了。这下你没有理由解除婚约了吧。况且，几个月后就是秋闱，到时他一旦考中，更少不了高官厚禄，你这个岳父还有什么不满意的呢！"

财主这才知道，自己完全上了郑板桥的当了，这等于是自己搭了一千两银子嫁女儿。不过想想郑板桥的话也不无道理，这个女婿眼下虽然穷，倒也的确有些才学，是个上进之人。于是，财主便答应了这门亲事。

最后，郑板桥因怕财主反悔，便说道：

"俗话说，择日不如撞日，我看就在今天我亲自为你们主持婚礼！"

财主也答应了。巧的是，这年秋闱，这个穷公子还真考中了，于是财主以及小夫妻三人对郑板桥都十分感激。

7

这个记者故意自言自语地说："想不到这里如今还在用锄头开垦土地呢！"

"胡说！"坐在一旁沉默的胡佛一听，对于这位对美国农业"毫不了解"的记者感到十分愤怒，"这里早就用现代化的方法来进行垦伐了！"接着他便大谈特谈起美国的垦殖问题来了。就这样，这位记者达到了自己的目的。不久，一篇内容详尽的《胡佛谈美国农业垦殖问题》的新闻报道就见了报。

8

原来，甘茂听说了这一消息后，立刻前去拜见秦武王，祝贺秦武王得到了新的宰相。

秦武王一听，吃了一惊，这件事自己只和公孙衍提过，于是问甘茂是从何处得知这一消息的。甘茂便称是公孙衍说的。秦武王一听，感到十分恼火，觉得公孙衍这人沉不住气，不可靠，便将他流放了，并重新倚重于甘茂。

9

东方朔和方士一起来到了宫里后，声称自己已经上过天了，有方士作证，说罢示意方士证明。方士深恐别人指责他没有道术，于是便绘声绘色地向汉武帝描述了自己和东方朔一起在"天上腾云驾雾"的经历。不仅如此，为了证明自己的道术高明，他还添油加醋，说得神乎其神，将与天神见面的场面说得十分真切。

没想到等方士说完，东方朔又反过来将老底兜了出来，对汉武帝从头到尾地讲述了事情的真实情况。最后告诉汉武帝："这下您明白这些方士是些什么人了吧？"汉武帝一听，便不再信任这帮方士了，也明白了根本不存在什么不死之药。

在这个故事里，东方朔从一开始便抱定了"项庄舞剑，意在沛公"的心思。他从拆穿方士骗人嘴脸的角度，使得汉武帝不再信任那帮方士，进而也就不再相信不死之药这回事，这是一种巧妙的迂回思维。

10

诸葛亮到达东吴后，首先便是前来拜访周瑜。寒暄之后，周瑜问诸葛亮有何办法抵抗曹操。"曹操来势汹汹，兵多将广，其本人又善于用兵，硬拼恐怕难以抵挡。"诸葛亮假意沉思说道，"不过，愚倒有一计：只须派遣一名使者，送两个人给曹操，曹操得到这两个人后，定会引领百万大军北还。"

周瑜一听，很是好奇，问道："哪两个人，有如此大的作用？"

诸葛亮于是捋着胡须煞有介事地说道："我尚在南阳隆中居住的时候，听说曹操曾在漳河之上建造了一座铜雀台，很是雄伟宏壮。曹操自称要搜集天下美女，置于台上，以供自己晚年享乐。那曹操一向是个好色之徒，他听说江东乔公有两个女儿，大女儿名叫大乔，小女儿名叫小乔，两人均有沉鱼落雁之容。因此，曹操曾当众对文武大臣说过，他此生有两个愿望，一个便是荡平天下，统一海内；第二个便是得到江东二乔，将其安置于铜雀台上，此生死而无憾了。如今曹操雄兵百万，陈列江东，表面上是虎视江南，实则只是想得到二乔而已。因此，将军何不派人前去找到乔公，花重金买得此二女，送与曹操。岂不是简单！"

周瑜听罢，隐忍发问道："你说曹操想要得到二乔，可有什么凭证？"

诸葛亮假意一本正经地说："如果是子虚乌有，我也不敢到将军面前献此计。曹操的儿子曹植素有才华，当初铜雀台落成之际，他便曾奉父命作了一赋，名曰《铜雀台赋》。在该赋中，便表露他曹家要当天子，同时又想得到二乔的愿望。"

"先生可还记得此赋内容？"周瑜阴着脸问道。

"我因喜爱此赋文辞，曾熟读此赋，因此已能背下。"诸葛亮说罢，便背诵其该赋来。当背诵到"立双台于左右兮，有玉龙与金凤。连二桥于东西兮，若长空之蝃蝀"几句时，诸葛亮舌头一转，将其改成了"立双台于左右兮，有玉龙与金凤。揽二乔于东南兮，乐朝夕之与共"。

周瑜一听到此句，勃然大怒，站起来指着北方大骂道："老贼欺我太甚！"

诸葛亮假意问道："从前匈奴人侵犯我

汉朝边境，汉天子曾将自己的公主送与对方和亲，将军又何惜两个民间女子呢？"

周瑜于是说道："先生有所不知，这大乔是先主孙策将军的主妇，小乔则是我周瑜的妻子。"

诸葛亮此时立刻装出一副惶恐的样子，连连谢罪："我实在不知，刚刚失口胡言，实在是死罪！死罪！"

周瑜此时怒气还未消，仍旧说道："我周瑜一向就有心北伐，如今曹操公然南下犯我，我定然与老贼拼个鱼死网破。望先生能助我一臂之力，攻破曹贼！"

"如蒙将军不弃，愚愿效犬马之劳，早晚听从将军差遣！"

于是，在周瑜和诸葛亮对孙权的共同说服下，孙权同意与刘备结盟，共破曹操。

11

蔿启疆接着上面的话说道："……只是我们大王觉得给了这个，那个不高兴，容易引起大国之间的仇怨，所以才谁也没给。没想到这张弓最终让您得到了，所以我才对您表示恭贺。现在您既然得到了这张宝弓，可一定要保护好啊，千万别让那三个大国知道。否则他们可能会以索要大屈弓为名，讨伐鲁国。"鲁昭公一听，害怕因此弓招致三个大国的嫉恨，遭到进攻，便将弓还给了楚王。

在故事中，蔿启疆是用了一种迂回思维，要回了大屈弓。不过，蔿启疆的迂回思维用得并不高明，因为后来，鲁昭公也明白了楚王只是因为小家子气才讨回了弓，十分生气，临走时将楚王送给他的东西都丢进了水里。这是后话了。

12

张大爷说道："哎呀，我终于找到你的声音啦！"

13

原来，老宰相正是想借此试探属下的忠奸。从此以后，老宰相便有意地疏远起那些附和他的人了。

14

新知府呵斥盗贼道："别人都说你狡诈，果然是不错。这三天来，我故意重复问你同

一个问题，可是每天你的回答都不一样。对于这些家常小事，你尚且撒谎，在你犯罪这样重大问题上，你如何让人信你的话！现在你撒谎的记录已经明确记录在案，对于你这样的狠毒狡诈之徒，我现在就是将你当堂打死，到时也可用这个记录交代上级，得到理解，而不会受到责怪。现在你如不老实招供，我立刻就用大刑伺候你！"说罢，便喝令衙役用刑。强盗一看，顿时服软，表示愿意交代，并在书面上保证永不再翻供。

新知府之所以能够令强盗服软，便是他先迂回地证明了强盗狡诈、没有信用的本性，使得强盗心服口服，心理防线崩溃，进而老实交代了罪行。

15

魏敬接下来问魏王的问题是："假如秦国这次派遣许绾前来的目的是索要黄河以北的土地，那么您会给秦国吗？"魏王回答："不会给。"魏敬说道："魏国黄河以北地区在三者中最不重要，您自身在三者中最为重要。秦国索要最最不重要的，您不给，索要最重要的，您却答应了。我对此很不理解！"

16

这天，光武帝在招待群臣的宴席上，又叫桓谭弹琴助兴。这时宋弘离开座席，脱掉官帽，对光武帝谢罪道："臣向陛下请罪！"光武帝一愣，问他何罪，宋弘说道："我举荐桓谭的目的，是希望他用忠正之道辅佐君主，治理天下。而他却使您爱上了凡俗的音乐，这都是我的罪过！"光武帝一听，就认识到了自己的错误，给了桓谭正式的官职。

在这里，宋弘本来意在指责光武帝的错误，在表面上却变成了责备自己，最终巧妙地使光武帝认识到了自己的错误，这是一种典型的迂回思维。

17

魏徵说："臣以为陛下是在观献陵（唐高祖李渊的陵墓）呢！原来是昭陵，那臣早就看见它了！"

18

长孙皇后对唐太宗说："陛下，我之所以给您道喜，是因为我听说'主明臣直'。只

有皇帝英明了，大臣才敢直言诤谏；如果皇帝昏聩，周围的人便会是一些阿谀奉承之徒。如今我看到魏徵敢于当面提出您的缺点，甚至惹得您发怒，这正说明我们大唐有英明的皇帝，同时又有魏徵这样的刚直之臣，实乃我大唐之福，我如何能不祝贺呢！"

实际上，长孙皇后的这番话便是在拐弯抹角地为魏徵求情，同时也是在拐弯抹角地奉劝唐太宗要像以前那样虚心纳谏。通过这样一种方式迂回地说出来，显然令唐太宗更容易接受。

19

赵普反问宋太祖道："周世宗待陛下如何？您为何会背负他呢？"

通过历史我们知道，赵匡胤当年就为周世宗所器重，但他还是借周世宗之子柴宗年幼之机，夺了后周天下。赵普以此提醒赵匡胤，虽说绕了弯子，却自然更令他信服。

20

"老师您想一下，"王揖唐解释道，"袁世凯如果真要杀您，他早就动手了，何必将您幽禁这么长时间？其实，他也不是不想杀您，但是，他是不敢啊！袁世凯这个人我是十分了解，其狡诈正像曹操一样，他是不想留下杀士的千秋万代的骂名啊！而如果您自己绝食而死，则他既解决了心头之患，又不用落下骂名。因此老师您是用自己的性命成全了袁世凯啊！"

章炳麟一听，便立刻开始进餐了。

21

林肯说道："证人一口咬定是在10月18日的晚上11点清楚地看到了被告的脸。我请大家想一想，10月18日那天正是上弦月，晚上11时月亮已经落下去了，哪里还有月光？即使退一步说，证人所记的时间不够准确，就算将他时间提前一些。请诸位想象一下，当时的月光是从西往东照，草垛在大树的东边，如果被告的脸正对着草堆，他脸上显然是不可能有月光的，证人又是如何凭借月光看清被告的脸的？"

在故事中，林肯面对对方的谎言，没有直接进行驳斥，而是先逗引着对方将话说完，将自己的错误完整地暴露出来，以免其在后来抵赖。最后，林肯再运用严密的逻辑使得对方哑口无言。这里，林肯所用的也是一种迂回思维。

22

图书管理员让两位争执的读者坐下，然后快步走到走廊，把走廊里的窗户打开了一扇，这样，一个看似无法解决的矛盾便迎刃而解了。

其实，许多事情都是如此，正面看似无法解决，绕一个小弯，便十分轻松地解决了。

23

孙宝充命人到街上其他货郎那里买来一枚油炸馓子，当众称出重量，然后再叫人将王二的碎掉的馓子捧起来称出重量。然后，再将两者进行相除，即得出了王二的馓子数量。原来，总共只有120枚而已，王二羞愧地接过青年赔的钱，向孙宝充道谢后离去。

这里，从正面看，馓子碎了，要想数出其个数，似乎是根本不可能的事情。但是，如果能绕着弯子想一下，办法竟是如此简单。孙宝充之所以能解决这个问题，便是因为他利用了一种迂回思维。

24

神甫在盒子里放了一只老鼠。两人打开盒子，看到老鼠后，认为这就是神甫的答案，于是都迫不及待地扑上去想捉住神甫的"答案"。但老鼠一下子钻进洞里不见了。两个傻瓜一看自己让神甫的"答案"跑掉了，便不得不承认自己是真的傻瓜。

25

智者这次对妇女说："好了，现在你回家去，不要让母牛再住在里面了，一个星期后来找我。"妇女于是回去了。一个星期后，她来到智者家里告诉智者："我按照你的办法做了之后，现在情况好多了！"然后，智者又告诉她："嗯，很好，现在你回去，也不要再让那些鸭子住在屋里了，一个星期后再来找我。"于是妇女回去了。一个星期后，她很高兴地告诉智者："现在，我和丈夫、孩子以及公婆都十分安乐地生活起来了。"

26

过了一星期，富翁的儿子回来了。其实，

他自己攒了一些私房钱，他出去的这一星期，不过是到城镇里租了个旅馆住下来，然后白天在城镇里游玩，晚上回旅馆睡觉而已。一星期后，他玩腻了，便带着一块钱的硬币回到了家里。他将这一块钱递给了父亲，谎称这是他在伐木场伐木挣来的。但是，没想到父亲只是看了他一眼，便将这一块钱扔进了壁炉里，然后说："这钱不是你挣的。"儿子也不明白父亲为什么只看了一眼自己的钱就识破了自己的诡计。也不敢多问，他又出门了。

这次富翁的儿子同样是老办法，又是到城镇里玩了一星期，将自己的钱都玩没了，最后他只留下了一块钱的硬币，又带着回家了。路上，他心想，父亲之所以一眼看出来钱不是自己挣的，可能是因为自己身上太干净了，又没有一点疲惫的样子。所以，这次，他回家没有像上次那样坐车，而是徒步回家，并且还故意绕了远路，又故意将自己饿了一顿，使得自己看上去又累又疲惫。回到家后，他又将自己这最后的一块钱交给了父亲，谎称这是自己在农场给人干活挣来的。但是，没想到的是，父亲仍是看了一眼自己，然后便又将钱扔进了壁炉，并同样说道："这钱不是你挣的。"儿子一听，感到奇怪的同时又感到很沮丧。看来，是骗不了父亲了，他又出门了。

不过，这次他决定自己真的去挣一块钱交给父亲，况且，他的私房钱已经花光了，要想吃饭，他也不得不去自己挣钱。最后，他来到了一户农家，帮人家干家务，劈柴、挑水、割草，整整干了两天，累得身体快散了架，才赚到了一点零钱。第二天，他又到了一个铁匠铺，帮铁匠拉了两天风箱，两只胳膊痛得快掉下来似的，又赚了一点零钱。因为他只是个少年，挣的钱本来就不多，再加上自己的吃饭用度，几天下来，他剩下的钱还是不够一块。于是，他一咬牙，还真的到一个伐木场，伐了两天木材。这样，他才最终凑够了一块钱的零钱，并将它们换成了一个硬币，带着它高兴地回家了。

这次，他是充满骄傲地将一块钱递给了父亲。没想到父亲又是同样的举动，看了一眼自己后再次将钱扔进了壁炉，并说这钱不是儿子挣的。这下，儿子急了，立刻打开壁炉，用铲子将里面的灰烬都挖出来，然后从中艰

难地找到那个硬币，小心翼翼地将它吹干净。他这次几乎急得快要掉泪了，看着父亲说道："爸爸，这次这一块钱真的是我挣的！"

这时，富翁笑了，对儿子说道："这次我信了！"接下来父亲又解释道："只有你自己用汗水挣来的钱你才会珍惜啊！上两次我其实并不知道那钱不是你挣的，只是我将钱扔进壁炉后，你没反应，我才知道那钱不是你挣的。而这次，从你对这一块钱的爱惜中，我相信了这一块钱是你挣的了。现在，你该知道挣钱的艰辛了吧！"儿子信服地点了点头。

27

原来，徐县令提前在面条里放了呕吐药。两人刚吃完面条，便感到腹中一阵难受，当场将胃里的东西吐了出来。徐县令命衙役上前查看两人各自吐出的都是什么，衙役回禀，婆婆吐的都是面条和鱼肉，而媳妇吐的都是面条和青菜萝卜。这时，徐县令将惊堂木一拍，呵斥道："大胆刁老太太，分明是你自己虐待媳妇，却反过来倒打一耙，诬告媳妇。本官若不看你上了年纪，今天又是生日，决不饶你！回去后好生对待你的媳妇，若再有刻毒行径，本官定然连这次的账和你一起算。"老太太一听，便羞红了脸，灰溜溜地和媳妇一起回去了。

28

钱学森的办法就是，在他作报告时，故意将话讲错，并且错得非常明显，是一些常识性的错误。几次之后，有个同事终于忍不住了，主动站起来说道："钱所长，您这样讲恐怕不对吧？"钱学森听到后，高兴地说："好极了，终于有人肯反驳我了！"

这时，大家也都明白了钱学森的意思，从此，都敢于和他争论问题了。

29

原来，读书人进了县衙后对县令说："大人，您新到任，对这里的情况恐怕不熟悉。这里的盗贼很多，因此我想请您下令，让家家户户都养狗。这样，盗贼一来，狗就会叫唤，久而久之，盗贼也就不敢来了！"

县令一听，点了点头说道："如果真是这样，你说的有道理。这么说我的府里也得养几条狗了，可是，一时之间这狗还不好找呢！"

读书人便回道："这个简单，我家里便

养了一群狗，如果大人需要，我改天送几条到您府上便是！我家的狗还比较特别呢，它们的叫声和其他的狗还不太一样！"

县令好奇地问："怎么个叫法呢？"

读书人回道："是恻恻、恻恻地叫！"

县令便说："这样看来，你家的狗并非是什么好狗，恻恻叫的狗不好，好狗的叫声是汪汪、汪汪的！"边说县令边学起狗叫来了。

30

植物学家让布兰科把自己罕见的花卉种子无偿地送给了邻居们，大家一起来种这种名贵的花卉，从而就避免了被本地花粉所"污染"。其实这也就是所谓的"资源共享"。

许多时候，自己想要得到好处，首先要让别人得到好处，然后好处才会"回过头来"眷顾自己，这是一种迂回思维。

31

"芭比策略"的实质其实是"诱敌术"，也就是变着法子掏消费者的钱。在现代的经销概念里面，经营者为消费者设置了环环相扣的营销计划。经营者先用很低廉的价格与漂亮的娃娃抓住了父母的眼睛。当他们把这个礼物送给孩子的时候其实正在一步步走进他们设置的圈套。从思维上来讲，"芭比策略"所体现的乃是一种迂回思维。

32

图德拉首先来到西班牙，那里的造船厂因为没有订货任务而在发愁。在这个时候，图德拉告诉他们："假如你们能够向我订购2亿美元的牛肉，我就可以向你们订购建造一艘2亿美元超级游艇的任务。"

这样的一个条件，西班牙人当然乐意接受了。就这样，他成功地将阿根廷过剩的牛肉卖给了西班牙人，并且从西班牙订购了一艘2亿美元的超级游艇。

回到自己的国家之后，图德拉立即找到了一家石油公司，用购买2亿美元丁烷作为交换条件，让石油公司租用他从西班牙订购的那艘超级游艇。

通过以上一系列的活动，图德拉精心设计了一个连环计，通过这一计，他成功地将两条风牛马不相及的事情联系到了一起，并且自己还从中获得了丰厚的利润。这里，图德拉体现出了一种巧妙的迂回思维。

33

明成祖到工地以后，他先叫人从别处运来土把龟埋起来，然后顺着土坡将碑拉上去，等到碑建好了之后，再将土去掉。这样就成功地把那座石碑弄到了龟的背上。

其实这就是古时候建筑上经常会使用的一种方法"推土法"。这个办法运用的就是一种"迂回思维"。这种思维办法就是借助另外的一种力量去解决问题，看似无法解决的问题，通过第三方的力量就会变得容易多了。迂回思维就是利用、改变或者自己创造适合的条件，间接地作用于事物上面，从而达到顺利解决问题的目的。这种办法在平时的生活工作中也偶尔会有遇到，我们应该学着利用这种思维方法去处理一些生活中遇到的难题。

34

格林想到的办法是改变一下妻子对于钓鱼的态度。

广告刊登出去的第一周，路易斯收到了来自不同地方的5位不同笔迹女性的来信，她们都说平时特别喜欢吃鱼，她们愿意出两倍的价钱从路易斯那里买下约翰先生。

第二周，先后又有不同地方不同姓名不同口音的10位寡妇打来电话说她们居室非常小，只放得下一张双人床，所以正想找一个不喜欢回家的丈夫，她们愿意出3倍的价格买下约翰先生。

第三周，又有15位"狩猎爱好俱乐部"的会员美女表示：因为和约翰有着相同的爱好，所以愿意出10倍的价钱买下约翰先生。她们说能和志同道合的人一起每天去钓鱼，那么将是这辈子最幸福的事情。

第四周，路易斯在家门口捡到了一张约翰和一位年轻貌美的女子的合影。照片上的他们依偎在河边钓鱼感觉非常甜蜜。

路易斯此时感觉到了事情的严重性，于是赶紧去撤销了"出售丈夫"的广告。接着她特意去买了一些关于钓鱼和狩猎方面的书，然后跟随丈夫约翰先生一起去钓鱼狩猎，寸步不离丈夫。一场濒临破亡的婚姻就这么被挽救回来了。

35

薛礼先放出了第一批麻雀，它们爪子上面带的是硫磺和火药；紧接着，他又命令把第二批爪子上拴着点燃的香头的麻雀也放了出来。这些麻雀一样飞到了城里的草垛上面觅食，不一会儿，它们带来的香头就把装着硫磺和火药的小袋子点燃了。

很快城里的草垛就这样燃起了熊熊大火，而敌军此时根本就不知道什么原因让草垛着了起来。薛礼抓住了这个好的时机，带领士兵一举攻进了城里，结果大获全胜。

36

这位服务员非常亲切地拿着那个精致的小匣子走到了外宾身边，很有礼貌地用英文对外宾说："先生，你好！非常感谢您选择了我们饭店用餐。我们发现你在用餐的时候对我们的景泰蓝筷子非常感兴趣。景泰蓝筷子是我国精美工艺品之一，非常感谢您对它的赏识。为了表达我们的感激之情，经我们值班经理的批准，我代表我们酒店将一双制作精美、做工精细，并且经过严格消毒的景泰蓝筷子赠送与您，这是特意盛放筷子的小匣子，请您收下！"

服务员边说边递上那个精美的小匣子，然后接着对外宾说："按照我们酒店的规定，我们将以最'优惠价格'记在您的账上，您看这样可以吗？"

外宾听了服务员这么有礼貌的话之后，立即明白话外之音，于是首先和服务员表达了自己的感激之情，然后很不好意思地对服务员说："真是不好意思，刚才多喝了几杯酒，有点晕了，居然将筷子放到了包里。"这样外宾就找到了一个台阶下。接着就赶紧从包里把那双筷子放到餐桌上面，然后大家同时笑了起来，事情就这样在一种和谐的氛围下被解决。

37

帅克知道与警察打的那个赌，无论是谁都不会赢，因为人不会在一夜之间长出一只尾巴。所以当他和警察打完赌之后，就跑到了警察的父亲、舅舅、叔叔面前和他们打赌说警察会愿意让帅克摸屁股，他们当然不会相信，于是每个人都赌了100元钱。

当警察让帅克摸了屁股之后，帅克就一下子赢了300元钱，虽然最后输给了警察100元，但是最后自己依旧是赢家，而且他还让警察在亲人面前丢了脸。由此，我们也明白了，帅克之所以打赌老是赢，并不是因为他运气好，而是因为他善于动脑筋。

38

假如按照常规思维纪晓岚无论怎么吃都不能在10天之内吃下100只鸭子。纪晓岚采用的是一种很特别的办法。

第一天，他杀了30只鸭子，然后把鸭子剁成了肉丁，撒给其余的70只鸭子吃；第二天，又杀了20只鸭子，采用同样的办法喂给了其余的50只鸭子；第三天，第四天……纪晓岚采取同样的办法，等到第十天的时候，就只剩下了1只鸭子，纪晓岚自己美美地吃了一顿。

39

这其实体现的便是一种迂回思维。因为警察发现，在一个干净的场合人们比较不容易犯罪，还发现通过抓逃票的人员能够有很大的收获。经过调查，他们发现每七个逃票的人当中就会有一个是通缉犯；每二十个逃票的人当中就会有一个携带武器，所以从抓捕逃票的人入手，能够很好地震慑歹徒。

歹徒们出门不敢携带武器，之后加上整个社会环境的改变，犯罪的恶性循环被打破了，因而社会治安便越来越好。

40

但丁说："它对我说，它现在还很年幼，不知道过去的事情，建议我向同桌的大鱼们问一下。"

受到不公正的待遇，自然心里不舒服，但是如果因为一条鱼而拉下脸来，未免显得没有涵养了。于是，但丁编造了一个形象有趣的说法，既间接表达了自己的不满，又显得幽默风趣，十分得体。但丁这里所用的便是一种迂回思维。

41

大部分人对于接受新事物总是需要时间的。对于当时的人们来说，煤油炉和煤油是新事物。人们对新事物的接受还需要一个过程。正是因为这个公司的老板认识到了这一点，他才会想出聪明的办法——先让居民免费使用产品。这就是让居民接受新事物的第一步。等到家庭用完了免费送出的煤油之后，他们已经认识到了新产品的好处，如果他们又想继续使用该产品，自然就会向公司购买。这样，公司的销路就打开了。所以说，这个老板一点也不傻。这个老板正是使用了一种迂回思维，达到了自己的目的。

42

纪晓岚是这样说的："刚才臣正要去投湖，正巧遇见了屈原。屈原向我说道，他当年投河的原因，是因为楚王昏庸，听信小人谗言，然后问我为什么要投湖，问是不是当朝的皇帝也昏庸了。我就和他说，我们的皇帝是一代明君，明智到无人能及，生在这样的环境里，我们的臣子是不能有跳湖的想法的。所以，我就回来了。"

纪晓岚在这个很危急的时刻里，不仅没有乱了阵脚，还能机智地想起屈原投江的典故，并且巧妙地利用这个典故破解了皇帝的难题，保全了自己的性命。

43

查尔斯是这样说的："一般情况下，我是不会轻易向别人道歉的。但这一次，确实是我错了。我原以为艾尔弗雷特的诗是从书上偷来的，但是，当我找到那本书的时候，我发现，那首诗依然在那里，他并没有被偷走，所以，我就决定向你道歉了！"

很明显，查尔斯的道歉不是真的道歉，而是在讽刺艾尔弗雷特。对于这种厚颜无耻的人，讽刺才是最好、最有利的反击。

44

学者拿着 A 国货币的 100 元在 A 国购买了 10 元的东西，在找钱的时候，他说自己要去 B 国，要求商家找给他 B 国的货币。因为 A 国的 90 元等于 B 国的 100 元，所以找给他的应该是 B 国的 100 元，这样他就有了 200 元 B 国的货币。在 B 国用同样的办法去买东西，如此往复，他自然就会发大财了。

45

管仲这样做，是为了让楚人全都进山捕鹿，以致楚国的田地荒芜，无人耕种，到那时候，楚国就会出现大饥荒，然后大兵压境，还怕楚国不降吗？果然，管仲的策略起到了效果，两年之后，楚国果真出现了粮荒，面对齐国的进攻，楚王只好示好称臣。

管仲通过看起来毫不相干的买鹿行为，达到了迫使楚国称臣的目的，这是一种典型的迂回思维。

46

好友按大臣的吩咐把信交给了太守。太守一看是罪臣的信，当然不敢私自交给他的家人，于是就转呈给了皇帝，皇帝打开信一看，信的大意是劝说家人要忠心于皇帝，自己虽被流放，却没有一丝怨恨，而对皇帝往日的恩情一直念念不忘。皇帝看到这封信，自然很感动，就把他又召了回来。

47

和尚对农民说："看到你们早上同出，晚上同归，一块吃饭，一起干活，有说有笑，恩恩爱爱，我羡慕得都准备还俗了，你怎么反过来想做和尚呀？"

原来，这一切都是农民妻子预料好的，她看自己的丈夫想要出家，心想如果直接阻拦，丈夫可能态度更加坚决。同时他知道，丈夫要拜在和尚庙里出家，首先要经过和尚的同意。于是，她便故意表现得和丈夫很恩爱，以让和尚看到。果然如她所料，和尚羡慕起了他们，劝阻了他的丈夫。另外，她知道，即使和尚不羡慕他们，在看到他们的恩爱情形后，出于出家人的慈悲，也一定会尽力劝阻丈夫出家的。

48

主管说："最近，我发现年轻的女职工中有人说话有点随便，有损公司的形象，请你代我转告一下好吗？"

主管充分尊重了职工的自尊心，只是让女职员转告其他女职员，但是，女职员肯定也知道主管也是在委婉地说自己。这样一来，既保留了和气，也收到了效果，一举两得。

49

原来商人在店前登了一个告示，上面写了一些欠款人的名字以及所欠的数额。其实，

477

这些人名都是虚构的，那些真正欠钱的人一个都没有登上。这样一来，每一个欠商人钱的人都觉得商人因为跟自己的关系铁，故意给自己留了面子，于是都很感谢商人，并把借的钱还了。

催债确实是个麻烦事，如果硬催，很有可能会伤了感情，断了情谊；但有时又不能不催。那么，就迂回一下，看似麻烦的问题便瞬间解决了。

50

厂商们面对一扇紧闭的"大门"，没有直接去推销自己的产品，而是顺应学校方面希望学生积极学习的心理，采用奖励成绩好的学生的方法，得到了学校的同意，打开突破口。然后，又一步步地扩大战果，自然而然地将这学校的禁令给化解掉了。

51

约瑟夫的花生米里面放了盐，人们吃完花生米之后，不一会儿就会感觉到口渴，这个时候约瑟夫就把自己早就准备好的柠檬水拿出来了，转眼之间，约瑟夫的柠檬水就卖光了。

这样下来，约瑟夫一个晚上就挣了不少钱，而杂技团的票全部卖出，也赚了不少钱。

约瑟夫赠送花生米的行为，是为他后来的柠檬水的销售作铺垫，正是用这样一种迂回思维，约瑟夫挣到了钱。

52

老者笑道："在您第一次来时我就知道您是左公，并且不久将出征新疆，所以有意让您赢，以便增添您的信心。可如今您已经凯旋归来，我自然就没有理由再让着您了。"

53

泰丝蕾·娜尔德媞把地毯从一端卷起来，这样，她稍一伸手就可拿到王冠了。

54

"哦，我只是想知道劳伦太太对我做的活儿是否满意。"男孩说道。

55

林肯对老妇人说："尊敬的夫人，听完您的话我很感动。您一家三代为国家服务，我代表政府深表敬意。您的家族为国家所作的

贡献已经够多了，我又怎么忍心让您的儿子再去从军冒险呢？另外，您也应该给别人一个为国家效力的机会，您说呢？"

老妇人来为儿子要上校头衔的理由很充分，林肯无法正面回她。然而，林肯知道怎样从对方的心理出发去考虑问题。他站在老妇人的立场，给出了体面而又恰当的拒绝理由。

56

商人的广告是这样写的："上星期日傍晚，有人曾见某君从教堂取走雨伞一把，取伞者如不愿招惹麻烦，还是将伞迅速送回布罗德街 10 号为好。此君为谁，尽人皆知。"取伞者因为怕惹麻烦，所以把伞送来了。其实，这则广告还是有漏洞：既然知道是谁取伞了，那何必再登报呢？所以，商人说还伞的人还是老实的。

57

原来李德裕几天后又升堂时，将上次前来作证的前几任主事都传了来，并将他们单独分开，然后叫他们每个人都画出那块金子的形状。自然，那块金子根本就不存在，他们自然无法画出其形状，即使勉强胡乱画一个，彼此间的形状也不一样。最后，他们便只好认罪了。

58

显然，最好的办法是暗示对方，让其自己乖乖地将烟灰缸掏出来放回去。这样便大家都体面了。于是，丘吉尔便当着大家的面，将另一只银质的烟灰缸放进了自己的口袋里，同时故意让那个人看到，以给其暗示。

如果是一个知趣的人，应该明白丘吉尔的意思了。但是，偏偏这位老兄却并不知趣，依旧不肯将烟灰缸掏出来。如此一来，在宴会结束的时候，丘吉尔只好走到这位先生身边，悄悄对他说："亲爱的，我们被别人发现了。我想我们最好还是将那东西放回去吧，您说呢？"这时这个家伙才不得不难为情地将烟灰缸掏了出来。

59

既然吴道子画的画栩栩如生，那么他可以画一些麻雀的天敌——比如鹰的画放在大

殿内,将这些麻雀赶走。这样,既解决了难题,又没有杀生,可谓两全其美。

60

原来,任伯年拿出一张纸,根据来访客人的主要特征迅速给勾画出了一张简笔肖像画。父亲一看,立刻认出了来访者是谁。由此也可见任伯年小时候便具有了画画的天赋。

61

其实,石碑上由蚂蚁组成的"霸王自刎乌江"这几个字并不是上天的意思,而是刘邦的谋士张良事先预测到项羽可能会逃到乌江边上,因此提前给他设置下了陷阱——他知道项羽有些迷信,因此利用了蚂蚁喜欢吃糖的习性,叫人把糖熬成了糖浆,然后用糖浆在乌江边的那座石碑上写了"霸王自刎乌江"这几个大字。蚂蚁闻到糖浆的气味,就沿着被涂了糖浆的这几个字吸食起来。生性鲁莽的楚霸王当时在紧急的情况下,便不辨真伪,没有仔细琢磨其中的奥妙,草率地作出了错误的判断,可怜他一世英雄就此殒命。

62

原来凶手为了摆脱嫌疑,故意制造出了一种自己不具备作案时间的假象。他在上午将卡尔雷诺绑在树上,用生牛皮在他脖子上密密地绕了三圈,但这些牛皮没有紧到会令人马上窒息的程度,然后凶手就离开了现场。生牛皮在烈日的照射下会渐渐干燥,慢慢地紧缩。由于中午和午后的阳光逐渐强烈,生牛皮在卡尔雷诺的脖子上也就越勒越紧,当生牛皮紧到会让人窒息的时候,卡尔雷诺呼吸也越来越难,终于在下午三点左右死去。而此时的凶手则故意找到一个别人能看到他的地方,以证明自己不在死亡现场。

63

原来,沈周见徒弟唐寅自满,便在小屋的墙上画了两个惟妙惟肖的窗子。唐寅遵命在推开屋子准备凉快的时候,就把师傅画的窗子误认为是真窗子了。只见唐寅应了一声后,起身走到窗前,他推了推西窗推不开,又转身推了推北窗,也未推开。再仔细一看,唐寅才知道自己推的是两扇画出来的窗子,这时唐寅才知道自己的画技和师傅相差还很远呢,故要求留下继续学习。

64

看看太阳快落山了,吃饱喝足的狮子从洞里走了出来,它抚摸着兔子的脑袋说:"合作愉快,别忘了,明天接着在这里证明你的论文。"

第八章

1

老太太坚决地走进屋子,用力地推翻了火炉,炉火瞬间燃着了木制的家具,燃着了床单被褥,燃着了小屋里所有的东西。老太太吃力地爬出房子,看着自己住了几十年的心爱的小屋,燃起了熊熊大火,滚滚浓烟冲上天空,像狼烟一样向人们发出警告。

"不好了,着火了,着火了,大家快去救火呀!"庆典上响起了喊叫声,疯狂的人们,从狂欢中挣脱出来,来不及收拾东西,都快速地涌向老太太的房屋。

西北风呼呼地刮起来,滚滚浪涛立即把庆典现场变成了一片汪洋。

扑灭了火,人们站在镇子里,远望着海面上肆虐的台风,仍然心有余悸:"幸亏老太太点燃了房子,否则现在我们都去喂鲨鱼了!"老太太没有了房子,镇子里的人们纷纷邀请她到自己家里去住。老太太成为了小镇子里的大英雄。

2

面对凶恶强大的强盗,而自己无力与他争斗,如果激发他的恶性,后果将是不堪设想的。瘦弱的周老师没有选择和强盗对抗,也没有选择转身逃跑,而是利用强盗不认识自己这个条件,改变自己的身份,把自己变成了一个"问路人",从而在表面上和强盗没有了矛盾，使强盗放松下来，为自己赢得了去找救兵的时间。

接下来的故事是这样的：

周老师微笑着问那个强盗："对不起，我不知道您在搬家，打搅了，我想问一下幼儿园的周老师是不是住这里？"听到"搬家"，强盗紧握着刀柄的手慢慢放松下来，顺水推舟地说道："是……是在搬家，不知道你是？""噢，我是幼儿园学生的家长，来找周老师有点事。"周老师镇定地回答。"她不住在这里，你找错地方了，再去找找吧。"强盗没好气地说道，他只知道抢劫，根本不知道这家主人是谁。

"原来是这样，看来是我走错了，好吧，那我再去找找。"周老师找了一个借口，转身就出了屋子。强盗长舒了一口气，以为不过是虚惊一场，突然他想起了一个细节，"那个女人手里拿着菜，哪有人去拜访老师的时候，手里会提着菜呢？"强盗觉得有点不对劲，他赶紧窜出房门，想去抓回周老师。

这个时候，周老师已经喊出了四周的邻居，把强盗团团围住了。强盗看到这种阵势，顿时吓倒在地上，当场被大家擒住了。

3

原来，易卜生急中生智，把所有的秘密文件全都随意扔在床上，而把那些书稿和书籍则整齐地码放在柜子里和箱子里。那些愚蠢的警察把所有的秘密地方都搜遍了，反而忘记了翻一翻眼皮底下东西，结果，易卜生惊险地逃过一劫。

正应了那句老话："最危险的地方，恰恰是最安全的地方。"一群傻乎乎的警察搜遍了所有的角落，甚至连老鼠洞都没有放过，但是，偏偏对眼皮底下的东西懒得一翻，结果当然是一无所获了。

4

盟军飞行员心一横，果断地走出来，大摇大摆地朝机场大楼走去。一路上，他也遇到了好几拨德军士兵，但是因为盟军飞行服和德军有些相像，尤其在夜里很难区分，加上敌人做梦也想不到盟军飞行员竟敢大摇大摆地与他们迎面走过，所以他们都认为盟军飞行员是机场工作人员。最后，盟军飞行员故作镇定地登上了正在等待起飞的德国客机

的驾驶室，冷静地启动了飞机。到了空中之后，他悄悄改变了航向，带着一架德军飞机和一群俘虏回到了自己的阵地。

5

曹操灵机一动，表情镇定地双手举刀跪下说："近日得到宝刀一口，特意带来献给恩相。"董卓于是接过刀来，一看，此刀七宝嵌饰，锋利无比，果然是把宝刀，便将宝刀收下递给吕布。而曹操也慌忙解下刀鞘交给吕布。然后，董卓带着曹操到屋外看马，曹操假意对马十分喜欢，并请求骑上试一圈。董卓便命属下备好鞍辔，令曹操试骑。曹操牵马走出相府，直接骑上朝东南城门奔去了。曹操离开后，吕布对董卓说："刚才看曹操似乎想要行刺您，只因被发现了，才假托献刀。"董卓一听，也觉得曹操刚才的举动很可疑。正说着，董卓的女婿李儒来了，他了解刚才的情况后，便说："曹操家人都不在京城，只一个人住在寓所。现在就去差人请他来，如果他来了，便是献刀；如不肯来，便是行刺，应该立刻抓起来。"董卓于是差兵士前去传唤曹操。过了一会儿，兵士回报："曹操没有回寓所，而是对守城士兵说丞相差遣他去办紧急公事，纵马从东门出去了。"这时，董卓才恍然大悟，立刻下令遍行文告，画影绘形，悬赏通缉曹操。当然，我们知道，曹操也并没有被捉到，这是后话了。

6

他朝导火线上撒了一泡尿，将导火线给浇灭了。

后来人们为了纪念这个小英雄，便请全国最杰出的雕塑家为他塑了一尊铜像，放在首都的一条街上。现在你在布鲁塞尔还能看到一尊铜像，一个光屁股小男孩正在撒尿，这就是小英雄于连。并且，这尊铜像还被命名为"布鲁塞尔第一公民"像。

7

原来，丽莎保护项链是假，保护耳环是真。她刚才的表演正是为了将强盗的注意力从耳环上转移开而已。因为他的钻石耳环价值 530 英镑，而那个项链，则仅是花不到 10 英镑在地摊上买的而已。她在一则侦探故事中看过一个类似的故事，没想到今天真的用

在了自己身上。

8

原来，罗伯特警官和伊丽莎白平时很熟悉，他知道伊丽莎白还没有结婚，哪来的丈夫？因此，他推断，肯定是伊丽莎白在以此向自己作暗示。于是，他假装离开，实际上则悄悄地叫了同伴，悄悄折回。

9

这名盟军坦克兵将自己的主意告诉另外两名同伴后，先是将坦克门从里面锁死，然后啪啪啪地开了三枪，同时每个人都假装发出一声惨叫。在外面的德军士兵听到坦克里枪响和惨叫，又试探着对坦克里的人进行了叫喊，结果只是一片沉寂。然后，德国士兵试图打开坦克门一看究竟，但发现坦克门已经从里面反扣死了，怎么也打不开。

"干脆，把坦克拖回去再说。"德国士兵商量道。于是，德国士兵开来自己的坦克，试图将盟军坦克拉出来。但是，因为这是一辆重型坦克，一辆德国坦克拉不动。于是，德军又开来一辆坦克，凭借两辆坦克的拉力才将盟军坦克拉出了水坑。可是，德国士兵做梦也没想到，盟军坦克被拉出水坑后，突然又发动起来了，不仅开向自己的阵地逃去，而且凭借巨大的拉力硬是将两辆德国坦克拉到了盟军阵地上。

10

吕叔湘把来信上的签名剪下来，贴在回信的信封上，然后根据来信人的地址把信寄出去。

11

丹尼躲进邮局，把四张机密手稿装进信封里，寄往一个反抗法西斯地下组织者的家里。

12

曹玮说："不要大惊小怪，是我派他们去的。"这样一来，西夏人以为这些叛逃的宋营士兵是奸细，气愤地将他们全部杀死了，而且还将他们的头颅抛回宋朝边境这边。

13

林肯回答说："我要到国会去。"

14

原来，化妆师前几天在电视上曾经看到过另一个被通缉的杀人犯的面孔，他于是凭记忆将这个逃犯的面孔化装成了另一个通缉犯的样子。这样，在检票时，实际上两个便衣警察是将逃犯当成了另外一个通缉犯给抓捕的。

15

仆人回答说："因为我是您的仆人，不是茄子的仆人呀！所以在我眼里只有茄子的不对，绝对没有主人的不对。"

"不是茄子的仆人"后来就成了一个成语，比喻那些见风使舵，机智圆滑的人。不过，这种随风倒的作风，当今社会似乎已经不再把它当做贬意来看待，而是当做一种巧妙的应变能力了。

16

菲利普重返舞台之后，观众注意到他依旧是脸黑手白的上场的时候，不禁发出了一阵阵的起哄声。菲利普没有理会台下观众的起哄，而是很自然的说起了台词："真急死人了，戴斯特梦娜怎么还不来呢？外面起风了，会不会风将这位美人的船留在了海上？"他一边说着，一边摘下了白手套，露出了一双黑手。

下面的观众顿时停止了起哄，而菲利普偷偷地露出了笑容。

原来，菲利普这样的做法，不仅自己的白手变成了黑手，而且还巧妙地掩饰了之前的那双手之所以是白色的错误。

17

丘吉尔说："我们大不列颠的首相对美国总统是没有什么需要隐瞒的！"

这个场面的确是有些尴尬，而机智幽默的丘吉尔却巧妙地利用形象思维，由赤身裸体联想到坦诚相待，不仅成功化解了尴尬，而且增进了英美两国的友谊。

18

窗外根本没有阳台，一开始，约翰逊便是在误导罗伯特。罗伯特已经摔死了。

19

李茜灵机一动，迅速想到了一个办法，她用他同学王小毛的手机拨打了自己的手机号码。只听到一名身穿红色 T 恤的男青年口袋里响起了一阵和弦音乐声。李茜一听，正是自己的手机铃声，于是，她马上指出来："就是他偷了我的手机！"警察当即按住了那个青年，果然从他身上搜出了李茜的手机。

20

李小璐赶紧拍了身旁的另一个空被筒，大声说道："老公，老公，你看这是谁来了？"那个小偷本来就心虚，一听这话，来不及多想，便赶紧转身逃走了。

21

"关羽"说道："咳，小小年纪，要你无用，赶紧下去，唤你爹爹前来！"

那花脸赶紧回了句："领法旨！"然后便下场去，戴好了胡子，又上台来了。

22

李贞假装拿起桌子上的暖水瓶倒水。虽然暖水瓶提起来感觉沉甸甸的，里面显然有水。但是，李贞却假装暖水瓶是空的，提了提又失望地放下了，扭头瞪了眼睡在床上的丈夫，突然啪的一声将暖水瓶摔在了地上，然后大声说道："整天懒得跟猪似的，下班早了连壶水也不烧！"

正在熟睡的丈夫被惊醒了，一听李贞如此说，莫名其妙地辩解道："不是有水吗？"但是李贞却不理会丈夫的辩解，故意大声说："有个屁，你自己来看！"说完竟然呜呜地哭起来，边哭边述说丈夫抽烟、懒惰等种种劣迹。

丈夫本来对于妻子的"无理取闹"不想理会，这会儿看妻子竟然哭了起来，便只好从床上起来，走到妻子身边试图安慰下妻子。没想到，这一安慰，妻子反而越发伤心了，干脆挣脱丈夫的手往门口跑去，边跑边说："我不和你过了！"丈夫这下子着急了，赶紧追到门口。

没想到刚到门口，李贞一把将丈夫从门里拉到了门外，又迅速将门从外面反锁上。然后，李贞告诉丈夫说："屋里有贼，赶紧叫邻居！"丈夫才恍然大悟。这时，贼也感到自己上当了，但为时已晚，最终被男主人和邻居们一起来了个瓮中捉鳖。

23

相士这么说的目的只是虚晃一枪而已。

大家听他这么一说，都很惊奇，条件反射性地朝其中的一个女子头上望去，那正是李德诚的夫人。而李德诚的夫人本人也一下有些羞涩起来，脸上还泛起了红晕。相士于是走上前去指着这个女子说："这就是千岁夫人。"

24

村妇的计策正是借用鞋子虚张声势，在心理上战胜对方。对于流窜犯的问题，她故意装作很随便地回答道："这几双鞋子是给在山南面的坡上干活的几个亲戚用的，现在种庄稼不挣钱，因此我当家的准备种植一些果树，因为人手不够，这几天我两个哥哥和两个妹夫一起来帮忙。现在太阳已经快落山了，他们也马上要回来了，所以给他们准备好鞋子和洗脚水。今天晚上嘛，就只能委屈你跟他们一起打个通铺凑合一宿了，你不介意吧？"村妇故意礼貌地问道。"哦，不介意，不介意！"流窜犯机械地回答道。同时，他心里盘算着，如果真有这么多人，到时我一旦被识破，那可就麻烦了。他看村妇又回身去拿了足够五六个人吃的蔬菜到厨房去做饭，心里更是感到这里不可久留，于是趁村妇在厨房里，悄悄地溜走了。

25

小偷说："那么就请您让我老死吧！"

26

原来，汤姆逊用可怜兮兮的声音对壮汉说："先生发发慈悲，给我几个钱吧！我饿得快发昏了。"

壮汉一听，骂了一句脏话，便离开了。

27

莎士比亚非常自然地将女王丢在地上的手套捡起来，然后面对着观众说："纵然朕有要事需要处理，也得为皇妹捡起手套。"说完，她很自然地将手套递给了女王。这个情景看上去丝毫不显得突兀，仿佛就像是戏里本来有的情节，观众不禁拍手叫好。

28

对于查理二世的问题，布勒特回答道："陛下，自从您对我下达通缉令之后，我没有一个地方可以安身。所以就在去年，我曾在家乡搞了一次假出殡，以使警方认为我已经死亡，进而不再追捕我。显然，这不是一个勇士的行为。因此，尽管我在旁人面前是勇士，但在尊贵的陛下您的面前，我只是一个儒夫。"

29

威廉二世趁坐在地上的一瞬间，双手捧起了一捧泥土站了起来，然后非常激动地对着天空喊道："感谢上帝赐予我王国，英格兰的国土我已经抓在手中了。"

30

小孩辩解说："不是我改口，是因为鬼靠在树木上，正好是一个'槐'字。"

31

克洛普弗说道："我可是很久没有听到她的消息了。"

32

只见这位主持人耸耸肩膀，然后看着电视镜头说："看来发明这种玻璃杯的人没有考虑到我的力气和摔的技巧。"

33

老将军说："老弟，你以为这种治疗有效吗？"

34

李穆见东魏兵来，便举起鞭子鞭打起掉落在地上的宇文泰来，边打他还边大声呵斥："你这个蠢东西，你的主人到哪儿去了，你却一个人待在这个地方！"东魏兵一看这情景，心想这地上挨打的人看来不是什么有身份的人，捉了也得不到奖赏，便舍弃他而去追其他人了。然后，李穆则掩护宇文泰悄悄回到了大营。

35

陶行知将"大孩自动教小孩"改成了"小孩自动教小孩"。

36

聪明的司机故作轻松地一笑，然后一边指着坐在台下的爱因斯坦一边说道："这个问题我回答得次数太多了，连我的司机都知道答案了，您不介意的话，就让他替我回答吧！"

37

面对强盗，卓别林装出了一副可怜相，对强盗说："我只是一个帮主人取钱的仆人，我可以将钱给您，不过您能不能帮我一个忙，在我的帽子上打两枪，我好向主人交代，不然，主人会以为是我私吞了钱。"强盗看他一副可怜的样子，便摘下卓别林的帽子在上面打了两枪。然后，卓别林感激地说："谢谢，不过，为了看上去更逼真一些，您能不能在我的衣襟上再打两个洞？"强盗又照办了。最后，卓别林又说道："太感谢您了，不过，如果能在我的裤脚再打几枪，就由不得主人不信啦！"强盗于是有些不耐烦地又连续在卓别林的裤脚上连扣了几下，却不见枪响，原来子弹打完了。卓别林要的正是这个效果，赶紧拿上钱跳上车子跑了。

38

冯诚修接下来的两句是："只因觅食归来晚，误落羲之洗砚池。"这两句诗不仅照应了前面的两句，又巧妙地借用典故将白鹤变成了黑鹤。乾隆见他巧借典故，将诗意补得天衣无缝，妙趣横生，便拍掌称赞说："冯才子真是诗中的状元啊！妙！妙！"

39

工程师毫不犹豫地跳进了海里。现在，有一个船客落入了海中，船长自然不得不停船了。于是，工程师和小狗都被救了起来。

40

原来，这位聪明的工人迅速提起一桶油漆，跑到画作前装作要胡乱涂抹。画家一看，赶紧朝前奔到工人身边，要制止工人的举动。就这样，画家得救了。

41

原来，约翰警长根据老太太电话未挂断这个条件和留下的自己住在市区的一条马路边的信息，果断决定，将十几辆警车全部派出，拉响警报在全市各区沿街奔驰。一旦有某辆警车正好经过老太太邻近的那条马路时，便会从警察局的听筒里听到警车的声音，再确认出经过老太太住宅的那辆警车。然后让警车上的警察在附近询问查找单独居住的老太太。就这样，半个小时后，警察找到了老太太家中，并迅速将其送往医院，将老太太从死神手里夺了回来。

42

陈平假装不经意地脱下了上衣，然后光着膀子帮船夫撑船，船夫见他身上并无财宝，自然也就打消了杀他的念头。

43

农夫对国王说："陛下，一只公鸡献给您和王后，另一只献给两位王子，第三只献给两位公主。剩下的两只属于我——我从这么大老远赶来帮您分鸡，想必您不会介意赏赐我两只公鸡吧。好了，现在就很公平合理了，因为陛下、王后和一只公鸡加起来等于三；两位王子和一只公鸡加起来也等于三；两位公主和一只公鸡加起来又是三；而我和分到的两只公鸡加起来同样是三。"

44

原来，丘吉尔微笑着回答："如果你是我太太，我一定将此咖啡一饮而尽。"

显然，丘吉尔的这句话，不仅给自己解了围，还照顾到了女士的面子，并且还体现出了自己宽阔的胸怀，可谓一石三鸟，这的确是一种了不起的机智和胸怀。

45

卓别林在片名前加了个"大"字，使电影名字变为《大独裁者》。他幽默地对派拉蒙电影公司的人说："你们写的是一般的独裁者，而我所描写的则是一个超级大独裁者，这两者之间可不一样。"说完扬长而去。派拉蒙电影公司的人一个个目瞪口呆，垂头丧气，懊悔自己起初应该将价格开得低一点以多少得到些钱。事后，卓别林跟朋友提起这件事时，幽默地说："我只用一个'大'字，就省下了2.5万美元，真是一字值万金！"

46

原来，丁斐打开了寨门，将所有的牛马驱赶出来。一时间，满山遍野到处是牛马，西凉兵大多是由蛮族组成，素来纪律松散。见到这些牛马后，都纷纷回过头来争抢牛马，不再追赶曹操。许褚和曹操本来心想自己可能要丧命在这里了，突然感觉飞来的箭矢

变少了，于是赶紧更用力地划船，最终脱险。

47

浴室的水既然流不到外面去，杰克便将水一直放，等水升高至天花板的高度，他便从换气窗逃出去了。

48

第三个侍者回答："对不起，先生，我不是故意的。"明知对方是女士，却称其为先生，这样才会使对方真的相信侍者什么也没看到。这显然是一种十分机智的办法。而一个领班显然是需要有非常强的应变能力的，所以经理选择了第三个侍者。

49

$101 \times 5 = 505$，而505在计算器的显示屏上看起来和国际通用的呼救信号"SOS"十分相似。这道算式显然是爱德华教授在巧妙地给汤姆森留下求救信号。

50

原来杰克在打电话时，一讲到无关的话时，他就用手掌握紧话筒，警局那边就听不到了；而讲到关键之处时，他再把手松开，所以，警方从电话中听到的是这样的间歇性的信息：我是杰克……现在……金星大酒店……和目标……在一起……请你……尽快赶到……"。杰克正是通过自己的机智，巧妙地将信息传达到了警局。

51

鲍洛奇打开罐子之后，迅速拿起勺子把那片卷着小蚂蚱的菜叶闪电般地吃了下去，并且这个时候故作轻松地对在场的专家说："这么美味的菜，打开了就忍不住先尝一口。"

52

鲍威尔站起来笑着说："作为男人的我们，在被妻子骂的时候，即便是忍无可忍但是最后还要忍住。"这样风趣幽默的回答一下子缓解了现场紧张的气氛。

53

阿尔德林笑着对那位记者说："各位，请别忘记了，我们回到地球的时候，是我先出太空舱的，所以也可以说我是由外星来到地

球的第一个人呢！"

阿尔德林这么得体自然的回答，既没有伤到同伴又没有贬低自己，这是阿尔德林幽默中的智慧。

54

诸葛恪在那三个字上面加上了"之驴"两个字，这样一来，那几个字就变成了"诸葛瑾之驴"。诸葛恪用自己的聪明机敏让诸葛瑾摆脱了尴尬。

55

女演员是这样说的："今天我能走到这个位置，实现我的梦想，确实不容易。这一路上，我跌倒了又爬起来，很是艰辛坎坷。"

将自己刚才的跌倒巧妙地嫁接到自己追求梦想的过程中，这样一来，自己刚刚的跌倒似乎正形象地为自己演艺生涯的坎坷作了注解。显得机智而幽默，自然能够赢得观众的微笑和赞许，尴尬也就烟消云散了。在那样一个隆重的场合，能够有如此急智，是非常不易的。

56

张作霖是这样对日本人说的："你们还真是狗眼看人低啊，我还不知道"墨"字怎么写吗？我是故意这么写的，对付你们日本人就必须要黑，要'寸土不让'"。

张作霖的这个解释可谓机智之极了。虽然没有读过几年书，但是张作霖的圆滑、机智的确是令人刮目相看。事实上，在那个多方势力逐力的乱世，张作霖能够左右周旋，既不逢迎日本人，也不得罪中国人，这种应对的能力不是一般人所具备的。